Analytische Softwarequalitätssicherung

in Theorie und Praxis

von E. H. Peter Roitzsch

E. H. Peter Roitzsch, »Analytische
Softwarequalitätssicherung in Theorie und Praxis«

Satz: Peter Roitzsch
Umschlag: Peter Roitzsch
Illustrationen: Peter Roitzsch

Verlag: E. H. Peter Roitzsch
peter.roitzsch@t-online.de
Druck: epubli ein Service der neopubli GmbH, Berlin

ISBN 3-86582-202-9

Vorwort

Die Softwareentwicklung wird heute wie jeder andere industrielle Entwicklungs- und Produktionsprozess als Ingenieurdisziplin begriffen und systematisch mit geeigneten Methoden, Werkzeugen und Prinzipien durchgeführt. Die daraus resultierenden Maßnahmen sollen die Produktivität steigern, den Kostenfaktor senken und durch eine hohe Produktqualität die Wettbewerbsfähigkeit der Unternehmen sichern. Die umfangreichen Maßnahmen der Softwarequalitätssicherung werden dabei als fest integrierter untrennbarer Bestandteil dieses Entwicklungsprozesses betrachtet, die streng auf den Kunden ausgerichtet sind und das Produkt im gesamten Software-Lebenszyklus begleiten.

Die Bedeutung von Software reduziert sich heute nicht mehr auf die Rolle eines einfaches Mediums, das lediglich die Kommunikation zwischen Mensch und Maschine ermöglicht, sondern sie übernimmt wichtige Funktionen aus der Welt des Anwenders und durchdringt alle erdenklichen Bereiche unseres Lebens. Sie steuert komplizierte industrielle Anlagen, übernimmt aufwändige finanzmathematische Berechnungen im Banken- und Versicherungsbereich, leistet unschätzbare Dienste auf medizinischem Gebiet, dem Telekommunikationssektor und im Verkehrswesen. Sie überwacht Umweltprobleme und ist ein unverzichtbares Hilfsmittel in der Wissenschaft und Forschung. Unsere Abhängigkeit von Software ist derart groß, dass ein plötzlicher weltweiter Ausfall aller Systeme unvorstellbare Folgen nach sich ziehen würde, deren Auswirkungen überhaupt nicht abschätzbar sind.

Wenn Software aber eine derart exponierende Rolle in unserem Leben einnimmt, dann muss auch ihrer Qualität höchste Aufmerksamkeit geschenkt werden, wie das heute bereits in der Kernkrafttechnik, bei der Luft- und Raumfahrt, in der Verkehrstechnik oder auf militärischem Gebiet Standard ist. Statistiken großer Herstellerbetriebe und Organisationen zeigen jedoch, dass selbst in ausgetesteten Programmen immer noch 1 bis 3 Fehler pro 1000 Zeilen Programmcode als Restfehler vorhanden sein können. Dazu kommt noch die Tatsache, dass durch den expandierenden Anwendungsbereich und die ständigen Anpassungen an die Erfordernisse des Marktes und den neuesten Stand der Technik Umfang und Komplexität von Software extrem zugenommen haben. Wurde noch vor einem Jahrzehnt Software mit einigen hunderttausend Zeilen Programmcode als sehr groß angesehen, so sind heute bereits mehrere Millionen Zeilen keine Seltenheit mehr. Das Betriebssystem Windows XP besitzt zum Beispiel mehr als 30 Millionen Zeilen unkommentierten Programmcode. Ein Softwaresystem dieser Größe kann statistisch folglich 30.000 bis 90.000 Restfehler unterschiedlicher Schwere besitzen. Unterstellt man, dass davon vielleicht nur 5 % schwerwiegende Fehler sind, die auch tatsächlich beim Anwender zu einem Ausfall führen, dann ergibt das immer noch 1.500 bis 4.500 Fehler dieser Kategorie.

Es ist offensichtlich, dass je nach Einsatzzweck der Software diese Restfehler ein enormes Risikopotenzial darstellen, das unter Umständen immensen wirtschaftlichen Schaden verursachen und katastrophale Folgen für Menschen, Daten, Material und die Umwelt haben kann. Dieses Risikopotenzial muss auf der Basis eines neuen Qualitätsverständnisses im Sinne der Norm DIN EN ISO 9001 minimiert werden, indem alle Zielsetzungen und Maßnahmen des Qualitätsmanagements streng auf den Kunden mit seinen Anforderungen und Bedürfnissen ausgerichtet sind und durch umfassende konstruktive und fein aufeinander abgestimmte analytische Qualitätssicherungsmaßnahmen zuverlässige und sichere Software in einem optimierten Prozess hergestellt wird. Die Qualitätssicherungsmaßnahmen beziehen sich also nicht nur auf die Vollständigkeit und Korrektheit der funktionalen Anforderungen, sondern auch auf die messbaren Qualitätsanforderungen und die Bedingungen, die an den Entwicklungs- und Testprozess gestellt werden.

Unter konstruktiven Maßnahmen verstehen wir den Einsatz moderner Software Engineering-Verfahren, den Einsatz fehlerbehandelnder Verfahren, die Bereitstellung und Anwendung von Hilfsmitteln und Werkzeugen, die Schulung und Weiterbildung, die Standardisierung von Software, die Installation eines Konfigurationsmanagements und die Qualitätsplanung. Diese Maßnahmen sollen zu einer systematischen Vorgehensweise im gesamten Softwareentwicklungsprozess führen. Sie sollen das zu entwickelnde Produkt für alle Beteiligten transparent machen und damit Fehler bzw. Fehlentwicklungen von vornherein vermeiden helfen. Konstruktive Maßnahmen allein sind jedoch nicht ausreichend, um ein Softwareprodukt mit hoher Qualität zu erstellen. Dazu bedarf es einer ganzen Reihe ergänzender, genau aufeinander abgestimmter analytischer Maßnahmen, die wie die konstruktiven Maßnahmen entwicklungsbegleitend einzusetzen sind. Zu den analytischen Maßnahmen zählt die Kontrolle des Entwicklungs- und Testprozesses, die Verifikation und Validation des Produkts und seiner Komponenten sowie die Analyse fehlerhafter Einheiten.

Dieses Buch beschäftigt sich mit den analytischen Qualitätssicherungsmaßnahmen, wobei die dynamischen Maßnahmen, also alle testenden Verfahren, bei denen das Programm mit Testdaten ausgeführt wird, den Schwerpunkt bilden. Diese Testverfahren sind für die unterschiedlichsten Entwicklungsverfahren einsetzbar. Da die dynamischen Tests wegen der Mächtigkeit der Dateneingabebereiche der Programme lediglich Stichprobencharakter tragen, müssen Testverfahren ausgewählt werden, die mit einer minimalen Anzahl an Testfällen eine maximale Fehlersensibilität ihrer Testdaten ermöglichen. Dazu werden funktionsorientierte und strukturorientierte Testmethoden vorgestellt, die dieses Prinzip zur Grundlage haben. Durch eine sinnvolle Kombination der dynamischen Maßnahmen mit statischen Prüfverfahren, wie Reviews, Codeinspektionen und formalen Beweistechniken erhält man Programme mit sehr hohen Qualitätseigenschaften, die auch höchsten Anforderungen genügen.

Besondere Aufmerksamkeit wird dem nutzerorientierten Testen auf der Basis von Nutzungsprofilen gewidmet, um das Qualitätsmerkmal *Gebrauchstauglichkeit* mit seinen weiter zu spezifizierenden Untermerkmalen zu evaluieren und darauf aufbauende messbare Testendekriterien für den Abnahmetest herzuleiten. Dabei werden die im Test aufgetretenen Fehlerzeitpunkte, die einem Poissonprozess unterliegen, auf ein Zuverlässigkeitswachstumsmodell übertragen. Mithilfe dieses Modells und eines Schätzverfahrens werden beispielhaft die *Gesamtfehlerzahl*, die *Restfehlerzahl*, die *kumulierte Anzahl Fehler*, die *Fehlerrate* und die *Fehlerdichte* für beliebige in die Zukunft gehende Ausführungszeiten abgeschätzt. Diese Maße werden mit einem Kostenmodell kombiniert, um für jedes beliebige Zuverlässigkeitsniveau oder für jede vom Anwender gewünschte Zuverlässigkeitserhöhung die dazugehörigen Kosten angeben zu können. Gleichzeitig kann ein Kostenminimum bestimmt werden, bei dem der Test unter Beachtung der erreichten Zuverlässigkeit abgebrochen werden kann. Mit dem nutzerorientierten Testen zur Evaluierung des Qualitätsmerkmals *Gebrauchstauglichkeit* und der diesem Merkmal untergeordneten *Zuverlässigkeit* soll der strikten Ausrichtung des Qualitätsmanagements auf den Kunden im Sinne der Normenfamilie DIN EN ISO 9000 : 2000 Rechnung getragen werden.

Dieses Buch wendet sich sowohl an Qualitätssicherungskräfte als auch an das Qualitätsmanagement von Wirtschaftsbetrieben und Organisationen, die ein Softwareprodukt in seinem Lebenszyklus qualitätssichernd begleiten und ihre Kenntnisse über analytische praxisorientierte Qualitätssicherungsmaßnahmen erweitern möchten. Aber auch an lehrende und lernende Informatiker an Hochschulen, Universitäten und allen anderen Bildungsinstituten, die sich mit der analytischen Softwarequalitätssicherung im Rahmen von Vorlesungen auseinander setzen müssen. Es soll zur Anregung und als nützliches Nachschlagewerk dienen. Es soll mithelfen, das Qualitätsbewusstsein aller am Entwicklungsprozess beteiligten zu schärfen und die Auswahl der Prüf- und Testverfahren im Testprozess erleichtern.

Leinfelden-Echterdingen, im Juni 2005 *E. H. Peter Roitzsch*

Inhaltsverzeichnis

1 Grundlagen

Die Qualität eines Softwareprodukts wird durch den Entwicklungsprozess und die ihm innewohnenden Merkmale bestimmt. Die Qualitätsmanagement- und Qualitätssicherungsmaßnahmen zur Erreichung eines vorgegebenen Qualitätsziels werden dabei als parallel ablaufende Tätigkeiten des Entwicklungsprozesses betrachtet, die das Produkt über den gesamten Lebenszyklus hinweg begleiten.

Der Entwicklungsprozess wird heute bei einem modernen ingenieurmäßigen Vorgehen in Phasen untergliedert, man spricht deshalb von Phasen- oder Vorgehensmodellen. Die streng voneinander abzugrenzenden Phasen erweisen sich jedoch durch die immer kürzer werdenden Releasezyklen als zunehmendes Hindernis, weil die Softwareentwicklung in den seltensten Fällen linear verläuft und das starre Phasenkonzept zu unrealistisch und unflexibel ist, um den sich oft ändernden Anforderungen an neue Erkenntnisse und Technologien gerecht zu werden. Neuere Entwicklungsprozesse orientieren sich deshalb auch nicht mehr an starren Phasen, sondern sie betrachten Analyse, Design, Implementierung und Test als parallel ablaufende, iterative Tätigkeiten. Die Qualität des Produkts wächst in diesen Iterationen, indem sie durch die qualitätssichernden Maßnahmen zyklisch überprüft und korrigiert wird. Die Gesamtqualität des Produkts setzt sich folglich aus der zyklisch entstehenden Produktqualität und dem Erfüllen der Prozessanforderungen zusammen. Voraussetzungen für eine gute Prozessqualität sind vor allem *konstruktive Qualitätsmanagementmaßnahmen*, also der Einsatz technischer, organisatorischer oder psychologisch orientierter Maßnahmen und Hilfsmittel mit dem Ziel, Fehler von vornherein zu vermeiden.

1.1 Der Qualitätsbegriff

Die Beurteilung der Softwarequalität gehört zu den schwierigsten Aufgabenstellungen in der Softwareentwicklung, weil Software ein vieldimensioniertes komplexes System darstellt, das mehrere Sichtweisen der Qualität in sich einschließt und darüber hinaus vom Einsatzgebiet der Software abhängt. Garvin unterscheidet fünf Ansätze für die Definition des Qualitätsbegriffs [GAR84]:

1. **Der transzendente Ansatz**
   Qualität ist danach zwar universell erkennbar und ein Synonym für hohe Standards und Ansprüche an ein Produkt, sie ist jedoch nicht exakt definierbar und messbar. Die Anhänger dieses Ansatzes sind der Meinung, dass

Qualität nur durch Erfahrung bewertet werden kann, nicht jedoch durch eine implizite Definition. Dieser Ansatz ist für das Qualitätsmanagement nicht geeignet.

2. **Der produktbezogene Ansatz**
   Qualität ist nach diesem Ansatz präzise mess- und bewertbar, d. h., sie lässt sich durch quantitative Kennzahlen beschreiben, wobei sich die Qualitätsunterschiede eines Produkts durch unterschiedliche Merkmalsausprägungen widerspiegeln. Dieser Ansatz bezieht sich ausschließlich auf die Produkteigenschaften, die Belange des Kunden bleiben dagegen weitgehend unberücksichtigt, was problematisch ist.

3. **Der anwenderbezogene Ansatz**
   Grundgedanke dieses Ansatzes ist, dass Qualität eher durch den Anwender des Produkts festgelegt wird als durch das Produkt selbst. Demnach entscheidet der Anwender, ob ein Produkt bezüglich seiner individuellen Anforderungen qualitativ hochwertig ist oder nicht. D. h., das gleiche Produkt kann für einen bestimmten Anwender eine hohe Qualität besitzen, für einen anderen dagegen nicht.

4. **Der prozessbezogene Ansatz**
   Produktqualität entsteht nach diesem Ansatz überwiegend durch eine hohe Qualität des Entwicklungsprozesses. Werden beim Entwicklungsprozess Spezifikationen, Normen und Standards korrekt eingehalten, dann wird auch das Produkt eine hohe Qualität besitzen. Für den Softwareentwicklungsprozess bedeutet dieser Ansatz, dass durch konstruktive Qualitätsmanagementmaßnahmen allein eine hohe Produktqualität erreicht werden kann, was sich in der Praxis als nicht zutreffend erwiesen hat. Ein Vertreter dieses Ansatzes war zum Beispiel Dijkstra [DIJ75].

5. **Der preis/nutzenbezogene Ansatz**
   Die Qualität eines Produktes wird bestimmt durch seinen Nutzen, der in einem akzeptablen Verhältnis zum Preis bzw. den Kosten steht. D. h., die Qualität wird vorwiegend durch ein Preis /Nutzenverhältnis bestimmt. Dagegen kann man allerdings einwenden, dass auch ein preisgünstiges Produkt eine hohe Qualität besitzen sollte.

Aus diesen Ansätzen geht hervor, dass Qualität ein relativer Begriff ist, der von der Sichtweise und dem Anwendungszweck des Produkts abhängig ist. Im Qualitätsmanagement versteht man darunter nicht nur die korrekte Funktionserfüllung im Sinne der *Produktqualität*, sondern auch die Qualität des Entwicklungsprozesses (*Prozessqualität*) sowie die Leistung, Benutzerakzeptanz und Wiederverwendbarkeit der Software bzw. ihrer Komponenten. Produkt-

und Prozessqualität hängen dabei voneinander ab: *Die Qualitätsziele für das Softwareprodukt bestimmen die Qualitätsziele für den Entwicklungsprozess und der Entwicklungsprozess hat wiederum entscheidende Auswirkungen auf die Produktqualität.* Was Qualität ist, wird jedoch immer der Anwender entscheiden, deshalb ist das Urteil des Anwenders über das Produkt und über die Gesamtheit der ihm angebotenen Leistungen von größter Bedeutung [SEG93].

1.1.1 Normierung des Qualitätsbegriffs

Es gab in der Vergangenheit zahlreiche Versuche den Qualitätsbegriff zu normieren, wobei je nach Sichtweise und Branchen unterschiedliche Akzente gesetzt wurden. Diese Normen sollen die betroffenen Unternehmen unterstützen, geeignete Maßnahmen zur Sicherung der Qualität auszuwählen und gegenüber dem Kunden Vertrauen in das Produkt zu schaffen. In der Zwischenzeit wurden der Qualitätsbegriff und andere wichtige Begriffe des Qualitätsmanagements international durch anerkannte Normen vereinheitlicht. Nach DIN EN ISO 9000 : 2000-12 ist Qualität der *„Grad, in dem ein Satz inhärenter Merkmale Anforderungen erfüllt"*. Obwohl diese Definition für den Softwareentwicklungsprozess und das Qualitätsmanagement sehr allgemein gehalten ist, lassen sich daraus einige wichtige Schlussfolgerungen für die Praxis ableiten:

- *Grad* bezeichnet ein messbares Qualitätsniveau der in den fachlichen Anforderungen, im QM-Plan oder seinen Verfahrensanweisungen festgelegten Qualitätsmerkmale. Um den Grad der Qualität richtig beurteilen zu können, muss eine eindeutige Bewertungsskala vorhanden sein, die eine differenzierte Zuordnung der Messwerte auf dieser Skala erlaubt.

- *Inhärente Merkmale* sind "innewohnende" quantitative und qualitative Kenngrößen, die eine Bewertung der Prozess- und Produktqualität über Metriken ermöglichen und damit Qualität messbar machen. Welche Qualitätsmerkmale mit welchen Ausprägungsgrad zur Anwendung kommen, muss in den Anforderungen spezifiziert werden.

- *Anforderungen* ergeben sich aus dem Verwendungszweck des Softwareprodukts, die auf den Qualitätsanforderungen oder Erwartungen des Auftraggebers. In vielen Fällen können sich Anforderungen oder Erwartungen im Laufe der Zeit wegen technischer Weiterentwicklung oder marktwirtschaftlichen Zwängen ändern, was eine periodische Prüfung dieser Erfordernisse bedingt. Qualität besitzt damit keine absolute, sondern eine relative, kundenorientierte Eigenschaft.

Die strikte Kundenorientierung ist ein äußerst wichtiger Grundsatz der Qualitätssicherung. In DIN EN ISO 9000 : 2000-12 heißt es dazu: *"Organisationen hängen von ihren Kunden ab und sollten daher gegenwärtige und zukünftige Erfordernisse der Kunden verstehen, deren Anforderungen erfüllen und danach streben, deren Erwartungen zu übertreffen"*. Die über Qualitätsmerkmale messbare Qualität ist auf der Basis dieser kundenorientierten Sicht ein Eckpfeiler der Kundenzufriedenheit.

1.1.2 Qualitätsmerkmale und Qualitätsbewertung

Eine Qualitätsbewertung basiert immer auf einen Vergleich zwischen den definierten Soll-Ergebnissen, die in den Anforderungsdokumenten festgelegt sind, und den Ist-Ergebnissen, die aus der Prüfung des Produkts gewonnen wurden. Ohne definierte Qualitätsmerkmale ist kein Soll-Ist-Vergleich möglich und demzufolge jede spezifische Qualitätssicherungsmaßnahme weitgehend wertlos. Die DIN-Norm 66272 : 1994-10, die mit der Norm ISO/IEC 9126 : 1991 identisch ist, definiert sechs allgemeine Qualitätsmerkmale, die sich minimal überschneiden und für alle Softwareanwendungen geeignet sind.

Qualitätsmerkmal	Bedeutung
Funktionalität	Vorhandensein von Funktionen mit festgelegten Eigenschaften. Diese Funktionen erfüllen die spezifizierten Anforderungen.
Zuverlässigkeit	Fähigkeit der Software, ihr Leistungsniveau unter festgelegten Bedingungen über einen definierten Zeitraum zu bewahren.
Benutzbarkeit	Aufwand, der zur Benutzung erforderlich ist und individuelle Beurteilung einer Benutzung durch eine festgelegte Benutzergruppe.
Effizienz	Verhältnis zwischen Leistungsniveau der Software und Umfang der eingesetzten Betriebsmittel unter definierten Bedingungen.
Änderbarkeit	Aufwand, der zur Durchführung vorgegebener Änderungen notwendig ist (z. B. Funktionserweiterungen, Korrekturen, Anpassungen).
Übertragbarkeit	Eignung der Software, von einer Systemumgebung in eine andere übertragen zu werden.

Abb. 1.1-1: Qualitätsmerkmale nach DIN 66272 (ISO/IEC 9126 : 1991)

Diese allgemeinen Merkmale lassen sich schrittweise in untergeordnete spezielle Merkmale aufteilen, wobei die Aufteilung so lange fortgesetzt wird, bis die Merkmale in messbare Qualitätskenngrößen (Metriken) übergehen. Die schrittweise Aufteilung von relevanten Merkmalen wird in Qualitätsmodellen vorgenommen, die sowohl projektabhängige als auch projektübergreifende Eigenschaften besitzen können und darüber hinaus von der Sichtweise abhängig sind.

1.1.2.1 Qualitätsmodelle

Da der Qualitätsbegriff von der Sichtweise und den Anforderungen abhängt, die an Softwareprozesse und -produkte gestellt werden, müssen geeignete Qualitätsmodelle gefunden werden, die diesen Anforderungen gerecht werden. Qualitätsmodelle wurden in der Vergangenheit in zahlreicher Form und Umfang entwickelt, einige davon sind jene von

- Boehm [BOE76]
- McCall [McC77]
- Willmer [WIL85]
- NEC [AZU85]
- Siemens [ASA86], [ZOP88]
- Wallmüller [WAL87b]

Qualitätsmodelle sind äußerst nützliche Hilfsmittel, die den Qualitätsbegriff in differenzierter und vereinheitlichter Form auf den Entwicklungsprozess und das Produkt übertragen. Einige weit entwickelte Modelle erlauben auch die Qualitätsplanung und Qualitätsbewertung damit durchzuführen.

1.1.2.2 Struktur von Qualitätsmodellen

Durch Qualitätsmodelle werden allgemeine Qualitätsbegriffe hierarchisch strukturiert und damit operationalisiert, wobei die sich ergebenden Unterbegriffe als Prozess- oder Produktkenngrößen i. S. der Norm DIN EN ISO 9001 : 2000-12 Abschnitt 8.2.3 und 8.2.4 messbar und bewertbar gemacht werden. Diese Kenngrößen werden *Qualitätskenngrößen* (engl. *metrics*) genannt.

Allgemeine Qualitätsmerkmale, wie *Effizienz*, *Zuverlässigkeit* oder *Wartbarkeit* sind für die praktische Anwendung nicht geeignet. Durch Qualitätsmodelle werden diese globalen Merkmale durch schrittweise Verfeinerung in spezifische, anwendbare Merkmale zerlegt. Die unterste Ebene eines Qualitätsmodells bilden deshalb *Qualitätskenngrößen*, die direkt zur quantitativen Bewertung der Produkt- oder Prozessqualität herangezogen werden können. Boehm hat in seinem Qualitätsmodell von 1976 insgesamt 21 Eigenschaften und ca. 60 Qualitätskenngrößen vorgeschlagen [BOE76]. Damit wurde erstmals gezeigt, wie Softwarequalität quantitativ bewertet werden kann.

In Abhängigkeit vom Qualitätsmodell können projektabhängig die relevanten Eigenschaften, Qualitätsmerkmale und Qualitätskenngrößen festgelegt werden, die in den Anforderungen zu spezifizieren sind. Gibt der Auftraggeber keine spezifizierten Qualitätsmerkmale vor, dann sollte er sich später nicht beklagen, wenn er ein Produkt erhält, das nicht seinen Qualitätsanforderungen gerecht wird. Folgende Abbildung zeigt das Prinzip eines Qualitätsmodells durch die schrittweise Verfeinerung von allgemeinen Prozess- und Produktmerkmalen, bis sie in direkt messbare Qualitätskenngrößen übergehen.

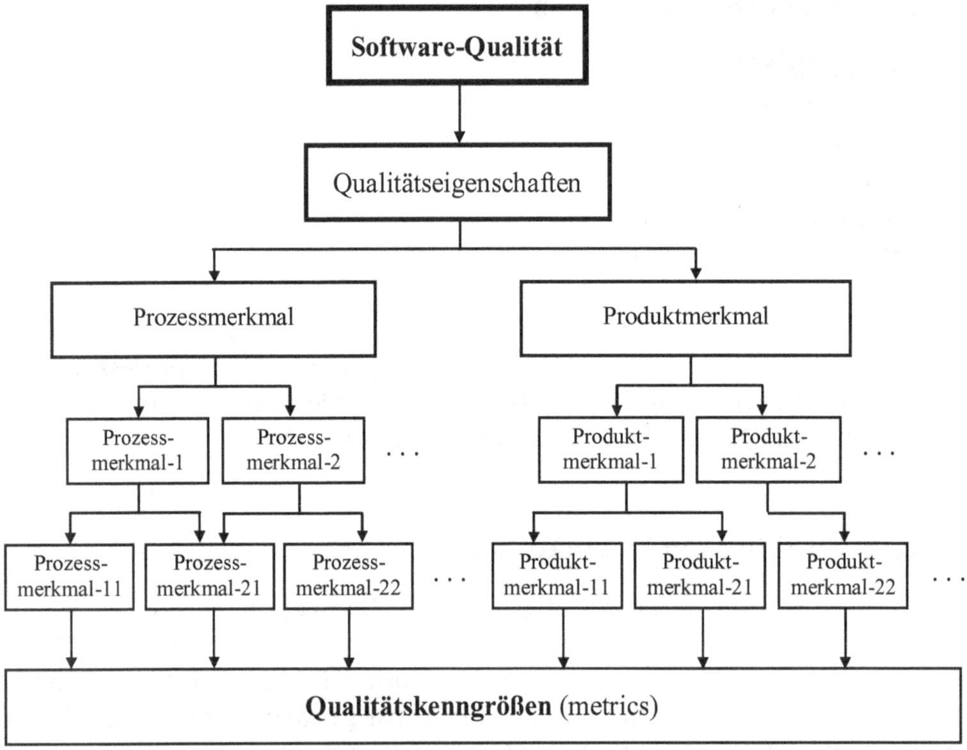

Abb. 1.1-2: Schrittweise Verfeinerung von Merkmalen in einem Qualitätsmodell

Wallmüller weist darauf hin, dass heute in vielen Projekten nur die Anforderungen an die Funktionalität, die Performance und die Benutzerschnittstellen spezifiziert werden. Merkmale wie *Zuverlässigkeit*, *Benutzerfreundlichkeit* oder *Portabilität* bleiben oft unberücksichtigt (vgl. [WAL90], S. 47). Seiner Ansicht nach liegt der Grund darin, dass für die Spezifizierung der Anforderungen keine geeigneten Hilfsmittel zur Verfügung stehen, um die Qualitätsanforderungen zu bestimmen und mit einer Zielvorgabe zu spezifizieren.

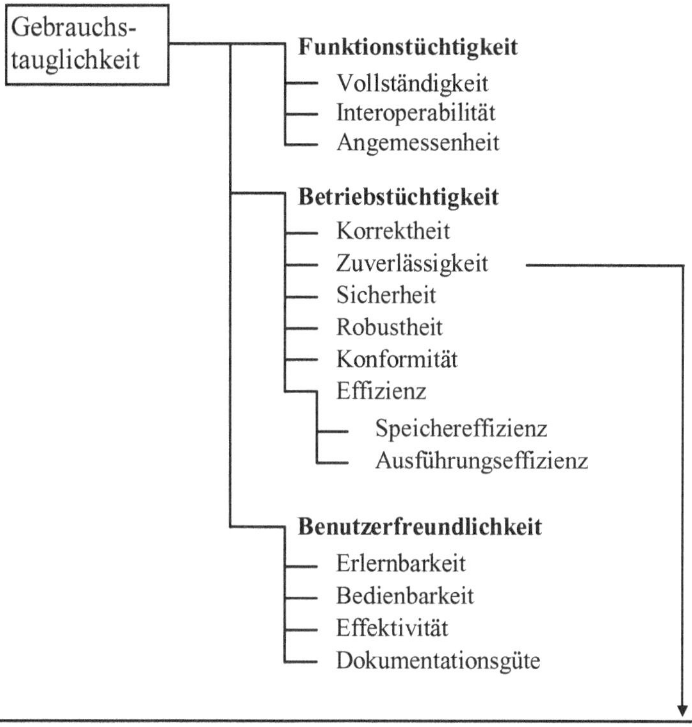

Kenngrößen für das Qualitätsmerkmal *Zuverlässigkeit*:

Ausfallrate: $\lambda = \frac{\text{Anzahl Ausfälle}}{\text{CPU} - \text{Zeiteinheit}}$

Mittlere Lebensdauer (MTTF): $T_B = \frac{\text{CPU} - \text{Zeiteinheit}}{\text{Anzahl Ausfälle}}$

Überlebenswahrscheinlichkeit: $R = \exp\left[-\text{Ausfallrate} * \text{Ausführungszeit}\right]$

Ausfallwahrscheinlichkeit: $F = 1 - \exp\left[-\text{Ausfallrate} * \text{Ausführungszeit}\right]$

Verfügbarkeit: $V = \frac{\text{Betriebszeit}}{\textit{Betriebszeit} - \textit{Ausfallzeit}}$

Abb. 1.1-3: Auszug aus einem möglichen Qualitätsmodell

Qualitätsmodelle setzen an dieser Stelle an. Sie bieten dem Auftraggeber ein wertvolles Hilfsmittel zur Spezifizierung standardisierter Qualitätsmerkmale, die auch aus Entwicklersicht planbar und durchführbar sind. Qualitätsmodelle verbessern darüber hinaus die Kommunikation und damit das Verständnis zwischen Auftraggebern, Entwicklern und dem Qualitätsmanagement, indem sie Qualität konkretisieren und damit eine gemeinsame Basis für das Qualitätsverständnis bilden. Auf diese Weise wird allen am Entwicklungsprozess beteiligten ein Prüf- und Kontrollinstrument in die Hand gegeben, welches hilft, Fehlentwicklungen oder Mängel rechtzeitig aufzudecken und zu korrigieren. Die letzte Abbildung zeigt einen Ausschnitt aus einem möglichen Qualitätsmodell. Es wird das abgeleitete Merkmal *Zuverlässigkeit* mit kundenorientierten Qualitätskenngrößen (Metriken) betrachtet. Qualitätskenngrößen, die sich auf die Programmgröße beziehen (z. B. die *Fehlerdichte* als Anzahl der Fehler im Quelltext pro kLOC) sind entwicklerorientiert ausgerichtet und sollen deshalb hier nicht berücksichtigt werden.

1.1.2.3 Zielkonflikte zwischen Qualitätsmerkmalen

Bei der Definition von Qualitätsmerkmalen kann es zwischen bestimmten Merkmalen Zielkonflikte geben. So sind zum Beispiel zwischen *Modularisierung* und *Performance* erhebliche Abhängigkeiten möglich. Eine starke Modularisierung hat unter Umständen tief gestaffelte Kaskaden von Unterprogrammaufrufen zur Folge, die ein Mehrfaches an Aufrufzeit benötigen als bei moderater Modularisierung. Man muss in derartigen Fällen versuchen Kompromisse zu schließen, wobei oft andere Merkmale in das Kalkül einbezogen werden müssen. Wird zum Beispiel gleichzeitig auf das Merkmal *Wartbarkeit* größten Wert gelegt, dann setzt das wiederum eine gute Modularisierung voraus, d. h., die Modularisierung könnte in diesem Fall die Performance dominieren.

Offensichtlich können sich auch die Merkmale hohe *Zuverlässigkeit* und geringe *Entwicklungskosten* widersprechen, weil auf dem ersten Blick Qualität nicht ohne erhöhte Qualitätskosten erhältlich ist. Rombach weist darauf hin, dass derartige Beziehungen zwischen Merkmalen auch vom Stand der Technik abhängig sind [ROM93]. Verbesserte Entwicklungsmethoden können nämlich dazu führen, dass eine Erhöhung der Zuverlässigkeit durchaus bei geringeren Entwicklungskosten möglich ist, was zum Beispiel die Cleanroom-Entwicklungsmethode von IBM beweist [SEL87].

2 Teststufen

Teststufen sind zeitlich und sachlich in sich abgeschlossene Testabschnitte, die sich am Implementierungsfortschritt des Softwareprojekts orientieren und entsprechende Testaufgaben und Testziele beinhalten. Das Teststufenkonzept bedeutet jedoch nicht, dass die qualitätssichernden Maßnahmen ausschließlich in diesen Teststufen durchgeführt werden, sondern dass sie den Abschluss eines definierten Implementierungsschritts bilden, in dem geeignete Testverfahren eingesetzt werden, die sich wiederum an bestimmten Testschwerpunkten orientieren.

Qualitätssichernde Maßnahmen sind also nicht auf die Teststufen beschränkt, sondern sie begleiten das Projekt von den Voruntersuchungen angefangen bis hin zur Realisierung, dem Einsatz im Betrieb und der späteren Wartung, also während des gesamten Softwarelebenszyklus. Sie bestehen aus keinen von der Entwicklung losgelösten Aktionen, sondern sind als fest integrierte Bestandteile der Entwicklung aufzufassen, die nicht von ihr zu trennen sind. So ist zum Beispiel bei sicherheitskritischer Software die formale Verifikation untrennbarer Bestandteil der frühen Realisierungsphase, die nicht in zeitlichen Abständen neben der Entwicklung erfolgt, sondern jeder einzelne Entwicklungsschritt wird gleichzeitig verifiziert. Auf diese Weise lassen sich die meisten Fehler bereits in frühen Phasen der Entwicklung finden, was nicht nur die Projektkosten reduziert, sondern auch einen wesentlichen Qualitätssprung der Produktqualität bedeutet. Bei größeren Projekten unterscheidet man gewöhnlich unter vier Teststufen, die jedoch bei Bedarf durch weitere Stufen ergänzt werden können:

Modultest oder **Klassentest** → **Integrationstest** → **Systemtest** → **Abnahmetest**

In der Praxis hat es sich als zweckmäßig erwiesen, wenn im *Abnahmetest* auch anwendernahe Funktionen und Funktionsverkettungen getestet werden. Der Grund ist darin zu sehen, dass der Systemtest, der in den Zuständigkeitsbereich der Entwickler fällt, sich oft nur auf die Hauptfunktionen und die spezifizierten Qualitätsmerkmale beschränkt. Die fachlichen Sonder- und Ausnahmeregelungen bleiben dagegen oft unberücksichtigt. Des Weiteren ist der Test der direkten Anwenderfunktionalität eine logische Folge des Tests der Einzelfunktionen. So müssen zum Beispiel zuerst die oft zahlreichen Funktionen und Hilfsfunktionen zum Laden von Bestands- und Änderungsdaten in eine Datenbank geprüft werden, bevor mit dem eigentlichen Arbeiten dieser Daten begonnen werden kann.

2.1 Prozeduraler Modultest

Wird das Softwareprodukt prozedural entwickelt, dann ist der Modultest die erste große Teststufe im Softwareentwicklungsprozess. Seinem Wesen nach ist der Modultest ein strukturorientierter Test, der Kenntnisse über die innere Modulstruktur erfordert. Deshalb sind für die Testplanung und Ausführung die Entwickler bzw. Implementierer zuständig. Dabei sollte das Prinzip gelten, dass kein Entwickler oder Implementierer sein eigenes Programm testet.

Im prozeduralen Modultest werden komplette Moduln als elementare Komponenten der Anwendung getestet, wobei sowohl statische Analyseverfahren als auch dynamische Testverfahren zur Anwendung kommen. Für das dynamische Testen eignen sich kontrollfluss-, datenfluss- und funktionale Testverfahren, die je nach Kritikalität, Komplexität und Sichtweise auszuwählen und zu kombinieren sind. Am besten lassen sich die Moduln testen, wenn das Hauptprogramm bereits implementiert wurde. Dann werden zwar immer noch Stubs für nicht vorhandene Moduln benötigt, die vom Testmodul aufgerufen werden, aber es entfallen die Testtreiber. Aufgabe des Modultests ist der Vergleich der realisierten Modulfunktion und der Datenbenutzungen mit der Modulspezifikation.

2.1.1 Der Modulbegriff

Ein gut strukturiertes, prozedurales Programm sollte einen modularen Aufbau besitzen. Der Modulbegriff i.e.S bezeichnet eine separat übersetzte Programmeinheit als elementare eigenständig ablaufende Komponente eines Programms. Ein Modul muss nach den Modularisierungskriterien von Constantine und Myers zwei Grundeigenschaften besitzen [CON74], [MYE75]:

- große Festigkeit der inneren Struktur
- geringe Bindung zu anderen Moduln

Unter *großer Festigkeit* versteht man eine starke „Verzahnung" von Daten und Anweisungen. Das kann zum Beispiel erreicht werden, indem ein Modul nur *eine* fachliche oder systemtechnische Funktion oder Teilfunktion beinhaltet. In der Praxis lässt sich eine derartige Zielstellung jedoch nicht immer realisieren, deshalb sollten nur solche Funktionen in einem Modul zusammengefasst werden, die auf eine gemeinsame Datenstruktur zugreifen.

Eine *geringe Bindung* (Kopplung) zu anderen Moduln wird durch eine schmale Import-/Exportschnittstelle und eine separate Übersetzung erreicht. Darüber hinaus müssen die Daten eines Moduls logisch entkoppelt und redundanzfrei gespeichert sein. Das bedeutet eine möglichst unabhängige Definition der Datenfelder, die mit Ausnahme der Schlüssel nur einmal zu speichern sind. Derartige stabile Datenstrukturen lassen sich ändern, löschen oder hinzufügen, ohne andere Daten wesentlich zu beeinflussen. Mit diesen Maßnahmen können bei Programmänderungen ganze Moduln problemlos ausgetauscht werden, ohne dass unerwünschte Rückwirkungen auf andere Moduln zu befürchten sind.

Durch die geforderte Unabhängigkeit werden Daten und funktionales Verhalten eines Moduls gegenüber äußeren Zugriffen unter Anwendung des Geheimnisprinzips (Information hiding) gekapselt. Wird ein Programm aus derartigen Moduln zusammengesetzt, dann ist es nicht mehr notwendig, die innere Struktur dieser Moduln zu kennen. Diese Struktur in Form von Daten und Anweisungen bleibt der „Außenwelt" verborgen, weil das Programm als Ganzes diese Informationen nicht benötigt. Man bezeichnet einen derartigen Modul auch als *Datenkapsel*. Der Zugriff auf die innere Struktur einer Datenkapsel erfolgt nur über eine Zugriffsfunktion an einer exakt definierten Schnittstelle. Durch die geforderte Unabhängigkeit können auch unabhängige Softwaredesigner an den Moduln arbeiten und die Moduln lassen sich modular testen, was folgende Vorteile hat (vgl. [MYE91]):

- Die kombinatorischen Schwierigkeiten beim Testen werden reduziert.
- Die Lokalisierung und Behebung der Fehler wird erleichtert.
- Ein unabhängiges Testen an mehreren Moduln ist gleichzeitig möglich.
- Kritische Funktionen lassen sich gezielt durch besondere Verfahren testen.

In der Praxis wird ein Programm nicht immer modular i.e.S. aufgebaut sein, was besonders für Altsoftware zutrifft. In der Fachliteratur zählt man deshalb zu einem Modul i.w.S. auch Programmeinheiten, die nicht separat übersetzbar sind, zum Beispiel lineare Sequenzen von Anweisungen, die über einen Bezeichner von einer beliebigen Stelle des Programms aus angesteuert werden können. Ein modularer Test mit den oben angegebenen Vorteilen ist dann jedoch nicht mehr möglich. Darüber hinaus ergeben sich mehr oder weniger große Probleme beim nachfolgenden Integrationstest.

2.1.2 Testmethodik

Je nach Kritikalität und Komplexität werden im Modultest statische Analyseverfahren und *dynamische Testverfahren* eingesetzt. Besitzt der Modul komplexe Datenstrukturen und realisiert aufwändige Berechnungen, dann sollten datenflussorientierte Testverfahren eingesetzt werden, die den Datenfluss vom

Moduleingang als *Übergabeparameter* bis zum Ausgang als *Rückgabeparameter* verfolgen. Das Ziel des Modultests ist die Überdeckung aller möglichen Übergabeparameter und Wertekombinationen, was jedoch in der Praxis nicht möglich ist. Deshalb werden ausgewählte Werte und Wertekombinationen getestet, die durch die Äquivalenzklassenanalyse, die Grenzwertanalyse und die Analyse besondere Werte zu bestimmen sind. Die kontrollflussorientierten Überdeckungserfahren, wie zum Beispiel der Zweigtest oder der Bedingungstest, eignen sich nur als einfache Kontrollinstrumente in dem Sinne, dass alle Zweige oder Bedingungen auch tatsächlich durchlaufen wurden.

Da ein konventioneller Modul eine gut abgegrenzte Funktionalität besitzt, was in der Objektorientierung aufgrund der Vererbung und des Polymorphismus nicht mehr der Fall ist, lässt sich der Modul auch funktionsorientiert im Sinne einer Blackbox testen. Dazu kann das Eingabe-/Ausgabeverhalten des Moduls durch einen *wertebezogenen Testansatz* untersucht werden. Dazu werden auf der Basis der Äquivalenzklassenanalyse Grenzwerte und besondere Werte für die Übergabe- und Rückgabeparameter gewählt. Kombiniert man diesen Ansatz mit einer strukturorientierten Sicht, indem man auch für interne Zwischenergebnisse Grenzwerte und besondere Werte berücksichtigt, dann erhält man eine sehr effektive Teststrategie. Alle verwendeten Testverfahren werden im Modultest mit dem Ziel der systematischen Fehlersuche eingesetzt (debuggingorientiertes Testen). Das statistische Testen auf der Basis eines Nutzungsprofils zur Prüfung des Merkmals *Zuverlässigkeit* ist in dieser Teststufe nicht relevant.

2.1.2.1 Statische Modulprüfungen

Bevor mit dem dynamischen Modultest begonnen wird, sollte eine statische Prüfung der Moduln durchgeführt werden. Das kann zum Beispiel in Form einer Code-Inspektion oder einer werkzeuggestützten Anomalienanalyse geschehen. Auf diese Weise lassen sich typische Programmierfehler bereits im Vorfeld des dynamischen Tests weitgehend ausschließen bzw. Datenflussanomalien beseitigen. Eine Datenflussanomalie entsteht zum Beispiel, wenn eine Variable mit einem bestimmten Wert initialisiert wurde, dieser Wert jedoch im weiteren Ablauf nicht referenziert wird. Eine statische Prüfung ist allerdings erst dann sinnvoll, wenn folgende Bedingungen erfüllt sind:

- Der Quelltext muss fehlerfrei vom Compiler übersetzt worden sein. Dabei sollten auch Warnmeldungen entsprechend verifiziert werden.

- Alle Entwurfsänderungen aufgrund fachlicher CR (Change Requests) sollten im Code realisiert und durch Kommentare gekennzeichnet sein.

- Jeder separat übersetzte Modul sollte einen Dokumentenraster als Kommentarblock im Modulkopf enthalten, der den Verwendungszweck und die wichtigsten Moduleigenschaften enthält. Dazu zählen auch die Versionsangaben und externe Ein- und Ausgabedateien.

Bei sicherheitskritischen Moduln können darüber hinaus formale Verifikationen durchgeführt werden. Dazu sollten die Moduln jedoch streng strukturiert sein und nicht mehrere Funktionen realisieren. Ansonsten wird der Verifikationsaufwand extrem hoch sein. Diese formalen Verifikationsmaßnahmen ersetzen jedoch nicht die dynamischen Tests, auch dann nicht, wenn die partielle oder vollständige Korrektheit eines Moduls bezüglich seiner Spezifikation nachgewiesen wurde. Der Grund ist, dass durch den Korrektheitsbeweis immer nur die Konsistenz zweier statischer Dokumente nachgewiesen wird, nicht jedoch die dynamischen Prozesse der Programmausführung mit den Anforderungen der Modulumwelt, die in dieser Teststufe weitgehend durch *Treiber* und *Stubs* nachgebildet wird. Die dynamischen Tests, insbesondere die funktionsorientierten, sind also letztendlich von ausschlaggebender Bedeutung für korrekt arbeitende Moduln in der späteren Anwendungsumgebung.

2.1.2.2 Dynamischer Modultest

Nachdem die statischen Prüfungen erfolgreich abgeschlossen sind und die beanstandeten Fehler beseitigt wurden, kann mit dem dynamischen Modultest begonnen werden. Dazu sollten die folgende Dokumente in aktueller Form vorliegen:

- die fachlichen Anforderungen und die Modulspezifikation
- der Feinentwurf
- das Programmlisting
- die Umwandlungsliste
- die Testfallspezifikation einschließlich der Testfälle und Testdaten

Typische Aspekte des dynamischen Modultests umfassen folgende Punkte:

- systemtechnische oder fachliche Funktionen des Moduls
- Schnittstellen zu anderen Moduln (*Stubs*), Programmen oder Datenbanken
- Schnittstellen zum Anwender (*Menüs, Listen, Protokolle, Dateien* usw.)
- Modulstruktur in Form von Anweisungen, Zweigen, Pfaden
- spezifizierte Ausnahmefälle und Sonderbedingungen
- Performance

Die Fehler, die im Modultest auftreten, sind in der Regel Strukturfehler, die zu folgenden Fehlerklassen zusammengefasst werden können:

- fehlende Pfade
- Durchlaufen falscher Pfade (*Domain*-Error)
- falsch definierte Datentypen
- Berechnungsfehler
- Schnittstellenfehler
- Initialisierungsfehler
- Bedingungsfehler
- Schleifenfehler

Der dynamische Modultest kann der Sichtweise entsprechend durchgeführt werden als:

- kontrollflussorientierter Modultest
- datenflussorientierter Modultest
- funktionsorientierter Modultest
- werteorientierter Modultest

Diese Möglichkeiten zur Durchführung des Modultests sollen hier nur kurz angesprochen werden. Sie werden in den Kapiteln *Funktionsorientiertes Testen* und *Strukturorientiertes Testen* mit den entsprechenden Testverfahren ausführlich behandelt.

Kontroll- und datenflussorientierter Modultest

Bei der *strukturorientierten Sicht* werden entweder auf der Basis des *Kontrollflusses* Anweisungen, Zweige, Pfade usw. durch die übergebenen Parameter zur Ausführung gebracht und die Testüberdeckung dieser elementaren Komponenten gemessen oder auf der Basis des *Datenflusses* die verschiedenen Zugriffe auf die Variablen geprüft. Welche strukturorientierten Testmethoden im speziellen Fall zum Einsatz kommen, hängt im Wesentlichen vom Komplexitätsprofil und einer damit verbundenen Fehlerprognose des Testobjekts ab (vgl. [LIG94a], [LIG94b]).

Funktionsorientierter Modultest

Bei einer *funktionsorientierten Sicht* wird der Modul auf funktionaler Basis betrachtet und die realisierten Funktionen bzw. Teilfunktionen zu Testobjekten zusammengefasst. Diese Aufteilung der Modulfunktionalität zu Testobjekten ist keine leichte Aufgabe, weil der Funktionsbegriff hier weiter gefasst wird als in der Teststufe *Funktionstest*. Während im *Funktionstest* die gesamte Anwendung als *Blackbox* betrachtet wird und demzufolge nur anwenderbezogene Funktionen auf der Grundlage der fachlichen Vorgaben zu testen sind, werden im *Modultest* Funktionen und Teilfunktionen den entsprechenden *Codesequenzen* zugeordnet und deren Eingabe-/Ausgabeverhalten verifiziert. Darüber hinaus werden die internen Zustände und Zustandsübergänge der Teilfunktionen betrachtet, die sich zu Zustandssequenzen zusammensetzen lassen, die wiederum in der richtigen Reihenfolge vorliegen müssen. Der funktionsorientierte Test wird also in den meisten Fällen auch Kenntnisse der internen Modulstruktur erfordern, weil die Teilfunktionen (z. B. in Form von Prozeduren) in einer Art Synthese zur kompletten Modulfunktion zusammengesetzt werden.

Realisiert ein Modul eine komplette Funktion, dann kann er auch als Blackbox betrachtet werden, indem auf der Grundlage der Spezifikation das Eingabe-/Ausgabeverhalten durch Testfälle geprüft wird. Dazu wird der Ein- und Ausgabedatenbereich entsprechend seiner Schnittstellenbeschreibung in Äquivalenzklassen aufgeteilt, die Pfaden mit Aufrufstellen zu externen Operationen entsprechen. Zusammen mit dem funktionsorientierten Test kann eine vorgegebene strukturelle Testüberdeckung gemessen und bei Bedarf dieser Greyboxtest durch strukturorientierte Tests ergänzt werden.

Werteorientierter Modultest

Der werteorientierte Ansatz kann sowohl den strukturorientierten als auch funktionsorientierten Testverfahren zugeordnet werden. Ziel des wertebezogenen Ansatzes ist, Funktionen oder Teilfunktionen eines Moduls mit solchen Testdaten auszuführen, dass fehlerträchtige Situationen entstehen können, die für eine ganze Reihe Programmfehler verantwortlich sind. Im Wesentlichen sind das grenzwertbezogene bzw. extremwertbezogene Testdaten, was dem *Grenzwerttest* und dem *Test besonderer Werte* entspricht. Mit diesem werteorientierten Ansatz lässt sich die Effizienz der Fehlererkennung in einem Testobjekt wesentlich erhöhen. Voraussetzung ist allerdings, dass die Testdaten in *Äquivalenzklassen* aufgeteilt werden, was im Folgenden noch detaillierter betrachtet werden soll.

In einem ersten Schritt werden die Testdaten durch eine Äquivalenzklassenanalyse ausgewählt, wobei jeder Repräsentant einer Äquivalenzklasse bei der Ausführung zum gleichen funktionalen Modulverhalten führt. Auf diese Weise lässt sich die Anzahl der Testfälle wesentlich reduzieren, weil eine Aussage über das Modulverhalten mit nur einem Testfall möglich ist. Liegen die Eingabe- und/oder Ausgabedatenelemente einer Äquivalenzklasse in einer geordneten Folge vor, zum Beispiel bei nummerischen Wertebereichen, dann lassen sich in einem zweiten Schritt durch eine Grenzwertanalyse die Randbereiche der Klassen verstärkt in Testfällen verwenden. Ergänzt werden kann dieses Vorgehen, indem zusätzlich *besondere Werte* in den Testfällen berücksichtigt werden, die ebenfalls ein fehlerträchtiges Verhalten aufweisen. Zum Beispiel der erste und letzte Tag im Monat oder im Jahr, der 29. Februar in einem Schaltjahr usw. Die Ableitung von Äquivalenzklassen aus der Spezifikation ist allerdings nicht immer einfach, besonders dann nicht, wenn Kombinationen von Äquivalenzklassen bzw. Eingabevariablen berücksichtigt werden müssen. Das ist zum Beispiel dann der Fall, wenn durch eine einzige Äquivalenzklasse keine eindeutige Wirkung erzeugt werden kann.

Ein modifiziertes Äquivalenzklassenverfahren, das sowohl Äquivalenzklassen aus der Spezifikation als auch aus dem Programmtext verwendet, wurde von Ostrand und Weyuker unter der Bezeichnung *Test fehleroffenbarender Unterbereiche* vorgestellt [WEY80]. Dabei werden in einem ersten Schritt eine so genannte *Pfadbereichspartition* aus dem Programmtext und eine *Problempartition* aus der Spezifikation für den Eingabedatenbereich des Moduls abgeleitet. Ein *Pfadbereich* besteht dabei aus einem Satz von Eingaben, die alle den gleichen Pfad im Kontrollfluss des Moduls durchlaufen, während ein *Problembereich* auf der Basis der Spezifikation eine Modulwirkung charakterisiert.

Die Partition mit den Pfadbereichen wird anschließend in *strukturelle Äquivalenzklassen* und die Problempartition in *funktionale Äquivalenzklassen* aufgeteilt. Diese zwei Unterbereichsmengen des Eingabedatenbereichs werden nun in einer Weise zum Schnitt gebracht, dass jeder entstehende Bereich ausschließlich Eingabewerte enthält, die sowohl von der Programmstruktur als auch von der Spezifikation her in der gleichen Weise verarbeitet werden. Das Testobjekt ist nun mit Repräsentanten aus jeder Klasse zu testen, wobei wiederum *Grenzwerte* und *besondere Werte* berücksichtigt werden können.

Der Vorteil dieser modifizierten Äquivalenzklassenmethode ist, dass die Testdatenauswahl auf zwei unterschiedlichen und unabhängigen Ansätzen beruht, die zu einem einzigen Auswahlkriterium vereinigt wurden. Damit lassen sich Fehler finden, die sowohl aus einer unzureichenden oder falschen Spezifikation als auch aus einer mangelhaften Implementierung resultieren, was durch strukturelle oder funktionale Äquivalenzklassen allein nicht möglich wäre.

2.1.2.3 Anforderungen an den Modultest

Der Modultest ist eine wichtige Teststufe, die nicht nur die korrekte Funktionalität der einzelnen Moduln gegenüber der Modulspezifikation sicherzustellen hat, sondern auch deren Ergebnisse und Informationen dem sich anschließenden Integrationstest zur Verfügung stellen soll. Der Aufwand für den Integrationstest lässt sich durch die Wiederverwendung dieser Informationen wesentlich verringern, was besonders für die Bereitstellung der Testfälle bzw. Testdaten zutrifft, die je nach angewendeten Testverfahren weitgehend aus dem Modultest übernommen werden können.

Aus den *statischen Modulprüfungen* sind besonders die parametergesteuerten externen Operationsaufrufe von Bedeutung, aus denen vollständige Aufrufreihenfolgen für die Schnittstellenprüfungen im Integrationstest ermittelt werden können. Parametergesteuert bedeutet, dass die Operationen unter Umständen keine festen Aufrufreihenfolgen besitzen, sondern dass ihre Aufrufe durch definierte Parameterwerte ausgelöst werden. Das ist besonders bei Batchverarbeitungen der Fall, indem zum Beispiel unterschiedliche Satzarten durch unterschiedliche Operationen verarbeitet werden.

Der *dynamische Modultest* muss unter der Prämisse durchgeführt werden, dass alle Pfade auszuführen sind, auf denen sich externe Operationsaufrufe befinden. Die Parameterwerte der aktivierten und ausgeführten *Stubs* sind dabei besonders wichtig, sie müssen als Teil der wiederzuverwendenden Testfälle dokumentiert sein. Spillner weist darauf hin, dass die Testdaten, die einen Modul zur Ausführung bringen, in Äquivalenzklassen aufgeteilt werden sollten (vgl. [SPI90], S. 51). Diese Äquivalenzklassen lassen sich im Integrationstest wiederverwenden, indem sie mit den Äquivalenzklassen der externen Operationen kombiniert werden. Durch dieses Vorgehen enthält man im Integrationstest Klassen über die Importschnittstellen hinweg, die die erforderlichen Pfadkombinationen ausführen. Ein analoges Vorgehen ergibt sich für die Exportschnittstellen von aufgerufenen Operationen zurück zu den aufrufenden Moduln.

Werden im Modultest *symbolische Ausführungen* für bestimmte Pfade durchgeführt, dann sollten die pfadbezogenen Variableninterpretationen und Pfadprädikate dem späteren Integrationstest zur Verfügung gestellt werden. Aus diesen Informationen lassen sich zusätzliche Testdaten im Integrationstest gewinnen, was den Aufwand in dieser Teststufe reduziert. Wird ein *datenflussorientierter Modultest* durchgeführt, dann ist für jeden Parameter einer externen Operation eine Datenflussanalyse durchzuführen. Dabei sind die verschiedenen Variablenzugriffe von Bedeutung, die folgendermaßen klassifiziert werden können:

- *undefine* ***u*** (Zugriff auf einen nicht definierten Wert, z. B. bei einer Abfrage)
- *define* ***d*** (definierender Zugriff, z. B. durch eine Zuweisung)
- *reference* ***r*** (referenzierender Zugriff, z. B. durch eine Leseoperation)

Durch eine derartige Zugriffsanalyse lassen sich im Datenfluss zur aufrufenden Operation und zurück zum Aufrufer Anomalien feststellen wie eine zweifache

Wertzuweisung auf einen Pfad ohne dazwischenliegende Referenzierung (***dd***-Anomalie) oder einen von einer Operation zurückgegebenen Wert, der vom Aufrufer falsch referenziert wird (***du***-Anomalie). Oft werden auch Operationen über umfangreiche Fallunterscheidungen angesteuert oder Werte über derartige Konstrukte an den Aufrufer zurückgegeben. In diesem Fall müssen alle Zweige einschließlich eventuell vorhandener Leerzweige mit den unterschiedlichen Parametern in die Datenflussanalyse einbezogen werden. Der datenflussorientierte Modultest sollte immer durch eine *wertebezogene Sicht* ergänzt werden, wodurch sich die Fehlersensibilität der Testdaten wesentlich erhöhen lässt. In Anlehnung an Riedemann wird für den Modultest eine Kombination von Prüf- und Testverfahren vorgeschlagen, die kritikalitätsabhängig in folgender Sequenz durchgeführt werden kann (vgl. [RIE97], S. 452):

1. informelle statische Prüfungen (*z. B. als Code-Inspektion*)
2. formale statische Analyse und symbolische Ausführungen
3. funktionsorientiertes Testen auf Anwenderebene (Blackboxtesten)
4. strukturorientiertes Testen
5. formale Programmverifikation

Der Modultest ist ein nicht inkrementeller Test, der die Moduln weitgehend isoliert betrachtet. Da die Moduln jedoch über Eingabe-/Ausgabeschnittstellen mit anderen Moduln kommunizieren, müssen die das Testobjekt rufenden Moduln durch *Treiber* und die vom Testobjekt gerufenen Moduln durch *Platzhalter* (Stubs) nachgebildet werden. Eine Ausnahme davon bildet der Hauptmodul, der nur Platzhalter benötigt. Mehrfach verwendete Modulkomponenten sind immer separat zu testen, ggf. unter Verwendung von Treibern und Platzhaltern. Diese Testumgebung für einen Modul bezeichnet man als Testrahmen.

2.1.3 Testrahmen

Der Modultest beinhaltet nicht den Test des Programms als Ganzes, sondern seiner modularen Einheiten. Ziel des Modultestes ist die Überprüfung der Modulfunktionalität, indem alle Übergabeparameter durch Testfälle belegt und die Rückgabeparameter gegen die Spezifikation verifiziert werden. Da ein Modul in den meisten Fällen von einem anderen übergeordneten Modul aufgerufen wird, der unter Umständen noch nicht zugriffsbereit ist, müssen die Aufrufe durch *Treibe*r und die benötigten Schnittstellendaten durch *Platzhalter* simuliert werden. Platzhalter werden demnach immer dann benötigt, wenn der zu testende Modul den Service eines anderen Moduls benötigt, dieser jedoch noch nicht realisiert ist. Die Testumgebung eines Moduls setzt sich demzufolge aus *Treibern*, *Platzhaltern,* testfallbezogenen *Testdaten* und gegebenenfalls einem

Datenbankmanagementsystem (DBMS) zusammen. Folgende Abbildung zeigt in Anlehnung an [DEU96b] einen skizzierten Modultest.

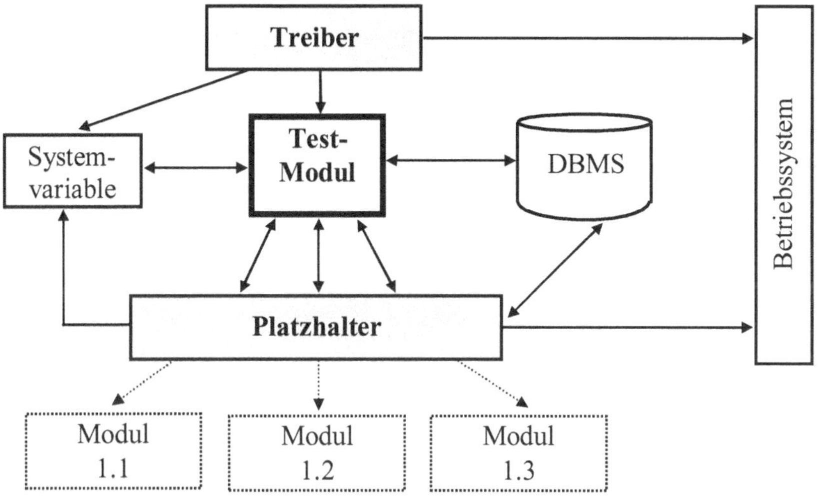

Abb. 2.1-1: Prinzip des Modultests mit Treiber und Platzhalter [DEU96b].

Betrachten wir den Hauptmodul eines Batchprogramms, der in COBOL bei separat übersetzten Moduln im Wesentlichen aus CALL-Aufrufen besteht. Beinhaltet dieser Modul zum Beispiel drei unmittelbare Modulaufrufe, dann müssen auch drei Platzhalter bereitstehen, die diese Aufrufe entgegennehmen, die benötigten Operationen simulieren und die erforderlichen Daten an den Hauptmodul zurückliefern.

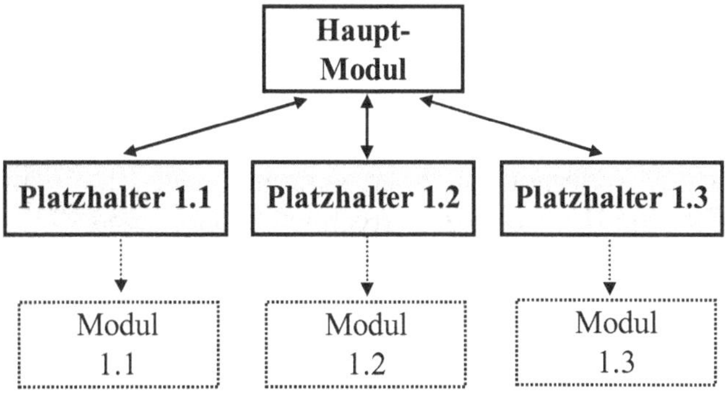

Abb. 2.1-2: Test eines Hauptmoduls mit drei Platzhaltern

Treiber und Platzhalter sind gewöhnlich eigenständige Programme, die man in ihrer Gesamtheit für den entsprechenden Modul als *Testrahmen* bezeichnet. Testrahmen sind in der Lage einen Modul unabhängig von seiner spezifischen

Systemumgebung zu Ausführung zu bringen und ihn mit den nötigen Daten bzw. Rückantworten zu versorgen. Ein Testrahmen sollte folgende Aufgaben erfüllen (vgl. [END84], S. 386 f.):

- Einlesen der Parameter, globalen Variablen und gegebenenfalls Daten für E-/A-Operationen
- Ansprung des zu testenden Moduls mit der Übergabe der Parameter
- Kurzschlüsse für Moduln, die noch nicht vorhanden sind
- Protokollierung der Übergabeparameter für späteren Vergleich
- Protokollierung der Ein- und Aussprünge der zu testenden Moduln
- Bereitstellung von Breakpoints für den Test

Treiber simulieren die Eingangsschnittstelle eines Moduls und versorgen den Modul mit Daten, während *Platzhalter* einen gerufenen Modul oder eine Ausgangsschnittstelle simulieren und Daten bzw. eine Anwort zurückliefern. Platzhalter lassen sich bei fehlenden Werkzeugen durch zusätzlichen Code als Build-in-Technik realisieren, wobei man hinsichtlich der Komplexität der Platzhalter folgende Unterscheidungen treffen kann:

- **Platzhalter ohne Überprüfung der Schnittstellendaten**
  Der Platzhalter gibt lediglich eine Aufrufbestätigung zurück, die in eine Protokolldatei geschrieben werden kann. Es findet weder eine Schnittstellenüberprüfung noch eine Simulierung des gerufenen Moduls statt. In den meisten Fällen genügt es jedoch nicht, dass nur eine Aufrufbestätigung zurückgegeben wird, sondern es müssen auch die wesentlichen Funktionen des aufrufenden Moduls simuliert und variable Daten zurückgeben werden.

- **Passiver Platzhalter mit Überprüfung der Schnittstellendaten**
  Der Platzhalter schreibt die erhaltenen Parameter in eine Protokolldatei, ohne eine aktive Änderung an ihnen vorzunehmen. Eine derartige Realisierung erlaubt eine Kontrolle der errechneten Daten und stellt sicher, dass die Schnittstelle zum rufenden Modul mit korrekten Daten versorgt wird.

- **Aktiver Platzhalter mit Überprüfung der Schnittstellendaten**
  Der Platzhalter reagiert aktiv auf Aufrufe und simuliert mit Einschränkungen die Funktionalität des ersetzenden Moduls. D. h., es werden Daten verändert und neue Daten erzeugt, wie es der rufende Modul erwartet. Sowohl die vom rufenden Modul erhaltenen als auch die geänderten oder erzeugten Daten sollten zu Kontrollzwecken in eine Protokolldatei geschrieben werden.

Besitzen aufrufende Moduln ein zeitkritisches Verhalten, dann muss der Platzhalter dieses Verhalten in zumindestens vereinfachender Form widerspiegeln. In den meisten Fällen wird man jedoch Kompromisse schließen, denn simuliert ein Platzhalter einen Modul vollständig, dann muss er nicht mehr programmiert werden.

Das eigentliche Problem beim Modultest liegt in den Treibern und Platzhaltern, die die Funktionalität des aufrufenden bzw. aufgerufenen Moduls mehr oder weniger gut simulieren, deshalb ist auch ein vollständiger Modultest in der Praxis nicht möglich. Man beschränkt sich deshalb oft mit dem Nachweis, dass der betreffende Modul ablauffähig ist und dass seine Schnittstellen syntaktisch korrekt sind. Das bedeutet aber auch, dass eine korrekte Überprüfung eines Moduls erst im Integrationstest möglich ist (vgl. [RIE97], S. 350). Eine andere Möglichkeit besteht darin, einen Modul immer nur im dynamischen Zusammenhang mit anderen Moduln zu testen. Diese sinnvolle Annäherung rückt den Modultest allerdings in die Nähe des Integrationstests.

2.1.4 Testendekriterien für den Modultest

Im Modultest kommen neben kontrollfluss- und datenflussorientierten Testmethoden auch funktions- und zustandsorientierte Methoden zum Einsatz. Deshalb werden die Testendekriterien auch vorwiegend aus diesen Testmethoden abgeleitet. Kontrollflussorientierten Testmethoden beinhalten Überdeckungen einfacher Kontrollstrukturen vom Moduleingang zum Modulausgang, zum Beispiel Anweisungen, Zweige oder Bedingungen. Dementsprechend werden auch die Testendekriterien spezifizierte Überdeckungsmaße sein, wie zum Beispiel die *Zweigüberdeckung* oder die *Bedingungsüberdeckung*. Dagegen basieren die datenflussorientierten Testmethoden auf der Überdeckung des Datenflusses aller Variablen vom Moduleingang zum Modulausgang. Diese anspruchsvolleren Testendekriterien ergeben sich zum Beispiel aus der Überdeckung aller *du*-Pfade (*definition-use*). D. h., jede Definition und jede zugehörige berechnende und prädikative Benutzung ist für alle Variablen zu testen. Testendekriterien könnten eine *all c-use-Überdeckung* (computational use), eine *all p-use-Überdeckung* (predicative use) oder eine *all use-Überdeckung* sein.

Ein Modul realisiert gewöhnlich eine oder mehrere Funktionen, die je nach Sichtweise auf den anwendernahen oder systemnahen Ebenen angesiedelt sein können. Als Funktionen könnte man zum Beispiel alle ansteuerbaren Operationen des Moduls zählen, die im Test mindestens einmal ausgeführt werden sollten. Als Testendekriterium lässt sich eine *Operationsaufrufüberdeckung* bzw. eine *Funktionsüberdeckung* spezifizieren. Darüber hinaus sind diese

Operationen auch in genau festgelegten Sequenzen zur Ausführung zu bringen. Diese Ausführungssequenzen lassen sich durch einen Zustandsübergangstest verifizieren, wobei neben den spezifizierten Sequenzen auch nicht spezifizierte, also Ausnahmesituationen berücksichtigt werden müssen. Als Testendekriterium kann man deshalb eine *Zustandsübergangsüberdeckung* und eine *Ausnahmeüberdeckung* festlegen.

Testendekriterien sollten immer in Kombination festgelegt werden. Ein einzelnes Überdeckungsmaß ist allein nicht ausreichend, um eine konkrete Aussage über den Testfortschritt zu treffen. Welche Testmethoden auf der Basis welcher Testmodelle zum Einsatz kommen und welcher Testaufwand betrieben wird, ist von der Komplexität und der Kritikalität der Moduln abhängig. Deshalb sollte man bereits im Vorfeld der Tests eine Komplexitätsanalyse durchführen und daraus eine entsprechende Fehlerprognose ableiten (vgl. [LIG94a], [LIG94b]). Sind zum Beispiel viele Verzweigungen vorhanden, dann könnte man einen *all p-uses*-Test (Überdeckung aller prädikativen Zugriffe) vorsehen. Überwiegen dagegen die Berechnungen, dann ist wahrscheinlich ein *all c-uses*-Test sinnvoll. In jedem Fall müssen die elementaren Maßzahlen, die zueinander in das Verhältnis zu setzen sind, durch ein Werkzeug ermittelt werden, zum Beispiel die Gesamtzahl der Zweige zu den ausgeführten Zweigen.

Testmodell	Testendekriterien
Kontrollfluss-testmodell	• Alle Zweige werden mindestens einmal ausgeführt • Alle Bedingungen werden mindestens einmal ausgeführt • Alle Bedingungskombinationen werden mindestens einmal ausführt
Datenfluss-testmodell	• Alle *du*-Pfade (*definition-use*) werden mindestens einmal ausgeführt • Alle berechnende Zugriffe (*all c-use*) werden mind. einmal getestet • Alle prädikativen Zugriffe (*all p-use*) werden mind. einmal getestet • Alle Definitionen (*all defs*) werden mindestens einmal getestet
Funktions-testmodell	• Alle Funktionen werden mindestens einmal ausgeführt • Alle Operationen werden mindestens einmal ausgeführt
Zustands-übergangs-testmodell	• Alle Zustandsübergänge werden mindestens einmal ausgeführt • Alle nicht spezifizierten Zustandsübergänge werden mind. einmal ausgeführt
Ausnahme-testmodell	• Alle spezifizierten Ausnahmen werden überdeckt • Alle nicht spezifizierten Ausnahmen werden überdeckt (Überdeckung spezi fizierter Fehlerklassen)

Abb. 2.1-3: Mögliche Testendekriterien im Modultest

Für einen Modul geringer bis mittlerer Kritikalität, der vorwiegend Berechnungen ausführt, könnten folgende Testendekriterien spezifiziert werden:

- Zweigüberdeckung von 90 %
- Operationsaufrufüberdeckung von 100 %
- *all c-uses*-Überdeckung von 80 %
- Zustandsübergangsüberdeckung von 95 %
- Ausnahmeüberdeckung von 80 %

Die Erfüllung der Testendekriterien im Modultest kann davon abhängig gemacht werden, ob die Software an den anschließenden Integrationstest übergeben werden darf. Das kann der Fall sein, wenn die Entwicklung und die Qualitätssicherung organisatorisch voneinander getrennt sind. D. h., die Software muss einen bestimmten Qualitätsstandard besitzen, bevor sie in den Integrationstest geht, was eine sehr sinnvolle Regelung darstellt.

2.2 Objektorientierter Klassentest

Der Klassentest lässt sich nicht mit dem Modultest bei prozeduralen Programmen vergleichen. Ein separat übersetzter, gut strukturierter Modul besitzt nur einen Eingang (und einen Ausgang), dadurch kann er direkt aufgerufen werden. Eine Klasse kann nicht direkt aufgerufen werden. Sie ist lediglich eine Abstraktion eines Satzes von Objekten mit gleichen oder ähnlichen Eigenschaften, die Daten (Attribute) und Verhalten (Operationen) miteinander teilen. Das Verhalten der Objekte wird durch eine Anzahl implementierter Methoden realisiert, die alle einen Eingang und einen Ausgang besitzen und einzeln über definierte Schnittstellen aufgerufen werden können. Der Test einer Klasse ist deshalb nur über ihre Methoden möglich. Konnte ein separat übersetzter Modul noch mit relativ geringem Aufwand separat getestet werden, so ist das bei einer Klasse aufgrund ihrer komplexen dynamischen Beziehungen zu anderen Klassen nur mit großem Aufwand möglich.

Der Klassentest ist seinem Wesen nach ein Strukturtest, der Kenntnisse über die Struktur der Klasse erfordert. Er besitzt jedoch auch funktionalen Charakter, weil die Methoden eine elementare Funktionalität realisieren. Für den Klassentest lassen sich deshalb sowohl kontrollfluss- und datenfluss- als auch funktionsorientierte Testmethoden einsetzen. Kontrollflussorientierte Tests sind jedoch nur als einfache Kontrollmechanismen zu verstehen, indem geprüft wird, ob tatsächlich alle elementaren Programmelemente (Anweisungen, Zweige usw.) durchlaufen wurden. Dazu müssen diese Elemente durch das eingesetzte Werkzeug protokolliert werden, was einen Abgleich mit den nicht durchlaufenen Elementen gestattet. Sinnvoller sind datenfluss- und zustandsorientierte Testmethoden, die den Datenfluss der Parameter und Objekte in den Methoden vom Start bis zum Ende verfolgen und dabei alle Zustände und Zustandsübergänge berücksichtigen. Welche Testmodelle einzusetzen sind und welcher Testaufwand gerechtfertigt ist, muss durch eine Risikoanalyse festgelegt werden, die von den Entwicklern in Zusammenarbeit mit dem Auftraggeber für das Gesamtsystem und deren Komponenten vorgenommen werden muss.

Grundsätzlich werden im Klassentest für alle Methoden sowohl die Eingabeparameter und Vorbedingungen als auch die Ausgabeparameter und Nachbedingungen geprüft. Spezifizierte Invarianten müssen vor und nach der Methodenausführung gültig sein. Für die Methodenparameter sind werteorientierte Prüfungen vorzusehen, also Grenzwerttests und Tests mit besonderen Werten. Jede Bedingung, die zu Verzweigungen des Kontrollflusses in den Methoden führt, muss getestet werden. Bevor mit dem eigentlichen Klassentest begonnen wird, sollte man die Klasse einer statischen Prüfung unterziehen [SIE96].

2.2.1 Statische Prüfungen der Klassen

Statische Prüfungen in Form von Reviews sollten in allen Phasen und Iterationen des Entwicklungs- und Testprozesses vorgenommen werden. Durch Reviews werden die fachlichen Anforderungen, die Designunterlagen und die Spezifikation der Testfälle geprüft und iterativ verbessert. Durch statistische Auswertungen der Reviewergebnisse lassen sich rechtzeitig Fehler erkennen und Prozesse ständig verbessern. Eine abgewandelte Variante der Reviews sind Codeinspektionen, die mit Erfolg im Klassentest eingesetzt werden können. Probleme bereitet allerdings der Umstand, dass der Code einer Klasse nicht die gesamten Informationen über ihre Funktionalität enthält. Der Grund liegt in der Vererbung von Funktionalität durch die Basisklassen und den Polymorphismus. Deshalb lassen sich durch Codeinspektionen auch nur typische Fehler entdecken. Die Funktionalität kann erst durch dynamische Tests geprüft werden. Folgende Fehler lassen sich zum Beispiel. durch Codeinspektionen finden:

- verletzte Designregeln
- fehlerhafte oder fehlende Anweisungen
- falsche oder nicht erfolgte Zuweisungen
- falsche logische Operatoren und Vergleiche
- problematische Typumwandlungen
- nicht initialisierte oder falsch initialisierte Variablen
- fehlerhaft gesetzte Zeiger
- Nichtbeachtung von Array-Grenzen (Überschreitung von Indizes)

- nicht unerreichbarer Code
- verletzte Programmierkonventionen und Standards usw.

Glunz und Zimmerer geben in ihrer Arbeit Testwerkzeuge für C++ an, die für statische Prüfungen eingesetzt werden können [GLU98]. Sie weisen auch auf die Effizienz der Fehlerfindung hin, die im Vergleich zum dynamischen Test beträchtlich höher liegt. Voraussetzung für statische Prüfungen ist, dass der Code in umgewandelter fehlerfreier Form vorliegt. Für sicherheitsrelevante Software lassen sich auch formale Verifikationen und symbolische Ausführungen vornehmen. Da die Methoden an sich nur eine elementare Funktionalität zu Verfügung stellen, dürften diese Prüfungen nicht allzu schwierig zu realisieren sein [LIG96]. Allerdings werden dafür teure Werkzeuge benötigt, die selbst wieder verifiziert sein müssen. Letztendlich erhebt sich dann doch die Frage, ob nicht Codeinspektionen der einfachere und effizientere Weg ist, die Methoden vor dem Klassentest zu prüfen. Statische Datenflussanomalieanalysen sind für den Klassentest weniger gut geeignet, weil sich der Datenfluss über Methodensequenzen hinweg erstreckt, die wegen des Polymorphismus erst zu Laufzeit festgelegt werden. Deshalb müssen dynamische Anomalieanalysen durchgeführt werden, die sich an den Nachrichtensequenzen orientieren.

2.2.2 Grundlegende Testtechniken für den Klassentest

Aus den Anfängen der Objektorientierung stammt der Ansatz, dass Klassen die kleinsten *unabhängig* testbaren Programmeinheiten sind. Vermutlich hat auch der Modultest konventioneller Programme einen Einfluss auf diese Vorstellung gehabt. Was sich aber im Modultest relativ problemlos realisieren lässt, ist bei Klassen äußerst problematisch. Klassen sind in eine Generalisierungs- bzw. Spezialisierungshierarchie eingebunden. D. h., Unterklassen erben Daten und Funktionalität ihrer Basisklassen. Auf diese Weise vererben sich auch Fehler und Probleme, die bei einem separaten Test einer Klasse mit einer vollständig künstlichen Umgebung kaum festgestellt werden können. Eine abgeleitete Klasse sollte deshalb immer in ausreichendem Zusammenhang mit anderen Klassen getestet werden, indem die Basisklassen in den Test der Unterklassen einzubeziehen sind. Dieser Ansatz rückt damit allerdings in die Nähe des Integrationstests, der dadurch aber entlastet wird.

Andererseits wird der Klassentest kaum unabhängig von der gewählten Systemarchitektur durchgeführt werden können. Es gibt viele Architekturen, wobei die bekannteste die dreistufige Client-/Server-Architektur mit einer *Repräsentationsschicht*, einer *Anwendungsschicht* und einer *zentralen Datenhaltungsschicht* ist. Diese Schichten sind oft auf unterschiedliche Entwicklergruppen verteilt. Wird zum Beispiel die Anwendungsschicht getestet und ist die Repräsentationsschicht noch nicht verfügbar, dann wird man die Aufrufe dieser Klassen durch Treiber simulieren müssen. Das gleiche gilt auch für nicht vorhandene Klassen der Datenhaltungsschicht, deren Methoden durch Stubs zu nachzubilden sind. Dabei muss man jedoch bedenken, dass diese Nachbildungen lediglich Modellvorstellungen sind, die mehr oder weniger gut sein können, was vom Programmieraufwand oder den Anschaffungskosten abhängig ist. Aus diesen Ansätzen lassen sich zwei grundlegende Testtechniken ableiten: der *unabhängige Klassentest* über Testtreiber und Stubs und der *hierarchisch inkrementelle Klassentest* (vgl. auch [SNE02]).

2.2.2.1 Unabhängiger Klassentest

Wird eine Klasse unabhängig getestet, dann muss ihr Umfeld durch Treiber und Stubs nachgebildet werden. Ein Treiber simuliert die vererbenden Eigenschaften der Basisklassen, versorgt die zu testende Klasse mit Vorzuständen, stößt die Methoden in dieser Klasse an und protokolliert die Nachzustände. Dagegen werden die noch nicht vorhandenen dienstverrichtenden Methoden in anderen Klassen, die von der Klasse unter Test aufgerufen werden, durch Stubs simuliert. Treiber und Stubs können auch als *Build-in-Technik* direkt in die Klassen eingesetzt werden. Das ist eine recht häufig verwendete Technik, die auch bei prozeduralen Programmen gern verwendet wird, wenn der Programmierer sein Programm in frühen Entwicklungsstadien testet und die rufenden oder aufgerufenen Moduln bzw. Prozeduren noch nicht vorhanden sind.

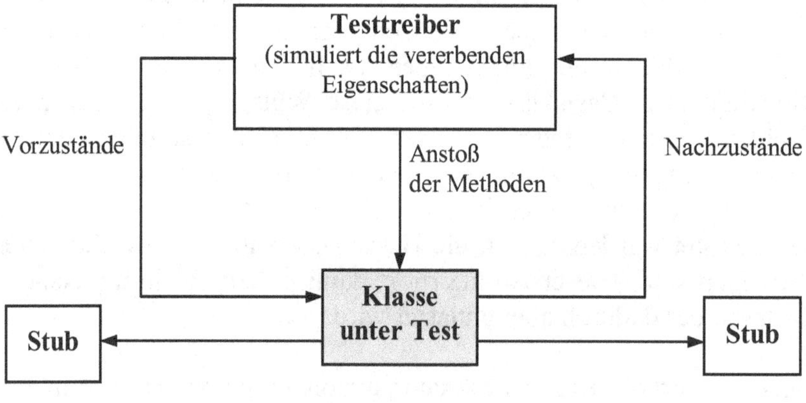

Abb. 2.2-1: Test einer Klasse mit Testtreibern und Stubs

2.2.2.2 Hierarchisch inkrementeller Klassentest

Der Klassentest kann aber auch hierarchisch inkrementell durchgeführt werden, indem man mit dem Test der Basisklassen beginnt und inkrementell Klasse für Klasse hinzufügt, bis man auf der untersten Ebene der Klassenhierarchie angelangt ist. Die übergeordneten Klassen (Basisklassen) werden also immer von den untergeordneten Klassen getestet. Der Begriff „hierarchisch inkrementell" drückt diese Vorgehensweise beim Testen aus, nämlich das Testen eines Objekts der Klasse in ihrem Kontext zur Vererbungshierarchie [SIE96].

Der hierarchisch inkrementelle Test besitzt gegenüber dem Test mit einem Testtreiber den Vorteil, dass er die funktionalen Beziehungen zu seinen Oberklassen nutzt. Die zu testende Unterklasse wird also nicht separat getestet, sondern sie nutzt ihre Vererbungsbeziehung zur Basisklasse. Stehen in diesem Stadium der Entwicklung keine weiteren Unterklassen zur Verfügung, die die Methoden der Klasse unter Test aufrufen, dann muss man eine künstliche Klasse erstellen, die diese Aufrufe simuliert und die Klasse unter Test einschließlich Basisklasse mit Testparametern versorgt.

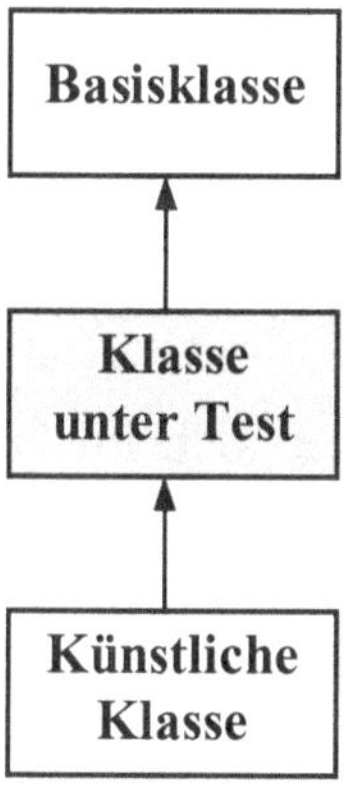

Abb. 2.2-2: Hierarchisch inkrementeller Test

Die hierarchisch inkrementellen Änderungen in den Klassen werden für die Identifizierung der Testfälle benutzt werden, indem man prüft, ob die Testfälle der Basisklassen für den Test der abgeleiteten Klassen wiederverwendet werden können bzw. welche Testfälle neu zu spezifizieren sind. McGregor und Sykes bezeichnen diese wiederverwendbaren Testfälle als geerbte Testfälle [McG01]. Beim Klassentest muss man folglich zwischen dem Test von Basisklassen (Oberklassen) und dem Test von Unterklassen unterscheiden.

2.2.3 Test von Basisklassen

Basisklassen stellen die allgemeinen Operationen zur Verfügung, die von den untergeordneten Klassen durch den Mechanismus der Vererbung benutzt und in ihrer Funktionalität spezialisiert werden können. Man muss zwischen *abstrakten* und *konkreten* Basisklassen unterscheiden. Abstrakte Klassen erzeugen keine Objekte. Sie spezifizieren lediglich allgemeine Eigenschaften und/oder abstrakte Operationen, die auf Objekte von Unterklassen angewendet werden können. D. h., es wird eine allgemeine Vorlage für die klassenspezifische Implementierung der Operationen geliefert. Diese Vorlage umfasst die syntaktische Spezifikation der Operationen und eine reduzierte semantische Spezifikation. D. h., allgemeine Vor- und Nachbedingungen sowie Invarianten für die beabsichtigte Implementierung in den Unterklassen [NEU95]. Aus diesem Grund können abstrakte Klassen auch nicht direkt getestet werden, das ist nur über ihre konkreten Unterklassen möglich.

Soll eine abstrakte Basisklasse getestet werden, muss bereits eine abgeleitete Klasse vorhanden sein oder es wird zu Testzwecken eine künstliche Klasse erstellt. Diese künstliche Klasse sollte alle spezifizierten Operationen der Basisklasse testen, einschließlich der reduzierten semantischen Spezifikation, d. h., die allgemeinen Vor- und Nachbedingungen sowie die Invarianten. Das ist äußerst wichtig, denn diese allgemeinen Regeln beziehen sich auf die beabsichtigte Implementierung in allen untergeordneten Klassen. Deshalb müssen sie auch in allen untergeordneten Klassen getestet werden.

Bei konkreten Basisklassen lassen sich im Gegensatz zu den abstrakten Basisklassen Objekte erzeugen, die im Anschluss durch die Methodenaufrufe der Unterklassen oder durch Stubs getestet werden können. Alle Operationen der Basisklasse müssen auf diese Weise durch Testfälle verifiziert werden. Da Basisklassen ihre Daten vererben, muss besondere Aufmerksamkeit auf die Prüfung der korrekten Initialisierung von Datenobjekten gelegt werden. Fehler, die auf falsche Intitialisierungen zurückgeführt werden können, sind oft schwer zu entdecken, weil sie manchmal viele Schnittstellen passieren können, ohne das Methoden falsche Ergebnisse liefern. Oft werden diese Fehler erst dann gefunden, wenn sie in Schnittstellen zu anderen Systemen Inkonsistenzen hervorrufen, zum Beispiel in Client-/Server-Systemen. Es besteht aber auch die Möglichkeit, dass Methoden korrekte Ausgangsdaten liefern, das aufgerufene Objekt jedoch in einem nicht definierten Zustand zurücklassen. Beim Testen von Basisklassen gibt es mindestens noch zwei weitere Probleme, die berücksichtigt werden müssen:

- Fehlermaskierung durch Nachrichtensequenzen
  Beim Testen lösen die einzelnen Testfälle Nachrichtensequenzen an Objekte der zu prüfenden Klasse aus (vgl. [PAR93b], [KIR94], [LIG96] u.a). Arbeitet innerhalb der Nachrichtensequenz (Methodenaufrufsequenz) eine Methode fehlerhaft, dann können unter Umständen die nachfolgend aufgerufenen Methoden diesen Fehler maskieren oder kompensieren.

- Verminderte Beobachtbarkeit durch die Datenkapselung
  Werden Fehler durch Nachrichtensequenzen maskiert oder kompensiert, dann wirkt sich erschwerend die Kapselung von Daten und Operationen aus, weil die Beobachtbarkeit der Attribute stark herabgesetzt ist und damit das Testen erschwert wird [BIN94b].

Um diese Probleme zu überwinden, wurden eine ganze Reihe Vorschläge gemacht. Berard schlägt zum Beispiel eine bestimmte Testreihenfolge der Integration einzelner Methoden einer Klasse vor [BER93]:

1. Test der *nicht zustandsverändernden* Methoden.
2. Test der *zustandsverändernden* Methoden.

Liggesmeyer und Rüppel weisen darauf hin, dass damit jedoch noch nicht das Testen der *nicht zustandsverändernden* Methoden geklärt ist, ohne dabei die übrigen Methoden zu verwenden [LIG96]. Sie erwähnen die Möglichkeit, formale Korrektheitsbeweise für die *nicht zustandsverändernden* Methoden durchzuführen, was wegen der wenig komplexen Struktur dieser Methoden relativ einfach ist. Im Anschluss könnten dann die *zustandsverändernden* Methoden durch die als korrekt bewiesenen Methoden getestet werden (vgl. [BIN94c]).

2.2.4 Test von Unterklassen

Unterklassen erben Daten und Funktionalität von ihren Basisklassen, deshalb muss bei einem hierarchisch inkrementellen Testansatz die Basisklasse, bzw. bei Mehrfachvererbung alle vererbenden Basisklassen, in den Test einbezogen werden. Der hierarchisch inkrementelle Testansatz bringt den Vorteil, dass die Methoden in ihrem dynamischen Zusammenhang mit anderen Methoden getestet werden und dass die Testtreiber entfallen. Allerdings müssen für die Methodenaufrufe in der zu testenden Klasse Stubs eingesetzt werden, weil weitere Klassen in diesem Entwicklungsstadium wahrscheinlich nicht vorhanden sind.

2.2.4.1 Zustandsorientierter Test der Methodensequenzen

Das separate Testen der Methoden ohne dynamischen Zusammenhang mit anderen Methoden ist wenig sinnvoll und nur in Ausnahmefällen möglich. Dieses Zusammenwirken kann durch einen zustandsorientierten Test der Methodensequenzen getestet werden, wobei alle möglichen gültigen Sequenzen und zumindest einige ungültige Sequenzen zu testen sind. Die ungültigen Sequenzen lassen sich eventuell in Klassen einteilen, sodass es ausreichend ist, von jeder Fehlerklasse eine Sequenz zu testen. Als Testfall ist eine Methodensequenz als Nachrichtensequenz zu verstehen, die einen Pfad vom Start bis zum Ende aktiviert. Dazu gehören die Werte der Eingangs-, Ausgangs- und Zustandsvariablen einschließlich der Initialisierungswerte und der Invarianten. Jede Methode sollte mit möglichst vielen Zuständen getestet werden, um alle Ergebnisse zu erzielen und damit alle relevanten Pfade durch Ausführungen abzudecken [MUR94]. Das Durchlaufergebnis einer Methodensequenz sind die veränderten Objekte, d. h., ihre Attribute, die geprüft werden müssen. Bei persistenten Objekten sind diejenigen Attribute von großer Wichtigkeit, die als Schlüssel verwendet werden. Dazu gehören auch die Methoden, die diese Schlüssel über Bedingungen und Einschränkungen prüfen und Verletzungen als Fehlermeldungen protokollieren. Durch Schlüssel lassen sich gleichartige Objekte unterscheiden, was zum Beispiel bei Sortiervorgängen von Bedeutung ist.

Beim Test von Methodensequenzen bereitet der Polymorphismus Probleme, denn durch die dynamische Bindung werden die vielen gleichnamigen Operationsvarianten erst während der Laufzeit an ein Objekt gebunden. Eine genaue und vollständige Spezifizierung der Sequenzen im Testkonzept ist kaum möglich und deshalb sind auch die Ergebnisse eines Testfalls nicht immer exakt voraussehbar. Beim Ausführen der Testfälle erhält man deshalb immer wieder neue Einsichten und Erkenntnisse über Beziehungen zwischen den Klassen, die wiederum für die Spezialisierung bzw. Generalisierung genutzt werden können. Diese testgetriebene Entwicklung entspricht dem Vorgehen beim *eXtrem Programming*, indem durch die Tests der Entwicklungsvorgang ständig überwacht, das System weiterentwickelt und Mängel frühzeitig erkannt werden [BEC00].

Werden Stubs für die Zielmethode eingesetzt, dann müsste der Tester für jede Operationsvariante einen Stub bereitstellen, was extrem aufwändig ist. Sneed weist darauf hin, dass der Tester deshalb nur relevante Operationen berücksichtigen sollte, deren Ergebnisse zu simulieren sind [SNE02]. Ähnliche Verhältnisse treten bei polymorphen Methoden auf, die zur testenden Klasse selbst gehören. Beim Test von Basisklassen ist dazu ein Testtreiber erforderlich, der die möglichen polymorphen Aufrufe berücksichtigt. Sollen dabei noch alle möglichen Parameterwerte verwendet werden, ist der Test kaum noch durchführbar.

2.2.4.2 Wiederverwendung von Testfällen

Im Hinblick auf die Vererbung muss im Testkonzept festgelegt werden, welche Testfälle wiederverwendet werden können bzw. welche zu ergänzen oder neu zu spezifizieren sind. Können durch das hierarchisch inkrementelle Vorgehen beim Test von Unterklassen Testfälle wiederverwendet werden, dann wird sich das günstig auf den Entwicklungsaufwand der Testfälle auswirken.

Jede Klasse ist das Resultat der Kombination von Struktur und Verhalten der Oberklassen und der von der Klasse selbst hinzugefügten Attribute und Operationen. D. h., die von den Basisklassen geerbte Schnittstelle wird spezialisiert und erweitert, was Auswirkungen auf die Wiederverwendbarkeit der Testfälle hat. Eine Unterklasse darf jedoch weder Attribute noch Operationen einer Oberklasse unterdrücken, weil sie dann keine echte Vorfahreninstanz wäre bzw. das Prinzip der Vererbung durchbrochen würde. Man kann also nicht davon ausgehen, dass geerbte Operationen nicht mehr zu testen sind, weil das schon in den Oberklassen geschehen ist. Sondern die Spezialisierungen und gegebenenfalls die unerlaubten Einschränkungen verändern die geerbten Operationen, deshalb müssen sie in den Unterklassen getestet werden (vgl. [HAR92], PER90]).

Um die Wiederverwendung von Testfällen zu klären, muss zuerst eine Differenzierung der zu testenden Methoden vorgenommen werden. Harrold und McGregor unterscheiden drei verschiedene Arten von Methoden [HAR92], die unterschiedliche Anforderungen an das Testen der Unterklasse stellen und damit auch die Wiederverwendung von Testfällen entscheidend beeinflussen:

- neue Methoden
- geerbte Methoden
- redefinierte Methoden

Neue Methoden müssen grundsätzlich immer getestet werden, sowohl in struktureller als auch funktionaler Sicht. D. h., es können strukturorientierte Tests entworfen werden, zum Beispiel der Zweigtest. Da die Operationen nicht geerbt, sondern als neue Methoden implementiert sind, müssen auch funktionsorientierte Testfälle entworfen und ausgeführt werden, um die Funktionalität der Methoden und ihr Zusammenwirken mit anderen Methoden zu verifizieren.

Geerbte Methoden, die nicht redefiniert worden sind, wurden bereits in den Basisklassen getestet. Die Testfälle können deshalb sowohl in struktureller als auch funktionaler Sicht beim Test der Unterklasse wiederverwendet werden. Man darf beim Test von geerbten Methoden keinesfalls davon ausgehen, dass diese Methoden bereits in den Basisklassen getestet wurden und deshalb der

Test entfallen kann. Grundsätzlich müssen alle geerbten Methoden getestet werden, weil sich durch das Prinzip der Vererbung Fehler in den Basisklassen auch auf alle Unterklassen auswirken können. Diese Fehler sind aber oft erst dann zu erkennen, wenn sie durch die entsprechenden Methodensequenzen eine fachliche oder technische Funktionalität ergeben.

Redefinierte Methoden fügen den geerbten Eigenschaften neue Daten und neues Verhalten hinzu. So können zum Beispiel zu den geerbten formalen Schnittstellen zusätzliche Attribute definiert oder andere umbenannt werden. Jede redefinierte Methode in der Schnittstelle der Unterklasse enthält formale Eingangs- und Ausgangsgrößen, denen positionsgerecht formale Eingangs- und Ausgangsgrößen in der korrespondierenden Methode in der Schnittstelle der Basisklasse entsprechen müssen [NEU95]. Zusätzlich können ergänzende Eingangsgrößen an die Schnittstelle angefügt sein, die wiederum mit bestimmten Werten zu initialisieren sind. Diese Änderungen bedeuten, dass die Implementierung der redefinierten Methoden sich geändert hat und dass deshalb neue strukturelle Testfälle erstellt und ausgeführt werden müssen. Ob neue oder nur ergänzende funktionale Testfälle erstellt werden müssen, ist von der Sicht auf die hierarchische Klassenstruktur abhängig. Wird nämlich die Klassenstruktur als Implementierungshierarchie gesehen (der private Teil der Klassenspezifikation ist für die Implementierung von Operationen verfügbar), dann sind neue funktionale Testfälle erforderlich [PER90].

Wird dagegen die Klassenstruktur als reine Generalisierungsstruktur verstanden, dann sind lediglich die Testfälle um die neue Funktionalität zu ergänzen [HAR92]. In diesem Fall geht man davon aus, dass die Schnittstelle der Unterklasse alle Elemente der Schnittstelle der Basisklasse enthält. Die Schnittstelle der Unterklasse wird lediglich um neue Elemente ergänzt und/oder es werden Elemente umbenannt. Folglich müssen die alten Testfälle nur um diese neue Funktionalität erweitert werden. Beruht die Vererbung allerdings nicht auf einer korrekten Generalisierungs- bzw. Spezialisierungsbeziehung (vgl. [PER90], [BAL98]), dann lassen sich die Testfälle der Oberklasse für die redefinierten Operationen nicht wiederverwenden. D. h., es müssen ebenfalls neue *funktionale Testfälle* erstellt und ausgeführt werden.

2.2.5 Testmethodik für den Klassentest

Der Klassentest besteht aus dem inkrementellen Test der einzelnen Methoden und Methodensequenzen innerhalb der Klasse, wobei alle zulässigen und einige nicht zulässige Sequenzen als Testziel getestet werden können. Dabei sollte jede mögliche Objektausprägung hergestellt und geprüft werden, was jedoch aufgrund der kombinatorischen Vielfalt der Datenobjekte in der Praxis nicht möglich ist. In diesem Fall muss durch Stichproben unter Einbeziehung der *Äquivalenzklassenbildung*, der *Grenzwertanalyse* und dem *Test besonderer Werte* die Anzahl der Objektausprägungen und damit die Anzahl der Testfälle reduziert werden. Sind Methoden noch nicht verfügbar, dann muss ein Stub-Generator eingesetzt werden, der das Verhalten der fehlenden Methoden simuliert.

Jede Einschränkung und jede Bedingung sollte in allem möglichen Zusammenhängen der Klasse getestet werden. Probleme treten in dieser Hinsicht bei wiederverwendbarer Software auf, weil während der Entwicklung noch nicht hinreichend bekannt ist, für welchen detaillierten Verwendungszweck die Methoden künftig eingesetzt werden. Deshalb können nur die Einschränkungen, Bedingungen, Zustände und funktionalen Verwendungsmöglichkeiten der aktuellen Applikation geprüft werden. Ein praktikabler Ansatz für den Klassentest ist der *zustandsorientierte Test*, indem Objekte als Zustandsautomaten mit spezifizierten Zuständen und Zustandsübergängen betrachtet werden.

Da eine Klasse nur eine Beschreibung einer Menge von gleichartigen Objekten ist, müssen zuerst konkrete Objekte erzeugt werden, bevor mit dem Test der Methoden begonnen werden kann. Erst nach der Objekterzeugung können Botschaften an Objekte gesandt bzw. Dienste abgerufen werden, welche die Methoden, die auf den Objekten arbeiten, realisieren. Da ein Objekt in seinen Lebenszyklus betrachtet werden muss, sind folgende Vorgänge im Klassentest zu prüfen:

1. Erzeugen von Objekten
2. Initialisieren der Objektattribute
3. Senden von Botschaften an Objekte und Aktivierung der Methoden
4. Lesen von Attributwerten (GetAttribute)
5. Schreiben von Attributwerten (SetAttribute)
6. Löschen von Objekten

2.2.5.1 Erzeugen eines Objekts

Ein Objekt besitzt eine definierte Lebensspanne. Diese Lebensspanne beginnt, wenn Speicherplatz für das Objekt allokiert wurde und es endet, wenn dieser Speicherplatz an das System zurückgegeben wird. Objekte, die nur für die Dauer der Anwendung oder innerhalb dieser Dauer existieren, nennt man *transiente Objekte*. Das Erzeugen eines Objekts wird von einer Klassenmethode (Erzeugermethode) durchgeführt. Nach der Erzeugung wird es logisch der internen Domäne der Klasse zugeordnet und erhält eine eindeutige interne Kennung [NEU95]. Das Objekt existiert solange, bis es entweder explizit oder implizit gelöscht oder mit anderen Objekten als persistentes Objekt in einer Datenbank gespeichert wird. Pro Testfall sollte ein Objekt erzeugt werden, um die Unabhängigkeit der Testfälle zu gewährleisten (vgl. [LIG96], S. 71). Geschieht das nicht, dann lassen sich die Testfälle nicht in beliebiger Reihenfolge ausführen und damit Testfälle der Basisklasse nicht für den Test ihrer Unterklasse nutzen.

2.2.5.2 Initialisieren der Attribute

Ein neu erzeugtes Objekt besitzt zunächst einen undefinierten Zustand. Soll eine Objektmethode durch einen Testfall ausgeführt werden, muss sich das Objekt jedoch in einem zulässigen Zustand befinden bzw. vorher in einen derartigen Zustand versetzt werden. Das erreicht man, indem seine Datenobjekte (Attribute, Zustandsgrößen) und Objektreferenzen, die im öffentlichen bzw. privaten Beziehungsraum der Klasse vereinbart sind, auf bestimmte Initialwerte gesetzt werden. Die Initialisierung kann auf drei unterschiedliche Arten erfolgen:

- implizite Initialisierung
- explizite Initialisierung
- bereits verarbeitete Testfälle

Bei der *impliziten Initialisierung* wird dem Objekt ein Wert zugewiesen, der entweder in der Klasse vorgegeben ist oder der vom System initialisiert wird. Die implizite Initialisierung kann zum Beispiel bei Ganzzahltypen 0 (*zero*), bei Realzahltypen 0.0, bei Boolean *False* und bei Characters *Space* sein.

Die *explizite Initialisierung* erfolgt dagegen durch eine Initialisierungsprozedur, die eine spezielle Klassenmethode realisiert. Diese Initialisierungsmethode muss direkt nach der Erzeugung des Objekts aufgerufen werden, wobei die formale Struktur des Aufrufs von der Art der Vereinbarung des Objekts abhängt (vgl. [NEU95], S. 335 f.). Wurde ein Objekt bereits durch einen vorher verarbeiteten Testfall initialisiert, dann entfällt eine weitere Initialisierung für den aktuellen Testfall.

2.2.5.3 Senden von Botschaften an Objekte

Durch das Senden von Botschaften an Objekte werden die Methoden aktiviert, die auf den Objekten arbeiten bzw. die angeforderten Dienste dem rufenden Objekt zur Verfügung stellen. Eine Botschaft enthält neben dem Namen der

Methode auch die zu übergebenden Argumente. Ein Testfall muss diese Angaben also enthalten.

Die Argumente sind Parameter, wie sie zum Beispiel auch beim Aufruf konventioneller COBOL-Unterprogramme durch CALL übergeben werden. Diese Parameter entsprechen Teilen des *Eingabedatenbereichs* der Methode, die durch Testfälle unter Einbeziehung der *Äquivalenzklassenanalyse*, mit *Grenzwerten* und *besonderen Werten* nachzubilden sind. Die Methoden werden dabei mit *korrekten* und *falschen* Eingangsdaten ausgeführt. Nach Ausführung einer Methode müssen der neu gesetzte Objektzustand geprüft und die Ausgangsnachrichten für einen Vergleich mit den Soll-Daten zwischengespeichert werden.

2.2.5.4 Lesen und Schreiben von Attributwerten

Die Daten eines Objekts, also seine Attribute, können nur über die Methoden gelesen oder verändert werden. Ein Zugriff von außen ist wegen der *Kapselung* nicht möglich (*information hiding*). Diese Lese- und Schreibzugriffe müssen beim Test der Methoden überdeckend geprüft werden. Analog gilt diese Aussage auch für Methoden, die Berechnungen zur Verfügung stellen. Jeder Lese- und Schreibzugriff und jede Berechnung einschließlich der Zwischenergebnisse sind zu prüfen. Als Testmethoden eignen sich datenflussorientierte Tests auf der Basis eines Datenfluss-Testmodells.

2.2.5.5 Löschen des Objekts

Objekte mit einer bestimmten Lebensspanne (dynamisch erzeugte Objekte), die sich in einem passiven Zustand befinden, werden nach Ablauf der Programmeinheit mit Speicherfreigabe gelöscht. Dabei werden auch die eingebundenen Komponentenobjekte gelöscht, falls diese in der jeweiligen Klasse abhängig eingebunden sind.

Das Löschen passiver Objekte während der Ausführungszeit der Programmeinheit kann durch die *Automatic Garbage Collection* vorgenommen werden, wenn dieser Mechanismus in der verwendeten Sprache vorhanden ist (z. B. in Smalltalk oder OO-COBOL). Die *Automatic Garbage Collection* dient zur Identifizierung und kontrollierten Löschung von Objekten, auf die keine expliziten Referenzen mehr bestehen. Auf diese Weise werden Speicherprobleme vermieden (*memory leakage*), die durch ein ständiges Erzeugen neuer Objekte ohne Löschung nicht mehr benötigter Objekte entstehen. Verständlich wird dieses Problem, wenn man bedenkt, dass besonders bei kommerziellen COBOL-Programmen die Anwendungen mehrere Tage oder sogar Wochen laufen können und dadurch der gebundene Speicher immer größer wird, bis keine Objekte mehr erzeugt werden können (STORAGE_ERROR).

Eine andere Möglichkeit ist das Löschen passiver Objekte durch eine explizite Methode. Dabei wird oft eine so genannte *Finalisierungsprozedur* vor dem eigentlichen Löschvorgang zum Ablauf gebracht. Dadurch lassen sich spezielle „Aufräumungsarbeiten" durchführen, die sich auf assoziierte Objekte beziehen (vgl. [NEU95], S. 338). Im Anschluss werden die Objektreferenz und der Objektkörper einschließlich seiner internen Kennung innerhalb der Domäne der Klasse gelöscht.

Sowohl den Anstoß der *Garbage Collection* als auch das Löschen durch eine explizite Methode muss durch Testfälle abgedeckt sein. Alle funktionalen Verwendungsmöglichkeiten der Methoden mit allen spezifizierten Einschränkungen und Bedingungen müssen geprüft werden. Dabei spielen besonders die Einschränkungen und Bedingungen ein wichtige Rolle. Das sind zum Beispiel.:

- Die erlaubten Werte der Attribute und Parameter der Methoden.
- Die Anzahl der möglichen Objekte.
- Die Zusicherungen, d. h. Vor- und Nachbedingungen sowie Invarianten.

2.2.6 Zustandsorientiertes Testen von Klassen

Ein Objekt lässt sich durch seine Attribute und Verknüpfungen zu anderen Objekten charakterisieren, die seinen *Zustand* bestimmen. Im Zeitverlauf kommunizieren die Objekte untereinander durch Austausch von Botschaften und Parametern bzw. fordern Dienste von anderen Objekten an. Dabei werden die Attribute durch die *Methoden*, die auf den Attributen arbeiten, verändert und damit neue *Objektzustände* hervorgerufen. Diese Zustände bzw. Zustandsveränderungen lassen sich durch ein geeignetes Testmodell prüfen.

2.2.6.1 Objekte als Zustandsautomaten

Ein Zustand repräsentiert sich als ein möglicher Satz von Attributwerten, die die Objekte der Klasse einnehmen können. Sind die Anfangs- und Endzustände der Objekte bekannt, dann kann ihr gesamtes Verhalten durch ihre Zustände und Zustandsübergänge beschrieben werden. Ein Objekt ist deshalb mit einer hypothetischen Maschine vergleichbar (endlicher Automat), die zu jedem Zeitpunkt eine endliche Menge an Zuständen einnehmen kann.

Folgende Abbildung zeigt in Anlehnung an Habermann und Leymann ein Objekt, das sich im aktuellen Zustand z befindet. An das Objekt wird eine Botschaft f_i mit dem Parameter x gesendet, um die gleichnamige Methode f_i ausführen zu lassen. Die Methode f_i verursacht durch ihre Ausführung einen Zustandsübergang des Objekts in den neuen Zustand z′ und die Ausgabe des Wertes f_i (x, z), welcher eine erneute Botschaft an ein Objekt sein kann. Die Zustandsänderung wird durch eine Übergangsfunktion g_i realisiert, die der Methode f_i zugeordnet ist (vgl. [HAB93], S. 46).

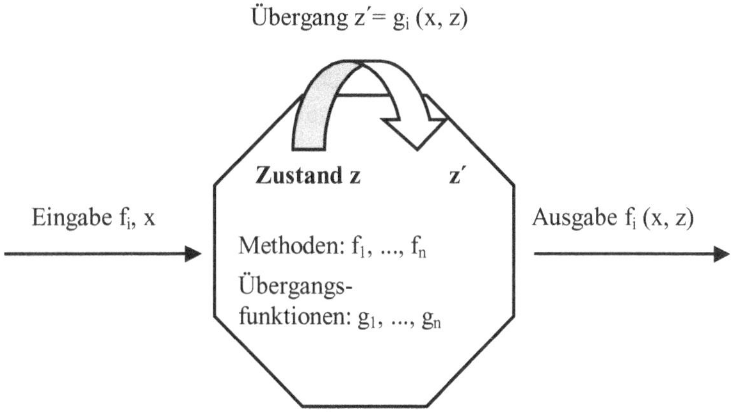

Abb. 2.2-3: Darstellung eines Objekts als Zustandsautomat [HAB93]

Liegt für eine Objektklasse die Spezifikation als Zustandsdiagramm vor, in dem die Zustände und Zustandsübergänge (Transitionen) als Ausführungssequenzen beschrieben sind, dann kann dieses Zustandsdiagramm mit relativ wenig Aufwand auf ein Zustandsübergangs-Testmodell übertragen werden, das die möglichen Sequenzen testet. Diese Sequenzen sind alternierende Folgen von *Zuständen* und *Zustandsübergängen*, wobei sich die Zustandsübergänge durch die auf den Objekten arbeitenden Methoden beschreiben lassen.

2.2.6.2 Testen von Methodensequenzen

Die Zustandsübergänge werden durch Wirkungen auf Objekte hervorgerufen, die man *Ereignisse* nennt. Ein Ereignis besteht in UML-Notation formell aus einem Namen und einer Liste möglicher Argumente. Die *Attribute* werden hinter dem Ereignisnamen in runden Klammern angegeben. Hängt ein Zustandsübergang von einer *Bedingung* ab, dann kann die Bedingung hinter dem Ereignisnamen in eckigen Klammern stehen. Die Reaktion eines Objekts auf ein Ereignis kann eine *Aktion* hervorrufen, die aus der Ausführung einer *Methode* besteht. Eine Aktion wird optional durch einen Schrägstrich "/" hinter dem Ereignisnamen oder einer Bedingung auf dem Transitionspfeil geschrieben.

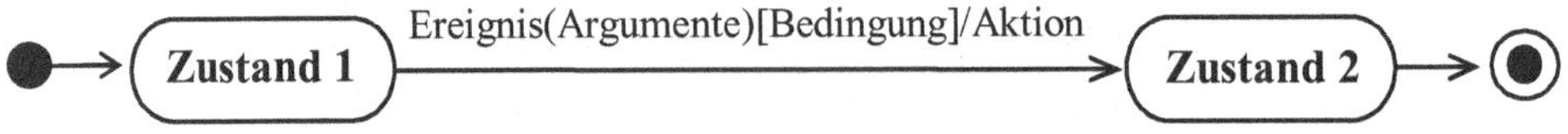

Abb. 2.2-4: UML-Notation von Zuständen und Zustandsübergängen

Wie ein Objekt auf ein Ereignis (Botschaft) reagiert, hängt vom Zustand des Objekts ab und kann sowohl eine Zustandsänderung bewirken und/oder eine Nachricht an ein weiteres Objekt zu Folge haben und damit bei diesem dritten Objekt eine Zustandsänderung hervorrufen. Alle Objekte einer Klasse besitzen den gleichen Zustandsautomaten, wobei jedes Objekt seinen individuellen Zustand einnehmen kann. Beim Zustandsübergang kann aber auch einem anderen Zielobjekt ein Ereignis gesendet werden, sodass sich Zustandsautomaten unterschiedlicher Klassen verbinden lassen. Folgende Abbildung zeigt das Zustandsdiagramm einer Klasse mit den Zuständen z_1 bis z_6 und den Methoden m_1 bis m_8 für einen Objektlebenszyklus mit den zulässigen Transitionssequenzen. Die Zustände repräsentieren die unterschiedlichen konkreten Ausprägungen der Attribute, die durch die darauf arbeitenden Methoden verursacht werden.

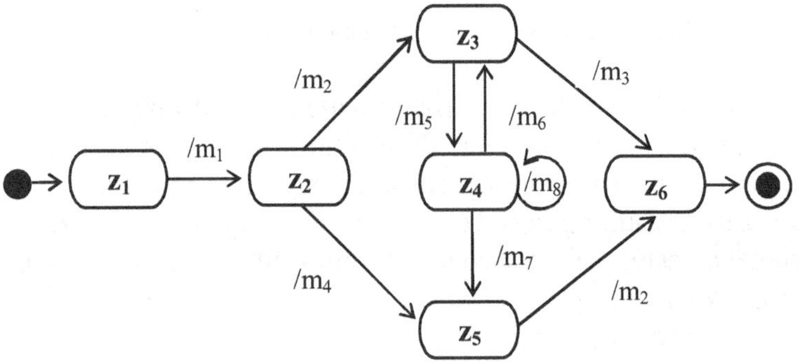

Abb. 2.2-5: Zustandsdiagramm einer Klasse

Durch den Zustandstest werden nun die sich aus dem Zustandsdiagramm ergebenden Methodensequenzen getestet. Dabei sollten die Testdaten auf der Basis der *funktionalen Äquivalenzklassenbildung* unter Hinzuziehung der *Grenzwertanalyse* und dem *Test besonderer Werte* abgeleitet werden. Folgende zulässige Methodensequenzen können dem angegebenen Zustandsdiagramm als Testfälle entnommen werden:

$T_1 = (m_1, m_2, m_3)$
$T_2 = (m_1, m_4, m_2)$
$T_3 = (m_1, m_2, m_5, m_6, m_3,)$
$T_4 = (m_1, m_2, m_5, m_8, m_6, m_3)$
$T_5 = (m_1, m_4, m_5, m_7, m_2)$
$T_6 = (m_1, m_2, m_5, m_8, m_7, m_2)$

Die Testergebnisse sollen zeigen, ob die Klasse mit den spezifizierten Zustandsveränderungen korrekt implementiert wurde. Angenommen die Attribute des Objekts bestehen aus den Instanzvariablen x, y und z und es gelten für die ersten beiden Zustände die in folgender Tabelle stehenden Beziehungen, dann muss geprüft werden, ob der Anfangszustand z_1 erfüllt ist und ob die Methode m_1 die Zustandsänderung korrekt realisiert. Diese Prüfungen sind für alle Zustände und Zustandsänderungen der zulässigen Sequenzen im Lebenszyklus des Objekts durchzuführen.

Zustand z_1	**Zustand z_2**
$x = 0$	$x = 0$
$y = 0$	$10 > y < 100$
$z = 0$	$z < 0$

Abb. 2.2-6: Beispielhafte Zustände eines Objekts

Entsprechende Prüfungen müssen für alle Zustandsänderungen der zu testenden Methodensequenzen durchgeführt werden. Es sind jedoch nicht nur *zulässige* Sequenzen zu testen, sondern auch *unzulässige*. Da in der Regel nicht alle unzulässigen Sequenzen getestet werden können, müssen Kompromisse angestrebt werden, deren Ergebnisse von den spezifizierten Qualitätsmerkmalen *Sicherheit* und *Robustheit* abhängig sind. Sind die Qualitätsanforderungen hoch, dann wird man auch viele ungültige Methodensequenzen testen müssen. Das ist besonders bei Client-/Server-Systemen mit verteilten Programmen und unterschiedlichen Plattformen der Fall.

Die Auswahl der Testdaten lässt sich fehlerorientiert vornehmen, indem die unzulässigen Sequenzen in Fehlerklassen aufgeteilt werden. Entsprechend dem Vorgehen bei der funktionalen Äquivalenzklassenbildung ist es dann ausreichend, wenn für jede Fehlerklasse stellvertretend eine Sequenz getestet wird. Grundsätzlich müssen jedoch alle unzulässigen Sequenzen vom System mit einer entsprechenden Fehlerbehandlung abgewiesen werden, wobei der interne Zustand des Dienst leistenden Objekts in jedem Fall unverändert bleiben muss [SNE02].

2.3 Prozeduraler Integrationstest

Während im prozeduralen Modultest die Programmschnittstellen weitgehend durch Platzhalter simuliert wurden, werden sie im prozeduralen Integrationstest durch die entsprechenden Moduln ersetzt. Hauptaufgabe des Integrationstests ist der nochmalige funktionale Test der Moduln in Wechselbeziehung mit anderen Moduln über ihre Schnittstellen. Der funktionale Test ist deshalb wichtig, weil die Platzhalter die realen Beziehungen zwischen den Moduln nur sehr eingeschränkt widerspiegeln und deshalb unter Umständen eine Fehlerfreiheit vorgetäuscht wird. Deshalb muss in einem ersten Schritt die korrekte Modulfunktionalität in der realen Modulumgebung sichergestellt werden. Studien zeigen, dass ca. 40 % der Programmfehler Integrationsfehler sind [BAS84]. Diese Fehler sind extrem kostenaufwändig, weil sie oft erst in späteren Phasen des Testprozesses gefunden werden.

Folgende Abbildung zeigt das Prinzip der modularen Integration. Getestet wird das Zusammenwirken von Modul 1 mit Modul 1.1. Sind aufgerufene Moduln nicht verfügbar, dann müssen sie durch Platzhalter simuliert werden.

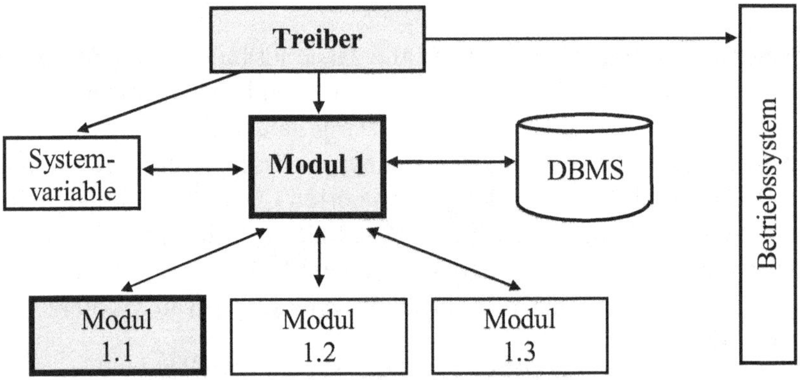

Abb. 2.3-1: Prinzip der modularen Integration

Im Integrationstest werden nicht nur die Schnittstellen zwischen den einzelnen Moduln geprüft, sondern auf einer höheren Ebene der Integration auch die Schnittstellen zwischen logisch zusammengehörenden Modulgruppen, die zum Beispiel Anwenderszenarios und komplette Anwendungsfälle realisieren. Dazu kommen Schnittstellen zum Anwender und gegebenenfalls zu anderen Systemen, wie es bei der Migration von Altsystemen erforderlich ist. Ganz besondere Aufmerksamkeit muss den Benutzerschnittstellen gebühren, die sich aus Online-Menüs, Menüsteuerungen und E-/A-Dateien zusammensetzen können. Hierzu gehört auch die Ausgabe von Hinweis- und Fehlermeldungen,

Listen, Protokolle und Druckdateien. Der Integrationstest kann als beendet angesehen werden, wenn alle Moduln und Modulgruppen integriert sind und das System bezüglich seiner Schnittstellen und seiner Funktionalität (Funktionskettentest) hinreichend geprüft wurde.

2.3.1 Integrationsstrategien

Die Integration der Moduln muss bei einem komplexen System nach einer definierten Systematik erfolgen, die von der Systemarchitektur, der Verfügbarkeit, der Komplexität und Kritikalität, aber auch von der funktionalen Sichtweise abhängig ist. Die Systematik der Integration kann auf folgenden Ansätzen beruhen:

- funktionsorientiert
- anwendungsfallorientiert
- architekturorientiert
- risikoorientiert
- verfügbarkeitsorientiert usw.

Bei einem *funktionsorientierten Ansatz* werden inkrementell Moduln integriert, die zu einer fachlichen oder technischen Funktion gehören. D. h., die Testfälle werden auf der Basis eines funktionalen Testmodells erstellt. Der funktionale Ansatz kann sich mit dem anwendungsfallorientierten Ansatz überschneiden.

Beim *anwendungsfallorientierten Ansatz* werden in einem ersten Schritt Moduln zu Anwenderszenarios zusammengefügt. In einem zweiten Schritt werden die Szenariokomponenten zu Anwendungsfällen integriert. Auf einer höheren Stufe der Integration lassen sich wiederum die Anwendungsfälle zu kompletten Geschäftsprozessen zusammenfassen.

Der *architekturorientierte Ansatz* zielt auf die Integration von Architekturkomponenten. In einer Mehrschichtenarchitektur sind das die einzelnen Schichten des Systems. In einer Drei-Schichtenarchitektur werden zum Beispiel die Dialoge und die Dialogsteuerung in einer Oberflächenschicht untergebracht, die Anwendungsfallsteuerung in einer darunter liegenden Anwendungsschicht und die Zugriffe auf Datenbanken und externe Dateien in einer Datenzugriffsschicht. Wurden alle Moduln zu Schichten integriert, dann werden letztendlich die Schichten zum Gesamtsystem inkrementell verbunden und getestet.

Der *risikoorientierte Ansatz* basiert auf der Komplexität und Kritikalität der einzelnen Moduln oder Modulgruppierungen, die kritische Funktionen, Szenarios oder Anwendungsfälle realisieren. Dabei geht man davon aus, dass Moduln oder Modulgruppierungen mit einer hohen Komplexität und/oder Kritikalität eine besonderes intensive Testbehandlung mit speziellen Testmethoden benötigen. Diese Moduln und Modulgruppierungen werden zuerst integriert und getestet. Bei allen nachfolgenden Integrationsschritten werden die kritischen Komponenten praktisch noch einmal mitgetestet [BAL98], was letztendlich ihr Verhalten sicherer macht.

Beim *verfügbarkeitsorientierten Ansatz* werden die Moduln nach Verfügbarkeit integriert. So, wie die Moduln vom Entwicklungsteam fertig gestellt werden, werden sie integriert. Diese Vorgehensweise ist allerdings nur bei kleineren Systemen sinnvoll und selbst dann nur mit Einschränkungen. Denn die Fertigstellung der einzelnen Moduln kann in Bezug auf ihre logische Zusammengehörigkeit unsystematisch erfolgen, was einen erhöhten Einsatz von Treibern und Platzhaltern erfordert. Kritische Moduln sollten nie nach Verfügbarkeit integriert werden, weil damit nicht gewährleistet ist, dass sie in ihren natürlichen dynamischen Zusammenhängen getestet werden.

2.3.2 Die hierarchisch inkrementelle Integration

Ein gut modularisiertes *prozedurales* Programm besteht aus einer Hierarchie modularer Schichten, die wie eine Baumstruktur miteinander verbunden sind. Jeder Modul, außer dem Hauptmodul, besitzt einen Vorgänger, von welchem er über eine Schnittstelle Daten erhält und nach seiner Ausführung Daten zurückgibt. Der Begriff *hierarchisch inkrementell* soll eine Vorgehensweise der Integration charakterisieren, bei der auf der obersten oder untersten Hierarchieebene begonnen wird. Bei einer *Top-down*-Integration werden an den bereits ausgetesteten Hauptmodul auf der höchsten Hierarchieebene schrittweise die Moduln auf der unmittelbar darunter liegenden Ebene hinzugefügt. Dann werden schrittweise die Moduln auf der nächst niederen Ebene integriert, bis die unterste Hierarchieebene erreicht ist. Die fehlenden gerufenen Moduln der jeweils niederen Schicht werden durch Platzhalter simuliert. Durch diese hierarchisch inkrementelle Vorgehensweise werden die untergeordneten Moduln von den übergeordneten Moduln mitgetestet.

Bei der *Bottom-up*-Integration ist es genau umgekehrt. Man beginnt mit den Moduln der niedersten Hierarchieebene. Da diese Moduln keine anderen Moduln aufrufen, benötigen sie auch keine Platzhalter. Dafür wird die nächsthöhere Modulschicht benötig, um die Testmoduln aufrufen zu können. Sind diese

Moduln noch nicht vorhanden, dann muss man einen Testtreiber einsetzen, der die Aufrufe übernimmt und die Parameter übergibt. Sinnvoller ist es jedoch, wenn man die Moduln in ihrer natürlichen Umgebung testet, nur dann können alle dynamischen Interaktionen zwischen rufenden und aufgerufenen Modul in das Testgeschehen einbezogen werden. Die Integration wird nun über alle Hierarchieebenen solange fortgeführt, bis letztendlich der Hauptmodul hinzugefügt werden kann. Die hierarchisch inkrementelle Integration ist mit folgenden Vorteilen verbunden:

- Es werden weniger Treiber und/oder Platzhalter als beim nicht hierarchisch inkrementellen Testen benötigt.
- Fehlerhafte Schnittstellen werden durch die Modulkombinationen zu einem früheren Zeitpunkt gefunden.
- Durch die hierarchisch inkrementelle Integration der Moduln ist die Fehlerlokalisierung bedeutend einfacher als beim nicht inkrementellen Testen.
- Die Moduln werden weitgehend in ihrem natürlichen Umfeld getestet, dadurch werden alle dynamischen Interaktionen der Moduln in den Test einbezogen.

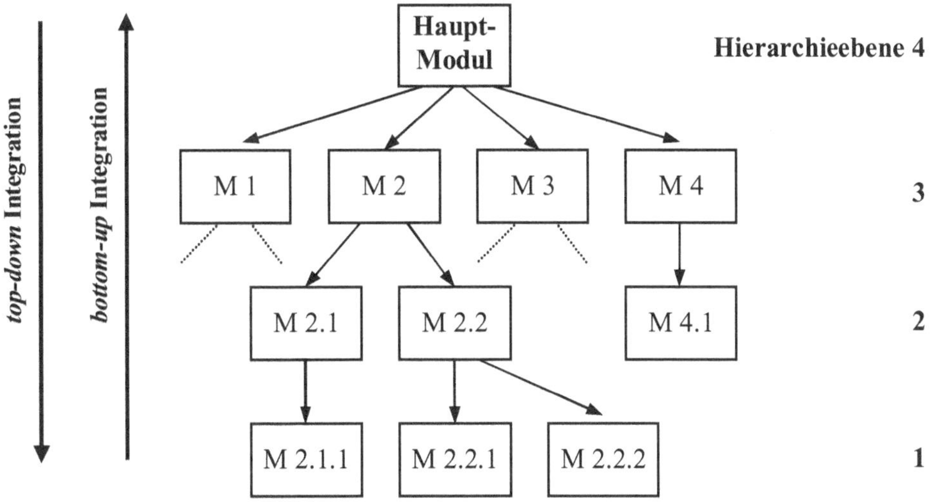

Abb. 2.3-2: Prinzip der hierarchisch inkrementellen Integration

Alle Moduln zusammen zu übersetzen und zu einem Lademodul zu binden ist in keinem Fall zu empfehlen. Selbst wenn die Einzelmoduln im Modultest gut mit Platzhaltern getestet wurden, entstehen bei diesem Vorgehen viele Fehler, die schwer zu lokalisieren sind. Für die Fehlersuche benötigt man nicht nur einen hohen Personalaufwand, sondern diese Strategie ist auch ineffizient, da der mögliche Fehlerraum sehr groß werden kann. Da alle Moduln über Schnittstellen miteinander kommunizieren, wächst dieser Fehlerraum quadratisch mit der Größe des Quelltextes an. Das bedeutet, werden zum Beispiel 10 annähernd gleich große Moduln implementiert, dann beträgt der Fehlerraum des gesamten Systems nicht das 10-fache, sondern etwa das 100-fache [WIE90]. Deshalb sollte die Integration grundsätzlich inkrementell erfolgen.

2.3.3 Prüf- und Testverfahren im Integrationstest

Beim Integrationstest kommen unterschiedliche Prüf- und Testverfahren zum Einsatz, die in den Kapiteln "*Statische Prüfungen*" und "*Dynamisches Testen*" beschrieben werden. Diese Verfahren sind allerdings den Anforderungen des Integrationstests entsprechend zu modifizieren werden, weil die Testschwerpunkte im Gegensatz zum Modultest nicht auf modulinternen Operationen, sondern auf Schnittstellen mit zu übergebenen Parametern und Rückgabewerten liegen. Je nach Sichtweise, Komplexität und Kritikalität lassen sich diese Verfahren zu leistungsstarken Teststrategien kombinieren. Folgende Prüf- und Testverfahren lassen sich verwenden (vgl. [BAL98], S. 505):

- **Dynamischer Integrationstest**
  - funktionsorientierter Integrationstest
  - werteorientierter Integrationstest
  - strukturorientierter Integrationstest
    - + kontrollflussorientierter Integrationstest
    - + datenflussorientierter Integrationstest

- **Statische Prüfungen**
  - Analyse der Kopplungsart
  - Metriken
  - Syntaxüberprüfung der Schnittstellen
  - Anomalienanalyse
  - symbolische Ausführung
  - formale Verifikation

Vor jeder Integration sollten statische Prüfungen durchgeführt werden, wobei je nach Komplexität und Kritikalität die Prüfungsarten bzw. ihre Kombinationen auszuwählen sind. Lassen sich die erforderlichen Testdaten für den Integrationstest nicht oder nur unzureichend aus den Modultestdaten ableiten, dann können durch eine *symbolische Ausführung* der betreffenden Systemkomponenten zusätzliche Testdaten zur Verfügung gestellt werden [SPI92a]. Für sicherheitskritische Systemkomponenten lassen sich auch formale Verifikationsmaßnahmen einsetzen.

2.3.3.1 Statische Integrationsprüfungen

Bei statischen Integrationsprüfungen werden im Gegensatz zum dynamischen Test die Programmeinheiten nicht ausgeführt, sondern durch eine Analyse des Quelltextes unter Hinzuziehung der Designunterlagen geprüft. Da der Integrationstest ein Test der Schnittstellen ist, muss besonders auf die Kompatibilität der Moduln geachtet werden. Durch statische Prüfungen sollte die *syntaktische* und *semantische* Kompatibilität der Moduln und Modulgruppierungen weitgehend sichergestellt werden.

Bei den syntaktischen Prüfungen muss auf eine Analyse der Kopplungsart Wert gelegt werden, die für die Produktqualität von entscheidender Bedeutung sein kann. Welche Kopplungsarten zwischen den Systemkomponenten vorkommen können und wie sie zu analysieren sind, wird zum Beispiel in [BAL98], S. 520 ff. ausführlich beschrieben. Ziel muss es sein, die Kopplung zwischen den Komponenten zu minimieren, indem jeweils die schwächste Kopplungsart zu bevorzugen ist. Das bedeutet, einen geeigneten *Kopplungsmechanismus* zu verwenden (z. B. der externe Aufruf von Komponenten durch CALL statt PERFORM), die *Schnittstellenbreite* zu minimieren und die *Kommunikationsart* zu optimieren, indem nur Daten statt Steuerinformationen übergeben werden. Im Gegensatz zur syntaktischen Kompatibilität ist die semantische allerdings nur dann mit Werkzeugen prüfbar, wenn eine formale Spezifikation vorliegt.

Ein weiterer statischer Prüfansatz ist die Anomalienanalyse, die immer dann eingesetzt werden sollte, wenn bei kritischen Komponenten der Datenfluss komplex ist. Nach Riedemann ist für einen externen Operationsaufruf folgende Anomalienanalyse durchzuführen (vgl. [RIE97], S. 365):

1. Im aufrufenden Modul sind alle möglichen *letzten* Aktionen bzw. Zustände der Schnittstellenvariablen vor dem Aufruf zu ermitteln (*define* ***d***, *reference* ***r***, *undefine* ***u***).

2. In der aufgerufenen Operation sind alle möglichen *ersten* Aktionen bzw. Zustände der Schnittstellenvariablen zu ermitteln (*define* ***d***, *reference* ***r***, *undefine* ***u***).

Wurde als letzte Aktion vor dem Aufruf eine Definition (***d***) festgestellt, dann liegt eine ***dd***-Anomalie vor. Das Entsprechende gilt für ***du***- und ***ur***-Anomalien. Eine analoge Vorgehensweise ergibt sich für die Rückgabe von Schnittstellenvariablen an den aufrufenden Modul:

1. Im aufgerufenen Modul sind die möglichen *letzten* Aktionen und Zustände unmittelbar nach Ausführung der Operation zu prüfen.

2. Im aufrufenden Modul sind die möglichen *ersten* Aktionen und Zustände unmittelbar nach Rückgabe der Schnittstellenvariablen zu prüfen.

Besondere Aufmerksamkeit muss der Prüfungen der *globalen Variablen* geschenkt werden, wenn sie modulübergreifend wirksam sind und Einfluss auf die Auswahl und Steuerung der externen Operationen besitzen (vgl. [SPI90], S. 50, [SPI92a], S. 95 f., [RIE97], S. 365). Die verschiedenen Verwendungen der globalen Variablen müssen deshalb im Voraus für jede externe Operation *vor* und *nach* deren Aktivierung einschließlich der eventuellen Rückgabe an den aufrufenden Modul geprüft werden. Das gilt auch für Variable, die unverändert durch eine Operation bzw. einen Modul hindurchgereicht werden. Deshalb muss der Datenfluss dieser Variablen von der Definition (***d***) bis zur Benutzung (***r***) über mehrere Modulhierarchien hinweg verfolgt werden, um auf diese Weise Anomalien festzustellen. Viele moderne Programmiersprachen erlauben durch die Einführung von Redundanz die statische Überprüfung von Schnittstellendeklarationen mit ihren Verwendungen. Auf diese Weise lassen sich auch Datenflussanomalien und verdeckte Abhängigkeiten zwischen Komponenten auffinden. Eine verdeckte Abhängigkeit liegt zum Beispiel vor, wenn eine externe Variable von zwei Komponenten gemeinsam benutzt wird.

Zu den statischen Integrationsprüfungen zählen auch die *symbolische Ausführung* und die *formale Verifikation*. Die symbolische Ausführung lässt sich zwischen *dynamischen Test* und *Verifikation* einordnen. Sie entspricht einem Test, wenn alle Eingabewerte aktuell sind, und einer Verifikation, wenn alle Eingabewerte symbolisch sind. Die *symbolische Ausführung* lässt sich sehr gut für die Spezifizierung von Testdaten verwenden. Dieses Verfahren kann immer dann eingesetzt werden, wenn die Testdaten für den Integrationstest nicht aus den vorhandenen Modultestdaten abgeleitet werden können [SPI92a]. In diesem Fall wird der entsprechende Programmpfad symbolisch interpretiert, d. h., die Werte der lokalen Variablen werden sowohl durch die Eingabedaten als auch durch die interpretierten Anweisungen bestimmt. Das Pfadprädikat enthält die Subprädikate der Zweige, die konjunktiv miteinander verbunden sind. Auf diese Weise entsteht ein Pfadprädikat, welches die Testdaten beschreibt, die den betreffenden Pfad zur Ausführung bringen.

2.3.3.2 Dynamischer Integrationstest

Im *dynamischen Integrationstest* werden die übersetzten und gebundenen Programmeinheiten in Form von Moduln und Modulkombinationen ausgeführt und mit konkreten Dateneingabewerten getestet. Die integrierten Systemkomponenten werden dabei instrumentiert, d. h. mit Sonden versehen, die in der Regel aus Durchlaufzählern und Ausgabeanweisungen bestehen. Durch die Instrumentierung können die Ansteuerung der Moduln und die Verwendung der eingesetzten Daten nachvollzogen werden. D. h., es wird protokolliert, mit welchen übergebenen Parametern und Parameterwerten die angesteuerten Moduln (*Call*) und Modulkombinationen (Anwendungsfälle) zur Ausführung kommen und welche Parameter mit welchen Werten sie an den jeweils rufenden Modul bzw. die Modulkombination zurückgeben (*Return*) oder dem Anwender über eine Ausgabeschnittstelle zur Verfügung stellen. Die Modulkombinationen sind dabei wieder als eigenständige Szenarios oder Anwendungsfälle zu verstehen.

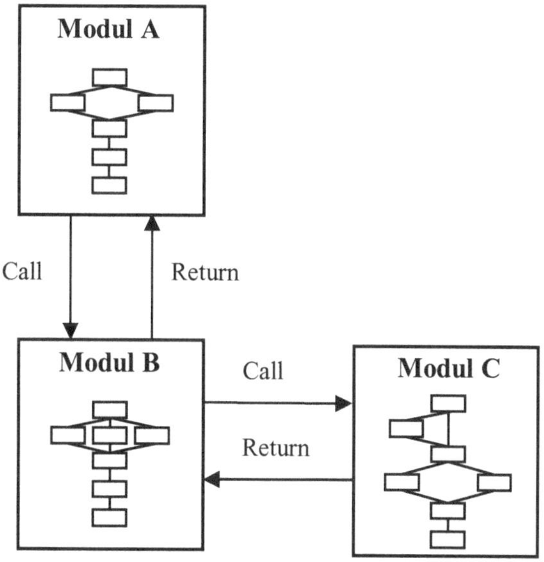

Abb. 2.3.-3: Modulkommunikationen über Call und Return

Die dynamischen Testverfahren basieren wegen der Mächtigkeit der Dateneingabebereiche auf einer statistischen Testdatenauswahl (Stichproben), weshalb Restfehler nicht vollständig ausgeschlossen werden können. Die Testdaten werden im dynamischen Integrationstest derart ausgewählt, dass *Schnittstellen* zwischen den Systemkomponenten oder zum Anwender angesprochen werden. Als Schnittstellen definiert Spillner (vgl. [SPI90], S. 31 und [BAL98], S. 510):

- Aufruf von Operationen, Funktionen und Prozeduren mit und ohne Parameterübergabe.
- Verwendung globaler Variablen oder Dateien.
- Benutzung von global vereinbarten Konstanten und Typen.

Der dynamische Integrationstest lässt sich in den *strukturorientierten*, *funktionsorientierten* und *werteorientierten Integrationstest* untergliedern.

Strukturorientierter Integrationstest

Der strukturorientierte Integrationstest orientiert sich an der Struktur des Systems. Die Funktionalität zwischen den Systemkomponenten spielt im Gegensatz zum funktionalen Integrationstest hier keine Rolle. Da beim strukturorientierten Test *Abläufe* zur Ausführung kommen, bezeichnet man in auch als *ablaufbezogenen Integrationstest.* Der strukturorientierte Integrationstest kann auf der Basis des *Kontrollflusses* oder des *Datenflusses* zwischen Moduln oder Modulkombinationen durchgeführt werden. Beim kontrollflussorientierten Integrationstest werden Überdeckungskriterien auf der Basis von Exporten und Importen zwischen den Systemkomponenten als Testziel ausgewählt. Einfache Überdeckungskriterien, wie zum Beispiel alle Zweige oder Bedingungen der Moduln werden mindestens einmal durchlaufen, kommen in der Regel nur im Modultest zur Anwendung. Im Integrationstest geht es dagegen um die Aufrufüberdeckung von Operationen mit ihren möglichen Übergabe- und Rückgabewerten und den möglichen Operationssequenzen. Mögliche Überdeckungskriterien sind (vgl. [SPI92b], S. 293, [RIE97], S. 366, [BAL98], S. 510):

- Jeder Modul und jede Modulkombination wird mindestens einmal aufgerufen.
- Jede exportierte Operation wird von jeder importierten Komponente mindestens einmal aufgerufen.
- Alle Aufrufstellen von importierten Operationen sind mindestens einmal auszuführen.
- Alle Aufrufstellen von importierten Operationen werden in jeder möglichen Reihenfolge ausgeführt. Beschränkungen beim Durchlauf von Schleifen sind vorher festzulegen.

Die Aufrufreihenfolgen externer Operationen sind unter Zuhilfenahme der Spezifikationen zu prüfen, wie zum Beispiel dem Kontrollflussgrafen, Operationsaufrufgrafen und Modulgrafen [RIE97]. Dabei sind nicht nur die zulässigen Sequenzen, sondern auch die unzulässigen aber ausführbaren Sequenzen zu verifizieren. Da wahrscheinlich nicht alle unzulässigen Operationssequenzen ausgeführt werden können, sind klassifizierte, fehlerorientierte Sequenzen zu berücksichtigen, die für ganze Fehlerklassen repräsentativ sind.

Bei der Ermittlung der Aufrufsequenzen muss beachtet werden, das sie in der Regel von Parametern und globalen Variablen abhängen, die die auszuführenden Operationen und damit die aufzurufenden Moduln bestimmen. So werden zum Beispiel bei Batchverarbeitungen oft verschiedene *Satzarten* aus Dateien eingelesen, die wiederum unterschiedliche Verarbeitungsfolgen und damit unterschiedliche Aufrufsequenzen in der Modulhierarchie auslösen. Bei der Ermittlung der Aufrufsequenzen müssen diese Parameter und globalen Variablen vorliegen.

Durch den kontrollflussorientierten Integrationstest soll nachgewiesen werden, dass alle Operationen, Moduln und Modulkombinationen mit allem möglichen Aufrufsequenzen externer Operationen mindestens einmal angesteuert wurden. Trotz dieser umfangreichen Anforderungen an den kontrollflussorientierten Test ist er allein jedoch nicht ausreichend. Wegen den operationsbestimmenden globalen Variablen muss ein *datenflussorientierter Test* durchgeführt werden, denn es gibt es Fehlerarten, die sich nur bei einem bestimmten Datenfluss fortpflanzen (z. B. Berechnungsfehler). Bei einem rein kontrollflussorientierten Vorgehen lassen sich diese Fehlerarten nicht erkennen.

Datenflussorientierter Integrationstest

Beim datenflussorientierten Integrationstest wird der Datenfluss an Schnittstellen importierter Operationen zwischen Moduln oder Modulkombinationen betrachtet. Modulkombinationen sind Gruppierungen von Moduln, die nach der Übersetzung zu einem gemeinsamen Lademodul gebunden wurden. Diese Modulkombinationen, die spezifizierte Szenarios und Anwendungsfälle realisieren, besitzen eine definierte Komponentenschnittstelle, über die sie mit anderen Komponenten kommunizieren. Folgende Datenflüsse sind bei importierten Operationen zu prüfen (vgl. [SPI92b], S. 293):

- Der Datenfluss von Parametern und globalen Variablen *vor* dem Aufruf einer importierten Operation und *nach* dem Eintritt in die Operation.

- Der Datenfluss von Parametern und globalen Variablen *vor* Austritt aus der importierten Operation und *nach* der Rückkehr zum Aufrufer.

Jeder Parameter und jede globale Variable, die an die aufrufende Operation übergeben wird sowie alle Rückgabewerte an die rufende Operation müssen mit allen möglichen Werten getestet werden. Jede Operationsausführung ist zu überwachen und alle Zwischenergebnisse sind zu protokollieren. Darüber hinaus ist zu prüfen, ob die Rückgabewerte von der rufenden Operation auch richtig interpretiert bzw. verarbeitet werden. Da alle möglichen Wertbelegungen in der Praxis nicht testbar sind, müssen mittels Äquivalenzklassenanalyse repräsentative Wertbelegungen gefunden werden, die mit Grenzwerten und besonderen Werten zu testen sind. Das gilt auch für alle Zwischenergebnisse in den Operationen.

Darüber hinaus sind mindestens einmal alle Definitionen im Sinne von Wertzuweisungen, alle prädikativen Zugriffe und alle berechnenden Zugriffe auf diese Parameter und globalen Variablen zu prüfen. Durch dieses Vorgehen werden Datenflussanomalien gefunden, die sich zum Beispiel in der Nichtverwendung eines Parameterwertes in der aufgerufenen Operation ausdrückt. Jede Definition *(definition, **d**)*, jede Bezugnahme *(reference, **r**)* und jedes Zerstören *(undefine, **u**)* einer Variablen muss im betreffenden Pfad geprüft werden. Ein Hinweis auf Anomalien ist zum Beispiel das Lesen einer Variablen während der Programmausführung mit undefiniertem Wert (Sequenz der Benutzung: *undefined-reference, **ur***) oder wenn der Wert einer Variablen nicht benutzt wird (***dd***-Anomalie oder ***du***-Anomalie). Für ein datenflussorientiertes Vorgehen kann in Anlehnung an Riedemann folgendes Konzept verwendet werden (vgl. [RIE97], S. 367 f.):

1. Die durch statische Prüfungen festgestellten Datenflussanomalien sind auszuführen, was allerdings bei *potenziellen Anomalien* (auf nicht ausführbaren Pfaden) nur durch symbolische Ausführung möglich ist.

2. Der Datenfluss für externe Operationsaufrufe ist an den Schnittstellen der Moduln zu testen.
   a) Beim *aufrufenden* Modul sind zu prüfen:
      - die zu übergebenen Parameter und globale Variable *vor* dem Aufruf (entspricht einer Definition ***d***)
      - die zurückgegebenen Parameter und globale Variable *nach* dem Aufruf (entspricht einer Bezugnahme ***r***)
   b) Beim *aufgerufenen* Modul sind zu prüfen:
      - die übergebenen Parameter und globale Variable *vor* Ausführung der Operation (entspricht einer Bezugnahme ***r***)
      - die zurückzugebenen Parameter und globale Variable *nach* dem Aufruf (entspricht einer Defifnition ***d***)

Im Anschluss sind die Pfade von den ermittelten letzten Definitionen (d) im aufrufenden Modul zu den ermittelten ersten Bezugnahmen (r) in der aufgerufenen Operation sind zu testen. Ein analoges Vorgehen ergibt sich für die letzten Definitionen (***d***) in der aufgerufenen Operation zu den ersten Bezugnahmen der Schnittstellenvariablen im aufrufenden Modul.

Beim *ersten* Aufruf einer externen Operation ist besonders auf die korrekte Initialisierung der zu übergebenen Parameter und globalen Variablen zu achten. Die Initialisierung kann nämlich davon abhängig sein, ob ein *statischer* oder *dynamischer* Modulaufruf vorliegt, wie er in COBOL möglich ist. Ein statischer Modulaufruf liegt vor, wenn die Objektmodule (aufrufender und aufgerufener Modul) zusammen zu einem Lademodul gebunden sind. Der statische Aufruf erfolgt schneller als der dynamische, weil der rufende Modul nicht erst in den Hauptspeicher geladen werden muss. Demgegenüber ist bei einem dynamischen Aufruf der aufgerufene Modul unabhängig vom rufenden Modul in einem separaten Lademodul gebunden. D. h., erst beim Aufruf wird der Modul in den Hauptspeicher geladen. Auf diese Weise steht dem aufrufenden Modul immer der ursprüngliche initialisierte Zustand zur Verfügung, was beim statischen Aufruf nicht in jedem Fall gegeben ist (hängt in COBOL davon ab, ob der Speicherplatz des aufgerufenen Moduls durch eine CANCEL-Anweisung im aufrufenden Modul freigegeben wurde).

Funktionsorientierter Integrationstest

Der funktionsorientierte Integrationstest orientiert sich an den spezifizierten Operationen bzw. Funktionen der einzelnen Moduln und Modulgruppierungen und deren korrektes funktionales Zusammenwirken. Grundlage für den Test sind die Spezifikationen, wie die *Modulspezifikation, Schnittstellenspezifikation, Anwendungsfallspezifikation*, deshalb wird der funktionsorientierte Test auch als *spezifikationsorientierter Test bezeichnet*. Der Test der internen Modulfunktionen fällt in das Aufgabengebiet des Modultests. Da jedoch ein umfassender Modultest wegen der *Treiber* und *Stubs* gewöhnlich nicht möglich ist, sollten die Modulfunktionen im Integrationstest noch einmal funktionsorientiert getestet werden. Es muss für jede exportierte Operation eines Moduls geprüft werden, ob ihr Verhalten mit der Spezifikation übereinstimmt bzw. ob alle die Operation aufrufenden Moduln ein Fehlverhalten zeigen.

Sind alle Moduln und Modulgruppierungen im Sinne von Szenarios und Anwendungsfällen des Systems integriert, bildet der funktionale Test der Ausgabeschnittstellen zum Anwender und zu anderen Systemen den Abschluss des Integrationstests. Die Prüfungen beziehen sich auf Menüs mit den benötigten Ausgabevariablen und Konstanten sowie auf Protokolle, Listen, Ausgabedateien usw. Die Eingabeschnittstellen wurden bereits zu Beginn des Integrationstests geprüft, um die davon abhängigen Moduln oder Modulgruppierungen mit den entsprechenden Parametern zu versorgen. Der Test der Ausgabeschnittstellen soll nicht ein Vorgriff auf die anwenderbezogenen funktionsorientierten Tests in der Teststufe *Funktionstest* sein, sondern hier soll global gezeigt werden, dass über die Schnittstellen der Moduln und Modulgruppierungen zum Anwender korrekte Daten ausgegeben werden. Im späteren Funktionstest werden diese Schnittstellen dann ausführlich funktions- und wertebezogen getestet.

2.3.4 Testdaten für den Integrationstest

Beim Integrationstest von Systemkomponenten werden Schnittstellen durch die Übergabe von *Parametern, globale Variable* oder *Dateien* angesprochen. Diese Verbindungen in einem modularen Programmsystem müssen spezifiziert und nach ihrer Realisierung im Integrationstest verifiziert werden. Der Testaufwand ist dabei nicht nur von der Komplexität und der Anzahl der Schnittstellen abhängig, sondern auch vom *Kopplungsmechanismus*, der *Schnittstellenbreite,* der *Kommunikationsart* (vgl. [BAL98], S. 520 ff.) und von der Spezifizierung *globaler Variablen* [SPI90], [SPI92a].

2.3.4.1 Wiederverwendbare Testdaten aus dem Modultest

Zur Ableitung von Testdaten für Integrationstests können die Informationen aus dem Modultest benutzt werden, wobei die Beziehungen zwischen den rufenden Moduln und den *Stubs* in den Mittelpunkt rücken. Diese Informationen beinhalten alle Beziehungen zwischen den Modulpfaden und den Stubs und geben Auskunft darüber, mit welchen Parameterwerten die Stubs zur Ausführung kamen und welche Werte zurückgegeben wurden. Da die Stubs in der Regel nur einen vereinfachenden Zusammenhang zwischen rufenden und gerufenen Moduln realisieren, müssen die Informationen aus dem Modultest durch detailliertere semantische Schnittstellenzusammenhänge ergänzt werden. Welche Testdaten aus dem Modultest übernommen werden können, hängt davon ab, ob der Modultest *kontrollflussorientiert, datenflussorientiert* oder *funktionsorientiert* durchgeführt wurde. Wurde der Modultest kontrollflussorientiert durchgeführt, dann lassen sich Testdaten für einen kontrollflussorientierten Integrationstest durch folgende Vorgehensweise auswählen (vgl. [SPI90], S. 44):

1. Aus dem Modultest werden diejenigen Testfälle ausgewählt, welche die nächste Operation in der ermittelten Aufrufreihenfolge zur Ausführung bringen.

2. Die Modultestfälle dieser Operation sind zu prüfen, ob ihre Modultestdaten mit den Parameterwerten des Stubs beim Modultest der aufrufenden Operation übereinstimmen. Ist das der Fall, dann sind Testdaten für die ersten beiden Operationen der Aufrufreihenfolge gefunden.

3. Dieser Vorgang wird solange wiederholt, bis die Menge der Modultestdaten so weit eingeschränkt ist, dass die ermittelte Aufrufreihenfolge komplett zur Ausführung kommt.

4. Lassen sich nicht alle Operationen bzw. Testkriterien durch die vorhandenen Testdaten abdecken, müssen weitere Testdaten gefunden werden, was durch eine *symbolische Ausführung* der entsprechenden Pfade möglich ist.

Bei der *symbolischen Ausführung* wird der Pfad bzw. die Aufrufreihenfolge der Operationen nicht mit speziellen Testeingabedaten ausgeführt, sondern mit symbolischen und aktuellen Werten interpretiert. Das Pfadprädikat beinhaltet die Subprädikate der Zweige, die konjunktiv miteinander verknüpft sind. Auf diese Weise beschreibt das abgeleitete Pfadprädikat die erforderlichen Testdaten, die für eine dynamische Ausführung des Pfades benötigt werden (siehe Kapitel "*Symbolische Ausführung*").

Wird der Integrationstest *datenflussorientiert* durchgeführt, dann werden erheblich mehr Informationen aus dem Modultest benötigt als beim kontrollflussorientierten Integrationstest. Testdaten, die lediglich einen externen Aufruf zur Ausführung bringen, reichen bei dieser Testart nicht mehr aus. Aus einem *datenflussorientiert* durchgeführten Modultest müssen Testdaten herangezogen werden, die jeden Pfad von einem aufrufenden Modul zu einer externen Operationsausführung und zurück berücksichtigen, wobei jeweils die *erste* und *letzte* Parameterverwendung vor und nach dem Aufruf von Bedeutung ist. Dabei können auch die im Modultest verwendeten Äquivalenzklassen wiederverwendet werden, die Pfade zur Ausführung brachten. Diese Äquivalenzklassen lassen sich mit den Äquivalenzklassen externer Operationen kombinieren. Dadurch erhält man Klassen, die über Schnittstellen hinweg Pfadkombinationen ausführen.

Wurde der Modultest *wertebezogen* durchgeführt, dann können neben den wiederverwendbaren Äquivalenzklassen auch die eventuell vorhandenen *Grenzwerte* und gegebenenfalls *besonderen Werte* übernommen werden. Grenzwerte stehen allerdings nur dann zur Verfügung, wenn die Aktionen der Moduln bzw. Stubs über *geordnete* Parameterbereiche gesteuert werden und wenn die Stubs diese Bereiche auch tatsächlich verarbeitet haben. Ist das nicht der Fall, weil zum Beispiel die Stubs nur Aufrufmeldungen zurückgaben, dann müssen die Modultestdaten für den Integrationstest um diese Informationen ergänzt werden. Beim wertebezogenen Integrationstest mit wiederverwendeten Grenzwerten können die zusammengesetzten Modulpfade unter Umständen nicht ausführbar sein, weil sie widersprüchliche Pfadprädikate enthalten. Im Modultest lassen sich derartige Schnittstellenfehler oft nicht finden, weil die Stubs die gerufenen Moduln nur mehr oder weniger gut simulieren. In diesem Fall lassen sich durch *symbolische Ausführungen* zusätzliche Testdaten gewinnen, um den betreffenden Pfad Schnittstellen übergreifend auszuführen.

Spillner hat zwei Testmethoden des Modultests, den kontroll- und datenflussorientierten Test, auf das Niveau des Integrationstests übertragen und gleichzeitig einen Weg aufgezeigt, wie die Testdaten für den Integrationstest durch die Benutzung von Modultestdaten bestimmt werden können [SPI92a]. Mit Hilfe dieser transformierten Testmethoden können Fehler im Integrationstest gefunden werden, die mit den Testmethoden des Modultests allein nicht entdeckt werden können. Die Testmethoden des Modultests und die auf das Niveau des Integrationstests transformierten ergänzen sich also hinsichtlich der Art der gefundenen Fehler. Welche Prüf- und Testmethoden zum Einsatz kommen, ist von der Komplexität der Schnittstellen, der Kritikalität der Moduln und der Integrationsstrategie abhängig.

Spillner weist darauf hin, dass der Testaufwand im Integrationstest ansteigt, wenn die Datenkommunikation nicht nur über Parameter sondern zusätzlich über *globale Variable* realisiert wird (vgl. [SPI90], S. 50, [SPI92a], S. 95 f.). Das ist besonders dann der Fall, wenn die globalen Varialen einen modulübergreifenden Einfluss auf den weiteren Programmablauf besitzen und bestimmen, welche externen Operationen bzw. Moduln zur Ausführung kommen. In derartigen Fällen sind die globalen Variablen genauso zu behandeln wie Parameter aus der Parameterliste. D. h., die verschiedenen Verwendungen der globalen Variablen müssen für jeden Aufruf einer Prozedur oder eines Moduls und jede Rückgabe von einer externen Prozedur oder Moduls geprüft werden. Um den Testaufwand zu reduzieren, sollte der Zugriff auf globale Variable eingeschränkt bzw. ganz auf ihre Verwendung verzichtet werden.

Als Testziel im Integrationstest kann jede mögliche Benutzung einer Schnittstelle geprüft werden, wobei auch Sonderfälle und abnorme Schnittstellenbenutzungen als Testfälle spezifiziert werden sollten. Eine abnorme Schnittstellenbenutzung kann zum Beispiel durch eine Datenflussanomalie hervorgerufen werden oder durch Testdaten, die die Spezifikation in irgendeiner Weise verletzen.

2.3.4.2 Testdaten für komplexe Eingabeschnittstellen

Die Eingabeschnittstellen vom Anwender zu den Moduln können je nach Anwendung und Verwendungszweck sehr umfangreich und kompliziert sein, was besonders für Eingabedateien bei Batch-Verarbeitungen zutrifft. Feste oder variable Satzlängen von mehreren tausend Bytes, tief gestaffelte Datenstrukturen und unterschiedliche Datenformate sind zum Beispiel bei Bestandsdateien großer Industriebetriebe und Organisationen keine Seltenheit. Werden diese Daten aus angrenzenden Systemen zur Verfügung gestellt, dann müssen diese Systeme ausreichend getestet worden sein, um auf diese Weise qualitätsgesicherte Schnittstellendaten zu erhalten. Da die Testdaten bereits im Modultest für die Eingangsmodule des Systems verwendet wurden, können sie wahrscheinlich für den Integrationstest übernommen werden. Allerdings werden im Modultest oft die semantischen Bedingungen und Beziehungen dieser Daten unzureichend beachtet, deshalb müssen sie unter Umständen für die Testverfahren im Integrationstest modifiziert werden.

Die Modifizierung der aus dem Modultest übernommenen Daten ist keine leichte Aufgabe, weil nicht nur die semantischen Bedingungen und Beziehungen dieser Daten untereinander sehr komplex sein können, sondern auch ihre syntaktischen Eigenarten tief gehende Kenntnisse erfordern. So werden Eingabedaten dem Rechner oft in einem rechenfähigen Format angeboten, was sich in COBOL durch eine binäre oder gepackte Darstellungsform (*binary* bzw. *packed-decimal*) realisieren lässt. Werden derartige Daten manuell editiert, dann sind nicht nur Kenntnisse über deren Speichermodalitäten erforderlich (*hexadezimale Darstellung mit linken und rechten Halbbytes und Vorzeichenverschlüsselung*), sondern diese Vorgehensweise ist auch äußerst aufwändig und fehleranfällig. Aus diesem Grunde sollte man auch in Erwägung ziehen, Daten für komplizierte Eingangsschnittstellen bereits für den Modultest aus dem Realbetrieb zu übernehmen, was jedoch aufgrund der Datenschutzbestimmungen oft nur in begrenztem Umfang möglich ist. Allerdings sind diese Realbetriebsdaten dann wieder den einzusetzenden Testmodellen und Testverfahren entsprechend anzupassen, weil zum Beispiel für den wertebezogenen Integrationstest *Grenzwerte* und *besondere Werte* nur unzureichend vorhanden sind.

2.3.5 Testendekriterien für den Integrationstest

Im Integrationstest werden Moduln inkrementell integriert, deshalb müssen Schnittstellen getestet werden, über die Datenflüsse in Form von Übergabeparameter und Rückgabeparametern fließen. Auf dieser Grundlage muss eine *Schnittstellenüberdeckung* als Testendekriterium spezifiziert werden, die nicht nur die Schnittstellen zwischen den Moduln, sondern auch die zum Anwender und gegebenenfalls zu anderen Systemen enthält. Eine Schnittstellenüberdeckung von zum Beispiel 100 % sagt jedoch noch recht wenig darüber aus, wie intensiv die Datenflüsse mit welchen Werten und Wertekombinationen getestet wurden, was von der Komplexität der Schnittstellen und der Kritikalität der Moduln oder des Systems abhängig ist. Schnittstellen können besonders bei Batchprogrammen sehr komplex aufgebaut sein, deshalb müssen alle Datenelemente ihren Definitionen entsprechend sowohl mit Normalwerten als auch Grenzwerten, besonderen Werten und Falschwerten (Ausnahmen) hinreichend überdeckt werden.

Da im Modultest die Moduln weitgehend separat unter Benutzung von Testtreibern und Stubs getestet wurden, ist es unumgänglich, ihr dynamisches funktionales Zusammenwirken im Integrationstest zu prüfen. D. h., der Integrationstest darf sich nicht nur auf die Schnittstellen beziehen, sondern auch auf die funktionale Integration. Deshalb sollte auch eine angemessene *Funktionsüberdeckung* der fachlichen Funktionen als Testendekriterium gewählt werden. Der Testaufwand ist dabei wieder von der Kritikalität einzelner Moduln oder des Gesamtsystems abhängig, sodass man bei geringer Kritikalität den Test auf die Hauptfunktionen beschränken könnte. Bei hoher Kritikalität sind grundsätzlich alle Funktionen in ihrer Grundzügen zu testen. Der detaillierte Test der Anwenderfunktionen wird im späteren Systemtest und Abnahmetest praktiziert.

Wurden im Modultest die Ausführungssequenzen interner Operationen (Prozeduren) auf der Grundlage eines Zustandsübergangs-Testmodells getestet, so sind es im Integrationstest die externen Operationsaufrufsequenzen. Diese Zustandsübergangstests können allerdings erst in der letzten Phase des Integrationstests durchgeführt werden, wenn alle Moduln integriert sind. Deshalb wird man auch eine *Zustandsübergangsüberdeckung* als Testendekriterium festlegen, die nicht nur die spezifizierten Zustandsübergänge, sondern auch die nicht spezifizierten als *Ausnahmeüberdeckung* enthält.

Bei sehr großen Systemen werden oft Moduln zu so genannten Clustern zusammengefasst. Das sind Modulgruppierungen, die zum Beispiel komplette Anwenderfunktionen realisieren oder ganze Schichten in der Systemarchitektur darstellen. Sind Cluster in den Designunterlagen spezifiziert, dann müssen sie auch in ihren dynamischen Zusammenhängen gestestet werden, wodurch sich wiederum eine ganze Reihe von Überdeckungskriterien ableiten lässt. Folgende Tabelle zeigt einige mögliche Testendekriterien, die den zugrunde liegenden Testmodellen entsprechend spezifiziert werden können.

Testmodell	Testendekriterien
Kontrollfluss-testmodell	• Alle Moduln werden mindestens einmal angesteuert • Alle Cluster werden mindestens einmal angesteuert
Datenfluss-testmodell	• Alle Schnittstellen werden überdeckt
Funktions-testmodell	• Alle Funktionen werden mindestens einmal ausgeführt • Alle Funktionsverkettungen werden mindestens einmal ausgeführt • Alle Anwendungsfälle werden mindestens einmal ausgeführt
Zustands-übergangs-testmodell	• Alle spezifizierten Zustandsübergänge werden mind. einmal ausgeführt • Alle nicht spezifizierten Zustandsübergänge werden mind. einmal ausgeführt
Ausnahme-testmodell	• Alle spezifizierten Ausnahmen werden überdeckt • Alle nicht spezifizierten Ausnahmen werden überdeckt (z. B. Überdeckung spezifizierter Fehlerklassen)

Abb. 2.2-4: Mögliche Testendekriterien im Integrationstest

Für einen Integrationstest eines Systems mittlerer Kritikalität könnte man zum Beispiel folgende Testendekriterien spezifizieren:

- Modulaufrufüberdeckung von 100 %
- Schnittstellenüberdeckung von 100 %
- Funktionsüberdeckung (Test der Hauptfunktionen) von 60 %
- Zustandsübergangsüberdeckung von 85 %
- Ausnahmeüberdeckung von 80 %
- Anwendungsfallüberdeckung von 100 %
- Clusteraufrufüberdeckung von 100 %

Die Erfüllung der Testendekriterien im Integrationstest kann wieder davon abhängig gemacht werden, ob die Software an den sich anschließenden Systemtest übergeben werden darf. Keinesfalls sollte man Tests aus Termingründen in den System- oder Funktionstest verschieben. Je früher Fehler im Entwicklungs- und Testprozess gefunden werden, desto einfacher und kostengünstiger wird die Fehlerbeseitigung sein. Darüber hinaus lassen sich durch die frühzeitige Fehlerfindung eventuell tiefer liegende Systemschwächen aufdecken, die in diesem Entwicklungsstadium durch ein Refactoring einzelner Moduln besser zu lösen sind als im Systemtest oder Abnahmetest.

2.4 Objektorientierter Integrationstest

Im objektorientierten Integrationstest wird auf inkrementelle Weise das korrekte Zusammenwirken dienstanbietender und dienstnutzender Objekte unterschiedlicher Klassen geprüft. In einer höheren Stufe des Integrationstests können zusammenhängende Gruppen von Klassen als ausführbare Komponenten oder sogar ganze Schichten der Architektur integriert werden [THU93]. Die Komponenten realisieren Szenarios oder komplette Anwendungsfälle [JAC95], die über Schnittstellen mit anderen Komponenten kommunizieren. Der Integrationstest ist seinem Wesen nach ein Test der Schnittstellen, deshalb sind alle Nachrichten, die von einem Objekt einer Klasse an ein anderes Objekt einer anderen Klasse gesendet werden, auf Kompatibilität, Konsistenz und Korrektheit zu prüfen. Das gilt natürlich auch für den Nachrichtenaustausch zwischen Komponenten. Da die Nachrichten über viele Objekte unterschiedlicher Klassen gesendet werden können, ergeben sich ganze Nachrichtensequenzen.

Eine Nachrichtensequenz wird durch eine Startnachricht an eine Methode ausgelöst. Diese gerufene Methode sendet wiederum eine Nachricht an eine andere Methode eines anderen Objekts usw. Im Integrationstest müssen also immer mehrere Objekte instantiiert werden, deren Zustände vor und nach den Methodenaufrufen zu prüfen sind. Eine Nachrichtensequenz ist in diesem Sinne eine Kette aufeinander folgender genau definierter Methodenaufrufe an unterschiedliche Objekte. Alle möglichen Parameter und Parameterwerte, die an die Methoden übergeben werden können einschließlich der Rückgabewerte mit den zugehörenden Datenbankzuständen sind auf der Basis geeigneter Testmodelle zu prüfen. Zu testen sind aber auch die externen Schnittstellen zum Benutzer, über die der Datenfluss der manuellen Eingaben, der Ein- und Ausgabedateien sowie der Listen und der Ausnahmen realisiert wird.

Bevor mit dem Integrationstest begonnen wird, sollten die Testobjekte einer Risikoanalyse unterzogen werden. Klassen oder Komponenten mit einem hohen Risikofaktor (Komplexität und Kritikalität) müssen auf der Basis besonderer Testmodelle getestet werden. Dabei ist auch auf die Weitergabe des Risikopotenzials an die verbundenen Klassen oder Komponenten zu achten, die genauso intensiv zu testen sind. Voraussetzung für den Integrationstest ist, dass jede der zu integrierenden Klassen, Komponenten oder Schichten in getesteter Form vorliegen müssen. Empfehlenswert sind im Vorfeld des Integrationstests auch Anforderungs- und Design-Reviews auf die betreffenden Testobjekte. Es muss sichergestellt sein, dass die gefundenen Fehler auch tatsächlich beseitigt wurden und keine neuen Fehler entstanden sind.

2.4.1 Klassenintegration

Bei der Integration von Klassen werden inkrementell Klasse um Klasse einer Komponente in die bereits ausgetestete Struktur integriert und getestet. Dabei unterscheidet man auf der Basis der Spezialisierungs- bzw. Generalisierungshierarchie zwei generelle Vorgehensweisen:

- Top-down-Integration
- Bottom-up-Integration

Der Integrationstest muss immer konform zur Entwicklung der Klassen verlaufen. Wird *top-down* entwickelt, d. h., die Vererbung wird durch *Spezialisierung* in verfeinerte Unterklassen realisiert, dann wird auch *top-down* getestet. Wird dagegen *bottom-up* entwickelt, indem die Vererbung durch *Generalisierung* gemeinsamer Klassenaspekte realisiert wird, dann muss auch *bottom-up* getestet werden. Grundlegendes Ziel der Klassenintegration ist die Überprüfung der Nachrichtensequenzen zwischen den bereits integrierten und getesteten Klassen einer Komponente und der neu hinzugekommenen Klasse. Durch die Einbindung der Klassen in eine Vererbungshierarchie muss geprüft werden, ob die geerbten Operationen auch tatsächlich als korrekt ablaufende Dienste der aufrufenden Klasse zur Verfügung stehen.

2.4.1.1 Top-down-Integration

Die Top-down-Integration ist bei Klassen, die in eine Spezialisierungshierarchie eingebunden sind, die am häufigsten angewendete Integrationsrichtung. Zu der bereits ausgetesteten Basisklasse auf der obersten Hierarchieebene werden inkrementell Unterklasse um Unterklasse der jeweils tieferen Hierarchieebenen angefügt, bis die unterste Ebene erreicht ist. Die *Top-down*-Entwicklung erweist sich jedoch in zweifacher Hinsicht als ungünstig:

- **Es werden Platzhalter für die fehlenden Klassen benötigt**
  Die Erstellung von Platzhaltern ist in der objektorientierten Praxis nur sehr aufwändig zu realisieren, weil sie bestimmte Zustände der zu simulierenden Klassen annehmen müssen und zyklische Abhängigkeiten zwischen zu testender und simulierter Klasse bestehen können (vgl. [JÜT95]).

- **Keine Förderung wiederverwendbarer Klassenbibliotheken**
  Die *Top-down*-Entwicklung basiert auf einer Spezialisierung der Aufgabenstellung durch schrittweises "Herunterbrechen" der Spezifikation in Subspezifikationen. Der Blick ist dabei fest auf ein zu erreichendes Ziel ge-

richtet, nämlich auf die spezifizierte Anwendung. Die Realisierung umfangreicher Bibliotheken wiederverwendbarer Klassen im Hinblick auf die Qualitätsmerkmale *Wiederverwendbarkeit*, *Änderbarkeit* und *Erweiterbarkeit* wird durch dieses Vorgehen nicht gefördert (vgl. [MEY89], [GRA92], S. 109).

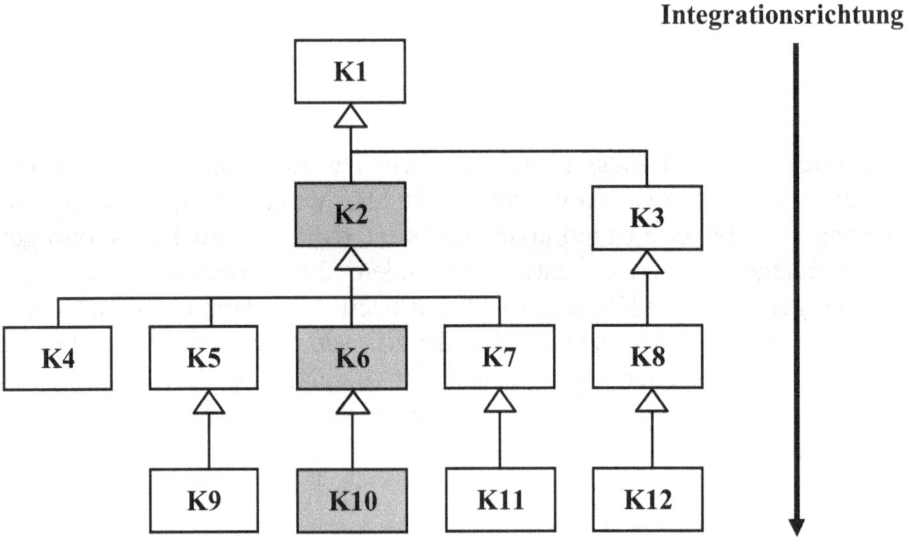

Abb. 2.4-1: Top-down-Integration von Klassen in einer Klassenhierarchie

In vorstehender Abbildung werden zur Basisklasse K1 *top-down* die Unterklassen K2, K6 und K10 inkrementell integriert. Als nächsten Schritt könnte die Integration der Klassenfolge K1, K2, K7, K11 vollzogen werden. Die Integration wird solange fortgesetzt, bis jede Klasse der Klassenhierarchie eingebunden ist.

2.4.1.2 Bottom-up-Integration

Bei der Bottom-up-Integration werden an eine bereits ausgetestete Klasse in der niedersten Hierarchieebene inkrementell Oberklasse um Oberklasse der jeweils nächsthöheren Hierarchieebenen angefügt, bis die oberste Ebene in Form der Basisklasse erreicht ist. Bei diesem Integrationsverfahren entfallen die Platzhalter, dafür werden Treiber für die fehlenden Klassen benötigt, die allerdings wesentlich leichter zu realisieren sind.

Das *Bottom-up*-Vorgehen besitzt allerdings den Nachteil, dass die kaum vermeidbaren Wartezeiten zu Zeitverlusten führen, die wirtschaftlich nicht immer vertretbar sind. Dormann macht deshalb den Vorschlag, alle Platzhalter der Klassen parallel zu entwickeln [DOR93]. McGregor und Korson wollen die Entwicklung von Platzhaltern völlig einsparen, indem sie vorschlagen, an allen Anwendungsklassen parallel zu arbeiten [McG94], was sich wahrscheinlich organisatorisch nicht immer verwirklichen lässt. In folgender Abbildung werden zur Klasse K10 auf der niedersten Hierarchieebene *bottom-up* die Oberklassen K6, K2 und K1 inkrementell integriert.

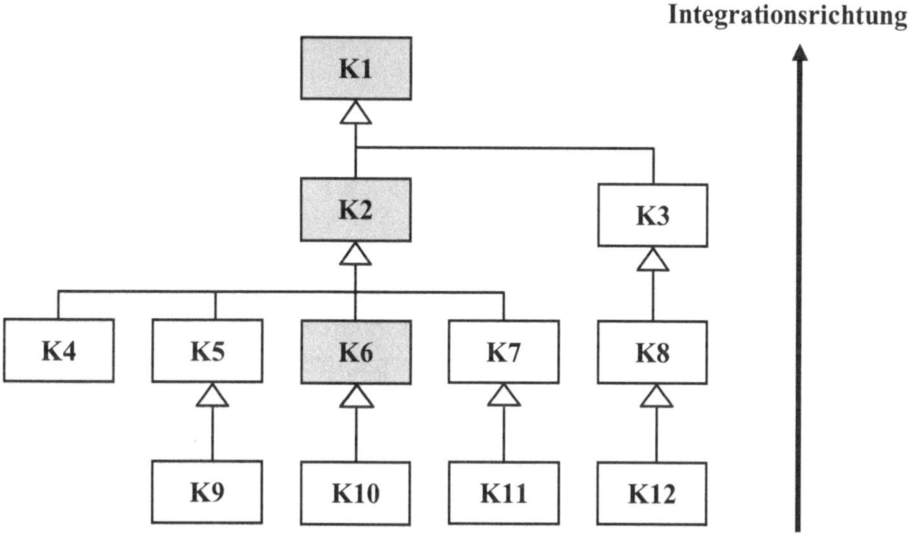

Abb. 2.4-2: Bottom-up-Integration von Klassen in einer Klassenhierarchie

Ansätze für die Implementierung und Generierung von Testtreibern einer *Bottom-up*-Entwicklung finden sich zum Beispiel in [DOO94], [HOF95], [HUN95]. Die Forderung nach den Qualitätsmerkmalen *Wiederverwendbarkeit*, *Änderbarkeit* und *Erweiterbarkeit* wird bei einer *Bottom-up*-Entwicklung optimal unterstützt, deshalb sollte diese Entwicklungsrichtung trotz des geschilderten Nachteils bevorzugt werden.

2.4.1.3 Test der funktionalen Beziehungen

Das funktionale Testen wird von Siegel als *vertikale Integration* bezeichnet [SIE96]. Mit diesem Begriff soll zum Ausdruck gebracht werden, dass die Basisklassen ihre Funktionalität an die direkten oder indirekten Unterklassen in der Generalisierungshierarchie in *vertikaler* Richtung vererben. D. h., es wird ein vertikaler Pfad durch die Klassenhierarchie durchlaufen, der der Sichtweise entsprechend einem Testobjekt entspricht.

Die Klassen lassen sich hierarchisch inkrementell integrieren, indem man top-down mit den bereits ausgetesteten Basisklassen in der obersten Hierarchieebene beginnt und inkrementell Klasse um Klasse hinzugefügt, bis die unterste Hierarchieebene erreicht ist. Sind mehrere Basisklassen auf derselben Ebene vorhanden, dann müssen zuerst die Beziehungen zwischen diesen Klassen getestet werden, also ihre Assoziationen, um die Klassen für den funktionalen Test zu verifizieren. Die hierarchischen Änderungen zwischen den Basisklassen und den Unterklassen werden genutzt, um Testfälle abzuleiten. Wird *top-down* integriert dann sind diese hierarchischen Änderungen Spezialisierungsformen, wird dagegen *bottom-up* integriert, dann sind es Generalisierungsformen.

Es wurde bereits im Klassentest festgelegt, welche Testfälle für geerbte und redefinierte Methoden wiederverwendet werden können. Diese Testfälle sind nun dem Integrationsstand entsprechend durch Nachrichtensequenzen zu ergänzen, die eine ganze Kette von Operationsaufrufen über Objekte mehrerer Klassen hinweg zur Folge haben können. Die Übergabeparameter lassen sich anhand der Äquivalenzklassenanalyse ableiten und durch Grenzwerte und besondere Werte ergänzen. Darüber hinaus sollten Übergabeparameter so gewählt werden, dass auch die Rückgabewerte Grenzwerten und besonderen Werten entsprechen, was die Testfälle fehlersensibler macht. Für jede angestoßene Methode sollten alle Vor- und Nachbedingungen sowie Invarianten im neuen Kontext geprüft werden. Es sind alle Zustände und Zustandsübergänge durch Testfälle abzudecken. Für die neuen Operationen in den Unterklassen müssen diesem Vorgehen entsprechend neue Testfälle erstellt und ausgeführt werden.

Die hierarchisch inkrementelle Klassenintegration soll zeigen, dass die geerbten Datenobjekte und Operationen auch im neuen Kontext der jeweiligen Unterklasse korrekt arbeiten. Die Klassen müssen also über ihre Grenzen hinweg kompatibel zueinander sein und die zunehmende Funktionalität der Spezifikation entsprechen. Der funktionale Test bezieht sich bei diesem streng hierarchisch inkrementellen Vorgehen eher auf die elementare Funktionalität als auf Anwenderfunktionen. Ein höherwertigeres Integrationsvorgehen besteht darin, Klassen einer Architekturschicht derart zu integrieren, dass fachliche Szenarios oder komplette Anwendungsfälle entstehen, die gegen die funktionale Spezifikation zu testen sind. Dieses Vorgehen wird im Kapitel *Komponentenintegration* beschrieben.

2.4.1.4 Test der Assoziationen

Die Ursache für den Nachrichtenaustausch zwischen zwei Objekten kann eine *Assoziation* einschließlich einer *Aggregation* oder *Komposition* sein. Eine Assoziation beschreibt eine semantische Beziehung zwischen Objekten einer oder mehrerer Klassen. Eine Aggregation ist eine besondere Assoziation im Sinne einer *Teil-von-Beziehung*, die ausdrückt, dass ein Objekt sich aus mehreren Einzelteilen existenzunabhängig zusammensetzt. Ein Betrieb besteht zum Beispiel aus vielen Abteilungen. Fällt eine Abteilung weg, dann existiert der Betrieb immer noch. Ist eine derartige Beziehung jedoch existenzabhängig, dann bezeichnet man sie als *Komposition.*

Man unterscheidet zwischen *gerichteten* Assoziationen und *bidirektionalen* Assoziationen. Die gerichteten Assoziationen sind nur einseitig direkt navigierbar, während die bidirektionalen Assoziationen beidseitig direkt navigierbar sind [OES01]. Folgende Abbildung zeigt eine gerichtete Assoziation (Kunde, Rechnungsanschrift), eine bidirektionale Assoziation (Kunde, Auftrag) und eine Komposition (Auftrag, Auftragsposition).

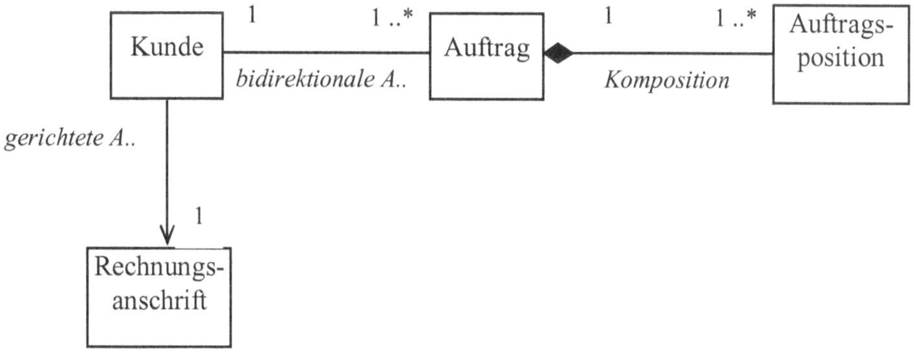

Abb. 2.4-3: Assoziationen zwischen Objekten unterschiedlicher Klassen

Die Ziffern auf den Verbindungslinien geben die Multiplizität der Assoziation an, d. h. die Menge der Objekte, mit denen die gegenüberliegende Klasse assoziiert sein kann. Jedes Objekt sollte der Multiplizität entsprechend erzeugt, mit den zur Verfügung stehende Methoden bearbeitet und gelöscht werden. Dabei ist auch zu überprüfen, ob die Beschränkungen, die durch die Multiplizität der Assoziation auferlegt sind, tatsächlich zutreffen.

Da ein Objekt mit sehr vielen Objekten der integrierten Klasse assoziiert sein kann, werden nur einige ausgesuchte klassifizierte Beziehungen getestet. Dazu können wieder die Äquivalenzklassenanalyse und der Grenzwerttest herangezogen werden. Der Test einer Assoziationen erstreckt sich auch auf die unterschiedliche Nutzung eines referenzierten Objektes. Folgende Nutzungsmöglichkeiten können bestehen [NEU95]:

1. Anstoß einer Operation in einem referenzierten Objekt mit Übertragung von Daten. Die Ergebnisse der Operation werden dem rufenden Objekt als Rückgabeparameter übermittelt.

2. Abfrage eines aktuellen Attributwertes in einem referenzierten Objekt. Der abgefragte Wert wird über eine Operation an das rufende Objekt zurückgesendet.

3. Selektion von Objekten mit bestimmten Eigenschaften. Aus einer Menge von Objekten werden nur solche Objekte selektiert, deren Attribute bestimmten Bedingungen gehorchen.

Wie Objekte unterschiedlicher Klassen zusammenarbeiten, kann einem Kollaborationsdiagramm entnommen werden. Folgende Abbildung zeigt den Nachrichtenaustausch zwischen zwei Objekten als Kollaborationsdiagramm in UML-Notation. Die Pfeile zeigen die Richtung vom Sender der Nachricht zum Empfänger. Auch eine mögliche Antwort auf eine Nachricht kann im Diagramm in der Form *antwort:=nachricht()* spezifiziert werden. Die zeitliche Reihenfolge der Nachrichten wird durch Sequenzindizes angegeben, die vor den Nachrichten stehen.

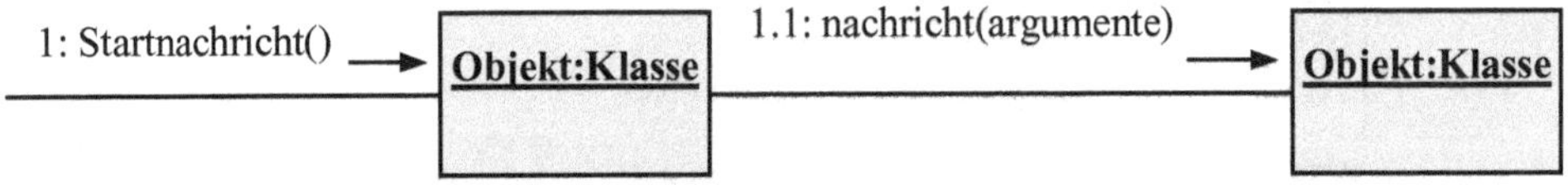

Abb. 2.4-4: Nachrichtenaustausch als Kollaborationsdiagramm

Kollaborationsdiagramme sind auch ein wichtiges Hilfsmittel, um den Ablauf ganzer Szenarios und kompletten Anwendungsfällen zu dokumentieren. Deshalb spielen sie auch beim Kollaborationstest von Komponenten eine herausragende Rolle.

2.4.1.5 Test der Interaktionen

Unter Interaktion ist ein Nachrichtenaustausch zwischen einem sendenden und einem empfangenden Objekt zu verstehen. Das sendende Objekt übermittelt in der Regel Übergabeparameter, die vom empfangenden Objekt mit seinen Operationen bearbeitet und das sendende Objekt zurückgeschickt werden. Bei diesem Test werden die horizontal angeordneten Klassen in der Klassenhierarchie getestet. Dabei geht man davon aus, dass die assoziierten Klassen bereits ausgetestet sind [SNE02]. Siegel bezeichnet diesen Test deshalb als horizontalen Test [SIE96]. Beim Test der Interaktionen steht in diesem Stadium der Integration die „Zusammenarbeit" der Objekte von jeweils zwei Klassen einer horizontalen abstrakten Schicht des Systems im Vordergrund. In einem späteren Stadium der Integration werden die Interaktionen ganzer Komponenten betrachtet.

Global betrachtet erstreckt sich der Test auf das Absenden ausgewählter Nachrichten mit ihren möglichen Parametern und das Prüfen der Rückgabewerte gegen die Spezifikation. Hilfsmittel für den Test sind Klassendiagramme und Sequenzdiagramme. Durch den Interaktionentest lassen sich Inkompatibilitäten zwischen den Klassen aufdecken, die zum Beispiel durch lückenhafte oder falsch gereihte Parameterlisten oder falsche Typen entstehen. Darüber hinaus lassen sich fehlende Methoden, fehlende Empfängerobjekte oder fehlende bzw. falsche Ausnahmebehandlungen feststellen. Folgende Abbildung zeigt eine Interaktion zwischen zwei Objekten anhand eines Interaktionsdiagramms in UML-Notation.

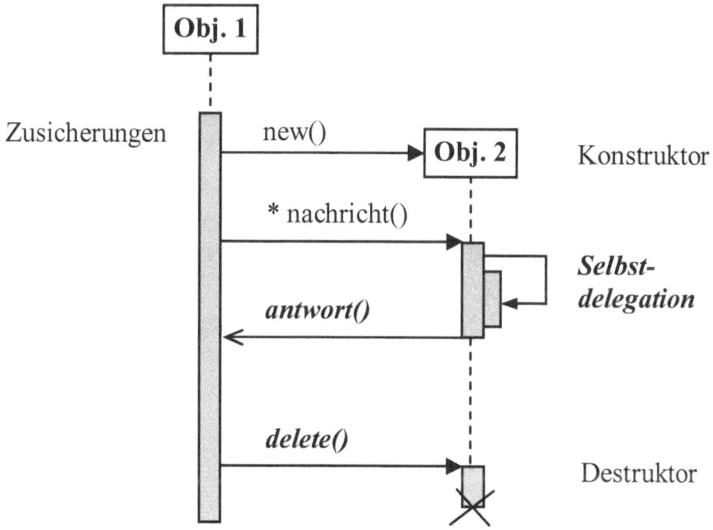

Abb. 2.4-5: Nachrichtenaustausch als Sequenzdiagramm

Für den Test werden die meisten Informationen aus dem Sequenzdiagramm abgeleitet. Das Sequenzdiagramm zeigt den gleichen Sachverhalt wie das Kollaborationsdiagramm, allerdings unter einer anderen Sichtweise. Während beim Kollaborationsdiagramm die Zusammenarbeit der Objekte im Vordergrund steht, werden beim Sequenzdiagramm die zeitlichen Verläufe der Nachrichten betrachtet [OES01].

Die Nachrichten werden durch Pfeile zwischen den vertikal verlaufenden Lebenslinien der Objekte dargestellt. Bevor mit einem Objekt kommuniziert werden kann, muss es durch einen Konstruktor erzeugt werden. Nach der Erzeugung kann das Senderobjekt eine Nachricht mit Parametern an das Empfängerobjekt verschicken. Iterationen im Sinne von mehrfachen Senden einer Nachricht werden durch einen "*" vor der Nachricht gekennzeichnet. Die Parameter werden von den Methoden des Empfängerobjekts bearbeitet und an das Senderobjekt zurückgeschickt. Das Empfängerobjekt kann auch eine Nachricht an sich selbst senden und sich damit selbst aufrufen, was man als Selbstdelegation bezeichnet. Letztendlich kann das Empfängerobjekt durch einen Destruktor wieder zerstört werden.

Diese Informationen aus dem Sequenzdiagramm werden für das Testen von Interaktionen zwischen zwei Objekten benutzt. Da das Sequenzdiagramm eine zeitliche Abfolge von Nachrichten zeigt, können auch Bedingungen im Sinne von Zusicherungen angegeben werden. So kann man zum Beispiel ein gewünschtes Antwortzeitverhalten zwischen dem Senden einer Nachricht und der Rückantwort spezifizieren. Beim Testen der Interaktion ist dieses Verhalten gegen die Spezifikation zu verifizieren.

Bei Iterationen sind mindestens eine Wiederholung und eine mehrmalige Wiederholung vorzusehen. Die Auswahl der an das Empfängerobjekt zu sendenden Testparameter kann mittels der Äquivalenzklassenanalyse und der Grenzwertanalyse vorgenommen werden. Dadurch kann sichergestellt werden, dass die Testfälle auf ein erträgliches Maß reduziert werden gleichzeitig aber hinreichend fehlersensitiv sind. Sneed und Winter weisen darauf hin, dass beim Test auch die Generalisierungsbeziehungen im Sinne „geerbter" Interaktionen berücksichtigt werden müssen [SNE02], weil auch Interaktionen mit Instanzen von Unterklassen vorgesehen sein können.

2.4.1.6 Test der Protokolle

Der Protokolltest ist eine Testmethode, die sich dem Interaktionstest zuordnen lässt. Als Protokoll bezeichnet man eine Menge Signaturen [OES01], d. h. der *Name*, die *Parameterliste* und eventuell der *Rückgabetyp* der Daten für alle öffentlichen Operationen der Klasse. Das Protokoll ist die Definition der gesamten Nachrichtenstruktur, die zwischen der dienstnehmenden und diensterbringenden Klasse für die Erfüllung der spezifizierten Anforderungen benötigt wird. Das Protokoll entspricht einem Vertrag, der zwischen beiden Klassen besteht. Dieser Vertrag besteht sowohl aus Beziehungen zwischen den Klassen (Assoziationen) als auch aus den Anforderungen (Spezifikation) an den zu erbringenden Dienst. Ziel des Protokolltests sind deshalb Prüfungen, ob dieser Vertrag zwischen den Klassen auch tatsächlich eingehalten wird. Auf einer höheren Stufe der Integration werden dann Verträge zwischen größeren Komponenten getestet, die Anwenderszenarios oder komplette Anwendungsfälle realisieren.

Jedes Protokoll repräsentiert einen Lebenszyklus für die Objekte der *Klasse unter Test* in Kombination mit Objekten einer (oder mehreren) anderen Klassen. Deshalb entspricht jedes Protokoll auch einer Sequenz von Nachrichten bzw. Methodenausführungen. Da jede Methodenausführung einen Zustandsübergang des betreffenden Objekts einleitet, lassen sich die zu testenden Methodensequenzen einem Zustandsdiagramm entnehmen. D. h., man beginnt mit den Anfangszuständen der zwei Objekte beider Klassen, gefolgt von einer Sequenz von Zuständen für jedes Objekt, bis schließlich die Endzustände erreicht sind. Enthält das Zustandsdiagramm einen Fehlerzustand, dann können auch die Ausnahmen, also die unzulässigen Methodensequenzen dem Diagramm entnommen werden. Allerdings sind unzulässige Sequenzen in jedem Fall zu testen, auch wenn sie nicht im Zustandsdiagramm als Fehlerzustände spezifiziert wurden. Diese Sequenzen lassen sich dann aus nicht kompatiblen Vor- und Nachbedingungen ihrer Methoden ableiten.

Da jedes Protokoll einem Lebenszyklus der Objekte der *Klasse unter Test* in Kombination mit den Objekten anderer Klassen entspricht, ist das Protokolltesten eine spezielle Form eines Lebenszyklustests [McG01]. Zu den Testsituationen gehören deshalb das Erzeugen von Objekten, das Senden von Nachrichten an diensterbringende Methoden und das Zerstören von Objekten. Andere Testsituationen könnten die Initialisierung und sonstige Wertzuweisung von Parametern sein, das Löschen von Fehlermeldungen in der Datenbank usw. Für jede dieser Testsituationen muss der Tester eine Nachricht an die empfangende Klasse absenden, um ihr Verhalten gegen die Spezifikation zu prüfen.

2.4.1.7 Integration von Basisklassen

Voraussetzung für die Integration einer Basisklasse ist der erfolgreiche Klassentest der Basisklasse unter Verwendung einer bereits abgeleiteten Klasse oder einer zu Testzwecken künstlich erstellten Klasse. Bei der Integration einer Basisklasse muss durch Testfälle verifiziert werden, ob die Nachrichten an die Methoden der Basisklasse korrekt sind, die aufgerufenen Methoden richtig ausgeführt werden und die Rückgabeparameter der Spezifikation entsprechen. Darüber hinaus muss die dienstnutzende Klasse die Rückgabeparameter auch semantisch korrekt verarbeiten können.

Ob die gesendeten Nachrichten an die Basisklasse korrekt sind, kann durch einen Zusicherungstest geprüft werden, indem spezifizierte Vorbedingungen die Methodenaufrufe in der Basisklasse überwachen und nicht korrekte Aufrufe protokolliert werden. In der Sprache Eiffel gibt es für Zusicherungen spezielle Sprachelemente (*require, ensure, invariant*). In anderen Sprachen, die Zusicherungen nicht unterstützen, können sie trotzdem über Build-in-Techniken realisiert werden, wenn auch mit größerem Aufwand. Über Zusicherungen können auch die zurückgegebenen Parameterwerte an den Dienstnutzer geprüft werden, indem durch spezifizierte Nachbedingungen und Invarianten die Methodenausführungen in den Basisklassen überwacht und die Werte nur dann weitergegeben werden, wenn sie korrekt sind.

Wird eine *neue* oder *geänderte* Basisklasse in eine bereits ausgetestete Klassenhierarchie eingefügt, dann muss auch die gesamte Klassenhierarchie aufgrund des veränderten Basisverhaltens *top-down* neu getestet werden. D. h., das geänderte Verhalten der Basisklasse wird wegen des Vererbungsmechanismus an alle untergeordneten Klassen weitergegeben und ist folglich im Kontext mit allen erbenden Klassen zu testen. Wurde eine neue Basisklasse als anwendungs-übergreifende *wiederverwendbare* Software erworben, dann sind allerdings nur die Operationen für die spezielle fachliche Anwendung zu testen. Ziel der qualitätssichernden Maßnahmen muss es sein, dass die Klassenbibliothek nach dem Hinzufügen der neuen Klasse mindestens die gleiche Qualität besitzt wie vor dem Hinzufügen der bereits ausgetesteten Klassenbibliothek [OVE96].

Die Spezifizierung der Testfälle ist von den eingesetzten Testmodellen und Testverfahren abhängig. Kontrollflussorientierte Überdeckungsverfahren, wie zum Beispiel der Zweigtest, besitzen nur eine einfache Kontrollfunktion, ob auch tatsächlich alle Codekomponenten entsprechend dem Überdeckungsverfahren durchlaufen wurden. In jedem Fall sollten ein Nachrichten basierender Test und ein funktionaler Test durchgeführt werden, um die

Schnittstelle zwischen der Basisklasse und der Dienstnutzerklasse und die zu übergebenden Dienste zu verifizieren. Beim funktionalen Testen lassen sich die Testfälle unter Ableitung von Äquivalenzklassen des Eingabedatenbereichs der Basisklasse und des Ausgabedatenbereichs der Dienstnutzerklasse mit Grenzwerten spezifizieren [LIG96]. Ergänzt wird der Grenzwerttest wieder durch den Test besonderer Werte.

2.4.1.8 Integration von Unterklassen

Im Lebenszyklus eines Softwaresystems wird oft die Spezialisierung eines bestimmten Objektverhaltens notwendig. Zu diesem Zweck sind neue Unterklassen von den bereits bestehenden Klassen einer Klassenhierarchie abzuleiten. D. h., die Klassen werden nicht mitten in die Klassenhierarchie eingefügt, sondern sie werden an bereits bestehende Klassen angehängt. Auf diese Weise erbt die neue Unterklasse Daten und Verhalten aller Oberklassen und fügt ihr eigenes spezialisierten Verhalten hinzu.

Wird eine neue oder wiederverwendbare Unterklasse in eine bestehende Klassenhierarchie eingefügt, dann müssen alle Interaktionen zwischen der neuen Unterklasse und allen anderen Klassen der Hierarchie getestet werden. Voraussetzung für die Integration ist natürlich der erfolgreiche Klassentest der Unterklasse. Der Integrationstest erstreckt sich auf:

- den vertikalen Test unter Einbeziehung aller geerbten Operationen
- den horizontalen Test aller beteiligten Assoziationen

Sämtliche Nachrichten mit allen möglichen Parameterwerten, die von dienstnutzenden Klassen an die integrierte Unterklasse verschickt werden, müssen durch Testfälle abgedeckt sein. Die Ausführungen aller Methoden und die Übergaben aller möglichen Parameterwerte müssen protokolliert und gegen die Spezifikation verifiziert werden. Darüber hinaus müssen alle möglichen Rückgabewerte von den diensterbringenden Klassen erzeugt und von den dienstnutzenden Klasse richtig erkannt werden.

Für die Auswahl der zu übergebenen Parameterwerte und die Rückgabewerte lassen sich wiederum Äquivalenzklassen bilden, die durch Grenzwerte und besondere Werte zu ergänzen sind. Beim Test der Assoziationen muss auf die einschränkende Anzahl der Multiplizitäten geachtet werden.

2.4.1.9 Test der Benutzerschnittstellen

Neben dem Test der internen Schnittstellen in Form der Signaturen und Protokolle müssen auch alle externen Schnittstellen zum Benutzer und eventuell zu anderen Systemen geprüft werden. Das sind zum Beispiel die Schnittstellen von Eingabe- und Ausgabedateien, Listen, Datenbanken, aber auch für manuelle Eingaben über den Bildschirm. Da über Schnittstellen Datenflüsse fließen, müssen diese Tests auf der Basis eines werteorientierten Ansatzes durchgeführt werden. Dazu werden neben der Äquivalenzklassenanalyse, der Grenzwerttest und der Test besonderer Werte als Testverfahren eingesetzt.

Der Test besonderer Werte ist auch in abgewandelter Form als *Test unerwarteter Eingabewerte* besonders bei manuellen Dateneingaben wichtig. Denn diese Eingabeschnittstellen müssen sehr robust ausgelegt sein, um einen Absturz des Systems bei falschen Dateneingaben zu verhindern. Ein anderer wichtiger Aspekt ist die Prüfung der korrekten Initialisierung von Datenelementen. Dazu gehört die Unterdrückung führender Nullen, die korrekte Darstellung des Kommas oder des Dezimalpunktes bei nummerischen Ausgabefeldern auf dem Bildschirm und die richtigen Feldlängen.

2.4.2 Komponentenintegration

Eine Komponente ist eine Zusammenfassung von Klassen nach fachlichen Gesichtspunkten, die ein ablauffähiges physisches Quelltextmodul repräsentiert. Jede Komponente besitzt eine eigene definierte Schnittstelle, die sie von ihrer Implementierung trennt. Damit sollen Komponenten austauschbar gemacht werden, ohne dass die Implementierung geändert wird. Komponenten besitzen einen eigenen Verantwortungsbereich, der sich zum Beispiel auf fachliche Szenarios oder komplette Geschäftsanwendungsfälle erstreckt. Im Komponentenintegrationstest werden die Komponenten entsprechend der gewählten Systemarchitektur vertikal und horizontal mit anderen Komponenten inkrementell integriert. Ziel dieses Tests ist, dass die Komponenten kompatibel zueinander sind, d. h., die von einer aufrufenden Komponente angeforderten Dienste müssen von der diensterbringenden Komponente korrekt im Sinne der Spezifikation sein.

Bei der Komponentenintegration werden die einzelnen Komponenten, die zu einer oder mehreren Schichten gehören, inkrementell integriert und über ihre Schnittstelle getestet. Die Schnittstellen der Komponenten enthalten die Signaturen und die Semantik der öffentlichen Methoden, mit denen die angeforderten Dienste erbracht werden. Über sie kommuniziert die Komponente mit einer oder mehreren anderen Komponenten. Da in der Regel mehrere Komponenten von einem Aufruf betroffen sind, müssen die weiteren Komponenten durch Stubs nachgebildet werden.

Für die inkrementelle Integration müssen Testfälle mit allen möglichen Nachrichtensequenzen zwischen den Komponenten spezifiziert und damit alle aufrufbaren Methoden und Methodensequenzen mit den möglichen Parameterwerten und Rückgabewerten gegen die Komponentenspezifikation getestet werden. Dabei sind auch ungültige Sequenzen zu berücksichtigen, die nicht spezifiziert wurden. Sind persistente Objekte bei bestimmten Methodenaufrufen beteiligt, dann sind die möglichen Zustände dieser Objekte in der Datenbank oder auf externen Datenträgern zu überprüfen.

Eine wichtige Rolle spielt die Schnittstelle zum Anwender, die in Form von Bildschirmmenüs, Eingabemasken, Listen und Dateien bestehen kann. Alle Datenelemente der Schnittstelle werden durch einen werteorientierten Test geprüft, der Grenzwerte und besondere Werte einschließt und der auch alle Ausnahmesituationen hinreichend berücksichtigt. Folgende Abbildung zeigt das Prinzip der Komponentenintegration über definierte Schnittstellen.

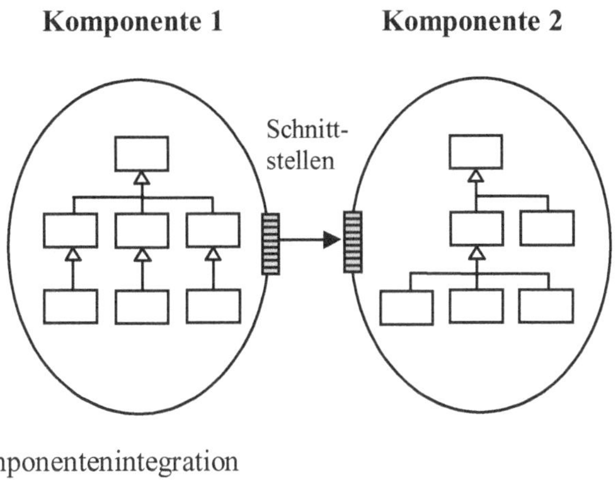

Abb. 2.4-6: Komponentenintegration

2.4.2.1 Integration von Standardkomponenten

Als Standardkomponenten bezeichnet man wiederverwendbare Komponenten, die von einem Fremdhersteller bezogen oder selbst entwickelt wurden. Viele Hersteller bieten Standardkomponenten oder ganze Klassenbibliotheken mit den unterschiedlichsten Verwendungszwecken an. Gelingt es derartige Komponenten in das zu entwickelnde System zu integrieren, dann kann sich das günstig auf den Entwicklungsaufwand und damit auf die Kosten auswirken. Problematisch beim Einsatz von Standardkomponenten ist jedoch, dass sie mehr oder weniger Funktionalität aufweisen, als für das zu entwickelnde System benötigt wird. In vielen Fällen wird die Funktionalität auch nicht voll den festgelegten Anforderungen entsprechen, sodass ein hoher Anpassungsaufwand der eigenen Komponenten die Vorteile wieder ausgleicht.

Werden Standardkomponenten in ein bestehendes System integriert, dann kann nur die Funktionalität gestestet werden, die in der entsprechenden Applikation benötigt wird. Dazu sind als vorbereitende Maßnahme alle Dienste zu spezifizieren, die Komponenten von der Standardkomponente benötigt werden. Dazu gehören auch die Protokolle zur Kommunikation und Interaktion mit dieser Komponente [BUS00]. Einschränkungen hinsichtlich Plattformen oder Entwicklungssprachen müssen evaluiert werden.

Der Test von Standardkomponenten erstreckt sich auf die angeforderten Dienste, die vom eigenen System bzw. anderen Komponenten benötigt werden. Dazu werden Testfälle mit den entsprechenden Übergabeparametern spezifiziert und die Rückgabewerte auf Korrektheit überprüft. Da die Schnittstellen der eigenen Komponenten wahrscheinlich der Schnittstelle der Standardkomponente angepasst werden müssen, lassen sich Testfälle aus dem Komponententest nur eingeschränkt wiederverwenden. Sämtliche Ausnahmebedingungen sollten beim Test berücksichtigt werden. Da eine erworbene Komponente großen Einfluss auf die Performance des gesamten Systems haben kann, sind gegebenenfalls Performance-Messungen durchzuführen, wobei nicht vorhandene Komponenten durch eine entsprechende Testumgebung zu simulieren sind.

2.4.2.2 Integration von Altkomponenten

Viele Unternehmen nutzen die Objekttechnologie, von der sie sich verbesserte Möglichkeiten der Wiederverwendung von Software und eine einfachere Entwicklung von verteilten Systemen versprechen. Eine nicht zu unterschätzende Schwierigkeit sind jedoch die Altsysteme *(Legacy Systems)*, die oft in einem jahrzehntelangen Entwicklungs- und Verbesserungsprozess entstanden sind und ein erhebliches Betriebspotenzial verkörpern. Komplette Neuentwicklungen sind nicht nur kosten- und zeitaufwändig, sondern sie bergen auch Risiken in sich. Darüber hinaus würde es vermutlich Jahre dauern, bis die neue Software den Grad der Zuverlässigkeit der alten Software erreicht hat. Das Reengineering könnte zwar weniger aufwändig sein, der Einsatz erfordert jedoch gewisse Kompromisse und Zugeständnisse, die andere Nachteile mit sich bringen (vgl.

[GAR95]). Eine vielversprechender Möglichkeit bietet die Migration von Altanwendungen als gekapselte Komponenten, die im Sinne von Server-Objekten in das objektorientierte System eingebunden werden. Sneed hat in seinen Arbeiten eine ganze Reihe von Kapselungsebenen angegeben, die dafür in Frage kommen [SNE92], [SNE96a] (vgl. auch [MAT94]):

- Prozessebene
- Transaktionsebene
- Programmebene
- Modulebene
- Prozedurebene
- Dateiebene

Eine vielversprechende Vorgehensweise bieten *Wrapping*-Technologien, um wiederverwendbare Komponenten aus Altanwendungen zu definieren. Bei der Kapselung von prozeduralen Funktionseinheiten zu Wrapper-Objekten wird bestehender Altcode in objektorientierte Funktionseinheiten überführt, indem ein Programm, Modul oder Prozedur aus der Altanwendung herausgelöst und mit einer Objektdefinition umhüllt wird. Auf diese Weise entstehen gekapselte objektorientierte Entitäten (Wrapper-Objekte), die auf Anforderungen Serverfunktionen bereitstellen.

Die Integration von Altsoftware als Komponenten in ein neues System ist jedoch keine triviale Aufgabe, sondern eine große Herausforderung für die Entwickler. So wird zum Beispiel die Funktionalität der Altsoftware nicht immer dem gewünschten Umfang des neuen Systems entsprechen, sodass die Funktionalität exakt an die Bedürfnisse des neuen Systems angepasst werden muss. Dazu kommt noch die Tatsache, dass die meisten Altsysteme sehr breite, nicht strukturierte Schnittstellen besitzen, sodass jeder Nutzer dieser Schnittstellen uneingeschränkt auf alle Funktionen und Dienste zugreifen kann [BUS00]. Ändert sich im späteren Verlauf dann diese Schnittstelle, dann wird wahrscheinlich der Nutzer der Altkomponente neu übersetzt und gebunden werden müssen, auch wenn er die Schnittstelle überhaupt nicht verwendet. Das Prinzip der Komponenten, nämlich unabhängig von der Implementierung und damit austauschbar zu sein, wird auf diese Weise durchbrochen. Das bedeutet, dass unter Umständen die Schnittstelle der zu integrierenden Altkomponente optimiert werden muss, um die Unabhängigkeit der Komponente zu gewährleisten.

Liegt eine Altkomponente als prozedurales Programm bzw. Modul vor, die von einem Objekt einer Klasse aufgerufen wird, dann müssen Testfälle mit den entsprechenden Nachrichten und Übergabeparametern erstellt werden. Ist zum

Beispiel die Altkomponente in COBOL und das zu entwickelnde System in OO-COBOL programmiert, dann wird die Nachricht aus dem Schlüsselwort CALL und der Parameterliste bestehen. D. h., die aufrufende Komponente sendet die Nachricht mit den Parametern an die Altkomponente, die ihrerseits einen Dienst zur Verfügung stellt bzw. die Rückgabeparameter zurücksendet.

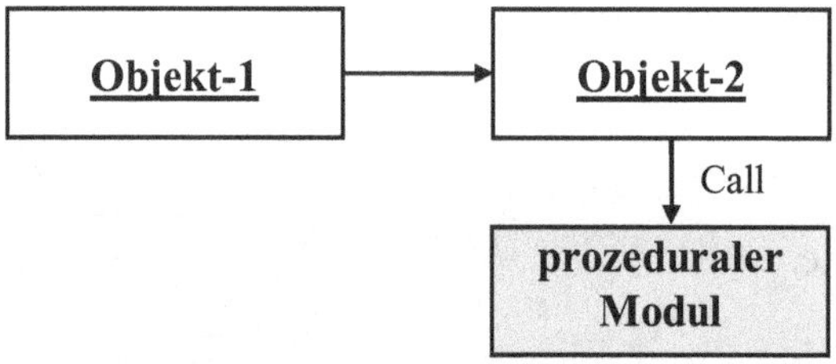

Abb. 2.4-7: Aufruf eines gekapselten Moduls durch CALL

Der Test gut gekapselter migrierter Altsoftware bereitet kaum Probleme, weil zwischen der gerufenen Altkomponente und dem rufenden Objekt keine objektorientierten Beziehungen in Form des Vererbungsprinzips oder des Polymorphismus bestehen. Voraussetzung ist allerdings, dass die gekapselte Altkomponente in qualitätsgesicherter Form vorliegt bzw. vor der Migration einem Unit-Test unterzogen wurde. Zu prüfen sind dann lediglich die Übergabeparameter an die gerufene Altkomponente und deren Rückgabeparameter an das aufrufende Objekt nach jedem CALL-Aufruf.

Das Nebeneinander von imperativen und objektorientierten Sprachelementen in Anwendungen sollte streng auf die Migration gekapselter Altsoftware beschränkt bleiben. In COBOL erreicht man eine gute Kapselung durch separat übersetzte Moduln, die durch CALL mit dem Sprachzusatz „Using by Content“ aufgerufen werden. Die durch „Content“ bezeichneten Datenbereiche sind damit gegen einen Update-Zugriff des gerufenen Moduls geschützt. Damit der gerufene Modul jedoch mit diesen Datenbereichen arbeiten kann, werden mit Ausführung der CALL-Anweisung die betreffenden Datenfelder in Speicherbereiche kopiert, die vom Compiler bereitgestellt wurden.

In allen anderen Fällen sollte man die Vorzüge der objektorientierten Programmierung nicht durch einen Stilbruch vermindern. Ein Nebeneinander von Blockschachtelungen (Prozedurtechniken) und Klassenhierarchie und von Zeigern und Objektvariablen zur Repräsentation von Objekten führt zu schwer lesbaren und damit fehlerträchtigen Programmen (vgl. [GRA92], S. 106).

2.5 Systemtest

Im Systemtest wird das Programm oder System mit seiner Leistungsbeschreibung, die aus der fachlichen Vorgabendefinition (Fachkonzept) und der technischen Spezifikation besteht, verglichen. Der Systemtest gehört zu den schwierigsten und umfangreichsten Teststufen. Er setzt sich aus einer ganzen Reihe von Einzeltests zusammen, die unter realistischen Betriebsbedingungen durchgeführt werden müssen. Voraussetzung für den Systemtest sind deshalb spezifizierte *Nutzungsprofile*, die vollständigen und detailliert beschriebenen *Benutzervorgaben*, die *technischen Vorgaben* sowie die *Benutzerdokumentation*. Im Systemtest können folgende Prüfziele berücksichtigt werden:

- Vollständigkeit der funktionalen Anforderungen
- Vollständigkeit der technischen Anforderungen
- Verarbeitung großer Datenmengen
- Verarbeitung einer großen Last
- Gebrauchstauglichkeit (Usability)
- Dokumentationsgüte
- Performance
- Zuverlässigkeit, Sicherheit und Robustheit
- Hardware-Konfigurationen (*falls erforderlich*)
- Kompatibilität/Datenkonversion (*Migration von Altdaten*)
- Wartbarkeit usw.

Der Systemtest ordnet sich zeitlich nach dem Integrationstest ein. Er bildet den Abschluss der Projektentwicklung. Ist zu diesem Zeitpunkt die eigentliche Anwendersoftware noch nicht fertig gestellt, dann wird der Test gesplittet und die Anwendersoftware durch Prototyping simuliert. Diese Phase des Systemtests beschränkt sich dann oft auf eine Schwachstellenanalyse der Anwendungs- und Systemarchitektur sowie eine Simulation des Nutzerverhaltens. Auf diese Weise lassen sich bereits in frühen Phasen der Systementwicklung Schwachstellen lokalisieren und beseitigen.

Bei größeren Projekten hat es sich als vorteilhaft erwiesen, den Systemtest von einem externen Qualitätsmanagement durchführen zu lassen, die von der Entwicklerseite völlig unabhängig ist. Eine derartige Maßnahme stellt sicher, dass keine Interessenkonflikte den Systemtest mit seinen umfangreichen Testmaßnahmen beeinflussen. In diesem Fall muss eine formale Übergabe des Produkts an das externe Qualitätsmanagement mit einer genauen Beschreibung der Systemkonfiguration, der zu dieser Zeit bekannten Probleme, der bereits durchgeführten Tests und zugehörigen Testdokumentationen erfolgen [GEW82].

Wichtig ist, eine ständige *Hotline* mit der Entwicklerseite einzurichten, um auftretende Probleme und Mängel unmittelbar besprechen und beseitigen zu können. Eine derartige Maßnahme ersetzt jedoch nicht ein rechnergestütztes Fehlermeldeverfahren, auf welches alle am Entwicklungsprozess beteiligten Stellen Zugriff haben.

Um die Leistungsfähigkeit eines Systems zu messen, sind oft riesige Datenmengen erforderlich, die in der Regel nicht auf einfache Art bereitzustellen sind. Bei größeren Projekten eignen sich deshalb geeignete Simulatoren bzw. Testdatengeneratoren. Beim Einsatz von Testdatengeneratoren sollte dem *statistischen Testen* größere Beachtung beigemessen werden, indem auf der Basis eines anwenderbezogenen *Nutzungsprofils* alle Moduln, Funktionen und Operationen wahrscheinlichkeitsverteilt zur Ausführung gelangen. Werden fachliche Funktionen oder Aufgaben getestet, orientiert sich die Testfallbestimmung bzw. Testdatengenerierung an folgenden grundlegenden Testkriterien:

- repräsentatives Testen
- schadensausmaßorientiertes Testen
- schwachstellenorientiertes Testen

Der Systemtest kann beendet werden, wenn der Funktionstest erfolgreich durchgeführt wurde, die Systemleistung gemessen, die aufgetretenen Probleme beseitigt und durch einen Regressionstest geprüft worden ist, ob ein ausreichendes Vertrauen in das Produkt hergestellt ist [WAL90]. In den folgenden Abschnitten werden die wichtigsten Tests für den Systemtest beschrieben.

2.5.1 Funktionstest

Im Funktionstest versteht man unter einer Funktion eine logische oder physische Programmkomponente, die allein oder im Zusammenwirken mit anderen Komponenten eine spezifizierte Funktion des Anwenders realisiert. Der Funktionstest wird gewöhnlich als Blackboxtest geplant und ausgeführt, indem das Eingabe-/Ausgabeverhalten der Funktionen geprüft wird. Es besteht jedoch auch die Möglichkeit, einen kombinierten Funktions- und Strukturtest durchzuführen, wie es von Balzert beschrieben wird [BAL98]. Voraussetzung für einen effizient zu planenden, durchzuführenden und auszuwertenden Funktionstest sind eine Reihe Dokumente, die in qualitätsgesicherter Form vorliegen müssen:

- die fachliche Leistungsbeschreibung mit den Change Requests
- das Funktionsmodell
- das logische und physische Datenmodell

- die Schnittstellenspezifikationen
- die Layout-Spezifikationen (Masken, Menüs, Listen und Protokolle)
- SA-Diagramme oder andere
- Benutzerhandbücher

Die Qualitätsbewertung der Software basiert auf einen Vergleich der in diesen Dokumenten beschriebenen Vorgaben mit den tatsächlich erzielten Ergebnissen aus den Testläufen. Andere Dokumente, wie das DV-technische Grob- und Feinkonzept können ein wertvolles Hilfsmittel für die Testvorbereitung bzw. die Abgrenzung der Testobjekte sein. Die Funktionstests sind jedoch immer gegen die o.a. Dokumente zu führen, nicht gegen das DV-Konzept.

Die Planung des Funktionstests beginnt bereits während der Erstellungsphase des Fachkonzepts, indem die von der Fachseite angesetzten Fachkonzept-Reviews als Wissensbasis für die Testvorbereitungen genutzt werden. Das setzt eine aktive Teilnahme des Qualitätsmanagements an der Erarbeitung der Benutzeranforderungen und Akzeptanzkriterien voraus, denn die Qualitätsmanagement- und konkreten Qualitätssicherungsmaßnahmen sind grundsätzlich projektbegleitend zu verstehen. Andererseits besitzt die Fachseite die fachlichen Know-how-Träger. Es kann deshalb nur vom Nutzen sein, wenn die Fachseite mit ihrem kompetenten fachlichen Wissen in beratender Funktion in das Testgeschehen einbezogen wird. Das kann wiederum in Form von Reviews geschehen, die turnusmäßig unter der Leitung des Qualitätsmanagements abgehalten werden und als statisches Prüfinstrument erheblich zum Erfolg der qualitätssichernden Maßnahmen im Funktionstest beitragen. Daraus wird deutlich, wie wichtig eine enge und vertrauensvolle Zusammenarbeit zwischen der Fachseite und dem Qualitätsmanagement ist, um sowohl das Fachkonzept in qualitätsgesicherter Form zu erstellen als auch die Tests auf hohem Niveau mit einem aktuellen fachlichen Wissensstand planen und durchführen zu können.

Jede fachliche Funktion ist im Funktionstest ein Testobjekt, wobei aus testorganisatorischen oder technischen Gründen mehrere Funktionen zu einem Testobjekt zusammengefasst werden können. Das ist zum Beispiel sinnvoll, wenn gleiche Dateneingaben von mehreren Funktionen genutzt werden. Andererseits kann eine Funktion in mehrere Testobjekte aufgeteilt werden, wenn unabhängige Dateneingaben oder Verarbeitungen das zulassen.

Im funktionsorientierten Test kann grundsätzlich eine Überdeckung aller anwenderbezogenen Funktionen gefordert werden, was bei sicherheitsrelevanter Software ohnehin der Fall sein sollte. Es besteht jedoch auch die Möglichkeit Testschwerpunkte zu setzen, zum Beispiel durch das gezielte Testen von:

- Zuständen
- Datenflüssen
- Datenzyklen
- Layouts (Masken, Menüs, Listen und Protokolle)
- Schnittstellen

2.5.1.1 Test von Zuständen

Eine Funktion erhält über eine Eingabeschnittstelle Eingabedaten und gibt über eine Ausgabeschnittstelle Ausgabedaten aus. Die Schnittstellen definieren die Ein- und Ausgabedaten, ihre Datentypen, Datenkategorien, aber auch ihre Einschränkungen. Die Einschränkungen sind semantische Bedingungen, die vor der Funktionsausführung als *Vorbedingungen* und nach Ausführung als *Nachbedingungen* erfüllt sein müssen. Vor- und Nachbedingungen können sich sowohl auf Schnittstellen beziehen als auch auf interne Bedingungen. Die internen Bedingungen sind jedoch für den Funktionstest als Blackbox-Test nicht relevant.

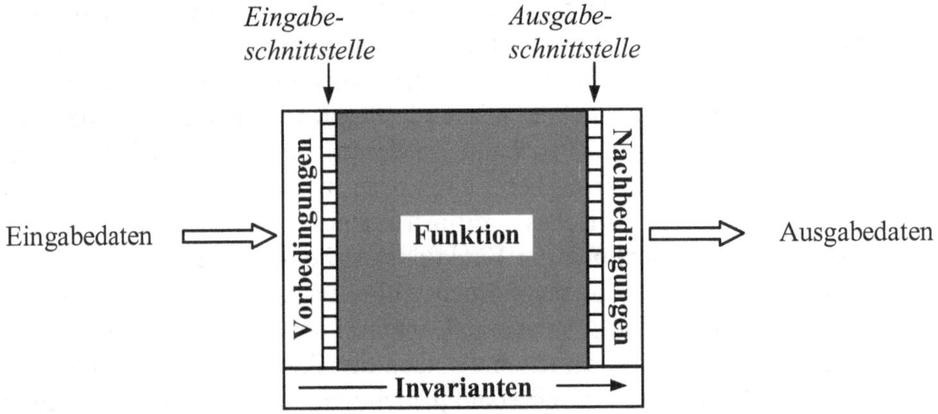

Abb. 2.5-1: Prinzip des Funktionstests über Ein- und Ausgabeschnittstellen

Nehmen wir als einfaches Beispiel an, dass die Berechnung einer Quadratwurzel $x = \sqrt{y}$ durchgeführt werden soll, dann könnte zum Beispiel die Spezifikation der Vorbedingung $y \geq 0$ und der Nachbedingungen $x \geq 0$ UND $x^2 \leq y$ lauten. Demgegenüber verkörpern *Invarianten* gleich bleibende semantische Bedingungen im Ablauf der Funktionsausführung. D. h., Invarianten müssen vor und nach Ausführung der Funktion erfüllt sein. Für dieses Beispiel kann man $x \geq 0$ und $x^2 \leq y$ als Invarianten spezifizieren. Man erkennt, dass diese Bedingungen sowohl vor als auch nach Funktionsausführung ihre Gültigkeit behalten.

Durch eine Funktionsausführung wird ein bestimmter interner *Zustand* der beteiligten Variablen erzeugt. Angestoßen wird eine Funktion durch ein *Ereignis*, das den Namen der Funktion enthält, die Parameter übergibt und eventuelle Rückgabeparameter an die aufrufende Programmeinheit zurückgibt. Ein Zustand kann zum Beispiel aus einer Zwischenberechnung für die Rechnungsschreibung eines Kunden bestehen, einer Zwischenspeicherung bestimmter Daten in der Datenbank oder der Ausgabe einer Hinweismeldung. Wichtig ist, dass ein Zustand immer nur einer Funktion zugeordnet wird. Ist die Ausführung der Funktion beendet, dann wird eine weitere Funktion aufgerufen, der wiederum Parameter mit Vor- und Nachbedingungen übergeben werden und die einen neuen Zustand hervorrufen.

In diesem Sinne setzt sich der gesamte Programmablauf aus einer Sequenz interner Zustände und Zustandsübergänge (Transitionen) zusammen, wobei die Zustandsübergänge durch die Funktionsaufrufe ausgelöst werden. Da die Anfangs- und Endzustände eines Programms als bekannt vorausgesetzt werden, kann das gesamte Verhalten des Programms durch die möglichen Sequenzen von Zuständen und Zustandsübergängen beschrieben werden. Der jeweils aktuelle Zustand eines Programms umfasst damit alle Informationen, die sich aus den bisherigen Dateneingaben ergeben haben und die zu diesem Zeitpunkt benötigt werden, um die Reaktion des Programms auf noch folgende Eingaben zu bestimmen.

Durch den Test von Zuständen und Zustandsübergängen kann ein Programm gegen die Spezifikation verifiziert werden. Zu diesem Zweck müssen die Zustände und Zustandsübergänge in einem *Zustandsdiagramm* festgelegt worden sein. Dazu sind alle möglichen Funktionsaufrufsequenzen mit ihren Zuständen und Zustandsübergängen zu testen.

Aus dem Zustandsdiagramm lassen sich auch nicht spezifizierte Sequenzen (Ausnahmen) identifizieren, die ebenfalls durch eine angemessene Testüberdeckung zu berücksichtigen sind. Allerdings wird man nicht jede beliebige Veränderung einer Variablen als Zustandsänderung interpretieren, sondern nur diejenigen, die einen wesentlichen Anteil am Funktionsergebnis besitzen. Auf diese Weise lässt sich die Anzahl der möglichen Zustände begrenzen, was nicht nur die Zustandsdiagramme übersichtlicher macht, sondern auch den Testaufwand bei nahezu gleich bleibender Effizienz in Grenzen hält. Wie ein Zustandsdiagramm in UML-Notation aufgebaut ist und wie ein derartiger Test durchgeführt werden kann, wird im Kapitel „Testen von Zustandsautomaten" beschrieben.

2.5.1.2 Test von Datenflüssen

Im strukturorientierten Datenflusstest wurden die Datenflüsse entlang der *du-*Pfade (*definition-use*) auf Anomalien hin überprüft. Dazu waren Kenntnisse der inneren Modulstruktur erforderlich. Dagegen werden im funktionsorientierten Datenflusstest die Datenflüsse zwischen Eingang und Ausgang einer Funktion oder Funktionsverkettung im Sinne einer Blackbox getestet. Was als Funktion angesehen wird, ist dabei wieder von der Sichtweise des Testers abhängig. Im Funktionstest sind es spezifizierte Funktionen auf der Anwenderebene und den anwendernahen Ebenen.

Für den Datenflusstest müssen der Spezifikation entsprechend Eingabedaten für jede Funktion gefunden werden, die die Funktion (bzw. das Programm) zur Ausführung bringen und das im Testkonzept spezifizierte Ergebnis bereitstellen. Welche Eingabedaten verwendet werden können, ist von den fachlichen Anforderungen und der Schnittstellenspezifikation abhängig. Es werden sowohl die Datenflüsse zwischen Funktionen und Funktionsgruppierungen als auch zum Anwender und zu benachbarten Systemen getestet. Dazu werden mithilfe der Äquivalenzklassenanalyse Daten und Datenkombinationen bestimmt, die mit Grenzwerten, besonderen Werten und Ausnahmen ergänzt werden. Das Programm wird mit diesen Daten ausgeführt und das Soll-Ergebnis mit dem spezifizierten Ist-Ergebnis verglichen. Werden die Ausgabedaten einer Funktion an eine andere Funktion weitergegeben, dann müssen diese als Eingabedaten benutzenden Ausgabedaten ebenfalls Grenzwerte und besondere Werte enthalten. D. h., es müssen Eingabewerte gefunden werden, die Ausgabegrenzwerte und besondere Ausgabewerte erzeugen. Das ist keine leichte Aufgabe, weil diese Werte durch eine Art Rücktransformation der Ausgabewerte zu Eingabewerten abzuleiten sind, was eine genaue Kenntnis der Funktionsspezifikation erfordert.

Den Ein- und Ausgabeschnittstellen zum Anwender gebühren besondere Aufmerksamkeit, weil zum Beispiel bei manuellen Dateneingaben über den Bildschirm auch alle möglichen unerwarteten Eingaben auftreten können, die das System bei ungenügender Ausnahmebehandlung zum Absturz bringen können. D. h., diese Schnittstellen müssen sehr robust ausgelegt sein, um durch abnormale Situationen Datenverluste zu vermeiden und Inkompatibilitäten zwischen Systemen zu verhindern. Inkompatibilitäten können zum Beispiel durch die Übergabe falscher Datentypen auftreten oder durch die unterlassene Initialisierung einzelner Datenelemente. Es gibt Compiler, die nummerisch definierte Felder nicht automatisch auf zero (Null) initialisieren. Werden diese Daten dann an ein anderes System übergeben und greift die Ausnahmebehandlung nicht, dann wird das System mit allen Konsequenzen ein abnormales Programmende einleiten. Deshalb ist beim Datenflusstest auch auf die korrekte Initialisierung der Datenelemente zu achten. Programmierer und Tester dürfen nicht davon ausgehen, dass der Compiler die Felder in jedem Fall korrekt im Sinne des Testers initialisiert. Der Datenflusstest kann unter Zugrundelegung folgender Methodik durchgeführt werden:

1. Identifizierung der zu belegenden Eingabedatenelemente anhand der Schnittstellenspezifikation.

2. Festlegen der Initialisierung der Datenelemente.

3. Festlegen der logischen Testfälle anhand der fachlichen Anforderungen, des logischen und physischen Datenmodells und der Schnittstellenspezifikation. Im Einzelnen kann das in folgenden Schritten geschehen:
   a) Bilden von Eingabe- und Ausgabeäquivalenzklassen.
   b) Festlegen von Normalwerten, Grenzwerten und besonderen Werten für die Eingabe- und Ausgabefelder.
   c) Festlegen von Ausnahmen in separaten Läufen.

4. Spezifizieren der konkreten Testfälle (Testdatendefinition) mit realen Ein- und Ausgabedaten und Speicherung der Daten auf einem neutralen System.

5. Festlegen der Ausführungsreihenfolge der Testfälle in einem Testscript.

6. Ausführung des Programms und Verfolgen der Datenflüsse vom Eingang zum Ausgang der Funktionen und Funktionsverkettungen.

7. Vergleich der spezifizierten Soll-Ergebniswerte mit den Ist-Ergebniswerten.

Beim Datenflusstest muss auf eine hinreichende Überdeckung der Ein- und Ausgabeäquivalenzklassen mit Normalwerten, Grenzwerten und besonderen Werten geachtet werden. So kann man zum Beispiel ein nummerisch definiertes Feld mit einem mittleren Wert, dem unteren Grenzwert und dem oberen Grenzwert testen. Sind Einzelfelder in logische Bereiche aufgeteilt, dann kann man für innere Bereiche den untersten Wert - 1 und den obersten Wert + 1 spezifizieren, um Ausnahmen zu erzeugen. Bei alphanummerisch definierten Feldern lassen sich zum Beispiel Leerfelder, besonders fehlerträchtige Strings, vollständig gefüllte Felder und Felder mit einzelnen Werten spezifizieren. Wichtig beim Datenflusstest ist, dass jeder Eingabe, die einer Äquivalenzklasse entspricht, eine genaue und eindeutige Wirkung zugeordnet werden muss. D. h., jeder vollständig beschriebene Testfall muss auch die zu erwartenden Ausgabedaten enthalten, ohne die der Datenfluss nicht getestet werden kann.

2.5.1.3 Test von Datenzyklen

Oft besitzen die zu verarbeitenden Daten einer Anwendung einen Lebenszyklus: Sie werden intern oder extern erzeugt, mit ihnen wird gearbeitet, bei Bedarf werden sie geändert und letztendlich werden sie wieder gelöscht. Ein derartiger Datenzyklus besteht bei Bestandsdateien zum Speichern von Kundendaten. Neue Kundendaten werden über eine Schnittstelle dem System angeboten. Diese Daten werden immer dann vom System gelesen, wenn Aktionen im Zusammenhang mit einem bestimmten Kunden notwendig werden, zum Beispiel für das Schreiben einer Rechnung. Treten Veränderungen in den Kundendaten auf, vielleicht durch Änderung der Abbuchungsdaten, dann müssen diese Änderungen dem System mitgeteilt werden. Endet die Geschäftsbeziehung mit einem Kunden, dann werden seine Daten aus den Bestandsdateien nach einer festgelegten Frist gelöscht. Beim Testen von Datenzyklen müssen also Testfälle erstellt werden, die folgendes zum Inhalt haben:

- Neuzugänge von Bestandsdaten einlesen (Batch- oder Dialogbetrieb)
- Lesen der Bestandsdaten bei bestimmten Geschäftsvorfällen
- Ändern der Bestandsdaten
- Löschen der Bestandsdaten

Wesentlich beim Testen von Datenzyklen ist, dass in einem Testscript die Vorbedingungen und die genauen Ablauffolgen der Tests festgehalten werden. So kann eine Änderungsmitteilung für einen Kunden immer erst dann erfolgreich verarbeitet werden, wenn die entsprechenden Stammdaten vorher angelegt wurden. Allerdings müssen auch Testfälle spezifiziert werden, die diese vorgegebene Folge nicht einhalten, zum Beispiel das Einlesen einer Satzart für das Löschen, obwohl keine Bestandsdaten für den Kunden vorhanden sind. Diese Fälle müssen vom System durch eine Fehlermeldung abgewiesen werden, ohne dass das System abstürzt. Getestet werden muss auch das automatische Löschen von Bestandsdaten durch das System, wenn zum Beispiel eine bestimmte Zeit keine Geschäftsaktivitäten stattgefunden haben oder wenn nach einer Abmeldung des Kunden die Daten noch für eine genau definierte Zeitspanne gespeichert bleiben müssen (z. B. wegen Rechnungseinsprüchen).

2.5.1.4 Test von Layouts

Unter Layouts sollen hier strukturierte Bildschirmmasken, Bildschirmmenüs, Listen und Protokolle verstanden werden. Beim syntaktischen Testen von Layouts wird weniger auf die korrekte Ein- oder Ausgabe der variablen Daten geachtet, sondern vielmehr auf die richtige Wiedergabe der in den Anforderungen bzw. im Datenmodell spezifizierten Eingabe- und Ausgabestrukturen. Dazu gehören auch die korrekten Feldbeschreibungen und Feldlängen. Wird die Einhaltung von Standards für den Masken- und Menüaufbau bzw. für die Listen und Protokolle gefordert, dann sind die Layouts anhand dieser Unterlagen zu prüfen.

Das semantische Testen von Layouts wird häufig im Zusammenhang mit den Schnittstellenprüfungen vorgenommen, denn Layouts sind wichtige Teile der Mensch-Maschine-Schnittstelle. Dazu werden die Eingabefelder der Benutzeroberfläche mit genau spezifizierten Eingabedaten gefüllt und die hervorgerufenen Datenflüsse zu den Ausgabefeldern geprüft. Durch die Äquivalenzklassenanalyse, den Test von Grenzwerten und besonderen Werten erhält man sehr fehlersensible Testfälle, die noch durch Ausnahmen bzw. unerwartete Eingaben zu ergänzen sind. Als Hilfsmittel für die Prüfungen können Checklisten eingesetzt werden.

2.5.1.5 Test von Schnittstellen

Über Schnittstellen fließen Datenflüsse, die einerseits Systemkomponenten miteinander verbinden, andererseits die Kommunikation mit dem Anwender oder anderen Systemen realisieren. Im anwenderbezogenen Funktionstest werden besonders die Schnittstellen zum Anwender und zu benachbarten Systemen geprüft. Es sind jedoch auch Schnittstellenprüfungen zwischen Funktionen möglich, wenn zum Beispiel überprüft werden soll, ob Daten, die sich schrittweise über mehrere Funktionen aufbauen, korrekt zwischengespeichert werden. In diesem Fall müssen die Funktionen in einer spezifizierten Reihenfolge ausgeführt werden, um korrekte Endergebnisse zu erreichen. Der Schnittstellentest wird deshalb im Zusammenhang mit einem *Funktionsflusstest* durchgeführt werden müssen. Als Testmodell eignet sich dazu ein Zustandsübergangstestmodell in Kombination mit einem Datenflusstestmodell.

Durch Schnittstellentests soll sichergestellt werden, dass die Datenflüsse, die über diese Schnittstellen fließen, konsistent sind und vom System richtig verarbeitet werden bzw. durch das System an den Anwender oder benachbarte Systeme sowohl semantisch als auch syntaktisch korrekt ausgegeben werden. Grundlage für den Schnittstellentest sind die externen und bei Bedarf internen Schnittstellenspezifikationen sowie das logische und physische Datenmodell. Der Test kann Prüfungen für folgende Objekte umfassen:

- Eingabedateien (vom Anwender oder von benachbarten Systemen)
- Ausgabedateien (zum Anwender oder zu benachbarten Systemen)
- Daten in Bildschirmmasken
- Display-Hinweise
- Daten in Listen und Protokollen

Beim Testen von **Eingabeschnittstellen** über Eingabedateien sind den Datenelementen der Schnittstelle konkrete Datenwerte zuzuordnen, die syntaktisch i.S. der Schnittstellenspezifikation und semantisch i. S. der fachlichen Beziehungen und Abhängigkeiten korrekt sind. Die Tests erstrecken sich sowohl auf die Konsistenz der Daten als auch auf ihre richtige Verarbeitung durch die ent-sprechenden Funktionen. Besondere Aufmerksamkeit ist der korrekten Vorbelegung der Datenelemente zu widmen. Das kann bei nummerischen Elementen „Zero" und bei alphanummerischen Elementen „Space" sein. Es können allerdings auch bestimmte Werte oder Zeichen gefordert werden, die zu Beginn der Ausführung dem System übergeben werden müssen, wie das Abrechnungsdatum, ein Timestamp oder bestimmte Zwischenergebnisse aus einem anderen System. Wird die Eingabedatei aus einem anderen System zur Verfügung gestellt, dann müssen diese Daten in qualitätsgesicherter Form vorliegen. Werden die Eingabedaten manuell erstellt oder manipuliert, dann sollten unter Anwendung der Äquivalenzklassenanalyse den Datenelementen *Grenzwerte* und *besondere Werte* zugeordnet werden.

Beim Testen von **Ausgabeschnittstellen** über Ausgabedateien sind die Ausgabedaten sowohl in syntaktischer als auch in semantischer Sicht auf der Grundlage der Schnittstellenspezifikation und des Datenmodells zu prüfen. Die syntaktischen Prüfungen beziehen sich z. B. auf die richtigen

- Dateiorganisationsformen (z. B. sequenziell, relativ oder indiziert)
- Zugriffsarten (z. B. sequenziell, random oder dynamisch)
- Satzlängen (fest oder variabel)
- Satzformate (Satzarten)
- Feldformate (nummerisch, alphanummerisch usw.)
- Datenformate (z. B. gepackte oder binäre Darstellung)
- Feldlängen
- Initialisierungen (wenn in einem Feld keine Werte übergeben werden).

Die semantischen Prüfungen können sich auf die korrekten Anfangs- und Endedatensätze, auf korrekte Ausgabesatzarten sowie auf berechnete Ausgabewerte wie Summenbildungen, Zwischenergebnisse usw. erstrecken. Sind Sortierungen bestimmter Schlüsselelemente vorgesehen, dann muss die vorgesehene Sortierrichtung überprüft werden. Gegebenenfalls ist dabei zwischen Primär- und Sekundärschlüsseln zu unterscheiden.

Sinnvoll ist, dass als Eingabedaten Werte verwendet werden, die *Ausgabegrenzwerte* und *besondere Ausgabewerte* erzeugen, zum Beispiel kann ein Ausgabedatum auf den ersten oder letzten des Monats fallen oder auf den 29. Februar (Schaltjahr). Soll die Ausgabedatei an ein benachbartes System übergeben werden, dann sind nach einer syntaktischen Prüfung anhand der Schnittstellenspezifikation die fachlichen Wirkungen dieser Daten bei dem anderen System durch einen Verbundtest zu prüfen.

Sind Ausgabedateien unterschiedlicher Versionen zu überprüfen, wobei in der neuen Version keine größeren Änderungen erfolgten, dann kann ein werkzeuggestützter Datenvergleichstest durchgeführt werden. Allerdings sollte dafür ein Schlüsselbegriff in den Datensätzen vorhanden sein (z. B. die Kundennummer oder die Rechnungsnummer), um die Abweichungen dem richtigen Schlüsselwert zuordnen zu können. Werden Ausgabedaten Online über Bildschirmmasken ausgegeben, dann sind die Prüfungen anhand des *Maskenlayouts*, der *fachlichen Anforderungen* und gegebenenfalls *Standards für den Maskenaufbau* durchzuführen. Diese Prüfungen können sich auf folgende Punkte beziehen:

- Einhaltung der Standards für den Maskenaufbau
- vorgegebenen Zeichensatz
- Anordnung der Datenfelder
- Cursorsteuerung
- Funktionstastenbelegung
- Feldlängen
- Unterdrückung führenden Nullen bei nummerischen Feldern
- Belegung von Leerfeldern (*z. B. Spaces bei alphanummerischen Feldern, Nullen oder Nullenunterdrückung bei nummerischen Feldern*)
- die richtige Verwendung von Kommata und Vorzeichen
- korrekte Berechnungen
- Plausibilitätskontrollen usw.

Checklisten bei der Abarbeitung dieser Prüfpunkte können auch hier wertvolle Hilfe leisten.

2.5.1.6 Testendekriterien für den Funktionstest

Im Funktionstest wird vorzugsweise das Eingabe-/Ausgabeverhalten von Funktionen getestet. Die Funktionen sind in diesem Stadium des Tests auf den anwendernahen Ebenen der Systemhierarchie zu finden, deshalb wird man grundsätzlich eine *Funktionsüberdeckung* als Testendekriterium spezifizieren. Diese Funktionen sind oft in genau spezifizierter Reihenfolge auszuführen, um zum

Beispiel eine Berechnungsgrundlage zu erstellen oder ein Szenario schrittweise aufzubauen. Auf der Grundlage eines Zustandsübergangs-Testmodells lassen sich diese Funktionssequenzen testen und eine entsprechende *Zustandsübergangsüberdeckung* als Testendekriterium festlegen. Es dürfen jedoch nicht nur die spezifizierten Zustandsübergänge getestet werden, sondern auch die nicht spezifizierten, d. h. die Ausnahmesequenzen. Deshalb sollte zusätzlich eine angemessene *Ausnahmeüberdeckung* spezifiziert werden.

Da die Funktionen bzw. die zugrunde liegenden Operationen über Schnittstellen miteinander kommunizieren, sollte in jedem Fall eine *Schnittstellenüberdeckung* als Testendekriterium festgelegt werden. Im anwendernahen Funktionstest sind diese Schnittstellen besonders intensiv zu testen, weil die über sie fließenden Datenflüsse für Anwenderszenarios und Anwendungsfälle benötigt werden. Deshalb ist nicht nur die formale Überdeckung der Schnittstellen anzustreben, sondern ihre Datenstrukturen müssen auf der Grundlage einer Äquivalenzklassenanalyse ausgesucht und mit Normalwerten, Grenzwerten, besonderen Werten und Ausnahmen getestet werden. Dabei spielt auch die korrekte Initialisierung der Datenelemente eine wichtige Rolle, von der unter Umständen die Kompatibilität angrenzender Systeme abhängig sein kann.

Die Szenarios werden in der Regel im Funktionstest verifiziert, deshalb kann man eine spezifizierte *Szenarioüberdeckung* als Testendekriterium angeben. Die Anwendungsfälle werden dagegen erst im Abnahmetest geprüft, weil der Test der Szenarios dann abgeschlossen ist und die gefundenen Fehler berichtigt wurden. Folgende Tabelle zeigt einige mögliche Testendekriterien im Funktionstest, die den zugrunde liegenden Testmodellen entsprechend spezifiziert werden können.

Testmodell	**Testendekriterien**
Datenfluss-testmodell	• Alle Schnittstellen werden überdeckt
Funktions-testmodell	• Alle Funktionen werden mindestens einmal ausgeführt • Alle Szenarios werden mindesten es einmal ausgehrt
Zustands-übergangs-testmodell	• Alle spezifizierten Zustandsübergänge werden mind. einmal ausgeführt • Alle nicht spezifizierten Zustandsübergänge werden mind. einmal ausgeführt
Ausnahme-testmodell	• Alle spezifizierten Ausnahmen werden überdeckt • Alle nicht spezifizierten Ausnahmen werden überdeckt (z. B. Überdeckung spezifizierter Fehlerklassen)

Abb. 2.5-2: Mögliche Testendekriterien im Funktionstest

Für einen Funktionstest eines Systems mittlerer bis hoher Kritikalität könnte man zum Beispiel folgende Testendekriterien spezifizieren:

- Funktionsüberdeckung von 100 %
- Schnittstellenüberdeckung von 100 %
- Zustandsübergangsüberdeckung von 100 %
- Ausnahmeüberdeckung von 80 %
- Szenarioüberdeckung von 95 %

Der Testaufwand im Funktionstest kann beträchtlich sein, was von der syntaktischen und semantischen Komplexität der Schnittstellen, dem Einsatzgebiet der Software und der Kritikalität abhängig ist. Die Erfüllung der Testendekriterien ist deshalb eine wichtige Voraussetzung für die anschließenden Testarten und den späteren Abnahmetest, weil die Funktionen und ihre funktionalen Beziehungen untereinander fachliche Aufgaben realisieren, wie Anwendungsfälle oder komplette Geschäftsprozesse. Diese fachlichen Aufgaben können jedoch nur dann optimal getestet werden, wenn die Funktionen, Funktionsverkettungen oder Szenarios in qualitätsgesicherter Form vorliegen.

2.5.2 Performancetest

Der Performancetest bezieht sich auf Prüfungen, welche die Leistungsfähigkeit des Systems zur Grundlage haben. Definiert ist die Messung der Leistungsfähigkeit in DIN 66273, Teil 1 „*Messung und Bewertung der Leistung von DV-Systemen*“. Diese Norm stellt ein Mess- und Bewertungssystem zur Verfügung, das einerseits die Aufdeckung von Leistungsschwachpunkten der Anwendung ermöglicht, andererseits die Beurteilung des Zeitverhaltens des gesamten Systems als Blackbox zum Ziele hat. Die bereits in frühen Phasen der Entwicklung durchgeführte Performance-Simulation anhand des DV-Konzepts ersetzt nicht den dynamischen Test für die Performance-Verifikation.

Die Leistung des Systems, die auf der Grundlage der *Laufzeit*, dem *Antwortzeitverhalten*, dem *Durchsatz* und dem *Ressourcenverhalten* hergeleitet werden kann, muss den Vorgaben in der Leistungsbeschreibung entsprechen. Für den Performancetest werden demzufolge Testfälle benötigt, die zeigen sollen, dass das System die geforderten Leistungsmerkmale nicht erbringt. Man unterscheidet zwischen einer *internen* und einer *externen Leistung* des Systems, je nachdem ob einzelne Module bzw. Modulgruppen oder die gesamte Anwendung betrachtet wird. Für den Performancetest sollten folgende Voraussetzungen erfüllt sein:

- Performance- und Systemanforderungen für die interne und externe Leistung müssen spezifiziert sein.
- Funktionstests müssen abgeschlossen sein.
- Nutzungsprofile müssen vorliegen.
- Werkzeugauswahl und Einsatzplanung müssen abgeschlossen sein.
- Testumgebung und Einsatzumgebung sollten weitgehend übereinstimmen.
- Die Testdaten müssen für spätere Regressionstests reproduzierbar sein.

Nachdem eine Analyse des Nutzungsaufkommens durchgeführt und ein Nutzungsprofil erstellt wurde, werden im Performancetest sowohl das Zeit- als auch das Ressourcenverhalten der Anwendung bei kurzzeitigen Lastspitzen (Bursts) und unter hoher Last (siehe *Stresstest*) über einen längeren Zeitraum mit repräsentativen Anwenderfunktionen untersucht. Das Ergebnis der Tests sind statistische Aussagen, zum Beispiel über das durchschnittliche Antwortzeitverhalten, den Durchsatz, die maximale Prozessanzahl oder den benötigten Hauptspeicherbedarf [DEU96b]. Das folgende Beispiel zeigt einen vereinfachten Ausschnitt aus einer Performance-Kontrolle, die sich auf die Laufzeit von Datenbankmoduln bezieht. Beim Modul „Forderungen berechnen" gibt es relative Abweichungen bis zu 50 %. Seitens des Projektmanagements oder eines speziellen SPE-Managements (SPE = *Software Performance Engineering*) müssen folglich Entscheidungen getroffen werden, welche Maßnahmen zur Performance-Verbesserung durchgeführt werden bzw. ob die Performance-Anforderungen überhaupt realistisch waren.

Leistungsgröße	**Sollwert**	**Istwert**	**Abweichungen**
Laufzeit Modul *"Datenbank öffnen"*	$0 \leq x \leq 0{,}5$ s	$0{,}3 \leq x \leq 0{,}4$ s	keine
Laufzeit Modul *"Satzarten sortieren"*	$0 \leq x \leq 3{,}0$ s	$0{,}2 \leq x \leq 2{,}0$ s	keine
Laufzeit Modul *"Forderungen berechnen"*	$0 \leq x \leq 6{,}0$ s	$3{,}0 \leq x \leq 9{,}0$ s	absolut: 0 – 3 s relativ: 0 – 50 %
...	...	...	...
Laufzeit Modul *"Datenbank schließen"*	$0 \leq x \leq 0{,}5$ s	$0{,}2 \leq x \leq 0{,}4$ s	keine

Abb. 2.5-3: Beispiel einer Performance-Kontrolle

Beim Performancetest für Batchfunktionen sollten auch *Backup*- und *Recovery*-Mechanismen einbezogen werden, weil diese besonders bei der Verarbeitung großer Datenmengen einen erheblichen Zeitaufwand benötigen.

Besonders schwierig ist der Performancetest für *E-Business*-Anwendungen im Internet durchzuführen, weil die erforderlichen Nutzungsprofile schwer zu ermitteln sind. Hier müssen diejenigen Transaktionen ermittelt werden, die erfahrungsgemäß sehr häufig von den Nutzern aufgerufen werden. Dabei spielt auch das Zeitverhalten der Nutzer eine große Rolle. Den Test selbst können Lastgeneratoren übernehmen, die auf Grundlage der Nutzungsprofile die Nutzer simulieren. Meyerhoff von der Fa. SQS weist darauf hin, dass der Test auch tatsächlich über das Internet erfolgen sollte, nicht über das LAN (Local Area Network) [MEY01]. Eine weitere Herausforderung für den Performancetest von *E-Business*-Anwendungen wird künftig das *M-Commerce* sein (*Mobile-Commerce*), also der drahtlose Zugriff auf das Internet. Nach Meinung von Analysten wird der Internetzugriff durch Mobiltelefone in den nächsten Jahren drastisch zunehmen. Das bedeutet, dass auch der Zugriff auf die Websites von Unternehmen stark ansteigen wird. Bei Performancetests von *E-Business*-Anwendungen muss dieser neue Faktor berücksichtigt werden (vgl. [FLA01]).

Die Optimierung der Performance muss als eine entwicklungsbegleitende Maßnahme verstanden werden, die sich nicht allein auf den dynamischen Performancetest beschränken darf. D. h., der gesamte Entwicklungsprozess von den Voruntersuchungen angefangen muss auf eine Optimierung der Performance ausgerichtet sein. Deshalb müssen die Performanceanforderungen auch untrennbar mit den funktionalen Anforderungen, den Systemanforderungen und der Softwarearchitektur gesehen werden. Auf diese Weise lassen sich *Flaschenhälse* frühzeitig identifizieren und vermeiden.

2.5.3 Stresstest

Im Stresstest soll geprüft werden, ob das System bei einer schweren Verarbeitungslast über einen längeren Zeitraum hinweg die geforderten Leistungsmerkmale erbringt. Zu diesem Zweck kann zum Beispiel die Verarbeitung großer Datenmengen simuliert werden, die von zahlreichen Benutzer- und Systemmeldungen in relativ kurzen Zeitabständen zu begleiten ist. Basiert das System zum Beispiel auf einer Client-/Server-Architektur, dann kann der Stresstest darin bestehen, die maximale Anzahl von Clients in das System einzuschalten und einen normalen Arbeitsbetrieb zu simulieren. Der Stresstest darf nicht mit dem *Volumentest* verwechselt werden, bei dem ein großes Datenvolumen in einer relativ kurzen Zeitspanne verarbeitet werden soll.

Bei Batch-Verarbeitungen werden für den Stresstest oft große Datenmengen benötigt, die nicht auf einfache Art zur Verfügung gestellt werden können. Die Vervielfältigung eines Grunddatenbestandes durch einfache Copy-Maßnahmen ist auch nicht immer möglich, besonders dann nicht, wenn sich *Primärschlüssel* in den Datensätzen befinden, die keine doppelten Werte zulassen. Des Weiteren können bestimmte Abhängigkeiten zwischen unterschiedlichen Schlüsseln eines Satzes bestehen, die nach einem Kopiervorgang nicht durch einfache Editiermaßnahmen angepasst werden können. Für die Testdatenerzeugung eignen sich deshalb Testdatengeneratoren, die zum Beispiel von einem einfachen Grunddatenbestand ausgehend die Sätze kopieren und die Schlüssel über einen zu definierenden Algorithmus hochsetzen. Ist mit dem gleichen Testdatenbestand ein *Zuverlässigkeitstest* durchzuführen, dann sollten die Testdaten einer Wahrscheinlichkeitsverteilung gehorchen, die auf einem aktuellen oder künftigen *Nutzungsprofil* basiert. Je nach Zielsetzung könnte die Vorbereitung, Ausführung und Auswertung des Stresstests durch folgende Aktivitäten erfolgen:

- Testziele bestimmen
- Bereitstellung der Ressourcen auf der Testumgebung
- Festlegung der Gesamtdatenmenge an den prognostizierten Ressourcen
- Testfallermittlung und Testdatendefinition (ggf. mittels Nutzungsprofil)
- Testprozeduren erstellen
- Generierung der Testdaten
- Konfiguration des Zielrechners
- Installierung eines geeigneten Messtools
- Laden und Verarbeiten der Testdaten
- Ausführen und Erzeugen der Listen, Protokolle und Messergebnisse
- Auswertung der Test- und Messergebnisse
- Dokumentation der Test- und Messergebnisse

2.5.4 Gebrauchstauglichkeitstest

In den letzten Jahren hat sich eine neue Disziplin des Software Engineering etabliert, die sich gezielt mit der *Gebrauchstauglichkeit* der Software aus der Sicht des Benutzers auseinander setzt, das *Software Usability Engineering*. Diese Disziplin beschäftigt sich mit der Frage, wie Software entwickelt werden muss, um ihre Funktionalität schnell zu erlernen, effizient und sicher damit zu arbeiten und den nötigen Support dafür bereitzustellen. Das Software Usability Engineering legt zu diesem Zweck im frühen Entwicklungsstadium des Projekts zusammen mit realen Benutzern messbare Zielvorgaben für die Gebrauchstauglichkeit fest und stellt sicher, dass diese Vorgaben mit den spezifizierten Niveaus auch tatsächlich erreicht werden.

Das Bestreben des Software Usability Engineering, eine hohe Güte der Gebrauchstauglichkeit für die Benutzer von Software bereitzustellen, entspricht auch der Forderung der DIN EN ISO 9001 : 2000 nach einer konsequenten Ausrichtung des Unternehmens auf die Anforderungen und Bedürfnisse des Kunden. Die Norm DIN EN ISO 9241-11 : 1998 definiert Gebrauchstauglichkeit als

> *„Das Ausmaß, in dem ein Produkt durch bestimmte Benutzer in einem bestimmten Nutzungskontext genutzt werden kann, um bestimmte Ziele effektiv, effizient und zufrieden stellend zu erreichen".*

Aus dieser Definition lassen sich bereits einige Komponenten herauslesen, welche auf die messbaren Eigenschaften der *Gebrauchstauglichkeit* hinweisen:

- **Effektivität**
  „Die Genauigkeit und Vollständigkeit, mit der die Benutzer ein bestimmtes Ziel erreichen".

- **Effizienz**
  „Der im Verhältnis zur Genauigkeit und Vollständigkeit eingesetzte Aufwand, mit dem Benutzer ein bestimmtes Ziel erreichen".

- **Zufriedenstellung**
  „Freiheit von Beeinträchtigungen und positive Einstellungen gegenüber der Nutzung des Produkts".

- **Nutzungskontext**
  „Die Benutzer, Arbeitsaufgaben, Arbeitsmittel sowie die physische und soziale Umgebung, in der das Produkt genutzt wird".

Gebrauchstauglichkeit ist ein Qualitätsmerkmal, das sich nach der ISO 9241-11 im weitesten Sinne auf die Qualität eines Arbeitssystems bezieht. Das bedeutet jedoch, dass alle Faktoren, die die Nutzung des Produkts in der realen Welt des Benutzers beeinflussen, in dieses Qualitätsmerkmal einfließen. Die *Gebrauchstauglichkeit* hängt demzufolge auch von anderen Softwareeigenschaften ab, wie der *Zuverlässigkeit*, *Sicherheit* und *Robustheit*. Diese Eigenschaften werden jedoch zweckmäßigerweise im separat durchgeführten *Zuverlässigkeitstest* verifiziert.

Die *Gebrauchstauglichkeit* von Software hat ganz besonders durch das Internet mit seinen Websites, Links und Applikationen enorme wirtschaftliche Bedeutung erlangt. Viele Unternehmen waren in der Vergangenheit mit der Entwicklung von Online-Geschäftsanwendungen äußerst erfolgreich, andere dagegen nicht. Internetanalysten haben in Untersuchungen festgestellt, dass schlecht gestylte, schwer benutzbare Webseiten, die darüber hinaus das Profil der Benutzer unzureichend widerspiegeln, die Ursache sein können, wenn die gesteckten Geschäftsziele im globalen Markt nicht erreicht werden. Eine Verbesserung der *Gebrauchstauglichkeit* kann deshalb signifikante wirtschaftliche Vorteile für Unternehmen bringen, die IT-Anwendungen, Online-Geschäftsanwendungen oder kommerzielle Software entwickeln.

Eine zielgerichtete iterative Verbesserung der *Gebrauchstauglichkeit* durch das *Software Usability Engineering* erhöht zwar vordergründig die Entwicklungs- und Testkosten, dieser zusätzliche Aufwand wird jedoch letztendlich für das Unternehmen ein Gewinn sein, der durch folgende Vorteile entsteht:

- geringere Unterstützungskosten (z. B. durch Supports und Hotlines)
- geringere Ausbildungskosten
- reduzierte Dokumentationskosten
- verminderte Rechtsstreitigkeiten und die dadurch anfallenden Kosten
- verbesserte Wettbewerbsfähigkeit
- verbessertes E-Commerce-Potenzial
- verbesserte Produktivität und Effizienz bei den Benutzern und damit erhöhte Kundenzufriedenheit

Das Qualitätsmerkmal *Gebrauchstauglichkeit* kann nach Nielsen [NIE93] in fünf Basisattribute aufgeteilt werden, für die im frühen Entwicklungsstadium messbare Zielvorgaben zu spezifizieren sind (vgl. auch [FER01]):

- **Lernfähigkeit** (learnability)
  Dieses Attribut gibt an, wie schnell die Hauptfunktionalität des Systems zu erlernen ist. Dabei wird die Zeit gemessen, die ein systemfremder Benutzer zur Erledigung bestimmter Aufgaben mit dem System benötigt und mit der Zeit verglichen, die dafür ein systemvertrauter Benutzer braucht.

- **Leistungsfähigkeit** (efficiency)
  Sie ergibt sich aus der Anzahl Aufgaben pro Zeiteinheit, die ein Benutzer durch Benutzung des Systems abarbeitet. Je schneller der Benutzer diese Aufgaben erledigen kann, desto höher ist die Leistungsfähigkeit.

- **Benutzerretention** (user retention over time)
  Dieses Attribut reflektiert, wie gut sich ein Benutzer nach einer definierten Arbeitsunterbrechung daran erinnert, wie das System zur Erledigung der spezifizierten Aufgaben zu bedienen ist.

- **Fehlerrate** (error rate)
  Die Anzahl Fehler, die ein Benutzer während der Erledigung der spezifizierten Aufgabe mit dem System macht.

- **Zufriedenheit** (satisfaction)
  Kennzeichnet den subjektiven Eindruck des Benutzers zum System.

Diese Attribute können solange dekomponiert werden, bis ein geeigneter Level erreicht ist, zum Beispiel lässt sich das Attribut *Leistungsfähigkeit* auf eine Normalbenutzung und eine fortgeschrittene Benutzung der Systemfunktionen aufteilen.

2.5.4.1 Benutzerprofil und Analyse des Benutzerverhaltens

Um das Qualitätsmerkmal *Gebrauchstauglichkeit* testen zu können, müssen Informationen über die künftigen Benutzer und ihr Anwendungsverhalten gesammelt werden. Diese *Benutzerprofile* beinhalten sowohl demoskopische Informationen als auch Angaben zur Systemumgebung des Benutzers. Dazu gehören

- Alter und Geschlecht
- Ausbildung und Beruf
- Erfahrung mit dem Computer
- Datenübertragungsraten der von den Benutzern verwendeten Modems
- Typen der Browser
- Bildschirmgrößen usw.

Das Anwendungsverhalten des Benutzers bei der Arbeit am System wird mit einer kleinen Gruppe realer Benutzer in einem Testlabor ermittelt. Um dieses Verhalten zu analysieren, lassen sich optional Aufzeichnungsgeräte verwenden, wie Videokameras oder Kassettenrekorder [FER01]. Dazu können die Benutzer aufgefordert werden ihre Arbeitsschritte verbal zu dokumentieren und zu kommentieren, um ihre Vorgehensweisen und Reaktionen später analysieren zu können. Grundlage der Tests sind typische Szenarien und Anwendungsfälle, die von den Benutzern bearbeitet werden müssen. Steht kein Testlabor zur Verfügung, sollten die Benutzer mit einem Prototypen und einer variablen Videokamera besucht werden, um das Benutzerverhalten bei der Arbeit am Produkt zu dokumentieren. Allerdings ist diese Art des Tests schwerer zu kontrollieren, weil viele externe Faktoren den Benutzer beeinflussen und das Testergebnis verfälschen können.

Anhand der gewonnenen Informationen und Ergebnisse wird ermitteln, welche Zeit die Benutzer für die Erledigung der gestellten Aufgaben benötigt haben und welche Schwierigkeiten dabei aufgetreten sind. Auf diese Weise lassen sich spezifische Benutzbarkeitsprobleme des Systems aus der Sicht des Benutzers frühzeitig erkennen und in einem iterativen Verbesserungsprozess beseitigen.

2.5.4.2 Test der Gebrauchstauglichkeit von Websites

Das Prüfen und Testen von Websites darf sich nicht auf ein paar schnelle Blicke auf die Site beschränken, indem man ein paar Links mit einigen wenigen Browsern durchführt und das offenbare Funktionieren dieser Aktionen mit einer guten Qualität gleichsetzt. Was gute Qualität ist, wird gerade bei Web-Anwendungen letztendlich der Benutzer entscheiden, nicht der Designer. Deshalb ist beim Prüfen und Testen von Websites genauso viel Sorgfalt nötig, wie das auch bei anderen Anwendungen der Fall ist. Beim Prüfen und Testen von Websites müssen grundsätzlich alle berührenden Aspekte berücksichtigt werden einschließlich die des Inhalts, des visuellen Eindrucks, der Funktionen und des Zwecks. Der Prüf- und Testprozess sollte deshalb zweckmäßigerweise auf mehreren Ebenen durchgeführt werden:

Visuelle Prüfungen

Alle Seiten der Website sind einer visuellen Kontrolle zu unterziehen. Dazu gehört auch die Frage, ob der Zweck der Site dem Benutzer in ausreichendem Maße vermittelt wird. Es sind grundsätzlich alle Elemente der Seiten einschließlich Texte, Labels, Icons, Grafiken und Farben auf Konsistenz über alle Links hinweg zu überprüfen. Die Seiten müssen mit unterschiedlichen Browsern, Modems und Bildschirmen betrachtet werden. Die Testumgebung sollte dabei weitgehend der künftigen Benutzerumgebung entsprechen, damit das ermittelte Ergebnis mit der späteren Betriebsgebrauchstauglichkeit übereinstimmt.

Test der Funktionalität

Dazu gehören die wichtigen Prüfungen zur Navigation. Jeder Link einer Website muss getestet werden. Dabei sind alle interaktiven Elemente genauestens zu prüfen, zum Beispiel Eingabemasken für das Online-Shopping. Die Feldwerte sind mit Eingabegrenzwerten, besonderen Eingabewerten und mit Spaces zu belegen. Man sollte gerade bei Eingaben bedenken, dass der Benutzer sich anders verhält als der Entwickler und deshalb die Logik des Entwicklers bzw. Designers nicht unbedingt mit der des Benutzers übereinstimmen muss.

Prüfung des Inhalts

Der Inhalt einer Site ist von größter Bedeutung, soll er doch den Benutzern den Geschäftszweck der Organisation vermitteln und sie als Kunden gewinnen. Es ist durch Prüfungen sicherzustellen, dass alle Elemente der Seiten an den richtigen Stellen positioniert und dass die Wortbedeutungen konsistent sind. Dazu gehören auch das Prüfen der Produktnamen, Copyright-Daten und Handelsmarken. Dabei ist auf die grammatikalische und orthografische Schreibweise zu achten. Wurden orthografische Fehler bei Batch-Anwendungen in Protokollen und Listen eher als Schönheitsfehler betrachtet, ist das hier keineswegs der Fall.

System- und Browser-Kompatibilitätstest

Die Restriktionen des Systems und der verwendeten Browser müssen bei der Entwicklung der Site berücksichtigt werden. Im Kompatibilitätstest sind diese Restriktionen zu verifizieren. Es muss sichergestellt sein, dass der Test unter dem gleichen System und gleichen Browsern stattfindet, wie sie von den Benutzern später verwendet werden.

Test mit realen Benutzern

Dieser Test wird am Ende des Entwicklungsprozesses in der Systemtestphase in einem Testlabor durchgeführt. Zu diesem Zeitpunkt sollte die gesamte Funktionalität des Systems für den Test zu Verfügung stehen. In diesem so genannten *Lab-Test* werden auf der Basis eines Benutzerprofils das Anwendungsverhalten der Benutzer bei der Bearbeitung von speziellen Testfällen analysiert und die gewonnenen Erkenntnisse zu einer Verbesserung des Systems genutzt.

2.5.4.3 Faktoren der Gebrauchstauglichkeit von Websites

Becker und Mottay geben in ihrer Arbeit *„A Global Perspective on Web Site Usability“* folgende Faktoren der Gebrauchstauglichkeit an, die beim Test von Websites berücksichtigt werden sollten [BEC01]:

- **Seitenlayout**
  Das Seitenlayout ist die visuelle Repräsentation der Webseiten durch Mittel wie Hintergrundfarbe, Verteilung der Hinweise, Schriftgröße und -farbe, Grafiken, horizontales und vertikales Scrollen und andere Designelemente. Die Seitengröße sollte dem Zweck der Seite und ihrem Inhalt optimal angepasst sein. Zu große Seiten sind nicht nur schwer zu handhaben sondern oft auch schwer zu drucken. Beim Design der Webseiten müssen auch die kulturellen, nationalen Unterschiede beachtet werden, die sich in Symbolen, dem Informationsgehalt der Seiten und ihrer textuellen Organisation (von links nach rechts oder von oben nach unten) ausdrücken. Ganz besonders ist

auf das religiöse Empfinden in anderen Kulturkreisen Rücksicht zu nehmen. Zu beachten ist auch, dass bestimmte Farben in anderen Ländern eine andere Bedeutung haben können. So besitzt die Farbe Rot in den westlich orientierten Ländern eine Alarmfunktion, während das in asiatischen Ländern nicht der Fall ist. Werden diese Unterschiede nicht beachtet, kann das zu Missverständnissen, Ärgernissen und Frustrationen beim Benutzer führen. Problematisch kann auch eine Homepage sein, wenn der Benutzer die Landessprache des Anbieters nicht oder unzureichend beherrscht und deshalb Probleme hat, Links zu anderen Seiten auszuführen. Einige Anbieter haben dieses Problem erkannt und eine Weltkarte mit einer Länderliste auf ihrer Homepage integriert. Bei der Auswahl des Landes kann dann die betreffende Region auf der Karte hell unterlegt werden.

- **Navigation**
  Darunter wird die gesamte Benutzerführung durch die Website verstanden. Sie wird über alle Links hinweg durch Icons, Labels, Buttons, Farben und Text unterstützt. Dazu gehört auch der schnelle Zugang zu anderen Länderseiten von der Homepage aus oder über ein Navigationsschema auf jeder Seite. Eine gute Navigation sollte dem Benutzer helfen, Positionsfragen zu beantworten: *Wo bin ich?, wohin kann ich gehen?, was muss ich machen, um dorthin zu gelangen?, wie komme ich zurück, wo ich bereits war?*

- **Designkonsistenz**
  Sie betrifft die folgerichtige Lage der Seitenkomponenten sowohl innerhalb einer Seite als auch Seiten übergreifend. Verschiedene Komponenten erfordern die Konsistenz der textuellen Beschreibungen, Labels, Prompts und Hinweise. Dazu gehört auch die Konsistenz von Farben bei Links, die Konsistenz von Hintergrund und Text usw. Besonders wichtig ist die konsistente Platzierung der Navigationselemente. Konsistenz ist der Schlüssel für eine effiziente, zufrieden stellende Benutzung der Website über alle Links hinweg. Elemente, die über eine ganze Seite unregelmäßig verteilt sind, verunsichern und disorientieren die Benutzer.

- **Informationsgehalt**
  Der Informationsgehalt umfasst alle textuellen Beschreibungen, Hilfestellungen, Prompts, Labels, Serviceinformationen, Fehler- und Hinweismeldungen. Die Fehler- und Hinweismeldungen müssen benutzerorientiert und verständlich abgefasst sein. Der Informationsgehalt ist dem entsprechenden Kulturkreis der Benutzer anzupassen. Übersetzungen von einer Landessprache in eine andere müssen grammatikalisch korrekt erfolgen und die religiösen Unterschiede sind angemessen zu berücksichtigen.

- **Performance**
  Beeinflusst wird der Faktor Performance durch das Warten des Kunden und das Antwortzeitverhalten des Systems. Dazu zählen auch die Zeiten für das Downloading. Beim Performancetest von *E-Business*-Anwendungen muss auch der *M-Commerce* (*Mobile Commerce*) hinreichend berücksichtigt werden.

- **Kundenservice**
  Darunter werden zusätzliche Informations- und Unterstützungsmechanismen für den Kunden verstanden, die von der Unternehmung zur Erhöhung der Kundenzufriedenheit bereitgestellt werden. Dazu zählen E-Mails und E-Mail-Adressen, Rufnummern und interaktive Chat-Rooms. Zum Kundenservice zählt auch die Onlinehilfe bei der Benutzung des Systems. Powell hat 1999 bei einer Inspektion von 100 Websites festgestellt, dass nur 11 % davon ein Onlinehilfesystem anbieten, was mehr als wenig ist [POW00].

- **Zuverlässigkeit**
  Dieser Benutzbarkeitsfaktor ergibt sich aus einer fehlerfreien Benutzungszeit der Website über eine bestimmte Zeitdauer hinweg. Beeinflusst werden kann die Zuverlässigkeit zum Beispiel durch Seitenzusammenbrüche, Ausfallzeiten, Fehlermeldungen usw.

- **Sicherheit**
  Die Sicherheit bezieht sich auf die Geheimhaltung und den begrenzten Zugriff auf die persönlichen Daten und Informationen des Kunden durch geeignete Utilities.

Besondere Aufmerksamkeit muss der Homepage gelten, die die betreffende Organisation identifiziert und repräsentiert. Eine gute Homepage muss den erstmaligen Benutzer ermutigen, tiefer in die Site einzudringen. Powell vergleicht eine gute Homepage mit der Titelseite eines Magazins [POW00]: Der Leser sieht das gut gestylte Titelbild und es wird in ihm das Interesse geweckt, im Magazin zu blättern. Genauso muss das Interesse des Benutzers einer Homepage geweckt werden. Dazu bedarf es einer klaren, aussagefähigen Grundinformation, die dem Benutzer durch eine leicht verständliche Sprache, Symbolen und Grafiken vermittelt wird. Die detaillierten Informationen findet der Benutzer dann über die Links auf den Seiten. Folgende Grafik zeigt die Einflussparameter des Merkmals *Gebrauchstauglichkeit* nach Becker und Mottay [BEC01].

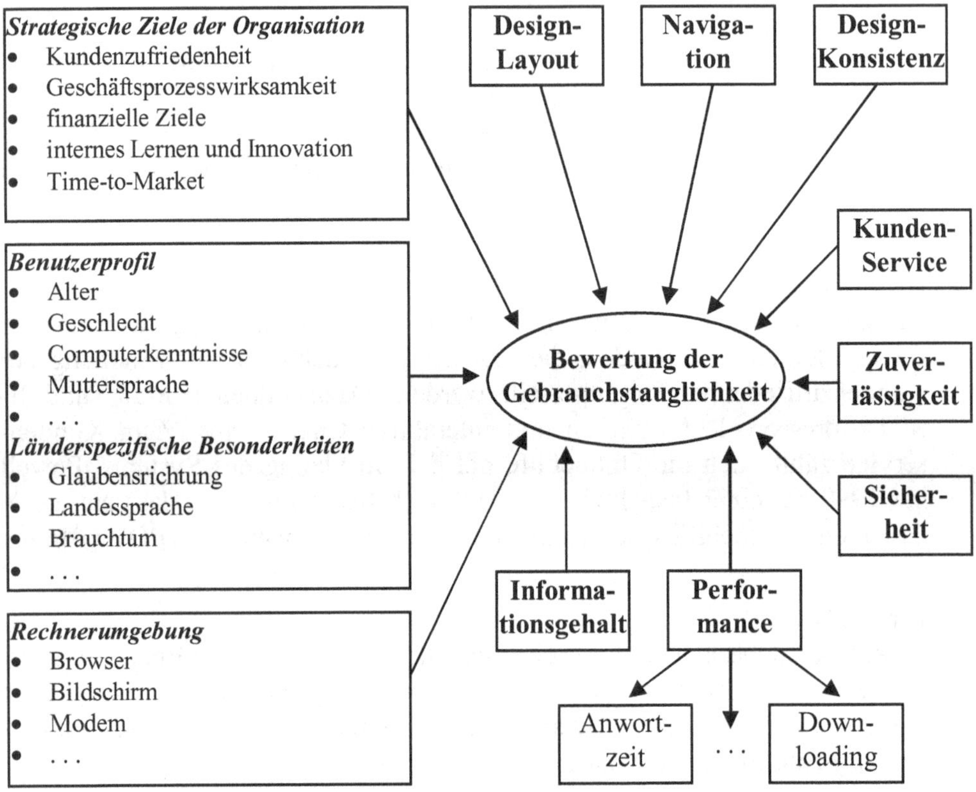

Abb. 2.5-4: Einflussparameter des Merkmals Gebrauchstauglichkeit (vgl. [BEC01])

2.5.4.4 Erfahrungen mit dem Usability Engineering

Das Usability Engineering hat mittlerweile bei vielen namhaften Betrieben und Organisationen einen festen Platz eingenommen. Die American Airlines zum Beispiel reduzierten durch einen konsequenten Einsatz von Usability-Techniken die Kosten von Benutzbarkeitsproblemen um 60 bis 90 % [BIA94]. Bei AT&T wurden durch Verbesserungen der Usability 2,5 Millionen USD an Schulungskosten gespart [BIA94]. IBM, Compaq, Microsoft und Lotus haben die Gebrauchstauglichkeit von Software in ihren Werbekampagnen benutzt und ihre Zielvorstellungen in der Praxis konsequent umgesetzt [WIK94]. Auch die T-Systems EZ Berlin, eine Tochtergesellschaft der Deutschen Telekom AG, hat ein Usability-Labor eingerichtet, um die Gebrauchstauglichkeit von Handys zu prüfen.

Diese und viele andere Unternehmen haben erkannt, dass Gebrauchstauglichkeit ein Faktor von enormer wirtschaftlicher Bedeutung sein kann. Eine hohe

Gebrauchstauglichkeit kann die Aufmerksamkeit für die Website des Unternehmens stark erhöhen und sie auf diese Weise von denen anderer Unternehmen positiv unterscheiden. Nach Nielsen können Verbesserungen der Gebrauchstauglichkeit den Verkaufserfolg auf dem E-Commerce- und E-Business-Sektor um bis zu 100 % steigern [NIE99]. IBM schreibt zu diesem Thema: Usability "makes business effective. It makes business efficient. It makes business sense" IBM01].

Andererseits lassen sich die Fehlerkosten signifikant senken, wenn rechtzeitig Maßnahmen des Usability Engineering greifen. Pressman hat in einer Studie herausgefunden, dass 80 % der Kosten im Softwarelebenszyklus in der Wartungsphase entstehen [PRE92]. Durch rechtzeitige Maßnahmen des Usability Engineering, die bereits in der Designphase anzusetzen sind, lassen sich diese Kosten drastisch reduzieren. Bias und Mayhew berichten in einer Studie über den Fall eines bekannten Druckerherstellers, der einen Treiber freigab, mit dem viele Benutzer Installationsprobleme hatten [BIA94]. Mehr als 50.000 Benutzer nahmen daraufhin den Support des Herstellers in Anspruch, was Kosten von nahezu 500.000 USD verursachte. Die gesamten Korrekturkosten einschließlich Support, Anschreiben und Berichtigungsdisketten beliefen sich auf insgesamt 900.000 USD. Nach Angaben des Unternehmens hätte dieses Problem mit einem Bruchteil der Kosten gelöst werden können, wenn das Produkt vor Auslieferung einem Usability-Test unterzogen worden wäre.

Da besonders beim E-Business im Web der Geschäftserfolg letztendlich von den Informationen abhängt, die dem Kunden angeboten werden, ist eine optimale Strukturierung und Organisation dieser Informationen notwendig. D. h., die Informationen müssen dem Kunden in gut aufbereiteter Form zugänglich gemacht werden, die bestimmten allgemein gültigen Regeln gehorchen. Dazu wurde in den letzten Jahren der Begriff *Informationsarchitektur* (IA) geprägt [ROS98]. Mit diesem Strukturierungsansatz wird die optimale Aufbereitung der Informationen nicht mehr dem Zufall überlassen, sondern durch eine einheitliche Terminologie und Vorgehensweise die Kundenorientierung optimiert (vgl. auch [ODO02]).

2.5.5 Zuverlässigkeitstest

Die *Zuverlässigkeit* gehört mit zu den wichtigsten Merkmalen von Software. Arbeitet ein Softwareprodukt unzuverlässig, dann ist es für den Anwender nicht nur weitgehend wertlos, sondern es kann unter Umständen ein sehr hoher Schaden an Personen, Material, Daten oder der Umwelt entstehen. Durch den Zuverlässigkeitstest soll die Zuverlässigkeit der Software, die in den Leistungsanforderungen spezifiziert ist, getestet werden. Dieser Test umfasst jedoch nicht nur die quantitative Ermittlung des Merkmals *Zuverlässigkeit* i. S. der Wahrscheinlichkeit einer mittleren fehlerfreien Betriebsperiode, sondern auch Aspekte der Daten- und Programmsicherheit nach unberechtigten Zugriffen, nach Systemabstürzen und der Robustheit.

2.5.5.1 Test der Zuverlässigkeit

Zuverlässigkeit wird nach DIN EN ISO 9000 : 2000-12 definiert als *"zusammenfassender Ausdruck zur Beschreibung der Verfügbarkeit und ihrer Einflussfaktoren Funktionsfähigkeit, Instandhaltbarkeit und Instandhaltungsbereitschaft"*. Nach Musa und Everett gibt es zwei Alternativen, sich quantitativ der Zuverlässigkeit anzunähern [MUS90]:

1. Über die **Wahrscheinlichkeit eines fehlerfreien Betriebs für eine spezifizierte Zeitdauer.** Kenngrößen sind z. B. die mittlere Lebensdauer MTTF (*mean time to failure*) oder der mittlere Ausfallabstand MTBF (*mean time between failures*) in einer bestimmten Umgebung (Betriebsumgebung, Nutzungsprofil).
2. Über die **Anzahl gefundener Fehler pro Zeiteinheit**. Als Kenngröße wird oft die Ausfallrate herangezogen, also die Anzahl der zu erwarteten Ausfälle pro Zeiteinheit (*rate of occurence of failures*).

Die Ausfallrate λ ist eine Zufallsvariable, die sich aus der mittleren Lebensdauer T_B (MTTF) ableiten lässt. Die Beziehung zwischen λ und T_B lautet

$$T_B = \int_0^{\alpha} R(t)\, dt = \frac{1}{\lambda}.$$

Bei konstant angenommener Ausfallrate λ ergibt sich die Überlebenswahrscheinlichkeit R(t), als eine mögliche Ausprägung der Zuverlässigkeit, aus

$$R(t)=e^{-\lambda(t)} \qquad \textbf{Überlebenswahrscheinlichkeit}$$

und die Ausfallwahrscheinlichkeit F(t) aus

$$F(t)=1-e^{-\lambda(t)} \qquad \textbf{Ausfallwahrscheinlichkeit.}$$

Angenommen die Ausfallrate wurde mit 2 Fehler/1000 CPU-Stunden ermittelt, dann beträgt die Wahrscheinlichkeit eines fehlerfreien Betriebs für 5 CPU-Stunden $R(5)=e^{-0{,}002\cdot 5)}=0{,}99$ bzw. die Ausfallwahrscheinlichkeit $1-0{,}99=0{,}01$. Statt *Ausfallrate* kann gleichbedeutend der Begriff *Fehlerrate* verwendet werden. Allerdings ist dann genau festzulegen, was unter einem Fehler zu verstehen ist bzw. wie die Fehler hinsichtlich ihrer Schwere zu klassifizieren sind. Diese Klassifizierung ist sehr wichtig, denn nicht jede Abweichung von den Anforderungen beeinträchtigt die Zuverlässigkeit bzw. führt zu einem Ausfall.

Eine andere Kenngröße ist die *Fehlerdichte* eines Programms, die definiert ist als die Anzahl Fehler (*faults*) im Quelltext, die zu einem Fehler oder Ausfall geführt haben, dividiert durch die Programmgröße in kLOC. Die Fehlerdichte ist aussagekräftiger als eine absolute Zahl, wie zum Beispiel die prognostizierte Gesamtfehlerzahl, weil sie sich auf die Programmgröße bezieht und demzufolge projektübergreifend vergleichbar ist. Allerdings ist sie damit ein eher entwicklerbezogenes als ein anwenderbezogenes Maß.

Um die Zuverlässigkeit von Software zu gewährleisten, wurde Ende der achtziger Jahre eine neue Disziplin des Software Engineering entwickelt, das *Reliability-Software Engineering*. Durch ein ganzes Bündel von Maßnahmen sollen die Kundenwünsche präzise erfüllt und damit eine maximale Kundenzufriedenheit erreicht werden. Eine dieser Maßnahmen ist das Schätzen des Merkmals *Zuverlässigkeit* anhand geeigneter Zuverlässigkeitswachstumsmodelle durch statistisches Testen auf der Basis von Nutzungsprofilen (vgl. z. B. [MUS90], [MUS95]).

Ein *Nutzungsprofil* beschreibt die Nutzungswahrscheinlichkeiten von Funktionen der künftigen Softwarebenutzung, auf deren Basis die Testdaten generiert werden. Dabei treten bei der Testausführung diejenigen Fehler, die im späteren Betriebseinsatz eine erhöhte Eintrittswahrscheinlichkeit besitzen, tendenziell früher auf als andere mit geringerer Eintrittswahrscheinlichkeit, was sowohl recht sichere Aussagen über die Zuverlässigkeit ermöglicht als sie auch effizient zu verbessern hilft. Der Testaufwand konzentriert sich also statistisch auf Funktionen, die im künftigen Betriebseinsatz verstärkt ausgeführt werden. Voraussetzung ist allerdings, dass bereits in der Anforderungsphase zusammen mit dem künftigen Anwender ein umfassendes Nutzungsprofil erstellt wurde. Alle Kennzahlen zur Ermittlung der Zuverlässigkeit müssen auf der Basis eines Nutzungstests gewonnen werden, ansonsten stimmt die Testzuverlässigkeit nicht mit der späteren Betriebszuverlässigkeit überein, was den Zuverlässigkeitstest wertlos macht. Folgendes Diagramm zeigt, dass mit einem nutzungsbasierten Test schneller eine höhere Zuverlässigkeit erreicht werden kann als durch "Zufallstesten" mit einer Gleichverteilung der Funktionen bzw. Operationen und Variablenwerten.

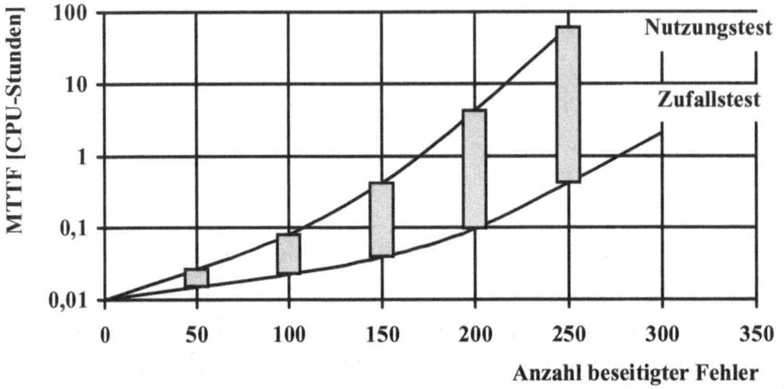

Abb. 2.5-5: Erhöhung der Zuverlässigkeit durch nutzerbezogenes Testen

Das nächste Diagramm zeigt beispielhaft die *Fehlerrate* als Funktion der Projektzeit. Durch Fehlerbereinigungen fällt die Kurve von einem Höchstwert auf ein Minimum ab. Gleichzeitig entstehen durch die Eingriffe in den Quelltext neue Fehler, wodurch sie teilweise wieder ansteigt. Angenommen die Fehlerrate soll den Wert 0,001 *Fehler/CPU-Stunde* mit einer Wahrscheinlichkeit von 95 % nicht überschreiten, dann muss der Nutzungstest mit den Fehlerkorrekturen so lange fortgesetzt werden, bis dieser Wert auch tatsächlich erreicht ist.

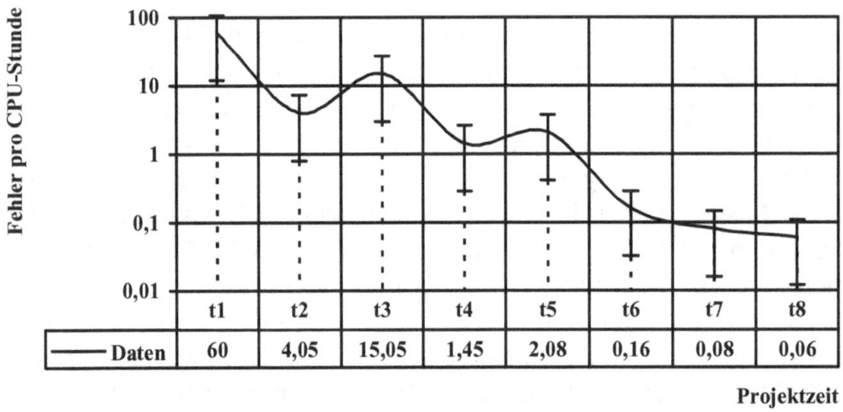

Abb. 2.5-6: Zuverlässigkeitsstatus während des Systemtests

Die Aufzeichnungen des Zuverlässigkeitsstatus können als Freigabekriterium für die Auslieferung des Programms herangezogen werden.

2.5.5.2 Test der Sicherheit

Eine hohe *Zuverlässigkeit* ist noch keine Garantie für eine hohe Sicherheit von Daten und Programmen. Ein Programm kann sehr zuverlässig arbeiten, indem die mittlere störungsfreie Ausführungszeit zwischen zwei Fehlerzuständen sehr groß ist. Dessen ungeachtet kann zum Beispiel ein unberechtigter Datenzugriff oder eine fehlerbehaftete Recovery-Funktion die Sicherheit gefährden. Sicherheit muss deshalb als untrennbarer Bestandteil der Softwarequalität betrachtet werden, die als *Sicherheitsanforderungen* im Fachkonzept, im QM-Plan oder einem separaten Sicherheitsplan festzuschreiben sind und sich im Design der Software niederschlagen muss. Wichtig ist, dass ein Programm sichere Bedingungen einstellt, wenn ein Fehlerfall auftritt.

Beim Testen von Sicherheitsaspekten ist zu prüfen, ob die Daten gegen unberechtigten Zugriff geschützt sind. Dazu wird mit wohldurchdachten Testfällen versucht, die Zugriffsmechanismen außer Kraft zu setzen. Für den Sicherheitstest können folgende Fragestellungen in die Prüfungen einbezogen werden:

- Werden die Passwörter verschlüsselt gespeichert?
- Werden die Passwörter unsichtbar erfasst?
- Werden die Passwörter mit der spezifizierten Mindestlänge akzeptiert?
- Sind die Passwörter vom Benutzer änderbar?
- Werden Falscheingaben zurückgewiesen?
- Laufen die Passwörter nach einer spezifizierten Frist ordnungsgemäß ab?
- Wird eine hintereinander folgende spezifizierte Anzahl von Falscheingaben protokolliert und ggf. der Benutzer gesperrt?
- Werden die Zugriffsrechte überprüft und Übertretungen protokolliert?

Des Weiteren muss die Datensicherheit bei anwenderbedingten oder technischen Störfällen gewährleistet sein. Daten, die zum Beispiel durch Fehlbedienung ohne Warnhinweis gelöscht werden, verkörpern ein ernsthaftes Risiko, das beseitigt werden muss. Zu diesem Testkreis gehört auch das korrekt verlaufende *Backup* und *Recovery* in systemkritischen Situationen bzw. beim Systemabsturz. Es lassen sich alle Ausnahmesituationen in den Test einbeziehen, die zum Beispiel durch einen nicht programmierten Abbruch, Datenbankabsturz, Stromausfall usw. entstehen können. Die Prüfungen zu den Maßnahmen der Wiederherstellung von Daten und Programmen beziehen sich im Allgemeinen auf:

- den zeitlichen Aufwand
- die benötigten Ressourcen
- die Qualität des wieder hergestellten Zustands (*Konsistenz der Daten und Konsistenz des Wiederaufsetzpunktes mit den rekonstruierten Daten*)

2.5.5.3 Test der Robustheit

Zuverlässige Software muss robust sein, d. h., sie muss auf außergewöhnliche Ereignisse schadenverhindernd reagieren. Eine interaktiv arbeitende Anwendung darf zum Beispiel bei einer falschen Funktionstastenbetätigung nicht abstürzen. Oder ein System, das von einem anderen System fehlerhafte oder inkonsistente Daten erhält, darf mit diesen Daten kein Update durchführen. Die Prüfungen zur Robustheit können sich auf folgende Punkte beziehen:

1. **Benutzerschnittstellen**
   Es wird geprüft, wie die Anwendung auf nicht plausible Benutzereingaben reagiert. Die zu erstellenden Testfälle sollten folgende Aspekte berücksichtigen:
   - Funktionstastenbenutzung in verschiedenen Kombinationen und Reihenfolgen
   - Fenstertechnik bei grafischen Oberflächen (*z. B. Reihenfolge des Öffnens und Schließens*)
   - unterschiedliche Endgeräte

2. **Datenschnittstellen**
   Es wird geprüft, wie die Anwendung auf inkonsistente Datenbestände reagiert. Hier sollte sichergestellt sein, dass diese Daten bereits bei der Eingabe oder beim Laden in die Datenbank mit den entsprechenden Fehlermeldungen abgewiesen werden. Bei schwerwiegenden Fehlern ist die Anwendung unter Ausgabe eines Hinweises abzubrechen. Ein Update vorhandener Daten mit inkonsistenten Daten muss in jedem Fall durch programmierte Maßnahmen verhindert werden.

3. **Programmschnittstellen**
   Schnittstellen ändern sich besonders oft bei Wartungsarbeiten, deshalb muss bei kritischen separat übersetzten Moduln geprüft werden, wie die Anwendung bei der Übergabe von falschen Parametern reagiert. Dazu zählt auch das Prüfen von systemübergreifenden Schnittstellen.

4. **Hardware-Schnittstellen**
   Dazu gehören Prüfungen des Systemverhaltens in bestimmten Grenzsituationen. Die Testfälle sollten u.a. folgende Aspekte berücksichtigen:

   - Systemverhalten bei unzureichenden internen oder externen Speicher bzw. Speicherüberlauf
   - Systemverhalten bei Erreichen von Tabellengrenzen und Puffern bzw. deren Überlauf

Die Zuverlässigkeit, Sicherheit und Robustheit eines Programmes lässt sich zum Zeitpunkt des Systemtests nicht immer sicher bestimmen, weil die Testumgebung trotz umfassenden Nutzungsprofils als Leitlinie der Testdatengenerierung nur eine mehr oder weniger gute Modellvorstellung der realen Anwenderwelt sein kann. Oft wird nämlich aus Kostengründen die Testumgebung mit weniger Hardwareressourcen ausgestattet als die spätere Betriebsumgebung, sodass der Test von vornherein auf Grenzen stößt, was verzerrte Testergebnisse zur Folge haben kann. Voraussetzung für einen effizienten und aussagekräftigen Zuverlässigkeitstest ist deshalb eine Testumgebung, die der künftigen Betriebsumgebung auch hinsichtlich der Hardwareressourcen sehr nahe kommt.

2.5.5.4 Spezifizierte Fehlerrate und Fehlerbeseitigungskosten

Wird eine Fehlerrate [Fehler/CPU-Stunde] in den Anforderungen vorgegeben, dann sollten auch die dafür entstehenden Kosten betrachtet werden. Musa und Ackermann haben auf der Basis von Zuverlässigkeitswachstumsmodellen die Kosten für den Systemtest dargestellt, die nichtlinear mit wachsenden Qualitätskosten (d. h. sinkender Fehlerrate) ansteigen [MUS89]. Andererseits steigen im gesamten Softwarelebenszyklus die Fehlerbeseitigungskosten mit abnehmender Qualität. D. h., je höher die Qualität, desto niedriger die Fehlerbeseitigungskosten. Diese Zusammenhänge implizieren einen Gesamtkostenverlauf mit zuerst fallender dann steigender Tendenz, was folgende Abbildung verdeutlicht.

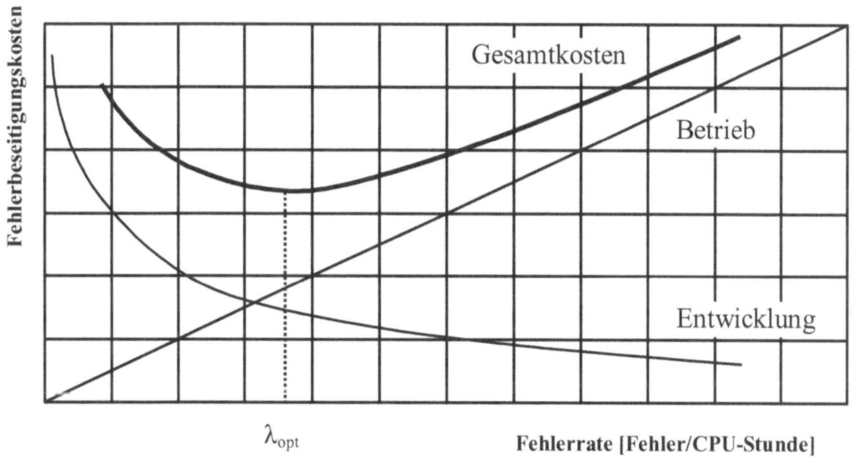

Abb. 2.5-7: Minimierung der Fehlerbeseitigungskosten [MUS89]

Der Testaufwand für den *System-* und *Abnahmetest* kann durch Anwendung eines geeigneten Zuverlässigkeitswachstumsmodells abgeschätzt werden. Die dazu erforderlichen Parameter *Fehlerrate zu Beginn des Beobachtungszeitraums* λ_0 und Höhe der *Gesamtfehler* β_0 lassen sich gegebenenfalls aus Vorgängerversionen gleicher oder ähnlicher Produkte übernehmen.

Ziel muss es sein, eine hohe Fehlerrate [Fehler/CPU-Stunde] bzw. Fehlerdichte [Fehler/kLOC] während der Entwicklung überhaupt nicht erst entstehen zu lassen, indem maximale konstruktive Qualitätsmanagementmaßnahmen im Entwicklungsprozess zur Anwendung kommen. Außerdem sind durch neuere Disziplinen des Software-Engineering wie durch das *Reliability-Software Engineering* oder das *Cleanroom Engineering* sogar Qualitätssteigerungen bei sinkenden Kosten möglich (vgl. [SEL87], [MUS93], [LIN94]).

2.5.6 Wartbarkeitstest

Die Wartung ist eine wichtige Phase im Lebenszyklus eines Softwareprodukts. Sie beginnt bereits nach dem Abnahmetest bzw. nach der Übergabe des Produkts an den Auftraggeber oder Anwender. Ist die Wartung eine vertraglich festgelegte Dienstleistungserbringung i. S. der Norm DIN EN ISO 9001 : 2000, dann muss der Auftragnehmer Verfahrensanweisungen erstellen, die die Durchführung und ihre Verifizierung beinhalten. Die Wartung von Software kann sich beziehen auf folgende Punkte beziehen:

- Fehlerbeseitigung
- Änderung an den Schnittstellen
- funktionelle Erweiterungen
- Leistungsverbesserungen

Die Wartungsaktivitäten beziehen sich oft nicht nur auf die Programme, sondern auch auf:

- Daten und Datenstrukturen
- Spezifikationen
- Dokumente für den Kunden oder Benutzer (z. B. das *Benutzerhandbuch*)
- interne Dokumente für die Benutzung beim Auftragnehmer
- Testpläne usw.

Im Wartbarkeitstest ist zu prüfen, ob die Forderungen an die Wartung, die in der Leistungsbeschreibung bzw. im QM-Plan oder seinen Verfahrensanweisungen spezifiziert sind, realisiert wurden. Dazu gehören Diagnostikprogramme, Speicherabzugsmöglichkeiten, Debugger usw. und die dazugehörenden Dokumente für den Kunden bzw. Benutzer oder den Hersteller. Es muss folglich geprüft werden, ob diese Systemkomponenten vorhanden sind bzw. wie deren Logik und Anwendung dokumentiert sind. Wurden Beispiele in den Handbüchern angegeben, dann müssen sie durch geeignete Tests nachvollzogen werden. Ob ein Programm oder System gut wartbar ist, hängt in erster Linie von einer Reihe angewandter Prinzipien des Software-Engineering ab, die bereits in der Planungsphase des Produkts ihre Anwendung finden müssen. Die für das Qualitätsmerkmal *Wartbarkeit* relevanten Prinzipien lassen sich unter folgenden Punkten zusammenfassen (vgl. [BAL88]):

- **Das Prinzip der Strukturierung i.e.S.**
  Die Strukturierung i.e.S. bezieht sich darauf, wie Moduln zu einer Struktur zusammengefügt werden. Dazu wird eine ganze Reihe von Restriktionen wirksam. Allgemein gilt die Aussage, dass restriktive Konzepte größere Vorteile bei der Wartbarkeit und Änderbarkeit bringen. Im Allgemeinen wird das Prinzip der Strukturierung i.e.S. durch das Prinzip der Modularisierung und das Prinzip der Hierarchisierung verwirklicht.

- **Das Prinzip der Modularisierung**
  Das Programm besteht aus hierarchisch geordneten Moduln mit großer innerer Modulbindung und geringer Kopplung zwischen den Moduln. Die geringe Modulbindung wird durch eine schmale Datenkopplung erreicht. D. h., der Modulaufruf erfolgt über explizite Parameter mit geringer Schnittstellenbreite (reine Datenkopplung). Auf die Moduln müssen das Prinzip der Datenkapselung und das Geheimnisprinzip angewandt werden, dadurch lassen sich bei der Wartung ganze Moduln relativ problemlos austauschen, ohne sich gegenseitig zu beeinflussen.

- **Das Prinzip der Verbalisierung**
  Jeder Modul enthält einen Vorspann, der den Zweck des Moduls, die Version, die E-/A-Dateien usw. als Kommentar enthält. Jeder Variable wird im Quelltext ein aussagekräftiger, mnemonischer Name zugeordnet, der einen Rückschluss über seine Verwendung zulässt. Des Weiteren werden jeder fachlichen oder technischen Funktion Kommentare im Quelltext vorangestellt, welche die Funktion bzw. den Algorithmus kurz erläutern.

- **Das Prinzip der integrierten Dokumentation**
  Die Gesamtdokumentation eines Produkts besteht aus einer Reihe von Einzeldokumenten mit unterschiedlichen Adressaten, Aufgaben, Inhalten Sprachen und Didaktiken. Es kommt weniger darauf an, umfangreiche Dokumente zu erstellen, sondern für die einzelnen Zielgruppen die relevanten Informationen in geeigneter Form darzustellen [BAL88]. Vor und nach

Änderungsmaßnahmen muss die Aktualität aller Teildokumente sichergestellt sein.

- **Das Prinzip der vollständigen Schnittstellenspezifikation**
  Moduln stellen anderen Moduln auf Abruf Dienste zur Verfügung. Wie diese Dienste intern erbracht werden, bleibt der Modulaußenwelt durch die Kapselung von Daten und Funktionalität verborgen. Um die Kapselung zu realisieren, müssen die Dienste durch exakte Schnittstellen spezifiziert werden, die unabhängig von der Implementierung sind. D. h., die Schnittstellenspezifikation eines Moduls beschreibt allein die Voraussetzungen, welche Dienste und unter welchen Bedingungen diese Dienste von einem anderen Modul abgerufen werden können (vgl. [BAL88], S. 65).

Diese angewandten Prinzipien des Software-Engineering sind grundlegende Voraussetzungen für effiziente Wartungsmaßnahmen. Im Wartbarkeitstest kann ihre Anwendung global anhand der vorliegenden Dokumente geprüft werden.

2.5.7 Migrationstest

Durch einen Migrationstest soll geprüft werden, ob die Daten des abgelösten Programms oder Systems vom neuen Programm oder System problemlos übernommen werden. Derartige Prüfungen müssen immer dann ausgeführt werden, wenn sich durch Programmänderungen bzw. Wartungsarbeiten die Benutzerschnittstellen bei Online- und Batchverarbeitungen oder die Schnittstellen zu benachbarten Systemen ändern.

Im Migrationstest werden Testdaten mit dem fachlichen Stand der alten Programmversion in eine Testumgebung auf der Basis der neuen Programmversion migriert. Betrachten wir ein Programmsystem, welches grob klassifiziert Stamm- und Bewegungsdaten enthält. In diesem Fall muss bei einem Versionswechsel sichergestellt sein, dass die Stammdaten aus der alten Programmversion ohne Verfälschungen durch die neue Programmversion migriert werden. Wäre das nicht der Fall, könnte u. U. ein erheblicher Geschäfts- oder sogar Personenschaden entstehen, je nachdem welchem Einsatzgebiet bzw. welcher Risikoklasse das Programm zuzuordnen ist. Durch den Migrationstest muss nun anhand geeigneter Testfälle nachgewiesen werden, dass die Übernahme der Altdaten im Verhältnis 1:1 möglich ist. Durch einen Schnittstellentest allein kann ein derartiger Nachweis nicht geführt werden. Ändert sich die Schnittstellenbeschreibung im neuen System, indem zum Beispiel neue Variablen in Batchdaten eingefügt werden, dann muss im Migrationstest auf die richtige Initialisierung dieser Daten geachtet werden.

Hinweise auf die Initialisierung sollten im Datenmodell der Anwendung oder in der neuen Schnittstellenbeschreibung zu finden sein.

Ist die Speicherung bzw. Verarbeitung der Daten zeitabhängig, zum Beispiel durch abzuprüfende Datumsangaben oder Timestamps, dann müssen die Daten dem Stand entsprechend fortgeschrieben werden, was eine ständige Datenhaltung erfordert. Es besteht zum Beispiel die Möglichkeit, dass Stammdaten, bei denen ein halbes Jahr keine Bewegungen stattgefunden haben, vom Programm auf einen bestimmten Status gesetzt oder sogar gelöscht werden. In diesem Fall können natürlich keine Testdaten migriert werden, die älter als ein halbes Jahr sind, weil der Status sofort gesetzt würde oder Löschroutinen aktiviert werden (meistens nachts), die diese Daten löschen.

Besonders in Zeiten neuer Paradigmen der Softwareentwicklung müssen Altsysteme ohne Daten- und Funktionsverluste in die neuen Systeme migriert werden. Das ist zurzeit beim Übergang von der strukturierten zur objektorientierten Programmierung der Fall. Durch die Migration lassen sich konventionelle Daten- und Funktionsmoduln prozeduraler Programme je nach Programmiersprache in objektorientierte Systeme überführen, was einen sanften evolutionären Übergang von der Strukturierung zur Objektorientierung ermöglicht.

Das Verfahren für die Migration der Altdaten sollte so weit wie möglich automatisiert sein, weil jeder manuelle Eingriff in den Ablauf eine unkalkulierbare Risikoquelle darstellt. Voraussetzung dafür ist der Aufbau von Jobketten, die alle Jobs für den genau vorgeschriebenen Ablauf enthalten, einschließlich der Datenbank-Utililties wie das Einrichten, Laden oder Vergrößern von Datenbanken. Hierbei ist besonders auf die Reihenfolge der Funktionsausführungen zu achten, die durch einen *zustandsorientierten Test* geprüft werden kann. Eine wichtige Rolle spielen auch die Wiederaufsetzpunkte im Ablauf. Sind Wiederaufsetzpunkte vorgesehen, dann sollte auch jeder dieser Punkte getestet werden [WIE90].

2.6 Abnahmetest

Für das Softwareprodukt muss nach DIN EN ISO 9001 : 2000 Abschnitt 7.3.6 vor der Auslieferung eine Validierung durchgeführt werden, um die Erfüllung der Qualitätsanforderungen, die im QM-Plan oder den Verfahrensanweisungen festgelegt sind, sicherzustellen. Kein Produkt darf ausgeliefert werden, bevor diese Validierungsmaßnahmen nicht zufrieden stellend abgeschlossen sind.

Der Abnahmetest ist die letzte große Teststufe im Vorgehensmodell (V-Modell) der Softwareentwicklung. Während im Funktionstest noch weitgehend isolierte fachliche Funktionen der Anwendung gegen die Leistungsbeschreibung geprüft wurden, wird im Abnahmetest die Gesamtanwendung als komplexes Zusammenwirken dieser Funktionen getestet. Dazu wird der Begriff der *fachlichen Aufgabe* eingeführt. Unter einer fachlichen Aufgabe soll eine Programmfunktion verstanden werden, die sich in der Regel aus dem Zusammenwirken mehrerer fachlicher Einzelfunktionen zusammensetzt. Eine fachliche Aufgabe ist demnach eine logische Verkettung von Funktionen zu einem oder mehreren direkt abrufbaren Diensten, die für den Anwender auf Anforderung bereitgestellt werden.

Der Abnahmetest wird als Folgestufe des Systemtests oft vom Auftraggeber mit eigenem Qualitätsmanagement und eigener Test- bzw. Abnahmeumgebung durchgeführt. Unterliegt der Test einem externen Qualitätsmanagement, dann ist es sehr wichtig, dass die Fachseite mit ihren Know-how-Trägern aktiv in das Testgeschehen eingebunden wird. Dadurch lassen sich besonders bei der Testauswertung vermeintliche Fehler und Mängel der Anwendung richtig einschätzen bzw. hinsichtlich ihrer Akzeptanzkriterien verifizieren. Grundlage für den Abnahmetest ist die *fachliche Leistungsbeschreibung* mit den *Change Requests* (Änderungsanforderungen) und dem *Benutzerhandbuch*. Sind Beispiele im Benutzerhandbuch angegeben, dann sind diese Beispiele als Testfälle auszuführen.

Die Test- bzw. Abnahmeumgebung sollte im Idealfall ein reales Abbild der Anwendungsumgebung sein. Es ist sinnvoll, diese Forderung nicht nur auf die Systembedingungen und Hardware-Ressourcen zu beziehen, sondern auch auf die Tests selbst, die nutzerbezogen durchgeführt werden sollten. D. h., die Testfälle sind auf der Basis eines Nutzungsprofils zu erstellen, was eine nutzerorientierte Überdeckung der auszuführenden Aufgaben erlaubt und gleichzeitig eine optimale Annäherung an das Qualitätsmerkmal *Zuverlässigkeit* ermöglicht. Jeder Unterschied zwischen der Abnahmeumgebung und der tatsächlichen Anwendungsumgebung und die Risiken, die mit diesen Unterschieden verbunden sind, sollten bereits in frühen Phasen der Softwareentwicklung in Zusammenarbeit mit dem Auftraggeber hinreichend ermittelt, beurteilt und in den Planungsdokumenten aufgezeichnet werden.

Die Abnahme endet mit einer Besprechung des Testteams, in welcher die vorhandenen Fehler und Mängel zu wichten sind. Es muss mit dem Auftraggeber geklärt werden, ob die vorhandenen mindergewichtigen Fehler bis zur nächsten Version toleriert werden können oder ob sie durch eine Nachbesserung des Produkts zu beseitigen sind. Dabei ist zu berücksichtigen, welche Risikoklasse

(Kritikalität) dem Produkt oder seiner Komponenten in den spezifizierten Sicherheitsanforderungen zugeordnet wurde. Im Falle einer Nachbesserung ist in Zusammenarbeit mit den Entwicklern und der Fachseite ein weiterer Regressionstest anzusetzen, wobei sich der Testaufwand wiederum nach der Risikoklasse des Produkts orientiert. Nach Abschluss der Maßnahmen ist der Software ein Prüfstatus (Teststatus) zuzuordnen, der darüber Auskunft gibt, ob das Produkt den vorgegebenen fachlichen Qualitätsanforderungen entspricht oder wegen schwerwiegender Mängel an die Entwicklung zurückzuweisen ist. Der Prüfstatus könnte zum Beispiel in der Form *„freigegeben"*, *„bedingt freigegeben"* oder *„nicht freigegeben"* angegeben werden.

Soll Software abgenommen werden, die an den freien Markt ausgeliefert wird, dann besitzen im Allgemeinen die Prüfziele *Fehlertoleranz*, *Benutzbarkeit*, *Konfiguration* und *Interoperabilität* wegen des sehr großen Einsatzbereiches eine besondere Bedeutung. Das Produkt wird deshalb oft einem *Alpha*- und/oder *Beta*-Test unterzogen. Während beim Alpha-Test das Produkt in der Zielumgebung des Auftraggebers durch ausgewählte Anwender zu testen ist, wird es beim Beta-Test durch ausgewählte Pilotanwender in deren eigenen Anwendungsumgebung getestet. Alle aufgetretenen Fehler und Mängel werden dem Hersteller gemeldet, der je nach Umfang und Schwere der Fehler unter Umständen einen zweiten Beta-Test ansetzen kann.

Mit dem Abnahmetest will der Auftraggeber feststellen, ob das entwickelte Produkt den Anforderungen innerhalb der vorgegebenen Akzeptanzkriterien entspricht bzw. ob das gesetzte Vertrauen in das Produkt gerechtfertigt ist. Ist im Systemtest keine Prüfung der *Zuverlässigkeit* vorgesehen, obwohl das immer der Fall sein sollte, kann in der Endphase des Abnahmetests die *Zuverlässigkeit* in Zusammenarbeit mit der Entwicklergruppe durch einen statistischen Test auf der Basis eines *Nutzungsprofils* und eines geeigneten *Zuverlässigkeitswachstumsmodells* abgeschätzt werden. Die geschätzte *Zuverlässigkeit* lässt sich im Zusammenhang mit anderen Kriterien als Freigabekriterium der Software verwenden. Der Abnahmetest wird oft mit einem *Probebetrieb* oder *Parallelbetrieb* gekoppelt.

2.6.1 Test von Anwendungsfällen

Ein Anwendungsfall beschreibt eine zeitlich zusammenhängende Interaktion eines oder mehrerer Anwender mit dem System aus Anwendersicht. Diese Interaktion soll einen definierten fachlichen Funktionsfluss hervorrufen, der als Teil der fachlichen Anforderungen an das System zu verstehen ist.

Anforderungsfälle werden parallel mit der Erhebung der fachlichen Anforderungen erstellt und im Verlaufe des Entwicklungsprozesses ständig verfeinert bzw. ergänzt. Der Test von Anwendungsfällen soll ihre *Vollständigkeit*, *fachliche Korrektheit* und *Konsistenz* zu anderen Anwendungsfällen und dem System sicherstellen. Der Test sollte immer unter Einbeziehung der Fachseite vorgenommen werden, um am Know-how der Fachseite zu profitieren und fachliche Unklarheiten unmittelbar zu beseitigen.

Grundlage für den Test ist eine vollständige Spezifikation der Anwendungsfälle, die zum Beispiel als Anwendungsfallmodell vorliegen kann. Im objektorientierten Test werden die möglichen Ereignisreihenfolgen (Testszenarien) und die Übergangsbedingungen der Aktionen in einem Aktivitätsdiagramm festgehalten, das eine spezielle Form des Zustandsdiagramms ist. Dieses Diagramm ist auch für prozedurale Programme ein äußerst nützliches Hilfsmittel, das eine vollständige Spezifikation aller Situationen, Ausnahmen und Varianten in sehr übersichtlicher Form gestattet. Für jeden Anwendungsfall sollten folgende Angaben für den Test vorhanden sein:

- Beschreibung der Funktionalität
- Beschreibung der elementaren Aktionen
- Beschreibung des fachlichen Auslösers als Startzustand
- Beschreibung der Endzustände
- Beschreibung der möglichen Ereignisreihenfolgen (Szenarien)
- sämtliche Vor- und Nachbedingungen sowie Invarianten
- Angabe von Sicherheitsprüfungen (z. B. nicht autorisierte Zugriffe usw.)
- Angabe der Benutzer (Akteure) und ihr Zusammenwirken

Da sich Anwendungsfälle aus definierten Sequenzen auszuführender Funktionen zusammensetzen, müssen beim Test auch alle möglichen Zustände und Zustandsübergänge der Funktionen im Sinne eines *Funktionsflusses* geprüft werden. D. h., vom jeweiligen Anfangszustand ausgehend über mögliche Sequenzen von Zuständen bis zum korrekten Endzustand oder mehreren Endzuständen. Dabei wird weniger auf die Funktionalität der einzelnen Funktionen geachtet, was ja bereits beim Test der Funktionen geschehen ist, sondern auf ihr korrektes Zusammenwirken im Sinne des zugrunde liegenden Anwendungsfalls. Werden die Funktionen in den spezifizierten Sequenzen ausgeführt und stimmen die Zustände und Zustandsübergänge, dann erhält man einen Ist-Endzustand, der mit dem spezifizierten Soll-Endzustand übereinstimmt.

Beim Testen eines Anwendungsfalls sind jedoch nicht nur die zulässigen Transitionssequenzen zu testen, sondern auch die unzulässigen. Aufgrund der kombinatorischen Vielfalt können jedoch nicht alle möglichen Sequenzen getestet werden, deshalb ist es sinnvoll, die nicht zulässigen Sequenzen in Fehlerklassen aufzuteilen, wobei es völlig ausreichend ist, pro Fehlerklasse eine Sequenz auszuwählen. Jede unzulässige Sequenz muss durch entsprechende Fehlerhinweise vom System abgewiesen werden. Dabei dürfen bereits gespeicherte oder verarbeitete Daten nicht verfälscht oder gelöscht werden.

Wichtig beim Testen von Anwendungsfällen ist, dass ihre Vor- und Nachbedingungen sowie ihre Invarianten geprüft und ihre Endzustände auch tatsächlich als stabile Zustände erreicht werden. Alle Testsituationen, die zu einem möglichen Ereignisfluss (Szenario) gehören, werden zu einem Testscript zusammengestellt. Der Testscript enthält die Ausführungsreihenfolge der Testläufe, die genauen Vor- und Nachbedingungen, die Invarianten und alle auftretenden fachlichen Wirkungen als Endzustände.

Der Test von Anwendungsfällen sollte auf der Grundlage eines im Voraus spezifizierten Nutzungsprofils (*operational profile*) durchgeführt werden. Dabei sind nicht nur den Anwendungsfällen selbst Ausführungswahrscheinlichkeiten zuzuordnen, sondern auch den zugrunde liegenden Szenarios und den auszuführenden Funktionen bzw. möglichen Funktionssequenzen. Dieses Nutzungsprofil wird auf Geschäftsanwendungsfällen basieren, also auf Anwendungsfällen, die Geschäftssituationen beschreiben, die das System bearbeitet.

Darüber hinaus gibt es natürlich auch Interaktionen mit dem System selbst, diese Fälle werden als Systemanwendungsfälle bezeichnet. Systemanwendungsfälle werden in der Regel nicht im Abnahmetest geprüft, sondern im Systemtest. Der Grund ist darin zu suchen, dass Systemanwendungsfälle konkrete Bedingungen des Systems in sich einschließen, die sich zum Beispiel aus der Systemarchitektur ergeben. Diese Bedingungen sind jedoch für den kundenbezogenen Abnahmetest nicht relevant.

Jeder Anwendungsfall besitzt ein auslösendes fachliches Moment im Sinne eines geschäftlichen Ereignisses und produziert eine oder mehrere eindeutige fachliche Wirkungen als Ergebnis. Im folgenden Beispiel wird der Anwendungsfall „Rechnungsdaten prüfen“ als Aktivitätsdiagramm dargestellt. Auslöser kann zum Beispiel die Rechnungsreklamation eines Kunden sein, die in ihrer Gesamtheit als Geschäftsprozess definiert ist.

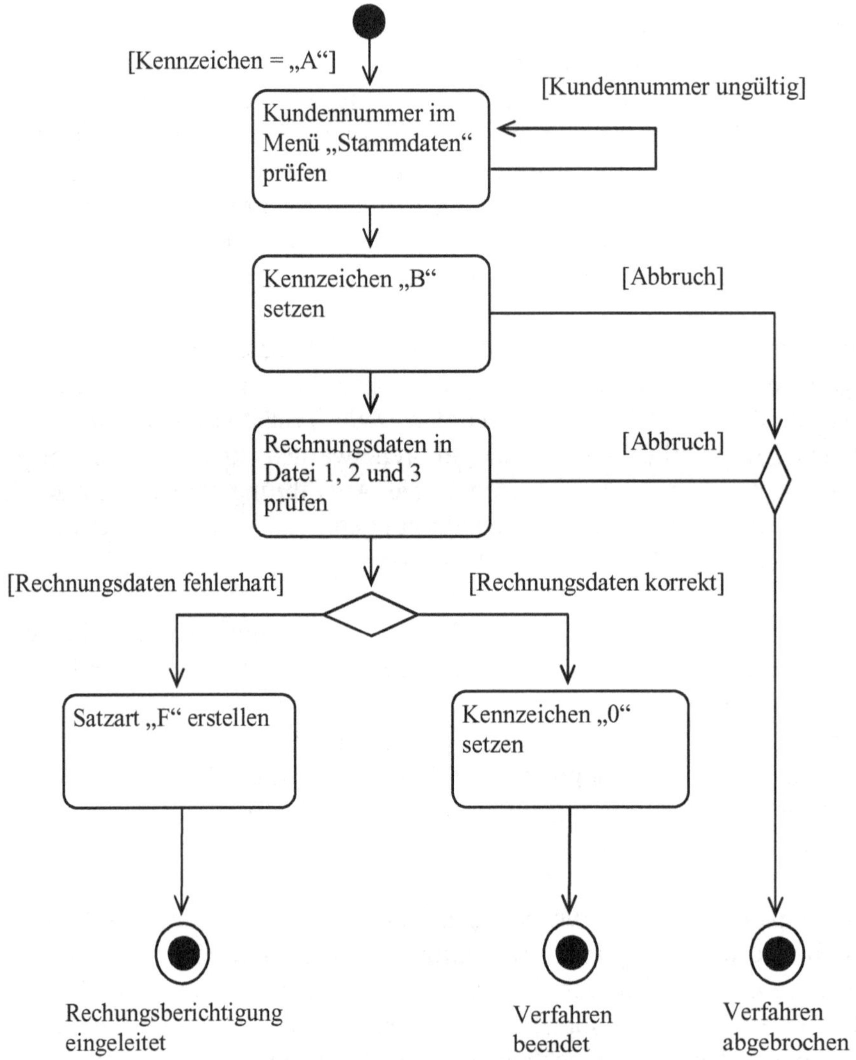

Abb. 2.6-1: Anwendungsfall „Rechnungsdaten prüfen“als Aktivitätsdiagramm

Wie die Abbildung zeigt, besitzt der Anwendungsfall „*Rechnungsdaten prüfen*“ einen Startzustand und drei Endezustände. Er setzt sich aus folgenden Aktivitäten zusammen:

1. Kundennummer im Menü „Stammdaten“ prüfen. Ist die Kundennummer ungültig, wird die nächste geprüft.
2. Bei gültiger Kundennummer Kennzeichen „B“ setzen oder die Aktion abbrechen und den Endzustand „Verfahren abgebrochen“ erreichen.

3. Rechnungsdaten in den Dateien 1, 2 und 3 prüfen oder die Aktion abbrechen und den Endzustand „Verfahren abgebrochen" erreichen.
4. Sind die Rechnungsdaten fehlerhaft, wird eine Satzart „F" erstellt. Damit ist der Endzustand „Rechnungsberichtigung eingeleitet" erreicht.
5. Sind die Rechnungsdaten korrekt, wird das Kennzeichen „0" gesetzt. Damit ist der Endzustand „Verfahren beendet" erreicht.

Alle Aktionen und alle Kanten des Aktivitätsdiagramms müssen nun durch Testfälle überdeckt werden. Auf dieser Verfeinerungsstufe des Anwendungsfalls lassen sich mindestens 5 Testsituationen ableiten:

1. Ungültige Kundennummer
2. Gültige Kundennummer, Aktion abbrechen
3. Gültige Kundennummer, Kennzeichen „B" setzen, Dateien 1, 2 und 3 prüfen, Aktion abbrechen
4. Gültige Kundennummer, Kennzeichen „B" setzen, Dateien 1, 2 und 3 prüfen (Rechnungsdaten fehlerhaft), Satzart „F" erstellen
5. Gültige Kundennummer, Kennzeichen „B" setzen, Dateien 1, 2 und 3 prüfen (Rechnungsdaten korrekt), Kennzeichen „0" setzen

Weitere Testsituationen entstehen durch fehlerhafte Aktionen. So können zum Beispiel falsche Kennzeichen gesetzt und falsche Satzarten erstellt werden. Grundsätzlich sind alle möglichen fehlerhaften Aktionen zu berücksichtigen. Diese Aktionen müssen vom System erkannt und unter Ausgabe einer Fehlermeldung abgewiesen werden. Zur Spezifizierung von Testsituationen kann die Äquivalenzklassenanalyse herangezogen werden, wodurch sich Testredundanzen vermeiden lassen. Darüber hinaus erhält man durch den Test von Grenzwerten und besonderen Werten sehr fehlersensible Testfälle.

Auf einer höheren Ebene des Anwendungsfalltests werden Anwendungsfallbeziehungen geprüft. Für prozedurale Programme lassen sich aus der UML zwei unterschiedliche Arten von Beziehungen zwischen Anwendungsfällen übernehmen:

1. Innerhalb eines Anwendungsfalls gibt es einen oder mehrere weitere Anwendungsfälle (*include*-Beziehung).

2. Ein Anwendungsfall kann durch einen anderen Anwendungsfall erweitert werden (*extend*-Beziehung).

2.6.2 Test von Geschäftsprozessen

Ein Geschäftsprozess besteht aus einer Reihe fachlich zusammenhängender Aktivitäten, die benötigt werden, um einen Geschäftsvorfall zu bearbeiten. Ein Geschäftsvorfall kann zum Beispiel eine Rechnungsreklamation sein oder die Bestellung einer Ware. Ein Geschäftsprozess setzt sich aus einer oder mehreren Sequenzen von Anwendungsfällen zusammen. Die Anwendungsfälle müssen deshalb für den Test qualitätsgesichert vorliegen.

Ähnlich wie bei einem Anwendungsfall beschreibt ein Geschäftsprozess eine Sequenz von Interaktion mit dem System, die jedoch im Gegensatz dazu zeitlich unterbrochen sein kann. So kann zwischen einem maschinell registrierten Auftragseingang und seiner Bearbeitung eine erhebliche Zeitspanne liegen, weil unter Umständen verschiedene Akteure, Organisationseinheiten und Systeme daran beteiligt sein können. Dazu kommen eventuell anfallende manuelle Tätigkeiten wie das Einlegen von Datenträgern in den Rechner oder das Zusammenstellen der gewünschten Waren. Mit dem Test von Geschäftsprozessen kann erst begonnen werden, wenn eine vollständige Spezifizierung der Geschäftsprozesse vorliegt und der Test der Anwendungsfälle beendet ist. Für jeden Geschäftsprozess sollten die folgenden Angaben vorhanden sein:

- Beschreibung der Funktionalität
- Spezifikation der beteiligten Anwendungsfälle
- Beschreibung des fachlichen Auslösers als Startzustand
- Beschreibung der Endzustände
- Beschreibung der möglichen Geschäftsprozessvarianten
- sämtliche Vor- und Nachbedingungen der Anwendungsfälle
- Angabe von Bedingungen
- Angabe von Sicherheitsprüfungen (z. B. nicht autorisierte Zugriffe usw.)
- Angabe der Akteure und ihr Zusammenwirken
- Angabe der beteiligten Organisationseinheiten
- Angabe der Systeme (wenn systemübergreifend)
- Beschreibung der manuellen Aktionen
- Interaktionen mit anderen Geschäftsprozessen usw.

Ein Geschäftsprozess kann wie ein Anwendungsfall sehr übersichtlich durch ein oder mehrere Aktivitätsdiagramme dargestellt werden. Folgendes Beispiel zeigt den Ablauf des Geschäftsprozesses "Rechnungsreklamation". Der integrierte Anwendungsfall "Rechnungsdaten prüfen" wurde im letzten Beispiel als Aktivitätsdiagramm dargestellt und einige Testsituationen daraus abgeleitet.

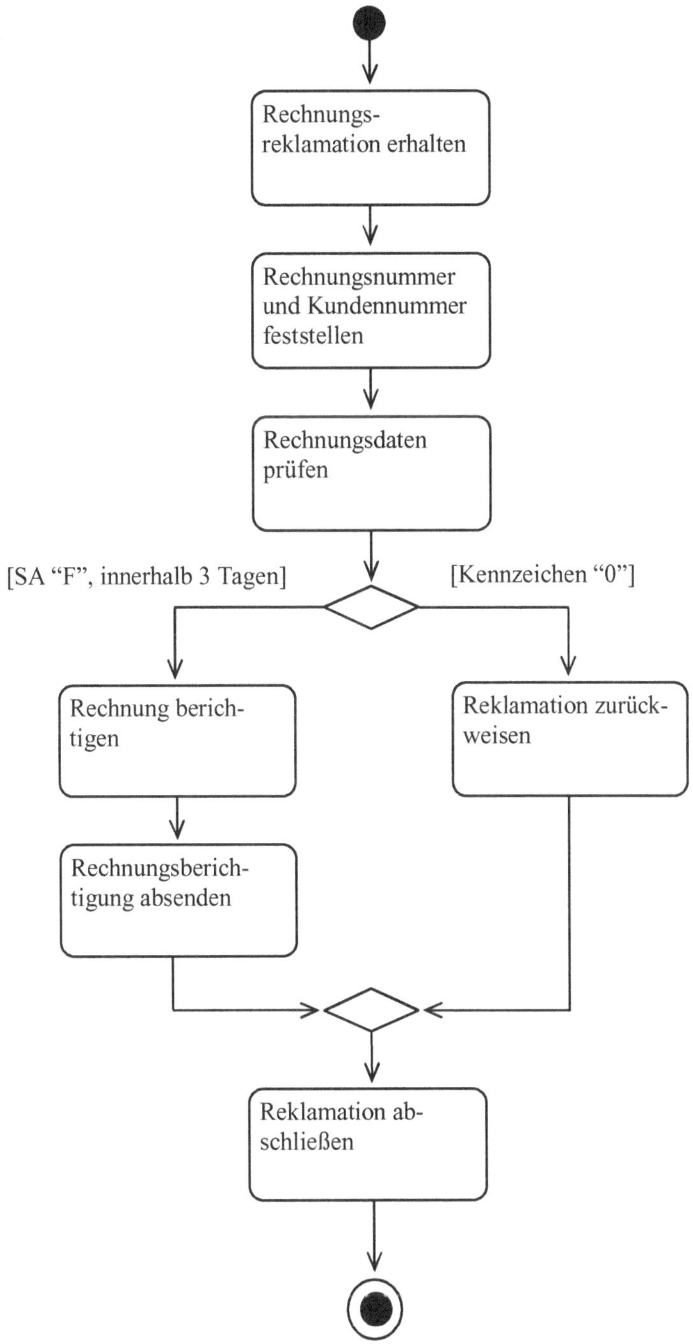

Abb. 2.6-2: Geschäftsprozess „Rechnungsreklamation" als Aktivitätsdiagramm

Für den Test des Geschäftsprozesses sollten zuerst die Testsituationen ermittelt werden, die sich aus Verzweigungen und ihren Kombinationen ergeben. Da die möglichen Abläufe der Anwendungsfälle bereits getestet wurden, müssen nur ihre Schnittstellen zu anderen Anwendungsfällen geprüft werden. Der Anwendungsfall "Rechnungsdaten prüfen" übergibt zum Beispiel eine Satzart "F" (Rechnungsberichtigung) oder ein Kennzeichen "0" (Reklamation zurückweisen). Diese Endzustände der Anwendungsfälle müssen beim Test des Geschäftsprozesses als Anfangszustände des in der Sequenz folgenden Anwendungsfalls berücksichtigt werden. Dazu kommen weitere Testsituationen mit einer falschen Satzart und einer falschen Kennung. Diese Situationen sind vom System unter Hinweis einer Fehlermeldung abzuweisen.

Beim Test von Geschäftsprozessen muss geprüft werden, ob sich die daran beteiligten Anwendungsfälle konsistent verhalten und ob der Geschäftsprozess als solcher korrekt im Sinne der Spezifikation abläuft. Dabei muss auch auf die korrekten Interaktionen geachtet werden, die eventuell zwischen Geschäftsprozessen ablaufen. Besondere Aufmerksamkeit muss den eingebundenen manuellen Aktivitäten geschenkt werden. Sind diese Aktivitäten auf verschiedene Rollen verteilt, dann müssen diese Rollen für den Test auch exakt nachgebildet werden.

2.6.3 Probebetrieb

Ein Probebetrieb wird meist bei einer stark geänderten oder neu entwickelten Anwendung angesetzt und in der Anwendungsumgebung mit echten Betriebsdaten durchgeführt. Um Kosten zu sparen und die Fehlerlokalisierung zu begrenzen, umfasst der Probebetrieb oft einen kleinen, nach bestimmten Kriterien ausgesuchten Teilnehmerkreis.

Wird der Probebetrieb mit einer *geänderten* Anwendung durchgeführt, dann werden zeitlich begrenzt zwei unterschiedliche Programmversionen im Betrieb eingesetzt. Der Teilnehmerkreis am Probebetrieb wird dabei ausschließlich der *geänderten* Anwendung zugeordnet, der verbleibende Teilnehmerkreis ausschließlich der *bestehenden* Anwendung. Wird der Probebetrieb mit einer völlig neuen Anwendung durchgeführt, fehlt in der Regel die Erfahrung im Umgang mit der Anwendung. Der Probebetrieb, der jetzt als *Pilotbetrieb* mit kleinem Teilnehmerkreis aufzufassen ist, soll der Sammlung von Erfahrungen dienen und gleichzeitig Vertrauen in das neue Produkt schaffen. Da es oft nur eingeschränkte Vergleichsmöglichkeiten mit gegebenenfalls vorhandenen Vorgängerprodukten gibt, muss der Pilotbetrieb sehr sorgfältig geplant, durchgeführt und überwacht werden.

2.6.4 Parallelbetrieb

Beim Parallelbetrieb wird im Unterschied zum Probebetrieb sowohl auf der bisherigen als auch der geänderten oder neuen Anwendung gearbeitet. Bezüglich der Datenhaltung lassen sich drei Möglichkeiten des Parallelbetriebs unterscheiden:

1. Parallelbetrieb mit identischen Daten
Sowohl die alte als auch die geänderte oder neue Anwendung arbeitet mit den gleichen Daten. Dabei bleibt es dem Anwender überlassen, bestimmte Funktionen mit der bisherigen und andere Funktionen mit der geänderten oder neuen Anwendung zu bearbeiten. Es muss sichergestellt sein, dass aufgrund fehlender Erfahrung, Motivation oder Personalmangel nicht nur mit der bisherigen Anwendung gearbeitet wird, sondern auch mit der geänderten oder neuen. Da jeder Test methodisch durchzuführen ist, empfiehlt sich ein Testplan mit detaillierter Angabe der zugeordneten Funktionen zu den Anwendungen. Ein Nachteil des Parallelbetriebs mit identischen Daten ist, dass es für die Ausgaben der geänderten oder neuen Anwendung keine direkten Vergleichsmöglichkeiten gibt, denn die Funktionen können entweder auf der bisherigen oder der geänderten bzw. neuen Anwendung ausgeführt werden.

2. Parallbetrieb mit unterschiedlicher Datenhaltung
Bei unterschiedlicher Datenhaltung wird die gesamte Datenmenge auf die bisherige und die geänderte oder neue Anwendung aufgeteilt. In welchem Verhältnis die Aufteilung erfolgt, hängt vom Anwender ab. In der Regel werden auf der geänderten oder neuen Anwendung ein kleinerer Teil ausgesuchter Daten bzw. Schlüsselbereiche verarbeitet, um die Fehlerlokalisierung zu erleichtern und das Risiko zu minimieren, Daten durch fehlerhafte Software zu verfälschen. Durch die feste Zuordnung der Daten auf die Anwendungen ist ein funktionsweiser Wechsel nicht mehr möglich. Auch beim Parallelbetrieb mit unterschiedlicher Datenhaltung ist ein direkter Ausgabenvergleich der zwei Anwendungen nicht durchführbar.

3. Parallelbetrieb mit doppelter Datenhaltung
Bei dieser Art des Parallelbetriebs werden die Daten gedoppelt und auf beiden Anwendungen verarbeitet. D. h., alle Maßnahmen zur Verarbeitung der Daten werden auch doppelt ausgeführt, was sehr zeit- und kostenaufwändig ist. Aus diesem Grunde wird in der Regel ein kleiner, überschaubarer Teilnehmerkreis für die geänderte bzw. neue Anwendung ausgesucht, der bestimmte Kriterien erfüllt. Der Vorteil des Parallelbetriebs mit doppelter Datenhaltung ist die di-

rekte Vergleichsmöglichkeit der Ausgaben der beiden Anwendungen. Hier können zum Beispiel für Batch-Verarbeitungen Datenvergleichswerkzeuge und für Online-Verarbeitungen Capture/Replay-Tools eingesetzt werden. Durch die maschinelle Vergleichsmöglichkeit wird gleichzeitig eine gute Dokumentationsgrundlage geschaffen, die aus den Fehler- und Hinweislisten der Vergleichswerkzeuge resultiert.

2.6.5 Testendekriterien für den Abnahmetest

Kriterien für das Testende festzulegen ist keine leichte Aufgabe, weil viele Faktoren das Testgeschehen qualitativ beeinflussen, die nur schwer abschätzbar sind. So kann die Qualität der Testfälle unzureichend, der fachliche Wissensstand der Mitarbeiter durch fehlende Schulungsmaßnahmen mangelhaft, die Effizienz des Testprozesses wegen fehlender oder ungeeigneter Werkzeuge gering sein usw. Testendekriterien sollten deshalb aus messbaren Qualitätsmerkmalen abgeleitet werden, die bereits in den Anforderungen mit dem Auftraggeber festzulegen sind. Dabei muss zwischen einfachen *überdeckungsorientierten Maßen* und *zuverlässigkeitsorientierten Maßen* unterschieden werden. Überdeckungsorientierte Maße ergeben sich zum Beispiel aus:

- Funktionsüberdeckung
- Anwendungsfallüberdeckung
- Schnittstellenüberdeckung
- Ausnahmeüberdeckung usw.

Diese Maße sind jedoch wenig aussagefähig, weil zum Beispiel eine Schnittstellenüberdeckung von 100 % nichts darüber aussagt, ob die Schnittstellen auch in jedem funktionalen Zusammenhang getestet wurden oder ob alle Datenelemente mit allen möglichen Werten und Wertekombinationen tatsächlich belegt waren. Selbstverständlich müssen alle Funktionen, Anwendungsfälle, Schnittstellen und Ausnahmen überdeckt werden. Darüber hinaus müssen auch alle messbaren Qualitätsanforderungen aus dem Systemtest erfüllt sein, wie die Performanceanforderungen, Benutzbarkeitsanforderungen, Sicherheitsanforderungen oder Wartbarkeitsanforderungen. Für die letztendliche Entscheidung, das Produkt freizugeben oder weiter zu testen, sollten jedoch *zuverlässigkeitsorientierte Maße* verwendet werden, die durch geeignete kostenorientierte Maße sinnvoll ergänzt werden können.

Grundlage zuverlässigkeitsorientierter Testendekriterien sind durchzuführende Tests auf der Basis von Nutzungsprofilen. Dabei werden die einem Poissonprozess unterliegenden Fehlerzeitpunkte auf ein geeignetes Zuverlässigkeitswachstumsmodell übertragen. Mithilfe dieses Modells und eines Schätzverfahrens lassen sich die *Gesamtfehlerzahl* β_0 und die *Fehlerentdeckungsrate* β_1 und daraus die *Restfehlerzahl*, die *kumulierte Anzahl Fehler* $\mu(t)$, die *Fehlerrate* $\lambda(t)$ und die *Fehlerdichte* Fd(t) für beliebige Ausführungszeiten abschätzen. Kombiniert man diese Maße mit einem geeigneten Kostenmodell, dann können nicht nur für jedes beliebige Zuverlässigkeitsniveau oder für jede gewünschte Zuverlässigkeitserhöhung die dazugehörigen Kosten angegeben werden, sondern es lässt sich auch ein vom Modell abhängiges Kostenminimum bestimmen, bei dem der Test abgebrochen werden kann. Die folgenden Testendekriterien sollten kombiniert angegeben werden, um in jedem Fall die Testendeentscheidung auf der Basis einer aussagefähigen Ausprägung der Zuverlässigkeit zu treffen:

- Die Anzahl kumulierter Fehler $\mu(t)$ nähert sich im Beobachtungszeitraum t der prognostizierten Gesamtfehlerzahl β_0.
- Die Fehlerrate $\lambda(t)$ erreicht einen vorgegeben Wert oder unterschreitet ihn.
- Die Restfehlerzahl $[\beta_0 - \mu(t)]$ unterschreitet eine vorgegebene kritikalitätsabhängige Schranke.
- Die Kosten E(t) erreichen ein modellabhängiges Minimum bei gleichzeitiger Erreichung oder Unterschreitung der vorgegebenen Fehlerrate $\lambda(t)$.
- Die Fehlerdichte Fd(t) entspricht der festgelegten Kritikalitätskategorie.

Wichtig ist, dass jedes konkret formulierte Testendekriterium mit der zu dieser Zeit erreichten Zuverlässigkeit in Verbindung gebracht wird. Diese zuverlässigkeitsorientierten Testendekriterien sind im System- und Abnahmetest anderen Testendekriterien in jedem Fall vorzuziehen, weil sie anwenderbezogen ausgerichtet sind. Voraussetzung für die Benutzung von Zuverlässigkeitsmaßen und damit für die darauf basierenden Testendekriterien sind folgende Bedingungen:

1. eine Definition des Fehler- und Ausfallbegriffs
2. eine Klassifizierung signifikanter Fehler
3. der Test findet statistisch auf der Basis eines Nutzungsprofils statt
4. für die definierten und klassifizierten Fehler wurde eine Fehler- oder Ausfallrate mit einem Vertrauensniveau in den Anforderungen festgelegt

Sollen zuverlässigkeitsorientierte Maßzahlen für beliebige Testausführungszeiten prognostiziert werden, dann kann das nur auf der Basis von Zuverlässigkeitswachstumsmodellen geschehen, zum Beispiel durch das *Ausführungszeitmodell* von Musa. Die Definition des Fehlerbegriffs kann im einfachsten Fall dadurch geschehen, dass man jede Abweichung von den Anforderungen als

Fehler interpretiert, wobei schwere Fehler zu vollständigen Ausfällen führen. Fehler sind danach nicht nur die funktionellen Abweichungen, sondern auch die Abweichungen der Werte festgelegter Qualitätsmerkmale, wie Performanceschwächen. Da jedoch einige Fehler aufgrund ihres Schweregrades die Zuverlässigkeit mehr beeinflussen als andere mit geringerem Schweregrad, müssen geeignete Fehlerklassen definiert werden, die in den Entscheidungsprozess einfließen. Folgende einfache Klassifizierung ist zum Beispiel vorstellbar:

- Fehlerklasse 0: keine Ausfälle
- Fehlerklasse 1: unwesentliche Einschränkungen der Zuverlässigkeit
- Fehlerklasse 2: wesentliche Einschränkungen der Zuverlässigkeit
- Fehlerklasse 3: vollständiger Ausfall

2.6.5.1 Abnahmeentscheidung durch Folgetestverfahren

Oft wird die Abnahme eines Softwareprodukts durch den Auftraggeber von einer Fehlerrate λ [Fehler pro CPU-Stunde] abhängig gemacht, die zum Beispiel in einem Probebetrieb nicht überschritten werden darf. Auf der Basis des statistischen Verfahrens der *sequenziellen Stichprobenprüfung auf Attribute* (Folgetestverfahren) kann ein Akzeptanzdiagramm erstellt werden, das für die Abnahmeentscheidung hilfreich ist. Nach jedem aufgetretenen Ausfall ist dann in Abhängigkeit der bis dahin vorliegenden CPU-Stunden zu entscheiden, ob die Software *anzunehmen*, *rückzuweisen* oder mit dem Test *fortzufahren* ist (vgl. US MIL-STD-781 und [MUS89]). Testendekriterium ist in diesem Fall eine in den Anforderungen spezifizierte Fehlerrate λ mit Angabe eines Entscheidungsrisikos für den Lieferanten (α) und den Abnehmer (β).

Der Anwender benutzt für diese Testmethode die in den Qualitätsanforderungen festgeschriebene Fehlerrate (λ_1). Darüber hinaus wird mit dem Hersteller eine Rückweisungsrate (λ_2) vereinbart, bei deren Erreichen oder Überschreiten der Anwender das Produkt an den Hersteller zurückweisen darf. Das Risiko für Fehlentscheidungen wird durch die Parameter α und β charakterisiert. Parameter α bezeichnet das so genannte *Lieferantenrisiko*. Das ist die Wahrscheinlichkeit, die der Hersteller oder Lieferant höchstens für eine ungerechtfertigte Rückweisung des Produkts akzeptiert. Parameter β bezeichnet demgegenüber das *Abnehmerrisiko* für eine ungewünschte Abnahme, d. h. das Produkt wird vom Anwender angenommen, obwohl die spezifizierte Fehlerrate im späteren Betriebseinsatz überschritten wird. Zur Erstellung des Akzeptanz-Diagramms werden auf der Basis der Poissonverteilung folgende Hilfsgrößen benötigt (vgl. z. B. [TIM95]):

$$A = \ln\frac{1-\alpha}{\beta}, \qquad B = \ln\frac{1-\beta}{\alpha},$$

$$P = \ln\frac{\lambda_2}{\lambda_1},$$

$$a = \frac{A}{P}, \quad b = \frac{B}{P}, \quad \psi = \frac{\lambda_2 - \lambda_1}{P},$$

Aus diesen Hilfsgrößen werden die Abnahme- und Rückweisungszahlen y_A und y_R nach folgenden Formeln berechnet:

$$y_A = \psi \cdot k - a$$
$$y_R = \psi \cdot k + b$$

In diesen Beziehungen bedeuten ***k*** die Anzahl der CPU-Stunden und ***a*** bzw. ***b*** die Achsenabschnitte auf der Ordinate des Diagramms. Zeichnet man y_A und y_R in Abhängigkeit von k, so erhält man zwei parallel verlaufende Geraden, die *„Abnahmegerade“* und die *„Rückweisungsgerade“* mit der gemeinsamen Steigung $\boldsymbol{\psi}$.

Grundlage für den Test ist ein umfassendes Nutzungsprofil, das zwischen Hersteller und Auftraggeber vereinbart wurde. Die durchzuführenden Prüfungen basieren auf folgendem Vorgehen: Ist die Anzahl der von Beginn an festgestellten Ausfälle in der k-ten CPU-Stunde x_k, dann gilt die *“Abnahme”* des Produkts, wenn $x_k \le y_A$ und die *“Rückweisung”*, wenn $x_k \ge y_R$ ist. Ist dagegen $y_A < x_k < y_R$, dann ist mit dem Test fortzufahren.

Beispiel:
Die Fehlerrate eines Softwareprodukts wurde in den Anforderungen mit $\lambda = \lambda_1 \le 0{,}01$ Fehler pro CPU-Stunde festgelegt. Gleichzeitig wurde vereinbart, dass bei einer Fehlerrate von $\lambda = \lambda_2 \ge 0{,}06$ Fehler pro CPU-Stunde die Software zurückgewiesen werden darf. Das Lieferanten- und das Abnehmerrisiko, also die den Werten λ_1 und λ_2 zugeordneten Wahrscheinlichkeiten für Fehlentscheidungen, wurden mit $\alpha = \beta = 0{,}1$ vereinbart. Zuerst werden für diesen Testplan die Hilfsgrößen A, B, P, a, b und ψ berechnet. Da α und β gleich groß sind, ergeben sich A = B und a = b.

$$A = \ln\frac{1-0{,}1}{0{,}1} = 2{,}197 \qquad B = \ln\frac{1-0{,}1}{0{,}1} = 2{,}197$$

$$P = \ln\frac{0{,}06}{0{,}01} = 1{,}792$$

$$a=\frac{2{,}197}{1{,}792}=1{,}226 \qquad b=\frac{2{,}197}{1{,}792}=1{,}226$$

$$\psi=\frac{0{,}06-0{,}01}{1{,}792}=0{,}0279$$

Bezeichnet man mit k die gerade erreichte Anzahl CPU-Stunden und mit x_k die Anzahl der bis dahin gefundenen Fehler, die zu einem Ausfall geführt haben, dann erhält man bei rechnerischer Auswertung die drei folgenden Bereiche:

Abnahmebereich:	$x_k \le 0{,}0279 \cdot k - 1{,}226$
Fortsetzungsbereich (Weitertesten):	$0{,}0279 \cdot k - 1{,}226 < x_k < 0{,}0279 \cdot k + 1{,}226$
Rückweisungsbereich:	$x_k \ge 0{,}0279 \cdot k + 1{,}226$.

Bei grafischer Auswertung zeichnet man y_A und y_R in Abhängigkeit der CPU-Stunden k und erhält die *Abnahme-* und die *Rückweisungsgerade.*

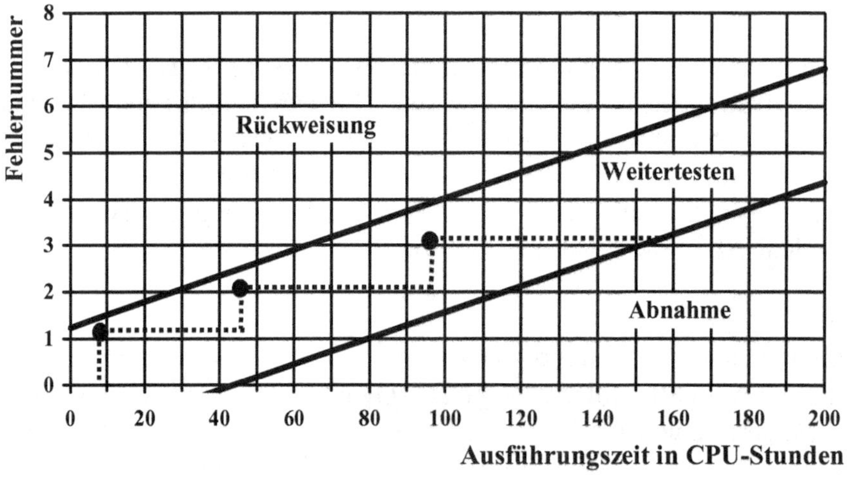

Abb. 2.6-3: Akzeptanzdiagramm mit Fehlerverlauf

Für das vorliegende Beispiel wurde angenommen, dass der erste zum Ausfall führende Fehler nach 8 CPU-Stunden auftritt. Da dieser Fehler zwischen Annahme- und Rückweisungsgerade liegt, wird mit dem Testen fortgefahren. Der zweite Fehler tritt nach 45 CPU-Stunden auf. Auch er fällt in den Bereich *"Weitertesten"*. Der dritte Fehler wird nach 96 CPU-Stunden festgestellt. Danach wird bis zur 160. CPU-Stunde fehlerfrei gearbeitet. Damit wurde der Bereich *"Abnahme"* erreicht und die Software kann mit der Irrtumswahrscheinlichkeit von 10 % (β = 0,1) angenommen werden. Der genaue Annahmewert ergibt sich aus 3 = 0,0279 · k – 1,226 bzw. k = 151,47 ≈ 151 CPU-Stunden.

Von Bedeutung für eine Abnahme des Produkts ist auch die minimale CPU-Zeit, die vom Einsatzbeginn bis zur Abnahme benötigt wird, wenn keine Fehler auftreten. Da der y_A-Wert an dieser Stelle Null ist, setzt man

$$y_A = \psi \cdot k - a = 0$$

und löst diese Beziehung nach k auf. Setzt man die errechneten Werte für a und ψ ein, dann erhält man für das angegebene Beispiel

$$k = \frac{a}{\psi} = \frac{1,226}{0,0279} = 43,94 \approx 44 \text{ CPU-Stunden.}$$

D. h., tritt vom Einsatzbeginn bis zur 44. CPU-Stunde kein zum Ausfall führender Fehler auf, dann ist erstmals $y_A \geq 0$ und das Produkt kann angenommen werden. Dagegen würden für eine Rückweisung bereits 2 Fehler genügen, wenn sie in den ersten zwei CPU-Stunden auftreten, denn es gilt $x_2 > 0,0279 \cdot 2 + 1,226 = 1,282$.

Es sollten immer nur solche Fehler für den Folgetest gezählt werden, die zu einem *"Ausfall"* der Software führen, denn es ist sicherlich nicht sinnvoll ein Softwareprodukt wegen einiger mindergewichtiger Fehler zurückzuweisen, die sehr wenig oder keinen Einfluss auf die *Zuverlässigkeit* besitzen. Als "Ausfall" bezeichnet man dabei *ein Ereignis, das zur Abweichung oder Funktionsunfähigkeit zwischen spezifiziertem und beobachtetem Verhalten der Software führt.*

2.6.5.2 Das Ausführungszeitmodell zur Abschätzung des Testendes

Eine Möglichkeit der statistischen Abschätzung des Testendezeitpunktes ergibt sich aus laufenden Aufzeichnungen über das Auftreten von Fehlern im Beobachtungszeitraum. Unterstellt man, dass der Test auf der Basis eines Nutzungsprofils stattfindet und die entdeckten Fehler sofort beseitigt werden ohne neue Fehler hinzuzufügen, dann wird die Zuwachsrate kumulierter Fehler im Zeitverlauf immer geringer bis schließlich nach einem maximalen Testaufwand keine neuen Fehler mehr gefunden werden.

Dieses Fehlerverhalten gehorcht einer *Poissonverteilung* mit einem zumindestens teilweise exponentiellen Verlauf der *kumulierten Anzahl Fehler* μ als Funktion der Ausführungszeit t. Während sich nach einer großen Anzahl Testausführungen die kumulierte Anzahl Fehler $\mu(t)$ der Gesamtfehlerzahl β_0 annähert, fällt die Fehlerrate $\lambda(t)$ [Anzahl Fehler/CPU-Stunde] von einem Anfangswert λ_0 zu Beginn des Tests mit fortschreitender Testzeit ständig ab. D. h., die Zuverlässigkeit der Software wird durch die laufenden Fehlerkorrekturen laufend verbessert. Auf diesen Annahmen basiert das *Ausführungszeitmodell* von Musa (vgl. z. B. [MUS71], [MUS89]), das von allen Zuverlässigkeitswachstumsmodellen die weiteste Verbreitung gefunden hat [FAR95]. Das *Ausführungszeitmodell* gehört zu den *Failure Count*-Modellen, bei denen durch Aufzeichnungen des Fehlerverhaltens Rückschlüsse auf die *Zuverlässigkeit* zu beliebigen Ausführungszeitpunkten t gezogen werden können. Die folgende Abbildung zeigt die zwei Funktionen des Ausführungszeitmodells $\mu(t)$ und $\lambda(t)$.

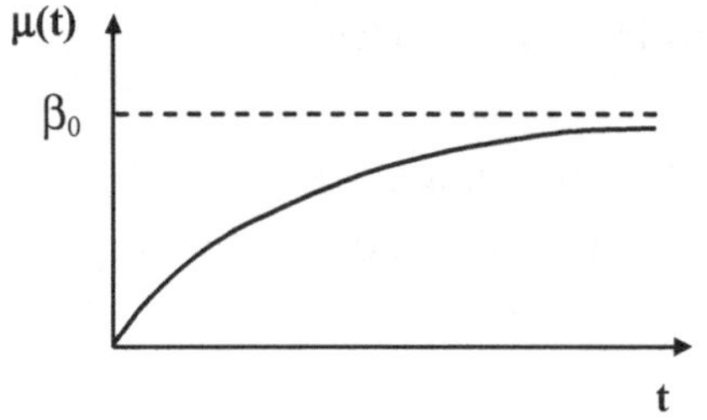

$$\mu(t) = \beta_0 \left(1 - e^{-\beta_1 \cdot t}\right).$$

kumulierte Anzahl Fehler

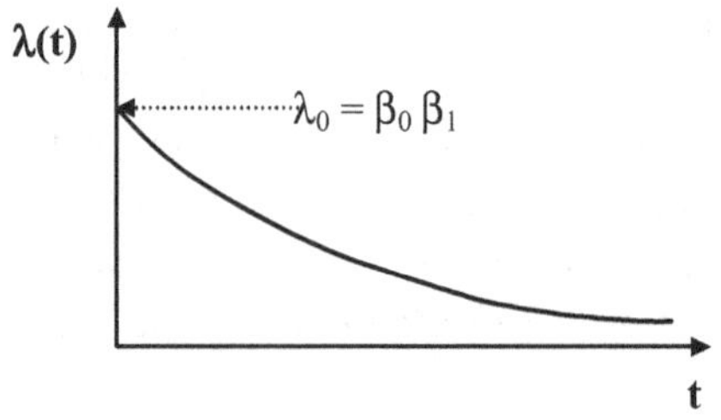

$$\lambda(t) = \beta_0 \cdot \beta_1 \cdot e^{-\beta_1 \cdot t}.$$

Fehlerrate

$\lambda(t)$ = Fehlerrate in Abhängigkeit der Ausführungszeit t [Fehler pro CPU-Stunde]
$\mu(t)$ = kumulierte Anzahl Fehler in Abhängigkeit der Ausführungszeit t
β_0 = Gesamtfehlerzahl, die in einer endlichen Anzahl Ausführungen gefunden wird
β_1 = Fehlerentdeckungsrate ($\beta_1 = \lambda_0/\beta_0$)
λ_0 = Fehlerrate zu Beginn des Tests ($\lambda_0 = \beta_0\,\beta_1$)

Abb. 2.6-4: Ausführungszeitmodell nach Musa (vgl. [MUS89], [FAR95])

Die Abbildung zeigt als erste Funktion die *kumulierte Anzahl Fehler* $\mu(t)$ in Abhängigkeit der Ausführungszeit t. Der Kurve steigt zuerst relativ steil an und nähert sich im weiteren Verlauf aufgrund der Fehlerkorrekturen asymptotisch der Gesamtfehlerzahl β_0. Die zweite Funktion zeigt die abnehmende Fehlerrate $\lambda(t)$, die sich aus der Ableitung von μ und demzufolge aus der Steigung der Kurve $\mu(t)$ zum Zeitpunkt t ergibt.

2.6.5.3 Die Fehlerentdeckungsrate β_1

Der Funktionsverlauf $\lambda(t)$ im Ausführungszeitmodell beginnt mit der Fehlerrate λ_0 zu Beginn des Tests. Mit fortschreitendem Testprozess wird die Fehlerrate durch die laufenden Fehlerbeseitigungen immer kleiner und nähert sich schließlich asymptotisch dem Wert Null. Die Fehlerentdeckungsrate β_1 ist dabei definiert als der Wert, um den die Fehlerrate $\lambda(t)$ durch die Beseitigung eines einzigen Fehlers jeweils vermindert wird. Ist zum Beispiel die Fehlerrate zu Beginn des Tests bei 0 CPU-Stunden gleich $\lambda_0 = \lambda(0) = 0{,}12375$ und wird nach t CPU-Stunden der erste Fehler gefunden und beseitigt, dann reduziert sich die prognostizierte Fehlerrate statistisch um $\beta_1 = 0{,}00375$ auf $\lambda(t) = 0{,}12$. Als Funktion kann dafür folgende Gleichung angegeben werden:

$$\boxed{Z(t)=\beta_1 f(\beta_0 - n_c)}$$

f = lineare Ausführungshäufigkeit der Instruktionen des Programms (durchschnittliche Ausführungsrate der Instruktionen geteilt durch die Gesamtzahl der Instruktionen)

$\mathbf{n_c}$ = Anzahl Fehler, die im Intervall [0, t] gefunden und beseitigt wurden

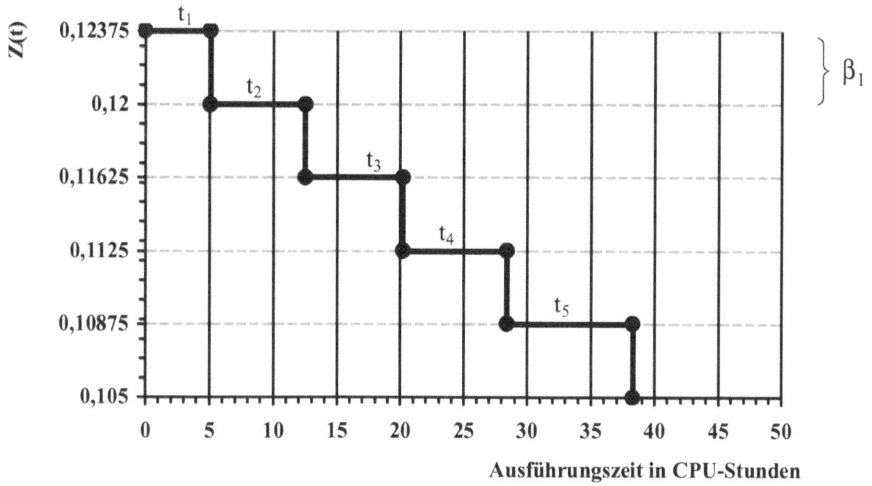

Abb. 2.6-5: Verlauf der Funktion Z(t)

Die lineare Ausführungshäufigkeit wird hier mit f = 1 vorausgesetzt, d. h. alle Instruktionen des Programms werden ausgeführt. Ferner wird die Gesamtfehlerzahl mit $\beta_0 = 33$ Fehler und die Fehlerentdeckungsrate mit $\beta_1 = 0{,}00375$ angenommen. Wie aus dem folgenden Diagramm hervorgeht, ist die Funktion Z(t) (*hazard function*) zwischen den Fehlern konstant und sie fällt in Schritten von β_1 zu den Fehlerzeitpunkten nach der Beseitigung der jeweiligen Fehler.

Der Funktionsverlauf beginnt auf der Grundlage der Fehlerdaten bei Null CPU-Stunden mit der $Z(0) = \lambda_0 = 0{,}12375$ Fehler pro CPU-Stunde. Nach 5,1 CPU-Stunden wird der erste Fehler gefunden und beseitigt. Damit reduziert sich Z(5,1) um 0,00375 auf 0,12 Fehler pro CPU-Stunde. Der zweite Fehler wird nach 12,5 CPU-Stunden gefunden, wobei sich Z(12,5) erneut um 0,00375 auf 0,11625 reduziert usw. Rechnerisch erhält man

$$Z(0) = 0{,}00375\,(33 - 0) = 0{,}12375$$
$$Z(5{,}1) = 0{,}00375\,(33 - 1) = 0{,}12$$
$$Z(12{,}5) = 0{,}00375\,(33 - 2) = 0{,}11625 \text{ usw.}$$

Die Funktionen Fehlerrate $\lambda(t)$ und Z(t) verhalten sich zu jeder Zeit proportional zur Anzahl der im Programm enthaltenen Fehler. Die Parameter β_0 und β_1 lassen sich aus Fehleraufzeichnungen durch Anwendung der *Maximum-Likelihood-Schätzung* oder einer anderen Schätzmethode gewinnen. Die geschätzten Parameter $\hat{\beta}_0$ und $\hat{\beta}_1$ können dann in das Modell bzw. in die Funktionen $\mu(t)$ und $\lambda(t)$ eingesetzt werden wodurch man ein angepasstes Modell (*fitted model*) erhält. Mit diesem angepassten Modell, das auf den vorhandenen Fehlerdaten basiert, lassen sich nun alle zuverlässigkeitsorientierten Maße ermitteln, die als Testendekriterien verwendet werden können, zum Beispiel die *kumulierte Anzahl Fehler*, die *Fehlerrate* oder die *Restfehlerzahl* für beliebige Ausführungszeiten.

Da die Restfehlerzahl eine absolute Zahl ist und folglich projektübergreifend wenig Aussagekraft besitzt, wird sie oft durch den Codeumfang in kLOC dividiert [WIL88]. Ist der Quotient kleiner als eine in den Anforderungen vorgegebene Schranke, die von der Kritikalität der Software abhängig ist, dann kann der Test abgebrochen werden.

2.6.5.4 Voraussetzungen für die Anwendung des Modells

Um das Ausführungszeitmodell auf die Fehlerdaten zuverlässig einsetzen zu können, müssen einige Grundvoraussetzungen erfüllt sein. Nur dann können statistisch signifikante Voraussagen über die Zuverlässigkeit der Software im späteren Betriebseinsatz gemacht werden.

1. Die kumulierte Anzahl Fehler $\mu(t)$ gehorcht im Zeitverlauf einem Poissonprozess. Das hier eingesetzte Werkzeug StopTest prüft die Fehlerdaten auf einen Poissonprozess durch einen χ^2-Anpassungstest (sprich: Chi-Quadrat).

2. Die Ausführungszeit zwischen den einzelnen Fehlern ist teilweise exponentiell verteilt, d. h. die Fehlerentdeckungsrate β_1 ist konstant.

3. Die Fehlerrate $\lambda(t)$ nimmt mit der Testzeit ab. D. h., die entdeckten Fehler werden sofort beseitigt und es treten durch den Fehlerbeseitigungsprozess keine neuen Fehler auf. Werden die einzelnen Fehler nicht sofort beseitigt, dann dürfen die gleichen Fehler nicht mehrmals gezählt werden. StopTest prüft den Trend der Fehlerrate durch einen Laplacetest.

4. Der Test findet auf der Basis eines Nutzungsprofils statt (operational profile), damit die gemessene Testzuverlässigkeit mit der späteren Betriebszuverlässigkeit weitgehend übereinstimmt.

5. Jeder Fehler im Quelltext (fault) wird innerhalb einer Fehlerkategorie mit der gleichen Wahrscheinlichkeit durch die Programmausführung gefunden wie ein anderer Fehler in dieser Kategorie. D. h., die verschiedenen Ausfälle (failures) sollen alle die gleichen Verteilungseigenschaften besitzen. Ist das nicht der Fall, dann muss ein anderes Modell verwendet werden, zum Beispiel das logarithmische Ausführungszeitmodell.

6. Die entdeckten Fehler sind in nicht überlappbaren Zeitintervallen voneinander unabhängig.

Diese Voraussetzungen sind nicht einfach zu erfüllen. So dürften in der Praxis die entdeckten Fehler nicht immer voneinander völlig unabhängig sein und sie besitzen wahrscheinlich auch nicht immer die gleichen Verteilungseigenschaften. Lassen sich die Modellvoraussetzungen auch nicht in aller Strenge realisieren, so liefert doch das Ausführungszeitmodell brauchbare Zuverlässigkeitsaussagen, nach denen der Test abgebrochen werden kann.

2.6.5.5 Anwendungsbeispiel für das Ausführungzeitmodell

Folgendes Beispiel zeigt eine Abschätzung der Parameter des Ausführungszeitmodells durch aufgezeichnete Fehlerdaten. Alle Ergebnisdaten dieses Beispiels einschließlich der in den folgenden Kapiteln behandelnden Kosten und der Fehlerdichte als Kriterien für die Testendeentscheidung wurden mit dem Werkzeug StopTest des Autors ermittelt. Die *Maximum-Likelihood-Funktion* für diese Modellklasse ergibt sich aus folgender Beziehung (vgl. [FAR95], S. 89):

$$L(\beta_0,\beta_1)=\beta_0^n\beta_1^n\left[\prod_{i=1}^{n}\exp(-\beta_1 t_i)\right]\exp(-\beta_0[1-\exp(-\beta_1(t_n+x))])$$

Die Schätzung der Parameter β_0 und β_1 erhält man aus den Lösungen des folgenden Gleichungspaars:

$$\hat{\beta}_0=\frac{n}{1-\exp\left(-\hat{\beta}_1(t_n+x)\right)} \qquad \text{und} \qquad \frac{n}{\hat{\beta}_1}-\frac{n(t_n+x)}{\exp\left(\hat{\beta}_1(t_n+x)\right)-1}-\sum_{i=1}^{n}t_i=0$$

Angenommen bei einem statistisch durchgeführten Abnahmetest auf der Basis eines Nutzungsprofils haben sich folgende Fehlerzeitpunkte in CPU-Stunden ergeben:

t_1 = 5,1	t_8 = 69,6	t_{15} = 150,7	t_{22} = 289,5
t_2 = 12,5	t_9 = 79,1	t_{16} = 160,9	t_{23} = 320,1
t_3 = 20,2	t_{10} = 88,3	t_{17} = 184,8	t_{24} = 369,8
t_4 = 28,4	t_{11} = 100,1	t_{18} = 200,0	t_{25} = 384,6
t_5 = 38,3	t_{12} = 120,7	t_{19} = 229,9	
t_6 = 46,5	t_{13} = 127,3	t_{20} = 239,7	
t_7 = 67,7	t_{14} = 140,1	t_{21} = 260,6	

Abb. 2.6-6: Beispielhafte Fehlerzeitpunkte in einem Abnahmetest

D. h., der erste Fehler trat nach 5,1 CPU-Stunden auf, der zweite nach 12,5 usw. Die Anzahl der insgesamt gefundenen Fehler beträgt somit $n = 25$ bei insgesamt $t_{25} = 384{,}6$ CPU-Stunden. Darüber hinaus werden noch $x = 6$ fehlerfreie CPU-Stunden seit dem Auftreten des letzten Fehlers angenommen. Die benötigte Summenbildung über den CPU-Stunden beläuft sich auf $\sum_{i=1}^{25} t_i = 3734{,}5$. Um die Maximum-Likelihood-Schätzung für die Parameter β_0 und β_1 zu erhalten, sind diese Werte in die angegebenen Gleichungen einzusetzen:

$$\hat{\beta}_0=\frac{25}{1-\exp\left(-\hat{\beta}_1(384{,}6+6)\right)} \qquad \text{und} \qquad \frac{25}{\hat{\beta}_1}-\frac{25(384{,}6+6)}{\exp\left(\hat{\beta}_1(384{,}6+6)\right)-1}-3734{,}5=0$$

Aus der Auflösung dieser Beziehungen nach $\hat{\beta}_0$ und $\hat{\beta}_1$ ergeben sich die Werte

$$\hat{\beta}_0 = 32{,}57 \quad \text{und} \quad \hat{\beta}_1 = 0{,}00375$$

D. h., die geschätzte Gesamtfehlerzahl beträgt etwa 33 Fehler. Die Restfehlerzahl zum Zeitpunkt des Testabbruches ergibt sich aus der Differenz zwischen der Gesamtfehlerzahl und der Anzahl gefundener Fehler, also 33 - 25 = 8 Restfehler. Aus den Parametern $\hat{\beta}_0$ und $\hat{\beta}_1$ lassen sich nun die Kurvenverläufe für die Funktionen *Anzahl kumulierten Fehler* $\mu(t)$ und *Fehlerrate* $\lambda(t)$ für beliebige Ausführungszeiten t zeichnen.

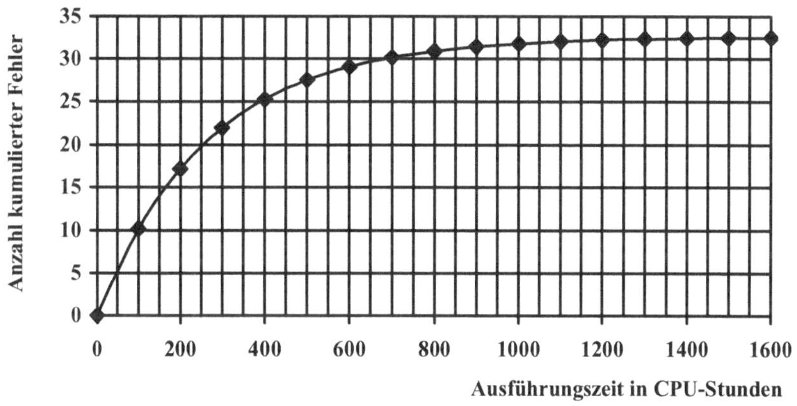

Abb. 2.6-7: Kumulierte Anzahl Fehler als Funktion der Ausführungszeit

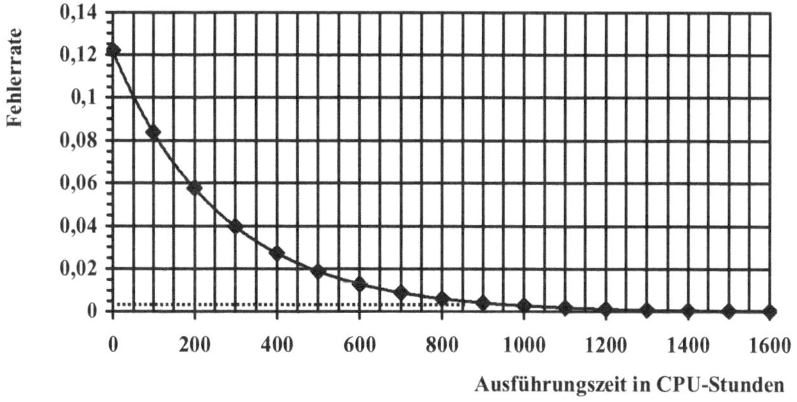

Abb. 2.6-8: Fehlerrate als Funktion der Ausführungszeit

Angenommen die Software soll eine in den Anforderungen festgelegte Fehlerrate von 0,005 Fehler pro CPU-Stunde nicht überschreiten, dann muss mindestens 855 CPU-Stunden getestet werden, bis dieses Niveau erreicht ist. Soll die Restfehlerzahl als Testendekriterium benutzt werden, dann sollte ihre Bewertung auf der Basis der in den Anforderungen festgelegten Kritikalität oder der Testkosten erfolgen. Die Fehlerrate als Testendekriterium wird erfolgreich von AT&T Bell Laboratories [HAR89], Hewlett-Packard [DRA87] und Cray Resarch [ZIN90] benutzt.

Die Projektzeit (Kalenderzeit) als Basis für die statistisch zu ermittelnde Gesamt- oder Restfehlerzahl ist weniger gut geeignet als die Ausführungszeit (CPU-Zeit), weil eine ganze Reihe nicht vorhersehbarer Faktoren die Testeffizienz und damit die Anzahl entdeckter Fehler beeinflussen kann. Das sind zum Beispiel *Ausfallzeiten des Rechners, Ausfälle wegen Personalmangel, unzureichende Ressourcen, Wartezeiten durch Fehlerbehebungsmaßnahmen* usw. Wird die Projektzeit verwendet, dann muss sie um diese Faktoren bereinigt werden, um statistisch signifikante Aussagen zu erhalten. Das Basisausführungszeitmodell von Musa besitzt eine Kalenderzeitkomponente, die diese Faktoren berücksichtigt. Sie ist ausführlich in [MUS87] beschrieben.

2.6.5.6 Einbeziehung der Kosten in die Testendeentscheidung

Die zuverlässigkeitsbasierenden Testendekriterien sind einseitig auf eine vorgegebene Zuverlässigkeit orientiert, sie geben keinerlei Auskunft über den Testaufwand bzw. die Testkosten, mit denen diese Zuverlässigkeit erreicht werden kann. Die Einbeziehung der Testkosten als Testendekriterium kann besonders deshalb wichtig sein, weil der Zuwachs an Aufwand zur Erreichung eines bestimmten Qualitätsniveaus im Zeitverlauf immer größer wird. Geht man davon aus, dass ein Programm β_0 Fehler enthält, die im Verlaufe des Testprozesses nach und nach beseitigt werden, dann reduziert sich die pro Zeiteinheit gefundene Fehlermenge und damit auch die Restfehlerzahl zunehmend. Ausdrücken lässt sich dieser Sachverhalt durch die Beziehung $F(t) = \beta_0 \cdot e^{-\beta_1 t}$, wobei β_1 die bereits beschriebene Fehlerentdeckungsrate ist. Das bedeutet, dass ein bestimmter Zuwachs an Zuverlässigkeit im Verlaufe des Testprozesses nur mit immer größerem Aufwand erreicht werden kann. Hat man zum Beispiel ein Zuverlässigkeitsniveau von 0,95 erreicht und möchte dieses Niveau um 0,03 auf 0,98 erhöhen, dann wird für diesen relativ geringen Qualitätszuwachs unter Umständen ein mehrfaches an Testfällen und damit CPU-Zeit benötigt als für das gesamte bisher erreicht Qualitätsniveau.

Es wurden in der Vergangenheit eine Reihe ökonomischer Modelle entwickelt, die im Zusammenhang mit Zuverlässigkeitswachstumsmodellen die Bestimmung eines optimalen Freigabezeitpunktes erlauben. Die Vorgehensweise besteht gewöhnlich aus folgenden Schritten:

1. Entwicklung bzw. Auswahl eines ökonomischen Modells zur Bestimmung eines optimalen kosten- und qualitätsgerechten Testendezeitpunktes.

2. Sammeln und analysieren von Fehlerdaten im Zusammenhang mit den dabei anfallenden Ausführungszeiten.

3. Analyse der Zuverlässigkeit durch Anwendung eines geeigneten Zuverlässigkeitswachstumsmodells (z. B. das Ausführungszeitmodell von Musa).

Ein neueres ökonomisches Modell für die Einbeziehung der Kosten auf die Testendeentscheidung wurde von Willa Ehrlich *et al.* von den AT&T Bell Laboratories erarbeitet [EHR93]. Die Autoren erweiterten dabei ein früheres Modell von Dalal und Mallows [DAL88] um eine Kostenkomponente, welche die Auswirkungen von Fehlern im Betriebseinsatz beim Anwender reflektiert. Diese Kostenkomponente dürfte besonders im Hinblick auf das Produkthaftungsgesetz von Bedeutung sein. Das Modell kann speziellen Erfordernissen entsprechend auch auf andere Kostenkomponenten erweitert werden, zum Beispiel auf die Kosten, die bei einer verzögerten Markteinführung der Software entstehen. Das Modell gehorcht folgender Beziehung:

$$E(t) = k(t) + a\mu(t) + b(\beta_0 - \mu(t)) + d(\lambda(t)t'n)$$

E(t)	Die Gesamtkosten als Funktion der Ausführungszeit *t*
k(t)	Die Kosten der Testaktivitäten als Funktion der Ausführungszeit *t*. (Ausführung der Testfälle und Analysieren der Testergebnisse)
μ(t)	Die kumulierte Anzahl Fehler als Funktion der Ausführungszeit *t*
a	Die Kosten für das Beseitigen eines Fehlers (Fehleranalyse, Fehlerbeseitigung und Regressionstest)
β_0	Die Gesamtzahl der erwarteten Fehler im Code (faults)
β_0-μ(t)	Die Anzahl der Restfehler zum Zeitpunkt *t*
b	Die Kosten für die Beseitigung eines Fehler im Betriebseinsatz
λ(t)	Die Fehlerrate als Funktion der Ausführungszeit *t*
t′	Die erwartete gesamte Ausführungszeit der Programmversion pro Einsatzort
n	Die Anzahl der Einsatzorte
d	Die Kosten des Anwenders bei einem Ausfall des Systems im Betriebseinsatz

Die Gleichung impliziert, dass die Kosten in Verbindung mit der Systemfreigabe zum Zeitpunkt *t* durch zwei Werte begrenzt sind:

1. $E(0) = b\beta_0 + d(\lambda(0)t'n)$

   D. h., die Systemfreigabe findet zum Zeitpunkt t = 0 statt [k(0) = μ (0) = 0]. Alle Fehler werden folglich im Betriebseinsatz gefunden und beseitigt mit den Kosten für die Entwicklungsorganisation $b\beta_0$ und den Ausfallkosten für den Kunden $d\lambda(0)\,t'n$.

2. $E(\infty)=k(\infty)+a\beta_0$

   D. h., das System wird eine unendliche Zeit t = ∞ getestet [$\mu(\infty) = \beta_0$ und $\lambda(\infty) = 0$. Dem Kunden entstehen in diesem Fall keine Ausfallkosten im Betriebseinsatz, weil $\lambda(\infty) = 0$ ist.

Setzt man c = b – a für die Nettokosten, um einen Codefehler nach der Systemfreigabe zu beseitigen, dann kann man schreiben:

$$E(t) = b\beta_0 + k(t) - c\mu(t) + d(\lambda(t)t'n)$$

Nimmt man weiterhin an, dass der Test auf der Basis eines Nutzungsprofils (operational profile) stattfindet, in welcher das System kontinuierlich unter einer Ladecharakteristik der operationalen Benutzung ausgeführt wird und die Testscripts sich invariant gegenüber der Ausführungszeit verhalten, dann kann die Kostenkomponente *k* als lineare Funktion von t betrachtet werden. D. h., diese Kostenkomponente steigt linear mit der Ausführungszeit an [k(t) = gt], wobei für *g* die Testkosten pro CPU-Ausführungseinheit stehen. Für die Kosten E(t) kann man nun schreiben:

$$\boxed{E(t) = b\beta_0 + gt - c\mu(t) + d(\lambda(t)t'n)}$$

Der optimale Testendezeitpunkt t^* kann nun bestimmt werden, indem E hinsichtlich t unter Beachtung der Funktion für λ(t) durch Ableitung minimiert wird. Das Ergebnis ist folgende Beziehung:

$$\boxed{t^* = -\frac{1}{\beta_1}\ln\left(\frac{g}{c\cdot\beta_0\cdot(\beta_1+\beta_1^{\,2})\cdot\beta_0\cdot d\cdot n\cdot t`}\right)}$$

optimaler Testendezeitpunkt

Entscheidend für die Anwendung des Kostenmodells sind folgende Bedingungen für das Fehlerverhalten im Testprozess:

- Die Zeit zwischen zwei Fehlern nimmt mit der Testzeit zu.
- Das Fehlerverhalten entspricht einem Poissonprozess.
- Das Fehlerverhalten kann auf ein parametrisiertes Poissonmodell (fitted model) angewandt werden.

2.6.5.7 Anwendungsbeispiel für das Kostenmodell

Die Berechnungen für das Kostenmodell setzen auf den Fehlerdaten des letzten Beispiels im Kapitel *"Zuverlässigkeitswachstumsmodell und Testendezeitpunkt"* auf. Damit sind die oben genannten drei Bedingungen für das Fehlerverhalten erfüllt und gleichzeitig stehen die Parameter *kumulierte Anzahl Fehler* $\mu(t)$ und *Fehlerrate* $\lambda(t)$ als Funktionen der Ausführungszeit zur Verfügung. Die Gesamtfehlerzahl β_0, die im letzten Beispiel durch die Maximum-Likelihood-Schätzung berechnet wurde, beträgt $\beta_0 = 32{,}57$ Fehler.

Die Werte für die Parameter *g* (Testkosten pro CPU-Ausführungseinheit), *a* (Kosten für die Beseitigung eines Fehlers) und *b* (Kosten für die Beseitigung eines Fehler im Betriebseinsatz) wurden der Arbeit der Autoren Ehrlich *et. al.* [EHR93] entnommen. Sie werden in Personen-Einheiten (PE) angegeben. Um die Personalkosten für diese Parameter zu erhalten, wurden die angegebenen Werte mit 75 Geld-Einheiten multipliziert. D. h., die Gehaltsbelastung wurde mit 75 Geldeinheiten pro Personaleinheit (PE) angenommen. Das ergibt folgende Parameterwerte:

g = 1,9 PE pro CPU-Stunde * 75 GE	⇒ **142,5 GE pro CPU-Stunde**
a = 60 PE pro Fehler (fault) * 75 GE	⇒ **4.500 GE pro Fehler**
b = 10 * 60 = 600 PE pro Fehler (failure) * 75 GE	⇒ **45.000 GE pro Fehler**

Der relativ hohe Kostenanteil *b* resultiert aus der Erkenntnis, dass im Betriebseinsatz entdeckte Fehler um wenigsten eine Zehnerpotenz höhere Kosten verursachen als bei frühzeitiger Entdeckung. Als Kosten *d* des Anwenders bei einem Ausfall im Betriebseinsatz werden in diesem Beispiel 5000 GE angenommen (die Autoren haben mit den Werten 500, 5.000 und 50.000 GE gearbeitet). Des Weiteren wird unterstellt, dass eine Version der betrachteten Software $t' = 500$ CPU-Stunden im Betriebseinsatz ist, bevor sie durch eine neue Version abgelöst wird. Die Anzahl der Einsatzorte soll $n = 1$ sein.

Die angegebenen Parameterwerte können nun in die zuletzt angegebene Gleichung eingesetzt und die Kosten E als Funktion der Ausführungszeit t mit den Werten für $\mu(t)$ und $\lambda(t)$ berechnet werden.

$$E(t)=45000*32{,}57+142{,}5t-40500\mu(t)+5000\lambda(t)*500$$

Das Ergebnis dieser Berechnung kann grafisch dem folgenden Diagramm entnommen werden.

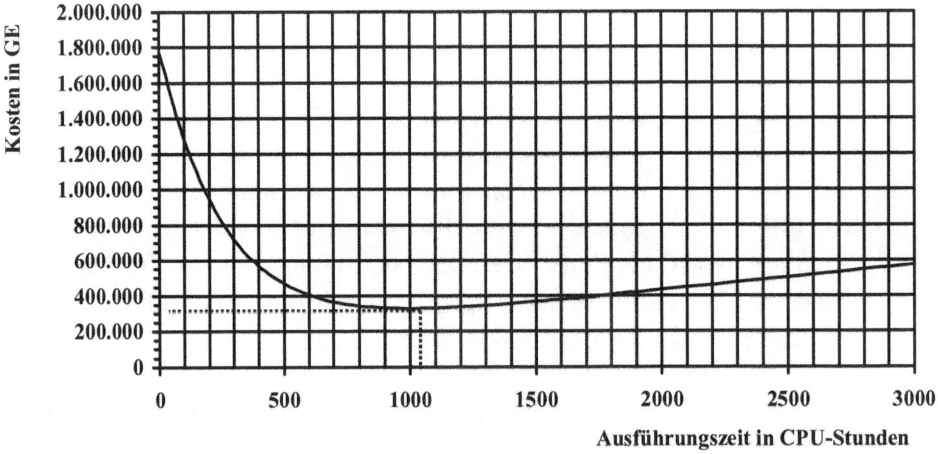

Abb. 2.6-9: Kosten als Funktion der Ausführungszeit

Aus dem angegebenen Diagramm mit dem Kostenverlauf E(t) dieses Beispiels ist folgendes ersichtlich:

1. Wird überhaupt nicht getestet (t = 0), dann werden alle Fehler im Betriebseinsatz gefunden. Die errechneten Gesamtkosten betragen in diesem Fall ca. 1,8 Mio. Geldeinheiten.

2. Das Minimum der Kosten beträgt E(1004) = 327.770 Geldeinheiten bei t = 1004 CPU-Stunden. Zu diesem Zeitpunkt beträgt die geschätzte kumulierte Anzahl gefundener Fehler $\mu(1004) = 31{,}80 \approx 32$ und die Fehlerrate $\lambda(1004) = 0{,}0028$ Fehler pro CPU-Stunde.

3. Wird die Testzeit von t = 1004 CPU-Stunden überschritten, dann steigen die Gesamtkosten nahezu linear mit der Testzeit an.

Unter Beachtung der Modellparameter ist es also sinnvoll bis zu t = 1004 CPU-Stunden zu testen. Wird der Test früher abgebrochen, dann könnten in Abhängigkeit der CPU-Stunden beträchlich höhere Kosten anfallen, wenn die dadurch nicht gefundenen Fehler erst im Betriebseinsatz entdeckt und beseitigt werden müssten. Mitbestimmend für den Testendezeitpunkt ist allerdings auch das erreichte Zuverlässigkeitsniveau zum Zeitpunkt t, das durch die Fehlerrate

$\lambda(t)$ oder die Wahrscheinlichkeit $R(t)=e^{-\lambda(t)}$ zum Ausdruck gebracht werden kann, dass das System in t CPU-Stunden fehlerfrei arbeitet.

Da das Zuverlässigkeitsniveau des Systems zum Zeitpunkt t bekannt ist, können nun auch sofort die Kosten angegeben werden, die eine bestimmte zusätzliche Zuverlässigkeit erfordern. Im angegebenen Beispiel beträgt die Fehlerrate beim Kostenminimum $\lambda(1004) = 0{,}0028$ Fehler pro CPU-Stunde. Die Zuverlässigkeit als Wahrscheinlichkeit eines fehlerfreien Betriebs für eine CPU-Stunde beträgt somit $R(1)=e^{-0{,}0028 \cdot 1}=0{,}9972$. Wünscht der Kunde eine erhöhte Zuverlässigkeit, indem er sich zum Beispiel mit dem Hersteller auf eine durchschnittliche Fehlerrate von 0,0001 Fehler pro CPU-Stunde geeinigt hat, dann müsste statt 1004 CPU-Stunden ca. 1900 CPU-Stunden gestestet werden. Die Höhe der Kosten beläuft sich in diesem Fall auf E(1900) = 418.653 GE. Die Zuverlässigkeit erhöht sich dabei auf $R(1)=e^{-0{,}0001 \cdot 1}=0{,}9999$. D. h., der Zuwachs an Zuverlässigkeit beträgt lediglich 0,0027.

Ist der Kunde bereit, die erhöhten Kosten zu tragen und entstehen ihm durch den zusätzlichen Zeitbedarf keine wirtschaftlichen Schäden, dann könnte der Test solange fortgesetzt werden, bis dieses Zuverlässigkeitsniveau tatsächlich erreicht ist. Ob in diesem Beispiel das sinnvoll ist, hängt vom *Nutzen-Kosten-Verhältnis* und der *Kritikalität* ab, die der Software oder ihren Komponenten in den Anforderungen zugeordnet wurde.

2.6.5.8 Einfluss der Kritikalität auf die Testendeentscheidung

Der Testendezeitpunkt bzw. die festgelegten Testendemerkmale müssen immer auf der Grundlage der Kritikalität der Software näher spezifiziert werden. Die Zuordnung der Kritikalität ermöglicht nicht nur der zu testenden Software eine ihr angemessene optimale Testbehandlung, sondern auch eine Abschätzung der gerade noch vertretbaren Restfehlerzahl, die in Abhängigkeit der Fehlerklasse erfolgt. Wurde zum Beispiel ein „*schwerer Fehler*" gefunden, dann kann man mit einer gewissen Wahrscheinlichkeit davon ausgehen, dass auch nach dessen Beseitigung weitere Fehler im Programm enthalten sind, die durch diesen Fehler maskiert wurden.

Die absolute Höhe der Restfehlerzahl ist unter anderem eine Funktion der Programmgröße, deshalb ist es sinnvoll, ihre Angabe zur Programmgröße in Beziehung zu setzen. Wurden zum Beispiel für ein ausgetestetes Programm 30 Restfehler statistisch ermittelt und besitzt dieses Programm eine Größe von 50 kLOC (*Kilo Lines of Code*), dann ergibt das eine vorhandene Fehlerdichte

(Ausfalldichte) von 30 Fehler/50 kLOC = 0,6 Fehler/kLOC. Die Bestimmung des Testendekriteriums könnte nun unter Berücksichtigung der Kritikalität und der Fehlerklasse wie folgt festgelegt werden:

Kritikalität	**maximale Fehlerdichte**	**Angaben zur Fehlerklasse**
niedrig	1 Fehler/kLOC	Es dürfen keine Fehler der Kategorie *„schwerer Fehler"* enthalten sein.
mittel	0,5 Fehler/kLOC	Es fürfen keine Fehler der Kategorien *„schwerer Fehler"* oder *„mittelschwerer Fehler"* enthalten sein.
hoch	0,1 Fehler/kLOC	Es fürfen keine Fehler der Kategorien *„schwerer Fehler"* oder *„mittelschwerer Fehler"* enthalten sein.

Abb. 2.6-10: Maximale Fehlerdichten als Testendekriterien

Angenommen die Kritikalität eines Programms wurde in den Anforderungen als hoch spezifiziert, weil vielleicht Umweltaspekte durch die Anwendung berührt werden, dann muss die Fehlerdichte Fd $\leq$ 0,1 Fehler/kLOC sein. Im letzten Beispiel zur Bestimmung des Testendezeitpunktes wurden durch Anwendung der Maximum-Likelihood-Schätzung aus den aufgezeichneten Fehlerdaten die Parameter $\beta_0 = 32{,}57 \approx 33$ Fehler und $\beta_1 = 0{,}00374$ ermittelt. Diese Parameter wurden auf das Ausführungszeitmodell von Musa angewendet, wodurch man ein gepasstes Modell (fitted model) erhielt, durch das die kumulierte Anzahl Fehler $\mu(t)$ und die Fehlerrate $\lambda(t)$ für beliebige Ausführungszeiten ermittelt werden konnten.

Nehmen wir nun an, dass dieses eher kleine Programm eine Größe von 4 kLOC (ohne Kommentareintragungen) besitzt, dann beträgt die geschätzte Fehlerdichte zu Beginn der Tests 33 Fehler/4 kLOC = 8,25 Fehler/kLOC. Die Fehlerdichte Fd(t) für beliebige Ausführungszeiten kann nun durch folgende Beziehung berechnet werden:

$$\mathrm{Fd}(t) = \frac{\beta_0}{\mathrm{kLOC}} \cdot e^{-\beta_1 t} = 8{,}25 \cdot e^{-0{,}00374 \cdot t}\ .$$

Auf der Grundlage dieser Berechnung muss mindestens 1175 CPU-Stunden getestet werden, bis die Fehlerdichte einen Wert von Fd(1175) = 0,1 Fehler/kLOC erreicht hat. Die kumulierte Anzahl Fehler beträgt zu diesem Zeitpunkt $\mu(1175) = 32{,}16 \approx 32$ Fehler, die Fehlerrate $\lambda(1175) = 0{,}0015$ Fehler/CPU-Stunde bzw. die Wahrscheinlichkeit eines fehlerfreien Betriebs für eine CPU-Stunde ist gleich 0,998 und die Kosten belaufen sich auf E(1175) = 334.132 Geldeinheiten. Folgende Abbildung zeigt die Fehlerdichte Fd als Funktion der Ausführungszeit t für dieses Beispiel.

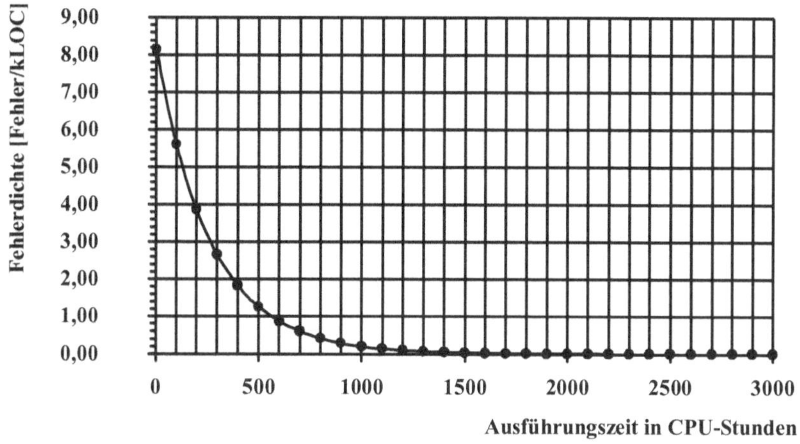

Abb. 2.6-11: Fehlerdichte als Funktion der Ausführungszeit

Siegel schlägt vor, das Steigungsverhalten der Anzahl kumulierter Fehler als Funktion der Ausführungszeit in die Testendeentscheidung einzubeziehen [SIE96]. Solange die Steigung der Fehlerkurve zunimmt (Linkskrümmung) wird weitergetestet. Nimmt die Steigung dagegen ab (Rechtskrümmung) erhält man einen Wendepunkt. Der Fehlerzeitpunkt, der eine deutliche Steigungswende bewirkt, kann dann zur Testendeentscheidung herangezogen werden.

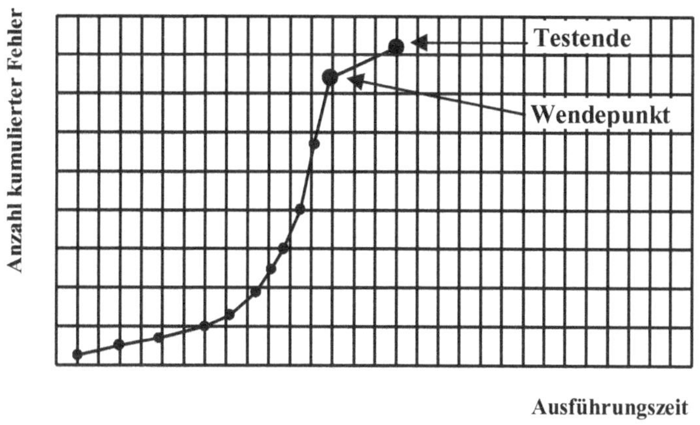

Abb. 2.6-12: Einbeziehung des Steigungsverhaltens in die Testendeentscheidung

Beachtet werden muss auch bei dieser einfachen Methode, dass zusätzliche zuverlässigkeitsorientierte Testendekriterien erfüllt sein müssen und dass die Kritikalität der Software in die Testendeentscheidung einbezogen wird.

3 Planung des Testablaufs

Testen ist ein äußerst kreativer Prozess, der eine wohl durchdachte Planung des gesamten Testprozesses erforderlich macht. Dabei ist das Ziel eines jeden Testvorganges nicht die Beweisführung, dass ein Testobjekt fehlerfrei ist, sondern dass es Fehler enthält. Diese Zielsetzung erfordert unter Einbeziehung der zur Verfügung stehenden Ressourcen eine Reihe von Maßnahmen, die nur durch eine umfassende detaillierte Planung und Koordinierung des gesamten Testprozesses durchgeführt werden können. Die Planungs- und Koordinierungsmaßnahmen sind als fest integrierte Bestandteile der Softwareentwicklung zu betrachten, die von anderen Entwicklungsaktivitäten nicht losgelöst werden dürfen. Von ihnen hängt letztendlich der Erfolg des gesamten Testprozesses ab.

Alle qualitätssichernden Maßnahmen sind i.S. der Norm DIN EN ISO 9001 : 2000 im QM-Plan bzw. seinen Verfahrensanweisungen ausführlich zu dokumentieren. Der Hersteller von Software bzw. sein Qualitätsmanagement sollte deshalb Pläne für alle Teststufen erstellen, die über folgende Themenbereiche Auskunft geben können:

- messbare Testziele
- zu testende Konfigurationen (Testobjekte)
- Testmethoden (z. B. Funktionstests, Grenzwertests, Leistungstests usw.)
- Testreihenfolge, Testfälle, Testverfahren, Testdaten und Soll-Ergebnisse
- Umfang der Tests nach Thema und Inhalt
- Zweckdienlichkeit der Tests für die Testziele und den späteren Feldeinsatz
- besondere Gesichtspunkte, wie Schutz und Sicherheit
- Testumgebung und Testwerkzeuge
- Testen der Benutzerdokumentation
- erforderliches Personal und Schulungsmaßnahmen
- Grad der Unabhängigkeit zwischen Entwicklungspersonal und Testpersonal
- Verantwortlichkeiten für Spezifikation und Durchführung der Tests
- messbare zuverlässigkeitsorientierte Kriterien für die Beendigung der Tests
- Methode für das Aufzeichnen der Testergebnisse
- Verfahren für die Analyse und Genehmigung der Ergebnisse
- Fehlerbehandlung und Kriterien für das Aussetzen und die Wiederaufnahme
- Notwendigkeit und Umfang von Regressionstests usw.

Darüberhinaus sollten in den Planungsunterlagen folgende Punkte berücksichtigt werden, die gegebenenfalls ständig dem aktuellen Stand anzupassen sind:

- Zeitplan (ggf. Untergliederung in Grob- und Feinplan)
- Kalkulation des Aufwands und der benötigten Ressourcen
- Hardwarekonfiguration der Testumgebungen
- Testprozeduren und Testfallbibliotheken
- Maße und Kennzahlen für die Qualitätsbewertung der Tests
- Kriterien für die Freigabeempfehlung des Produkts

Wichtig ist, dass nicht nur die Qualitätsmerkmale des entstehenden Produkts i.S. der Norm DIN EN ISO 9001 : 2000 Abschn. 8.2.4 ständig überwacht und gemessen werden, um die Erfüllung der Anforderungen zu verifizieren, sondern auch der gesamte Testprozess. D. h., der Testprozess ist zyklisch durch geeignete Qualitätsmanagementmaßnahmen zu prüfen und zu bewerten, um eine ständige Verbesserung i.S. der Norm DIN EN ISO 9000 : 2000 zu gewährleisten. Die Güte des Testprozesses wird von einer Reihe von Merkmalen bestimmt, wobei die drei wichtigsten davon sind (vgl. [WAL90], S. 185):

- **Vollständigkeit und Korrektheit der Spezifikationen**
  Für eine gute Testplanung sind die Spezifikationen von ausschlaggebender Bedeutung (z. B. die Anforderungs-, Modul-, Schnittstellenspezifikation).

- **Reproduzierbarkeit der Testausführung**
  Jede Wirkung, die durch einen Testfall hervorgerufen wird, muss reproduzierbar sein. D. h., zu jedem Testfall gibt es exakt definierte Ein- und Ausgabedaten und eine genaue Vorschrift für die Durchführung und Auswertung in einer bestimmten Testumgebung, damit auftretende Fehler durch die Entwickler eindeutig nachvollzogen werden können.

- **Vollständige Testdokumentation**
  Die Testdokumentation muss auch für Außenstehende (z. B. den Auftraggeber) *eindeutig*, *vollständig* und *selbsterklärend* sein.

3.1 Testaufgaben und Testziele

Testen ist ein äußerst vielschichtiger, arbeitsteiliger Prozess, an dem besonders bei größeren Projekten viele Personen genau definierte und spezialisierte Testtätigkeiten wahrnehmen. Diese Tätigkeiten setzen sich aus Testaufgaben zusammen, die in ihrer Gesamtheit den Testprozess ergeben. Zur Kontrolle des Testprozesses werden wiederum messbare Kenngrößen als Testziele benötigt, die zu jedem Zeitpunkt Auskunft über den Testfortschritt geben können und gleichzeitig Kriterien für das Testende sind.

3.1.1 Testaufgaben

Der gesamte Testprozess kann als eine hierarchische Struktur von Testaufgaben verstanden werden, die von den Teststufen ausgehend immer weiter verfeinert wird. Durch die Aufteilung des produktbezogenen Testprozesses in Teststufen lassen sich die Testaufgaben kategorisieren. Folgende Abbildung zeigt das Prinzip einer grob gegliederten Struktur kategorisierter Testaufgaben, wie sie zum Beispiel durch die Norm IEEE Std. 1012 "*Software Verification and Validation Plans*" als Minimallösung vorgeschlagen wird.

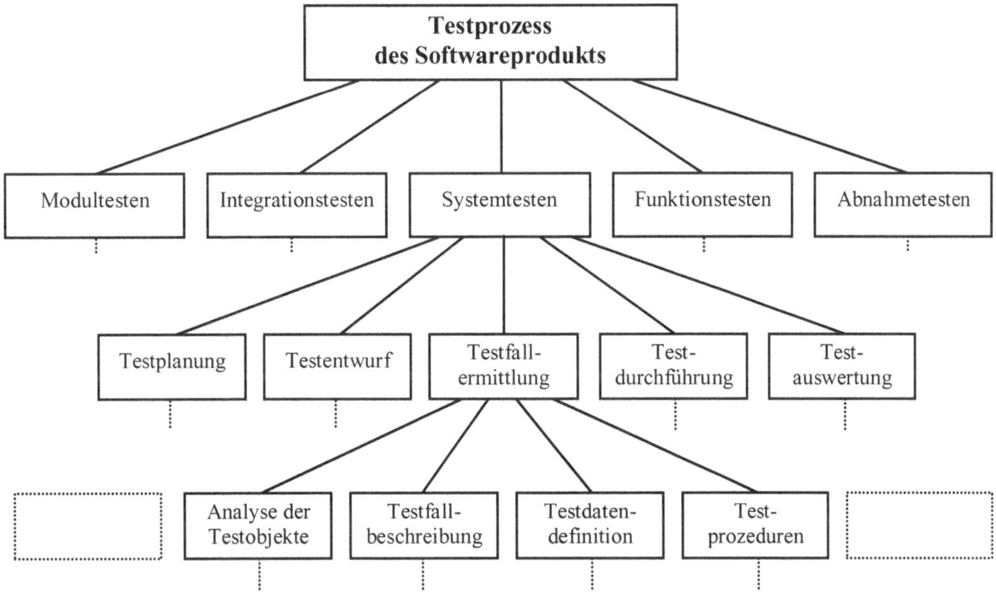

Abb. 3.1-1: Struktur eines Testprozesses als kategorisierte Testaufgaben

Alle Testaufgaben in dieser Struktur müssen Testverantwortlichen zugeteilt werden, damit die Testaktivitäten zielgerichtet und verantwortungsbewusst geplant und durchgeführt werden können. Die Verantwortung für den gesamten Testprozess wird in der Regel der Projektleiter übernehmen, dem alle relevanten Informationen aus dem Testprozess in aufbereiteter Form zuzuleiten sind. Im Entwicklertest, der sich aus dem Modultest, Integrationstest und ggf. Systemtest zusammensetzt, wird der Entwicklungsleiter selbst oder eine von ihm benannte Person die Testverantwortung übernehmen. Im Abnahmetest unterliegt die Testverantwortung der zuständigen Fachabteilung, die die qualitätssichernden Arbeiten wiederum von untergeordneten Testteams oder einem unabhängigen Qualitätsmanagement durchführen lassen kann.

Die Verteilung der untergeordneten Testaufgaben auf das Testteam wird bereits in der Anforderungsphase festgelegt, damit mit der Planung der Testaufgaben parallel zur Erstellung des Fachkonzepts begonnen werden kann. Durch die Festlegung der Testverantwortlichkeiten soll erreicht werden, dass die Testaktivitäten zielgerichtet und verantwortungsbewusst geplant und durchgeführt werden. Von der detaillierten Planung der Testaufgaben und Testverantwortlichkeiten hängt die Effizienz des gesamten Testprozesses in den Teststufen ab. Nach Schmitz, Bons und van Megen lassen sich im Testprozess folgende Beteiligungen im Sinne von Rollen unterscheiden [SCH83]:

- Verantwortung für eine Testaktivität **(V)**
- Durchführung einer Testaktivität **(D)**
- Mitwirkung bei der Durchführung einer Testaktivität **(M)**
- Beratung bei der Durchführung einer Testaktivität **(B)**
- Information über die Durchführung einer Testaktivität **(I)**

3.1.1.1 Testaufgaben im Modul- und Integrationstest

Im Modultest werden neben statischen Analysen strukturorientierte und funktionsorientierte Testverfahren eingesetzt, welche die Testaufgaben bestimmen. Während bei strukturorientierten Testverfahren die Testaufgaben in der Regel von Testüberdeckungszielen abgeleitet werden, bestimmten im funktionsorientierten Test Funktionen mit ihren Eingabe-/Ausgabeverhalten die Testaufgaben. Da die Entwickler bzw. Implementierer gewöhnlich selbst die Testaktivitäten im Modultest wahrnehmen, werden ihnen auch vom Entwicklungsleiter die entsprechenden Testaufgaben zugeordnet. Diese Aufgaben umfassen die Testplanung, den Einsatz von Werkzeugen, die Festlegung der Testmodelle und Testverfahren und die Testauswertung. Diese Aufgaben sind den Erfordernissen entsprechend weiter zu verfeinern.

Im Integrationstest werden dagegen Moduln und Modulgruppierungen, die unter Umständen von verschiedenen Entwicklern entwickelt und implementiert wurden, inkrementell integriert, so dass hier verstärkt interne Schnittstellenprüfungen zwischen den Moduln und funktionsorientierte Prüfungen als Testaufgaben vorliegen. Eine wichtige Rolle spielen allerdings auch die externen Schnittstellenprüfungen zum Anwender oder zu benachbarten Systemen. Die Koordinierung der Testverantwortlichkeiten durch den Entwicklungsleiter muss diesen Umständen durch die Auswahl geeigneter Mitarbeiter Rechnung tragen.

3.1.1.2 Testaufgaben im Systemtest

Im Systemtest werden sowohl Funktionen und Funktionsverkettungen gegen die fachlichen Vorgaben getestet als auch die in der Leistungsbeschreibung spezifizierten Qualitätsmerkmale und Benutzbarkeitsmerkmale (*usebility test*) geprüft. Diese vielfältigen Tests müssen in der Einsatzumgebung des entwickelten Systems durchgeführt werden, damit die gemessenen Qualitäts- und Benutzbarkeitswerte auch tatsächlich den späteren Feldergebnissen entsprechen. Die Testaufgaben des Qualitätsmanagements im Systemtest sind deshalb äußerst vielschichtig und nicht einfach zu realisieren. Sie beschreiben klar gegeneinander abgrenzbare Prüf- und Testpunkte, die eine genau definierte und differenzierte Arbeitsteilung im Testprozess erlauben.

Im Funktionstest wird das Eingabe-/Ausgabeverhalten der Funktionen und Funktionsverkettungen getestet, dementsprechend müssen Testverfahren und Testmodelle gefunden werden, die dieses Verhalten durch entsprechende Testdaten offen legen. Die Testaufgaben, die sich zum Beispiel aus der *Testvorbereitung*, *Testfallermittlung*, *Testdatendefinition*, *Testdurchführung* und *Testauswertung* ableiten lassen, sind deshalb oft tief gestaffelt. So müssen bei der Testfallermittlung und Testdatendefinition für den *semantischen Test* Eingabe- und Ausgabeäquivalenzklassen ermittelt werden, die wiederum durch Eingabe- und Ausgabegrenzwerte und besondere Ein- und Ausgabewerte zu überdecken sind. Dabei werden nicht nur Normalwerte benötigt, die eine korrekte Verarbeitung der Daten gewährleisten, sondern auch Werte, die Ausnahmesituationen herbeiführen. In einem Testscript ist genau festzulegen, in welcher Sequenz die Funktionen mit ihren Vor- und Nachbedingungen, Invarianten und Endzuständen auszuführen sind. Kritische Funktionen und Funktionssequenzen sollten jedoch immer zuerst getestet werden, um mit der Fehlerbereinigung frühzeitig zu beginnen und die Wirkung dieser Fehler auf andere Einheiten besser abschätzen zu können. Beim *syntaktischen Test* müssen dagegen auf die richtigen Feldlängen, Datenformate, Strukturen der Ein- und Ausgabefelder sowie auf die korrekten Vor- und Nachkommastellen bei nummerischen Feldern geachtet werden.

Bei der Überprüfung von Qualitätsmerkmalen werden oft große Datenmengen benötigt, um zum Beispiel einen *Leistungstest* unter realistischen Betriebsbedingungen durchzuführen. Diese Datenmengen müssen durch Werkzeuge automatisch erzeugt und dem System in einer Art angeboten werden, dass sie in relativ kurzer Zeit viele Funktionsaufrufe herbeiführen. Damit soll zum Beispiel geprüft werden, wie sich das System unter einer großen Last verhält und ob es anschließend wieder in seinen Normalzustand zurückkehrt.

3.1.1.3 Testaufgaben im Abnahmetest

Im Abnahmetest obliegt die Testverantwortung der zuständigen Fachabteilung. Das gilt auch dann, wenn die qualitätsichernden Arbeiten von einem externen Qualitätsmanagement wahrgenommen werden. Da das Qualitätsmanagement jedoch das Know-how des Testens in den Testprozess einbringt, wird die Verantwortung für folgende Testaktivitäten gewöhnlich an das Qualitätsmanagement delegiert:

- Analyse der Testobjekte
- Testfallermittlung
- Testdatendefinition
- Testprozedurerstellung (*z. B. JCL- oder Datenbankprozeduren*)
- Testdatenerzeugung
- Auswahl der Testmodelle und Testverfahren
- Bereitstellung von Werkzeugen
- Testdurchführung
- Testauswertung

Diese Eigenverantwortung des Qualitätsmanagements basiert jedoch immer auf einen engen Kontakt zur Fachseite bei allen Testaktivitäten, der zum Beispiel in Form von Reviews seinen Ausdruck finden kann. Auf diese Weise fließt bei verbalen, also in der Regel interpretierbaren fachlichen Vorgaben, das relevante Fachwissen in alle Testaktivitäten ein, was Missverständnisse beseitigt, den Testaufwand durch den Know-how-Transfer verringert und damit den Testprozess effektiver und sicherer macht.

Das Qualitätssicherungspersonal analysiert auf der Basis der fachlichen Anforderungsdokumente das zu testende Produkt mit dem Ziel, die gesamte Anwendung in reale Bearbeitungsfälle aufzuteilen, wobei als Kriterium die fachlichen Funktionen und Aufgaben herangezogen werden. Grundlage der Analyse ist das *Fachkonzept*, die *Schnittstellenspezifikation*, das logische und physische *Datenmodell*, das *Funktionsmodell* und ggf. das *DV-Konzept*. Diese Bearbeitungsfälle werden als Testaufgaben den Teammitgliedern zugeordnet, wobei das fachliche Know-how und die Präferenzen der einzelnen Tester ihre angemessene Berücksichtigung finden. Die Planung bzw. Festlegung der Testaufgaben und ihre Zuordnung zu den Teammitgliedern ist eine wesentliche Voraussetzung für einen zielgerichteten, effizienten und professionell durchgeführten Testprozess, der letztendlich die Güte des freizugebenden Produkts maßgeblich mitbestimmt.

3.1.2 Testziele

Zur Kontrolle des Testablaufs werden messbare Kenngrößen benötigt, die jederzeit Auskunft über den angestrebten Testumfang und den Testfortschritt geben können. Ohne spezifizierte Testziele ist keine objektive Kontrolle des Testgeschehens möglich und demzufolge jeder Test weitgehend wertlos. Testziele müssen *objektiv*, *angemessen* und *sinnvoll* sein, das bedeutet:

- Testziele müssen in Werten objektiv messbarer Kenngrößen angegeben werden, die eine systematische Testdurchführung ermöglichen und eine objektive und damit vergleichbare Beurteilung des Testfortschritts sicherstellen.
- Testziele müssen angemessen sein, damit sich der Testaufwand in vertretbaren Grenzen hält. Die Angemessenheit wird erreicht, indem die Kritikalität und/oder Komplexität für jedes Testobjekt ermittelt wird. Alle Testobjekte erhalten dadurch eine ihnen eigene, angemessene Testbehandlung.
- Testziele müssen unter Beachtung des Testaufwands sinnvoll sein, d. h. sie müssen auch unter vertretbarem Aufwand erreicht werden können.

In Anlehnung an Schmitz, Bons und van Megen lassen sich zur Spezifizierung der Testziele zwei Klassen von Kenngrößen definieren [SCH83]:
- Testabdeckungskenngrößen
- Testergebniskenngrößen

Die Verwendung dieser Kenngrößen zur Spezifizierung von Testzielen hängt von der jeweiligen Testaufgabe, der Testmethode, der Teststufe und dem Vorhandensein von Werkzeugen ab. Aufwand, Kosten, Komplexität und Kritikalität müssen bei der Auswahl der Testkenngrößen berücksichtigt werden.

3.1.2.1 Testabdeckungskenngrößen

Eine *Testabdeckungskenngröße* ist eine ablauf- bzw. tätigkeitsorientierte Kenngröße, die sich aus der Überdeckung von elementaren Softwarekomponenten oder deren Zusammensetzung zu komplexeren Komponenten ergibt. Es lassen sich *kontrollflussorientierte*, *datenflussorientierte* oder auch *funktionale* Testabdeckungskenngrößen spezifizieren. Bei kontrollflussorientierten Tests ergeben sie sich zum Beispiel aus der Überdeckung von Zweigen oder Bedingungen. Bei Datenflusstests könnten alle *dr*-Sequenzen (*definition-reference*) überdeckt werden und bei funktionalen Tests resultieren sie aus der Überdeckung spezifizierter Funktionen, Zustandssequenzen oder Anwendungsfällen.

Im Modultest könnte eine 85 %ige Zweigüberdeckung angegeben werden, im Integrationstest eine 100 %ige Schnittstellenüberdeckung und im Funktionstest eine 100 %ige Funktionsüberdeckung mit einer 80 %igen Ausnahmeüberdeckung. Welche Zielwerte im Einzelnen bestimmte Kenngrößen haben sollen, ist mit dem Auftraggeber festzulegen, weil hiervon letztendlich die Qualität des Produkts aber auch die Kosten abhängig sind. Folgende Tabelle zeigt einige mögliche Testabdeckungskenngrößen und ihre Eignung in den Teststufen, die immer in sinnvollen Kombinationen angegeben werden sollten:

Testabdeckungskenngröße	**Modul-test**	**Inte-grat.-test**	**System-test**	**Funk-tions-test**	**Ab-nahme-test**	**Intalla-tions-test**
fachliche Funktionen	•	•	•	••	•	
Zustandsübergänge	•			••	•	
Szenarios			•	•	••	
Anwendungsfälle			•		••	
Geschäftsprozesse			•		••	
Entscheidungstabellen-Regeln	••	•		•		
Schnittstellenüberdeckung		••		••	•	
Ausnahmen	••	••	••	••	••	
Anweisungen	••	•				
Blöcke	••	•				
Zweige	••	•				
Bedingungen	••	•				
Bedingungskombinationen	••	•				
Pfade	•	•				
LCSAJ	••	•				
dr-Sequenzen	••	••				
abhängige Programmteile	••	••				
Modulfunktionen (interne)	••					
Modulaufrufe	••	••	•	•		•
Prüfpunkte von Checklisten	•	•	••	•	•	••

• = geeignet, •• = sehr geeignet

Abb. 3.1-2: Testabdeckungskenngrößen und ihre Eignung in den Teststufen

Die Testabdeckungskenngrößen in der angegebenen Tabelle beziehen sich auf:

- funktionsorientierte Kenngrößen
- strukturorientierte Kenngrößen
- fehlerspezifisch-orientierte Kenngrößen

Die Ermittlung der Kenngrößen kann durch Einschränkungen weiter verfeinert werden. So sind zum Beispiel bei Zustandsüberdeckungen aufgrund der oft sehr hohen Anzahl an Zuständen Einschränkungen hinsichtlich der nicht zulässigen Sequenzen möglich. D. h., getestet werden könnten *alle zulässigen* Sequenzen und *einige nicht zulässige* Sequenzen. Ähnliche Aussagen gelten für die Pfadüberdeckung, indem hinsichtlich der Schleifendurchläufe Einschränkungen gemacht werden (siehe *Boundary interior-Pfadtest* oder *strukturierter Pfadtest*).

3.1.2.2 Testergebniskenngrößen

Testergebniskenngrößen sind ergebnisorientierte Kenngrößen, die sich aus den Testergebnissen herleiten lassen. Sie werden oft in Kombination mit anderen Kenngrößen als Testziel eingesetzt. Testergebniskenngrößen sind zum Beispiel die ermittelte Wahrscheinlichkeit eines fehlerfreien Betriebs für eine definierte Zeitdauer MTTF (*mean time to failure*), die kumulierte Anzahl der gefundenen Fehler oder die geschätzte Restfehlerzahl.

Die Erkenntnisse aus dem *Software-Reliability Engineering* haben gezeigt, dass es nicht von so großer Bedeutung ist den Quelltext mit seinen elementaren Komponenten durch Tests abzudecken (Anweisungsüberdeckung, Zweigüberdeckung usw.). Viel wichtiger ist es, das System nutzerorientiert zu überdecken, d. h. die Funktionen und Operationen mit ihren Variablen, Sonder- und Ausnahmefällen werden beim Test mit der gleichen Vorkommenshäufigkeit ausgeführt, wie im aktuellen oder künftigen Betriebseinsatz. Den Testergebniskenngrößen auf der Nutzerebene muss deshalb bei der Spezifizierung eines Testziels eine größere Bedeutung beigemessen werden als den konventionellen Testabdeckungskenngrößen im strukturorientierten Test auf der Systemebene. Das gilt besonders für eine realistische nutzerorientierte Abschätzung der *Zuverlässigkeit* von Software. Cobb und Mills [COB90] haben anhand von IBM-Fehlerdaten [ADA84] nachgewiesen, dass das nutzungsorientierte Testen auf der Basis eines Nutzungsprofils (*operational profile*) 21-mal effektiver sein kann als das konventionelle kontrollflussorientierte Überdeckungstesten. Das gilt sowohl für die Effektivität der Zuverlässigkeitserhöhung (MTTF) als auch für die Belastung des Testbudgets einschließlich der Fehlerbeseitigungskosten.

Angenommen die Zuverlässigkeit eines Systems soll als Testziel den Wert 0,001 *Fehler/CPU-Stunde* (MTTF) mit einer Wahrscheinlichkeit von 95 % nicht überschreiten, dann ist das ein realistisches Testziel im Systemtest (*Zuverlässigkeitstest*), wenn die Messungen durch statistisches Testen auf der Basis eines Nutzungsprofils durchgeführt werden. Das Testziel ist hier also mit einer Bedingung verknüpft, nämlich Erreichung durch nutzerorientiertes Testen. Wird diese Bedingung ignoriert, dann sind die gemessenen Ergebnisse mit einer großen Unsicherheit behaftet und demzufolge weitgehend wertlos. Folgende Zusammenstellung zeigt einige Testergebniskenngrößen mit ihren Eignungen in den Teststufen, die als Testziele verwendet werden können.

Testergebniskenngröße	**Modul-test**	**Inte-grat.-test**	**System-test**	**Funk-tions-test**	**Ab-nahme-test**
Antwortzeitverhalten [Antwortzeit/spezifizierte Antwortzeit]	•	•	••	•	••
MTTF (*mean time to failure*) oder **MTBF** (*mean time between failures*) [Anzahl Feldfehler/CPU-Stunde]			••		••
Fehlerdichte [Anzahl Fehler im Quelltext/kLOC]	•		••		••
Fehlerrate [Anzahl entdeckter Fehler pro Zeiteinheit/kLOC] z. B. Systemtestfehlerrate, Abnahmetestfehlerrate, Feldfehlerrate.	•	•	••	•	••
Restfehlerrate [Anzahl Fehler/CPU-Stunde] (i.V. mit *Reliability growth models*)			••		••
kumulierte Anzahl entdeckter Fehler (z. B. als Testendekriterium)			••	•	••
geschätzte Gesamtfehlerzahl (i.V. mit *Reliability growth models*)			••	•	••
geschätzte Restfehlerzahl (i.V. mit *Reliability growth models*)			••	•	••

• = geeignet, •• = sehr geeignet

Abb. 3.1-3: Testergebniskenngrößen und ihre Eignung in den Teststufen

Bei bestimmten Testkenngrößen müssen ggf. auch zusätzliche Bedingungen angegeben werden. So ist zum Beispiel bei der Bestimmung des Antwortzeitverhaltens eines dialogorientierten Client-/Server-Systems die Anzahl der angeschalteten Clients zu berücksichtigen. Die Wirksamkeit teststufenbezogener Testziele ist unbestritten, was durch viele Untersuchungen belegt ist. Allerdings haben Umfragen bei Organisationen und Betrieben ergeben, dass das Wissen um die Anwendungsmöglichkeit und Wirksamkeit dieser Testziele in der Praxis nur unzureichend vorhanden ist bzw. oft falsch eingeschätzt wird [SCH78], [MEG81b], [SPI94].

3.2 Testfallermittlung

Eine herausragende Stellung bei der Planung des Testprozesses nimmt die Testfallermittlung ein, von deren Ergebnis letztendlich der Erfolg oder Misserfolg des Testprozesses und damit auch die Qualität des Software-Produkts abhängt. Werden schlecht ausgetestete Programme an den Anwender ausgeliefert, dann kann das eine sehr kostspielige Angelegenheit für den Hersteller sein, besonders dann, wenn die Produkthaftung greift.

Oft werden Programme nur mit einigen wenigen Testfällen geprüft. Fällt ein derartiger Test dann negativ aus, d. h. es werden *keine* Fehler gefunden, dann glaubt der Tester das als sicheres Anzeichen für die Fehlerfreiheit der Software zu sehen. Dahinter steckt die verbreitete Neigung des Menschen zur "Überschätzung bestätigter Informationen" (vgl. [GRA90], S 47 ff.). D. h., ein Test der das erwartete Ergebnis liefert, wird in seiner Aussagekraft weit überschätzt. Testfälle müssen deshalb systematisch abgeleitet werden. Sie sollten nicht nur bestimmten strukturellen Überdeckungskriterien genügen, sondern sie müssen auch alle fachlichen Funktionen und Funktionsverkettungen in sich einschließen, die durch Sonder- und Ausnahmefälle zu ergänzen sind. Gemäß den beiden Testarten *strukturorientierter* und *funktionsorientierter Test* kann man zwischen einer *strukturorientierten* und *funktionsorientierten Testfallermittlung* unterscheiden. Beide Vorgehensweisen lassen sich durch den Einsatz entsprechender Testmethoden weiter ergänzen bzw. verfeinern.

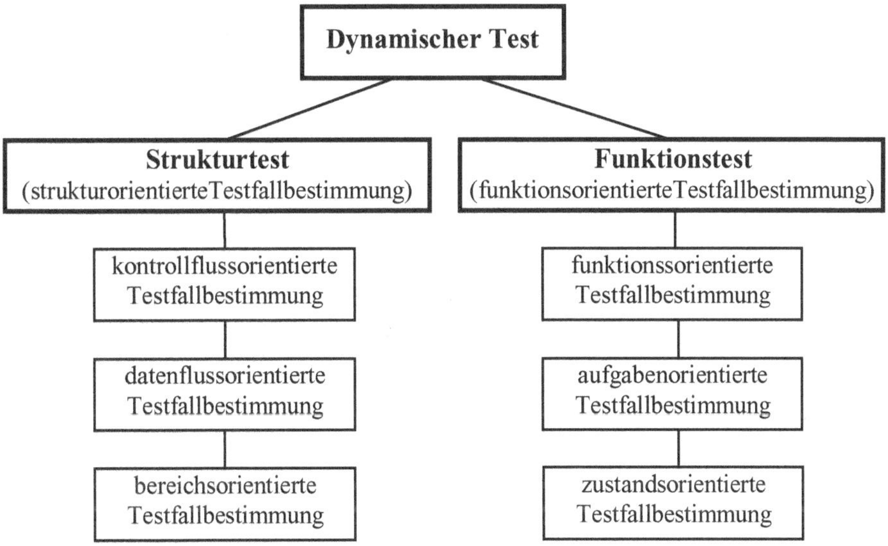

Abb. 3.2-1: Testfallermittlung entsprechend den Testmethoden

3.2.1 Schwerpunktorientierte Testfallermittlung

Da ein vollständiger Test wegen der Mächtigkeit des Dateneingabebereichs auch bei kleineren Programmen unmöglich ist, müssen Kriterien gefunden werden, um *repräsentative Testeingabedaten* aus der Struktur der Testobjekte oder aus den Anforderungen ableiten zu können. Diese Datenrepräsentanten müssen einen möglichst breit gestreuten Eingabe- und Ausgabebereich des Testobjekts überdecken, um mit einem Minimum an Kosten und Aufwand ein Maximum an Fehlern zu entdecken. Werden im funktions- oder aufgabenorientierten Test die Kriterien *Umfang*, *Priorität*, *Schadensausmaß*, *Datenbezug* und *Zustand* in das Kalkül gezogen, dann lassen sich die Testfälle unter Berücksichtigung folgender Testschwerpunkte auswählen:

- **Repräsentativer Test**
  Es werden alle Funktionen, Aufgaben oder Daten entsprechend der Häufigkeit, mit der sie im Einsatz auftreten, intensiv getestet.

- **Schwachstellenorientierter Test**
  Es werden alle Funktionen, Aufgaben oder Daten entsprechend der Häufigkeit, mit der Fehler im Einsatz auftreten können, intensiv getestet.

- **Schadensausmaßorientierter Test**
  Es werden alle Funktionen, Aufgaben oder Daten entsprechend dem Risikopotenzial, mit dem Fehler im Betriebseinsatz Schaden verursachen können, intensiv getestet.

- **Datenorientierter Test**
  Die Testfälle werden auf der Basis des Ein- und Ausgabedatenbereichs der entsprechenden Funktion, Aufgabe oder des gesamten Programms anhand der Schnittstellenspezifikation ausgewählt (z. B. Ein- und Ausgabegrenzwerte, besondere Ein- und Ausgabewerte, erwartete und unerwartete Eingabewerte usw.). Dabei sind auch Datenkombinationen zu berücksichtigen.

- **Funktionsorientierter Test**
  Jede Funktion wird in den Testfällen berücksichtigt. In der Teststufe Funktionstest sind die Funktionen anwenderorientiert. In der Teststufe Modultest sind sie sowohl anwenderorientiert als auch systemorientiert (Low-Level-Funktionen und ihre Kombinationen).

- **Aufgabenorientierter Test**
  Jede fachliche Aufgabe wird in den Testfällen berücksichtigt. Eine Aufgabe wird dabei als eine logische ablauffähige Verkettung von fachlichen Funktionen definiert, wie als Szenario oder Anwendungsfall. Dazu gehört auch der Test von Geschäftsprozessen. Was eine konkrete Aufgabe beinhaltet, ist von der Sichtweise des Testers und vom Abstraktionsniveau abhängig.

- **Zustandsorientierter Test**
  Es werden *Zustände* und *Zustandsübergänge* von Variablen, Funktionen oder Aufgaben betrachtet, was zum Beispiel bei Reihenfolgeprüfungen von Funktionsaufrufen wichtig ist (Test von Zustandsautomaten).

Das Risikopotenzial im *schadensausmaßorientierten Test* wird durch die festzulegende *Kritikalität* bestimmt. Die Kritikalität ist eine Werteskala, welche den Schadensausmaß angibt, der durch Fehler bei einem Testobjekt im Realbetrieb auftreten kann. Die Kritikalität sollte für das Endprodukt oder für bestimmte Teilprodukte in den Anforderungen und im QM-Plan festgehalten sein. Nur durch die Festlegung der Kritikalität erhält ein Testobjekt eine angemessene optimale Testbehandlung, was sich wesentlich auf den Zeitfaktor, den Kostenfaktor und die Testproduktivität auswirkt. Nach Wieken sollten bei der Testfallermittlung folgende Regeln beachtet werden [WIE90]:

- Es sind Testfälle für *gültige* und *ungültige* Eingaben zu spezifizieren. Dazu gehören auch *unerwartete* Eingaben, wie sie bei Online-Eingaben in der Praxis auftreten können. Jede ungültige bzw. unerwartete Eingabe muss durch entsprechende Plausibilitätsprüfungen in Verbindung mit Fehlerhinweisen verhindert werden bzw. darf nicht zur Weiterverarbeitung führen.
- Es sind Testfälle für *Eingaben* und *Ausgaben* zu spezifizieren. D. h., es sind nicht nur Eingabeäquivalenzklassen, sondern auch Ausgabeäquivalenzklassen mit den entsprechenden Grenzwerten und ggf. besonderen Werten zu beachten. Es müssen also Eingabewerte bereitgestellt werden, die Grenzwerte oder besondere Werte bei den Ausgabevariablen erzeugen, wozu eine genaue Kenntnis der fachlichen Vorgabendefinition erforderlich ist.
- Es sind Testfälle für Situationen und Funktionen mit besonders schweren Auswirkungen zu spezifizieren. Das können Testfälle sein, die Bestandsdaten verfälschen, unbeabsichtigt überschreiben oder löschen. Kriterium für die Testfallerstellung ist in diesem Fall die festgeschriebene *Kritikalität* der Situationen, Funktionen oder Aufgaben.

3.2.2 Softwareentwicklungsprozess und Testfallermittlung

Mit welcher Methodik Testfälle letztendlich abgeleitet werden, ist von den eingesetzten Testmodellen und Testverfahren, der Teststufe und dem Modell des Softwareentwicklungsprozesses abhängig. Wird ein älteres Phasenmodell zur Softwareentwicklung eingesetzt, wie das V-Modell, dann sind die einzelnen Teststufen in der Regel fest mit den jeweiligen Anforderungsdokumenten verkoppelt. Die Testaktivitäten beginnen deshalb oft erst nach Fertigstellung der Dokumente zu Beginn der Programmierung, um eine strenge lineare Abarbeitung der Entwicklungs- und Testphasen zu gewährleisten. In neueren Phasenmodellen, wie dem W-Modell (vgl. [SPI00]), setzen deshalb die Testaktivitäten bereits mit Erstellung der Anforderungen ein, so dass bereits in dieser Phase die ersten Anwendungsfälle für den Abnahmetest abgeleitet werden können. Probleme treten jedoch bei allen Phasenmodellen hinsichtlich der Stabilität der Anforderungen auf, die auf Grund der linearen Abarbeitung der Phasen mit möglichst geringen Überschneidungen bereits in der Anforderungsphase in vollständiger qualitätsgesicherter Form vorliegen müssen. In der Praxis verhalten sich die Anforderungen jedoch kaum stabil, weil der Kunde einmal ständig neue Erkenntnisse hinsichtlich des funktionalen Leistungsumfangs seiner Software gewinnt, die er eingearbeitet haben möchte, und darüber hinaus marktwirtschaftlich und technisch bedingte Änderungen und Neuerungen berücksichtigt werden müssen, damit der Kunde wettbewerbsfähig bleibt.

Moderne Softwareentwicklungsmodelle, die auf leichten Prozesses basieren wie *eXtrem Programming* (XP), haben diese Nachteile weitgehend beseitigt, indem sie Design, Implementierung und Test nicht mehr als voneinander streng abgegrenzte Phasen betrachten, sondern sie als parallel ablaufende iterative Tätigkeiten verstehen. Die Testfallermittlung ist bei diesen Prozessen untrennbar mit der Entwicklung des Systems verbunden, indem sie parallel dazu stattfindet. Die vorbereitenden Testaktivitäten beginnen deshalb auch nicht mehr nach dem definitiven Festlegen der Anforderungen, sondern bereits mit Beginn ihrer Erhebung. Da im Verlaufe der Entwicklung die Anforderungen ständig neuen Verständnissen unterliegen, werden auch die Testfälle iterativ mit Fortschreiten der Entwicklung ergänzt bzw. ständig verfeinert. Der gesamte Ablauf der Testfallermittlung ist damit nicht mehr linear geprägt, sondern eher zyklisch, evolutionär, was eine hohe Flexibilität des gesamten Testprozesses gewährleistet.

Unabhängig vom zu Grunde liegenden Softwareentwicklungsprozess hat es hat sich in der Praxis als vorteilhaft erwiesen, wenn die *Testfallermittlung* und *Testdatendefinition*, in welcher den Eingabekombinationen der Äquivalenzklassen konkrete Datenwerte zugeordnet werden, in getrennten Schritten vorgenommen wird. Diese Vorgehensweise ist auch verständlich, wenn man bedenkt, dass zu Beginn der Anforderungsphase, wenn die ersten Anwendungsfälle grob konzipiert werden, nur ein unzureichendes Datenmodell und eine unvollständige Schnittstellenbeschreibung vorliegen. Deshalb wird man die Testdatendefinition der Testfälle mit ihren konkreten Werten und Wertebereichen, ihren Vorbedingungen, Nachbedingungen und Invarianten erst gegen Ende einer Iteration vornehmen. Unter einem *Testfall* versteht man dabei die geordneten Mengen an Testeingabedaten, die in ihrer Gesamtheit eine genau definierte Wirkung beim Testobjekt hervorrufen bzw. zur Ausführung des gleichen Pfades führen.

3.2.3 Anwendungsfälle und Testsituationen

Die Zusammenstellung von Anwendungsfällen (*use cases*), die parallel mit der Erhebung der fachlichen Anforderungen vorgenommen wird, ist ein erster Schritt zur Spezifizierung der Testfälle für den Abnahmetest. Der Begriff des Anwendungsfalls ist nicht neu. Er wird schon seit vielen Jahren, wenn auch in oft abgewandelter Form, zur Spezifizierung von Anwenderfunktionen benutzt. Es ist jedoch das Verdienst von Ivar Jacobson *et al.* den Anwendungsfall zu einem primären Element der objektorientierten Planung und Projektentwicklung gemacht zu haben [JAC92]. Ein Anwendungsfall charakterisiert eine typische Benutzerfunktion, zum Beispiel das Suchen einer Zeichenkette oder das Sortieren von Tabellenelementen in einem Textverarbeitungssystem. Kompliziertere Anwendungsfälle können sich aus einer ganzen Reihe von Szenarios zusammensetzen, also Interaktionen zwischen dem Anwender und dem System.

Anwendungsfälle bestehen oft aus einer kurzen informalen Beschreibung der Anwenderfunktionen aus der Sicht des Anwenders, zu der auch eine Risikoeinschätzung gehören sollte. Anwendungsfälle können zu Beginn des Projekts als sogenannte *Basisanwendungsfälle* sehr allgemein skizziert sein. Diese Basisanwendungsfälle werden dann im Verlaufe des iterativen Entwicklungs- und Testprozesses in eine ganze Reihe von Anwendungsfallvarianten aufgeteilt. Anwendungsfälle sind ein wichtiges Element für die Planung und Überwachung des Entwicklungs- und Testprozesses. Sie verkörpern darüber hinaus die Kommunikationsbasis zwischen Anwendern, Entwicklern und Testern, deshalb werden sie auch in der Spache des Anwenders formuliert. Ihre Erstellung sollte immer in enger Zusammenarbeit mit der Fachseite durchgeführt werden. Das Know-how der Fachseite ist ein unverzichtbares Erfordernis für den Entwicklungs- und Testprozess, damit der Kunde genau die Systemfunktionalität erhält, die er wünscht. Das *eXtrem Programming* als eine Variante der leichten Prozesse fordert sogar ausdrücklich die Beteiligung eines Anwenders bei der Erstellung der Anwendungsfälle, die dort *Storycards* genannt werden.

Testsituationen

Aus den allgemein formulierten Anwendungsfällen lassen sich die spezielleren *Testsituationen* ableiten. Als Testsituation soll dabei jede mögliche Ursache oder Ursachenkombination von Funktionen oder Operationen verstanden werden, die zu einer fachlichen oder systemtechnischen Wirkung führt. Der Anwendungsfall „Sortieren von Tabellenelementen" ergibt zum Beispiel. eine ganze Reihe von Testsituationen, wenn jedes Tabellenelement bei mehrdimensionalen Tabellen vom Anwender als Sortierschlüssel verwendet werden kann. Dazu kommen weitere Testsituationen für Sekundärschlüssel und für die Sortierfolge („*aufsteigend*" und „*absteigend*").

Für das Testen fachlich orientierter Funktionen oder Aufgaben im Funktions- oder Abnahmetest sind neben den Anwendungsfällen die Schnittstellenspezifikation sowie das Datenmodell wichtige Hilfsmittel. Die spezielle Vorgehensweise bei der Ermittlung der Testsituationen ist davon abhängig, welche Schwerpunkte beim Testen gesetzt werden sollen, zum Beispiel der Test von Schnittstellen, Geschäftsprozessen, Datenzyklen, Layouts (Menüs, Listen, Protokolle usw.). Bei einem Schnittstellentest sind die Datenflüsse zwischen zwei Funktionen oder zum Anwender von entscheidender Bedeutung. Nachdem die Testsituationen verbal beschrieben sind beginnt deshalb eine Analyse der Datenstruktur auf der Grundlage der Schnittstellenspezifikation und des Datenmodells für die betreffenden Testsituationen. Eine Schnittstellenspezifikation sollte dabei nicht nur die strukturierten Datensätze enthalten, sondern auch die Initialisierung der Datenfelder. Sind Beziehungen zwischen unterschiedlichen Schlüsselbegriffen vorhanden, zum Beispiel zwischen den Datenelementen *Kundennummer*, *Kundengruppe*, *Rechnungsnummer*, dann können diese Abhängigkeiten dem Datenmodell entnommen werden.

Das Ergebnis dieser Analyse ist eine Auflistung aller Abhängigkeiten zwischen den Datenelementen und der Initialisierung aller Variablen. Die speziellen Testsituationen ergeben sich durch Anwendung der Äquivalenzklassenanalyse, indem jedem Datenelement eine Äquivalenzklasse bzw. jeder Kombination von Datenelementen eine Äquivalenzklassenkombination zugeordnet wird, die immer einer eindeutigen fachlichen Wirkung entsprechen muss.

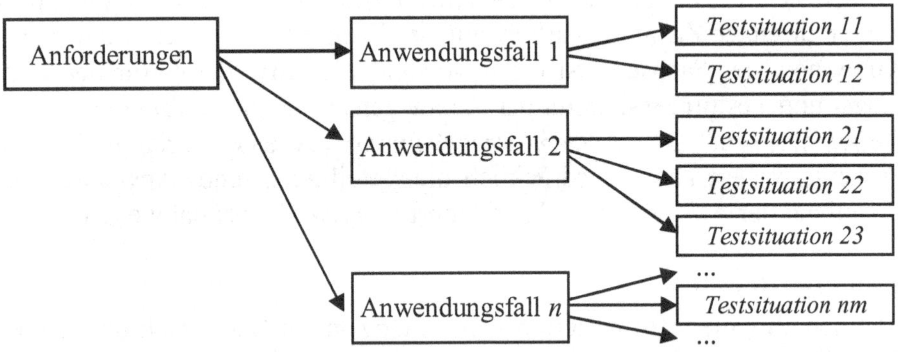

Abb. 3.2-2: Die Ableitung von Testsituationen aus Anwendungsfällen

Im strukturorientierten Test sind die Testsituationen an Verzweigungen im Testobjekt zu erkennen. Einfache Entscheidungen führen dabei immer zu zwei Testsituationen: Eine mit dem Wahrheitswert „wahr“ und eine mit „falsch“ (Ja- und Neinzweig). Komplexe Entscheidungen entstehen durch geschachtelte einfache Entscheidungen oder durch Entscheidungen, die mehrere Bedingungen enthalten (z. B. durch UND, ODER, NOT usw.). Man unterscheidet zwischen *gültigen* und *ungültigen Testsituationen*, je nachdem ob eine Ursachenkombination eine gültige oder ungültige Äquivalenzklasse beschreibt. Folgendes Beispiel zeigt die möglichen Testsituationen anhand einer Evaluate-Anweisung (COBOL) für eine gegebene Operation:

```
Evaluate Kundengruppe
    When 01 Perform Rabatt-01
    When 02 Perform Rabatt-02
    When 03 Perform Rabatt-03
    When other Perform Fehler
End-Evaluate
```

Aus diesem Beispiel lassen sich vier Testsituationen ableiten, die sich aus den Werten für das Datenfeld „Kundengruppe" ergeben:

1. Kundengruppe = 01
2. Kundengruppe = 02
3. Kundengruppe = 03
4. Kundengruppe ≠ 01 oder 02 oder 03 (Fehlerzustand)

Eliminierung nichtsensitiver Testsituationen

Bevor man Testsituationen in Testfälle überführt, sollten nicht sensitive Testsituationen bestimmt und eliminiert werden. Das kann sowohl im strukturorientierten als auch im funktionsorientierten Test dadurch geschehen, dass ODER-Entscheidungen, die mehr als einen booleschen Wert Eins („wahr") besitzen, mit jeweils nur einem „Eins"-Eingang getestet werden. Des Weiteren können UND-Entscheidungen, die mehr als einen booleschen Wert Null („falsch") besitzen, mit jeweils nur einem „Null"-Eingang getestet werden (siehe dazu auch Kapitel *Ableitung von Testfällen aus einem UWG*). Auf diese Weise werden nicht nur die Testsituationen auf ein erträgliches Maß reduziert, sondern auch Fehlermaskierungen weitgehend vermieden.

Reduzierung der kombinatorischen Vielfalt

Die Anzahl der Testsituationen lässt sich weiter vermindern, indem die kombinatorische Vielfalt der Situationen reduziert wird. Das kann dadurch realisiert werden, dass man diejenigen Ursachenkombinationen unberücksichtigt lässt, die semantischen Einschränkungen unterliegen. Diese Einschränkungen ergeben zwar keine ungültigen Testsituationen, sondern Situationen, die technisch bzw. fachlich niemals realisiert werden. Die Fehlersensitivität der verbleibenden Testsituationen lässt sich gleichzeitig erhöhen, indem man für den Test *Grenzwerte* und *besondere Werte* als Eingaben verwendet.

3.2.4 Testfallbeschreibung

Durch einen Testfall und die ihm zugeordneten Testeingabedaten wird bei einem Testobjekt eine genau definierte Wirkung hervorgerufen. Damit ist zu beweisen, dass das betreffende Testobjekt fehlerhafte Funktionen besitzt bzw. fehlerhaft arbeitet. Abhängig vom Testobjekt und von der Teststufe können die Wirkungen auf systemtechnischen oder fachlichen Funktionen bzw. Funktionsverkettungen i.S. fachlicher Aufgaben basieren.

Ein Testfall beinhaltet in der Regel mehrere Testdatenkombinationen, um zum Beispiel die Grenzwerte der Äquivalenzklassen für alle relevanten Eingabeelemente abzudecken, und er enthält eine exakte Beschreibung der erwarteten Wirkung (Soll-Ergebnis). Die einzelnen Testdatenkombinationen werden für den betreffenden Testfall unterschiedlichen Testläufen zugeordnet, d. h. ein einziger Testfall kann mehrere Ausführungen eines Programms beinhalten.

Mit genau dokumentierten Testfällen soll sichergestellt werden, dass die Testergebnisse *eindeutig nachvollziehbar* und damit jederzeit *reproduzierbar* sind. Diese Kriterien sind besonders für die Fehlerbehebung und die sich anschließenden Regressionstests von ausschlaggebender Bedeutung. Ohne dokumentierte und damit nachvollziehbare Testfälle ist das Testen in jeder Teststufe weitgehend wertlos. Die Testfälle werden sortiert nach Produktversion, Testobjekt und Testfallnummer in einer Testfallbibliothek abgelegt. Jeder Testfall sollte folgende Angaben enthalten:

- Projektbezeichnung
- Produktversion (*Release- und Levelnummer*)
- Teststufe
- Ersteller
- Erstellungsdatum und Änderungsdatum
- Testfallnummer mit Verarbeitungsstatus (*Positiv- oder Negativfall*)
- Testlaufnummer
- Name des Testobjekts (*Teilsystem, Modul, Ladevorgang, Menü usw.*)
- Beschreibung der Testaufgabe mit Angabe des Anwendungsfalls
- Bezeichnung der Eingabedaten (*z. B. Satzart, Feldname, Menü usw.*)
- Wertebereich der Eingabedaten
- Beschreibung der Wirkung
- erwartete Ausgabedaten
- andere Reaktionen (*Datenbankzustände, Listen, Protokolle, Hinweise usw.*)
- Bearbeitungsstatus (“*in Bearbeitung*”, “*freigegeben*”).

Die Testfälle umfassen in diesem Stadium noch nicht die konkreten Ausprägungen der einzelnen Datenelemente, sondern sie dokumentieren lediglich den zu prüfenden Sachverhalt und die möglichen Eingaben und Eingabekombinationen des Testobjekts (*logische Testfälle*). Für die Festlegung der Eingaben bzw. Eingabekombinationen ist die Äquivalenzklassenanalyse ein wichtiges methodisches Instrument, um einmal die Testfallermittlung auf kleinen elementaren Einheiten aufzubauen und zum anderen die Menge der Testfälle auf ein angemessenes optimales Maß zu reduzieren. Die Äquivalenzklassenanalyse wird wieder ergänzt durch die Grenzwertanalyse und den Test besonderer Werte.

Die Testfallbeschreibung und Spezifizierung der Daten sollte auch bei kleineren Projekten in einem normierten Dokument erfolgen, das bestimmten Qualitätseigenschaften genügt, zum Beispiel *Identifizierbarkeit*, *Vollständigkeit*, *Fehlerfreiheit*, *Konsistenz* usw. Im einfachsten Falle kann die Erstellung dieses Dokuments mit einem Textverarbeitungssystem oder einer relationalen Datenbank vorgenommen werden. Komfortabler und sicherer ist allerdings ein interaktives Werkzeug mit entsprechender Cursorsteuerung und geeigneten Utilities wie Such- und Änderungsfunktionen, schlüsselgesteuerte Verwaltung, statistische Auswertung usw.

Das Dokument der Testfallbeschreibung könnte nach dem umseitig angegebenen Schema aufgebaut sein. Die Beschreibung der Testaufgabe sollte mit klaren kurzen Worten umrissen werden, um allen am Testprozess beteiligten die Bedeutung des Testfalls unmissverständlich darzulegen. Werden die Testfälle in einer Datenbank gespeichert, dann sollte nur der Ersteller bzw. Tester einen *Update-Zugriff* auf diesen Ordner erhalten. Allen anderen Mitgliedern des Testteams wird lediglich ein *Lesezugriff* gestattet. Durch diese Restriktion wird sichergestellt, dass die Testfälle nicht durch unbefugte Zugriffe verändert und damit unter Umständen fehlerhaft oder in ihrer Fehlersensibilität ineffizient werden.

Auf jeden Testfall ist der *Bearbeitungsstatus* anzugeben, der besonders dann wichtig ist, wenn der Ersteller und die Tester testorganisatorisch unterschiedlichen Gruppen angehören. Durch den Bearbeitungsstatus wird den Testern angezeigt, dass ein Testfall noch "*in Bearbeitung*" ist oder "*freigegeben*" wurde. Große Bedeutung muss auch der genauen Angabe des *erwarteten* Testergebnisses beigemessen werden. Das testlaufbezogene Testergebnis darf nicht aus vagen Vermutungen bestehen, sondern muss exakt die Ergebnisse widerspiegeln, die der Vorgabendefinition entsprechen. Dabei sind Querverweise auf Schnittstellenspezifikationen usw. erlaubt.

Projekt: ________________________ **Version:**__________

Teststufe: ________________________

Testobjekt: ________________________

Testfall-Nr.______

Testaufgabe: ____

____

____

____

Lauf-Nr.	Satzart od. Maske	Feld-Name	Wert oder Wertebereich	erwartetes Ergebnis

Ersteller (*Name*): ______________

letzte Änderung (*Datum*): ______________

Bearbeitungsstatus: ______________ (“*in Bearbeitung*”, “*freigegeben*”)

Abb. 3.2-3: Beispielhaftes Dokument für die Testfallbeschreibung

3.2.5 Testfallermittlung für den funktionsorientierten Test

Für die Testfallermittlung im funktionsorientierten Test werden die spezifizierten Funktionen, die Funktionsverkettungen, Szenarios und die daraus resultierenden Anwendungsfälle herangezogen. Dazu werden eine Reihe Basisdokumente benötigt:

- die fachliche Anforderungsdefinition
- das logische und physische Datenmodell
- die funktionale Schnittstellenspezifikation
- die Liste der Übergabeparameter
- die Benutzerdokumentation

Als Hilfsmittel werden der Sichtweise entsprechend UML-Diagramme eingesetzt wie *Sequenzdiagramme*, *Anwendungsfalldiagramme*, *Komponentendiagramme*. Der funktionsorientierte Test auf *Anwenderebene* ist seinem Wesen nach ein Blackboxtest, d. h. die Ableitung der Testobjekte erfolgt ohne Beachtung ihrer inneren Struktur. Er wird nicht nur im Systemtest durchgeführt, sondern auch im Abnahmetest. Wie die Testfallermittlung durchgeführt wird, ist von der Teststufe, vom Testziel (Kritikalität) und vom Testmodell abhängig. Zum Einsatz kommen zum Beispiel die folgenden Testmodelle:

- Datenfluss-Testmodelle
- Transaktionsfluss-Testmodelle
- Schnittstellen-Testmodelle
- Bereichs-Testmodelle
- Zustandsübergangs-Testmodelle usw.

Die Testfallermittlung auf der Basis eines Bereichs-Testmodells kann zum Beispiel in folgenden Schritten vorgenommen werden:

- Identifikation von Funktionen aus den fachlichen Anforderungen und den angrenzenden Dokumenten. Die Funktionen ergeben in ihrem komplexen Zusammenwirken Anwendungsfälle und daraus resultierende Geschäftsprozesse, Sonderregelungen, Ausnahmefälle usw. Jede einzelne Funktion und jeder daraus resultierende Anwendungsfall ist zunächst ein Testobjekt.

- Bestimmung der Testsituationen für jede Funktion und jeden Anwendungsfall.

- Bestimmung der Dateneingabe- und Datenausgabebereiche für jede Funktion und jeden Anwendungsfall aus dem Datenmodell und der Schnittstellenspezifikation.

- Bestimmung von Eingabe- und Ausgabeäquivalenzklassen für jede Funktion und jeden Anwendungsfall.
- Bestimmung der Wirkung für jede Eingabeäquivalenzklasse, die eindeutig sein muss.
- Bestimmung von Grenzwerten für jede Eingabe- und Ausgabeäquivalenzklasse.
- Festlegen von besonderen Werten für jede Eingabe- und Ausgabeäquivalenzklasse.
- Bestimmung der Abhängigkeiten von Eingabedatenelementen und Bilden von Äquivalenzklassenkombinationen, wenn keine eindeutigen Wirkungen zugeordnet werden können.
- Festlegen der Testläufe zu einem Testfall.
- Beschreiben der Testfälle.
- Reihenfolge der Testläufe in einem Testscript festlegen.

In einem ersten Schritt werden die Funktionen auf der Grundlage der fachlichen Vorgaben und der Systemspezifikation ermittelt. Das können im Dialogbetrieb einzelne Masken mit Eingabe-, Such- und Editierfunktionen sein. Im Batchbetrieb kommen zum Beispiel Ladefunktionen für eine Datenbank oder Verarbeitungsfunktionen für bestimmte Satzarten in Frage. Jede Funktion entspricht in erster Annäherung einem Testobjekt, welches aufgrund seiner Eingabedaten genau definierte Wirkungen erzeugt, die durch Testfälle abzudecken ist. In einem zweiten Schritt werden diese Funktionen zu kompletten fachlichen Aufgaben i.S. von Szenarios und Anwendungsfällen kombiniert. Grundlage für diese Tätigkeiten ist das Funktionsmodell mit den fachlichen Geschäftsprozessen, den dazu gehörenden Sonderregelungen, Ausnahmefällen, Benutzeroberflächen, den Anwendungsfalldiagrammen usw.

Nach der Ableitung der Testobjekte müssen für jedes einzelne Testobjekt die definierten Teilmengen an Dateneingaben aus dem Dateneingabebereich des Programms ermittelt werden. Dafür wird das logische und physische Datenmodell mit seinen Schnittstellen- und Objektspezifikationen herangezogen. Den Dateneingaben wird dabei noch kein konkreter Datenwert zugeordnet, sondern es werden lediglich die spezifizierten Datenstrukturen mit ihren Datenelementen und ihren Abhängigkeiten betrachtet.

Durch Anwendung der *Äquivalenzklassenanalyse* werden die Definitionsbereiche der Eingabedaten und die Wertebereiche der Ausgabedaten in Äquivalenzklassen zerlegt. Die Äquivalenzklassenbildung wird mit dem Ziel verfolgt, dass die Verarbeitung eines ausgewählten Datenrepräsentanten einer Klasse genauso erfolgt, wie die gesamte Menge der Datenwerte aus dieser Klasse. D. h., wird der Datenrepräsentant korrekt verarbeitet, dann kann mit hoher Wahrscheinlichkeit davon ausgegangen werden, dass auch alle anderen Datenwerte dieser Klasse korrekt verarbeitet werden. Wird er nicht verarbeitet, dann werden auch die anderen Datenwerte mit hoher Wahrscheinlichkeit nicht verarbeitet.

Jeder Äquivalenzklasse muss eine eindeutige fachliche Wirkung zugeordnet werden können. Existiert für eine Äquivalenzklasse keine eindeutige Wirkung, weil das betrachtete Datenelement von anderen Datenelementen abhängig ist, dann muss eine Kombinationen von Äquivalenzklassen gebildet werden, um jeweils eindeutige Wirkungen zu erzielen. Liegen die Datenwerte der Äquivalenzklassen im spezifizierten Ein- oder Ausgabebereich, dann spricht man von einer *gültigen Äquivalenzklasse*, liegen sie außerhalb des spezifizierten Bereichs, von einer *ungültigen Äquivalenzklasse.* Gültige Klassen bewirken eine Verarbeitung der Eingabedaten (Verarbeitungsfall), ungültige eine Abweisung mit den entsprechenden Konsequenzen (Fehlerfall). Bei der Testfallermittlung sind sowohl gültige als auch ungültige Äquivalenzklassen zu berücksichtigen, die jedoch wegen ihres gegenseitigen Ausschlusses und den unterschiedlichen Wirkungen (Verarbeitung oder Fehlerfall) getrennten Testfällen zuzuordnen sind.

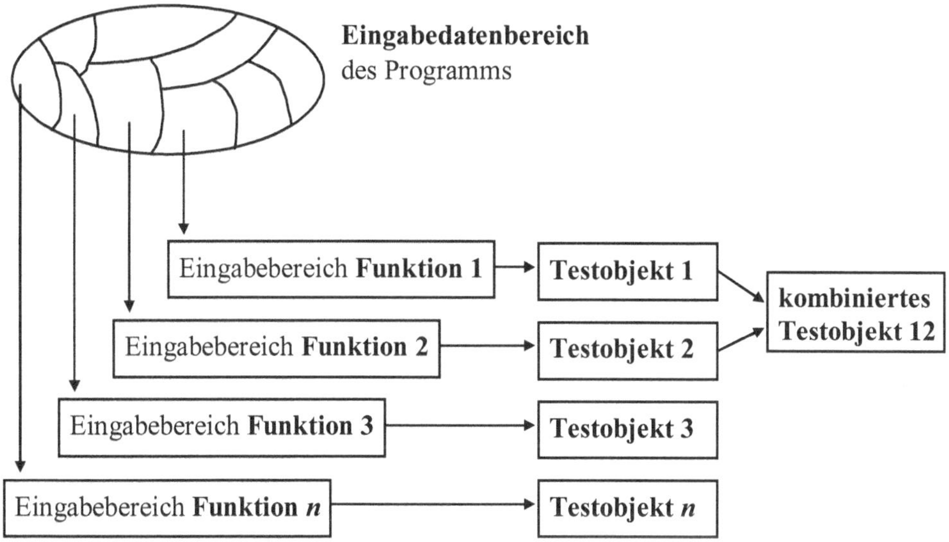

Abb. 3.2.-4: Ableitung von Funktionen aus dem Eingabedatenbereich des Programms

Jede Äquivalenzklasse oder Äquivalenzklassenkombination wird einer ergänzenden *Grenzwertanalyse* unterzogen. Durch die Grenzwertanalyse werden verstärkt die Grenzen eines Datenbereichs in den Testfällen berücksichtigt, weil diese Werte erfahrungsgemäß besonders fehleranfällig sind. Da die Grenzwerte eines Datenbereichs aus mehreren Werten bestehen (unterer und oberer Grenzwert, Verminderung bzw. Erhöhung des unteren und oberen Grenzwertes um den jeweils kleinstmöglichen Wert usw.), sind diese Werte oder Wertekombinationen des gleichen Testfalls in getrennten Testläufen zu verarbeiten. Werden unterschiedliche Wirkungen erzielt, zum Beispiel durch die Verminderung des Grenzwertes um den kleinstmöglichen Wert (ungültige Äquivalenzklasse), dann ist dieser Test in einem neuen Testfall unterzubringen. Die Zuordnung der konkreten Grenzwertdaten erfolgt in der Testdatendefinition.

Bei der Testfallermittlung im funktionsorientierten Test sind auch Tests mit besonderen Werten und Spezialfälle vorzusehen. Besondere Werte sind Werte von Eingabevariablen, die wie Grenzwerte erfahrungsgemäß fehleranfällig sind. Dazu gehören zum Beispiel Vorbelegungen von Variablen mit Space, Zero, positive und negative Werte, High- und Low-Values usw. Listen sollten auch als Leerlisten und Dateien auch als Leerdateien ihre Berücksichtigung finden. Bei Spezialfällen handelt es sich um funktionale Besonderheiten, die sich aus bestimmten logischen Grenzbedingungen ergeben. So muss zum Beispiel durch entsprechende Plausibilitätsprüfungen abgesichert sein, dass die Funktion „*Erweitern Stammdaten*“ immer erst nach „*Anlegen Stammdaten*“ ausgeführt werden kann. Wird ein derartiges Problem nicht abgeprüft, kann das zu einer Verfälschung der Daten oder zu einem abnormen Programmende führen.

Werden unterschiedliche Wirkungen von den Tests erwartet, zum Beispiel durch ungültige Äquivalenzklassen, dann sind sie wieder getrennten Testfällen zuzuordnen. Sind die Wirkungen jedoch gleich, dann werden sie zwar dem gleichen Testfall, jedoch aufgrund ihrer sich ausschließenden Verarbeitung getrennten Testläufen zugeordnet. Welcher Testaufwand bei einem Testobjekt sinnvoll ist, muss durch eine Kritikalitätsanalyse festgelegt werden, falls das nicht bereits in der Anforderungsdefinition geschehen ist. Ist die Kritikalität eines Testobjektes hoch wie bei der Verarbeitung von Stamm- und Änderungsdaten, dann wird auch der Testaufwand entsprechend hoch sein. Ist die Kritikalität niedrig, dann wird der Testaufwand entsprechend niedrig sein (z. B. Test der Hauptfunktionen). Auf diese Weise erhält jedes Testobjekt eine angemessene, optimale Testbehandlung. Folgende Abbildung zeigt das grundlegende Schema der Ableitung von Testfällen auf der Grundlage eines Bereichs-Testmodells.

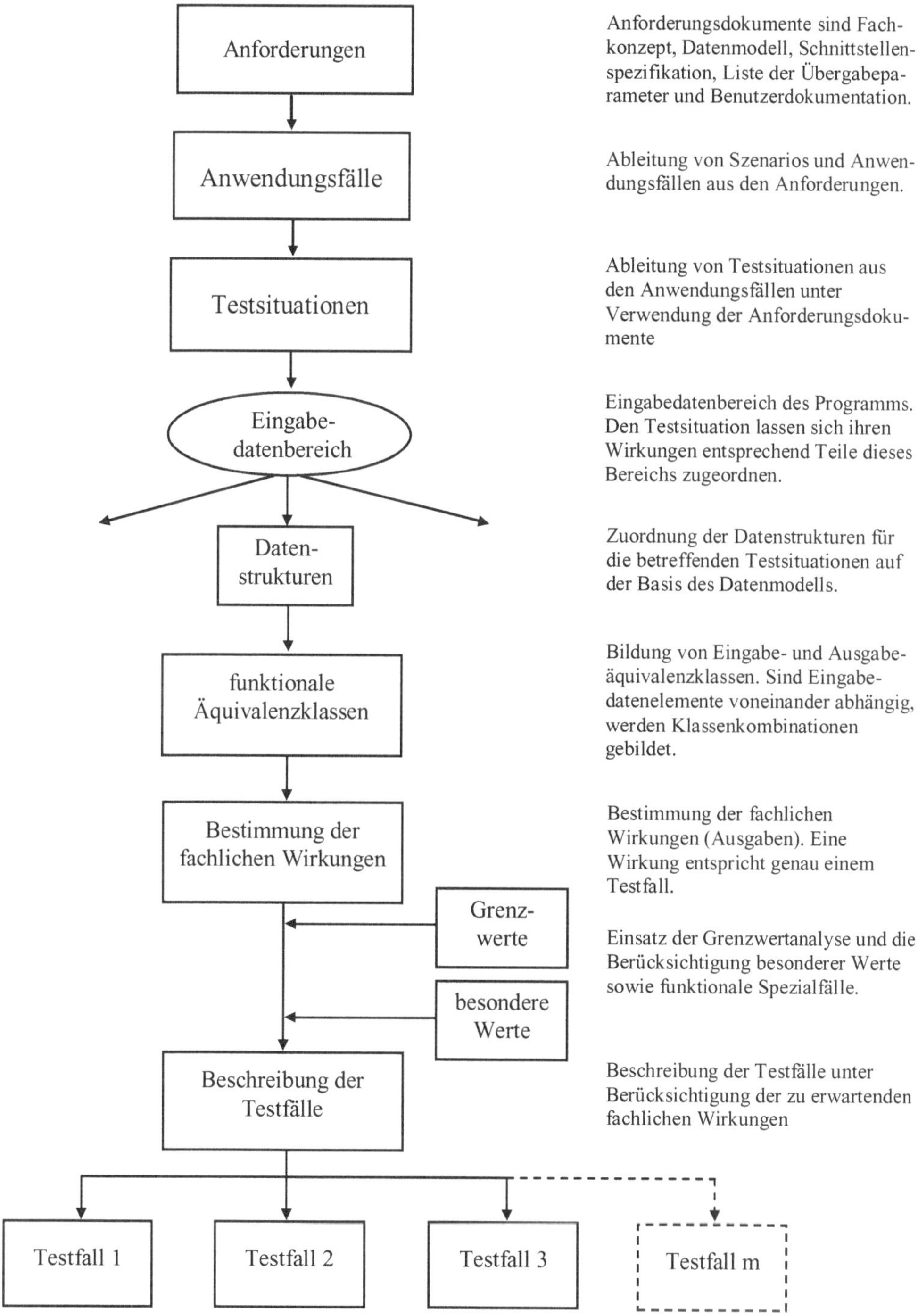

Abb. 3.2-5: Ableitung von Testfällen im funktionsorientierten Test

3.2.6 Testfallermittlung für den strukturorientierten Test

Der strukturorientierte Test wird im Modultest und Integrationstest praktiziert. Basisdokumente für die Testfallermittlung sind:

- der Grobentwurf
- der Feinentwurf
- die Modulspezifikation
- die interne Schnittstellenspezifikation
- die Programmdokumentation (einschließlich Quelltext und Programmliste)

Der strukturorientierte Test ist ein Whiteboxtest. Das bedeutet, dass die Ableitung der Testfälle auf der Grundlage der inneren Struktur der Testobjekte erfolgt. Wird für die Betrachtung eines Testobjektes ein Kontrollflussgraf verwendet, bewirkt ein Testfall die vollständige Ausführung dieses Pfades vom Start- bis zum Endeknoten. Bei Testobjekten mit geringer Kritikalität wird die Testfallermittlung oft *ad hoc* im Zusammenhang mit der Testdatendefinition durchgeführt. Da gut spezifizierte Testfälle jedoch die Basis für die Testdatendefinition bilden, kann das Testgeschehen nicht systematisch und damit effektiv kontrolliert und durchgeführt werden. Ein derartiges Vorgehen ist selbst bei kleineren Projekten nicht empfehlenswert, auch dann nicht, wenn das Entwicklerteam unter Zeitdruck steht. Die Problematik wird auf diese Weise nicht behoben, sondern lediglich von einer Teststufe in die folgende verschoben.

Wieken betont, dass Testfälle während des gesamten Lebenzyklus eines Softwareprodukts entstehen und dokumentiert werden müssen, und zwar immer dann, wenn das Ziel und die zu überprüfenden Fakten am klarsten sind [WIE90]. Testfälle für einen strukturorientierten Modultest sollten nach dieser Aussage bereits in der Entwurfsphase festgelegt und in der Realisierungsphase ergänzt werden. Diese Ergänzung ist besonders deshalb wichtig, weil die exakte Modulstruktur erst in der Realisierungsphase festgelegt wird, wobei die Freiheitsgrade bzw. die künstlerische Kreativität des Programmierers eine nicht unerhebliche Rolle spielen. Hinzu kommt noch, dass das Wissen um die Zusammenhänge zwischen Testfällen und den entsprechenden Codesequenzen in der Realisierungsphase am größten ist.

Für die Testfallbeschreibung gelten im strukturorientierten Test die gleichen Regeln wie im funktionsorientierten Test. Die Testfallbeschreibung sollte genormt und formalisiert sein, um die Testfälle aller Teststufen gemeinsam unter den jeweiligen Schlüsselbegriffen in einer Testfallbibliothek speichern zu können und statistische Auswertungen durch Werkzeuge zu ermöglichen. Wie die Testfälle zu ermitteln sind ist von der Teststufe, den verwendeten Testverfahren und Testmodellen abhängig. Für den *kontrollflussorientierten Test* kommen die folgenden dynamischen Testverfahren in Frage:

- Anweisungsüberdeckungstest
- Blocküberdeckungstest
- Zweigüberdeckungstest (*Entscheidungsüberdeckung*)
- Bedingungsüberdeckungstest
- Mehrfachbedingungsüberdeckungstest
- Entscheidungs-/Bedingungsüberdeckungstest
- LCSAJ-basierter Test
- Boundary interior-Pfadtest
- Pfadüberdeckungstest

Ergänzt wird der kontrollflussorientierte Test durch *datenflussorientierte Tests.* Folgende Testverfahren kommen dafür zur Anwendung:

- Defs/Uses-Kriterien
- Required *k*-Tupels Test
- All du-path-Kriterium

Diese Verfahren können durch diversifizierende Testverfahren (*Mutationentest, Perturbationen-Test, Back-to-Back-Test*) und Bereichstestverfahren ergänzt werden. Jedes dieser Testverfahren verlangt eine gesonderte Ermittlung der Testfälle, die bei der Behandlung dieser Verfahren in den entsprechenden Kapiteln beschrieben wird.

Der strukturorientierte Test erstreckt sich neben einfachen Überdeckungskriterien im kontrollflusssorientierten Test und dem Auffinden von Datenflussanomalien im datenflussorientierten Test auch auf die *funktionale Sicht* der Testobjekte. Dazu wird das Eingabe-/Ausgabe-Verhalten von Funktionen auf verschiedenen strukturellen Abstraktionsebenen betrachtet, die von einfachen Low-Level-Funktionen (Anweisungen) auf der Systemebene bis hin zu komplizierten Funktionen auf der Anwenderebene reichen. Die höherwertigen Funktionen ergeben sich aus dem syntaktischen und semantischen Zusammenwirken der Low-Level-Funktionen. Wichtig ist bei dieser Sicht, dass jeder Funktion ein entsprechendes Code-Segment zugeordnet wird, damit das Eingabe-/Ausgabeverhalten der Funktion bzw. Teilfunktion auf allen Abstraktionsebenen geprüft werden kann. Dazu gehören auch Prüfungen zu Tabellenobergrenzen, Typprüfungen, Plausibilitätsprüfungen, Fallunterscheidungen usw. In der Regel wird man für den Test von Funktionen Testtreiber und Platzhalter benötigen, um zum Beispiel nicht vorhandene Moduln mit den entsprechenden Datenübergabeparametern und Rückgabeparametern zu simulieren.

Die Testfallermittlung im strukturorientierten Test ist äußerst aufwändig, deshalb beginnt man in der Regel mit funktionsorientierten Blackboxtestfällen, die durch strukturorientierte Testfälle ergänzt werden [WIE90], [BAL98]. Mit Ausführung des strukturorientierten Tests sollte gleichzeitig die Codeabdeckung gemessen werden. Auf diese Weise wird nach der Testausführung überprüft, ob alle Anweisungen, Zweige oder relevanten Pfade entsprechend dem vorgegebenen Testziel mindestens einmal aktiviert wurden. Gleichzeitig erkennt man, ob das Testobjekt nicht ausführbare Zweige, Pfade oder Bedingungen enthält. Ist die Codeabdeckung zu gering, müssen weitere strukturorientierte Testfälle ermittelt und ausgeführt werden.

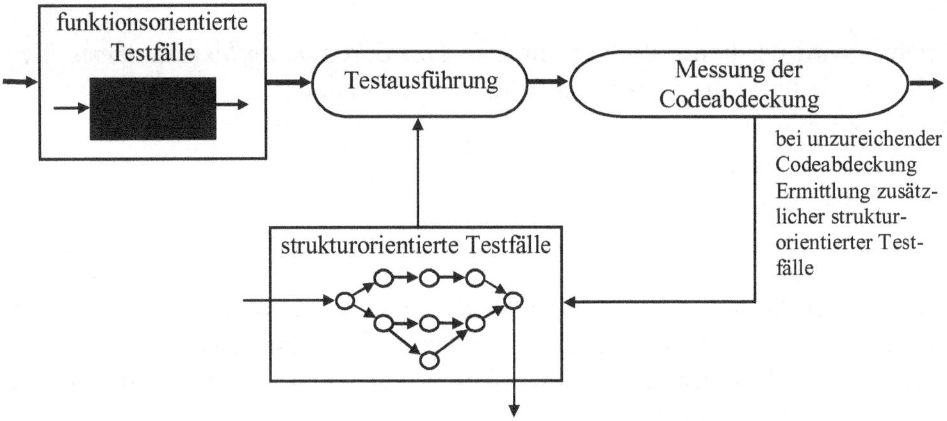

Abb. 3.2-6: Funktionsorientierte und strukturorientierte Testfälle [DEU96c]

Die Testfallermittlung für funktionsorientierte Tests einschließlich der Testausführung sollte durch Werkzeuge realisiert werden. Eine manuelle Testfallermittlung kann selbst bei kleineren Projekten äußerst zeitintensiv, kostenträchtig und sehr fehleranfällig sein. Sind zum Beispiel *datenflussbasierende Testverfahren* vorgesehen, wie nach den *Defs/Uses*-Kriterien, dann werden Zugriffe auf Variable für die Erzeugung von Testfällen benutzt. Deshalb muss jedem Knoten n_i des Kontrollflussgrafen die Menge der in ihm global definierten Variablen ($def(n_i)$) und global berechnenden Zugriffe ($c\text{-}use(n_i)$) zugeordnet werden. Jeder Kante (n_i, n_j) des Kontrollflussgrafen wird die Menge der Variablen zugeodnet, für die ein prädikativer Zugriff erfolgt ($p\text{-}use(n_i, n_j)$). Daraus wird deutlich, dass die Ermittlung der Testfälle für die relevanten Testpfade ohne Werkzeugunterstützung kaum effektiv durchführbar ist. Es gibt ein Reihe von Werkzeugen, die neben datenflussorientierten auch kontrollflussorientierte Testverfahren unterstützen. Dazu werden oft statische Analysen des Quellprogramms durchgeführt und eine Instrumentierung vorgenommen.

3.2.7 Erstellung eines Nutzungsprofils

Obwohl Software in einem streng deterministischem Prozess entwickelt wird, sind die Ergebnisse ihrer Anwendung stochastisch geprägt. Das bedeutet, es kann grundsätzlich nicht sicher vorausgesagt werden, ob die Ergebnisse einer Programmausführung korrekt sind oder falsch. Der Grund für dieses Verhalten liegt in der Vielzahl ihrer Anwendungsmöglichkeiten, der großen Anzahl an Systemzuständen, Anfangsbedingungen bzw. möglichen Variablenwerten [BEL98]. Über die *Zuverlässigkeit* von Software lassen sich deshalb nur statistische Aussagen machen, die sich einem vorausberechneten Wert annähern, wenn die Software häufig benutzt wird und die Vielfalt des Benutzerverhaltens als Grundlage der Testfallermittlung herangezogen wird.

Das Merkmal *Zuverlässigkeit* lässt sich nicht allein über die Fehlerdichte [Anzahl Fehler/kLOC] ausdrücken, sondern durch die Wahrscheinlichkeit, dass im realen Betriebseinsatz ein Fehler zum Tragen kommt, der zu einem Ausfall führt. Software kann nämlich trotz einer relativ hohen Fehlerdichte gleichzeitig eine hohe Zuverlässigkeit besitzen, wenn die latent vorhandenen Fehler (faults) statistisch äußerst selten oder nie zu einem Ausfall (failure) führen. Adams hat in seiner Studie über IBM-Fehlerdaten gezeigt, dass nur ca. 2 % der Fehler für die meisten Ausfälle verantwortlich sind [ADA84]. Im Testprozess müssen deshalb zuerst diejenigen Fehler gefunden werden, die beim Benutzer eine hohe Eintrittswahrscheinlichkeit besitzen, was auf der Grundlage eines spezifizierten System- und Benutzerverhaltens möglich ist.

Das Benutzerverhalten lässt sich durch ein Nutzungsprofil beschreiben, das die *Nutzungswahrscheinlichkeiten* von Systemmodi, Funktionen und Operationen mit ihren Variablen und Variablenwerten in einer bereits bestehenden oder künftigen Anwendung enthält. Darüberhinaus sollte das Nutzungsprofil auch die Nutzungswahrscheinlichkeiten zu erwartender fachlicher oder technischer Szenarios einschließlich spezifizierter Sonder- und Ausnahmefälle enthalten. Ist Software für unterschiedliche Kundengruppen bestimmt, dann erstreckt sich nach Musa von den AT&T Bell Laboratories die Entwicklung des Nutzungsprofils auf fünf ineinander übergehende Schritte [MUS93], [MUS95]. Die dabei entstehenden Profile sind hierarchisch gegliedert:

1. Ermittlung des Kundenprofils (*customer profile*)
2. Ermittlung des Benutzerprofils (*user profile*)
3. Ermittlung des Systemmodusprofils (*system-mode profile*)
4. Ermittlung des Funktionsprofils (*functional profile*)
5. Ermittlung des Operationsprofils (*operational profile*)

Das *Operationsprofil*, das letztendlich alle anderen Profile umschließt, dient der Ermittlung von Testfällen und Testdaten, indem die Operationen mit den höheren Aufrufwahrscheinlichkeiten auch entsprechend intensiver getestet werden als jene mit geringeren Aufrufwahrscheinlichkeiten. Auf diese Weise werden Fehler mit einer erhöhten Eintrittswahrscheinlichkeit tendenziell früher gefunden als solche mit einer geringeren Eintrittwahrscheinlichkeit. Das bedeutet, ein nutzungsorientierter Test auf der Basis eines Nutzungsprofils kann sehr effizient zur Abschätzung der *Zuverlässigkeit* der Software für den späteren Betriebseinsatz und damit auch für den noch zu erbringenden Testaufwand herangezogen werden.

3.2.7.1 Kundenprofil

Bei der Ermittlung des Kundenprofils werden Kunden i.S. von Käufern der Software in Gruppen eingeteilt, wobei jede Gruppe das zu entwickelnde System in der gleichen Art nutzt. So ist zum Beispiel zu erwarten, dass eine bestimmte Anwendungssoftware von einem Telekommunikationsunternehmen anders genutzt wird als von einem Pharmazieunternehmen. Das zu ermittelnde Kundenprofil enthält den kompletten Satz von Kundengruppen mit ihren *Vorkommenswahrscheinlichkeiten* auf den aktuellen oder künftigen Markt. Die Ermittlung des *Kundenprofils* entfällt, wenn die Software von nur einem Kunden oder einer einzigen Kundengruppe angewendet wird.

3.2.7.2 Benutzerprofil

Ein Benutzer (User) ist der unmittelbare Anwender des Systems. Er ist nicht notwendigerweise der Käufer, sondern in der Regel diesem untergeordnet. Bei der Ermittlung des Benutzerprofils werden Benutzergruppen aufgestellt, die das System alle in der gleichen Art und Weise nutzen. Ein Systemadministrator wird zum Beispiel völlig anders geartete Benutzeraktivitäten entwickeln als ein Anwendungsoperator. Das Benutzerprofil besteht aus den aufgelisteten *Benutzergruppen* und deren *Vorkommenswahrscheinlichkeiten*.

3.2.7.3 Systemmodusprofil

Ein Systemmodus besteht aus einem Satz von Funktionen bzw. Operationen, die in einer bestimmten systembedingten Weise eingesetzt werden. Beispiele für Systemmodi könnten sein: *Personalmodus, Wartungsmodus, Geschäftsmodus, Administratormodus* usw. Ein Systemmodusprofil besteht aus einer Auflistung der Systemmodi und deren Anwendungswahrscheinlichkeiten durch den Benutzer des Systems.

3.2.7.4 Funktionsprofil

In einem weiteren Schritt werden die Systemmodi zu Funktionen heruntergebrochen, die dem Benutzer zur Verfügung gestellt werden. Dabei müssen auch die Abhängigkeiten zwischen den Funktionen beachtet werden. Funktionen werden immer aus der Sicht des Benutzers betrachtet, sie enthalten weder Architektur- noch Design-Faktoren. Sie entstehen in der Anforderungsphase eines Projekts und sind deshalb in Verbindung mit den Anforderungen zu sehen. Als Hilfsmittel für die Auflistung der Funktionen dienen die spezifizierten Anforderungen sowie das Daten- und Funktionsmodell. Das Funktionsprofil ist deshalb besonders für den blackboxorientierten Funktionstest und Abnahmetest geeignet.

Für ein Online-System zur Speicherung von Kundendaten könnten folgende Funktionen vorhanden sein: *Anlegen, Ändern, Löschen, Anschauen von Daten* usw. Ein Funktionsprofil besteht aus einer Auflistung der Funktionen und deren Anwendungswahrscheinlichkeiten durch den Benutzer (User). Ergänzt werden sollte das Funktionsprofil durch Wahrscheinlichkeitsaussagen über fachliche Szenarios, Sonderfälle und fehlerhafte Benutzungen.

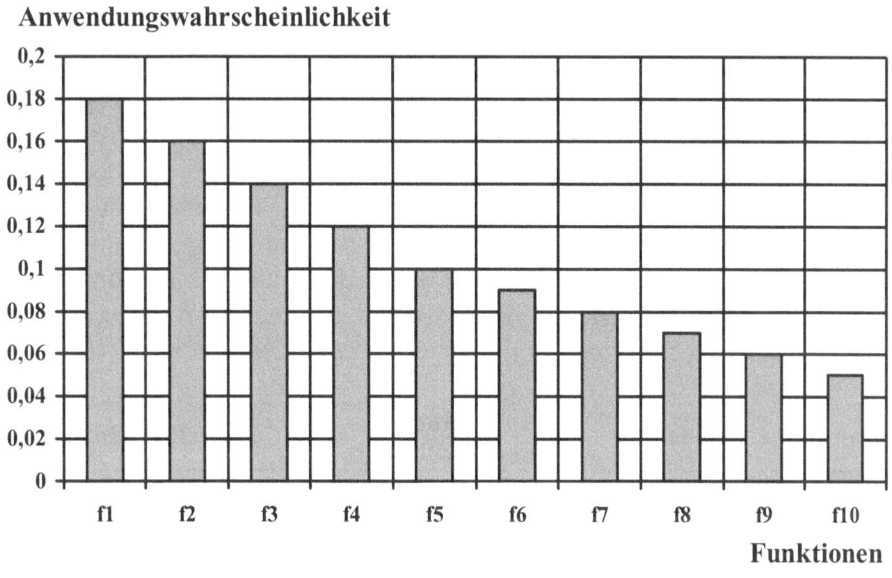

Abb. 3.2-7: Funktionsprofil

Wird Software mit Batchfunktionen funktionsorientiert getestet, dann enthalten die Eingabedateien in der Regel Records bzw. Satzarten. Das Funktionsprofil besteht dann aus einer Wahrscheinlichkeitsverteilung der korrekten und fehlerhaften Eingabedaten, bestimmten Datenkonstallationen sowie der eventuell zu übergebenen User-Parameter (z. B. über die JCL unter MVS).

3.2.7.5 Operationsprofil

Funktionen werden durch real implementierte Operationen realisiert, die beim Testen ausgeführt werden. In der Objektorientierung bezeichnet man diese Operationen auch als Methoden. Bei der Ermittlung des Operationsprofils wird das Funktionsprofil in das Operationsprofil konvertiert, wobei eine Funktion durch eine oder mehrere Operationen oder ein Satz von Funktionen durch einen Satz von Operationen realisiert werden kann. So kann die Batch-Verarbeitung von Satzarten von der *Satzart* abhängig sein, indem in Abhängigkeit vom diskreten Wert dieser Variablen in die entsprechenden Operationen verzweigt wird. Im Allgemeinen gibt es mehr Operationen als Funktionen und die Operationen tendieren zu einer größeren Verfeinerung als die Funktionen [MUS95]. Das Operationsprofil besteht aus einer Auflistung der Operationen mit ihren Variablen und Variablenwerten, denen *Auftretenswahrscheinlichkeiten* zugeordnet werden. Geeignet ist das Operationsprofil wegen seiner Bezugnahme auf die reale Implementierung besonders für den strukturorientierten Test.

Folgendes Beispiel zeigt in Anlehnung an Linger ein einfach gehaltenes Operationsprofil für ein Dialogsystem mit den menügesteuerten Auswahlmöglichkeiten E (*Edit*), D (*Delete*), B (*Browse*) und P (*Print*) (vgl. [LIN94]). Diesen Auswahlpunkten werden Anwendungswahrscheinlichkeiten zugeordnet. Da hier ein *statistischen Testen* angewendet werden soll, wird jeder Wahrscheinlichkeitsaussage für die automatische Testdatenerzeugung ein Verteilungsintervall zugeordnet. Jede zufällig erzeugte Ganzzahl entspricht einem bestimmten Bereich im Verteilungsintervall und damit einer bestimmten Funktionsauswahl. Wird eine entsprechende Menge an Testfällen auf diese Art generiert, dann nähert sich das *Test-Operationsprofil* dem er*mittelten Operationsprofil*.

Programmeingaben	**Anwendungs-wahrscheinlichkeit**	**Verteilungsintervall**
E (Edit)	35 %	0 - 34
D (Delete)	12 %	35 - 46
B (Browse)	46 %	47 - 92
P (Print)	7 %	93 - 99

Abb. 3.2-8: Einfaches Operationssprofil mit zugeordnetem Verteilungsintervall

Testfall-Nr.	Zufallszahlen	generierte Testfall-sequenz
1	5, 13, 36, 58, 81, 90	E, E, D, B, B, B
2	41, 18, 88, 62, 93, 31	D, E, B, B, P, E
3	76, 78, 14, 42 57, 87	B, B, E, D, B, B
4	7, 59, 6, 61, 98, 13	E, B, E, B, P, E
n	...	...

Abb. 3.2-9: Bestimmung der Testfälle und Testfallsequenzen durch die Zufallszahlen

3.2.7.6 Ermittlung der Ausführungswahrscheinlichkeiten

Die Ausführungswahrscheinlichkeiten der Operationen für das Operationsprofil lassen sich auf zwei Wegen ermitteln:

1. Zählen im Betriebseinsatz durch ein Statistik-Tool
2. Schätzen durch eine Verfeinerung des Funktionsprofils

Die erste Möglichkeit kann sehr genau sein, wenn die Ausführungen über einen längeren Zeitraum (u.U. mehrere Betriebsperioden) gezählt werden. Allerdings muss dafür bereits eine Vorgängerversion des Systems existieren und im Betrieb eingesetzt sein. Die ermittelten Ausführungswahrscheinlichkeiten sind dann nur noch um die neuen oder geänderten Operationen zu ergänzen. Das Zählen der Ausführungen kann automatisch mittels eines Werkzeugs vorgenommen werden, indem der Objektcode der alten Programmversion durch Sonden instrumentiert wird. Viele Betriebe führen darüber hinaus oft ausführliche Statistiken über die Art und Menge der verarbeitenden Daten, die für die Ermittlung der Ausführungswahrscheinlichkeiten herangezogen werden können.

Das Schätzen der Ausführungen durch eine Verfeinerung des Funktionsprofils ist mit größeren Unsicherheiten verbunden, weil die Ausführungen der Operationen bei datengetriebenen Anwendungen oft durch Schlüssel-Eingabevariable (*key input variable*) gesteuert werden. Darunter ist eine Eingabevariable zu verstehen, die werteabhängig unterschiedliche Operationen zur Verarbeitung der Daten aktiviert. Da die Vorkommenshäufigkeiten dieser Werte unbekannt sind, müssen sie beim Anwender unter Mithilfe erfahrener Betriebsingenieure ermittelt werden. Das Datenmodell der Anforderungen, das auch ein Mengengerüst der Daten enthalten sollte, stellt dabei ein wertvolles Hilfsmittel dar.

3.2.7.7 Kritikalität der Funktionen und Operationen

Befinden sich in der Software kritische Funktionen bzw. Operationen, dann muss deren Kritikalität bei der Erstellung des Nutzungsprofils beachtet werden. Der einfachste Weg wäre, die Nutzungswahrscheinlichkeiten mit den Kritikalitätsfaktoren der Funktionen bzw. Operationen zu wichten (z. B. Operation A: 3 x 0,05). Allerdings lässt sich bei dieser Annäherung nicht die reale anwenderbezogene *Zuverlässigkeit* schätzen. Sinnvoller ist es, die Funktionen bzw. Operationen auf der Basis ihrer Kritikalitäten zu klassifizieren und für jede Klasse ein Funktions- bzw. Operationsprofil zu erstellen. Besitzen die kritischen Funktionen bzw. Operationen geringe Nutzungwahrscheinlichkeiten, dann kann der Test mit einem jeweils ganzzahligen Vielfachen dieser Wahrscheinlichkeiten durchgeführt werden. Um die realen anwenderbezogenen *Fehlerraten* zu erhalten sind dann nur noch die ermittelten Fehlerraten durch die jeweiligen Kritikalitätsfaktoren zu dividieren. Wichtig ist, dass für jede Kritikalitätsklasse der Funktionen bzw. Operationen eine gesonderte Fehlerrate zu definieren ist, deren Einhaltung in den Tests überwacht werden muss.

3.2.8 Erfahrungen mit dem Nutzungsprofil

In den AT&T Bell Laboratories wurde nach Angaben von Musa das Nutzungsprofil zusammen mit anderen qualitätsverbessernden Techniken in einem Telekommunikationsprojekt kombinierend eingesetzt, was die Zuverlässigkeit der Software beim Anwender um den Faktor 10 erhöhte. Gleichzeitig wurde das Systemtestintervall um den Faktor 2 und das Produkteinführungsintervall um 30 % vermindert.

Hewlett-Packard wendete das *Software-Reliability Engineering* und das Nutzungsprofil in einem ähnlichen Qualitätsverbesserungsprogramm an, um den Systemtestprozess für Multiprozessoren zu reorganisieren. Mit automatisch ablaufenden statistischen Tests und Fehleraufzeichnungen sowie einem Nutzungsprofil als Leitlinie für die Testdatengenerierung reduzierten sie die Systemtestzeit und die Kosten um mindestens 50 % (vgl. [MUS93]).

Das Nutzungsprofil eines Anwenders ist nicht nur ein äußerst nützliches Hilfsmittel, um den Testprozess in der Entwicklungsphase effizient durchzuführen, sondern auch um Managemententscheidungen in allen Phasen des Software-Lebenszyklus einschließlich der Anforderungsphase zu erleichtern. Darüberhinaus wird durch die Erstellung eines Nutzungsprofils das Verständnis und die Zusammenarbeit zwischen Entwicklern und Anwendern gefördert.

3.3 Testdatendefinition

Nachdem die Testfallermittlung abgeschlossen ist und das Nutzungsprofil vorliegt, werden in einem weiteren Schritt die konkreten Ausprägungen der Testdaten festgelegt (*konkrete Testfälle*). Grundlage für die Testdatendefinition eines funktionalen Tests ist das physische Datenmodell der Anwendung, das mit der internen und externen Schnittstellenspezifikation in aktueller Form vorliegen muss. Aus den relevanten Dokumenten werden die Vorbelegungen der Datenfelder und gegebenenfalls Hinweise über Schlüssel, Kontenrahmen und betriebsinterne Variablen entnommen. Wird der Test nicht debugging-orientiert, sondern nutzungsorientiert durchgeführt, um zum Beispiel die *Zuverlässigkeit* des Systems zu ermitteln, dann dient das Nutzungsprofil als Leitlinie für die Generierung der Testdaten.

Ziel der Testdatendefinition ist beim debugging-orientierten, funktionalen Testen die vollständige Abbildung aller Eingabe- und Ausgabemöglichkeiten durch eine minimale Anzahl von Testdatenkombinationen und die Dokumentierung der Testdaten für Revisionszwecke bzw. deren Wiederverwendung in Regressionstests oder Folgeversionen. Da eine vollständige Testüberdeckung des Eingabedatenraums eines Programms wegen der kombinatorischen Vielfalt seiner Variablenwerte nicht möglich ist, werden durch die *Äquivalenzklassenanalyse* testobjektbezogene Eingabeklassen definiert, wobei ein Testfall mit einem repräsentativen Wert einer Klasse zu jedem anderen Werte dieser Klasse äquivalent sein soll. Es hat sich in der Praxis als hilfreich erwiesen, dass für jedes Testobjekt separate Bestands- und Bewegungsdaten ermittelt werden, um von anderen Testobjekten weitgehend unabhängig testen zu können. Damit die Testdaten für Regressionstests und Folgeversionen wiederverwendet werden können, sollten sie *testobjektbezogen* aufgebaut und als ladefähige Bestände gehalten werden.

Testfall 1		**Testdaten**	
Testfallbeschreibung: Kundensatz mit Normalwerten prüfen.		**Testdaten-kombination 1**	**Testdaten-kombination 2**
Feldbezeichnung	**Wertebereich**		
Satzart	„A1“	A1	A1
Kundennummer	1-9999999999	0000000001	9999999999
Firma	Name	Karl Bauer GmbH	Karl Bauer GmbH
Mehrwertsteuer	7,0 %, 16 %	0.070	0.160
Umsatz	0,00 - 9.999.999,99	0,00	9.999.999,99

Abb. 3.3-1: Abgrenzung von Testfällen und Testdaten

3.3.1 Voraussetzungen für die Testdatendefinition

Bevor mit der Testdatendefinition begonnen wird, sollten eine ganze Reihe von Bedingungen erfüllt sein, damit die Durchführung effizient und zielgerichtet abgewickelt werden kann. Wie die Testdatendefinition letztendlich durchgeführt wird, hängt vom Testobjekt, den zugrunde liegenden Testmodellen, den Schnittstellen und der Teststufe ab. Darüber hinaus muss entschieden werden, ob die Testdaten automatisch auf der Basis eines Nutzungsprofils generiert werden sollen oder ob sie manuell zu editieren sind, wie das zum Beispiel beim intuitiven, debugging-orientierten Testen der Fall sein wird. Ausschlaggebend ist auch, auf welchem Modell der Softwareentwicklungsprozess basiert. Wird ein Phasenmodell für den Softwareentwicklungsprozess verwendet, dann wird gefordert, dass die Entwicklungs- und Testaktivitäten weitgehend linear ablaufen, was folgende Bedingungen nach sich zieht:

- Der Entwurf der Anwendung ist weitgehend stabil und liegt in qualitätsgesicherter Form vor.
- Ein Nutzungsprofil des Testobjekts bzw. der Anwendung wurde erstellt.
- Die zugrunde liegenden Testmodelle wurden festgelegt.
- Die Batch-Schnittstellen für die Bestandsdaten und die Dialog-Schnittstellen für die Bewegungsdaten wurden vollständig spezifiziert.
- Die testobjektbezogenen Testfälle wurden vollständig ermittelt, dokumentiert und mit der Fachseite über Reviews abgestimmt.
- Die Werte und Wertebereiche für die Datenelemente der Schnittstellen wurden vollständig definiert (Vorbedingungen, Nachbedingungen und Invarianten).
- Die Anfangswerte für alle relevanten Datenelemente wurden spezifiziert.
- Alle funktionellen Wirkungen des Testobjekts sind bekannt.
- Alle Informations-, Warn- und Abbruchmeldungen wurden dokumentiert.
- Eine vollständige Beschreibung der Masken und Maskenbäume liegt vor.
- Eine vollständigte Beschreibung des Dialogablaufs für die Dialogfunktionen einschließlich der Cursorsteuerung liegt vor.
- Die Zuordnung von Dateien und Datenbanktabellen zu den Funktionen liegt vor.
- Die Dateiorganisationmethoden und Zugriffsarten wurden festgelegt.

Wird dagegen eine Softwareentwicklung in leichten Prozessen bevorzugt, dann werden die Anforderungen und das entstehende Produkt inkrementellen Veränderungen unterworfen sein. D. h., das Produkt unterliegt einer ständigen evolutionären Verbesserung und die Tests werden in Iterationen durchgeführt, wobei die funktionalen Testfälle gewöhnlich am Ende einer Iteration vorliegen sollten. Bei einer derartigen Vorgehensweise entfällt der Zwang zu stabilen Anforderungen, was sowohl eine hohe Flexibilität des Entwicklungs- und Testprozesses gewährleisten soll als auch den Kunden evolutionär an das Produkt herangeführt. Ob allerdings ein Softwareprodukt mit hoher Kritikalität zum Beispiel durch XP entwickelt werden kann ist fraglich, weil hier oft fest vorgegebene Normen und Standards die Anforderungen bestimmen, die darüber hinaus gut dokumentiert sein müssen.

3.3.2 Durchführung der Testdatendefinition

Die Testdatendefinition verlangt besonders für komplexe Anwendungen mit komplizierten Schnittstellen ein hohes Maß an Fachwissen, Kreativität und Aufwand. Sie kann für das debugging-orientierte Testen in folgenden Schritten durchgeführt werden:

- Feststellen, ob bereits Bestandsdaten für dieses Projekt vorhanden sind. Das ist zum Beispiel dann möglich, wenn die Anwendung bereits existiert bzw. nur Änderungen oder Fehlerbeseitigungen an ihr vorgenommen wurden.

- Feststellen, ob projektübergreifende Bestandsdaten aus verbundenen Anwendungen verfügbar sind. Sind Bestandsdaten vorhanden, dann müssen diese gegebenenfalls den Änderungsvorgaben entsprechend angepasst werden.

- Spezifizierung der Testdaten unter Beachtung der Vorbelegungen, User-Parametern, Kontenrahmen, Konstanten, Variablen, Schlüssel usw. auf der Grundlage des physischen Datenmodells sowie der internen und externen Schnittstellenspezifikation.

- Festlegen aller relevanten Eingabekombinationen für jeden Testfall durch Anwendung der Äquivalenzklassen- und Grenzwertanalyse sowie Berücksichtigung von besonderen Werten (Eingabe- und Ausgabeäquivalenzklassen). Bei geforderten Ausgabegrenzwerten oder besonderen Ausgabewerten müssen diese Werte in die entsprechenden Eingabewerte über den zu Grunde liegenden Algorithmus "rücktransformiert" werden.

- Reviews auf die Testdatendefinition mit Mitgliedern des Testteams und rekursives Umsetzen der Ergänzungen und Verbesserungen.

- Zuordnung der Testdatenkombinationen zu Testläufen in Testscripts. Schließen sich Testdatenkombinationen gegenseitig aus, dann sind dafür getrennte Testläufe vorzusehen.

Durch die Testdatendefinition erhält man Datenbestände für Testfälle, die aufgrund ihrer Wirkungen in drei unterschiedliche Kategorien aufgeteilt werden können:

1. Datenbestände, mit denen die zu testenden Funktionen uneingeschränkt lauffähig sind. Diese Daten müssen in sich konsistent sein, sowohl von den Schlüsseln als auch von den funktionalen Abhängigkeiten her. Sie müssen gewährleisten, dass alle fachlichen Funktionen aktiviert werden.

2. Datenbestände, die Fehler- und/oder Hinweismeldungen erzeugen ohne die Verarbeitung abzubrechen. Die Fehler werden in diesem Fall nicht als derart schwer aufgefasst, dass ein Abbruch zwingend nötig wäre. Entweder werden die fehlerhaften Daten vom Programm selbst korrigiert, was in den wenigsten Fällen möglich sein wird, oder der Bediener wird dadurch aufgefordert, entsprechende Maßnahmen für die Korrektur einzuleiten. Die Hinweismeldungen besitzen demgegenüber nur informativen Charakter, zum Beispiel über den Stand der Verarbeitung, die verbrauchten Ressourcen oder aufgetretene Mängel, die als nicht schwer einzustufen sind.

3. Datenbestände, die Fehlermeldungen produzieren und die Verarbeitung abbrechen. Die Fehler sind in diesem Fall von einer Schwere, die eine Weiterverarbeitung nicht als sinnvoll erscheinen lassen.

3.3.3 Verwendung mnemonischer Testeingabedaten

Die Testeingabedaten lassen sich in einer Weise auswählen, die Fehler bei den Testausgaben ohne langwierige Prüfungen durch ihren "sprechenden" Inhalt erkennbar machen. Man verwendet also merkfähige bzw. mnemonische Daten für bestimmte Datenfelder bei Batch- oder Dialog-Anwendungen, die einen unmittelbaren Sinnzusammenhang zu der jeweiligen Programmfunktion oder der Bedeutung der Daten herstellen. Man bezeichnet eine derartiges Vorgehen auch als *Visualisierungsmethode* (vgl. [ZIM87], S. 43). Folgende Hinweise lassen sich für das Erstellen mnemonischer Testdaten geben:

- Bei alphanummerisch definierten Feldern kann im einfachsten Fall der Feldname der Schnittstelle als Feldinhalt verwendet werden. Es empfiehlt sich aber auch die Feldbegrenzungen zu markieren. In der Regel werden bei alphanummerischen Feldern die Zeichen linksbündig im Feld angelagert, wobei nicht belegte Bytepositionen mit Spaces belegt werden. Ist nun der Feldinhalt kleiner als die Feldgröße, dann können nicht belegte Bytepositionen rechts abgeschnitten werden, ohne dass die Testdaten selbst verstümmelt erscheinen. In diesem Fall lassen sich Feldbegrenzer verwenden, die zum Beispiel aus einzelnen Buchstaben oder Buchstabenkombinationen bestehen können. Das Abschneiden von Bytepositionen wird dann in derartigen Fällen sofort bemerkt.

- Bei nummerisch definierten Feldern, die keine Rechenfelder sind und bei denen keine Plausibilitätsprüfung vorgesehen ist, können die Bytepositionen durchlaufend von 1 bis 0 (wiederholend) nummeriert werden. Es lassen sich aber auch Feldbegrenzungen verwenden, die mit 1 beginnend durchnummeriert werden, der Rest des Feldes kann Zeroes enthalten.

- Bei statistischen Auswertungen in Tabellenform kann der Inhalt des Feldes der zugeordneten Spalte entsprechen.

- Bei internen Tabellenauswertungen im strukturorientierten Test kann der Index der Tabellenelemente als Feldinhalt verwendet werden. Dadurch erkennt man auf einfache Weise, ob Tabellenelemente fehlen oder doppelt verarbeitet werden.

Folgende Abbildung zeigt Testeingaben an einem Terminal, wobei die Namensfelder durch rechtsseitige Feldbegrenzungen markiert wurden. Das nummerische Feld *Kontonummer* wurden von 1 beginnend bis 0 durchnummiert. Die *Steuernummer* von 1 bis 0 wiederholend. Abgeschnittene Bytes bei Empfangsfeldern aufgrund fehlerhafter Felddefinitionen werden dadurch sofort erkannt.

Name:	Schmidt E
Vorname:	Paul E
Konto-Nr.:	1234567890
Steuernummer:	123456789012345

Abb. 3.3-2: Beispielhafte Testeingabedaten an einem Terminal

3.3.4 Vermeidung von Redundanzen

Um jeden Testfall fehlersensitiv abzudecken sind in der Regel mehrere Testdatenkombinationen zu bilden, damit zum Beispiel neben Normalwerten auch Grenzwerte und besonderer Werte getestet werden können. Wie die konkreten Datenausprägungen einer einzelnen Äquivalenzklasse gemischt werden, hat auf die erwartete Wirkung keinen Einfluss. Diese Aussage ist auch plausibel, wenn man bedenkt, dass einer eindeutigen Wirkung definitionsgemäß immer nur eine einzige Äquivalenzklasse zugeordnet wird.

Ist die gleiche Äquivalenzklasse in mehreren Testfällen vorhanden, dann ist es nicht notwendig, die zugehörigen Testdatenkombinationen in jedem Testfall zu wiederholen, sondern diese können auf verschiedene Testfälle verteilt werden. Diese Maßnahme trägt zu redundanzfreien Testfällen bei, wodurch sich die Anzahl der Testläufe und damit der Testaufwand erheblich vermindern lässt. Ein einfaches Beispiel soll diesen Sachverhalt verdeutlichen:

In mehreren Testfällen eines Testobjekts ist die nummerisch definierte 10-stellige Kundennummer enthalten, die aufgrund ihrer eindeutigen Wirkung einer einzigen Äquivalenzklasse zugeordnet wurde. Zur Vermeidung von Redundanzen ist es nicht sinnvoll, in jedem Testfall die gleichen Ausprägungen der Kundennummer unterzubringen, sondern sie auf die übrigen Testfälle, die ebenfalls die Kundennummer enthalten, zu verteilen. Die Grenzwerte und ein mittlerer Wert der Kundennummer besitzen zum Beispiel folgende Ausprägungen:

unterer Grenzwert	mittlerer Wert	oberer Grenzwert
0000000001	5000000000	9999999999

Hieraus ergeben sich drei Testdatenkombinationen, die auch drei unabhängigen Testläufen zugeordnet werden müssen.

Testfall 1		**Testdaten**		
Testfallbeschreibung:		**Testdaten-kombination 1**	**Testdaten-kombination 2**	**Testdaten-kombination 3**
Feldname	**Wertebereich**			
Satzart	„A1“	A1	A1	A1
Kundennummer	1-9999999999	0000000001	9999999999	5000000000
...	...	...	...	...

Abb. 3.3-3: Testdatenkombinationen

Da die Testdatenkombinationen *einer* Äquivalenzklasse angehören, können sie auch auf mehrere andere vorhandene Testfälle aufgeteilt werden, sie sind also nicht in jedem Testfall als separate Testdatenkombination zu wiederholen, was die Redundanz weiter verringert. Im vorliegenden Beispiel werden die Testdatenkombinationen auf die Testfälle 10 bis 12 aufgeteilt.

Testfall 10		**Testdaten**		
Testfallbeschreibung:		**Testdaten-kombination 1**	**Testdaten-kombination 2**	**Testdaten-kombination 3**
Feldname	**Wertebereich**		...	...
Satzart	„H1“	H1	...	...
Kunden-Nr.	1-9999999999	0000000001	...	...
...	...	...	...	...

Testfall 11		**Testdaten**		
Testfallbeschreibung:		**Testdaten-kombination 1**	**Testdaten-kombination 2**	**Testdaten-kombination 3**
Feldname	**Wertebereich**		...	...
Satzart	„H1“	H1	...	...
Kunden-Nr.	1-9999999999	9999999999	...	...
...	...	...	...	...

Testfall 12		**Testdaten**		
Testfallbeschreibung:		**Testdaten-kombination 1**	**Testdaten-kombination 2**	**Testdaten-kombination 3**
Feldname	**Wertebereich**		...	...
Satzart	„H1“	H1	...	...
Kunden-Nr.	1-9999999999	5000000000	...	...
...	...	...	...	...

Abb. 3.3-4: Verteilung von Testdatenkombinationen auf mehrere Testfälle

3.3.5 Abschlusskriterien für die Testdatendefinition

Die Testdatendefinition kann abgeschlossen werden, wenn bestimmte Kriterien erfüllt sind, die über eine Checkliste geprüft werden können. Die Erfüllung der folgenden Kriterien ist eine wesentliche Voraussetzung für einen umfassenden Test und damit auch ein Kriterium für eine gute Testüberdeckung:

- Jedem Testfall wurde mindestens eine Testdatenkombination zugeordnet.
- Jeder Wertebereich einer Äquivalenzklasse wurde durch den unteren und oberen Grenzwert in den Testdatenkombinationen berücksichtigt. Die Wirksamkeit der Testfälle lässt sich erhöhen, wenn zusätzlich die unmittelbar ober- und unterhalb der Grenzwerte liegenden Werte als Positiv- bzw. Negativfälle berücksichtigt werden [MYE91].
- Jedem diskreten Wert einer Äquivalenzklasse (Einzelwert) wurde mindestens eine Testdatenkombination zugeordnet.
- Jede Testdatenkombination enthält eine vollständige Dokumentation der relevanten Eingaben und Ausgaben.
- Alle Testdatenkombinationen sind in mindestens einem Testlauf zugeordnet.
- Es wurden ausreichend Testdaten für Warn-, Information- und Abbruchmeldungen definiert.
- Es fand ein Review auf die Testdatendefinition mit Mitgliedern des Testteams und ggf. mit Know-how-Trägern der Fachseite statt.

Folgende Abbildung zeigt die logischen Schritte von der Testfallermittlung über den Testfall, der die Vorgabe für die Testdatendefinition enthält, zu den Testdaten.

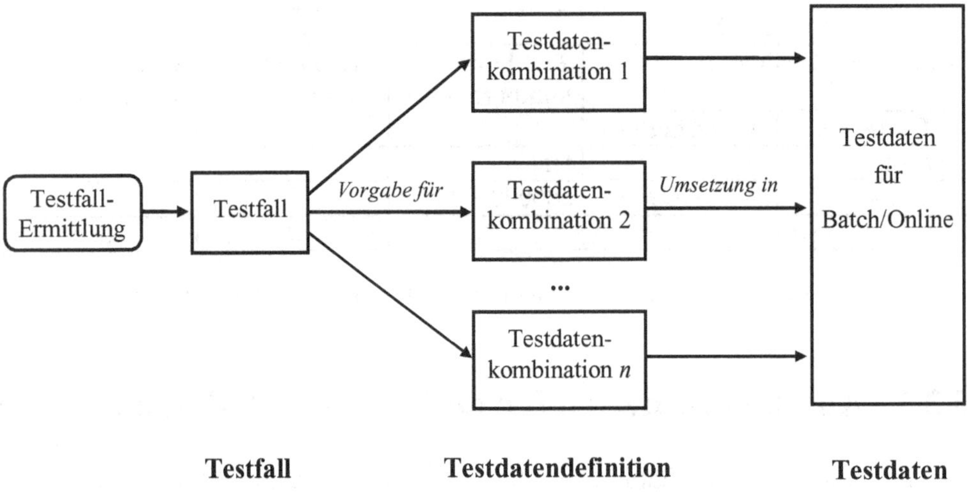

Abb. 3.3-4: Logische Beziehung zwischen Testfall und Testdatendefinition

3.4 Testdatenorganisation

Nachdem die Testdatendefinition abgeschlossen ist, müssen die Testdaten auf einer neutralen Systemumgebung erstellt, systematisch organisiert und verwaltet werden. Die teststufenspezifische Zuordnung der Daten zu Testobjekten, Testfällen und Testläufen muss eindeutig und unmissverständlich geregelt sein, damit ihre Wiederverwendbarkeit für Regressionstests und Folgeversionen gewährleistet ist. Je nach der System- bzw. Testumgebung umfasst die Testdatenorganisation folgende allgemeine Aufgaben:

- Festlegen der Zugriffsrechte auf bestehende Systemdateien und Systembibliotheken mit der Systemadministration.

- Einrichten von projektbezogenen Systemdateien und Systembibliotheken durch den Systemadministrator.

- Beantragen von User-ID´s für die Kopierbasis und die Tester.

- Festlegen der Namenskonventionen für Dateien und ggf. Member (*partitioned data set*) des Basisbestandes (*Kopierbasis*).

- Festlegen der Namenskonventionen für Dateien und Member der kopierten Bestände. Aus den Dateibezeichnungen sollte eindeutig hervorgehen:
  - Testobjekt
  - Testfallnummer
  - Laufnummer
  - Anzahl der physischen Datei-Partitionen pro logische Datei
  - sonstige Angaben

- Festlegen der Zugriffsrechte auf den Basisbestand und die kopierten Bestände. Einen *Update-Zugriff auf den Basisbestand* sollten nur die Personen erhalten, die unmittelbar an der Erstellung der Daten arbeiten. Die Tester erhalten nur einen Lesezugriff, der das Kopieren der Daten mit einschließt. Durch diese Maßnahme soll sichergestellt werden, dass der Basisbestand weder beabsichtigt noch unbeabsichtigt von den Testern geändert werden kann. Einen *Update-Zugriff auf die Umgebungen der Tester* sollte nur dem jeweiligen User gestattet werden. Da die Tester sich jedoch untereinander oft vertreten müssen, sollte jeder User einen Lesezugriff auf alle anderen User besitzen. Auf diese Weise wird der notwendige Informationsaustausch der User untereinander gesichert.

- Dokumentation der Dateien und Member des Basisbestandes.
- Dokumentation der Dateien und Member der testobjektbezogenen Bestände.
- Zuteilung von sich nicht überschneidbaren Schlüssel-Nummernkreisen an die Tester.

Verantwortlich für diese planerisch-organisatorischen Tätigkeiten ist der Teamleiter der Testgruppe ggf. in Verbindung mit der Projektleitung und der zuständigen Fachabteilung.

3.4.1 Erstellen des Basisbestandes

Ein oder mehrere Mitglieder des Testteams, erstellen auf der Basis der fachlichen Vorgabendefinition und der externen Schnittstellenspezifikation den Basisbestand an Testdaten. Diese Kräfte sollten sowohl tiefgehende fachliche Kenntnisse bezüglich der zu testenden Anwendung besitzen als auch im Umgang mit dem Betriebssystem, den relevanten Dateiorganisationsformen und Zugriffsmethoden sowie den spezifischen Datenformaten und Datenklassen geübt sein.

Der Basisbestand ist ein in sich konsistenter Datenbestand, der alle fachlichen Abhängigkeiten und Beziehungen auf der Feldelement- und Dateiebene enthält ohne jedoch auf die testfallspezifischen Besonderheiten abzustellen. Er sollte alle Szenarios und Anwendungsfälle in sich einschließen, die in einem normalen Betriebsablauf zu erwarten sind und demzufolge ein realistisches Abbild der künftigen oder bereits bestehenden Betriebsdaten sein. Grundlage für einen derartigen Datenbestand ist das bereits ermittelte Nutzungsprofil des Anwenders (*operational profile*).

Nachdem der Basisbestand erstellt ist, muss er durch ein Testdaten-Review statisch geprüft werden. Das Review ist wieder mit den Know-how-Trägern der Fachabteilung durchzuführen. Dabei sollte noch einmal anhand der Schnittstellenspezifikation und der Anwendungsfälle durch ausgewählte Szenarien geprüft werden, ob der Datenbestand allen fachlichen Anforderungen genügt und in sich konsistent ist. Dazu zählt auch das Prüfen der Vorbelegung von Variablen, der einfließenden Konstanten und die Konsistenz der Satzarten (Batch) mit den Schlüsseln.

Nach der ausführlichen Prüfung des Basisbestandes und den entsprechenden Berichtigungen muss ihm der Status „*freigegeben*" zugeordnet werden. Vor der Freigabe besitzt der Bestand den Status „*in Bearbeitung*" und sollte für die Tester geperrt sein. Der Grund für diese Restriktion ist einleuchtend, denn der Bestand kann vor der Freigabe unvollständig oder mit Fehlern behaftet sein, die sich durch die Kopiervorgänge auf alle User-Umgebungen ausbreiten und auf diese Weise Fehler beim Testen maskieren können.

Folgende Abbildung zeigt ein exemplarisches Dokument für einen freigegebenen Basisbestand. Auf das Dokument sollten alle relevanten Tester mit Ausnahme des Autors ausschließlich Lesezugriff besitzen, um unberechtigte Schreibzugriffe zu vermeiden und damit die Unverletzlichkeit des Dokuments in allen Testphasen sicherzustellen.

Qualitätsmanagement: ______________________________

Projekt: *ABC* **Version:** *1.01* **Stand:** *01.09.1999* **Seite** *1 von n*

Basisbestand (Kopierbasis)

Datei: Q5400DDS.STAMMDAT.T990503
Q5400DDS.RECHDAT.T990503
Q5400DDS.ANSCHRIFTEN.T990503
Q5400DDS.ARTIKEL.T990503
Q5400DDS.BLZ.T990503
Q5400DDS.AENDATEN.T990503

Member:

Beschreibung der Qualifier:
Qualifier 1: *systembedingt*
Qualifier 2: *Dateiname*
Qualifier 3: *JJMMTT*

Status: *freigegeben*

Verantwortlicher:

Abb. 3.4-1: Exemplarisches Dokument für einen Basisbestand

3.4.2 Kopieren des Basisbestandes

Wurde der Basisbestand freigegeben, dann werden die Testdaten auf die unabhängigen User-Umgebungen der Tester kopiert. Diese individuellen Kopiervorgänge werden von den Testern selbst durchgeführt, weil jeder Tester weiß, welche Daten des Basisbestandes er für das Testen seiner Testobjekte benötigt. Das Einrichten eines Basisbestandes als Kopierbasis bringt folgende Vorteile:

- Reduzierung der Fehlerwahrscheinlichkeit durch den Know-how-Transfer.
- Reduzierung des Aufwands bei der Testdatenerstellung.
- Erleichterte Testauswertung, weil alle relevanten Testobjekte mit dem gleichen konsistenten Standarddatenbestand getestet werden.

Das starre Kopieren des Basisbestandes besitzt jedoch auch einen Nachteil: Falls Schlüssel verwendet werden, und das ist in vielen Batch- und Dialog-Anwendungen der Fall, besitzt jeder kopierte Testdatenbestand den gleichen Schlüssel-Nummernkreis. Findet der Test auf einer Testdatenbank oder einem Transaktionsprozess-Monitor (z. B. CICS) statt, dann muss jedoch jedem Tester ein getrennter Schlüssel-Nummernkreis zugeteilt werden. Die Schlüssel sind also manuell oder durch ein Werkzeug zu ändern, was auf den ersten Blick nicht sonderlich problematisch erscheint. Besitzt eine Anwendung jedoch mehrere Eingabedateien mit einer ganzen Reihe von Schlüsseln, die darüber hinaus noch alle voneinander abhängig sind, dann wird es sehr schwierig, durch manuelles Editieren die Konsistenz der Schlüssel über alle Dateien hinweg zu gewährleisten. In diesem Falle sollte die Anpassung der Schlüssel durch ein geeignetes Werkzeug realisert werden (z. B. TEST-DAT der Fa. SQS). Lassen sich jedoch der Datenbank genügend unabhängige Platten zuordnen, dann dürfte es nicht schwierig sein, jedem Tester eine separate Testumgebung mit eindeutigen Suchmustern zu generieren.

Ein weiterer Nachteil ist, dass im Basisbestand unentdeckte Fehler sein können, die durch den Kopiervorgang an alle Tester weitergegeben werden. Eine ausführliche Kontrolle der Daten vor der Freigabe, die durch Reviews mit relevanten Teammitgliedern und der zuständigen Fachabteilung zu ergänzen ist, kann dieses Risiko jedoch auf ein vertretbares Minimum gesenkt werden.

Insgesamt überwiegen die Vorteile einer Kopierbasis bei weitem die Nachteile, die durch die beschriebenen Maßnahmen leicht umgangen werden können. Bei größeren Projekten, an denen eine ganze Reihe von Testern arbeiten, ist ein derartiges Vorgehen ein unverzichtbares Erforderniss, das die Grundvoraussetzung für ein sehr effizientes und vergleichbares Testen liefert.

3.4.3 Anpassen der kopierten Bestände an die Testfälle

In einem weiteren Schritt werden die kopierten Daten von den Testern an die testfallspezifischen Besonderheiten angepasst. Grundlage dafür sind die Testdatenkombinationen je Testfall, die den einzelnen Testläufen zugeordnet werden müssen. Wird für einen Test ein größerer Datenbestand benötigt, als der Basisbestand beinhaltet, müssen die Daten unter Beachtung der Schlüssel vervielfältigt werden. Besteht der Basisbestand aus mehreren Dateien mit unterschiedlichen Schlüsseln, die in genau definierten Beziehungen stehen, dann muss auf die Konsistenz der vervielfältigten Daten geachtet werden. Die Erweiterung des Schlüssel-Nummernkreises kann wieder durch manuelles Editieren oder durch ein Werkzeug geschehen.

Qualitätsmanagement: ____________________

Projekt: *ABC* **Version:** *1.01* **Stand:** *01.09.1999* **Seite** *1 von n*

User: *XYZ*

Testobjekt: *Laden der Datenbank mit Bestands- Änderungs- und Rechnungsdaten*

Testdateien Lauf 001

Datei:
Q5400DDS.STAMMDAT.T990503.T001L01
Q5400DDS.ANSCHRIFTEN.T990503.T001L01
Q5400DDS.ARTIKEL.T990503.T001L01
Q5400DDS.BANKLZ.T990503.T001L01
Q5400DDS.AENDATEN.T990503.T001L01
Q5400DDS.RECHDAT.T990503.T001L01

Member:

Beschreibung der Qualifier:
Qualifier 1: *systembedingt*
Qualifier 2: *Dateiname*
Qualifier 3: *JJMMTT*
Qualifier 4: *T999=Testfallnummer, L99=Laufnummer*

Status: *freigegeben*

Verantwortlicher:

Abb. 3.4-2: Exemplarisches Dokument für einen testobjektbezogenen Datenbestand

Die folgende Abbildung zeigt das Schema einer Kopierbasis als Grundlage für die Aufteilung des Basisbestandes in testfallbezogene Testdaten.

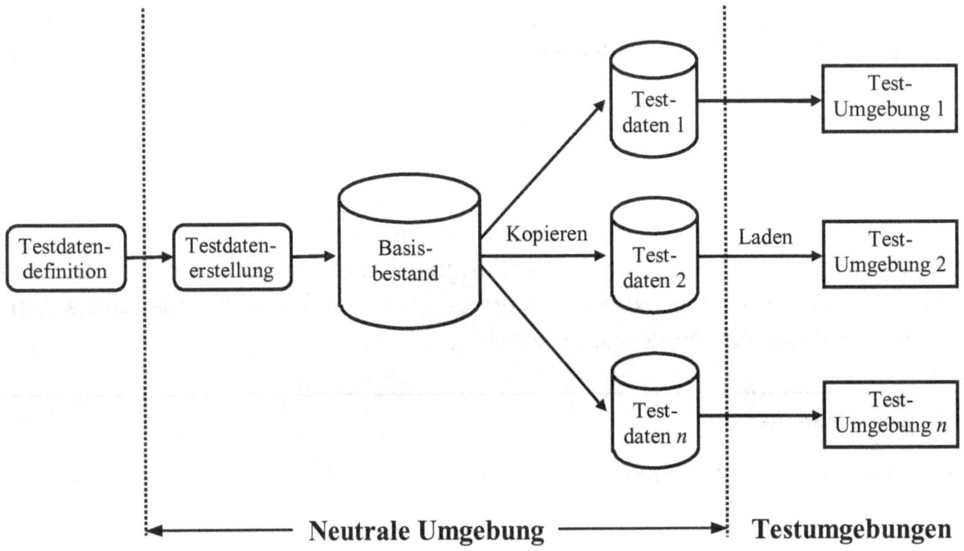

Abb. 3.4-3: Kopierbasis und Testdatenbestände

3.4.4 Testdatenkombinationen und Testläufe

Um die Anzahl der Testläufe zu minimieren wird man versuchen, möglichst viele Testdatenkombinationen einem Testlauf zuzuordnen. Das ist jedoch nur dann möglich, wenn sich deren Wirkungen nicht gegenseitig ausschließen oder überdecken. Ein gegenseitiger Ausschluss der Wirkungen kann stattfinden:

- Wenn ein Feldwert mehrere diskrete Werte annehmen kann, die unterschiedliche Wirkungen hervorrufen.
  Das Zahlungskennzeichen eines Kunden kann z. B. „0“ = Barzahler oder „1“ = Abbucher sein, jedoch nicht beides gleichzeitig.
- Wenn ein Feldwert mehrere kontinuierliche Wertebereiche annehmen kann, die unterschiedliche Wirkungen hervorrufen.

  Die Rabattgewährung für einen Kunden kann z. B. in Abhängigkeit vom Rechnungsbetrag gestaffelt sein.
- Wenn ein Feldwert einen kontinuierlichen Wertebereich besitzt, der durch die Grenzwertanalyse getestet werden soll.

  Der Feldwert kann entweder den unteren oder den oberen Grenzwert enthalten.

Anhand der fachlichen Vorgabendefinition und der Systemspezifikation muss überprüft werden, ob sich Wirkungen derart beeinflussen können, dass sich Fehler gegebenenfalls überdecken oder aufgrund der sequenziellen Verarbeitungsfolge nicht zur Wirkung kommen. Eine derartige Überdeckung findet statt:

- Wenn zwei oder mehrere Abbruchmeldungen in einem Lauf getestet werden.
  Nach dem ersten Abbruch bleiben die folgenden Tests unwirksam.
- Wenn ein Datensatz oder Feldwert korrekt verarbeitet werden soll, der gleichzeitig auf einen fehlerhaften Wert getestet wird.
- Wenn zwei oder mehrere Tests in einem Lauf untergebracht werden sollen, die nicht als positiv zusammenhängend spezifiziert wurden.

  Die Zahlungsmodalitäten von Kunden basieren z. B. auf „Barzahlung" oder „Abbuchung". Ist ein Kunde „Abbucher", dann wird gleichzeitig die kontoführende Bank, die Bankleitzahl und die Kontonummer gespeichert, während beim „Barzahler" diese Felder leer bleiben. Es ist in diesem Fall nicht zweckmäßig, einen Test auf das Zahlungskennzeichen „0" (=Barzahler) und gleichzeitig auf eine gültige Bankleitzahl durchzuführen. Die Tests schließen sich zwar nicht gegenseitig aus, es ist jedoch möglich, dass der Test auf die Bankleitzahl wirkungslos bleibt. Wird in einem derartigen Fall keine Vorgabe von der Fachseite spezifiziert, entscheidet oft der Entwickler bzw. Programmierer über interne Abfragen.

Testdatenkombinationen, die sich gegenseitig ausschließen oder deren Wirkungen sich überdecken, werden in getrennten Testläufen verarbeitet.

3.4.5 Reihenfolge der Testläufe (Testscript)

Testläufe müssen bei einer Positivverarbeitung (Verarbeitungsfall) oft in einer genau festlegten Reihenfolge durchgeführt werden. Diese Forderung kann sich aus einer definierten Folge von Verarbeitsschritten ergeben, bei denen sich Daten aus verschiedenen Testläufen gegenseitig beeinflussen oder eine spezielle Wirkung wird stufenweise aus anderen Wirkungen aufgebaut. Man bezeichnet diese spezifizierte Reihenfolge der konkreten Testfälle als Testscript.

Die Lade- und Verarbeitungsfolge von Daten im Batchbetrieb ist der Beschreibung der Geschäftsvorfälle im *Fachkonzept*, dem *Benutzerhandbuch* und ggf. den Entwurfsunterlagen zu entnehmen. Da die Testaktivitäten in der Regel auf einer neutralen Testumgebung durchgeführt werden, die jedoch zur Reduzierung des technischen Aufwands und damit der Kosten oft knapp an Res sourcen bemessen ist, sind bei Ladevorgängen oft systembedingte Prioritäten in der Form von Einschränkungen zu beachten. Die Bedingungen für die Reihung der Testläufe und ggf. einschränkende Maßnahmen wie das Laden einer maximalen Datenmenge müssen im Testkonzept beschrieben sein. Folgende allgemeine Richtlinien lassen sich für die Reihung von Testläufen angeben:

1. Funktionen sind vor Aufgaben zu testen. Da sich eine fachliche Aufgabe in der Regel aus dem Zusammenwirken mehrerer Funktionen ergibt, müssen zuerst die Fehler in den Funktionen gefunden werden, bevor die damit zusammenhängenden Aufgaben getestet werden können.

2. Funktionen, die in einer fest vorgegebenen ausführbaren Reihenfolge eine Aufgabe ergeben, müssen in genau dieser Reihenfolge ausgeführt werden.

3. Funktionen mit bestandsaufbauendem Charakter sind immer vor Funktionen mit bestandsverändernden Charakter auszuführen (*Eine Anschriftenänderung kann erst dann vorgenommen werden, wenn auch eine Anschrift gespeichert ist, ansonsten wird eine Fehlermeldung ausgegeben*).

4. Kritische Funktionen sollten immer zuerst getestet werden, damit die Entwickler sofort nach dem Auftreten von Fehlern die Fehlerursachen analysieren können, was in der Regel einen größerer Aufwand verursacht als bei unkritischen Funktionen. Ist die Kritikalität der Funktionen nicht in den Anforderungen festgeschrieben, dann muss sie im Benehmen mit der Fachseite und den Entwicklern im Planungsstadium der Tests festgelegt werden.

3.5 Erzeugung der Testeingabedaten

Je nachdem, ob die testobjektorientierten Eingabedaten für Batch- oder Dialog-Verarbeitungen zur Verfügung stehen müssen, kommen als Datenträger in der Regel Dateien oder Belege zur Anwendung. Die Erzeugung und Bereitstellung der Testeingabedaten für Batch-Verarbeitungen kann auf verschiedene Weise vorgenommen werden:

- manuelles Erzeugen mittels eines Editors
- maschinelles Erzeugen durch einen Testdatengenerator
- Verwendung von Originaldaten

Jede Möglichkeit besitzt Vor- und Nachteile, die je nach Art und Anzahl der eingesetzten Dateien, verwendeten Datenformaten und strukturellen Aufbau gegeneinander abzuwägen sind.

3.5.1 Manuelles Erzeugen

Bei kleineren Anwendungen können die Testeingabedaten mittels eines geeigneten Editors manuell erzeugt werden (Editieren). Diese Vorgehensweise ist jedoch nur dann sinnvoll, wenn die Anzahl der unterschiedlich strukturierten Eingabedateien klein ist und die Abhängigkeiten zwischen den einzelnen Datenelementen nicht zu komplex sind. Einen entscheidenten Einfluss bei der Wahl dieser Erstellungsmethode spielt auch das vorgegebene Datenformat einzelner Datenelemente. Sollen zum Beispiel die Daten von einem COBOL-Programm verarbeitet werden, können zahlreiche nummerische Felder in einem rechenfähigen Format zu definieren sein, das heißt in gepackter oder binärer Form, was nicht nur fundierte Kenntnisse über die Speicherungsmodalitäten erfordert, sondern auch mit erheblichen Editieraufwand verbunden ist. Des Weiteren ist die Dateiorganisationsform und die Zugriffsart von Bedeutung. So ist eine Datei mit sequenzieller Organisation einfacher zu editieren als eine Datei mit relativer oder indizierter Organisation, weil diese Dateien Schlüssel benötigen, die über logische Pfade mit einem Index oder einer relativen Satzadresse verbunden sind.

Der Vorteil der manuellen Testdatenerzeugung liegt darin, dass genau die Testeingabedaten erstellt werden können, die zur Abdeckung der Funktion oder Aufgabe erforderlich sind. Der Nachteil liegt im relativ hohen Erstellungsaufwand, der von der Dateiorganisation, der Zugriffsart, den verwendeten Datenformaten, der Komplexität der fachlichen Datenbeziehungen und der Fehleranfälligkeit abhängig ist.

3.5.2 Erzeugen durch Testdatengeneratoren

Allen dynamischen Testmethoden ist gemeinsam, dass eine vollständige Überdeckung des Eingabedatenbereichs nicht möglich ist. Je nach Güte und Anzahl der Testfälle verbleiben Restfehler, die je nach geforderter *Zuverlässigkeit* des Testobjekts zu minimieren sind. Wird von einem Testobjekt eine hohe Zuverlässigkeit gefordert, dann besteht bei gleichbleibenden Testmethoden die Möglichkeit, die Anzahl der Testfälle zu erhöhen, um die Restfehlerzahl weiter abzusenken. Hier tritt jedoch ein Phänomen auf, durch welches mit jedem zusätzlichen Testfall die Effizienz der Fehlerentdeckung nicht proportional steigt, sondern absinkt, d. h. der „*Grenznutzen*" nimmt mit jedem zusätzlich erstellten Testfall ab [GUT93]. Will man zum Beispiel die Rate der entdeckten Fehler von 60 % auf 80 % erhöhen, dann benötigt man nicht 20 % zusätzlicher Testfälle, sondern erheblich mehr. Soll hochsicherheitsrelevante Software auf konventionelle Art dynamisch getestet werden, dann wird eine Menge an Testfällen benötigt, die manuell kaum erzeugt bzw. verwaltet werden kann. In diesen Fällen bietet sich eine automatische Testdatengenerierung an, denn ein wirklich extensives Testen kann nur durch eine Automatisierung des Testablaufs erreicht werden. Korel unterscheidet drei Klassen von Testdatengeneratoren [KOR90]:

- Pfadtest-Datengeneratoren (*pathwise test data generators*)
- Datenspezifikations-Generatoren (*data specification generators*)
- Zufallsdaten-Generatoren (*random test data generators*)

3.5.2.1 Pfadtest-Datengeneratoren

Die Klasse der *Pfadtest-Datengeneratoren* gehört zu den *whiteboxorientierten* Testdatengeneratoren, die den Code des zu testenden Programms für die Datengenerierung heranziehen. Sie analysieren den Kontrollfluss des Programms in umgekehrter Richtung und registrieren jede Bedingung eines tangierten Entscheidungsknotens. Daraus leiten sie eine Menge an Eingabedaten ab, die nötig sind, um ein spezielles Abdeckungskriterium zu erfüllen. Weitere Lösungsansätze davon sind die *Pfad-Prefix-Strategie* von Prather und Myers [PRA87], das *Funktionsminimierungsverfahren* von Korel [KOR90] und das *fault-based-Verfahren* (vgl. z. B. [DEM78a], [MOR90]).

Eine interessanter Ansatz für whiteboxorientierte Testdatengeneratoren basiert auf dem *Fault-based Testing*, was wahrscheinlich eher unter dem Namen Mutationentesten bekannt ist. DeMillo und Offutt versuchten diese diversitäre Testmethode zur automatischen Testdatenerstellung zu nutzen, indem sie die jeweilige Bedingung ableiteten, die benötigt wird, damit ein Mutant erkannt wird bzw. er sich vom Originalprogramm unterscheidet [DeM91].

Das faszinierende an diesem Ansatz ist, dass mit der automatischen Ableitung von Mutanten aus dem Originalprogramm gleichzeitig Testdaten erzeugt werden können, was künftig einen vollautomatischen Testablauf ermöglichen kann. Das Problem ist derzeit allerdings noch die schlechte Performance der Testdatenerzeugung. Für ein kleines Dreiecks-Klassifikationsprogramm mit nur 30 Codezeilen wurden insgesamt 970 Mutanten erzeugt, von denen allerdings 99 % erkannt wurden. Das Generierungstool GODZILLA benötigte etwa 30 Minuten Laufzeit auf einer DEC Micro Vax II, um alle Testfälle zu erzeugen [DeM91].

Vergleichsstudien zwischen dem Einsatz von Pfadtest-Datengeneratoren und konventionellen Blackboxtestmethoden, die von Basili und Selby beschrieben wurden [BAS87], haben kaum signifikante Vorteile für die Testdatengeneratoren gezeigt. Gutjahr weist deshalb darauf hin, dass im Modultests auch weiterhin die traditionelle Empfehlung ihre Gültigkeit behält, eine Kombination von Whitebox- und Blackbox-Verfahren anzuwenden [GUT93].

3.5.2.2 Datenspezifikations-Generatoren

Datenspezifikations-Generatoren leiten Testdaten aus der Programmspezifikation ab. Die meisten Ansätze dieser Art setzen dafür eine *formale Spezifikation* voraus, aus welcher die Daten nach bestimmten Regeln abgeleitet werden [BAZ82], [HUS87], [DAY85], [CAM90], [TSA90]. Da diese Generatoren auf der Grundlage der Spezifikation arbeiten, werden sie auch als *blackboxorientierte* Testdatengeneratoren bezeichnet.

Hochentwickelte Spezifikationssprachen gibt es seit längerer Zeit im industriellen Entwicklungsbereich, die jedoch in der Praxis wenig Anklang gefunden haben. Die Raumfahrt und der militärische Bereich bilden davon eine Ausnahme. Spillner und Liggesmeyer sehen hier eine deutliche Lücke zwischen Forschung und Praxix [SPI94]. In der Regel werden immer noch umgangssprachliche Beschreibungen der Anforderungen erstellt, die nur zum Teil semiformale Elemente enthalten (meistens grafische Darstellungen). Die fachlichen Anforderungen müssen mit einer Spezifikationssprache in eine formale oder zumindestens halbformale Spezifikation umgesetzt werden, was zeit- und damit kostenträchtig ist. Von besonderer Wichtigkeit ist die Prüfung der Spezifikation gegen das Fachkonzept, um Spezifikationsfehler weitgehend auszuschließen.

Wie Sneed berichtet, geht besonders in Amerika der Trend eindeutig in Richtung „*Integration der ablaufbezogenen, datenbezogenen und funktionsbezogenen Testansätze, wobei der funktionsbezogene Ansatz den Ausgangspunkt für die Spezifikation der Testfälle bildet, der datenbezogene Ansatz für die Umsetzung der spezifizierten Testfälle in generierte Testdaten und –ergebnisse sorgt und der ablaufbezogene Ansatz lediglich der Messung der Testüberdeckung dient*“ [SNE88]. Dieser Trend hat zwischenzeitlich auch in Europa Fuß gefasst, wie es die Testorganisationen in größeren Industriebetrieben und Organisationen beweisen. Dieser Trend wird nach Sneed das Analysieren und Testen, Testen und Spezifizieren, Testsprachen und Spezifikationswerkzeuge immer mehr zusammenwachsen lassen. Testdatengeneratoren, die Testfälle aus fachlichen Spezifikationen ableiten und Testdaten aus Schnittstellenspezifikationen generieren werden auf längere Sicht einen hohen Stellenwert im Testprozess einnehmen.

3.5.2.3 Zufallstestdaten-Generatoren

Testdatengeneratoren dieser Klasse generieren Testdaten auf der Basis einer Zufallsverteilung der Daten mittels Pseudozufallszahlen. Pseudozahlszahlen bedeutet, dass die Daten nicht wirklich zufällig erzeugt werden, sondern dass dahinter eine bestimmte Funktion verborgen ist, welche die Zufallszahl aus einem bestimmten Anfangswert (Seed) errechnet. Beim Aufruf dieser Funktion mit der gleicher „Seed“ (*dt.* Saat) muss stets die gleiche Zufallszahl zur Verfügung gestellt werden.

Der Test mit Zufallszahlen ist in der Fachliteratur äußerst umstritten. Einige Autoren halten diese Testmethode als die schwächste überhaupt, weil die Datenwerte nur auf der Grundlage der Schnittstellenspezifikation ohne Berücksichtigung der fachlichen Abhängigkeiten und Geschäftsvorfälle generiert werden [MYE91]. Andere halten diese Methode für äußerst aussichtsreich [PIZ84]. Gutjahr weist darauf hin, dass diese Meinungsverschiedenheiten offenbar auf unterschiedlicher Interpretation des Begriffs „*Zufallstesten*“ beruhen [GUT93].

Werden die Zufallsdaten nicht systematisch auf der Grundlage der fachlichen Vorgabenspezifikation und eines *Nutzungsprofils* für ein Testobjekt ermittelt, treten die Wirkungen rein zufällig auf. D. h., jeder Wert einer gültigen Eingabevariablen wird mit der gleichen Wahrscheinlichkeit erzeugt, was man auch als *Gleichverteilung* bezeichnet [DUR84], [LOO88]. Bei dieser Interpretation des Begriffs *Zufallstesten* müssen sehr große Datenmengen generiert werden, um ein bestimmtes Testziel zu erreichen. Der Testaufwand ist bei der Testdatenerstellung, der Testauswertung und der Testdokumentation dementsprechend hoch.

Das beim Zufallstesten verwendete Generierungswerkzeug muss in der Lage sein, eine kontrollierte, nutzerorientierte Wahrscheinlichkeitsverteilung für die Testdatengenerierung zu realisieren. Sehr effiziente Tests zur Abschätzung der *Zuverlässigkeit* ergeben sich, wenn die Testdaten auf der Grundlage eines *Nutzungsprofils* generiert werden. D. h., die Funktionen bzw. Operationen mit ihren Variablen, Szenarios und Sonderfällen werden mit der gleichen Wahrscheinlichkeit zur Ausführung gebracht wie im künftigen Betriebseinsatz durch den Nutzer. Gleichzeitig lassen sich die Randbereiche der gültigen Eingabevariablen durch eine *Eingabverteilung* mit höherer Wahrscheinlichkeit erzeugen, was dem Grenzwerttesten entspricht [DAH90], [GUT91].

Das Testen mit Testdatengeneratoren auf der Basis eines *Nutzungsprofils* kann in Kombination mit anderen Testmethoden sehr effektive Teststrategien bilden, die besonders für das zuverlässigkeitsorientierte Testen sicherheitsrelevanter

Software geeignet sind. Da sich mit Testdatengeneratoren sehr große Mengen an Testdaten erzeugen lassen, sind sie für jegliche Art von Massentests im Systemtest hervorragend geeignet.

3.5.3 Die Verwendung von Originaldaten

In Qualitätsmanagementkreisen wird oft darüber diskutiert, ob es nicht effektiver ist, die Tests mit Originaldaten aus der betrieblichen Praxis durchzuführen, anstatt mit künstlich konstruierten Daten. Um diese Frage hinreichend zu beantworten, muss die Zielsetzung des Tests festgelegt sein. Entweder systematische intensive Fehlersuche (*debugging-orientiertes Testen*) oder nutzerorientierte Fehlersuche (*statistisches Testen*) zur Abschätzung der Zuverlässigkeit.

3.5.3.1 Originaldaten für die intensive Fehlersuche

Untersuchungen haben gezeigt, dass selbst große Mengen an Originaldaten nicht die gewünschte Testüberdeckung erzielen, die mit speziellen abgeleiteten Testdaten erreicht wird. Kishida hat 1980 die Ineffizienz von Originaldaten an COBOL-Programmen empirisch nachgewiesen, wobei die Ausführungshäufigkeit von Verzweigungen gemessen wurde [KIS80]. Bei einem Programm mit ca. 700 Verzweigungsausgängen, das mit ca. 30.000 Datensätzen aus Originaldaten ausgeführt wurde, ergab sich lediglich eine Bedingungsüberdeckung von weniger als 50 %. Das gleiche Programm wurde im Anschluss mit ca. 500 speziell konstruierten Datensätzen zum Ablauf gebracht, wobei eine Testüberdeckung von 85 % erreicht wurde. Weitere Analysen ergaben, dass eine vollständige Bedingungsüberdeckung mit nur 250 Datensätzen möglich gewesen wäre (vgl. [SCH83] S. 118). Die Ineffizienz von Orginaldaten bei der systematischen Fehlersuche basiert im wesentlichen auf folgenden Gründen:

- Originaldaten fehlen oft die nötigen Kombinationen an Eingabedaten.
- Originaldaten bilden spezielle Szenarios oft unzureichend ab.
- Orginaldaten fehlen oft die fachlichen Sonderfälle.
- Originaldaten enthalten keine Negativfälle (Falschdaten).
- Originaldaten enthalten nur unzureichend Grenzwerte und besondere Werte.

Werden Originaldaten für die intensive Fehlersuche zur Verfügung gestellt, dann sollten sie gezielt auf Testfälle bezogen eingesetzt werden. Dazu ist aus den genannten Gründen eine Anpassung an die Testfälle notwendig. Die Anpassung kann in einfachsten Fällen durch einen Editor vorgenommen werden. Bei komplexen Eingabebedingungen und Datenbeziehungen kann sich jedoch der Editierungsprozess als zu aufwändig und fehleranfällig erweisen. In diesen Fällen sollte man ein geeignetes Werkzeug verwenden, welches die Daten entsprechend den Testfällen optimiert und gegebenenfalls zusätzliche Daten generiert. Bei der Auswahl der Testdaten aus Originaldaten unterscheidet man oft zwischen:

- quantitativer Selektion
- qualititativer Selektion

Bei *quantitativer Selektion* wird aus den Originaldaten eine bestimmte Menge nach vorher festgelegten Kriterien ausgewählt. Das kann zum Beispiel jeder *n*-te Satz sein, die Daten einer bestimmten Abrechnungsperiode oder eines bestimmten Kundenkreises (Großkunden, Privatkunden usw.). Die ausschließlich quantitative Selektion von Testdaten sollte jedoch trotz zusätzlicher Editiermaßnahmen eine untergeordnete Bedeutung besitzen, weil damit immer noch nicht sichergestellt werden kann, dass auch alle spezifizierten Testfälle ihre Berücksichtigung finden.

Demgegenüber werden bei *qualitativer Selektion* Daten nach genau festgelegten testfallbezogenen Kriterien ausgewählt, die allerdings oft den Testfällen entsprechend anzupassen sind. Die qualitative Selektion besitzt den Vorteil, dass einerseits praxisnahe Daten aus dem Betrieb verwendet werden, andererseits systematisch die vorhandenen Testfälle ihre Berücksichtigung finden. Auf diese Weise lassen sich gezielt alle Strukturelemente der Schnittstellen und ihre Wechselwirkungen untereinander, Funktionen, Funktionsverkettungen sowie alle Reaktionen des Programms auf unerwartete bzw. falsche Eingaben mit minimalen Aufwand bei hoher Testüberdeckung prüfen.

3.5.3.2 Originaldaten für die nutzungsorientierte Fehlersuche

Trotz der geschilderten Nachteile besitzen Originaldaten den Vorteil, dass sie je nach Umfang und Vollständigkeit einem *Nutzungsprofil* entsprechen. Die Daten könnten deshalb im Zuverlässigkeitstest für die Abschätzung des Merkmals Zuverlässigkeit eingesetzt werden. Allerdings ist die Annäherung an die Zuverlässigkeit ein statistischer Fehlererkennungsprozess, indem diejenigen Fehler, die im Betriebseinsatz mit größerer Wahrscheinlichkeit auftreten auch die Zuverlässigkeit am meisten beeinflussen. Um diese Fehler zu entdecken, muss die gesamte Anwendung durch ein umfassendes Nutzungsprofil abgebildet werden, indem allen Funktionen bzw. Operationen mit ihren Parametern Ausführungshäufigkeiten zugeordnet werden. Diese Ausführungshäufigkeiten sind wiederum Grundlage der Testdatengenerierung für den statistischen Test.

Um mit Originaldaten eine hohe Zuverlässigkeit zu erreichen, müssen die Daten den gesamten Nutzungsbereich wahrscheinlichkeitsverteilt überdecken, wozu besonders bei Batchverarbeitungen sehr große umfassende Datenmengen erforderlich sind. So sind zum Beispiel bei Rechnungsschreibungen großer Dienstleistungsunternehmen mehrere vollständige Abrechnungsperioden in den Test einzubeziehen, um statistisch gesicherte Ergebnisse zu erzielen. Entsprechen die Originaldaten nicht diesen Anforderungen, dann können sie dem Nutzungsprofil entsprechend ergänzt werden, um die gesamte anwenderbezogene Nutzung mit ihren Funktionen, speziellen Szenarios, Sonder- und Ausnahmefällen vollständig zu überdecken. Derart modifizierte Originaldaten können besonders dann für die nutzungsorientierte Fehlersuche verwendet werden, wenn kein geeignetes Generierungswerkzeug zur Verfügung steht.

3.6 Testdatenanalyse

Die Norm DIN EN ISO 9001 : 2000 fordert nicht nur die Verifikation und Validation des Produkts, sondern auch die ihm zugrundeliegenden Prozesse. Der Testprozess mit seinen vielschichtigen Unterprozessen nimmt dabei eine Schlüsselposition ein. Eine Bewertung der Testdaten und ihre iterative Verbesserung bedeutet auch die Güte des Testprozesses zu erhöhen, denn je mehr Fehler durch die spezifizierten Testfälle gefunden werden, desto geringer ist die Ausfallwahrscheinlichkeit der Software im Betriebseinsatz. Die Güte der Testdaten zu bestimmen ist jedoch immer noch recht schwierig und es existieren zur Zeit noch keine wirklich sicheren Verfahren, die in der Praxis angewendet werden können. Es gibt mehrere Ansätze für eine Testdatenanalyse:

- Ermittlung der Testfallwirksamkeit
- Testdaten-Reviews
- Fehlereinpflanzungsanalyse (*Error Seeding*)
- Mutationsanalyse
- Funktionstestanalyse
- Testüberdeckungsanalyse

3.6.1 Testfallwirksamkeit

Die fehlerentdeckende Wirksamkeit der Testfälle ist ein entscheidendes Kriterium, wie zuverlässig und sicher sich die Software im späteren Betriebseinsatz verhalten wird. Je mehr Fehler durch einen gegebenen Satz Testfälle gefunden werden, desto höher ist die Effizienz der Testfälle und damit der ihnen zu Grunde liegenden Testdaten. Die Testfallwirksamkeit kann gemessen werden als das Verhältnis der durch die Testfälle gefundenen Fehler F_{TF} zur Gesamtzahl Fehler, die sich aus der Summenbildung der Fehler F_{TF}, Seiteneffektfehler und Betriebsfehler (Feldfehler) ergibt.

$$TW = \frac{F_{TF}}{F_{TF} + F_{Seiteneffekt} + F_{Betrieb}} * 100\,\%$$

Die durch Seiteneffekte gefundenen Fehler sind Defekte, die nicht durch die erwarteten Sollergebnisse der spezifizierten Testfälle entdeckt wurden, sondern eher zufällig bei der Testauswertung oder durch andere Tests im gleichen Testzyklus. Die Vorstellung, Fehler der Kategorien $F_{Seiteneffekt}$ und $F_{Betrieb}$ zur Bewertung des Testprozesses zu verwenden, ist Teil des Fehlervermeidungskonzepts von IBM (*Defect Prevention*), wie es von Mays *et al.* beschrieben wurde [MAY90]. Werden derartige Fehler gefunden, dann ist für jeden Fehler eine Ursachenanalyse durchzuführen, die mit folgenden Fragen verbunden ist:

- Welchem Problemtyp gehört dieser Fehler an (z. B. *Anforderungsfehler*)?
- Durch was wurde der Fehler verursacht?
- Auf welcher Stufe wurde der Fehler verursacht?
- Wie kann dieser Fehler künftig vermieden werden?
- Wie können ähnliche Fehler entdeckt und beseitigt werden?

Leider kann der aktuelle Testprozess mit der oben angegebenen Beziehung nicht bewertet werden, weil die im Betriebseinsatz gefundenen Fehler zu diesem Zeitpunkt noch nicht bekannt sind. Allerdings lässt sie sich projekt- oder versionsübergreifend zur Bewertung unterschiedlicher Testprozesse einsetzen und somit auf längere Sicht eine Verbesserung der Testprozesse erreichen. Um den aktuellen Testprozess zu bewerten schägt Chernak vor, ausschließlich Fehler zu berücksichtigen, die durch *Seiteneffekte* entdeckt werden [CHE01]. Da diese Fehler nicht durch die spezifizierten Sollergebnisse der Testfälle gefunden wurden, geben sie brauchbare Hinweise auf die Vollständigkeit der Testsuite und können zur Verbesserung des aktuellen Testprozesses beitragen.

$$TW = \frac{F_{TF}}{F_{TF} + F_{Seiteneffekt}} * 100\,\%$$

Allerdings sollte bei diesem Verfahren sichergestellt sein, dass der Test auf der Basis eines Nutzungsprofils (*operational profile*) stattfindet, indem die Operationen mit den höheren Aufrufwahrscheinlichkeiten auch entsprechend intensiver getestet werden als jene mit geringeren Aufrufwahrscheinlichkeiten. Dann entspricht die gemessene Testzuverlässigkeit weitgehend der späteren Betriebszuverlässigkeit. D. h., die Fehler, die beim Anwender mit hoher Wahrscheinlichkeit zum Ausfall führen, werden auch tendenziell mit dieser Wahrscheinlichkeit beim Test entdeckt, so dass die Anzahl Betriebsfehler, die die Zuverlässigkeit der Software berühren, minimiert werden kann. Auf dieser Basis gewinnt das Messverfahren von Chernak zur Bewertung des Testprozesses an Bedeutung.

Eine Begrenzung der Anwendungsmöglichkeiten dieses Verfahrens ergibt sich allerdings aus der Einschränkung, dass die Fehleranalyse ausschließlich auf Fehlern basiert, die nicht durch die spezifizierten Testfälle gefunden werden, sondern durch Seiteneffekte. D. h., diese Fehler müssen auch tatsächlich in ausreichendem Maße vorhanden sein, um statistisch relevante Aussagen treffen zu können. Bei systematisch aus den fachlichen Anforderungen und der Schnittstellenbeschreibung abgeleiteten Testfällen, die zum Beispiel unter Berücksichtigung der *Äquivalenzklassenanalyse*, dem *Grenzwerttest* und dem *Test besonderer Werte* alle Geschäftsvorfälle, Szenarios und Ausnahmesituationen enthalten, dürfte die Zahl dieser Fehler jedoch eher gering sein. Chernak sieht deshalb besonders bei Batch-Anwendungen auf Mainframe-Systemen eine Begrenzung der Anwendungsmöglichkeit seiner Methode. Bei Client/Server-Projekten mit formalisierten Testmethoden kann jedoch nach seinen Angaben die Anzahl der durch Seiteneffekte gefundenen Fehler bei 20 bis 50 % liegen, so dass diese Informationsquelle zur iterativen Verbesserung der Testfälle genutzt werden kann. Nach Chernak sollte die Testfallwirksamkeit einer Testsuite für den Test von Client/Server-Projekten nicht unter TW = 75 % liegen, was jedoch kritikalitätsabhängig gesehen werden muss. Folgendes Beispiel soll die Anwendungsmöglichkeit dieser Maßzahl verdeutlichen.

In einem Testprozess wurden durch einen Satz Testfälle F_{TF} *= 320 Fehler gefunden. Durch Seiteneffekte wurden zusätzlich* $F_{Seiteneffekt}$ *= 30 Fehler entdeckt. Die Testfallwirksamkeit der Testsuite beträgt somit*

$$TW = \frac{320}{320 + 40} * 100\% = 88{,}9\%$$

Eine Analyse der durch Seiteneffekte gefundenen Fehler ergab, dass die Testspezifikation keine Negativtestfälle enthielt. Nach einer Ergänzung der Testspezifikation wurden 370 Fehler durch Testfälle und 5 Fehler durch Seiteneffekte gefunden. Die Testfallwirksamkeit betrug damit TW = 98,6 %, was eine ausreichende Effektivität der Testfälle anzeigte. Die 5 Seiteneffektfehler beruhten auf einer nicht korrekten Initialisierung nummerischer Felder, was auf Mängel der Schnittstellenspezifikation zurückzuführen war.

3.6.2 Testdaten-Reviews

Da Reviews mit Erfolg bei Entwurfs- und Code-Prüfungen eingesetzt werden, liegt es nahe, sie auch bei der Prüfung und Begutachtung von Testdaten einzusetzen. Ein Testdaten-Review ist besonders dann sinnvoll, wenn die Testdaten manuell oder über einen Testdatengenerator erzeugt wurden. Durchgeführt wird das Review, wenn die Testdaten teilweise oder vollständig im Sinne eines Meilensteins erstellt sind. Als Arbeitsunterlagen kommen in Frage:

- logisches und physisches Datenmodell
- ein umfassendes Nutzungsprofil
- interne Modulschnittstellenspezifikationen (Entwicklertest)
- externe Schnittstellenspezifikationen
- Szenarios, Anwendungsfälle und Geschäftsprozesse
- Objektbeschreibungen des Entwurfs
- Testfälle und ein Ausdruck der Testdaten
- Checklisten

Die Arbeitsunterlagen sind den Review-Teilnehmern mindestens 3 bis 5 Tage vor dem Review-Termin zuzusenden oder die Dokumente einschließlich der Pfade zu benennen, wenn sich diese zugriffsbereit auf einer Datenbank befinden. Teilnehmer am Review sind:

- die Ersteller der Testdaten
- erfahrene Schnittstellenspezialisten
- mindestens eine Fachkraft mit tiefgreifenden fachlichen Kenntnissen

Um sicherzustellen, dass die Review-Teilnehmer in der Vorbereitungsphase sich mit den kritischen Prüfpunkten der Testdaten auseinandersetzen, sollte der Moderator eine Prüfliste mit relevanten Prüfpunkten erstellen. Folgende Prüfpunkte können bei einer Prozessdatenverarbeitung in Betracht gezogen werden:

- Ist die Dateiorganisation richtig?
- Sind die Satzlängen aller Satzarten richtig (*fest oder variabel*)?
- Wurden alle Satzarten richtig verwendet?
- Wurden Vor- und Endesätze richtig belegt?
- Sind die Feldlängen der Datenelemente richtig?
- Besitzen die Datenelemente die richtige Datenklasse/Datenformat?
- Wurden den Datenelementen die richtigen Defaults zugeordnet?
- Wurden die Konstantenfelder richtig initialisiert?
- Wurden die richtigen Variablen gesetzt?

- Entsprechen die Schlüssel den vereinbarten Schlüssel-Nummernkreis?
- Sind die Schlüssel untereinander konsistent?
- Wurden alle fachlichen Abhängigkeiten berücksichtigt?
- Sind die fachlichen Abhängigkeiten richtig?
- Wurden alle Zähler richtig gesetzt?
- Wurden die Berechnungen mit dem richtigen Algorithmus durchgeführt?
- Sind Vorzeichen u. Kommas bei nummerischen Feldern richtig gesetzt?
- Wurden die Vor- und Nachkommastellen richtig gewählt?
- Wurden Leerdateien mit Anfangs- und Endesätzen richtig erstellt?
- Entsprechen die Testdaten ausgewogenen Betriebsdaten?

Die Durchführung sollte den üblichen bereits behandelten Reviewbedingungen genügen. Wurden Mängel an den Testdaten festgestellt, sind diese im Protokoll zu vermerken. Die Testdaten sind daraufhin zu berichtigen bzw. zu ergänzen und gegebenenfalls einem erneuten Review zu unterziehen. Der Vorteil eines Testdaten-Review liegt in der gleichzeitigen Prüfung der Schnittstellenspezifikation und der fachlichen Geschäftsvorfälle im Benehmen mit der zuständigen Fachabteilung. Die Fachabteilung kann das Review-Ergebnis ihrerseits nutzen, die Anforderungen zu ergänzen bzw. zu verbessern.

3.6.3 **Fehlereinpflanzungsanalyse** (Error Seeding)

Durch die Fehlereinpflanzungsanalyse lässt sich im Entwicklertest die Gesamtzahl der in einem Testobjekt vorhandenen Fehler abschätzen, was wiederum einen Rückschluss auf die Güte bzw. Vollständigkeit der verwendeten Testfälle zulässt. In das Testobjekt werden vor dem Testprozess eine definierte Anzahl Fehler "eingepflanzt" [MIL72]. Bei der Auswertung der Testläufe wird untersucht, wie viel dieser Fehler gefunden wurden. Unterstellt man, dass sowohl die eingepflanzten als auch die übrigen Fehler die gleichen statistischen Eigenschaften besitzen und das Einpflanzen der Fehler und das Testen völlig unabhängige Prozesse sind, dann lässt sich die Gesamtzahl aller in einem Testobjekt enthaltenen Fehler durch folgende Beziehung abschätzen:

$$Es = \frac{I * S}{K}$$

Es = Anzahl der geschätzten Gesamtfehler im Testobjekt
S = Gesamtzahl der eingepflanzten Fehler
K = Anzahl der eingepflanzten Fehler, die entdeckt wurden
I = Anzahl der nicht eingepflanzten Fehler, die entdeckt wurden

Folgendes Zahlenbeispiel soll diesen Sachverhalt verdeutlichen:

$$I = 100, \quad S = 10, \quad K = 5 \qquad\qquad Es = \frac{100 \cdot 10}{5} = \underline{\underline{200}}$$

Die Anzahl der geschätzten Gesamtfehler im Testobjekt beträgt 200. Da jedoch nur 100 Fehler gefunden wurden, muss man davon ausgehen, dass die Testfallermittlung unzureichend war bzw. die Testdaten durch weitere Testfälle zu ergänzen sind.

Durch die Schätzung wird unterstellt, dass der Anteil der unendeckten Fehler bei den eingepflanzten Fehlern gleich dem bei den ursprünglichen Fehlern ist. Trauboth weist mit recht darauf hin, dass diese Annahme unrealistisch ist, weil die Fehler nach dem ersten Testen meist schwieriger zu findende logische Fehler sind, die statistisch nicht unabhängig und deshalb wahrscheinlich von anderer Natur sind als die eingepflanzten Fehler [TRA93]. Für die Fehlereinpflanzung können zwei Methoden angewandt werden:

- Im Code werden Zeilen zufällig ausgewählt und derart modifiziert, dass je ein Fehler entsteht.
- Die entdeckten Fehler des vorherigen Testlaufs werden als eingepflanzte Fehler verwendet.

Der Erfolg beider Methoden hängt in jedem Fall von der Gleichheit der Fehlerentdeckungswahrscheinlichkeit der eingepflanzten und der übrigen Fehler ab, was in der Praxis kaum gegeben sein dürfte. Deshalb besitzt diese Methode lediglich theoretischen Charakter.

3.6.4 Mutationsanalyse

Die Muationsanalyse basiert auf der Methode des Mutationentests, die im Kapitel "*Mutationentesten*" ausführlich behandelt wird. Sie ist zur Zeit noch eine sehr aufwändige und kostenträchtige Methode, um den Gütegrad von Testfällen zu bestimmen. Durch die Mutationsanalyse wird das Programm benutzt, um die Testfälle bzw. Testdaten ihrerseits zu testen (vgl. [COW88], S. 195). Diese Methode der Güteprüfung von Testfällen kann zum Beispiel bei Programmen oder Moduln eingesetzt werden, die einen hohen Kritikalitätsgrad besitzen und demzufolge mit großer Sorgfalt zu testen sind.

Beim Muationen-Testen, welches auf DeMillo und Budde zurückgeht [BUD78], werden vom Originalprogramm eine Reihe von *Mutanten* abgeleitet, die sich nur sehr wenig von diesem unterscheiden. Ein Mutant entsteht zum Beispiel dadurch, dass man das Originalprogramm kopiert und in einer gegebenen Verzweigungsbedingung der Kopie statt *größer als* (>) *kleiner als* (<)setzt. Bei der nächsten relevanten Anweisung verfährt man in ähnlicher Art, indem man das Originalprogramm erneut kopiert und die betreffende Anweisung geringfügig ändert. Auf diese Weise werden vom gesamten Originalprogramm sukzessive eine Reihe von Mutanten abgeleitet, die sich jeweils nur sehr geringfügig vom Quelltext des Originalprogramm unterscheiden.

Das Originalprogramm und alle Mutanten werden mit den gleichen Testdaten getestet und die Ergebnisse der Mutanten jeweils mit dem Ergebnis des Originalprogramms verglichen. Besitzen die Testfälle eine hohe Güte, dann werden die Testergebnisse der einzelnen Mutanten jeweils vom Ergebnis des Originalprogramms entsprechend der jeweiligen Quelltextänderung abweichen. Zeigen jedoch Mutanten identische Ergebnisse mit dem Originalprogramm, dann ist das ein Hinweis, dass die Testfälle unzureichend sind bzw. durch weitere ergänzt oder sensibilisiert werden müssen. Die Mutationenanalyse kann nur dann effektiv eingesetzt werden, wenn die Mutanten mit ihren Mutationen vom Originalprogramm durch ein geeignetes Werkzeug sukzessive abgeleitet und die zusätzlichen Testfälle automatisch erzeugt werden. Erfolgversprechende Arbeiten haben auf diesem Gebiet DeMillo und Offutt geleistet [DeM91].

3.6.5 Testüberdeckungsanalyse

Die Testüberdeckungsanalyse kann sowohl im strukturorientierten als auch im funktionsorientierten Tests angewendet werden. Sie basiert im strukturorientierten Test auf einer automatischen Ausführungsüberwachung von Programmkonstrukten, wie Anweisungen, Blöcke, Zweige, Bedingungen oder im funktionsorientierten Test auf der Ausführung von Funktionen, Zuständen, Szenarios, Anwendungsfällen usw. Ein Testziel im strukturorientierten Test könnte eine Blocküberdeckung von 100 % mit einer gleichzeitigen Zweigüberdeckung von 95 % sein oder es wird gefordert, dass alle Subroutinen mindestens einmal ausgeführt werden. In einem funktionsorientierten Datenflusstest kann das Eingabe-/Ausgabeverhalten von Funktionen mit einer Überdeckung von genau spezifizierten Grenzwerten und besonderen Werten gefordert sein.

Die Analyse des Kontroll- oder Datenflusses wird mit rechnergestützten Werkzeugen durchgeführt. Ein Zweiganalysator erzeugt zum Beispiel ein Verzweigungsmodell und ein instrumentiertes Programm mit zusätzlichen Anweisungen für die Aufzeichnung von Informationen während der Programmausführung. Die Instrumentierung erfolgt durch das Einsetzen von „Sonden“ in den Quell- oder Objektcode mittels einen Preprozessors, während ein Postprozessor die gemessenen Informationen verarbeitet und als Testbericht ausgibt. In der Regel enthalten die Analysatoren zusätzliche Aufzeichnungshilfen, zum Beispiel die minimale und maximale Anzahl von Schleifendurchläufen, die minimalen und maximalen Werte aller Variablen, denen Werte zugewiesen werden oder die Auflistungen von Übergabeparametern an Unterprogramme.

Die Testüberdeckungsanalyse kann erste Hinweise auf eine unzureichende Testüberdeckung und damit auf die Vollständigkeit und Güte der Testfälle selbst geben. Wurde die geforderte Testüberdeckung nicht erreicht, dann war die Anzahl der Testfälle unzureichend bzw. ihr Inhalt ungenügend spezifiziert. In diesem Fall müssen neue Testfälle spezifiziert und die erforderlichen Testdaten generiert werden, um anschließend die Analyse erneut durchzuführen.

3.6.6 Funktionstestanalyse

Bei der Testüberdeckungsanalyse wird die Vollständigkeit der Überdeckung aus dem alleinigen Kriterium der *Ansteuerbarkeit* von zum Beispiel Anweisungen, Blöcken, Zweigen im strukturorientierten Test oder Moduln und Funktionen im funktionsorientierten Test hergeleitet. Dieses elementare Überdeckungskriterium reicht jedoch nicht aus, um konkrete Aussagen über die Wirksamkeit von Testfällen zu treffen. So wird bei einem 100 %igen Funktionsüberdeckungstest keine Aussage darüber getroffen, mit welchen Werten und Wertekombinationen der Test durchgeführt wurde. Was als Funktion zu bewerten ist, muss natürlich im Testkonzept spezifiziert sein. Im Modultest werden die Funktionen eher auf den systemnahen Ebenen als *Low-Level-Funktionen* zu finden sein, während sie im Systemtest und Abnahmetest anwendernahe oder direkte Anwenderfunktionen als *High-Level-Funktionen* repräsentieren.

Entscheidend ist nun nicht das alleinige Kriterium der Ansteuerung einer Funktionen, sondern die zusätzliche, gezielte Überdeckung ihres Eingabe- und Ausgabebereichs mit besonders fehlerträchtigen Werten und Wertekombinationen. Dazu wird in einem ersten Schritt für den Eingabebereich ein Nutzungsprofil ermittel, das die Nutzungswahrscheinlichkeiten der Eingabedaten festlegt. Bei einem Batchprogramm könnten das die Auftretenswahrscheinlichkeiten von Satzarten, Kundengruppen oder Artikelnummern sein. In einem zweiten Schritt wird eine repräsentative Überdeckung der Eingabe- und Ausgabedaten angestrebt, was mit der Äquivalenzklassenanalyse erreicht werden kann. Diese logischen Daten werden nun mit besonders fehlerträchtigen konkreten Daten überdeckt, zum Beispiel mit Grenzwerten, besonderen Werten und unerwarteten Werten (bei manuellen Eingaben). Da diese konkreten Werte in den Testfällen spezifiziert sind, könnte man eine Grenzwertüberdeckung getrennt nach Eingabe- und Ausgabebereich der Funktion festlegen. Werden die Funktionen auf der Basis dieser zusätzlichen Überdeckungskriterien ausgeführt, dann lassen sich auch konkrete Aussagen über die Testfallwirksamkeit treffen.

3.6.7 Vollständigkeitskriterien für den funktionalen Test

Howden hat für das funktionale Testen von elementaren Funktionen auf der Systemebene ein Testvollständigkeitsmaß entwickelt, das stärker als die Zweigüberdeckung und schwächer als die Mutationsüberdeckung ist [HOW81]. Die Grundidee ist, dass ein Satz von Testfällen T als *"zuverlässig"* definiert werden kann, wenn er in der Lage ist, zwischen einzelnen Funktionen f einer ganzen Funktionsklasse F_f zu unterscheiden. Befindet sich also ein Fehler in einer Funktion f eines Moduls oder Programms, dann ist dieser Satz von Testfällen bezüglich der Funktionenklasse F_f in der Lage, diesen Fehler zu entdecken. Howden betrachtete drei Typen von Anweisungen herkömmlicher Programmiersprachen (*Zuweisungsanweisungen, Bedingungsanweisungen, Schleifenkontrollanweisungen*) und definierte fünf einfache Funktionen, die durch diese Anweisungen implementiert werden können:

- Datenzugriffe
- Datenspeicherungen
- arithmetische Ausdrücke
- arithmetische Vergleiche
- boolesche Ausdrücke

Ein *zuverlässiger* Satz von Testfällen T_f kann nun für jede dieser Funktionen definiert werden. Die Testfälle T_f , die einfache Fehlertypen zur Grundlage haben, sind relativ zu den Funktionsklassen F_f *zuverlässig*. Howden betrachtet in seiner Arbeit nur Programme, die arithmetische oder boolesche Operationen beinhalteten, ähnliche Ergebnisse können jedoch auch mit Programmen erzielt werden, die andere Typen von Operationen zur Grundlage haben.

Redwine erweiterte die Idee von Howden, indem er für die Testfallermittlung und Testdatendefinition des funktionalen Tests fünf Testüberdeckungsbereiche definierte, die im Zusammenhang mit Checklisten die wichtigsten zu testenden Funktionen abdecken sollen [RED83]. Die beim Test zu berücksichtigenden Überdeckungsbereiche sind:

1. Funktionsüberdeckung (*function coverage*)
2. Eingabeüberdeckung (*input coverage*)
3. Ausgabeüberdeckung (*output coverage*)
4. Funktionswechselwirkungsüberdeckung (*function interaction coverage*)
5. Codeausführungsüberdeckung (*code execution coverage*)

Für folgende Funktionen stellte Redwine Checklisten zur Verfügung, die eine hohe Testüberdeckung der fünf Überdeckungsbereiche gewährleisten sollen.

1. Dateneingabefunktionen (*edit*)
2. Datenaktualisierungsfunktionen (*update*)
3. Sortierfunktionen (*sort*)
4. Listenfunktionen (*report*)
5. Berechnungen (*calculation*)
6. Selektionsfunktionen (*partition/selection*)
7. Job-Control-Funktionen (*z. B. PARM-Funktionen in JCL*)
8. Online-Übertragungsfunktionen (*on-line submission of runs*)

Folgende Zusammenstellung zeigt in Anlehnung an Redwine zwei Checklisten zur Funktionsüberdeckung für Dateneingabe- und Datenaktualisierungsfunktionen, die eine Annäherung an diese Vorgehensweise vermitteln sollen. Diese Checklisten lassen sich auch für anwenderbezogene Schnittstellenprüfungen und Funktionsprüfungen in der Teststufe *Funktionstest* erfolgreich verwenden.

Funktionsüberdeckung für Dateneingabefunktionen

Einzelfeldprüfungen

- Diskrete Werte
  - nummerisch definierte Felder
  - nummerische Daten mit und ohne Vorzeichen
  - mit und ohne führende Nullen
  - mit Feldwert Zero
  - mit Feldwert Space (falls Eingabe erlaubt)
  - alle Zeichen sind nicht nummerisch (falls Eingabe erlaubt)
  - alphanummerisch definierte Felder
  - Feldwerte Blank und ungleich Blank
  - mit und ohne führende Blanks
  - eingestreute Blanks

- Bereiche
  - oberen und unteren Grenzwert bei nummerischen Daten
  - Werte, die einen kleinen Betrag innerhalb und außerhalb der Grenzwerte liegen
  - einen Wert, der in der Mitte des Bereichs liegt
  - besondere Werte (z. B. bei Datumsangaben einen Tag vor, einen Tag nach und einen Tag auf der Grenze)
- Code
  - Low-Value- und High-Value-Wert (niedrigster und höchster Wert im verwendeten Zeichensatz, z. B. bei sortierten Tabellenelementen)
  - Sonderzeichen
  - Umlaute

Mehrfeldprüfungen

- Datenvergleiche
  - Datenvergleiche, bei denen ein Eingabewert fehlt
  - Vergleich nummerischer Daten mit nicht nummerischen Daten
  - Verwendung von so vielen unabhängigen Testfälle mit Gleichheitsvergleichen, wie Felder daran beteiligt sind. Zusätzlich ist je ein Testfall mit "<" und ">" zu spezifizieren, wobei die Differenz zur Gleichheit sehr klein sein sollte
- Summen
  - korrekte und nicht korrekte Summen
  - korrekte Summen mit negativen Zahlen, falls möglich
  - Verwendung von so vielen unabhängigen Testfällen, wie es Felder und Summen gibt
- Existenzabhängigkeiten
  - Feldwert existiert, wenn erforderlich
  - Feldwert existiert nicht, wenn nicht erforderlich

Satzeingabeprüfungen

- Reihenfolge
  - korrekte und nicht korrekte Reihenfolge
  - umgekehrte Reihenfolge
  - doppelte Sätze bzw. Satzarten, wenn keine erlaubt sind
  - fehlende Sätze (Lücken)
- Batch-Verarbeitung
  - korrekte und nicht korrekte Summenbildungen
  - zusätzliche und fehlende Satzarten
  - falsche Satzarten
  - korrekte und nicht korrekte Vorsätze
  - korrekte und nicht korrekte Schlusssätze
  - fehlende Vorsätze und fehlende Schlusssätze
  - leere Dateien mit korrekten und nicht korrekten Vor- und Schlusssätzen
  - leere Dateien ohne Vor- und Schlusssätze
  - sortierte Sätze und unsortierte Sätze

Funktionsüberdeckung für Update-Funktionen

- Testen aller Transaktionstypen
- Einfügen von Datensätzen
- Löschen von Datensätzen
- Ändern von Datensätzen
- Einfügen vor dem ersten Satz
- Einfügen nach dem letzten Satz
- Löschen des ersten Satzes
- Löschen des letzten Satzes
- Ändern von Schlüsselwerten, wenn erlaubt
  - Ändern auf einen neuen Schlüssel
  - doppelten primären Schlüssel
  - doppelten sekundären Schlüssel
  - ungültigen Schlüssel
  - wenn keine Änderung von Schlüsselwerten erlaubt, dann Eingabe verwenden, die eine denkbare Zweideutigkeit zulässt
- Testsequenzen für den gleichen Stammsatz (*master record*)
  - Löschen, Einfügen
  - Einfügen, Ändern
  - Ändern, Ändern
  - Einfügen, Löschen
- ungültige Versuche
  - Löschen eines nicht existierenden Satzes (*vor dem ersten, nach dem letzten, dazwischen*)
  - Einfügen eines bereits existierenden Satzes
  - Ändern eines nicht existierenden Satzes (*vor dem ersten, nach dem letzten, dazwischen*)
  - Löschen mit anschließenden Änderungsversuch
- ungültige Eingabesequenzen
- leere Bewegungsdatei
- leere Stammdatendatei
- ungültiger Aktions- oder Transaktionscode

Eine sehr gute Testüberdeckung kann unter Zuhilfenahme der Checklisten für alle fünf Überdeckungsbereiche in sechs Schritten erreicht werden:

1. Erzeugen der Funktionsüberdeckung:
   - Identifizierung der Funktionen und Subfunktionen
   - Identifizierung der externen Eingaben zu Funktionen und Subfunktionen und ihre externen Ausgaben
   - Funktionsüberdeckung mit Hilfe der Checklisten bei der Testfallermittlung herbeiführen

2. Erweitern der Testfälle durch die Eingabeüberdeckung (*input coverage*)

3. Erweitern der Testfälle durch die Ausgabeüberdeckung (*output coverage*)

4. Erweitern der Testfälle durch die Funktionswechselwirkungsüberdeckung (*function interaction coverage*)

5. Erweitern der Testfälle durch die Codeausführungsüberdeckung (*code execution coverage*)

6. Prüfung gegen globale und heuristische Testregeln

Die Prüfungen zu Punkt 6 beziehen sich auf die gesamte Testfallermittlung. Dazu gehören folgende Empfehlungen [FOS80]:

- Die gleichen externen Eingabevariablen sollten in jedem Testfall unterschiedliche Werte und Vorzeichen enthalten. Die Werte und Vorzeichen der Variablen sollten sich auch zu anderen Variablen in allen Testfällen unterscheiden.

- Mit besonderer Beachtung sollte man kritischen Code behandeln [MYE79]:
  - bei kürzlich durchgeführten Änderungen und Korrekturen am Code
  - bei komplexen oder unverständlichen Code (Wartung)
  - wenn ungewöhnlich viele Fehler vorher gefunden wurden

Das Konzept der Bereichsüberdeckung, für die unterschiedliche Überdeckungsmetriken eingesetzt werden können, ist ein klares und modifizierbares Konzept, das leicht durch andere Bereiche und Metriken den entsprechenden Erfordernissen angepasst werden kann. Außerdem können die Checklisten je nach System und Anwendungsbereich ständig erweitert bzw. spezifiziert werden.

3.7 Bestimmung der Testausgabedaten

Jeder Testfall, der das Testobjekt durch geeignete Testeingabedaten zum Ablauf bringt, hat letztendlich einen Vergleich der erwarteten korrekten Soll-Ergebnisse mit den tatsächlich erzielten Ist-Ergebnissen zum Inhalt. Ein Programmtest, der keinen Soll-Ist-Vergleich zum Ziele hat, ist wertlos.

Die Ermittlung der Ausgabedaten, die fachlichen oder systemtechnischen Wirkungen entsprechen, ist nicht immer einfach. Sind die Ausgabedaten nicht direkt in den Anforderungsdefinitionen vorgegeben, zum Beispiel durch genau definierte Aktionen, Fehler- oder Hinweismeldungen usw., dann müssen sie auf andere Art ermittelt werden. Liegen die fachlichen Anforderungen als formale Spezifikation vor, dann kann die Spezifikation durch geeignete Werkzeuge zur Ausführung gebracht und damit geeignete Soll-Vergleichsdaten gewonnen werden. Die Bestimmung der Soll-Ergebnisse kann auf unterschiedliche Weise geschehen (vgl. [TRA93], S. 221):

- Simulationen
- manuelle Vergleichsberechnungen
- Verwendung von qualitätsgesicherten Ist-Ergebnissen früherer Testläufe unter Beachtung der Änderungen
- Ergebnisse aus Referenzsystemen
- Vergleichsmessungen, zum Beispiel an technischen Anlagen, die gesteuert oder überwacht werden sollen
- fachliche Erfahrungen

Die Testausgabedaten im Sinne von Wirkungen können je nach Anwendung verschiedenster Art sein:

- Daten mit genau definierten Werten oder Wertebereichen, Datenklassen und Datenformaten, Satzlängen (*z. B. in Dateien*) oder als Dialog-Ausgaben
- exakt definierte Informations-, Warn- oder Abbruchmeldungen
- Protokolle, Listen und sonstige Druck- oder Display-Ausgaben
- Menüs für Dialog-Ein-/Ausgaben
- Zustände (Zustandsvektoren)
- Ablauffolgen
- Zwischenergebnisse
- Funktionserfüllungen
- Messergebnisse
- Migrationsergebnisse

Die Soll-Ergebnisse lassen sich nach der Art ihrer Ermittlung in zwei Klassen unterteilen (vgl. [DEU96b], S. 64):

1. **physische Soll-Ergebnisse**
   - Soll-Ergebnisse, die manuell erstellt wurden (*z. B. durch Analysen*)
   - Soll-Ergebnisse aus korrekt bewerteten Ist-Ergebnissen
   - Soll-Ergebnisse aus Referenzsystemen
   - Soll-Ergebnisse aus ablauffähigen Spezifikationen

2. **logische Soll-Ergebnisse**
   Das sind Ergebnisse, die sich aus den definierten Wirkungen bei der Testfallermittlung bzw. Testdatendefinition und aus den Anfangszuständen der Variablen ergeben.

Schmitz, Bons und van Megen unterscheiden zwischen *datenorientierter* und *produktorientierter* Soll-Ergebnis-Ermittlung (vgl. [SCH83], S.121 f.).

3.7.1 Datenorientierte Soll-Ergebnis-Ermittlung

Diese Art der Soll-Ermittlung ist eine Methode, bei der die zu erwartenden Ergebnisse Werte von Datenelementen sind. Diese Werte können im Modul- und Integrationstest sowohl für Zwischen- als auch Endergebnisse ermittelt werden. Sind im Modultest *datenflussorientierte Testverfahren* vorgesehen, dann wird durch eine Datenflussanalyse aufzeigt, wie die Variablen an Werte gebunden sind und wie diese Werte benutzt werden (siehe *Defs/Uses-Kriterien*). Die Kriterien zur Testdatenauswahl und zur Bestimmung der Ausgabedaten ergeben sich aus der Verfolgung der Eingabevariablen durch einen Modul über ihre Verarbeitung hin bis sie Ausgangswerte erzeugen. Im *Funktionstest* können neben Endergebnissen auch Zwischenergebnisse Gegenstand der datenorientierten Soll-Ergebnis-Ermittlung sein. Die Ermittlung von Zwischenergebnissen ist besonders dann ein wertvolles Hilfsmittel, wenn sich Ergebnisse stufenweise aus definierten Zwischenergebnissen aufbauen. Im Abnahmetest werden dagegen nur Endergebnisse betrachtet.

3.7.2 Produktorientierte Soll-Ergebnis-Ermittlung

Bei der produktorientierten Soll-Ermittlung werden keine Ergebniswerte von Datenelementen ermittelt und verifiziert, sondern auszuführende Strukturelemente des Testobjekts. Strukturelemente können Pfade, Prozeduren, Moduln oder vollständige Programme sein, deshalb ist die produktorientierte Soll-Ergebnis-Ermittlung sowohl für den Modul- und Integrationstest als auch den Systemtest und Abnahmetest geeignet. Es ist bei dieser Methode vollkommen ausreichend, wenn die betrachteten Strukturelemente des Testobjekts korrekt zur Ausführung gebracht werden, das ist zum Beispiel bei der Ablaufverfolgung von Pfaden im *Modul- und Integrationstest* der Fall oder bei der Ausführung von Funktionen im *Funktionstest*. Eine Ablaufprotokollierung, die zum Beispiel die Reihenfolge und Ausführungshäufigkeit der Strukturelemente festhält, ist allerdings für den späteren Soll-Ist-Ergebnisvergleich von Bedeutung.

Der eigentliche Soll-Ist-Vergleich kann manuell oder durch Vergleichswerkzeuge vorgenommen werden. Ein werkzeuggestützter Vergleich ist besonders bei Regressionstests und bei Vergleichen mit Daten von Vorgängerversionen sinnvoll. Der werkzeuggestützte Vergleich kann sowohl bei Online- als auch bei Batch-Prüfungen eingesetzt werden. Bei Batch-Vergleichen ist allerdings die Spezifizierung eines Schlüsselbegriffs sinnvoll, um die Abweichungen auch eindeutig den entsprechenden Datensätzen zuordnen zu können.

3.7.3 Überdeckung des Ausgabedatenbereichs

In der Praxis werden oft nur Eingabedaten zur Überdeckung des Eingabedatenbereichs auf der Grundlage der fachlichen Vorgaben in Testfällen spezifiziert, wobei die Überdeckung des Ausgabedatenbereichs eine eher untergeordnete Rolle spielt. Dabei wird oft übersehen, dass der Ausgabedatenbereich genauso gründlich getestet werden muss wie der Eingabedatenbereich. Viele potentielle Fehlertypen, die im Realbetrieb auftreten, lassen sich dadurch in der Testphase auffinden und beseitigen, ohne die überproportional gestiegenen Kosten, den Funktionsausfall und gegebenenfalls den Imageverlust in Kauf nehmen zu müssen. Da der Ausgabedatenbereich als eine Transformation des Eingabedatenbereichs aufgefasst werden kann, was vom Algorithmus des Testobjekts abhängt, ist eine vollständige Testüberdeckung dieses Bereichs oft genauso wenig praktikabel wie die des Eingabedatenbereichs. Es müssen also Verfahren angewendet werden, die eine optimale statistische Überdeckung des Ausgabedatenbereichs sicherstellen. Zu diesen Verfahren gehören:

- die **Äquivalenzklassenanalyse**
  zur Bildung von Ausgabeäquivalenzklassen
- die **Grenzwertanalyse**
  zur Erzeugung von Ausgabegrenzwerten
- der **Test besonderer Werte**
  zur Erzeugung von besonderen Ausgabewerten

Erst durch eine statistische Überdeckung des Dateneingabe- und Datenausgabebereichs lassen sich im strukturorientierten und funktionsorientierten Test wirklich gute Testergebnisse mit einer Minimierung der Restfehler erzielen.

3.7.3.1 Ausgabeäquivalenzklassen

Es ist wichtig, dass bei der Testfallermittlung nicht nur Eingabeäquivalenzklassen aus dem Dateneingabebereich gebildet werden, sondern auch Ausgabeäquivalenzklassen aus dem Datenausgabebereich. Diese Ausgabeäquivalenzklassen, die durch Anwendung der Grenzwertanalyse ergänzt bzw. verfeinert werden können, entsprechen fachlichen Wirkungen eines Testobjekts auf bestimmte Eingabedaten. Für die Ausgabeäquivalenzklassen müssen folglich Eingabewerte gefunden werden, die die gewünschten Ausgabewerte erzeugen, d. h. Ausgabeäquivalenzklassen müssen in entsprechende Eingabeäquivalenzklassen rücktransformiert werden. Für die Ausgabeäquivalenzklassen gelten die gleichen Ableitungsregeln wie für die Eingabeäquivalenzklassen:

1. Spezifiziert eine Ausgabebedingung einen kontinuierlich zusammenhängenden Wertebereich oder einen diskreten Wertebereich, wobei die diskreten Werte in ihrer Gesamtheit einer fachlichen Wirkung entsprechen, dann sind eine gültige und zwei ungültige Ausgabeäquivalenzklassen zu bilden.

2. Spezifiziert eine Ausgabebedingung eine diskrete Menge von Werten, die jede für sich unterschiedlichen fachlichen Wirkungen entsprechen (z. B. durch den Aufruf unterschiedlicher Verarbeitungsroutinen), dann ist für jeden einzelnen Wert eine separate Ausgabeäquivalenzklasse zu bilden.

3. Spezifiziert eine Ausgabebedingung einen diskreten Wert, der zwingend erfüllt sein muss, dann sind eine gültige und zwei ungültige Ausgabeäquivalenzklassen zu bilden (vgl. [BAL98], S. 429).

Beispiel:
Eine Ausgabebedingung erzeugt einen kontinuierlichen Wertebereich der Variablen x mit $1 \leq x \leq 1000$*, dann ist eine gültige Ausgabeäquivalenzklasse mit einem Wert aus dem Bereich 1 bis 1000 und zwei ungültige Klassen mit* $x < 1$ *und* $x > 1000$ *durch entsprechende Eingabewerte zu erzeugen.*

Die für die Wirkungen des Testobjekts erforderlichen Algorithmen sollten im Funktionstest und Abnahmetest nicht der Entwurfsspezifikation, sondern den fachlichen Anforderungen und der Schnittstellenspezifikation entnommen werden. Der Grund ist auch einleuchtend, wenn man bedenkt, dass die Entwurfsdokumente Fehler oder Abweichungen enthalten können, die bei der

Bestimmung der Soll-Ergebnisse übernommen werden und damit die Entwurfsfehler überdecken.

3.7.3.2 Ausgabegrenzwerte und besondere Ausgabewerte

Auch bei der Grenzwertanalyse dürfen nicht nur für die Eingaben im Dateneingaberaum Grenzwerte und besondere Werte gebildet werden, sondern auch für die Ausgaben im Datenausgaberaum. Bei Online-Verarbeitungen sind das in der Regel menügesteuerte Ausgaben einschließlich Listen und Protokolle und bei Batch-Verarbeitungen Dateien mit den entsprechenden Druckausgaben und gegebenenfalls Übergabeparameter für Unterprogramme.

Bei der Bildung der Ausgabegrenzwerte ist zu beachten, dass ein Eingabegrenzwert (siehe Kapitel "*Grenzwertanalyse*") nicht unbedingt einem Ausgabegrenzwert entspricht, was vom Algorithmus des Testobjekts abhängt. Ein Eingabegrenzwert ist immer nur dann gleichzeitig ein Ausgabegrenzwert, wenn die Transformation der Eingabewerte in den Ausgaberaum 1:1 erfolgt. Das ist zum Beispiel bei einfachen Datendruckprogrammen der Fall. In allen anderen Fällen müssen für Ausgabegrenzwerte entsprechende Eingabewerte gefunden werden, was nicht immer einfach ist. Eine genaue Kenntnis des Algorithmus für die entsprechende Funktion ist dabei unerlässlich. Wie bei den Eingabegrenzwerten lassen sich bei den Ausgabegrenzwerten je nach der Art des Wertebereichs folgende Werte berücksichtigen:

- unterer Grenzwert
- unterer Grenzwert vermindert um ε
- unterer Grenzwert erhöht um ε
- oberer Grenzwert
- oberer Grenzwert vermindert um ε
- oberer Grenzwert erhöht um ε

ε (Epsilon) wird dabei als ein kleiner Wert angenommen, der spezifikationsabhängig ist (z. B. 1 bei Ganzzahlen). Des Weiteren sollte stets auch ein mittlerer Wert eines Ausgabewertebereichs in Testfällen spezifiziert werden.

Beispiel:
Das Betragsfeld eines Kontostands ist als achtstellig nummerisch mit zwei Nachkommastellen definiert, wobei der Betrag positiv (bei Gutschriften) und negativ (bei Forderungen) sein kann. Durch das Bereitstellen der entsprechenden Eingabewerte können folgende Ausgabegrenzwerte und mittlere Werte in Testfällen vorgesehen werden:

1. 00000000,00
2. +00000000,01
3. +99999999,99
4. +00053155,35
5. -00000000,01
6. -99999999,99
7. -00053155,35

Die gleichen Probleme wie bei der Spezifizierung der Ausgabegrenzwerte treten bei der Spezifizierung von *besonderen Ausgabewerten* auf, die analog zu den *besonderen Eingabewerten* gebildet werden müssen (siehe Kapitel "*Test besonderer Werte*"). Auch hier müssen für besondere Ausgabewerte entsprechende Eingabewerte gefunden werden, falls die Transformation der Eingabevariablen in den Datenausgaberaum nicht im Verhältnis 1:1 erfolgt. Unter Umständen müssen die Ausgabedaten aus den Eingabedaten unter Zuhilfenahme des Algorithmus der entsprechenden Funktion manuell berechnet werden.

Beispiel:
Das Fälligkeitsdatum einer auszugebenden Rechnung soll unter Beachtung einer Zahlungsfrist in einem Testfall auf den 31.12. des laufenden Jahres fallen, dann muss das Rechnungsdatum plus die Zahlungsfrist als Eingabe auch den 31.12. als Ausgabe ergeben.

3.7.4 Soll-Ergebnisse als geprüfte Ist-Ergebnisse

Bei der Ermittlung der Soll-Ergebnisse gilt das Prinzip, dass die Festlegung der Ausgaben nicht durch vorhandene Ist-Ergebnisse beeinflusst werden darf (vgl. [SCH83], S. 121). Bei Online-Ausgaben über Menüs ist dieses Prinzip auch relativ einfach zu verwirklichen, weil diese Schnittstellen in der Regel unkompliziert aufgebaut sind und die Daten grundsätzlich in lesbarer Form ausgegeben werden. Bei komplizierten Schnittstellen mit strukturierten Ausgabedateien, ist das jedoch nicht der Fall, so dass es wenig Sinn macht, Soll-Ergebnisse ohne vorhandene Ist-Ergebnisse manuell zu ermitteln.

Bei Programmen, die in COBOL geschrieben wurden, können Dateien gepackte (packed-decimal) oder binäre (binary) Felder enthalten, deren Erstellung mit einem Editor nicht nur ein fundiertes Maß an Wissen erfordert, sondern darüber hinaus zeitaufwändig und extrem fehleranfällig ist. In derartigen Fällen wird man das Testobjekt ausführen und Soll-Ergebnisse als Ist-Ergebnisse maschinell erzeugen. Diese Ergebnisse sind in einem ersten Schritt gegen die Schnittstellenspezifikation und in einem zweiten Schritt gegen die fachlichen Anforderungen zu prüfen (z. B. auf Konsistenz der Daten). Sind diese Ist-Ergebnisse vollständig qualitätsgesichert, dann können sie für weitere Testläufe, zum Beispiel bei Regressionstests, als Soll-Ergebnisse unter Beachtung der Änderungen verwendet werden.

3.7.5 Vergleich von Soll- und Ist-Ergebnissen

Nach der Testausführung ist ein Vergleich von Soll- und Ist-Ergebnissen erforderlich, der als *manueller Vergleich* oder als *maschineller Vergleich* durchgeführt werden kann. Ein manueller Vergleich ist besonders bei großen und komplizierten Datenmengen äußerst arbeitsaufwändig und damit kostenintensiv und fehleranfällig, weil die Aufmerksamkeit des Testers üblicherweise schon nach kurzer Zeit erheblich nachlässt. Ein maschineller Vergleich unter Zuhilfenahme geeigneter Werkzeuge ist dagegen relativ leicht zu realisieren und kann sowohl bei exakt berechneten strukturierten Ausgabedaten mit genau definierten Werten und Wertebereichen (*Datenvergleich*) als auch bei nicht strukturierten Ausgabedaten wie Listen und Protokolle (*Textvergleich*) durchgeführt werden.

3.7.5.1 Erzeugung von Referenzdateien

Es ist nicht zwingend erforderlich jedoch sinnvoll, bei allen maschinellen Vergleichen mit Dateien oder Listen Schlüsselbegriffe zu definieren, um die gefundenen Abweichungen exakt einem Schlüssel zuordnen zu können. Hierbei wird zwischen Primär- und Sekundärschlüssel unterschieden, wobei der Primärschlüssel eindeutig sein muss, während der Sekundärschlüssel doppelt oder mehrfach vorhanden sein darf. Als Schlüssel eigenen sich am besten nummerische Feldgrößen wie die Kunden- oder Kontonummer, aber auch künstliche Referenznummern. Als sekundäre Schlüssel lassen sich zum Beispiel der Familienname, die Straße oder der Wohn- bzw. Geschäftsort heranziehen.

Werden die Ausgabedaten in Dateien geschrieben, dann können *Referenzdateien* angelegt werden, die sich in der Phase der Testauswertung mit dem vom Testobjekt erzeugten Daten maschinell vergleichen lassen. Die Erzeugung der Referenzdateien kann automatisch oder halbautomatisch durch ein geeignetes Utility oder manuell unter Zuhilfenahme eines Editors geschehen. Folgende Vorgehensweise kann dafür gewählt werden:

- Allokierung der Referenzdateien mit festgelegtem Dateityp (*Organisationsform, Zugriffsart*) und Satzlänge (*fest oder variabel*) auf der Testumgebung.
- Erzeugung der Referenzdateien durch geeignete Tools oder einem Editor.
- Manuelle Nachbesserungen an den Daten nach Reviews.

- Maschineller Vergleich von Soll- und Ist-Daten nach der Testausführung.

Besonders effizient sind maschinelle Datenvergleiche mit vom Testobjekt erstellten qualitätsgesicherten Testausgabedaten vorangegangener Versionen. Eine derartige Vorgehensweise ist jedoch nur dann sinnvoll, wenn sich an den Ausgabedaten der Folgeversion wenig oder nichts geändert hat, was nach geringfügigen Fehlerbereinigungen oder Tuning-Maßnahmen der Fall ist.

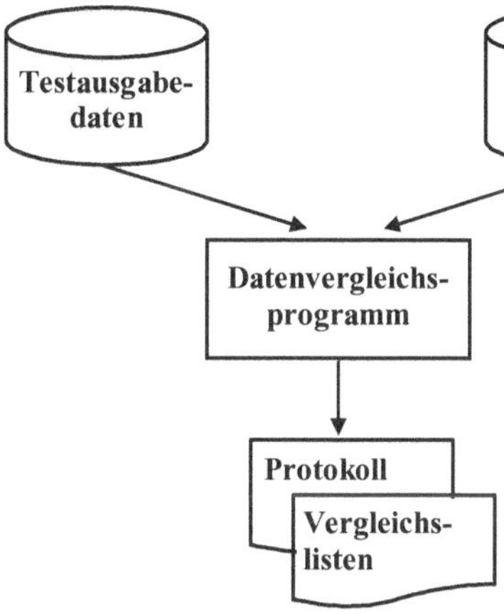

Abb. 3.7-1: Maschineller Datenvergleich mit Referenzdaten

3.7.5.2 Dialog-Mitschnitte durch Capture/Replay-Tools

Mit der Realisierung einer Schnittstelle zu einem Capture/Replay-Tool lassen sich im Funktionstest komplexe Dialog-Testfälle nach der Eingabe mitschneiden und bei späteren Regressionstests vollautomatisch ausführen und auswerten. Bei einigen Tools findet ein integrierter Vergleich mit dem Ergebnis des vorangegangenen Testlaufs statt, was die Testauswertung sehr effizient macht.

Alle Capture/Replay-Tools verwenden für die Aufzeichnung der Testfälle eine toolspezifische Abfragespache (*Test Script Language*). Bei der Aufzeichnung wird zwischen pixelorientierten und objektorientierten Verfahren unterschieden. Bei einer analogen Aufzeichnung wird die dargestellte Grafik als eine Menge von Bildpunkten (Pixel) betrachtet, was den Mitschnitt aller Veränderungen auf dem Bildschirm erlaubt. Informationen über das Testobjekt werden vom Tool nicht benötigt. Demgegenüber werden beim objektorientierten Verfahren Funktionsaufrufe und die Ausführung von Widgets oder Objekten mitgeschnitten. Die physische Lage der Objekte auf dem Bildschirm ist dabei nicht relevant.

3.8 **Fehlerbehandlung** (Problem Reporting)

Die Koordinierung der Fehlerbehandlung während des Testprozesses muss ausführlich geplant sein, weil die in den Teststufen gefundenen Probleme einer formellen Aufbereitung bedürfen, zu klassifizieren sind und auf schnellstem Weg in den Entwicklungsprozess zurückgeführt werden müssen. Die Norm DIN EN ISO 9001 : 2000 verlangt in Abschnitt 8.3 die Lenkung von Fehlern und fordert, dass diese Tätigkeiten in einem dokumentierten Verfahren festgelegt, die Fehler aufgezeichnet und die erforderlichen Folgemaßnahmen beschrieben werden müssen: *"Die Lenkungsmaßnahmen und zugehörige Verantwortlichkeiten und Befugnisse für den Umgang mit fehlerhaften Produkten müssen in einem dokumentierten Verfahren festgelegt sein. ... Aufzeichnungen über die Art von Fehlern und die ergriffenen Folgemaßnahmen ... müssen geführt werden".* Bei größeren Projekten ist es unumgänglich, dafür ein maschinelles Hilfsmittel zur Verfügung zu stellen, das gewöhnlich als *Problem Reporting Tool* bezeichnet wird.

3.8.1 Das Problem Reporting Tool

Das *Problem Reporting Tool* dient der Erfassung von Fehlern und Mängeln eines Softwareprodukts in jeder Phase des Software-Lebenszyklus. Ganz besonders wichtig ist eine gut organisierte Fehlerbehandlung während der Teststufen und während des Einsatzes des Produkts im Realbetrieb, damit ohne Verzögerung die gefundenen Fehler dem Entwicklerteam, dem Konfigurationsmanagement oder der Fachseite zur weiteren Aufbereitung mitgeteilt werden können. Da die Fachseite die detaillierten Benutzeranforderungen in Form des Fachkonzepts liefert, ist ihre Anbindung an das *PR-Tool* von ausschlaggebender Bedeutung, weil Fehler, unklare Formulierungen oder unvollständige Produktbeschreibungen im Fachkonzept der unmittelbaren Klärung bedürfen.

Unter Konfigurationsmanagement versteht man die Planung, Realisierung und Überwachung eines formalen Systems zur Planung, Festlegung, Erfassung und Prüfung aller Strukturebenen einer Konfiguration sowie deren Dokumentation und Berichterstattung (vgl. [DGQ86]). Konfigurationsmanagement ist eine formale Engineering-Disziplin, die Methoden, Werkzeuge und sonstige Hilfsmitteln für die Entwicklung und Pflege des Softwareprodukts im gesamten Lebenszyklus des Anwendungssystems zur Verfügung stellt. Zu den Hauptaufgaben eines Software-Konfigurationsmanagements gehört auch die Steuerung der Problemmeldungen (Problem Reports).

3.8.1.1 Problem Reports

Die erstellten *Problem Reports* sollten einen stark dokumentarischen Charakter besitzen, um die Daten für andere Projektversionen oder andere Projekte nutzen bzw. statistisch auswerten und weiterverarbeiten zu können. Dazu bedarf es einer formalisierten Aufbereitung der zur Verfügung stehenden Daten, die mit dem festgestellten Problem in unmittelbarem Zusammenhang stehen. Ein interaktiv erstellter *Problem Report* (PR) sollte folgende Attribute aufnehmen können, die das Problem eindeutig adressieren, es ausführlich dokumentieren und nach Dringlichkeit und Schweregrad klassifizieren:

- Name des Projekts und Projet-ID
- Projekt-Phase
- PR-Nummer (*laufende Nummer des PR, wird vom System generiert*)
- Datum und Uhrzeit (*wird vom System generiert*)
- Problem-Release (*Version, in welcher das Problem gefunden wurde*)
- Ziel-Release (*Version, in der das Problem behoben werden sollte*)
- Problemtyp (*Codierfehler, Anforderungsfehler usw.*)
- Severity (*Schweregrad des Problems*)
- Priorität (*Dringlichkeit des Problems*)
- geschätzter Korrektur- und Testaufwand
- Answer-Team (*Funktionsgruppe, die das Problem zu bearbeiten hat*)
- Test-Team (*Funktionsgruppe, der das Problem zugeordnet wird*)
- CR-Nr (*Change Request, falls das Problem einen CR betrifft*)
- PR-Reference-Nr. (*Verweis auf einen bereits existierenden PR*)
- Error-Code (*Fehlercode*)
- Problem-Ort (*Ort, an dem das Problem gefunden wurde*)
- fehlerhafte Komponente
- Beschreibung des Fehlers
- Folgemaßnahmen zur Abstellung des Fehlers (*durch das Answer-Team*)
- Stichwörter (*als Selektionskriterien*)
- Name des PR-Erstellers

Da ein Problem einen bestimmten Bearbeitungszyklus durchläuft, der mit dem Eröffnen des PR beginnt und mit dem Schließen endet, muss das PR-Verfahren diese Phasen wiederspiegeln, die aus folgenden Modi bestehen können:

- Eröffnen
- Beantworten
- Entwicklung
- Beenden

Die beim *Eröffnen* des PR verwendeten Daten können dem Modus entsprechend ergänzt bzw. erweitert werden. So kann der zusätzliche Entwicklungsaufwand für die Behebung des Problems von Bedeutung sein. Ein *Problem Reporting Tool* sollte neben dem Aufruf der Modi die folgenden zusätzlichen Utilities besitzen:

- **Wiedererkennung von Fehlern**
  Oft werden parallel arbeitende Tester an unterschiedlichen Testobjekten mit dem gleichen Fehler konfrontiert. Um Fehlermeldungen mit identischem Fehlerinhalt zu vermeiden, könnten über eine Stichwortabfrage Mehrfachmeldungen zusammengeführt oder durch die automatisch Ausgabe von Querverweisen auf das Vorhandensein bereits eingestellter Meldungen mit dem gleichen Problembereich hingewiesen werden.
- **Sortierung und Selektion von Meldungen**
  Bei größeren Projekten können tausende von Fehlermeldungen pro Version anfallen, die ohne Sortierung und Selektion kaum statistisch aufzubereiten sind. So entscheidet über die Freigabe eines Produkts, wie viele Fehler nach klassifiziertem Schweregrad noch im aktuellen Versionslevel vorhanden sind. Deshalb ist es sinnvoll, eine Selektion und Auflistung der Meldungen nach vorgegebenem Schweregrad vorzunehmen. Als Selektionskriterien kommen zum Beispiel alle bereits genannten Attribute eines PR in Frage, die ggf. mit arithmetischen Operatoren logisch verknüpft werden können.
- **Statistische Auswertungen**
  Dazu gehören zusammengestellte Statistikdefinitionen wie die Addition der zusätzlichen Aufwände. Diese Ausgabe ist besonders für das Projektmanagement wichtig, um den aktuellen Kostenstand für das Projekt zu beurteilen. Statistische Auswertungen des Fehleraufkommens können auch zum Schätzen der *Zuverlässigkeit* der Software auf der Basis von Zuverlässigkeitswachstumsmodellen in der Abnahmetestphase herangezogen werden.
- **Druck- und Display-Ausgaben**
  Hierzu gehört der Ausdruck von Selektionen und selbst zusammengestellten Elementlisten.
- **Hilfe-Funktion**
  Zu allen Elementen, Stati und Funktionen sollten ausführliche Hilfestellungen angeboten werden.
- **Such-Funktion**
  Sie ermöglichen das Suchen nach Attributen oder nach beliebigen fehlerorientierten Suchbegriffen über alle PR hinweg für ein bestimmtes Release.

3.8.1.2 Klassifizierung des Problems

Um die Zuständigkeiten für das aufgetretene Problem eindeutig festlegen zu können und eine angemessene Problembehandlung sicherzustellen, muss das Problem klassifiziert werden. Eine wichtige Rolle bei der Bearbeitung eines *Problem Reports* spielen die Parameter *Schweregrad*, *Dringlichkeit* und *Problemtyp*. Folgende Klassifizierungsmerkmale sind für diese Parameter möglich:

Schweregrad (Severity)	1 = leichter Fehler 2 = mittelschwerer Fehler 3 = schwerer Fehler
Priorität	A = sofort bearbeiten B = innerhalb einer Woche bearbeiten C = bis zum nächsten Release bearbeiten
Problemtyp	V = Anforderungsfehler E = Entwurfsfehler P = Programmfehler D = Datenbankfehler S = Schnittstellenfehler J = Fehler in der Job-Ablaufsteuerung T = Fehler in der Testumgebung X = sonstige Fehler

Abb. 3.8-1: Klassifizierung des Problems

Schweregrad

Die Schwere eines Problems wird bestimmt durch den Grad der Beeinträchtigung fachlicher oder systemtechnischer Funktionen der Anwendung, die mittelbar oder unmittelbar ein Fehlverhalten aufweisen. Der Schweregrad der noch nicht beseitigten Probleme ist ein wichtiges Kriterium für die Freigabe der Anwendung. Sind trotz Fehlerbeseitigungsmaßnahmen Fehler mit dem Schweregrad „3" vorhanden, darf die Version nicht für den Feldeinsatz freigegeben werden. Eine Freigabe kann allerdings auch dann nicht empfohlen werden, wenn zahlreiche PR mit einem Schweregrad „2" unerledigt vorliegen. Dagegen werden Fehler mit dem Schweregrad "1" eher als Schönheitsfehler betrachtet, die in der Folgeversion beseitigt werden können.

Bei der Beurteilung des Schweregrads muss das Risiko in Betracht gezogen werden, den der Ausfall oder die Beeinträchtigung der fachlichen oder technischen Funktion verursachen kann. Hierbei kann die bereits erfolgte Kritikalitätsbestimmung der Testobjekte herangezogen werden, die in den Anforderungen oder im QM-Plan für bestimmte Funktionen festgeschrieben ist oder bei der Testplanung ermittelt wurde.

Priorität

Ein Fehler mit einer erheblichen Schwere muss nicht zwangsweise eine hohe Dringlichkeit besitzen. Das kann zum Beispiel der Fall sein, wenn eine fehlerhafte Funktion im Vorgriff auf eine Nachfolgeversion implementiert wurde oder diese Funktion in einem zu erwartenden Release modifiziert werden soll. Umgekehrt kann eine hohe Dringlichkeit bei einem minderschweren Fehler durchaus sinnvoll sein, wenn zum Beispiel der planmäßige Einsatz der Version unmittelbar bevorsteht und eine Berichtigung des Fehlers in einer Folgeversion aus Marketinggründen nicht angebracht erscheint.

Durch die Zuordnung der Priorität nutzt man gewisse Freiheitsgrade, die einen zeitlichen und wirtschaftlichen Aspekt besitzen. Auf diese Weise lässt sich der zusätzliche Aufwand reduzieren, wenn Fehler mit dem Schweregrad „1“ zusammengefasst und erst in der geplanten Folgeversion beseitigt werden. Ein derartiges Vorgehen setzt allerdings auch eine gut fundierte Abschätzung des Anwenderverhaltens voraus, denn oft nimmt die Akzeptanz einer Anwendung auch bei kleineren bekannten Fehlern ab. Bei kommerziellen Produkten ist deshalb besonders in der Testphase eine enge Zusammenarbeit mit der Fachseite von ausschlaggebender Bedeutung. Nur die Fachseite bzw. der Anwender sollten entscheiden, ob die noch vorhandenen Mängel bis zur geplanten Folgeversion toleriert werden können oder ob sie bis zum Betriebseinsatz zu beseitigen sind.

Problemtyp

Durch den Problemtyp wird nicht nur eine globale Zuordnung des Problems zur verantwortlichen Stelle vorgenommen, sondern das Problem lässt sich dadurch auch besser abgrenzen. Für die Entwicklergruppe ist es zum Beispiel ein wichtiger Hinweis, ob das Problem durch einen Schnittstellenfehler, Datenbankfehler oder durch eine fehlerhafte Job-Ablaufsteuerung hervorgerufen wird.

Die Zuordnung des Problemtyps durch den Tester ist lediglich als ein erster Hinweis auf die vermutete Fehlerursache zu verstehen, die entweder von der Fachseite (bei Vorgabenfehlern) oder der Entwicklergruppe weiter zu verfolgen ist. Der Tester hat besonders in den Teststufen Systemtest und Abnahmetest, die blackboxorientiert durchgeführt werden, keine Möglichkeit, eine spezifische Fehleranalyse durchzuführen.

Die Steuerung der Problemmeldungen, ihre Überwachung und statistische Auswertung wird vom Konfigurationsmanagement sichergestellt. Das Beantworten eines PR ist jedoch nur vom Adressaten und das Schließen (Close-Funktion) nur vom Ersteller des PR möglich. Folgende Abbildung zeigt die möglichen Einträge (Elemente) für den Eröffnungs-Modus eines PR.

Eröffnen eines PR			
Projekt	⇒	PR-Nummer:	[Datum/Uhrzeit]
Projekt-ID	⇒	Anwer-Team	⇒
Projekt-Phase	⇒	Test-Team	⇒
Problem-Release	⇒	CR-Nr.	⇒
Ziel-Release	⇒	PR-Reference-Nr.	⇒
Problemklasse	⇒	Problem-Release	⇒
Serverity	⇒	Ziel-Release	⇒
Priorität	⇒	Problem-Ort	⇒
Error-Code	⇒		
Stichwörter für Suchfunktion ⇒			
Fehlerhafte Komponente ⇒			
Beschreibung des Problems:			
Ersteller ⇒			

Abb. 3.8-2: Eröffnungsmodus eines Problem Reports

3.8.1.3 Fehleranalyse

Die durch das Fehlermeldeverfahren gemeldeten Fehler müssen einer Analyse unterzogen und zur Korrektur an die Entwickler weitergeleitet werden. In größeren Projekten übernimmt diese Tätigkeit das Konfigurationsmanagement.

Besonders im Abnahmetest können die aufgetretenen Probleme von der externen Qualitätssicherung des Auftraggebers oft nur sehr vage beschrieben werden, ohne die zum Fehlerfall führenden Gründe zu kennen bzw. näher beschreiben zu können. Es ist eines der Aufgaben des Konfigurationsmanagements, die *Problem Reports* zu analysieren, sie bei Unklarheiten in enger Zusammenarbeit mit dem Ersteller zu ergänzen und dem zuständigen Entwickler zuzuleiten. Auf diese Weise wird sichergestellt, dass die derart aufbereiteten Fehler und Probleme von den Entwicklern eindeutig nachvollzogen werden können, was für die schnelle Ursachenfindung von ausschlaggebender Bedeutung ist. Sind die aufbereiteten Fehler von den Entwicklern nicht nachvollziehbar, weil die benutzten Testdaten das spezielle Problem nicht abdecken, sollte das Konfigurationsmanagement die den Fehler hervorrufenden Testdaten von der Qualitätssicherung abfordern.

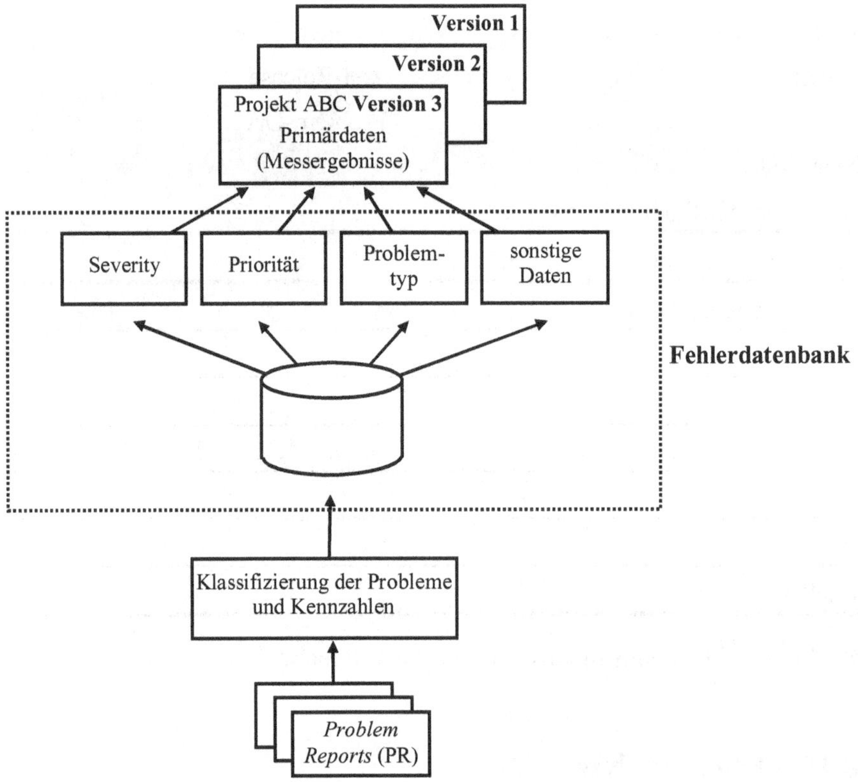

Abb. 3.8-3: Auswertung der Problem Reports durch eine Fehlerdatenbank

Besitzt das *Problem Reporting Tool* eine Schnittstelle zu einer Fehlerdatenbank, in welcher sich alle statistischen Werte des Projekts analysieren, zusammenfassen und auswerten lassen, können auf effiziente Weise Teile des PR problemlos zur Auswertung und Speicherung übernommen werden. Diese Daten sind eine große Hilfe für die Beurteilung der qualitätssichernden Maßnahmen, des Aufwands und Erfolgs für das aktuelle Projekt und für künftige Projekte.

3.9 Testobjekte und Testverfahren

Je nach Teststufe, Testmodell, Testaufgabe, Abstraktionsniveau und der Sicht des Testers sind Testobjekte Programmeinheiten, die einzeln oder kombiniert mit anderen Programmeinheiten getestet werden sollen. Um den Testaufwand in vertretbaren Grenzen zu halten, werden die Testobjekte in Kategorien aufgeteilt, wobei als Klassifizierungskriterien die *Kritikalität* und *Komplexität* herangezogen werden können. Je nach Kritikalitäts- und Komplexitätsgrad erhalten die Testobjekte eine ihnen angemessene optimale Testbehandlung. In folgender Tabelle werden den Teststufen allgemeine Testobjekte zugeordnet, die den Testmodellen und Testaufgaben entsprechend weiter zu verfeinern sind.

Teststufe	Testobjekte
Modultest	elementare Funktionen, Kontroll- und Datenflüsse, Modul
Integrationstest	Schnittstellen, Module, Modulgruppen, Anwendung
Systemtest	Anwendung, Teilsystem, Gesamtsystem
Funktionstest	anwendernahe Funktionen, Zustände und Zustandsübergänge
Abnahmetest	verkettete Funktionen, Szenarios, Anwendungsfälle

Abb. 3.9-1: Teststufen und Testobjekte

Im Systemtest sind Testobjekte in der Regel vollständige Systeme, denn die einzelnen Prüfungen beziehen sich gewöhnlich nicht auf einzelne Komponenten der Software, sondern auf das gesamte System.

3.9.1 Funktionale Abgrenzung der Testobjekte

Bei der Abgrenzung der Testobjekte geht man zunächst von Wirkungen aus, die Programmkomponenten oder das gesamte Programm besitzen. Dabei orientiert man sich an *funktionalen Formen,* und zwar auf der *Systemebene* beim strukturorientierten Test und auf der *Anwenderebene* beim funktionsorientierten Test. Das funktionsbezogene Testen auf beiden Ebenen orientiert sich am Eingabe-/Ausgabeverhalten dieser funktionalen Formen, die sowohl vom Abstraktionsniveau als auch von der Sichtweise abhängig sind.

Wird eine funktionale Form vom Abstraktionsniveau aus betrachtet, dann kann man sich am Entwurf des Softwaresystems orientieren, in welchem eine oder mehrere globale Funktionen mit ihren Datenstrukturen *top-down* immer weiter verfeinert werden bis sie auf niederster Abstraktionsebene (Systemebene) direkt als Quelltext implementiert werden können. Die obersten Schichten in diesem Hierarchiesystem sind sehr abstrakt und bedeuten *Anwendernähe.* Die funktionalen Formen dieser Schichten lassen sich demzufolge als Testobjekte in den Teststufen *Funktionstest* und *Abnahmetest* verwenden, die als *Blackboxtest* durchgeführt werden. Die niederen Schichten konkretisieren die funktionalen Formen in zunehmender Weise, bis sie schließlich als Anweisungssequenzen und einzelne Anweisungen spezifizierte Funktionen und Teilfunktionen realisieren. Diese Schichten bedeuten folglich *Systemnähe,* weshalb deren funktionale Formen sich auch als Testobjekte im Modultest eignen, der in der Regel strukturorientiert durchgeführt wird. Als funktionale elementare Formen auf der Systemebene kann man der strukturierten Programmierung entsprechend drei Grundformen angeben, aus denen letztlich alle spezifizierten Funktionen des Systems zusammengesetzt werden können:

- Selektionen (z. B. If-then-else- und CASE-Anweisung)
- Iterationen (DoWhile- und DoUntil-Schleifen)
- Sequenzen

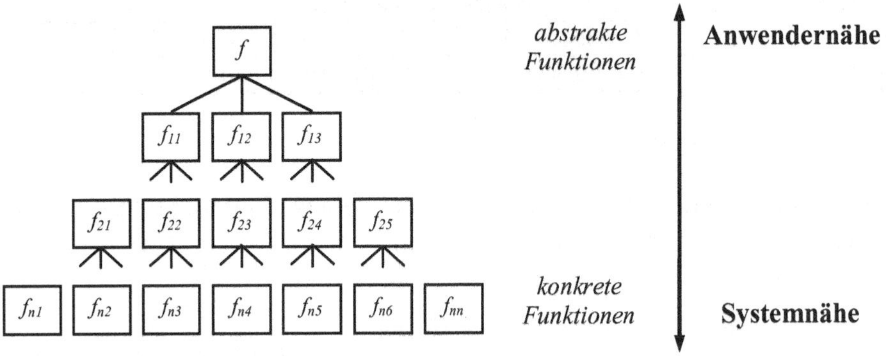

Abb. 3.9-2: Ableitung funktionaler Formen aus dem *Top-down*-Entwurf

Da mit der Verfeinerung der funktionalen Formen gleichzeitig die Datenstrukturen verfeinert bzw. konkretisiert werden, auf denen diese funktionalen Formen arbeiten, lassen sich in allen Teststufen Testobjekte auf diese Art ableiten. Allerdings wird die Sicht auf diese Testobjekte variieren. Für den Funktionstest kann zum Beispiel ein Modul eine komplette anwenderbezogene Funktion realisieren, die als Testobjekt zu testen ist, während im Modultest bei einer kontrollfluss- oder datenflussorientierten Sicht genau diese Funktion als Kontrollflussgraf oder Datenflussgraf in den Mittelpunkt des Testgeschehens rückt.

Im *Modul- und Integrationstest* ist die Sicht auf die Testobjekte sowohl strukturorientiert als auch funktionsorientiert. Die funktionsorientierte Sicht orientiert sich immer am Eingabe-/Ausgabeverhalten der Funktionen. Ein Modul kann eine oder mehrere fachliche Funktionen realisieren, deren Eingabe-/Ausgabe-Verhalten im Sinne einer Blackbox zu testen sind. Diese Funktionen bestehen wiederum aus Teilfunktionen (Prozeduren) und diese setzen sich wiederum aus elementaren Funktionen zusammensetzen, zum Beispiel aus Schleifen, Anweisungssequenzen oder Verzweigungen. Für diese erweiterte funktionale Sicht sind Kenntnisse der internen Struktur der Testobjekte erforderlich, weil man ihnen Codesequenzen zuordnen muss.

3.9.2 Testobjekte im Funktionstest

Im Funktionstest wird die gesamte Anwendung aus Benutzersicht auf der Basis der Spezifikation bzw. der fachlichen Vorgaben in Funktionen zerlegt, die als Testobjekte dienen. Die funktionalen Wirkungen eines Programms lassen sich als eine einzige globale Funktion auffassen, welche die Transformation der Eingabedaten in die Ausgabedaten bewirkt. Je nach Abstraktionsgrad und Sichtweise lässt sich diese globale Funktion *top-town* schrittweise verfeinern, indem sie in weitere unabhängige Teilfunktionen zerlegt wird. Die schrittweise Verfeinerung wird solange fortgesetzt, bis sie nach außen hin zum Benutzer gerade noch Wirkungen zeigen. Jede dieser Teilfunktionen kann bei streng strukturierter und modularisierter Vorgehensweise als unabhängiger separat übersetzter Modul realisiert werden, was in der Praxis jedoch nicht immer der Fall ist.

Testobjekte auf funktioneller anwenderorientierter Basis sind oft Dialogfunktionen einschließlich der Cursorsteuerung, Batchfunktionen zum Laden von Daten in die Datenbank, auszugebende Dateien, Listen und Protokolle mit ihren Schnittstellen, Hinweismeldungen an den Benutzer usw. Ableiten lassen sich die Testobjekte aus den fachlichen Anforderungen und dem Funktíonsmodell.

3.9.2.1 Zusammenfassen von Funktionen

Zwei oder mehrere Funktionen lassen sich zu einem Testobjekt zusammenfassen, wenn zwischen ihnen ein funktioneller Zusammenhang besteht oder wenn eine bestimmte Funktion zu ihrer Ausführung eine oder mehrerer anderer Funktionen benötigt. Voraussetzung für das Zusammenfassen ist allerdings, dass diese Funktionen auf eine oder mehrere gemeinsame Datenelemente zugreifen. Durch das Zusammenfassen von Funktionen zu einem einzigen Testobjekt lassen sich Test-Redundanzen vermeiden und damit den Testprozess effizienter gestalten. Es können aber auch fachliche Aufgaben im Sinne von Szenarios und Anwendungsfällen entstehen, die als logische Verkettung der zusammengefassten Funktionen zu verstehen sind und die als unmittelbarer Service dem Anwender zur Verfügung gestellt werden.

3.9.2.2 Aufteilen von Funktionen

In der gleichen Weise, wie sich Funktionen zu einem Testobjekt zusammenfassen lassen, können einzelne Funktionen in zwei oder mehrere Testobjekte aufgeteilt werden. Diese Vorgehensweise ist besonders dann sinnvoll, wenn die Funktionen komplex sind und sich aus unabhängigen Eingabeschritten (Dialog) oder Verarbeitungsschritten (Batch) zusammensetzen. Das Aufteilen einer Funktion in mehrere Testobjekte kann auch aus testorganisatorischen Gründen vorgegeben sein, wobei die Kreativität und das Know-how der Tester eine nicht unerhebliche Rolle spielen.

3.9.3 Testobjekte im Abnahmetest

Wurde im Funktionstest die Anwendung in einzelne Funktionen zerlegt und als Testobjekte getestet, so werden im Abnahmetest vollständige Anwendungsfälle geprüft, die sich aus funktionellen Verkettungen spezifischer Funktionen ergeben. Jeder Anwendungsfall wird zunächst als Testobjekt betrachtet, wobei auch hier zwei oder mehrere Anwendungsfälle zu einem Testobjekt zusammengefasst werden können, wenn zwischen ihnen ein logischer ablauffähiger Zusammenhang besteht und der Testablauf dadurch vereinfacht wird.

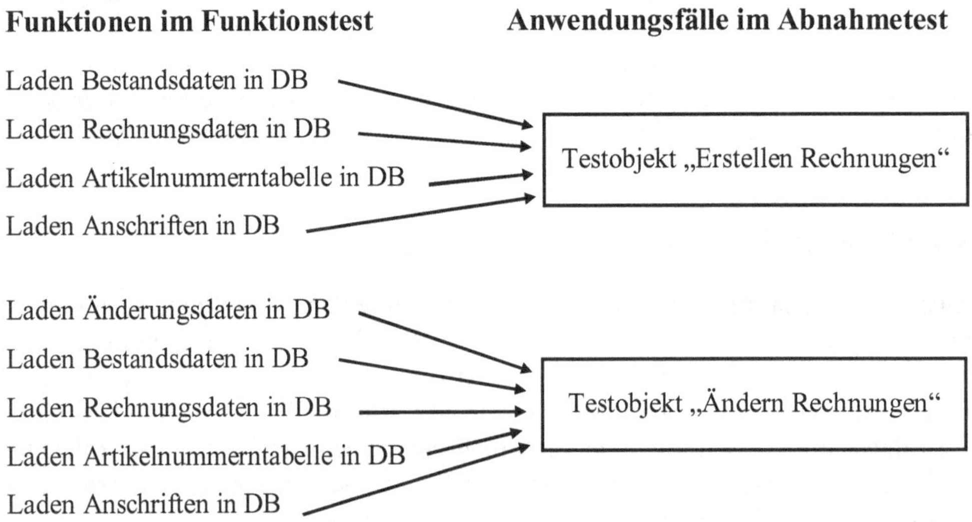

Abb. 3.9-3: Funktionsverkettungen als Anwendungsfälle im Abnahmetest

Diese Zusammenfassung von Testobjekten ist der Fall, wenn Anwendungsfälle andere Anwendungsfälle enthalten oder wenn Anwendungsfälle zu kompletten Geschäftsprozessen zusammengefasst werden können. Andererseits kann ein

Anwendungsfall in mehrere Testobjekte aufgeteilt werden, wenn dieser Fall sehr umfangreich ist und eine derartige Aufteilung vom Testablauf her sinnvoll erscheint. Man muss immer bedenken, dass ein Anwendungsfall sich aus einer ganzen Reihe von Szenarios zusammensetzen kann und sehr viele Testsituationen daraus abgeleitet werden können.

3.9.4 Testobjektkategorien

Testobjekte lassen sich hinsichtlich ihrer Komplexität, ihres kritischen Verhaltens gegenüber anderen Testobjekten oder dem Endbenutzer, ihrer logischen Zusammengehörigkeit oder aus Gründen der Wirtschaftlichkeit in Kategorien aufteilen. Wichtige und in der Praxis häufig angewendete Kategorien sind die *Kritikalität* und *Komplexität* von Testobjekten. Ziel der Klassifizierung von Testobjekten ist die Zuordnung einer ihnen angemessenen optimalen Testbehandlung mit differenzierten Methoden, Verfahren und Werkzeugen. Auf diese Weise soll sichergestellt werden, dass die Testobjekte entsprechend ihren inhärenten Merkmalen und ihrem Risikopotenzial getestet werden und der Testaufwand in vertretbaren Grenzen gehalten wird.

Die Kritikalitätsbestimmung ist ihrem Wesen nach eine fachlich orientierte Kontrollfunktion, die für ein Produkt oder Teilprodukt bereits im Fachkonzept, im QM-Plan oder in einem Sicherheitsplan festgelegt werden muss. Demgegenüber wird mit der Komplexitätsbestimmung eine Aussage über die Fehlerwahrscheinlichkeit eines Testobjekts getroffen, weil man davon ausgeht, dass mit zunehmender Komplexität auch das Fehlverhalten ansteigt. Da in einem extern durchgeführten Funktions- oder Abnahmetest jedoch kaum eine Aussage über die innere Komplexität eines Testobjekts gemacht werden kann, wird diese Kontrollfunktion in der Regel im Entwicklertest eingesetzt.

3.9.4.1 Bestimmung der Kritikalität

Unter *Kritikalität* wird die Bedeutung verstanden, die dem Fehlverhalten eines Testobjekts beim Anwender beigemessen wird. Der Kritikalitätsbegriff entspricht der *"Anspruchsklasse"* in der Norm DIN EN ISO 9000 : 2000-12, die definiert ist als *"Kategorie oder Rang, die oder der den verschiedenen Qualitätsanforderungen an Produkte, Prozesse oder Systeme mit demselben funktionellen Gebrauch zugeordnet ist"*. Durch das Festlegen der Kritikalität lassen sich jedem Testobjekt gezielt abgestufte konstruktive und analytische Qualitätsmanagement- und Qualitätssicherungsmaßnahmen zuordnen. Da mit der Kritikalitätsstufe die Entwicklungs- und Qualitätskosten steigen, muss eine Minimierung der Anzahl kritischer Funktionen bei unveränderten Systemverhalten angestrebt werden. Eine hohe Kritikalität darf nur dort vergeben werden, wo sie wirklich notwendig ist [ITS97]. Wie detailliert die Risikoeinstufungen anzuwenden sind, muss vom Projektmanagement oder einem speziellen Risikomanagement in Zusammenarbeit mit dem Qualitätsmanagement festgelegt werden. Beim Rheinisch-Westfälischen TÜV wird zum Beispiel die Kritikalität in fünf Klassen unterteilt:

Klasse A:	kein Risiko
Klasse B:	geringes Risiko, z. B. Imageverlust
Klasse C:	mittleres Risiko, z. B. finanzieller Schaden
Klasse D:	hohes Risiko, großer finanzieller Schaden möglich
Klasse E:	sehr hohes Risiko, Personenschaden möglich

Für die Bestimmung einer testobjektbezogenen Kritikalität und die Zuordnung der Anforderungsklassen kann auch ein Risikograf verwendet werden, wie er analog für MSR-Schutzeinrichtungen in DIN V 19250 : 1994-08 beschrieben ist. Nach den Anforderungsklassen richten sich dann die jeweiligen Maßnahmen zur *Fehlervermeidung* und *Fehlerbeherrschung*.

Für jede testobjektbezogene Kritikalitätsstufe muss vom Projektmanagement in Zusammenarbeit mit dem Qualitätsmanagement und der Fachseite vorgegeben werden, welche Qualitätssicherungsmaßnahmen eingesetzt werden müssen. Diese Maßnahmen beziehen sich sowohl auf Entwicklungs- und Testmethoden als auch auf Prinzipien und Werkzeuge.

3.9.4.2 Vererbung der Kritikalität bei abhängigen Testobjekten

Im Verlaufe der Entwicklung werden Funktionseinheiten zunehmend spezialisiert. Dabei vererben sich die in den Anforderungen festgelegten Kritikalitätseinstufungen für das Produkt oder Teilprodukt auf die Funktionen der Moduln (Produkt ⇒ Funktion) und von den Funktionen wiederum auf andere SW-/HW-Einheiten wie zum Beispiel verbundene Applikationen oder Datenbanken (Funktion ⇒ Produkt). Der *Entwicklungsstandard für IT-Systeme des Bundes, Vorgehensmodell Teil 3, Sicherheit und Kritikalität* geht deshalb von zwei Vererbungsrichtungen aus [ITS97]:

1. **Produkt ⇒ Funktion**
   Ist die Kritikalität für das Produkt oder Teilprodukt vorgegeben, dann muss mindestens eine der Funktionen eine gleich hohe Kritikalität wie das Produkt selbst besitzen.

2. **Funktion ⇒ Produkt**
   Ist die Kritikalität für eine Funktion vorgegeben, dann muss das zugeordnete Produkt oder Teilprodukt mindestens eine gleich hohe Kritikalität wie die Funktion selbst besitzen.

Aus beiden Regeln folgt, dass eine Kritikalitätseinstufung für ein Produkt im Laufe des Verfeinerungsprozesses in mindestens einem Verfeinerungszweig erhalten bleibt. Der Software-Designer muss demzufolge die Kritikalitätseinschätzung im Entwurf möglichst genau lokalisieren. Sind die betrachteten Funktionen i.S. einer Client/Server-Beziehung voneinander abhängig, dann lassen sich zwei Abhängigkeitsregeln aufstellen:

- Beeinflussen sich zwei Testobjekte einseitig, indem ein Testobjekt die Leistung des anderen nutzt, dann muss die Kritikalität des gerufenen Testobjekts mindestens so hoch sein wie die des rufenden.

- Beeinflussen sich zwei Testobjekte gegenseitig, indem jedes von ihnen wechselseitig die Leistung des anderen nutzt, dann müssen beide die gleiche Kritikalität besitzen.

Aus den beiden Abhängigkeitsregeln folgt, dass die Abhängigkeiten zwischen Entwurfseinheiten zu minimieren sind. Diese Forderung entspricht einem wichtigen Entwurfsprinzip für sichere, zuverlässige und wartbare Systeme.

3.9.4.3 Bestimmung der Komplexität

Allen dynamischen Testmethoden ist gemeinsam, dass Restfehler grundsätzlich nicht ausgeschlossen werden können. Jedes Testziel muss deshalb unter der Prämisse formuliert werden, mit dem eingesetzten Testaufwand möglichst viele kritische Fehler zu finden [WEY90], [SHE91]. Die Höhe der Fehlerzahl ist jedoch nicht zufallsverteilt, sondern von einer ganzen Reihe direkter und indirekter Einflussgrößen abhängig. Dafür kommen zum Beispiel in Betracht:

- Komplexität des Testobjekts
- Größe des Testobjekts (kLOC)
- Güte der Testvorbereitung, Testdurchführung und Testauswertung
- Güte des Fachkonzepts
- Anzahl der Anforderungsänderungen (CR oder DCR)
- Anzahl vorausgegangener Fehlerbereinigungen und Regressionstests
- Know-how der Entwickler
- Vorhandensein geeigneter Werkzeuge usw.

Eine Fehlerprognose aus allen Einflussgrößen über Metriken abzuleiten, ist nach heutigen Erkenntnissen nicht möglich, denn es sind grundsätzlich nicht alle Einflussgrößen bekannt und es gibt darüber hinaus differenzierte Wechselbeziehungen zwischen diesen Größen, die schwer zu bewerten sind. So ist z.B die Güte des Testprozesses von der Güte des Fachkonzepts, vom Know-how der Tester, von der Testumgebung, vom Vorhandensein geeigneter Werkzeuge usw. abhängig. Der Einfluss dieser und ähnlicher Größen auf die Fehlerzahl lässt sich allerdings durch den maximalen Einsatz konstruktiver Qualitätsmanagementmaßnahmen von vornherein vermindern.

Eine wichtige Einflussgröße bei der Fehlerverteilung in einem Modul ist deren Komplexität, denn man kann davon ausgehen, dass bei zunehmendem Komplexitätsgrad auch die Fehlerwahrscheinlichkeit ansteigt. Die Komplexität eines Moduls wird also in einen direkten Zusammenhang mit der Fehlerwahrscheinlichkeit gebracht, die sich sowohl im angemessenen Testaufwand als auch in der Testmethodik niederschlagen muss. Als Kriterien für die Komplexität kommen zum Beispiel folgende Merkmale in Frage:

- Anzahl der Entscheidungen
- Schachtelungstiefe der Entscheidungen
- Anzahl der berechnenden Zugriffe
- Anzahl der Schleifen
- Schachtelungstiefe der Schleifen
- Anzahl der Gruppenwechsel
- Anzahl der Eingabedateien
- Anzahl der Ausgabedateien, Listen und Protokolle
- Anzahl und Schachtelungstiefe der Masken
- Umfang und Struktur der Verarbeitungsalgorithmen
- Umfang und Schachtelungstiefe der Datenstrukturen
- Art und Menge der Datentypen
- Anzahl der Zuweisungen
- Anzahl der Aufrufsequenzen von Operationen usw.

Mit den konkreten Ausprägungen dieser Merkmale könnten nun den Moduln Komplexitätskategorien zugeordnet werden, nach denen sich die Höhe des Testaufwands richtet. Damit ist allerdings noch keine Aussage darüber getroffen, mit welchen Testverfahren diese Moduln zu testen sind. Besitzt zum Beispiel ein Modul eine komplizierte Entscheidungssteuerung, dann wird man ein anderes Testverfahren wählen, als bei Schleifen mit Mehrfachbedingungen oder bei einer hohen Anzahl von Datenzugriffen.

Einen praxisorientierten Ansatz, der in diese Richtung führt, stellt Liggesmeyer mit seinen Arbeiten [LIG94a] und [LIG94b] vor. Grundidee dieses Ansatzes ist das Erfassen standardisierter Einflussgrößen mittels Metriken und der Aufbau eines Komplexitätsprofils der zu testenden Moduln. Anhand dieses Komplexitätsprofils lässt sich wiederum eine Fehlerprognose ableiten auf deren Grundlage sich nun Teststrategien mit klassifizierten Testverfahren entwickeln lassen. Die insgesamt 26 Komplexitätsmetriken, mit denen eine Vielzahl an Einflussgrößen erfasst werden kann, wird in vier Gruppen eingeteilt:

- **Kontrollflussmetriken**
  Sie dienen der Erfassung wichtiger Kontrollstrukturmerkmale und sind deshalb für die Zuordnung kontrollflussorientierter Testverfahren geeignet.

- **Datendeklarationsmetriken**
  Sie dienen der Vermessung von Deklarationen reeller Daten und bestimmter strukturierter Datentypen, die den Einsatz von datenflussorientierten Tests, symbolischen Tests und formalen Verifikationen behindern.

- **arithmetische Metriken**
  Sie vermessen die Komplexität von arithmetischen Operationen und dienen der Zuordnung von arithmetikorientierten Testverfahren.

- **Datenflussmetriken**
  Sie dienen der Vermessung von Komplexitäten des Datenflusses und eignen sich für die Zuordnung von datenflussorientierten Testverfahren.

Diese Metriken lassen sich allerdings nur dann sinnvoll einsetzen, wenn ihre Kenngrößen und Ergebniswerte durch ein geeignetes Werkzeug ermittelt werden.

3.9.5 Zuordnung der Testanforderungen

Je höher der Kritikalitäts- und Komplexitätsgrad eines Testobjekts, desto höher sind auch die Testanforderungen. Diese Anforderungen beziehen sich auf die *Planung des Testprozesses*, die *Dokumentation*, die *Testfallermittlung und Testdatendefinition*, die *Testdurchführung* (Methoden, Werkzeuge), die *Testauswertung* und auf die *Regressionstests*.

Komplexität / Kritikalität	hoch 1	mittel 2	gering 3	Testanforderungen
hoch 1				höchste Testanforderungen
mittel 2				mittlere Testanforderungen
gering 3				geringe Testanforderungen

Abb. 3.9-4: Zusammenhang zwischen Kritikalität, Komplexität und Testaufwand

Folgende abgestufte Testanforderungen könnten zum Beispiel projektbezogen in einem funktionsorientierten Test verwendet werden:

Testobjekte mit der Kritikalitätsstufe 1 (höchste Testanforderungen)

- Ableitung der Testfälle aus der Spezifikation und Festlegung der Testmodelle. Vollständige Überdeckung der spezifizierten Funktionen, Funktionsverkettungen und Anwendungsfälle mit Grenzwerten und besonderen Werten. Vollständiger Test der spezifizierten und nicht spezifizierten Ausnahmen.

- Erfassung der Testdaten auf einer testneutralen Umgebung, die ein späteres Update der Testfälle ermöglicht.

- Ausführung des Tests durch Testprozeduren, damit eine exakte Reproduzierbarkeit der einzelnen Testläufe bei Regressionstests garantiert werden kann.

- Einsatz von Mitschnitt-Tools bei Online-Tests bzw. von Datenvergleichsprogrammen bei Batch-Tests, um einen Vergleich der ausgegebenen Daten mit Testläufen zurückliegender Versionen zu ermöglichen.

- Durchführung von Testreviews auf die Planung, Durchführung und Auswertung der Tests unter Einbeziehung der Fachseite.

Testobjekte mit der Kritikalitätsstufe 2 (mittlere Testanforderungen)

- Ableitung der Testfälle aus der Spezifikation und Festlegung der Testmodelle. Vollständige Überdeckung der spezifizierten Funktionen und Anwendungsfälle mit Grenzwerten und besonderen Werten. Vollständiger Test der spezifizierten Ausnahmen und einiger nicht spezifizierter Ausnahmen.

- Erfassung der Testdaten auf einer testneutralen Umgebung, die ein späteres Update der Testfälle ermöglicht.
- Ausführung des Tests durch Testprozeduren, damit eine exakte Reproduzierbarkeit der einzelnen Testläufe bei Regressionstests garantiert werden kann.
- Einsatz von Mitschnitt-Tools und Datenvergleichsprogrammen bei Bedarf.
- Durchführung von Testreviews auf die Testergebnisse unter Einbeziehung der Fachseite.

Testobjekte mit der Kritikalitätsstufe 3 (geringe Testanforderungen)

- Ableitung der Testfälle aus der Spezifikation und Festlegung eines Testmodells. Testen der Hauptfunktionen und Anwendungsfälle mit Normalwerten. Test einiger spezifizierter Ausnahmen.
- Erfassung der Testdaten auf einer testneutralen Umgebung, die ein späteres Update der Testfälle ermöglicht.
- Ausführung des Tests durch Testprozeduren, damit eine exakte Reproduzierbarkeit der einzelnen Testläufe bei Regressionstests garantiert werden kann.

3.9.6 Zuordnung der Testverfahren

Software lässt sich heute nicht mehr im *Ad hoc*-Verfahren testen, sondern die Testplanung, Testdurchführung und Testauswertung muss systematisch erfolgen und sich an den Testzielen orientieren. Alle Testmethoden haben der Sichtweise und den Testzielen in den Teststufen entsprechend Vor- und Nachteile, deshalb sind durch eine geeignete Teststrategie die Vorteile der verschiedenen Methoden in abwägender Weise zu kombinieren, um ein optimales Testergebnis zu erzielen und den Aufwand in angemessenen Grenzen zu halten.

3.9.6.1 Testverfahren im Entwicklertest

Die Teststufen *Modultest*, *Integrationstest* und *Systemtest* unterliegen dem Zuständigkeitsbereich der Systementwickler, deshalb bezeichnet man die dazu erforderlichen Testaktivitäten auch als Entwicklertest. Im Entwicklertest lassen sich fasst alle bekannten Testverfahren einsetzen, weil sowohl strukturorientiert als auch funktionsorientiert getestet wird. Eine wesentliche Schwäche der strukturorientierten Test ist allerdings ihre alleinige Orientierung am Quelltext unter Vernachlässigung der fachlichen Anforderungen. Demgegenüber orientieren sich *funktionsorientierte Methoden* ausschließlich an der fachlichen Spezifikation unter Vernachlässigung der Struktureigenschaften. Diese Methoden können wiederum nicht garantieren, dass alle Strukturelemente mindestens einmal ausgeführt werden.

Für den Entwicklertest besteht das Problem nun darin, aus der Anzahl der relevanten Testmethoden die geeigneten auszuwählen, wobei das gestellte *Testziel*, das *Qualitätsniveau*, die *Risikofaktoren*, der *Aufwand* und die *inhärenten Merkmale der Software* Beachtung finden müssen. Aus dieser Forderung geht hervor, dass die Zielsetzung eine Optimierungsaufgabe ist und dass es eine universelle Methode zur Prüfung von Software nicht geben kann, weil die hohe Zahl der Einflussfaktoren für jedes Softwareprodukt zu differenzierten Ergebnissen führt. Die Ermittlung einer optimalen Teststrategie muss deshalb projektbezogen betrachtet werden. In der Praxis lässt sich allerdings für einzelne Testobjekte wegen des damit verbundenen Aufwands kaum eine umfassende Teststrategie realisieren. Hier bietet es sich im Modultest an, eine Strategie auf der Basis bestimmter Software- bzw. Modultypen für einen längeren Anwendungszeitraum zu entwickeln. Die durch Metriken ermittelten Messwerte repräsentieren dann z. B. mittlere Komplexitätswerte für einen ganzen Produkt- oder Modultyp [LIG94b]. Diese Vorgehensweise basiert im Modultest auf folgenden Schritten:

- Ermittlung der Kritikalität, die der Anforderungsdefinition für das Gesamtprojekt oder für einzelne Funktionen entnommen werden kann.
- Codeanalyse für den entsprechenden Modul bzw. Modultyp und Erarbeitung von Metriken zur Ermittlung eines Komplexitätsprofils.
- Erstellung des Komplexitätsprofils auf der Basis von Metriken, wobei die Kenngrößen und Ergebnisse maschinell ermittelt werden sollten.
- Erstellung einer Fehlerprognose auf der Basis potentieller Fehlertypen. Sie bringt die Erwartungshaltung zum Ausdruck, mit welchen Fehlertypen aufgrund des ermittelten Komplexitätsprofils gerechnet werden muss.
- Festlegen der Testmethoden unter Beachtung der teststufenspezifischen Besonderheiten, der Fehlerprognose und der Testziele.

Nachdem die Kritikalität und Komplexität für einen Modul oder Modultyp bestimmt wurde, schließt sich nach dieser Betrachtung eine Fehlerprognose an. Die Fehlerprognose basiert ausschließlich auf den Komplexitätseigenschaften der Software, die rechnergestützt durch Komplexitätsmetriken gewonnen wird (vgl. [LIG94a], [LIG94b]). Man geht bei dieser Betrachtungsweise davon aus, dass mit ansteigender Komplexität auch die Anzahl der Fehler in einem Modul ansteigt. Die Fehlerprognose soll dabei nicht nur Auskunft über eine mögliche Konzentration der zu erwartenden Fehler geben können, sondern auch Aussagen über die zu erwartenden Fehlertypen machen. Überwiegt zum Beispiel der *c-uses*-Anteil (*berechnende Zugriffe*) bei den unterschiedlichen Formen des Datenzugriffs, dann müssen auch die berechnenden Zugriffe mit den entsprechenden Testverfahren besonders intensiv getestet werden.

Testverfahren	**Art**
Anweisungsüberdeckungstest	Kontrollflussorientierte Überdeckungsverfahren
Blocküberdeckungstest	
Zweigüberdeckungstest	
Bedingungsüberdeckungstest	
Mehrfach-Bedingungsüberdeckungstest	
Entscheidungs-/Bedingungsüberdeckungstest	
Pfadüberdeckungstest	
LCSAJ-Überdeckungstest	
boundary interior Pfadtest	
Strukturierter Pfadtest	
all defs-Test	Datenflussorientierte Überdeckungsverfahren
all p-uses-Test	
all c-uses-Test	
all p-uses/some c-uses-Test	
all c-uses/some p-uses-Test	
all uses-Test	
all du-paths-Test	
Required k-Tupels-Test	
Datenkontext-Überdeckungstest	
Äquivalenzklassentest	Werteorientierte Testverfahren
Grenzwerttest	
Test spezieller Werte	
Ursache-Wirkungs-Analyse	Funktionale Testverfahren
Funktionsüberdeckungstest	
Funktionskettentest	
Zustandstest	Zustandsorientierte Testverfahren
Statistischer Test	Statistische Testverfahren
Back-to-Back-Test	Diversivizierende Testverfahren
Mutationentest (starker, schwacher, fester)	
Pfadbereichstest	Bereichstestverfahren (Domain Testing)
Test fehleroffenbarender Unterbereiche	
Partitionentest	

Abb. 3.9-5: Testverfahren im Entwicklertest

Die auf der Komplexität beruhende *Fehlerprognose* und die *Kritikalität* bilden die Grundlage für die Auswahl der Prüf- und Testverfahren. Ist die Kritikalität hoch, dann wird auch der Prüf- und Testaufwand entsprechend hoch sein und die dynamischen Testverfahren sind ggf. durch statische Prüfverfahren wie Codeinspektionen oder Datenflussanomalieanalysen zu ergänzen. Bei extrem sicherheitsrelevanter Software müssen unter Umständen die kritischsten Moduln unter Beachtung der Vernetzung mit anderen Moduln gezielt durch formale Verifikationsverfahren geprüft werden.

Beim Test der Funktionen und Funktionsverkettungen im Systemtest kommen funktionale Testverfahren zum Einsatz, die durch werteorientierte und zustandsorientierte Verfahren zu ergänzen sind. Werden Qualitätsmerkmale im Systemtest geprüft, dann erfolgt die Auswahl der Testdaten in der Regel durch statistische Testen auf der Basis von Nutzungsprofilen.

3.9.6.2 Testverfahren im Abnahmetest

Ein Testobjekt besteht in der Regel aus einer Vielzahl elementarer Komponenten. Diese Komponenten repräsentieren einmal *Codefunktionen* auf den systemnahen Abstraktionsebenen. Zum anderen ergeben sie durch ihr komplexes Zusammenwirken fachlich orientierte Funktionen auf den anwendernahen Abstraktionsebenen. Wird nun ein Testobjekt im Entwicklertest getestet, dann kann zwar die Funktion der Spezifikation entsprechend korrekt ausgeführt werden, ungeachtet dessen kann diese Funktion fehlerhafte Zwischenergebnisse liefern, die erst in Kombination mit anderen Funktionen zu einem fachlichen Fehlverhalten führen. Ein derartiger Fehler lässt sich nur durch einen vollständigen Abnahmetest finden, der die fachlichen Funktionen in ihren kommunikatorischen Zusammenwirken als fachliche Aufgaben (z. B. Anwendungsfälle) begreift. Daraus wird deutlich, dass die Testmethoden in genau abgestimmter Weise kombiniert werden müssen, um sowohl die Vorteile der einen als auch anderen Methode optimal zu nutzen. So ist es sinnvoll, bei der Prüfung von Schnittstellen sowohl die Äquivalenzklassen- und Grenzwertanalyse als auch den Test besonderer Werte zu einem Datenflusstest zu kombinieren, um mit relativ wenigen Testdaten fehlersensible Testfälle zu erhalten.

Ein wichtiger Einflussfaktor bei den Tests ist der erforderliche Aufwand, der jedoch durch die Bestimmung der Kritikalität des Testobjekts und der damit verbundenen optimalen individuellen Testbehandlung in vertretbaren Grenzen gehalten werden kann. Soll ein Programm mit niedriger Kritikalität getestet werden, dann wird man mit einem einfachen anwendungsfall- und schnittstellenüberdeckenden Test ausreichende Ergebnisse erzielen. Demgegenüber bedarf ein Programm mit hoher Kritikalität ein feiner abgestimmtes Testverfahren mit unterschiedlichen sich ergänzenden Methoden. Eine derartige Teststrategie sollte sicherstellen, dass

- alle aufgabenorientierten Prüfziele vollständig abgedeckt werden
- die Anzahl der Prüfmethoden und damit der Aufwand so gering wie möglich gehalten wird
- die Redundanzen, die durch die Kombination der Methoden entstehen, minimiert werden

Obwohl der Abnahmetest in den Zuständigkeitsbereich des fachlichen Auftraggebers fällt, muss immer ein enger Informationsaustausch zum Entwicklungsteam über den Testprozess stattfinden. Auf diese Weise lassen sich auch die von den Entwicklern ermittelten *Komplexitätserkenntnisse* in den aufgabenorientierten Test einbeziehen, was im Zusammenhang mit der vorgegebenen Kritikalität eine optimale Testbehandlung der Testobjekte sicherstellt. Nachfolgende Tabelle zeigt Testverfahren, die im Abnahmetest eingesetzt werden können.

Testverfahren	**Art**
Anwendungsfallüberdeckungstest	Funktionales Testverfahren
Zustandstest	Zustandsorientierte Testverfahren
Äquivalenzklassentest	Werteorientierte Testverfahren
Grenzwerttest	
Test spezieller Werte	
Datenkombinationstest	
Schnittstellentest	Datenflussorient. Testverfahren
Statistischer Test (*auf Nutzungsprofil basierend*)	Statistische Testverfahren
Intuitiver Test	Intuitive Testverfahren
Systematischer intuitiver Test	
Back-to-Back-Test	(hier: maschineller Ausgabenvergleich zweier Programmversionen)

Abb. 3.9-6: Testverfahren im Abnahmetest

Die angegebenen Testverfahren sind in den meisten Fällen nur in Kombination sinnvoll und effizient einsetzbar. So sollten zum Beispiel der Kritikalität des Testobjekts entsprechend die Äquivalenzklassenanalyse, Grenzwertanalyse und der Test spezieller Werte immer in Kombination mit einer vorgegebenen Anwendungsfallüberdeckung und Schnittstellenüberdeckung eingesetzt werden, was die Fehlersensitivität der Testfälle wesentlich erhöht. Folgendes Schema zeigt eine mögliche Minimallösung einer Prüfstrategie im Abnahmetest in Abhängigkeit der Kritikalität.

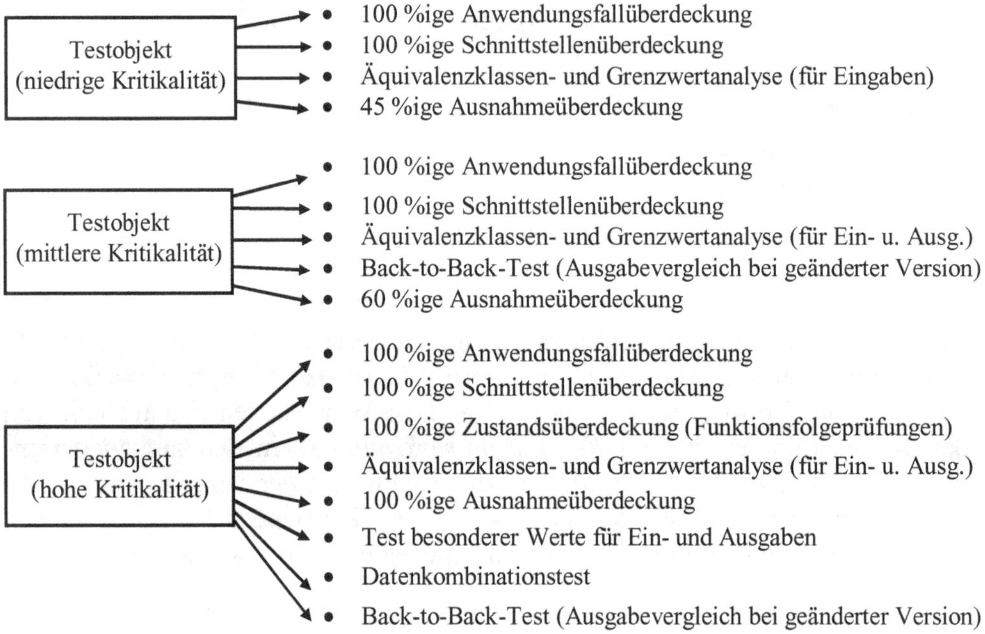

Abb. 3.9-7: Minimallösung einer Prüfstrategie im Abnahmetest

Im Abnahmetest können Testdaten aus dem Systemtest teilweise wiederverwendet werden. Allerdings ist es sicherer, wenn man neue Testdaten den Abnahmeerfordernissen systematisch generiert, denn nicht gefundene Fehler im Systemtest werden mit den gleichen Daten auch im Abnahmetest kaum gefunden. Oft werden vom Auftraggeber Originaldaten für den Test bereitgestellt. Ein derartiges Vorgehen ist jedoch nur dann sinnvoll, wenn man diese Daten dem Testmodell entsprechend ergänzt, indem zum Beispiel verstärkt Grenzwerte und besondere Werte eingefügt werden. Darüber hinaus muss eine vollständige Überdeckung der Anwendungsfälle, Geschäftsvorfälle und Schnittstellen sowie eine angemessene Überdeckung der Sonder- und Ausnahmen gewährleistet sein.

Mit derart systematisch abgeleiteten Testdaten lassen sich Datenflusstests, Datenkombinationstests, Zustandstests oder Datenzyklentests auf sehr hohem Niveau durchführen. Werden dynamische Tests mit geeigneten statischen Prüfungen wie Reviews auf Testfälle und Testdaten kombiniert, dann erhält man sehr effektive Teststategien, die sich in hohem Maße in der Qualität der Software niederschlagen werden.

Werden die Anforderungsklassen AK1 bis AK8 nach dem Normenentwurf IEC 61 508 für die Zuordnung von Maßnahmen verwendet, dann kann folgende Tabelle nach DIN V VDE 0801/A1 : 1994 (*Grundsätze für Rechner in Systemen mit Sicherheitsaufgaben – Änderung A1*) Hinweise für den Einsatz von statischen und dynamischen Fehler vermeidenden Validierungsmaßnahmen geben.

Maßnahmen	**Anforderungsklassen**							
	AK1	**AK2**	**AK3**	**AK4**	**AK5**	**AK6**	**AK7**	**AK8**
Prüfung der Verträglichkeit gegenüber Umgebungsbedingungen	++	++	++	++	++	++	++	++
Prüfung der Störfestigkeit	++	++	++	++	++	++	++	++
Funktionstest	++	++	++	++	++	++	++	++
Projektorganisation	*	*	*	*	**	**	***	***
Dokumentation	*	*	*	*	**	**	***	***
Korrektheitsbeweis	0	0	0	0	0	0	+ ***	+ ***
Berechnung von Ausfallgrößen	0	0	0	0	0	0	+ ***	+ ***
statische Analyse, dynamische Analyse und Ausfalleffektanalyse	0	0	0	+ **	+ **	+ **	+ ***	+ ***
Funktionsanalyse, dynamische Analyse und Ausfalleffektanalyse	0	0	0	0	+ **	+ **	+ ***	+ ***
Simulation und Ausfalleffektanalyse	0	0	0	+ **	+ **	+ **	+ ***	+ ***
statische Analyse und Ausfalleffekt-analyse	+ *	+ *	+ *	+ **	-	-	-	-
Blackboxtest	+ *	+ *	+ *	+ *	+ **	+ *	+ ***	+ ***
Whiteboxtest	0	0	0	+ *	++ **	++ **	++ ***	++ ***
statistischer Test	0	0	0	0	+ **	+ **	+ ***	+ ***
Prüfung der Zerstörfestigkeit	0	0	0	0	0	0	++ ***	++ ***
erweiterte Funktionsprüfung	0	0	0	++ *	++ **	++ **	++ ***	++ ***
Betriebsbewährtheit	+ *	+ *	+ *	+ *	+ **	+ **	+ ***	+ ***
Funktionsprüfung unter Grenz-bedingungen	0	0	0	0	+ **	+ **	++ **	++ ***

Legende:

0	=	muss nicht verwendet werden	*	=	einfache Wirksamkeit vorgeschrieben
+	=	empfohlen	**	=	mittlere Wirksamkeit vorgeschrieben
++	=	vorgeschrieben (nicht austauschbar)	***	=	hohe Wirksamkeit vorgeschrieben
-	=	allein nicht ausreichend			

Abb. 3.9-8: Validierungsmaßnahmen nach DIN V VDE 0801/A1 : 1994:10

3.10 Regressionstest

Im Regressionstest werden vorausgegangene Tests nach der Fehlerbereinigung oder funktionellen Verbesserung der Software wiederholt und die zuvor festgestellten Mängel verifiziert. Ziel des Regressionstests ist der Nachweis, dass die Mängel beseitigt wurden, keine Seiteneffekte durch die Mängelbeseitigung aufgetreten sind und die übrigen Programmfunktionen den Anforderungen entsprechend korrekt arbeiten. Die Norm DIN EN ISO 9001 : 2000 Abschnitt 8.3 unterstützt diese Zielsetzung: *"Wenn ein fehlerhaftes Produkt nachgebessert wird, muss es zur Darlegung der Konformität mit den Anforderungen erneut verifiziert werden".*

3.10.1 Bedeutung des Regressionstests

Der Regressionstest ist eine wichtige Testphase, die sehr sorgfältig geplant und durchgeführt werden muss, denn erfahrungsgemäß sind nachträgliche Codeänderungen besonders fehlerträchtig [MYE91], [TRA93]. Endres analysierte 1975 Wartungsfehler von IBM-Systemprogrammen. Dabei stellte er fest, dass bei neuem Code durchschnittlich 4,8 Fehler/kLOC und bei geändertem Code 7,9 Fehler/kLOC auftraten [END75]. Darüber hinaus können die neuen Fehler eine höhere Eintrittswahrscheinlichkeit als die alten besitzen und damit die *Zuverlässigkeit* der Software reduzieren [HOH98]. Folgende Abbildung zeigt das mögliche Ansteigen der Fehlerdichte nach Fehlerbeseitigungsmaßnahmen (zu den Zeitpunkten t_4 und t_6).

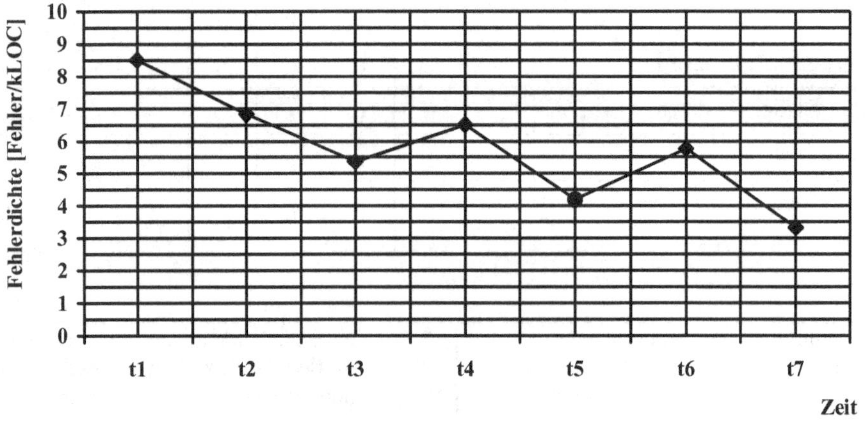

Abb. 3.10-1: Erhöhung der Fehlerdichte durch Fehlerbeseitigungsmaßnahmen

Im Regressionstest müssen mindestens die gleichen Testfälle verarbeitet werden, die zum Auffinden der vorher festgestellten Fehler benutzt wurden. Um die Testergebnisse miteinander vergleichen zu können sind im Funktionstest grundsätzlich alle erzeugten Ausgabedaten zu speichern. Bei Batch-Verarbeitungen kommen Datenvergleichsprogramme zum Einsatz, die die Ausgabedateien, Protokolldateien oder Listen miteinander vergleichen und die Abweichungen protokollieren. Bei Dialog-Verarbeitungen lassen sich Mitschnitt-Tools (Capture/Replay-Tools) einsetzen, die sowohl Eingabe- als auch Ausgabedaten abrufbar speichern und Testergebnisse aus aufeinander folgenden Läufen miteinander vergleichen. Der Vorteil dieser Tools ist, dass durch den Mitschnitt der Eingabedaten (Capture) und ihrer späteren Wiedergabe (Replay) im Regressionstest ganze Testabläufe automatisch gesteuert werden können, was das Testen nicht nur sicherer macht, sondern auch eine erhebliche Zeit- und Kosteneinsparung bedeutet.

3.10.2 Selektionstechniken für den Regressionstest

Der Regressionstest ist zwar eine sehr kostenträchtige, aber notwendige Maßnahme im Lebenszyklus eines Softwareprodukts. Deshalb haben sich in der Vergangenheit viele Forscher mit dem Thema der Kostenreduzierung auseinander gesetzt und eine Reihe sehr nützlicher Verfahren für den Regressionstest entwickelt. Eine Annäherung an diese Thematik sind die selektiven Techniken für die Testfallauswahl. Man geht bei dieser Überlegung davon aus, dass durch eine selektive Auswahl der Testfälle aus einer gegebenen Testsuite eine wesentliche Zeit- und Kostenersparnis erzielt wird [LEU91]. D. h., es wird nicht der gesamte Satz an Testfälle ausgeführt, sondern nur diejenigen, die die geänderten Programmkomponenten überdecken. Ist zum Beispiel die gesamte Testsuite auf die Codeüberdeckung ausgerichtet, dann macht es wenig Sinn alle Testfälle auszuführen, weil vielleicht ein einziger davon ausreicht, um den speziellen modifizierten Pfad zur Ausführung zu bringen. Die gleiche gilt auch für Funktionsüberdeckungen.

Es gibt eine beachtliche Anzahl von Verfahren zur selektiven Auswahl von Testfällen für den Regressionstest. Die meisten dieser Verfahren basieren auf der Analyse des Quelltextes. Lediglich zwei Arbeiten befassen sich mit Auswahlverfahren auf der Grundlage der Spezifikation [LEU90], [MAY94]. Eine Auswahl an quelltextbasierenden Verfahren zeigt folgende Zusammenstellung:

- lineare Gleichsetzungstechniken [FIS77], [FIS81], [LEE90], [HAR89], [HAR90a], [HAR91b]
- symbolische Ausführungstechniken [YAU87]

- Pfadanalyse-Techniken [BEN88]
- Datenfluss-Techniken [GUP92] [HAR88], [HAR89a], [HAR89b], [OST88]
- programmabhängige Grafentechniken [BAT93]
- systemabhängige Grafentechniken [BIN95]
- modifikationsbasierte Techniken [SHE91a], [SHE95]
- Firewall-Techniken [LEU90], [LEU90a]
- Cluster-Identifikationstechniken [LAS92]
- Slicing-Techniken [AGR93] und andere

Die Regressionstestverfahren verfolgen unterschiedliche Zielsetzungen. Diese Zielsetzungen lassen sich in drei Gruppen aufteilen:

1. Überdeckungstechniken (*coverage techniques*)
   Diese Verfahren lokalisieren die geänderten oder hinzugefügten Programmkomponenten im Quelltext und selektieren Testfälle T´ aus der Gesamtmenge T, welche die Programmkomponenten prüfen.

2. Minimierungstechniken (*minimization techniques*)
   Diese Verfahren arbeiten ähnlich wie die Überdeckungsverfahren mit dem Unterschied, dass sie lediglich ein Minimierung der Testfälle vornehmen.

3. Sicherheitstechniken (*safe techniques*)
   Diese Verfahren verwenden alle Testfälle. Es werden also nicht nur die geänderten oder hinzugefügten Komponenten geprüft, sondern der vollständige Test wird unter Beachtung der Modifizierungen wiederholt.

Wegen der unterschiedlichen Zielsetzungen sind diese Verfahren nicht einfach miteinander zu vergleichen und zu evaluieren. Deshalb haben Rothermel und Harrold eine Analyse der selektiven Regressionstesttechniken vorgenommen, indem sie mehrere Maße einführten, mit denen diese Techniken verglichen und evaluiert werden können [ROT96]. Damit wird die Auswahl entsprechender Techniken für spezielle Anwendungen zwar erleichtert, jedoch noch nichts über die zu erwartenden Kosten ausgesagt bzw. ob überhaupt Kosten eingespart werden können.

Studien von Rosenblum und Weyuker mit unterschiedlichen selektiven Regressionstest-Algorithmen zeigten, dass die quelltextbasierenden Verfahren nicht in jedem Fall kostengünstig sind [ROS97]. Deshalb sei es wünschenswert, argumentierten Harrold, Rosenblum, Rothermel und Weyuker [HAR01], eine überdeckungsbasierende Voraussage zu treffen, ob sich der Einsatz einer selektiven Regressionstestmethode bezüglich der Kosteneffektivität auch tatsächlich lohnt. Dieser sogenannte *Predictor* (engl. Prophet) benutzt die relative durchschnittliche Anzahl von Testfällen, die bestimmte Ausführungselemente wie Anweisungen, Zweige oder Funktionen überdecken. Damit lässt sich die Anzahl der Testfälle voraussagen, die selektiert werden müssen, wenn eine Änderung in einer Programmkomponente stattfindet. Dazu benutzten die Autoren das Regressionstest-Kostenmodell von Leung und White [LEU91].

Die Nützlichkeit des Predictors wurde von den Autoren anhand 31 Programmversionen von KornShell [ROS97] bewiesen. Als Ergebnis wurde ein Durchschnitt von 87,3 % zu selektierender Testfälle vorausgesagt. Tatsächlich waren es bei Anwendung des Werkzeugs TestTube im Durchschnitt 88,1 %. Diese recht genaue Übereinstimmung mit der Vorhersage zeigt die Nützlichkeit eines derartigen Vorgehens. Allerdings erklärten die Autoren, dass es in der Praxis signifikante Unterschiede von Version zu Version geben kann.

Alle Studien zeigen, dass selektive Regressionstestverfahren sinnvoll eingesetzt werden können, weil sie helfen Kosten zu reduzieren. Allerdings sollte im voraus evaluiert werden, ob die eingesetzten Verfahren im speziellen Fall auch tatsächlich diesen Anspruch erfüllen. Darüber hinaus besitzen die einzelnen Selektierungsverfahren Vor- und Nachteile und keines ist absolut sicher. Soll ein Produkt eine sehr hohe *Zuverlässigkeit* besitzen, dann müssen grundsätzlich alle Testfälle der Testsuite einschließlich der Testfälle für die neue oder geänderte Funktionalität ausgeführt werden, was einen sehr hohen aber gerechtfertigten Aufwand bedeutet.

3.10.3 Prioritätsbasierende Testfallauswahl

Dieser Regressionstestansatz geht davon aus, dass es sinnvoll sein kann, wenn die Testfälle in einer prioritätsbezogen Folge ausgeführt werden. D. h., diejenigen Testfälle mit einer höheren Priorität bezüglich eines bestimmten Kriteriums werden früher ausgeführt als solche mit einer niedrigeren Priorität. Kriterien können zum Beispiel bestimmte Codeüberdeckungen sein (Anweisungs- Zweig- Bedingungsüberdeckung usw.) oder eine Erhöhung der Fehlerentdeckungsrate [ELB02]. Soll zum Beispiel eine Codeüberdeckung sehr schnell hohe Überdeckungsraten aufweisen, dann werden zuerst diejenigen Testfälle ausgeführt, die eine höhere Überdeckung erreichen als andere.

Prioritätsbezogene Regressionstesttechniken wurde von Wong *et al.* [WON97] und Rothermel *et al.* [ROT99], [ROT01] vorgeschlagen, um die Effektivität des Regressionstests zu erhöhen. Die Autoren beschreiben eine Reihe Techniken und evaluieren ihre Fähigkeiten durch eine Verbesserung der Fehlerentdeckungsrate (*rate of fault detection*) [ROT01]. Die Fehlerentdeckungsrate ist ein Maß, das anzeigt, wie schnell Fehler innerhalb des Testprozesses gefunden werden. Die Autoren zeigten, dass mit einer prioritätsbezogenen Testfallselektion die Fehlerentdeckungsrate einer bestehenden Testsuite signifikant verbessert werden kann. Dieser prioritätsbezogene Ansatz besitzt Vorteile:

- Schwerwiegende Fehler werden früher entdeckt, so dass die entsprechenden Fehlerbeseitigungsmaßnahmen auch früher eingeleitet werden können.
- Es wird schneller eine bestimmte Zuverlässigkeit erzielt, was das Vertrauen in das Produkt fördert.
- Die Wahrscheinlichkeit, Fehler in einer geänderten Codekomponente zu finden, ist größer.
- Eine frühzeitige Orientierung an den erreichten Qualitätszielen wird ermöglicht.
- Knapp bemessene Testzeiten können bezüglich der Fehlerentdeckung effektiver genutzt werden.

Das folgende Beispiel zeigt in Anlehnung an Rothermel *et al.* [ROT01] einen Zweigüberdeckungstest an einem kleinen Modul, für dessen vollständige Überdeckung 5 Testfälle benötigt werden. Mit jedem Testfall wird ein bestimmter prozentualer Überdeckungsanteil erreicht. Werden die Testfälle in der ursprünglichen Reihenfolge ausgeführt, dann wird erst nach dem letzten Testfall eine 100 %ige Überdeckung erreicht. Werden dagegen die Testfälle prioritätsbezogen geordnet, indem diejenigen Testfälle zuerst ausgeführt werden, die den höheren Überdeckungsanteil liefern, dann wird bereits nach Ausführung des dritten Testfalls eine vollständige Testüberdeckung erzielt. Bedenkt man, dass bei großen Systemen hunderte oder sogar tausende Testfälle ausgeführt werden müssen, die unter Umständen mehrer Tage oder sogar Wochen laufen, dann bringt diese Vorgehensweise einen wesentlichen Vorteil gegenüber nicht prioritätsbezogenen Ausführungen.

Test-fall	**Überdeckungsanteil [%]**
1	6
2	18
3	31
4	9
5	55

nach Prioritäten geordnet →

Test-fall	**Überdeckungsanteil [%]**
1 (5)	55
2 (3)	31
3 (2)	18
4 (4)	9
5 (1)	6

Abb. 3.10-2: Prioritätsbezogene Testfallauswahl (vgl. [ROT01])

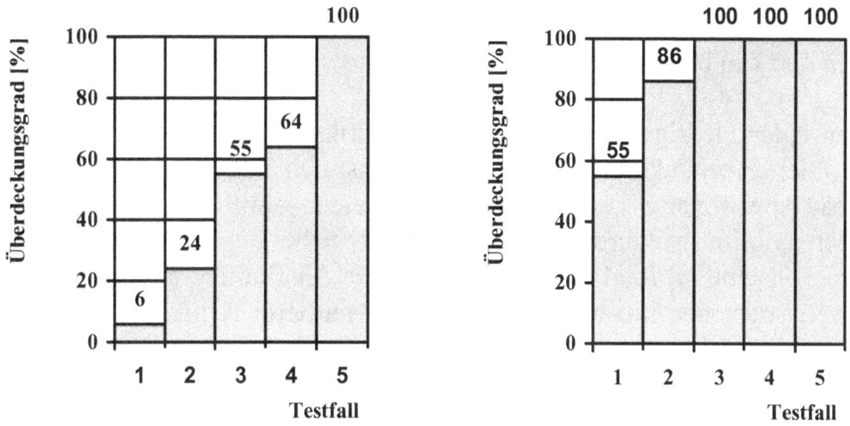

Abb. 3.10-3: Überdeckungsgrade mit ungeordneten und geordneten Testfällen

Obwohl die prioritätsbezogene Testfallauswahl einem anderen Ansatz folgt als die selektive Auswahl, können beide Methoden kombiniert eingesetzt werden, was besonders bei großen Systemen sehr effektive Regressionsteststrategien ergeben kann. Die prioritätsbezogene Testfallauswahl ist jedoch nicht nur im Regressionstest sinnvoll einsetzbar, sondern auch im ursprünglichen Test. Im funktionalen Test entspricht die Vorgehensweise dem Testen auf der Basis von Nutzungsprofilen (*operational profiles*), indem diejenigen Funktionen mit den höheren Ausführungswahrscheinlichkeiten entsprechend intensiver getestet werden als jene mit geringeren Ausführungswahrscheinlichkeiten. Dadurch treten die Fehler beim Testen mit einer annähernd gleichen Wahrscheinlichkeit auf wie beim Anwender der Software, d. h. schwerere Fehler treten tendenziell früher auf als bei einer Gleichverteilung der Testdaten.

3.10.4 Kritikalitätsbasierende Testfallauswahl

Alle Techniken für den Regressionstest sollten grundsätzlich unter dem Gesichtspunkt der Kritikalität eingesetzt werden. Ist die Kritikalität eher niedrig anzusetzen, dann wird man geeignete selektive Regressionstesttechniken verwenden, die aus einer bestehenden Testsuite eine Untermenge Testfälle nach bestimmten Kriterien auswählen. Eine selektive Technik lässt sich auch sehr wirkungsvoll mit einer prioritätsbezogenen Technik kombinieren. D. h., es wird eine Teilmenge an Testfällen selektiert, die dann nach bestimmten Prioritätskriterien geordnet werden kann. Ist die Kritikalität dagegen eher hoch anzusetzen, dann wird die Unsicherheit sich auf eine Untermenge der Testsuite zu beschränken groß sein, denn absolut sichere Selektionsverfahren gibt es nicht. Deshalb wird man dazu neigen, alle Testfälle der Testsuite einschließlich der ergänzten und neu hinzugefügten auszuführen.

Zwischen einer niedrigen und einer hohen Kritikalität kann ein ganzes Spektrum definierter produktbezogener Kritikalitätsstufen liegen, wobei jede Stufe eine genau spezifizierte Testbehandlung und einen optimalen Testumfang sicherstellen soll. Im strukturorientierten Test könnte bei niedriger Kritikalität nur derjenige vollständige Pfad durch Testdaten zur Ausführung gebracht werden, der geändert oder neu hinzugefügt wurde. Bei mittlerer Kritikalität könnte die Überdeckung des gesamten Moduls oder einer Modulgruppierung gefordert werden, der die Änderungen enthält. Dabei muss auf die "Vererbung" der Kritikalität geachtet werden. Beinflussen sich zum Beispiel zwei Moduln einseitig, indem ein Modul die Operationen eines anderen Moduls nutzt, dann muss die Kritikalität des aufgerufenen Moduls mindestens so hoch sein wie die des aufrufenden Moduls. Beinflussen sich dagegen zwei Moduln wechselseitig, indem beide die Operationen des jeweils anderen aufrufen, dann müssen beide die gleiche Kritikalität besitzen. Bei hoher und höchster Kritikalität sind dagegen alle Testfälle der bestehenden Testsuite zu selektieren, die entweder die gesamte Anwendung oder das gesamte System überdecken. Dazu müssen Testfälle unter Umständen geändert, neu hinzugefügt oder gelöscht werden.

Eilbaum, Malishevsky und Rothermel haben in einer jüngeren Studie insgesamt 18 prioritätsbasierende Techniken vorgestellt und an Beispielen evaluiert, wobei zwei davon lediglich Vergleichszwecken dienen, vier befinden sich auf der Anweisungsebene und 12 auf der Funktionsebene [ELB02]. Nicht alle Verfahren besitzen in diesem Forschungsstadium praktische Bedeutung, aber die meisten lassen sich kritikalitätsbezogen unter Einsatz geeigneter Werkzeuge einsetzen. Dabei sollten die Testfälle bei hoher Kritikalität immer prioritätsbezogen ausgeführt werden, um schwere Fehler rechtzeitig zu entdecken und die Fehlerbeseitigungsmaßnahmen unmittelbar einleiten zu können.

3.10.5 Optimaler Testbeginn bei Einzeländerungen

Bei großen komplexen Systemen werden im Systemtest und Abnahmetest oft hunderte unter Umständen sogar tausende Fehler sukzessiv gefunden, die von den Testern sofort nach Entdeckung an das Entwicklungsteam zu melden sind. Das Entwicklungsteam wird die Fehler zwar schnellstmöglich beseitigen, aber nicht sofort eine neue Version zum Test bereitstellen. Da der Regressionstest eine äußerst kostenträchtige Wartungsmaßnahme ist, wird man zuerst so viele Fehler wie möglich beseitigen, bevor mit dem Regressionstest begonnen wird.

D. h., es stellt sich ein organisatorisches und wirtschaftliches Problem mit der Frage, ob es hinsichtlich des Regressionstest besser ist

- für jede implementierte Einzeländerung sofort mit einem Regressionstest zu beginnen oder
- eine optimale Anzahl von Einzeländerungen zu sammeln, um danach den Regressionstest zu starten [STA82] (vgl. auch [KRÜ90]).

Zur Abschätzung dieses Problems kann man eine bekannte Losgrößenformel aus dem Fertigungsbereich der Industrie heranziehen. Nimmt man sehr vereinfachend an, dass jede Änderung in Wechselwirkung mit anderen Änderungen steht und dass alle Änderungen einen nahezu gleichen Testaufwand besitzen (was in der Praxis kaum gegeben ist), dann ergeben sich für die weitere Betrachtung folgende Parameter:

C Testaufwand, der von der Anzahl der Einzeländerungen unabhängig ist (*z. B. organisatorischer Aufwand, Aufwand für das einmaliges Laden von Prozeduren und Programmen, Aufwand für das Laden von Testdaten usw.*)

E konstanter Aufwand für Implementierung und Test jeder Einzeländerung

I konstanter Aufwand für die Wechselwirkungen einer Einzeländerung mit einer anderen Einzeländerung

Der Gesamtaufwand für die aus *n* Einzeländerungen bestehende Fehlerbereinigung oder Funktionsverbesserung ergibt sich aus der Beziehung

$$A = C + nE + \frac{n\,(n-1)}{2}\,I\,.$$

Davon entfällt auf jede Einzeländerung

$$\overline{A} = \frac{C}{n} + E + \frac{n-1}{2}\,I\,.$$

Die optimale Menge an Einzeländerungen für den Regressionstest ergibt sich aus der Forderung

$$\frac{d\overline{A}}{dn} = 0\,.$$

Aus dieser Beziehung erhält man die optimale Anzahl von Einzeländerungen, bevor mit dem Regressionstest begonnen werden sollte:

$$n_{opt} = \sqrt{\frac{2C}{I}}$$

Beträgt z. B. der einmalige Vorbereitungsaufwand für einen Regressionstest C = 80 Stunden und der Testaufwand für die Wechselwirkung einer Einzeländerung mit einer anderen I = 2 Stunden, dann ergibt das einen optimalen Wert an Einzeländerung von $n_{opt} \approx 9$

$$n_{opt} = \sqrt{\frac{2 \cdot 80}{2}} = 8{,}9 \approx 9$$

Um den Aufwand beim Regressionstest zu minimieren, ist es zweckmäßig 9 Einzeländerungen implementieren zu lassen, um danach mit dem Regressionstest zu beginnen.

Obwohl der einmalige Vorbereitungsaufwand *C* und der Aufwand für den Test der Wechselwirkungen *I* nicht einfach zu bestimmen sind, liefert die oben angegebene Relation doch eine gewisse Aussage darüber, dass es keinesfalls sinnvoll ist, nach jeder Einzeländerung mit dem Regressionstest zu beginnen. Diese Aussage trifft jedoch nicht für ein Produkt zu, das sich bereits im Betriebseinsatz befindet und die festgestellten Mängel zum Beispiel geschäftsschädigende Auswirkungen besitzen. In derartigen Fällen müssen die Fehler ohne Verzögerung beseitigt und durch Regressionstests geprüft werden, um die fehlerbehaftete Programmversion unverzüglich durch die neue Version ersetzen zu können.

4 Statische Prüfungen

Die Erfahrung hat gezeigt, dass statische Prüfungen als projektbegleitende Maßnahmen sehr effektive Kontrollfunktionen sein können, die besonders in den frühen Projektphasen helfen, kosten- und zeitträchtige Fehlentwicklungen zu vermeiden. Durch das Testen werden Fehler relativ spät entdeckt. Je früher aber Fehler in der Entwicklung gefunden und beseitigt werden, desto geringer sind die Kosten. Die Bedeutung statischer Prüfungen wird auch im Cleanroom-Ansatz von IBM deutlich. Bei dieser Entwicklungsmethode werden grundsätzlich vor dem Integrationstest nur statische Prüfungen eingesetzt, womit bis zu 90 % der Fehler vor der ersten Programmausführung gefunden wurden [MIL87].

Statische Prüfungen werden beim Erreichen vorgegebener Projektziele durchgeführt werden. Sie dienen der Fehlerermittlung in allen Phasen des Projekts auf der Grundlage der fachlichen Vorgaben, der technischen Vorgaben, des Quelltextes und der Dokumentation. Zu den statischen Prüfmethoden zählen:

- Reviews
- Audits
- Walkthroughs
- Peer Ratings
- Szenarios
- Datenfluss-Anomalieanalysen
- Korrektheitsbeweise (*formale Programmverifikation*)
- symbolische Programmausführungen

Ein Vorteil dieser Prüfmethoden ist, dass durch sie die exakte Natur der Fehler gefunden werden kann, nicht nur ihre Symptome, wie sie beim dynamischen Testen zutage treten. Ein Fehler ist nämlich oft nur ein Hinweis auf eine tieferliegende Systemschwäche, deshalb ist es nur folgerichtig, wenn man die Fehler an ihren Wurzeln aufdeckt und beseitigt.

4.1 Reviews

Ein Review ist ein iterativer Inspektionsprozess, bei dem das zu inspizierende Dokument gegen ein oder mehrere andere Dokumente und gegen sich selbst auf *Konsistenz*, *Vollständigkeit* und *Korrektheit* überprüft wird. Die Dokumente, gegen die geprüft werden soll, müssen bereits diese Qualitätsmerkmale besitzen, was durch Prüfungen am Ende der vorhergehende Entwicklungsphase sichergestellt wurde. Definiert ist der Reviewprozess in IEEE 1028, 1988.

Reviews werden am Ende definierter Entwicklungs- oder Testphasen durchgeführt. Sie sollen sicherstellen, dass alle Teilstufen der Entwicklung oder des Tests in geforderter Qualität und Quantität höchsten Ansprüchen gerecht werden. Nach einem Review entscheiden alle daran beteiligten, ob das betreffende Dokument bzw. der Projekt- oder Testabschnitt freigegeben und mit der nächsten Stufe begonnen werden kann.

Der große Nutzen von Reviews wird heute allgemein anerkannt. Bei IBM sind Reviews fest integrierte Bestandteile in allen Phasen des Softwareentwicklungs- und Testprozesses, die eine frühzeitige und häufige Verifizierung des Produkts ermöglichen. Werden Reviews konsequent durchgeführt, lassen sich bis zu 75% aller Fehler bis zur Produktauslieferung erkennen [SCH88a]. Ein Nebeneffekt der Reviews ist der Lern- und Ausbildungseffekt der Teilnehmer, was sich positiv auf den Entwicklungs- und Qualitätssicherungsprozess auswirkt. Man kann unter folgenden Reviewarten unterscheiden:

- Fachkonzept-Reviews
- Entwurfs-Reviews
- Code-Reviews
- Test-Reviews
- Abnahme-Reviews u. a.

Inspektionen durch Reviews sind in den meisten Fällen rekursive Prozesse. Nach dem ersten Review wird abgeschätzt, wie viel Zeit für die Berichtigungen des Prüfobjekts erforderlich ist. Sind die Fehler und Mängel behoben, wird ein erneutes Review einberufen, in dem alle im Protokoll festgehaltenen Mängelpunkte verifiziert werden. Wurden alle festgestellten Mängel beseitigt und keine neuen Mängel entdeckt, erstellt der Moderator einen Schlussbericht und einen Managementbericht. Das Prinzip des rekursiven Qualitätsverbesserungsprozesses durch Reviews ist als Deming-Rad folgender Abbildung zu entnehmen.

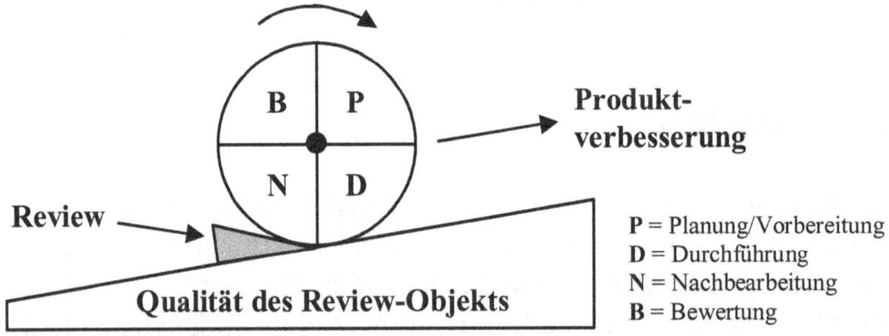

Abb. 4.1-1: Prinzip des Review-Prozesses

Der gesamte rekursive Review-Prozess gliedert sich nach dieser Darstellung in folgende Phasen:

- Planung und Vorbereitung des Review
- Durchführung des Review
- Nachbearbeitung der Review-Ergebnisse
- Bewertung der Review-Ergebnisse

4.1.1 Planung eines Review

Der Moderator übernimmt die Planung des Review. Dazu gehört die rechtzeitige Erstellung und Vervielfältigung der Arbeitsunterlagen und das Versenden an die Inspektoren. Um den Inspektoren gezielte Prüfhinweise zu geben, kann der Moderator eine Checkliste für das Prüfobjekt mit allgemeinen Problemschwerpunkten erstellen, was sich in der Praxis sehr bewährt hat. Sind die Review-Dokumente auf einer zentralen Datenbank gespeichert, muss der Lesezugriff für alle Inspektoren sichergestellt und der entsprechende Pfad bekannt sein. Eine ausreichende Vorbereitungszeit ist für den Reviewerfolg von entscheitender Bedeutung. Die Review-Unterlagen sollten deshalb mindestens zwei bis drei Tage vor der Sitzung allen Beteiligten zugestellt werden.

4.1.1.1 Auswahl der Review-Teilnehmer

Die Auswahl der Review-Teilnehmer beginnt mit der Suche nach einem geeigneten Moderator. Da der Erfolg eines Review weitgehend von der Kompetenz und der Integrität des Moderators abhängt, ist dessen Wahl von entscheidender Bedeutung. Schnurer gibt folgende Kriterien an, die ein Moderator erfüllen sollte [SCH88a]:

- Fachkompentenz, um Fehler zu erkennen und zu bewerten
- Durchsetzungsvermögen, um Entscheidungen glaubwürdig zu vertreten
- Neutralität gegenüber Personen und Methoden

Der Moderator sollte nicht aus dem eigenen Projektteam gewählt werden, weil die gewünschte Unabhängigkeit gegenüber den Entwicklern nicht gewährleistet ist. Bei IBM haben sich als Moderatoren Mitarbeiter der Qualitätssicherungsbereiche als besonders geeignet erwiesen, weil die Bereiche *Qualitätssicherung* und *Produktentwicklung* organisatorisch voneinander getrennt sind und deshalb kaum Interessenkonflikte auftreten können [SCH88a].

Der Moderator wählt in Zusammenarbeit mit den beteiligten Abteilungen die Inspektoren aus, die am Review teilnehmen sollen. Bei einem Code-Review kann der Moderator und der zuständige Programmierer die Code-Inspektoren festlegen. Je nach Zielsetzung und Art des Review werden die Inspektoren aus unterschiedlichen Personenkreisen gewählt.

Die Anzahl der Review-Teilnehmer sollte auf ein vertretbares Minimum begrenzt werden. Eine kleine Gruppe ist nicht nur leichter zu moderieren, sondern arbeitet auch zielstrebiger und effizienter. Bei einer größeren Gruppe besteht immer die Gefahr, dass die Thematik zerredet wird und damit die konstruktive Mitarbeit nachlässt. Als allgemeine Richtlinie kann man sagen, je höher der Spezifizierungs- bzw. Formalisierungsgrad des Prüfobjekts, desto kleiner sollte die Teilnehmerzahl sein. In folgender Tabelle sind einige Richtwerte für die Teilnehmerzahl in Abhängigkeit vom Prüfobjekt angegeben (vgl. [SCH88a]).

Review	**Inspektoren**	**Teilnehmerzahl**
Fachkonzept-Review	Fachliche Vorgeber Entwurfskräfte bzw. Designer Qualitätssicherungskräfte ggf. Anwender (bei Grobkonzept)	Grobkonzept: 6-10 Feinkonzept: 5-8 Spezifikation: 4-6
Entwurfs-Review	Entwurfskräfte bzw. Designer Qualitätssicherungskräfte	Grobentwurf: 6-10 Feinentwurf: 5-8
Code-Review	Autor des Programms/Moduls Programmierer/Implementierer	4-5
Test-Review (Funktionstest)	Qualitätssicherungskräfte Fachliche Vorgeber ggf. Entwurfskräfte	Testkonzept: 5-8 Testfälle: 4-6 Testdaten: 4-5

Abb. 4.1-2: Auswahl der Inspektoren und optimale Anzahl der Teilnehmer

4.1.1.2 Vorbereitung zum Review

Alle Teilnehmer müssen sich gründlich auf das Review vorbereiten. Dazu sind die Dokumente durchzuarbeiten und zu rezensieren. Alle Fragen und Beanstandungen, die dabei auftreten, werden schriftlich in einem Fragenkatalog festgehalten und in der späteren Review-Sitzung vorgetragen. Die Vorbereitungszeit sollte je nach Schwierigkeitsgrad des Prüfobjekts und Kenntnisstand für jeden Teilnehmer mindestens 2 Stunden betragen. Haben sich die Teilnehmer ungenügend mit dem Stoff auseinandergesetzt, dann wird vermutlich zu schnell inspiziert, wobei weniger Fehler gefunden werden. Um die Effizienz des Review sicherzustellen, sollte der Moderator zu Beginn der Sitzung die Vorbereitungszeit von den einzelnen Inspektoren erfragen. Erscheint die Vorbereitungszeit dem Moderator zu kurz, kann er die Sitzung um einige Stunden verschieben, damit sich in der Zwischenzeit die Teilnehmer den erforderlichen Kenntnisstand aneignen.

4.1.2 Durchführung eines Review

Wird das Review das erste Mal durchgeführt, gibt der Moderator einen kurzen Überblick über die Produktphase. Anschließend werden anhand der Prüfliste die einzelnen Objektpunkte zur Diskussion freigegeben. Alle Fehler, Mängel und sonstigen Beanstandungen werden auf Grundlage der Fragenkataloge der Teilnehmer erörtert und bei Einstimmigkeit in einem Protokoll festgehalten. Das Protokoll wird später allen Review-Teilnehmern zugesandt. Gleichzeitig dient es dem verantwortlichen Team für die Korrektur des inspizierten Prüfobjekts.

Im Allgemeinen ist es üblich, ein Dokument oder Code sequenziell zu prüfen, also Seite für Seite bzw. Codezeile für Codezeile. Der Moderator hat jedoch auch die Möglichkeit von dieser Strategie abzuweichen und vorbereitete Szenarien von den Inspektoren durchspielen zu lassen. Je nach Review-Typ können sich diese Szenarien zum Beispiel. auf Geschäftsvorfälle eines Kunden beziehen, wobei *Normalfälle*, *Sonderfälle*, *Fehlerfälle* oder *Abbrüche* in die Betrachtungen einfließen können. Eine derartige Strategie ist besonders dann sinnvoll, wenn semantische Unklarheiten bestehen, die ggf. in Zusammenarbeit mit den Vorgebern bereinigt werden müssen.

In ein Review gehören grundsätzlich keine Schuldzuweisungen an Mitarbeiter bei entdeckten Fehlern. Schuldzuweisungen sind nicht nur psychologisch wertlos, sie haben auch einen ausgesprochen destruktiven Charakter, der die betroffenen in eine unproduktive Abwehrhaltung drängt und das Vertrauensverhältnis zu anderen Inspektoren erschüttert. Der Erfolg des gesamten Reviewprozesses kann durch Schuldzuweisungen in Frage gestellt werden. In ein Review gehören auch keine Lösungsvorschläge für die Fehlerbeseitigung, sondern die Fehler und Mängel werden ausschließlich nach Übereinstimmung aller Teilnehmer im Review-Protokoll vermerkt. Die Erarbeitung der Lösungen übernehmen später die entsprechenden Fachgruppen.

Die Durchführung eines Review wird am effektivsten sein, wenn die Teilnehmerzahl je nach Review-Typ optimal ist und maximal 90 bis 120 Minuten dauert. Übersteigt die Inspektionszeit 120 Minuten, lässt erfahrungsgemäß die Konzentrationsfähigkeit der Teilnehmer nach, was sich in zu schnellen Inspizieren und damit in zu wenig entdeckten Fehlern äußern kann.

4.1.3 Bewertung der Review-Ergebnisse

Die in der Sitzung gefundenen Fehler und Mängel werden vom Moderator bewertet, in einem Fehlerprotokoll zusammengefasst und dem Team, welches für die Fehlerbehebung zuständig ist, zugestellt. War die Anzahl der gefunden Fehler groß oder gibt es erhebliche Abweichungen von der Soll-Norm, kann der Moderator ein weiteres Review nach der Berichtigung anberaumen.

Review-Ergebnisse müssen vergleichbar sein, was eine statistische Aufbereitung ermöglicht, einen Ergebnisvergleich mit anderen Inspektionen zulässt und die Qualitätsbewertung der Review-Objekte unterstützt. Wird für die Fehlerbehandlung in den Teststufen ein *Problem Reporting Tool* (PR-Tool) eingesetzt, können eventuell die dort verwendeten Typisierungs- und Klassifizierungsmerkmale übernommen werden. Auf diese Weise ist ein direkter Vergleich mit den Mängeln und Problemen in allen Teststufen möglich. Ansonsten sind einheitliche Typisierungs- und Klassifizierungsrichtlinien auszuarbeiten und alle Beteiligten damit vertraut zu machen. In Anlehnung an Schnurer kann die Klassifizierung nach folgenden Kriterien vorgenommen werden [SCH88a]:

- **Fehlertyp**
  (*unvollständig, unkorrekt, überflüssig*)
- **Schwierigkeitsgrad**
  (*Formfehler, Funktionsfehler, „offene Frage“*)
- **Fehlerkategorie**
  (*Datendefinition, Logik, Wartbarkeit, Entwurfsfehler, Standards usw.*)
- **Fehlerquelle**
  (*Fachkonzept, Entwurf, Codierung*)

Problematisch ist die Bewertung von Beanstandungen, von denen man zur Zeit nicht mit Sicherheit sagen kann, ob sie später zu Problemen führen. Das kann sich zum Beispiel bei Code-Inspektionen auf die Anzahl der Datenzugriffe auf einen externen Speicher beziehen oder auf die Länge von Pfaden, was zur Annahme führen kann, dass sich das Anwortzeitverhalten ungünstig verändert. Diese Probleme werden vom Moderator als *„offene Fragen“* gekennzeichnet, die in gesonderten Gesprächen mit den Entwicklern und anderen Know-how-Trägern geklärt werden.

Die in allen Entwicklungsphasen anfallenden Review-Ergebnisse sind nach Art des Review und der Entwicklungsphase aufzubereiten und in der Projektdatenbank zu speichern. Die Analyse der Daten ermöglicht Schwachstellen im Entwicklungsprozess deutlich zu machen und ggf. erforderliche Gegenmaßnahmen einzuleiten. Wurden zum Beispiel bestimmte Funktionen im Fachkonzept fehler- oder lückenhaft spezifiziert, dann lassen sich daraus Fehlerwahrscheinlichkeiten für die entsprechenden Moduln im Entwicklertest bzw. Funktionen im Funktionstest ableiten. Diese Moduln bzw. Funktionen sind beim Testen als kritisch einzustufen und demzufolge besonders gründlich zu testen.

Aus den analysierten Review-Ergebnisse lassen sich auch Kennzahlen bzw. Metriken für die quantitative Qualitätsbewertung der Review-Objekte ableiten. Auf diese Weise ist eine objektive Beurteilung des Inspektionsfortschritts für ein Prüfobjekt möglich, wenn exakte quantifizierbare Prüfziele im QM-Plan bzw. seinen Verfahrensanweisungen festgeschrieben wurden. Die Kennzahlen haben jedoch auch für künftige Produktversionen oder andere Projekte eine nicht zu unterschätzende Bedeutung, indem sie helfen Fehler in frühen Entwicklungsphasen zu vermeiden und damit kostenträchtige Fehlerbeseitigungsmaßnahmen in späteren Phasen zu reduzieren.

4.1.4 Nachbearbeitung der Review-Ergebnisse

Auf der Grundlage des in der Review-Sitzung verfassten Fehler-Protokolls werden die entsprechenden Korrekturen im Prüfobjekt von den zuständigen Teams bzw. Mitarbeitern vorgenommen. Da ein Review sich aufgrund der Zeit- und Sachbegrenzung in den meisten Fällen auf ein einzelnes Dokument bezieht, wird auch die Fehlerbereinigung oft von einem einzigen Team bzw. seinen Mitarbeitern vorgenommen.

Sind die Beanstandungen im Prüfobjekt beseitigt, ist vom zuständigen Team ein Mängelbericht zu verfassen und mit einem Erledigungsvermerk an den Moderator zu senden. Der Moderator kann daraufhin die Freigabe des Prüfobjekts veranlassen. War die Anzahl der Beanstandungen groß oder war die Fehlerklassifizierung mehrere Mängel mit „*offene Frage*“ gekennzeichnet, wird der Moderator ein weiteres Review ansetzen und das Prüfobjekt erneut inspizieren lassen. Ein derartiges Re-Review ist zum Beispiel auch dann gerechtfertigt, wenn in einem Dokument (oder Code) eine Anwenderfunktion in zwei Teilfunktionen aufgeteilt oder zwei Funktionen zu einer Funktion zusammengefasst wurde, was einen erheblichen Einfluss auf die Entwicklung haben kann. Vor einem Re-Review wird sich der Moderator allerdings vergewissern, ob sich das Prüfobjekt auch tatsächlich in einem reviewfähigen Zustand befindet.

Ein Re-Review ist immer nach größeren Nachbearbeitungsmaßnahmen erforderlich, weil durch den Termindruck meist neue Fehler im Prüfobjekt verursacht werden. Der Termindruck hält jedoch in der Praxis viele Moderatoren davon ab, Re-Reviews anzusetzen. Die Prüfungen werden deshalb oft auf Anraten der Projektleitung in die nächste Entwicklungsphase verlegt, wodurch nicht nur der Erfolg der statischen Prüfungen unterlaufen wird, sondern auch die Fehlerbeseitigungskosten durch eine Fehlerfortpflanzung überproportional ansteigen können. Schnurer weist in diesem Zusammenhang darauf hin, dass gerade hier das Durchsetzungsvermögen und die Unabhängigkeit des Moderators gefordert ist [SCH88a].

4.1.5 Die Rolle des Managements im Review-Prozess

An dieser Stelle sollen noch einige Bemerkungen zur Rolle des Managements im Review-Prozess gemacht werden. Das Management, zum Beispiel die Projektleitung, sollte grundsätzlich über alle Review-Aktivitäten durch einen Management-Bericht unterrichtet werden, weil mit Abschluss eines Review ein entsprechender Meilenstein erreicht wurde und das Prüfobjekt im Entwicklungsprozess freizugeben ist. Mitglieder des Managements, insbesonders unmittelbare Vorgesetzte von Inspektoren, sollten jedoch nicht an Review-Sitzungen teilnehmen, weil ansonsten die Möglichkeit einer bewussten oder unbewussten Mitarbeiterbeurteilung besteht. Auf die Inspektoren kann sich eine derartige Situation nur negativ auswirken, weil sie sich im Review entweder gehemmt zurückhalten oder selbstdarstellerisch in den Vordergrund drängen.

Da Reviews bei vielen kleineren Organisationseinheiten noch lange keine Selbstverständlichkeit sind, sollte das Management in jedem Fall die Review-Aktivitäten im Entwicklungsprozess fördern und durch entsprechende Schulungsmaßnahmen die unbestreitbaren Vorteile dieses Prüfprozesses allen Beteiligten darlegen. Der Erfolg von Reviews wird immer mit der Motivation der Review-Teilnehmer stehen oder fallen, deshalb ist der Wissensvermittlung über die Vorteile dieser Prüfart ein hoher Stellenwert einzuräumen.

4.1.6 Qualitätssicherung des Fachkonzepts

Das Fachkonzept ist das Basisdokument der Kundenanforderungen für die Entwicklung und die qualitätssichernden Maßnahmen im gesamten Lebenszyklus eines Softwareprodukts. In ihm wird detailliert festgelegt, welche fachlichen Funktionen, Sonderregelungen und Ausnahmefälle im Produkt zu realisieren sind und welche messbaren Qualitätseigenschaften das Produkt besitzen muss. Dazu gehören gegebenenfalls auch gesetzliche und behördliche Anforderungen wie Forderungen an den Datenschutz oder an die Sicherheit der Anwendung.

Das Fachkonzept wird gewöhnlich von der Fachseite bzw. vom Auftraggeber oder Kunden in enger Zusammenarbeit mit der Entwicklerseite erstellt. Liegen vom Kunden nur unzureichend formulierte Anforderungen vor, dann ist die Entwicklerseite i. S. der Norm DIN EN ISO 9001 : 2000 Abschnitt 7.2.1 verpflichtet, die fachlichen Anforderungen des Kunden zu ermitteln und zu dokumentieren. Das gilt auch für Anforderungen, die nicht explizit vom Kunden angegeben wurden, jedoch für den "festgelegten oder beachsichtigten Gebrauch" des Produkts notwendig sind. Da das Fachkonzept die Welt des Anwenders modellhaft beschreibt, repräsentiert es gleichzeitig die kommunikatorische Schnittstelle zwischen der Welt des Anwender und der des Entwicklers.

Mangelhafte Anforderungen im Fachkonzept sind oft die Ursache von Fehlentwicklungen und Verzögerungen, die besonders bei der Einbindung externer Entwicklungsfirmen zu erheblichen Kostensteigerungen führen können. Die Qualität der Software wird sich immer aus der Qualität des Fachkonzepts, des DV-Konzepts, der implementierten Programme und der Dokumentation zusammensetzen [HAU87]. Eine gute umfassende Vorgabendokumentation ist deshalb eine unverzichtbare Voraussetzung für die Herstellung qualitativ hochwertiger Software, deren Qualitätsmerkmale kundenorientiert ausgerichtet sind. Um diesen Qualitätsanspruch gerecht zu werden, muss das Fachkonzept nach bestimmten Normen, Verfahren und Konventionen erstellt und geeigneten qualitätssichernden Maßnahmen zur Prüfung und Bewertung unterzogen werden. Welche Normen und Maßnahmen zum Einsatz kommen, ist im QM-Plan bzw. in den zugehörigen Verfahrensanweisungen festzuschreiben. Der Prüf- und Bewertungsprozess soll gemäß DIN EN ISO 9001 : 2000 Abschnitt 7.2.2 sicherstellten, dass die Anforderungen an das Produkt

- vollständig und wiederspruchsfrei festgelegt wurden
- die Unterschiede zwischen vorvertraglich geäußerten Anforderungen und den Anforderungen im Fachkonzept beseitigt sind
- und dass die Entwicklerseite (Organisation) in der Lage ist, die festgelegten Anforderungen zu erfüllen

Die Qualitätssicherung des Fachkonzepts in der Anforderungsphase hat ein weiteres wichtiges Ziel, nämlich die Stabilität der Anforderungen im Phasenmodell der Entwicklung zu gewährleisten. Nicht eindeutig oder unvollständig formulierte Anforderungen, die sich darüber hinaus noch häufig ändern, vermindern die Entwicklungsproduktivität und erhöhen überproportional die Kosten. Die Stabilität der Anforderungen muss deshalb im Phasenmodell der Entwicklung als eine entscheidende Einflussgröße auf die Produktivität, die Kosten und die Qualität des Produkts angesehen werden. Kann diese Stabilität aus bestimmten Gründen nicht gewährleistet werden, dann ist das Phasenmodell ungeeignet und sollte zum Beispiel durch ein evolutionäres Modell ersetzt werden. Die fachlichen Vorgabendefinitionen sollten bei größeren Projekten aus folgenden Hauptteilen bestehen, die bei Bedarf in weitere untergeordnete Teile zerlegt werden können:

1. Datenmodell mit
   - allen Entitäten
     (*Name, inhaltliche Beschreibung, Liste aller Attribute, und zugehöriger Primärschlüssel, Menge der zu verwaltenden Daten*)
   - allen Beziehungen
     (*Name, inhaltliche Beschreibung, Liste aller Attribute, und zugehöriger Primärschlüssel usw.*)
   - allen Datenelement- und Datensatzbeschreibungen (*Schnittstellen*)
     (*Name, Datentyp, Wertebereich, Defaultwert, funktionale oder schlüsselmäßige Abhängigkeiten, Satzlänge, Satztyp usw.*)
   - ER-Diagrammen
     (grafische Wiedergabe eines Ausschnitts der Beziehungen zwischen den Entitäten)
2. Funktionsmodell mit
   - der Funktionsstruktur
   - den Einzelfunktionen aus Anwendersicht
3. Benutzeroberfläche mit
   - der Menüstruktur
   - dem Maskenlayout
   - dem Protokoll- und Listenlayout
   - der Schnittstellenbeschreibung für Ein- und Ausgaben
4. Detailliertes Mengengerüst
5. Hinweise zur Kritikalität des Produkts und seiner Komponenten
6. Quantitative Qualitätsmerkmale
7. Beschreibung von Nachbarsystemen
8. Gesetzliche Regelungen und behördliche Vorschriften
9. Terminvereinbarungen
10. Glossar
11. Abkürzungsverzeichnis

Obwohl das Fachkonzept eine Schlüsselstellung im gesamten Softwareentwicklungsprozess einnimmt, existieren bis heute kaum ausgereifte Methoden und Techniken für die Erstellung der Anforderungsdefinition. Derartige Methoden und Techniken ermöglichen jedoch erst eine objektive quantitative Erfassung von Qualitätseigenschaften und deren eindeutige Bewertung. Der Einsatz von Metriken zur Qualitätskontrolle des Fachkonzepts ist deshalb in der Praxis immer noch die Ausnahme statt die Regel. Um Fehler von vornherein zu minimieren, müssen konstruktive Maßnahmen eingesetzt werden, die sich mit analytische Maßnahmen hervorragend ergänzen und in ihrer Gesamtheit einen Qualitätssprung bewirken. Die Anwendung konstruktiver Maßnahmen hat bei der Erstellung des Fachkonzepts das Ziel, die fachlichen Vorstellungen für ein Produkt anhand von Prinzipien, Methoden, Formalismen und Werkzeugen in ein gut strukturiertes, vollständiges und widerspruchsfreies Dokument umzusetzen. Zu den konstruktiven Maßnahmen zählen:

- Einsatz von Normen und Standards, zum Beispiel für die genaue Bezeichnung der Informationsquellen-Dokumente, der Ergebnis-Dokumente, Designerrichtlinien für die Gestaltung von Benutzeroberflächen usw.

- Einsatz von Anforderungsdefinitionsmethoden, zum Beispiel die *Strukturierte Analyse* (SA) für die Beschreibung der Funktionssicht und das *Entity-Relationship-Model* (ERM) für die Beschreibung der Datensicht.

- Einsatz eines Werkzeugs zur Ermittlung von Querverweisen, das zur Auswertung der Anforderungen eingesetzt werden kann. Damit lassen sich bestimmte Qualitätsmerkmale der Anforderungen wie *Vollständigkeit* und *Widerspruchsfreiheit* automatisch überprüfen.

- Aus- und Weiterbildung der Mitarbeiter und des Managements der betreffenden Fachbereichsgruppe.

Die Anforderungen im Fachkonzept sollten immer in strukturierter Form vorliegen, außer bei sehr kleinen Projekten. Dadurch lassen sie sich auf der Basis des Abstraktionsstufenkonzepts die Anforderungen auf mehreren Ebenen strukturiert erfassen, was eine Aufdeckung von Lücken und Überlappungen ermöglicht [STE98]. Das Ergebnis der Spezifikationsphase muss ein Fachkonzept sein, welches die Leistungen einer Anwendung in einer für die Systementwicklung geeigneten Darstellungsform eindeutig und unmissverständlich festlegt. Mit normalen Textverarbeitungsprogrammen oder mit relationalen Datenbanken ist ein derartiges Ziel kaum zu erreichen.

Zu den wichtigsten analytischen Maßnahmen gehört das statische Prüfen des Fachkonzepts durch Reviews mit einer anschließenden Bewertung. Die Bewertung erfolgt durch Qualitätsmerkmale, die bereits vor dem Prüfvorgang festgelegt wurden, zum Beispiel *Korrektheit*, *Effizienz Komplexität* usw. Dazu kann nach dem Feststellen der Merkmalswerte eine Messskala verwendet werden, wie sie in DIN 66270 : 1998-01, Seite 4 beschrieben ist:

- **ohne Mängel**
  Die Qualität bzw. ein festgestellter Merkmalswert des Dokuments entspricht dem vorgesehenen Verwendungszweck.
- **leichte Mängel**
  Die Qualität bzw. ein festgestellter Merkmalswert des Dokuments weist Mängel auf, die mit geringem Aufwand beseitigt werden können.
- **schwere Mängel**
  Die Qualität bzw. ein festgestellter Merkmalswert des Dokuments weist Mängel auf, die nur mit hohem Aufwand beseitigt werden können.
- **ausschließende Mängel**
  Die Qualität bzw. ein festgestellter Merkmalswert des Dokuments weist Mängel auf, die eine weitere Verwendung des Dokuments in dieser Form ausschließen.

Objektive Messungen von Eigenschaften am Fachkonzept sind nur bei einer formalen oder halbformalen Darstellung möglich. Liegt das Fachkonzept zum Beispiel in Form von Petri-Netzen vor, können die Grundelemente *Informationen* (Stellen), *Aktivitäten* (Transitionen), *Flussrelationen* (Pfeile) und *Markierungen* (Token) für das Messen benutzt werden. Mögliche Maße sind zum Beispiel die *Anzahl der Verfeinerungen*, die *Anzahl der Vorbedingungen* (Informationen) für eine Aktivität bzw. die *Anzahl der Nachbedingungen* einer Aktivität, die *Anzahl der Eingangselemente* des Netzes, die *Anzahl der Ausgangselemente*, die *Anzahl der Schnitte*, die *Anzahl der Spuren* usw.

4.1.6.1 Checklisten zur Prüfung der Anforderungen

Checklisten zur Prüfung von Qualitätsmerkmalen werden seit langem mit Erfolg bei Code-Inspektionen eingesetzt. Es ist deshalb naheliegend, sie auch für die Analyse der Anforderungsdokumente zu verwenden. Die Checklisten sollten merkmalsbezogene relevante Prüfpunkte in Frageform enthalten, die den aktuellen Erfordernissen entsprechend beliebig ergänzt bzw. geändert werden können. Die von den Teilnehmern der Sitzung gefundenen Fehler oder Mängel sind in einem üblichen Mängelprotokoll festzuhalten. Die folgende Zusammenstellung enthält einige relevante Checkpunkte zur Prüfung der Anforderungen.

Projekt: ___________	Version: ___________		Blatt 1 von 2
Dokument: ______________________________			
Checkliste zum Fachkonzept-Review			
Qualitätsmerkmal	**Beschreibung**	**Ja**	**Nein**
Normkonformität	Entspricht das Fachkonzept in Form und Dokumentengliederung der gültigen Norm?		
	Wurden die gültigen Designerrichtlinien für die Gestaltung der Benutzeroberfläche berücksichtigt?		
	Werden gesetzliche Regelungen und Vorschriften hinreichend beachtet?		
Widerspruchsfreiheit	Ist das Dokument in sich widerspruchsfrei?		
	Ist das Dokument gegenüber anderen Dokumenten oder der Welt des Anwenders widerspruchsfrei?		
	Stehen Funktionen oder Aktivitäten in Widerspruch zu anderen Funktionen oder Aktivitäten?		
	Sind in den Schnittstellenbeschreibungen die Feldlängen, Datenformate und Satzlängen widerspruchsfrei?		
	Stehen Feld-Initialisierungen im Widerspruch zum Datenformat oder zu Felder in benachbarten Systemen?		
	Sind die zeitlichen Abhängigkeiten der Verarbeitungsfolge widerspruchsfrei?		
Vollständigkeit	Wurden alle Funktionen, Szenarios und Anwendungsfälle vollständig beschrieben?		
	Wurde eine Kritikalitätseinstufung für die Anwendung oder Teile davon vorgenommen?		
	Gibt es für alle Eingabedaten Plausibilitätsprüfungen?		
	Wurden Informations-, Fehler- und Abbruchmeldungen für alle E-/A-Funktionen formuliert?		
	Sind die Hinweislisten und Protokolle vollständig?		
	Wurden alle externe Schnittstellen spezifiziert?		
	Sind die Leistungsanforderungen vollständig?		
	Ist ein Daten- und Funktionsmodell vorhanden?		
	Ist ein Mengengerüst vorhanden?		
	Sind die Datensicherungs- und Datenschutzanforderungen vollständig?		
	Ist die Interaktionsstruktur vollständig?		
	Wurden Nachbarsysteme hinreichend beschrieben?		
	Wurden alle Qualitätsmerkmale vollständig und der Kritikalität entsprechend spezifiziert?		
Realisierbarkeit	Sind alle Anforderungen DV-technisch realisierbar?		
	Sind die geforderten Qualitätseigenschaften mit angemessenem Aufwand realisierbar?		
	Sind die geforderten Hardware-Ressourcen realistisch?		
	Gibt es für jede Funktion Abnahmekriterien?		

Abb. 4.1-3: Checkliste 1 für Fachkonzept-Reviews

Projekt: ___________ Version: ___________ Blatt 2 von 2 Dokument: ___________________________			
Checkliste zum Fachkonzept-Review			
Qualitätsmerkmal	**Beschreibung**	**Ja**	**Nein**
Verständlichkeit	Sind die Anforderungen verständlich beschrieben?		
	Sind die Anforderungen überspezifiziert?		
	Ist ein Inhaltsverzeichnis vorhanden?		
	Ist die Gliederung für das zu prüfende Dokument ausreichend?		
	Ist ein Glossar vorhanden?		
	Ist ein Abkürzungsverzeichnis vorhanden?		
	Werden Änderungen im Dokument als solche gekennzeichnet?		
	Sind die Hinweislisten und Protokolle für den Anwender verständlich formuliert und aufgebaut?		
	Wurden Informations-, Fehler- und Abbruchmeldungen vollständlich und verständlich formuliert?		
	Gibt es zu viele Querverweise?		
	Sind die Ausnahmeregelungen und Sonderfälle vollständlich und verständlich formuliert?		
	Gibt es bei der Beschreibung der Anforderungen zu viele Redundanzen?		
Genauigkeit	Besitzt der Detaillierungsgrad der Anforderungen eine optimale Tiefe?		
	Sind die geforderten Funktionen, Szenarios und Anwendungsfälle exakt beschrieben?		
	Sind die Fehlerbehandlungsmaßnahmen hinreichend genau beschrieben?		
	Wurden für die berechneten Ergebnisse Genauigkeitsangaben gemacht und wurden dabei kritikalitätsabhängig Nachbarsysteme berücksichtigt?		
	Sind die Genauigkeitsangaben realistisch?		
	Wurden die relevanten Algorithmen exakt beschrieben?		
Änderbarkeit	Sind Funktionserweiterungen oder Berichtigungen als Änderungen gekennzeichnet?		
	Sind die Funktionserweiterungen für die aktuelle Version sinnvoll oder können sie in die Folgeversion verschoben werden?		
	Werden die Funktionserweiterungen in separaten Dokumenten behandelt?		
	Sind zukünftige Wartungsmaßnahmen durch ein entsprechendes Design schnell realisierbar?		

Abb. 4.1-4: Checkliste 2 für Fachkonzept-Reviews

Projekt ________________ Version _________ Datum _________ Seite _____

Protokoll zum Fachkonzept-Review

Review-Objekt: ____

Entwickler: ____

Tester: ____

Qualitätsmanagement: ____

Fachseite/Anwender: ____

Lfd. Nr.	Dokument	Beschreibung der Abweichung	Typ	Klasse

Mängeltyp:
SS=Schnittstelle DA=Daten LO=Logik IO=Input/Output PE=Performance, HF=Human Factors
ST= Standards DO=Dokumentation SY=Syntax TU=Testumgebung TA=Testabdeckung SO=Sonstiges

Mängelklasse:
1=Der Inhalt ist fachlich richtig aber unklar formuliert (Prioritätsstufe 1)
2=Der Inhalt ist fachlich nicht vollständig (Prioritätsstufe 2)
3=Der Inhalt ist fachlich falsch (Prioritätsstufe 3)

Abb. 4.1-5: Reviewprotokoll mit Mängeltyp [WAL90] und Mängelklasse

4.1.6.2 Prüfstrategien

Da der zeitliche Rahmen einer Review-Sitzung auf maximal 2 Stunden begrenzt sein sollte, ergeben sich zwangsläufig Beschränkungen bei der Auswahl der Fachthematik. Folgende Strategien lassen sich anwenden:

- Der Umfang der Prüfobjekte wird auf einen Maximalwert begrenzt. Daraus ergeben sich folgende Möglichkeiten:
  - schrittweises Prüfen des Dokuments entsprechend der Gliederung
  - separates Prüfen von kritischen Funktionsbeschreibungen
  - Aufteilen des Dokuments in abgeschlossene Funktionsbeschreibungen
- Die Prüfobjekte werden auf spezialisierte Review-Gruppen aufgeteilt. Diese Vorgehensweise ist besonders dann sinnvoll, wenn Besonderheiten geprüft werden sollen, die spezielle Kenntnisse erfordern.

Einfluss auf die Vorgehensweise beim Prüfen hat auch die Darstellungsform des Dokuments, wobei man unter folgenden Formen unterscheiden kann:

- informale Darstellung
  Die Beschreibung der Anforderungen wird in natürlicher Sprache und freien Grafiken formuliert. Der Vorteil dieser Beschreibungsform ist der geringe Erstellungs- und Einarbeitungsaufwand. Der Nachteil besteht allerdings in ihrer Interpretierbarkeit.
- halbformale Darstellung
  Die halbformale Darstellung basiert auf dem Einsatz bestimmter Methoden: Strukturierte Analyse (SA), Strukturierte Analyse und Design-Technik (SADT), Entscheidungstabellen, Petrinetze usw. Neben Fachkenntnissen sind auch spezielle Methodenkenntnisse erforderlich.
- formale Darstellung
  Aufgrund der strengen Formalisierung sind Reviews kaum möglich. Liegt das Fachkonzept bei kritischer Software in informaler oder halbformaler Form vor, dann sollte es in eine formale Spezifikation umgesetzt werden.

4.1.6.3 Lesetechniken

Spezielle Lesetechniken dienen einerseits zur Erhöhung der Effektivität des Reviewprozesses, andererseits lassen sich damit gezielt bestimmte Fehlerkategorien in den Dokumenten finden. In den letzten Jahren haben sich besonders zwei Lesetechniken als sehr erfolgreich erwiesen:

- checklistenbasiertes Lesen [GIL93]
- szenarienbasiertes Lesen [BAS96] [LAI00], [SHU98]

Checklistenbasiertes Lesen
Das Prüfen der Anforderungen mit Hilfe von Checklisten, wie sie im letzten Kapitel angegeben sind, ist eine weit verbreitete Methode. Durch den Fragenkatalog wird den Inspektoren eine gezielte Hilfestellung gegeben, welche Prüfpunkte besonders zu beachten sind. Gleichzeitig lassen sich gezielt Prüfschwerpunkte setzten, mit denen bestimmte Teildokumente der Anforderungen wie Schnittstellenspezifikationen für Batch- und Dialog-Anwendungen geprüft werden können. Damit lassen sich auch schwerpunktmäßig Fehlerkategorien finden, die mit diesem Fragenkomplex verknüpft sind. Sind die Fragen allerdings allgemein gehalten, dann bezieht sich die gefundene Fehlermenge auf alle Fehlerkategorien, die diesen Dokumenten zugeordnet werden können.

Szenarienbasiertes Lesen
Als Szenario wird bei Inspektionen eine bestimmte Sammlung von Inspektionsaufgaben verstanden, die vom Moderator vorgegeben wird. Szenarien beinhalten immer eine bestimmte Sichtweise auf das zu prüfende Dokument, zum Beispiel die des Anwenders, des Entwicklers oder des Testers. Man bezeichnet diese Leseart deshalb auch als *perspektivenbasiertes Lesen* [BAS96], weil der Inspektor die Thematik aus einer bestimmten Perspektive sieht. Der Moderator gibt diese Sichtweisen auf verschiedenen Abstraktionsstufen gezielt vor, um auf diese Weise ein umfassendes Modell der Anforderungen zu erhalten. So kann der Inspektor die Rolle eines Testers einnehmen, indem er aus den Anforderungen unter Zuhilfenahme vorgegebener Testverfahren (z. B. die *Äquivalenzklassenanalyse*, der *Grenzwerttest* oder der *Test besonderer Werte*) Testfälle ableitet, um auf diese Weise die Korrektheit der Anforderungen zu prüfen. Eine weitere Art des szenarienbasierten Lesens ist das *verfolgbarkeitsbasierte Lesen (traceability-based reading)* [TRA99], was für die Überprüfung objektorientierter Designdokumente geschaffen wurde.

Durch Szenarien sollen die Inspektoren ein tieferes Verständnis für die Fachthematik bekommen, um auf diese Weise auch tiefer liegende Fehler und Inkonsistenzen zu finden. Das szenarienbasierte Lesen ist damit anspruchsvoller als das checklistenbasierte Lesen, weil die Inspektoren gezwungen sind, sich der Sichtweise entsprechend tief in die Fachthematik einzuarbeiten.

Jede Lesetechnik besitzt Stärken und Schwächen. Biffl berichtet von einem Experiment zur Untersuchung der Effektivität unterschiedlicher Lesetechniken bei Anforderungsdokumenten [BIF01]. Die Studie zeigte, dass durch *szenarienbasiertes Lesen* deutlich mehr schwere Fehler gefunden wurden als durch das *checklistenbasierte Lesen*. Offenbar ist auch die Lesegeschwindigkeit ein nicht zu unterschätzender Einflussfaktor auf die Effektivität der Fehlererkennung. Nach Gilb und Humphrey [GIL93] ist langsames Lesen effizienter als schnelles Lesen, was allerdings auch von der Leseart abhängig ist.

4.1.6.4 Auswirkungen von Fehlern im Fachkonzept

Analysiert man in unterschiedlichen Projekten die Fehler in einem verbal formulierten Fachkonzept, dann stellt man bestimmte Fehlerhäufigkeiten fest, die sich in folgende Kategorien einteilen lassen (vgl. [WAL90], S. 155 f.):

- unpräzise Angaben
- widersprüchliche Angaben
- fehlende bzw. unvollständige Angaben
- fehlerhafte Angaben
- Schreibfehler
- unrealistische Anforderungen

Einige dieser Fehler sind um so stärker ausgeprägt, je niedriger der Formalisierungsgrad das Fachkonzept ist. Das sind besonders unpräzise, unvollständige, fehlerhafte oder interpretierbare Formulierungen. Daraus kann man schlussfolgern, dass ein Fachkonzept einen hohen oder zumindestens optimalen Formalisierungsgrad besitzen sollte, der unpräzise oder interpretierbare Beschreibungen weitgehend ausschließt, gleichzeitig aber Reviews zulässt und damit Fehler von vornherein vermeiden hilft. Wird von einem fachlichen Feinkonzept eine formale Spezifikation erstellt, so muss die informale und formale Darstellung validiert werden, d. h. beide Formen sind in sich und untereinander auf Widerspruchsfreiheit und Konsistenz zu prüfen.

Nach Mizumo [MIZ83] gibt es bei der Entstehung von Fehlern und Mängeln einen Summierungseffekt (vgl. [WAL90], S. 12, [SCH83], S. 61), der dadurch entsteht, dass in jeder Entwicklungsphase Fehler entstehen, die durch induzierte Fehler aus der vorangegangenen Phase verstärkt werden. Fehlen geeignete Zwischenprüfungen, steigt die Anzahl der Fehler überproportional an, den jeder Fehler in der aktuellen Phase kann wiederum eine Reihe von Folgefehlern in der nächsten Phase hervorrufen. In der Test und Integrationsphase enthält das Produkt dann neben den bekannten und korrigierten Fehlern auch unbekannte Fehler, die auf Unzulänglichkeiten im Fachkonzept, in der Systemspezifikation, im Entwurf und der Realisierung zurückzuführen sind.

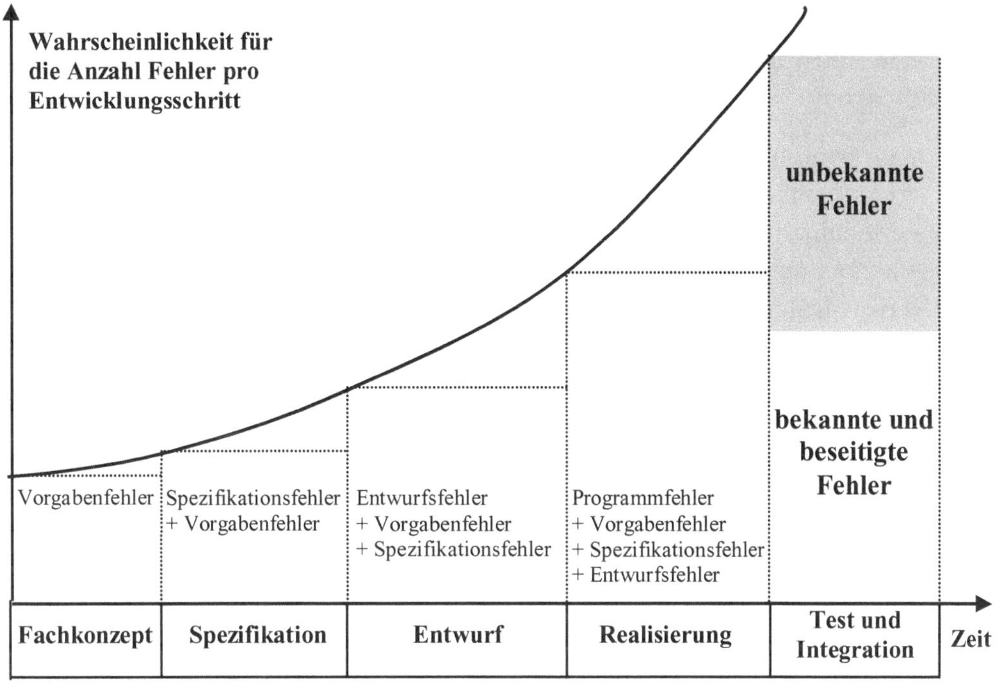

Abb. 4.1-6: Entwicklung des Fehleraufkommens ohne Zwischenprüfungen

Durch einen hohen Formalisierungsgrad und projektbegleitende Qualitätsmanagementmaßnahmen, die bereits bei der Erstellung der fachlichen Anforderungen einsetzen, kann der Summierungseffekt und damit auch die Wahrscheinlichkeit für eine hohe Anzahl Fehler pro Entwicklungsschritt verringert werden. Je länger ein Fehler im Projekt verbleibt, desto höher sind die Fehlerbeseitigungskosten. Nach Böhm kostet ein Fehler in den Vorgaben, der erst im Betrieb entdeckt wird, bis zu 100-mal mehr als bei frühzeitiger Entdeckung durch Reviews [BOE81]. Jede Qualitätsmanagementstrategie muss deshalb darauf hinauslaufen, Fehler im Projekt möglichst früh zu erkennen und zu beseitigen.

4.2 Code-Inspektionen

Die Code-Inspektion ähnelt einem Review mit dem Unterschied, dass in der Sitzung ausschließlich Quelltext auf Fehler untersucht wird. Große Industriebetriebe wie IBM und Hewlett-Packard haben die Wichtigkeit von Inspektionen seit langem erkannt und setzen diese statische Prüfmethode in allen Phasen der Softwareentwicklung gezielt ein. Code-Inspektionen können erst dann durchgeführt werden, wenn folgende Bedingungen erfüllt sind:

- Der Quelltext muss fehlerfrei übersetzt worden sein.

- Alle Entwurfsänderungen aufgrund fachlicher CR (Change Requests) müssen im Code realisiert und durch Kommentare gekennzeichnet sein.

- Jeder separat übersetzte Modul muss einen Dokumentenraster als Kommentarblock im Modulkopf enthalten, der folgende Hinweise enthält:
  - Modulname und Modul-ID
  - kurze Funktionsbeschreibung und Name des Programmierers
  - E-/A-Dateien
  - gerufene Moduln (*Unterprogramme*)
  - Auflistung aller Änderungen und Änderungsgrund
  - Version bestehend aus Release- und Levelnummer

Das *Programm-Listing*, die *Entwurfsunterlagen*, eine *Zusammenstellung aller Änderungen* und eine *Checkliste* müssen vom Koordinator mindestens zwei bis drei Tage vor der Inspektion an alle Teilnehmer gesandt werden, damit eine gründliche Vorbereitung auf die Inspektion möglich ist. Sämtliche Fragen und Beanstandungen zum Code sind von den Teilnehmern in einem Fragenkatalog festzuhalten. Die Fragenkataloge sind im Zusammenhang mit der vom Koordinator erstellten Checkliste die Diskussionsgrundlage in der Inspektion.

4.2.1 Durchführung der Code-Inspektion

Nachdem der Moderator die Inspektion eröffnet hat, lässt er vom Programmierer die Programmlogik und die Programmstruktur erörtern. Auf eine gute Programmstruktur sollte größter Wert gelegt werden, weil die Wiederverwendung der Moduln und eine Reduzierung der Wartungsprobleme davon unmittelbar abhängen. Als Standards kommen zum Beispiel. die strukturierte oder die objektorientierte Programmierung in Frage, falls die verwendete Programmiersprache letztere unterstützt. Entspricht das Quellprogramm nicht dem vorgegebenen Standard, wird dieser Mangel im Fehlerprotokoll vermerkt.

In einem weiteren Schritt erklärt der Programmierer Anweisung für Anweisung, wobei die Fragen und Beanstandungen der Teilnehmer als Diskussionsgrundlage eingebracht werden. Die Erfahrung hat gezeigt, dass bei dieser Vorgehensweise die meisten Fehler vom Programmierer selbst gefunden werden, nicht von den anderen Teilnehmern. Lösungsmöglichkeiten zur Behebung der Fehler werden sie nicht während der Sitzung diskutiert. Nach den Ausführungen des Programmierers wird das Programm anhand einer vom Moderator erstellten Checkliste analysiert. Anregungen für eine Checklist sind nachfolgender Zusammenstellung zu entnehmen.

Projekt:____________			Blatt 1 von 2
Checkliste zur Code-Inspektion			
Fehlerkategorie	**Beschreibung**	**Ja**	**Nein**
Struktur und Kommentare	Entspricht die Programmstruktur dem vorgegebenen Standard?		
	Sind die Kommentare ausreichend und richtig?		
Datenreferenz	Wurden alle Variablen richtig initialisiert?		
	Befinden sich Indizes innerhalb der richtigen Grenzen?		
	Kann ein Tabellenüberlauf stattfinden?		
	Werden Indexgrenzen von Zeichenketten überschritten?		
	Zeigt der Pointer auf den aktuellen gültigen Wert?		
	Wurden die Satzattribute richtig definiert?		
	Sind die Adressen der Bit-Ketten korrekt?		
	Sind die Datenstrukturen von rufenden und gerufenen Moduln konsistent?		
	Besitzen global definierte Daten in allen relevanten Moduln die gleichen Strukturen?		
Datendeklaration	Wurden alle Variablen erklärt?		
	Werden alle Variablen korrekt initialisiert?		
	Wurden den Daten die richtigen Datenformate und Datenklassen zugewiesen?		
	Sind Vorzeichen und Nachkommastellen richtig?		
	Sind die Datennamen eindeutig?		
	Wurden Redefinitionen richtig vorgenommen?		
	Wurde die Größe der Datenfelder richtig definiert?		
	Besitzen Daten für arithmetische Operationen ein rechenfähiges Format (Effizienzfrage)?		
	Besitzen alle Variablen einen eindeutigen Namen?		
Berechnungsfehler	Wurde die Größe aller Rechenfelder richtig definiert?		
	Wurden alle Variablen nummerisch definiert?		
	Kann ein Divisor gegen Null gehen?		
	Können Rundungsfehler auftreten?		
	Kann ein Überlauf oder Unterlauf auftreten?		
	Erfolgt die Berechnung geschachtelter arithmetischer Ausdrücke in der richtigen Reihenfolge?		
	Werden Grenzwerte richtig verarbeitet?		
	Ist die Speicherung von Zwischenergebnissen korrekt?		
	Sind die Datenformate der Berechnungen konsistent?		

Abb. 4.2-1: Checkliste 1 für eine Code-Inspektion

Projekt:____________ Blatt 2 von 2

Checkliste zur Code-Inspektion

Fehlerkategorie	**Beschreibung**	**Ja**	**Nein**
	Besitzen zu vergleichende Variablen den gleichen Datentyp?		
	Wurden die Vergleichsoperatoren (<, >, >=, <= usw.) richtig gewählt?		
	Wurden die logischen Operatoren AND, NOT und OR richtig angewendet?		
Steuerfluss	Werden Schleifenzähler entsprechend DoWhile- oder DoUntil-Schleifen richtig initialisiert?		
	Wird bei Schleifen die Endebedingung erreicht?		
	Wird eine Schleife unter Umständen nie ausgeführt?		
	Wird eine Schleife nach Eintreten der Endebedingung mit den gleichen Daten ein zweites Mal durchlaufen (ggf. abhängig vom Schleifentyp)?		
	Werden Abbruchbedingungen richtig gesetzt?		
	Kommt das Programm zu einem Ende?		
	Wurden CASE-Strukturen vollständig und richtig definiert?		
	Sind alle ELSE-Zweige bei Verzweigungen korrekt?		
	Wurden alle END-Begrenzer korrekt gesetzt (z. B. in COBOL)?		
	Entspricht der Einsatz von GO TO-Anweisungen den Regeln der Strukturierung und Modularisierung?		
Schnittstellenfehler	Wurden bei Dateien Dateiorganisation und Zugriffsart richtig gewählt?		
	Besitzen die Dateien die richtige Satzlänge?		
	Besitzen alle Datenfelder das richtige Datenformat?		
	Ist die Vorbelegung der Felder richtig?		
	Wurden Vor- und Endesätze richtig definiert?		
	Werden Leerdateien akzeptiert?		
	Sind die Hinweismeldungen richtig und verständlich?		
	Werden alle Parameter an gerufene Moduln richtig übergeben?		
	Werden bei schweren E-/A-Fehlern die Abbruchbedingungen richtig gesetzt?		
	Besitzen alle Ausgabelisten das richtige Format?		

Abb. 4.2-2: Checkliste 2 für eine Code-Inspektion

4.2.2 Dauer und Umfang der Code-Inspektion

Die Dauer einer Sitzung sollte auch bei einer Code-Inspektion auf 90 bis 120 Minuten begrenzt werden, weil die Aufmerksamkeit der Teilnehmer bei längeren Sitzungen entsprechend abnimmt und die Inspektion damit ineffizient wird. In dieser Zeit lassen sich etwa 100 bis 150 Anweisungen inspizieren.

Buck hat Inspektionen des Grobentwurfs, Feinentwurfs und des Codes über einen Zeitraum von 14 Monaten untersucht. Seine Erkenntnisse über Code-Inspektionen sind als Planzahlen folgender Tabelle zu entnehmen [BUC81].

Vorbereitung	**Inspektion**		
empfohlene Rate [NCSS/h]	empfohlene Rate [NCSS/h]	maximale Rate [NCSS/h]	Rate der zusätzlich gefundenen Fehler [%]
125	90	125	136

NCSS/h = Non Commentary Source Statements pro Stunde

Abb. 4.2-3: Inspektionsraten [BUC81]

Aus der Tabelle kann man entnehmen, dass die empfohlene Rate für die Vorbereitungszeit 125 Nicht-Kommentarzeilen (NCSS) pro Stunde sind, während in der Inspektion nur 90 NCSS/h empfohlen werden. Die maximale Rate in der Inspektion sollte 125 NCSS/h nicht übersteigen. Die Rate der „zusätzlich gefundenen Fehler" ergibt sich, wenn die Vorbereitungszeit zu kurz war und demzufolge zu schnell inspiziert wurde. Man kann also bei einer optimalen Vorbereitungszeit „zusätzliche" Fehler in der Höhe von 136 % finden. Folgendes Beispiel soll diese Zahlenangaben verdeutlichen:

Ein Modul mit ca. 125 NCSS soll in einer Code-Inspektion geprüft werden. Die optimale Vorbereitungszeit liegt bei 2 Stunden und die Durchführungszeit bei 1,5 bis 2 Stunden. Beträgt die tatsächliche Inspektionszeit jedoch nur 1 Stunde, dann wurde zu schnell inspiziert, weil wahrscheinlich die Vorbereitungszeit zu kurz war. In diesem Fall hätte man mehr als das Doppelte an Fehlern finden können, wenn Vorbereitungs- und Inspektionszeit optimal gewesen wären.

Schnurer gibt als Erfahrungswert für die Rate *„zusätzlich gefundener Fehler"* bei nicht optimaler Vorbereitungs- und Inspektionszeit nur 50 % an, was jedoch immer noch sehr hoch ist und die Bedeutung einer optimalen Vorbereitung und Durchführung unterstreicht.

4.2.3 Re-Inspektionen

Der Moderator kann Re-Inspektionen für den Gesamtcode oder Teile davon ansetzen, wenn die Anzahl der gefundenen Fehler hoch ist. Schnurer gibt als Richtwert eine Überschreitung des prognostizierten Sollwertes an zu findenden Fehlern um 75 - 100 % an [SCH88a]. Bei einer Re-Inspektion muss geprüft werden, ob die beanstandeten Fehler beseitigt wurden und ob keine neuen Fehler durch den Eingriff in den Code entstanden sind.

Untersuchungen haben ergeben, dass durch Code-Inspektionen 67 % der Programmfehler vor dem Modultest gefunden werden können und dass in abgenommenen Programmen, die in der Entwicklungsphase Code-Inspektionen unterzogen wurden, bis zu 38 % weniger Fehler enthalten [FAG86] (vgl. [WAL90]). Schnurer gibt sogar 75 % gefundener Fehler bei Neuentwicklungen an, während es nur 60 % bei existierender Software sind. Das schlechtere Ergebnis bei Altsoftware ist wahrscheinlich auf den im Allgemeinen mangelhaften Strukturiertheitsgrad dieser Altkomponenten zurückzuführen, deshalb sollte man bei den Inspektionen auf eine gute Strukturierung größten Wert legen.

4.2.4 Inspektionsstrategien

In der Praxis existieren eine ganze Reihe von Inspektionsstrategien, die allesamt eine Optimierung des Fehlererkennungsprozesses zum Ziele haben. Die wichtigsten Strategien sind:

- alle Moduln werden inspiziert
- alle Moduln mit hoher Kritikalität werden inspiziert
- alle Moduln mit hoher Komplexität werden inspiziert
- bei geänderten Moduln werden nur die geänderten Codezeilen inspiziert

Bei vielen Projekten herrscht aus Zeitgründen immer noch die Meinung vor, dass der Modultest die Inspektionen voll ersetzen kann. Es ist jedoch ein Irrtum anzunehmen, dass mit dem Verzicht auf Code-Inspektionen ein Zeitgewinn erzielt werden kann, denn im Modul- und Integrationstest müssen die „mitgeschleppten“ Fehler durch einen erhöhten Analyse- und Testaufwand gefunden und bereinigt werden. Im gesamten Softwareentwicklungsprozess sollte deshalb immer die wichtige und anerkannte Erkenntnis Beachtung finden: *Je früher Fehler gefunden werden, desto geringer sind die Kosten ihrer Beseitigung.* Es besteht deshalb kein Zweifel, dass grundsätzlich alle Moduln vor dem Modultest einer Inspektion unterzogen werden müssen.

Während bei Neuentwicklungen in der Regel der gesamte Modul inspiziert wird, werden bei Weiterentwicklungen oft nur die geänderten Codezeilen einer Prüfung unterzogen. Da die geänderten oder neu hinzugekommenen Anweisungen jedoch oft verstreut im gesamten Modul liegen, ist der funktionale Zusammenhang bei einer derartigen Vorgehensweise kaum erkennbar und die Effizienz der Inspektion dementsprechend gering. Zieht man ferner die oftmals mangelhafte Strukturierung und den schlechten Dokumentationsstand dieser Moduln in Betracht, dann sollte auch bei Altcode grundsätzlich der gesamte Modul Zeile für Zeile inspiziert werden.

4.2.5 Prozessverbesserung durch Code-Inspektionen

Die durch Code-Inspektionen gefundenen Fehler sollten nach Problemtyp und Schweregrad klassifiziert und statistisch ausgewertet werden, um den Entwicklungs- und Testprozess damit zu verbessern. Die Verbesserung des Testprozesses basiert auf Vergleiche zur existierenden Testsuite, indem geprüft wird, ob die Testfälle die gefundenen Fehler abdecken. Wenn nicht, sind die Testfälle zu ergänzen bzw. die zugrundeliegenden Testdaten zu optimieren. Hewlett-Packard unterwirft jeden Fehler, der durch Code-Inspektionen gefunden wird, einem Fragenkomplex mit folgenden Inhalt (vgl. [BLA91]):

- Welche Ursachen liegen dem Fehler zugrunde und wie können sie künftig verhindert werden?
- Könnte der Fehler im Testprozess durch den existierenden Satz Testfälle gefunden werden?
- Kann für den Fehler ein Testfall spezifiziert werden, wenn dafür noch keiner vorhanden ist?
- Kann der Fehler beim Kunden auftreten, wenn er nicht durch Testfälle gefunden wird?
- Können einige dieser Fehler nicht durch Inspektionen oder Tests gefunden werden?

Fehler, die erst durch den Kunden im Betriebseinsatz gefunden werden, sind in ähnlicher Weise zu verifizieren. Mit dieser Maßnahme soll im ersten Jahr nach der Freigabe festgestellt werden, warum diese Fehler nicht durch Code-Inspektionen oder Tests gefunden wurden und wie sie künftig zu vermeiden sind. Die im Betriebseinsatz durch den Kunden gefundenen Fehler können nach Blakely und Boles folgende Ursachen haben [BLA91]:

- Der Defekt basiert auf einem globalen Fehler, der keinem Modul zugeordnet werden kann.

- Der Defekt existiert in einem abhängigen Produkt.
- Der zugrundeliegende Modul wurde nicht inspiziert, weil er nicht modifiziert wurde.
- Der Modul wurde nicht inspiziert, weil die Änderungen als nicht kritisch betrachtet wurden.
- Der Modul wurde inspiziert, der Defekt aber nicht gefunden.

Die drei letzten Fehlerursachen deuten darauf hin, dass der Satz Testfälle, mit denen der Test ausgeführt wurde, unvollständig war. Beim Test der nächsten Version muss deshalb die Testsuite gegebenenfalls optimiert werden.

4.2.6 Effektivität und Effizienz von Code-Inspektionen

Code-Inspektionen sind können aufwandsintensiver als Reviews sein, deshalb kann es sinnvoll sein, diesen relativ hohen Aufwand durch Effektivitäts- und Effizienzmessungen quantifizierbar und damit vergleichbar zu machen. Die hier angegebenen Metriken wurden der Arbeit von Thaler und Utesch entnommen [THA96]. Die Wirkungen von Inspektionsraten wurden von Fagan [FAG76], Barnard et al. [BAR94], Buck [BUC81], Christenson et al. [CHR87] und MacLeod [MAC93] untersucht. Die Effizienz und Effektivität von Code-Inspektionen werden nach Thaler und Utesch von folgenden Faktoren bestimmt:

- Inspektionsraten, Vorbereitungsraten und Inspektionsdauer
- Know-how und Anzahl der Inspektoren
- Vorausgehende und nachfolgende Prüfungen
- Prüfbarkeit der Inspektionsobjekte

Künftig dürfte auch der Einsatz von Werkzeugen entscheidenden Einfluss auf die Effienz und Effektivität von Inspektionen besitzen. So ist zum Beispiel ein werkzeuggestützter Vergleich der Analyseergebnisse gegen gespeicherte Design-Informationen denkbar. Für die hier angegebenen Metriken werden folgende Kennzahlen benötigt:

NLOC:	Netto Lines of Code
KNLOC:	1000 NLOC
Abweichungen:	Anzahl der festgestellten Abweichungen
Sitzungsdauer:	Dauer der Inspektionen in Stunden
Vorbereitungszeit:	durchschnittliche Vorbereitungszeit in Stunden
Abweichungsaufwand:	Summe der Aufwände zur Erkennung und Beseitigung von Abweichungen in Stunden

Planungsbezogene Metriken

Inspektionsrate und *Vorbereitungsrate* werden zur Planung und Steuerung von Code-Inspektionen verwendet.

$$\text{Inspektionsrate} = \frac{\text{geprüfte NLOCs}}{\text{Sitzungsdauer}}$$

$$\text{Vorbereitungsrate} = \frac{\text{geprüfte NLOCs}}{\text{Vorbereitungszeit}}$$

Aufwandbezogene Metriken

Die *Effizienz* ist ein Maß für die Wirtschaftlichkeit des Prüfverfahrens. Die Abweichungsaufwände müssen den Abweichungen eindeutig zugeordnet werden können. Nach Thaler und Utesch hat sich diese Forderung bei Tests als problematisch erwiesen.

$$\text{Effizienz} = \frac{\text{Abweichungen}}{\text{Abweichungsaufwand}}$$

Wirksamkeitsbezogene Metriken

Dazu gehören die *Effektivität* als Maß für die Wirksamkeit der Inspektion und die *prozentuale Effektivität*, die sich auf den gesamten Lebenszyklus der Software bezieht und erst nach dem Wirkbetriebseinsatz ermittelt werden kann.

$$\text{Effektivität} = \frac{\text{Abweichungen}}{\text{KNLOC}}$$

$$\text{Prozentuale Effektivität} = \frac{\text{Abweichungen / Prüfverfahren}}{\text{Abweichungen im Software - Lebenszyklus}} * 100$$

Bei den gefundenen Abweichungen im Quelltexte sollte zwischen *operational wirksamen Abweichungen* und der Gesamtzahl der Abweichungen differenziert werden. Operational wirksame Abweichungen sind Abweichungen, die in jedem Fall ein inkorrektes Verhalten der Software bewirken und demzufolge auch einen höheren Aufwand bei der Fehlerkorrektur benötigen. Die *Effektivitätskennzahl* einer Inspektion wird durch diese Differenzierung um mindergewichtige Fehler bereinigt und damit aussagefähiger. Ein mindergewichtiger Fehler liegt zum Beispiel vor, wenn in einer Ausgabeliste bzw. einem Protokoll ein Komma oder Punkt zur Abgrenzung von Satzteilen fehlt.

Einen auf jüngeren Ermittlungen basierenden Zusammenhang zwischen Inspektionsraten und Effektivität haben Thaler und Utesch angegeben, was folgender Abbildung zu entnehmen ist.

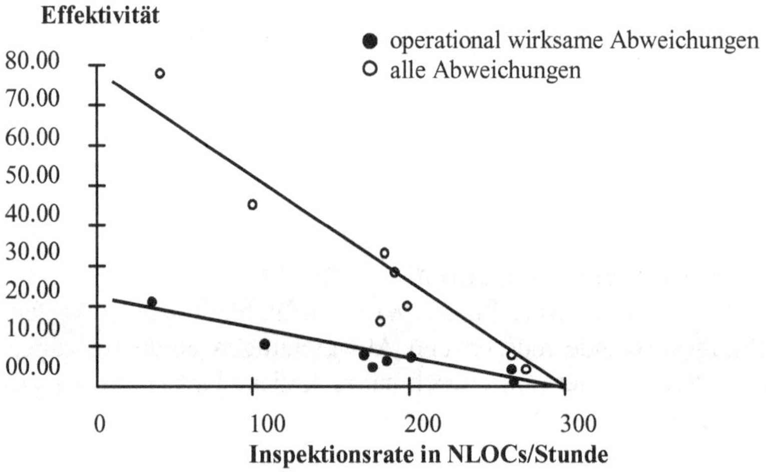

Abb. 4.2-4: Zusammenhang zwischen Inspektionsrate und Effektivität [THA96]

Aus dem Diagramm geht hervor, dass die Höhe der Inspektionsraten umgekehrt proportional zur Effektivität ist. Thaler und Utesch geben darüber hinaus an, dass zwischen Inspektionsrate und Abweichungsdichte ein hoch signifikanter Zusammenhang besteht, d. h. je niedriger die Inspektionsraten desto mehr Abweichungen/KNLOC werden gefunden. Dieser Zusammenhang könnte zum Beispiel darauf hindeuten, dass bei einer hohen Inspektionsrate die Vorbereitungszeit der Teilnehmer zu kurz war und demzufolge zu schnell, also mit geringerer Effektivität inspiziert wurde.

4.2.7 Walk-Throughs

In einem Walk-Through werden ähnlich wie bei einer Code-Inspektion Fehler im Quelltext gesucht. Der Unterschied zur Code-Inspektion liegt jedoch darin, dass nicht der Quelltext durch eine Lesung auf Fehler oder Mängel untersucht wird, sondern dass bestimmte relevante Testfälle mit einer repräsentativen Menge an Eingaben und Ausgaben von den Teilnehmer „durchgespielt" werden. Ein Walk-Through ist auch auf andere Dokumente anwendbar, indem man zum Beispiel in fachlichen Vorgabendefinitionen bestimmte Szenarien ablauforientiert prüft. Ein Walk-Through kann deshalb als abgeschwächte Version eines Review oder einer Code-Inspektion betrachtet werden. Eine Definition des Begriffs findet sich in ANSI/IEEE Std. 729-1983:

"A review process in which a designer or programmer leads one or more other members of the development team through a segment of design or code that he or she has written, while the other members ask questions an make comments about technique, style, possible errors, violation of development standards, and other problems."

Die Leitung der Sitzung übernimmt gewöhnlich der Autor bzw. der Programmierer, der die Unterlagen einige Tage vor der Sitzung allen Teilnehmer für die Einarbeitung zusendet. Ein anderer Teilnehmer wird für die Protokollierung der gefundenen Fehler und Mängel bestimmt und ein weiterer fungiert als Tester. Der Tester bereitet für die Sitzung einige Szenarien bzw. Testfälle auf dem Papier vor, die während der Sitzung unter Zuhilfenahme des Dokuments bzw. des Quelltextes gedanklich verarbeitet werden. Der jeweilige Status des Prüfobjekts sollte dabei immer zum Nachvollziehen für alle anderen Teilnehmer schriftlich festgehalten werden, wozu sich zum Beispiel ein Flow-Chart eignet.

Die Erfahrung hat auch hier gezeigt, dass mehr Fehler durch die Diskussion mit dem Autor des Dokuments bzw. dem Programmierer über die Programmlogik gefunden werden als durch das eigentliche Durchspielen der Szenarien oder der Testfälle. Anscheinend spielen Szenarien und Testfälle keine besonders dominierende Rolle, sondern es ist offensichtlich ihr Anreiz zur Diskussion, der die Reviews und Walk-Throughs effektiv macht.

Die Effizienz von Walk-Throughs wird in der Fachliteratur unterschiedlich bewertet, weil definitionsgemäß der Autor, Designer oder Programmierer die Sitzung leitet (vgl. ANSI/IEEE Std. 729-1983) und demzufolge eine dominierende Rolle einnehmen kann und oft keine Nacharbeitung des Prüfobjekts vorgesehen ist (vgl. [BAL98], S. 323). Ein Walk-Through sollte jedoch wie ein Review oder eine Code-Inspektion immer in einer straff organisierenden Form durchgeführt werden, wobei die Moderation nicht unbedingt in der Hand des Autors oder Programmierers liegen muss. Außerdem ist auch hier eine Nacharbeit des Prüfobjekts zwingend erforderlich, ansonsten der gesamte Prüfprozess als weitgehend nutzlos anzusehen.

Ausschlaggebend für den Erfolg eines Walk-Through ist wie bei einem Review oder einer Code-Inspektion die innere konstruktive Einstellung der Teilnehmer zur Problem- bzw. Fehlersuche. Deshalb gehören auch hier Schuldzuweisungen über entstandene Fehler und Probleme grundsätzlich nicht in eine Walk-Through-Sitzung. Sie zerstören nachhaltig die Vertrauensbasis unter den Sitzungsteilnehmern und drängen den Autor bzw. Programmierer zu einer inneren unproduktiven Abwehrhaltung.

4.3 Datenfluss-Anomalieanalyse

Mit Anomalien bezeichnet man allgemeinen alle Abweichungen von den korrekt angenommenen spezifizierten Eigenschaften eines Programms. Fosdick und Osterweil haben gezeigt, dass Informationen bezüglich der Erzeugung und Benutzung von *Datendefinitionen* in einem Programm für die Fehlerfindung benutzt werden können [FOS76]. Derartige Informationen lassen sich durch eine Datenflussanalyse gewinnen, indem der Quelltext nach Datenflussanomalien durchsucht wird. In der Regel wird diese Analyse statisch durchgeführt [ALL76], [FOS76], [KEN77], [ROS78], [TAY80], sie ist jedoch auch dynamisch durch eine Instrumentierung möglich, indem Sonden in den Quell- oder Objektcode eingefügt und die betreffenden Pfade durch geeignete Testdaten zur Ausführung gebracht werden [HUA79].

4.3.1 Anomaliearten

Die Entdeckung von Datenflussanomalien beginnt bereits durch die statischen Prüfungen des Compilers während der Umwandlung, indem der Quelltext gegen die Syntax der Programmiersprache geprüft wird. Dieser erste Schritt deckt jedoch im Allgemeinen nicht die hier behandelten Anomalien ab. Bezüglich des Zugriffs auf eine Variable lassen sich folgende Aktionen unterscheiden:

- Die Variable wird *„definiert“* (**d**), d. h. ihr wird ein Wert intern oder extern zugewiesen. Eine interne Wertzuweisung kann in COBOL mit einer Value-Klausel bei der Deklaration der Variablen vorgenommen werten.

- Die Variable wird *„referenziert“* (**r**), d. h. ihr Wert wird in einem prädikativen oder berechnenden Zugriff benutzt.

- Die Variable erhält den Zustand „undefiniert“ (**u**), d. h. der Wert der Variablen wird zerstört. Eine Zerstörung erfolgt zum Beispiel, wenn die Ausführung die Reichweite der Variablen verlässt, was beim Verlassen eines Moduls der Fall sein kann. Definitionsgemäß befinden sich alle Variablen bei Programmbeginn im Zustand *„undefiniert“*.

- Auf die Variable wird nicht zugegriffen, d. h. ihr Zustand ist weder *„definiert“*, *„referenziert“* noch *„undefiniert“*. Man bezeichnet diesen Zustand als „leer“ (**e** = empty).

Durch die Datenfluss-Anomalieanalyse wird geprüft, ob die Sequenz der Definitionen (**d**), Referenzierungen (**r**) und der Zerstörung (**u**) einer gegebenen Variablen entlang eines Pfades logische Folgen sind. Der Zustand *„leer“* spielt dabei eine untergeordnete Rolle, weil Fehler durch diesen Zustand nicht auftreten können. Ergibt die Sequenz der unterschiedlichen Aktionen auf einem Pfad keine logische Folge, dann beinhaltet sie eine oder mehrere der folgenden Datenfluss-Anomalietypen:

- **dd-Anomalie**
  Die Variable wird ohne Referenzierung zweimal definiert.

- **du-Anomalie**
  Die Variable wird nach ihrer Definition nicht referenziert, sondern zerstört.

- **ur-Anomalie**
  Die Variable wird nach ihrer Zerstörung noch einmal referenziert.

Angenommen eine Zugriffssequenz lautet (d, r, **d, d**, r, **d, u, r**), dann liegt in der Sequenz eine zweimalige Definition der Variablen vor, ohne das die Variable dazwischen referenziert worden wäre. Die Anomalie ist demzufolge vom Typ **dd**. Die Sequenz endet, indem die Variable zwar erneut definiert wurde, anschließende jedoch ohne Referenzierung in den Zustand *„undefiniert“* versetzt wird, d. h. sie wird zerstört. Diese Anomalie ist folglich vom Typ **du**. Im Anschluss wird dieser undefinierte Zustand noch einmal referenziert, d. h. diese Anomalie ist vom Typ **ur**.

4.3.2 Die Variablenzustände im Transitionsdiagramm

Zustände und Zustandsübergänge lassen sich anschaulich in einem Transitionsdiagramm (Zustandsübergangsdiagramm) darstellen, welches zum Beispiel beim zustandsorientierten Testen angewandt wird. Es ist naheliegend, dieses grafische Verfahren auch auf die Variablenzustände und Zustandsübergänge bei der Anomalieanalyse einzusetzen. Huang beschreibt dazu die möglichen Zustände einer Variablen in einem Grafen mit **D** (definiert), **R** (referenziert), **U** (undefiniert) und **A** (Anomalie) [HUA79]. Die Zustandsübergänge zwischen den Zuständen werden durch die Variablenzugriffe **d**, **r** und **u** hervorgerufen. Der Endzustand repräsentiert einen abnormen Zustand A, der eine Datenflussanomalie zum Inhalt hat. Folgende Abbildung zeigt diesen Sachverhalt:

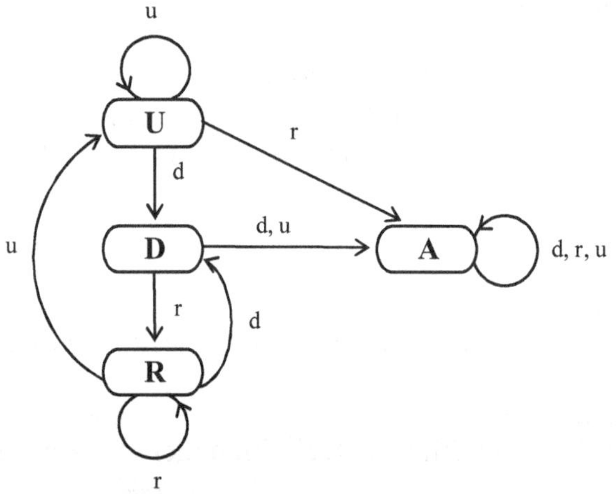

Abb. 4.3-1: Variablenzustände in einem Transitionsdiagramm [HUA79]

Der abnorme Zustand A entsteht immer dann, wenn auf den Zustand U eine Referenzierung r folgt (ur-Anomalie), auf den Zustand D eine erneute Definition d (dd-Anomalie) oder auf D eine Zerstörung u folgt (du-Anomalie). Darüberhinaus wird der Zustand A nicht verlassen, wenn auf eine dd-Anomalie eine erneute Definition d oder auf eine ur-Anomalie eine erneute Referenzierung r folgt. Die erneute Zerstörung u nach einer Zerstörung ist nicht relevant.

4.3.3 Fehlerentdeckungsmöglichkeiten und Anwendung

Die Leistungsfähigkeit der statischen Datenflussanomalieanalyse wurde von Girgis und Woodward im Rahmen dynamischer Tests untersucht [GIR86]. Die Fehler, die durch die Anomalieanalyse gefunden wurden, beschränkten sich dabei auf den relativ kleinen Bereich der Berechnungsfehler. Aber auch nicht erreichbarer Code kann mit der Datenflussanomalieanalyse gefunden werden. Zu diesen Fehlerarten kann man u.a. zählen:

- Wertzuweisungen fehlen
- Wertzuweisungen an falscher Stelle
- Wertzuweisungen an falsche Variable
- Referenzierungen fehlen (z. B. durch fehlende Anweisungen)
- Anweisungen stehen an falscher Stelle
- Variablendefinitionen werden nicht benutzt
- Code ist nicht ansteuerbar

Datenflussanomalien müssen nicht zwingend ein Fehlverhalten des Programms zur Folge haben, zum Beispiel eine zweimalige Zuweisung des gleichen Werts an eine Variable ohne dazwischen liegende Referenzierung. Sie sind allerdings Hinweise auf potentielle Fehlermöglichkeiten, die es zu untersuchen gilt. Oft sind sogar nicht benutzte Variablendefinitionen oder nicht ansteuerbarer Code gewollt, wenn nämlich in der aktuellen Programmversion im Vorgriff auf künftige Funktionserweiterungen Variablen deklariert oder Prozeduren erstellt werden. Dessen ungeachtet sollte der Grundsatz gelten, dass jede festgestellt Anomalie zu prüfen und gegebenenfalls zu beseitigen ist. Folgendes COBOL-Beispiel zeigt eine fehlerhafte Prozedur mit zugehörigem Kontrollflussgrafen und den Variablenzugriffen.

Knoten	**Quelltext**
(n_{in})	*Import der Variablen A, B*
(1)	if A > B
(2)	move C to B
(3)	move A to B
(4)	move A to C
	else
(5)	add 1 to A
	end-if
(n_{out})	*Export der Variablen A, B*
(n_{final})	exit program

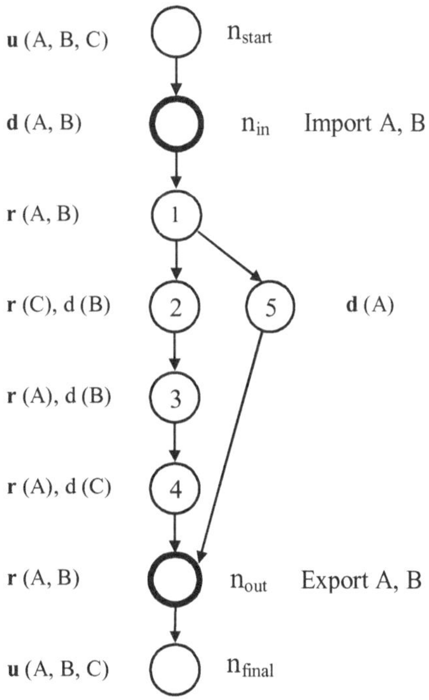

Abb. 4.3-2: Quelltext mit Datenflussanomalien und Kontrollflussgraf

Die Prozedur dieses Beispiels erhält über ihre Importschnittstelle die zwei Variablen A und B, die nach ihrer Bearbeitung über die Exportschnittstelle zurückgegeben werden. Die Variable C wird inerhalb der Prozedur „definiert". Der Kontrollflussgraf enthält die Knoten mit den entsprechenden Anweisungen und die zugeordneten Variablenzugriffe **d**, **r** und **u**, die nachstehender Tabelle zu entnehmen sind.

Variable	Pfad 1							
	n_{start}	n_{in}	n_1	n_2	n_3	n_4	n_{out}	n_{final}
A	u	d	r	e	r	r	r	u
B	u	d	r	d	d	e	r	u
C	u	e	e	r	e	d	e	u

Variable	Pfad 2					
	n_{start}	n_{in}	n_1	n_5	n_{out}	n_{final}
A	u	d	r	d	r	u
B	u	d	r	e	r	u
C	u	e	e	e	e	u

d = „definiert“ r = „referenziert“ u = „undefiniert“ e = „leer“

Abb. 4.3-3: Zugriffssequenzen mit den Anomalien dd und du

Wie die erste Tabell dokumentiertt, bestehen im Pfad 1 für dieVariablen B und C Datenflussanomalien: Die Sequenz für Variable B enthält eine **dd-** und die Sequenz für Variable C eine **du-Anomalie**. Anhand der als gegeben angenommenen Spezifikation sind nun in einem zweiten Schritt die Ursachen für diese Anomalien festzustellen und zu beseitigen.

Durch die Datenflussanomalieanalyse bestehen gute Fehlerentdeckungsmöglichkeiten, die besonders im Vorfeld der dynamischen Tests für das Gesamtprodukt oder besonders kritische Pfade realisiert werden können. Allerdings sollte der Code in diesem Entwicklungsstadium bereits in umgewandelter Form vorliegen, um syntaktische Fehler durch die Prüfungen des Compilers von vornherein auszuschließen.

Die Datenflussanomalieanalyse ergänzt darüber hinaus auf sehr wirkungsvolle Weise andere statische Prüfungen wie Codeinspektionen, Walkthroughs oder Reviews. Voraussetzung für eine sinnvolle Anwendung ist allerdings ein geeignetes Werkzeug, das die verwendete Programmiersprache unterstützt. Derartige Werkzeuge, die von zahlreichen Forschungseinrichtungen und Industriebetrieben entwickelt wurden, besitzen oft über die reine Datenflussanomalieanalyse hingehende Funktionen wie Komplexitätsprüfungen auf der Basis von Halstead oder McCabe, Konsistenzprüfungen von Übergabeparametern oder die Ausgabe von *cross reference* Listen.

4.4 Formale Programmverifikation

Die formale Programmverifikation ist ein mathematisches Beweisverfahren, das die Konformität eines Programms mit seiner Spezifikation sicherstellen soll. Voraussetzung ist allerdings, dass die Spezifikation formalen Charakter trägt, d. h. Semantik und Syntax der verwendeten Programmiersprache müssen durch die Spezifikation formal erfassbar sein. Aus dieser Bedingung ergibt sich bereits die schwierige Umsetzung dieses Verfahrens in der Praxis, denn formale Spezifikationen sind in der Programmentwicklung die Ausnahme, nicht die Regel. Eingesetzt werden heute vorwiegend umgangssprachliche oder halbformale Spezifikationen, die ein formales Verifikationsverfahren nicht zulassen.

Der Einsatz formaler Spezifikationen beschränkt sich zur Zeit immer noch auf Software in Hochsicherheitsbereichen mit Echtzeitverarbeitung wie in der Kerntechnik, der Luft- und Raumfahrt oder im militärischen Bereich. Darüber hinaus ist die formale Programmverifikation sehr komplex und damit äußerst fehleranfällig. Ohne Werkzeugunterstützung ist ein praktischer Einsatz kaum durchführbar. Aber selbst wenn die Beweisführung gelingt, gibt es keine Aussagen darüber, ob die Spezifikation bezüglich der fachlichen Anforderungen korrekt ist, denn es wird immer nur die Konformität zweier statischer Formulierungen nachgewiesen, nicht aber die Übereinstimmung des dynamischen, zeitabhängigen Prozesses der Programmausführung mit den realen Anforderungen der Anwenderwelt (vgl. [HEM77] S. 40).

Ungeachtet dieser Schwierigkeiten muss die formale Verifikation als Herausforderung zur Qualitätsverbesserung von Software begriffen werden, deren Umsetzung im Softwareentwicklungsprozess einen Qualitätssprung auslösen kann. Es darf einfach nicht länger hingenommen werden, dass selbst bei ausgetesteten Programmen statistisch gesehen immer noch 1 bis 3 Restfehler pro kLOC als "normal" angesehen werden, was besonders bei komplexen System zu schwerwiegenden Konsequenzen führen kann. Der heute immer noch geltende Glaubensgrundsatz im Software-Engineering, dass ein Softwareprodukt aufgrund seiner stochastisch geprägten Ausführungsergebnisse grundsätzlich nicht fehlerfrei sein kann, darf in dieser Form nicht länger hingenommen werden. Auf der Basis einer zielgerichteten Kundenorientierung des Qualitätsmanagements und der qualitätssichernden operativen Maßnahmen i.S. der Normenfamilie DIN EN ISO 9000 können formalisierte Anforderungen und die darauf aufbauenden formalen Verifikationen eine strategische Lücke im Prüf- und Testprozess schließen, die bisher auf breiter Ebene nicht überwunden werden konnte. Das gestiegene Qualitätsbewusstsein des Kunden, die Produkthaftung für Software und die wirtschaftlichen Zwänge durch die sich öffnenden Märkte machen ein derartiges Umdenken im Qualitätssicherungsprozess zwingend erforderlich.

Der Einsatz von Verifikationsverfahren wird erleichtert, wenn das Gesamtprogramm bei konventioneller prozeduraler Entwicklung durch schrittweise Verfeinerung in überschaubare Moduln auf der Basis des Geheimnisprinzips aufgeteilt wird. Wichtig ist dabei, dass Entwicklung und Verifikation nicht in zeitlichem Abstand nacheinander erfolgen, sondern dass jeder einzelne Entwicklungsschritt gleichzeitig verifiziert wird. Auf diese Weise lässt sich die Korrektheit des Programms aus der Korrektheit der Einzelschritte ableiten [BEI88].

Aus einer Modulmenge lassen sich aber auch gezielt Moduln für das Verifikationsverfahren auswählen, die sicherheitsbedürftig sind bzw. ein hohes Risikopotenzial verkörpern. Dabei müssen allerdings die Kritikalitätsregeln der sich einseitig oder wechselseitig rufenden Moduln beachtet werden. Die übrigen Moduln lassen sich durch dynamische Testverfahren prüfen. D. h., ein Einsatz von Programmverikationsverfahren und dynamischen Testverfahren erscheint durchaus eine sinnvolle praktikable Vorgehensweise zu sein, wenn die Sicherheitsrelevanz das erfordert. Es existieren eine ganze Reihe unterschiedlicher Ansätze für Verifikationsverfahren. Die bekanntesten davon sind

- der Hoare-Kalkül
- das Floyd´sche Verfahren
- Verfahren auf der Basis abstrakter Datentypen

Der Hoare-Kalkül nutzt den Programmtext, der alle notwendigen Informationen enthält, die das Programm und seine Algorithmen kennzeichnen. Hoare definierte eine Reihe von Eigenschaften, die eine moderne hochwertige Programmiersprache besitzen sollte. Der Kalkül basiert auf einen Satz von Axiomen, die eine geeignete Programmiersprachendefinition zulassen. Diese Axiome sollen die gewünschten Eigenschaften eines Programms in einer maschinenunabhängigen Beschreibung sicherstellen, die eine Überprüfung der Korrektheit des Programms gestattet. Der Hoare-Kalkül bildet „*Eine axiomatische Basis für die Computer-Programmierung*“ [HOA69], wobei jedoch auch Axiome und Regeln zur Semantikbeschreibung definiert werden.

Die folgende Einführung in die Verifikation sind Grundgedanken auf der Grundlage des Hoare-Kalküls, die im wesentlichen auf Ausführungen von Futschek basieren [FUT89]. Zur Darstellung der Programmstrukturen, unabhängig von der verwendeten Programmiersprache, werden Struktogramme verwendet, die um ein Strukturelement zur Darstellung der Zusicherungen erweitert wurden.

4.4.1 Zusicherungen

Zusicherungen sind Variablenzustände, die an bestimmten Stellen im Programm vorhanden sind bzw. an diesen Stellen „zugesichert“ werden können. Ein wesentlicher Teil des Hoare-Kalküls beschäftigt sich mit der Idee, die Wirkungen von Anweisungen auf die Variablen durch Anfangs- und Nachbedingungen bzw. als Zusicherungen darzustellen. Zusicherungen lassen sich als Prädikate definieren. Das erste Prädikat definiert die Einschränkungen bezüglich der zugelassenen Eingabewerte und beschreibt damit die zulässigen **Anfangsbedingungen** $\{Q\}$. Das zweite Prädikat legt die Anforderungen an die **Nachbedingungen** $\{R\}$ fest. Die Funktionalität eines Programms S wird damit durch logische Ausdrücke beschrieben, die Aussagen über die Beziehungen zwischen Variablen vor und nach Ausführung des Programms machen. Die Anfangsbedingungen $\{Q\}$ beschreiben die Mengen der Eingabedaten (Ursachen) und die Nachbedingungen $\{R\}$ die Menge der Ausgabedaten (Wirkungen). Beziehen sich die Prädikate auf einzelne Anweisungen im betrachteten Programm, nennt man sie **Zusicherungen** (assertions), weil „zugesichert“ wird, dass die Prädikate vor und nach Ausführung der Anweisungen, unter der Bedingung, dass das Programm terminiert, „wahr“ sind.

$$\{Q\}\ S\ \{R\}$$

Wenn ein Programm S mit einem Zustand beginnt, der die Anfangsdingungen Q erfüllt, dann terminiert S und es gilt nach Ausführung des Programms die Nachbedingung R. Das Tripel $\{Q\}\ S\ \{R\}$ ist ein Prädikat der Prädikatenlogik, das die Grundlage der Hoare-Logik bildet. Im Kapitel „Verifikationsregeln“ werden für verschiedene Anweisungen Bedingungen abgeleitet, so dass das Tripel $\{Q\}\ S\ \{R\}$ immer erfüllt ist.

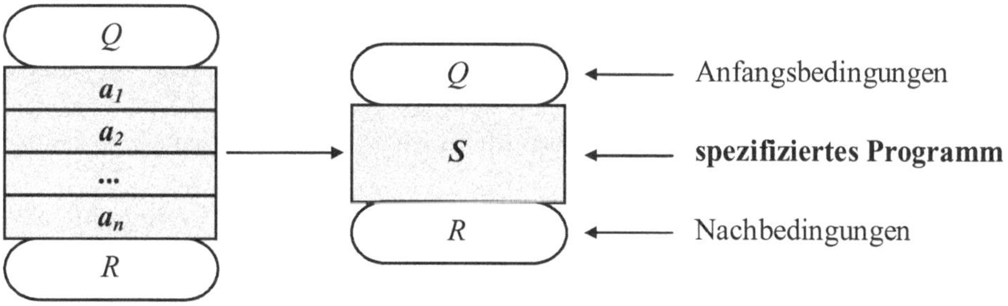

Abb. 4.4-1: Anfangs- und Nachbedingungen eines spezifizierten Programms S als eine Folge von Anweisungen a

Im folgenden Beispiel soll die ganzzahlige Näherung der Quadratwurzel aus einer positiven ganzen Zahl A in der Form $x = \sqrt{A}$ berechnet werden. Die Spezifikation für dieses Programm lautet:

Anfangsbedingungung ***Q***: $A \geq 0$,
Nachbedingung ***R***: $x \geq 0$ **and** $x^2 \leq A$ **and** $A < (x + 1)^2$

Es wird bei einer Spezifikation keine Aussage darüber getroffen, wie das Programm zu realisieren ist. Diese Aufgabe wird von den Softwaredesignern bzw. Programmierern gelöst. Aus diesem Grunde besitzt eine Spezifikation auch einen wesentlich geringerem Umfang als der Quelltext des Programms.

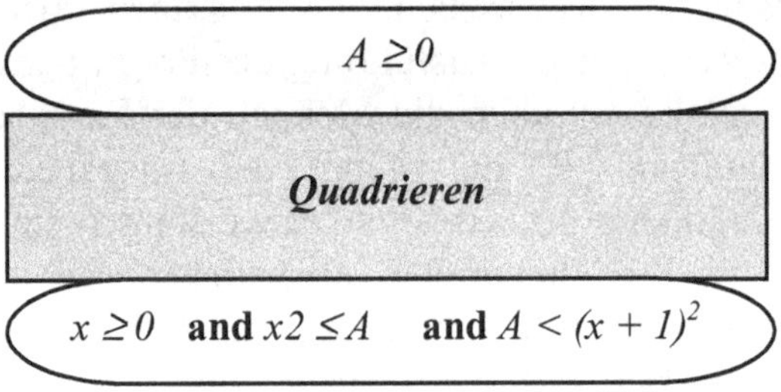

Abb. 4.4-2: Beispielhafte Anfangs- und Nachbedingungen

Die Anfangs- und Nachbedingungen lassen sich auch als Zusicherungen auf einzelne Anweisungen *a* beziehen, d. h. die Anweisung *a* wird ausgeführt mit der Anfangsbedingung *Q* und endet mit der Nachbedingung *R*. Im folgenden Beispiel wird vor der Zuweisung $y := x^2$ als Anfangsbedingung *Q* sichergestellt, dass $x > 0$ gilt. Dadurch gilt nach Ausführung der Anweisung als Nachbedingung *R* die Zusicherung $y > x > 0$.

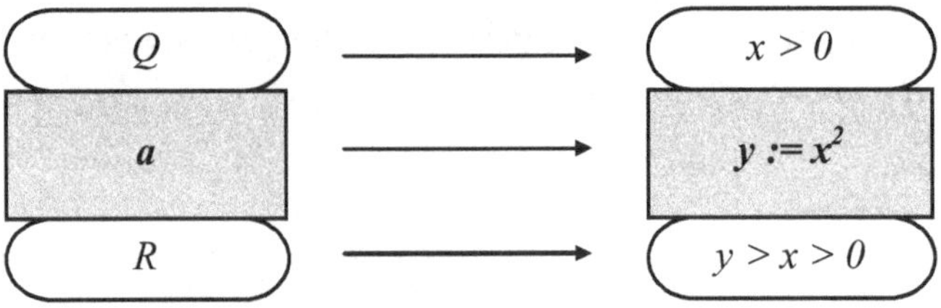

Abb. 4.4-3: Anfangs- und Nachbedingungen als Zusicherungen für eine Zuweisung

Nach Baber sollten sowohl in die Anfangs- als auch Nachbedingungen die Wertebereiche der relevanten Programmvariablen aufgenommen werden, wobei in den Anfangsbedingungen möglichst „*schwache*" Aussagen anzustreben sind. Demgegenüber sollten die Nachbedingungen möglichst restriktiv, also „*scharf*" sein (siehe Konsequenzregel) [BAB90].

4.4.1.1 Die Sprache der Zusicherungen

Zusicherungen lassen sich sowohl umgangssprachlich als auch in der Sprache der Prädikatenlogik formulieren. Folgende Beispiele zeigen umgangssprachlich formulierte Zusicherungen und deren prädikatenlogische Entsprechungen.

Umgangssprachlich formulierte Zusicherungen	**Zusicherungen in der Sprache der Prädikatenlogik**
1. x ist nicht negativ	1. $x \geq 0$
2. x hat den Wert y^2	2. $x = y^2$
3. x und y	3. x **and** y
4. alle Elemente des Feldes a sind nicht negativ	4. (ALL i: $0 \leq i < N$: $a_i \geq 0$)

Abb. 4.4-4: Umgangssprachliche und formale Zusicherungen

Die gebräuchlisten Elemente der Zusicherungen und ihre Bedeutung sind folgender Zusammenstellung zu entnehmen. Beispielhafte Erklärungen der Zusicherungen einschließlich der Syntax findet sich in [FUT89] S. 21ff., 172f.).

Elemente der Zusicherungen	**Bedeutung**
A, B, ..., Z	**Konstante**. Sie werden immer in Großbuchstaben geschrieben
a, b, ...,z	**Variable**. Sie werden immer in Kleinbuchstaben geschrieben
<, >, ≤, ≥, =, ≠	**Vergleichsoperatoren**
and, or, not	**logische Operatoren**
⇒	**Implikation**. Beispiel: A ⇒ B aus A folgt B (A impliziert B)
⇔	**Äquivalenz**. Beispiel: A ⇔ B aus A folgt B und aus B folgt A
div, mod	**Division (div), ganzzahliger Rest (mod)**. Beispiel: q = x : y mit Rest r. Dafür kann man schreiben q = (x div y) and (r = x mod y)
min, max	**Infix-Operatoren**. Beispiel: x = a max b besagt, dass x das Maximum der beiden Werte a und b ist
true, false	**Wahrheitswerte**
All	**All-Quantor**. Durch All lassen sich Aussagen über alle Elemente eines Feldes machen. Beispiel: (All i: B(i) : Z (i) „es gilt Z(i) für alle Indizes i aus dem Bereich B(i)“
Ex	**Existenz-Quantor**. Liefert Zusicherungen, die für mindestens einen Index i aus einem Bereich B(i) gelten. Beispiel: (Ex i: B(i) : Z(i). D. h., „Z(i) gilt für mindestens einen Index i aus dem Bereich B(i)“
Σ	**Summenquantor**
Anz	**Anzahl-Quantor**. Liefert die Anzahl der verschiedenen Indizes i, die im Bereich B(i) liegen und die die Zusicherung Z(i) erfüllen.

Abb. 4.4-5: Sprachelemente der formalen Zusicherungen

4.4.1.2 Die Zusicherungen *true* und *false*

true und false sind extreme Zusicherungen. *true* ist unabhängig vom Wertebereich der Variablen immer erfüllt, während *false* unabhängig vom Wertebereich nie erfüllt ist. D. h., für beide Zusicherungen gelten keine Beschränkungen für die Werte der Variablen. Besitzt ein Programm an einer beliebigen Stelle die Zusicherung *false*, dann ist keine Weiterverarbeitung der Variablen mehr möglich, weil alle Werte, die zugeordnet werden können, keine Gültigkeit besitzen.

4.4.2 Verifikationsregeln

Für alle Klassen von Anweisungen müssen Regeln (Axiome) aufgestellt werden, die für den Korrektheitsbeweis benötigt werden. Jede Regel basiert auf der Beziehung zwischen einer Anfangs- und einer Nachbedingung bezüglich der betreffenden Anweisung. Diese Regeln lassen sich während der Verifikation auch zur Ableitung neuer Regeln aus bereits verifizierten Regel nutzen. Für den Beweis der Korrektheit werden die Programme konstruktiv aus einfachen Teilstrukturen zusammengesetzt. Die wichtigsten Verifikationsregeln sind:

- Konsequenzregel
- Zuweisungsregel
- Sequenz-Regel
- *If*-Regel
- Iterationsregel

In der Fachliteratur werden die Verifikationsregeln oft in der Schlussregeldarstellung geschrieben. Dazu werden über einem Strich die Voraussetzungen und unter dem Strich die Schlussfolgerung geschrieben. Sind mehrere Voraussetzungen vorhanden, sind sie durch Kommata gegeneinander abzugrenzen.

$$\frac{\textit{Voraussetzung}\ 1,\ \textit{Voraussetzung}\ 2,\ldots,\ \textit{Voraussetzung}\ n}{\textit{Schlußfolgerung}}$$

Die im Folgenden beschriebenen Regeln lassen sich auch als axiomatisches Regelsystem zu Definition der Semantik der einzelnen Anweisungen interpretieren. Man spricht in diesem Zusammenhang von axiomatischer Semantik. Jede Regel basiert auf einer Beziehung zwischen einer Anfangsbedingung und einer Nachbedingung. Eine wichtige Regel zur Manipulation von Anfangs- und Nachbedingungen, die auf alle möglichen Anweisungssequenzen und Programmstrukturen angewendet werden kann, ist die *Konsequenzregel.*

4.4.2.1 Konsequenzregel

Die Konsequenzregel dient der gezielten Manipulation von algebraischen Ausdrücken in den Anfangs- und Nachbedingungen. Sie erlaubt die *Verstärkung* von Anfangsbedingungen und die *Abschwächung* von Nachbedingungen und damit eine oft wesentliche Vereinfachung der algebraischen Ausdrücke bei der Beweisführung. Betrachtet man für eine Anweisungsfolge $S = a_1, a_2, \ldots, a_n$ eine Anfangsbedingung Q, die über Zwischenzustände Z_i zu einer Nachbedingung R' führt, dann kann man bei einer *Vorwärtsverifikation* schreiben

$$Q\ a_1\ Z_1\ a_2\ Z_2 \ldots a_n\ Z_n = R'.$$

Mit R' bezeichnet man die *stärkste Nachbedingung*, die aus Q gewonnen wurde. D. h., ist $\{Q'\}\ S\ \{R'\}$ gegeben, dann kann jederzeit die Anfangsbedingung Q' durch eine „*schärfere*“ Anfangsbedingung Q und die Nachbedingung R' durch eine „*schwächere*“ Nachbedingung R ersetzt werden. Auf diese Weise gilt immer wieder $\{Q\}\ S\ \{R\}$. Man bezeichnet diese Regel als Konsequenzregel.

$$\mathbf{Q \Rightarrow Q'} \qquad \text{und} \qquad \mathbf{R' \Rightarrow R}$$

Konsequenzregel

In Schlussregeldarstellung kann man dafür schreiben:

$$\frac{Q \Rightarrow Q',\ \{Q'\}\ S\ \{R'\},\ R' \Rightarrow R}{\{Q\}\ S\ \{R\}}$$

Das bedeutet, sind die über dem Strich geschriebenen drei Bedingungen $Q \Rightarrow Q', \{Q'\}\ S\ \{R'\}$ und $R' \Rightarrow R$ erfüllt, dann gilt auch unter dem Strich die Bedingung $\{Q\}\ S\ \{R\}$.

Das Abschwächen einer Bedingung erreicht man bei einer Vorwärtsverifikation, indem man einen Ausdruck mit einer ODER-Verknüpfung hinzufügt oder einen mit einer UND-Verknüpfung weglässt. Bei einer Rückwärtsverifikation darf man Bedingungen verschärfen, indem man zum Beispiel einen Ausdruck mit UND-Verknüpfung hinzufügt oder einen Ausdruck mit ODER-Verknüpfung weglässt. Folgendes Beispiel zeigt das Verschärfen einer Anfangsbedingung und das Abschwächen einer Nachbedingung. Letztendlich erhält man dadurch wieder $\{Q\}\ S\ \{R\}$.

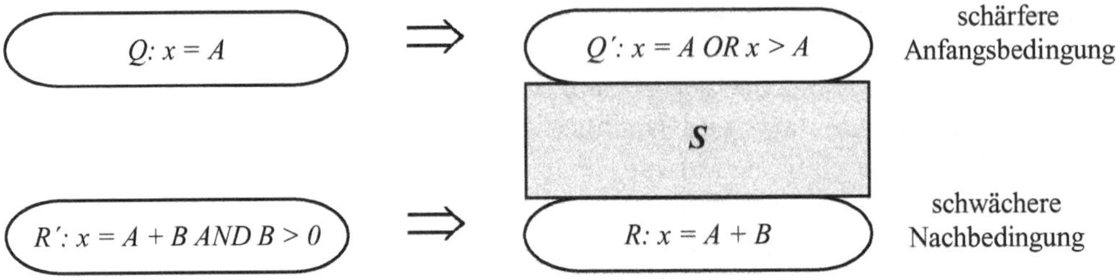

Abb. 4.4-6: Verschärfen von Anfangs- und Schwächen von Nachbedingungen

Mit Hilfe des Tripels $\{Q\}$ S $\{R\}$ kann man die Konsequenzregel beweisen: Gilt Q dann gilt auch Q'. Wenn Q' als Anfangsbedingung für S erfüllt ist, dann terminiert S und es gilt als Nachbedingung R'. Wenn allerdings R' erfüllt ist, dann gilt auch R. D. h., wenn Q als Anfangsbedingung von S erfüllt ist, terminiert S und es gilt als Nachbedingung R, was mit $\{Q\}$ S $\{R\}$ gleichbedeutend ist.

4.4.2.2 Zuweisungsregel

Durch Zuweisungen werden die Werte von Variablen verändert. Eine Zuweisung kann zum Beispiel durch eine arithmetische Operation oder im einfachsten Fall durch eine move-Anweisung (in COBOL) eingeleitet werden. Allgemein kann man eine Zuweisung in Form $x := f$ angeben, wobei „:=" das Zuweisungssymbol ist. D. h., die Variable x erhält durch eine Zuweisung den Wert f. Gilt somit eine Zusicherung $Q(f)$ vor der Zuweisung $x := f$, dann gilt nach der Zuweisung $R(x)$. Die Semantik der Zuweisung wird folglich durch ein Axiom beschrieben, das Zuweisungsaxiom bzw. die Zuweisungsregel:

$$\left\{R_f^x\right\} x := f\{R\}$$

Zuweisungsregel

In dieser Beziehung bedeutet R_f^x, dass alle x in R durch den Ausdruck f ersetzt werden. Eine derartige Zuweisung ist atomar in der Programmstruktur, d. h. sie lässt sich nicht in weitere Teilanweisungen aufteilen. Ihre Sementik wird deshalb durch ein Axiom definiert. Unterstellt man eine Rückwärtsverifikation, dann lässt sich aus einer gegebenen Nachbedingung R eine Anfangsbedingung ableiten, indem alle Vorkommen der Variablen x in R durch f zu ersetzen sind.

Beispiel 1:
Aus einer gegebenen Anfangsbedingung und Zuweisung soll die Nachbedingung ermittelt werden:

***Q*:** $(A + B = 20)$
***S*:** $x: = A + B$
***R*:** $\{\cdot\}$

Durch Anwendung der Zuweisungsregel erhält man die Nachbedingung *R*, indem im Ausdruck $(A + B)$ in der Anfangsbedingung *Q* durch $x = 20$ ersetzt wird:

***Q*:** $(A + B = 20)$
***S*:** $x: = A + B$
***R*:** $\{x = 20\}$

Beispiel 2:
Die Zuweisung und die Nachbedingung *R* sind vorgegeben, es soll die Anfangsbedingung *Q* ermittelt werden (vgl. [BAB90], S. 38).

***Q*:** $\{\cdot\}$
***S*:** $x := x - 5$
***R*:** $\{10 < y$ **and** $x < 8\}$

Wendet man die Zuweisungsregel an, dann erhält man die Anfangsbedingung, indem man in der Nachbedingung die Variable x durch $x - 5$ ersetzt. Das ergibt $\{10 < y$ **and** $(x - 5) < 8\}$ bzw. den äquivalenten Ausdruck *Q*: $\{10 < y$ **and** $(x < 13\}$.

Gemäß der Konsequenzregel ist jede stärkere Anfangsbedingung ebenfalls eine zulässige Anfangsbedingung, so dass man für dieses Beispiel auch die folgenden zwei Anfangsbedingungen schreiben kann:

Q: $\{10 < y$ **and** $0 \geq x < 13\}$ und *Q*: $\{10 < y < x + N$ **and** $0 \geq x < 13\}$.

Verifikation einer Anfangsbedingung bezüglich einer Zuweisung

Will man eine gegebene Anfangsbedingung *Q* bezüglich einer Zuweisung $x := f$ verifizieren, kann man in zwei Schritten vorgehen:

1. Ermittlung einer Anfangsbedingung bezüglich der Zuweisung durch Anwendung der Zuweisungsregel.

2. Prüfen, ob aus der gegebenen Anfangsbedingung die ermittelte Anfangsbedingung auf der Basis der Konsequenzregel folgt. D. h., ob die Voraussetzung der Konsequenzregel erfüllt ist.

Gemäß der Zuweisungsregel gilt

$$\left\{R_f^x\right\} x := f\{R\}$$

Es muss nun in einem zweiten Schritt gezeigt werden, dass aus der gegebenen Anfangsbedingung die ermittelte Anfangsbedingung folgt, d. h. ob die Voraussetzung für die Anwendung der Konsequenzregel erfüllt ist, wenn man $\{Q\}\ x := f\ \{R\}$ verifizieren will:

$$Q \Rightarrow R_f^x$$

Beispiel 3:
Anfangsbedingung Q und Nachbedingung R zu einer Zuweisung sind gegeben. Die Anfangsbedingung ist bezüglich der Zuweisung zu verifizieren (vgl. [BAB90], S. 59):

$\boldsymbol{Q}$: $\{10 < y < x + 10$ **and** $0 \leq x < 13\}$
$\boldsymbol{S}$: $x := x - 5$
$\boldsymbol{R}$: $\{10 < y$ **and** $x < 8\}$

Wird die vereinfacht angegebene Anfangsbedingung umgeformt, kann man dafür auch schreiben:

$\boldsymbol{Q}$: $\{10 < y$ **and** $y < x + N$ **and** $0 \leq x$ **and** $x < 13\}$
$\boldsymbol{S}$: $x := x - 5$
$\boldsymbol{R}$: $\{10 < y$ **and** $x < 8\}$

Gemäß der Zuweisungsregel $\{\ R_f^x\ \}\ x := f(R)$ ist dieses Programm korrekt, falls die Implikation gilt:
$\{10 < y$ **and** $y < x + N$ **and** $0 \leq x$ **and** $x < 13\} \Rightarrow \{10 < y$ **and** $x < 8\}_{x-5}^{x}$.

Wird nun statt x der Zuweisungswert $(x - 5)$ in den zweiten Ausdruck eingesetzt, erhält man

$10 < y$ **and** $y < x + N$ **and** $0 \leq x$ **and** $x < 13\} \Rightarrow \{10 < y$ **and** $x - 5 < 8\}$
bzw. den dafür äquivalenten Ausdruck
$10 < y$ **and** $y < x + N$ **and** $0 \leq x$ **and** $x < 13\} \Rightarrow \{10 < y$ **and** $x < 13\}$.

Man muss nun noch prüfen, ob die *gegebene* links stehende Anfangsbedingung stärker ist als die durch Anwendung der Zuweisungsregel *ermittelte* rechts stehende Anfangsbedingung, was hier der Fall ist. Damit ist die zu verifizierende Anfangsbedingung bezüglich der Zuweisung korrekt.

4.4.2.3 Sequenzregel

Durch die Sequenzregel kann eine einzelne Anweisung $S_2 = a$ durch eine Folge von Anweisungen $S_1 = a_1, a_2,..., a_n$ ersetzt werden. Voraussetzung ist, dass die Nachbedingung einer beliebigen Anweisung mit der Anfangsbedingung der unmittelbar folgenden Anweisung identisch ist. Man leitet zuerst eine Anfangsbedingung einer gegebenen Nachbedingung aus der letzten Anweisung a_n der Sequenz ab. Diese Anfangsbedingung wird als Nachbedingung der vorletzten Anweisung a_{n-1} verwendet usw. Auf diese Weise arbeitet man sich rückwärts durch die gesamte Sequenz bis zur ersten Anweisung a_1 durch. Die gefundene Anfangsbedingung der ersten Anweisung ist gleichzeitig eine Anfangsbedingung für die gesamte Sequenz bezüglich der Nachbedingung *R*. Die Sequenzregel für das Zusammensetzen von zwei Anweisungssequenzen S_1 und S_2 lautet:

$$\frac{\{Q\}\,S_1\,\{P\},\ \{P\}\,S_2\,\{R\}}{\{Q\}\,S_1\,;\,S_2\,\{R\}}$$ **Sequenzregel**

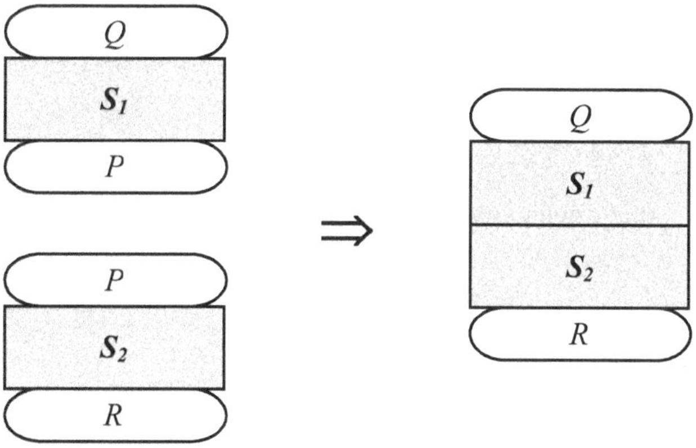

Abb. 4.4-7: Zusammenfügen von zwei Anweisungssequenzen

Wendet man jedoch die *Konsequenzregel* auf die Schnittstellen zwischen den Anweisungen an, dann gelten die Implikationen

$$Q \Rightarrow Q_1 \qquad R_n \Rightarrow R \qquad R_i \Rightarrow Q_{i+1}.$$

Die Nachbedingung von S_1 muss nun nicht mehr mit der Anfangsbedingung von S_2 identisch sein, sondern es ist ausreichend, wenn die Nachbedingung von S_1 schärfer als die Anfangsbedingung von S_2 gemacht wird. Diese verallgemeinerte Form der Sequenzregel lautet:

$$\frac{Q \Rightarrow Q_1,\ \{Q_1\}\, S_1\, \{R_1\},\ R_1 \Rightarrow Q_2,\ \{Q_2\}\, S_2\, \{R_2\},\ R_2 \Rightarrow R}{\{Q\}\, S_1; S_2\, \{R\}}$$

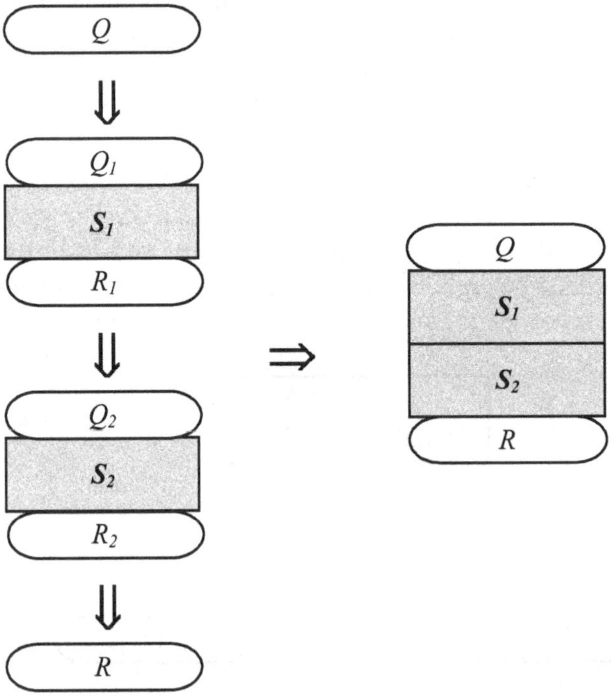

Abb. 4.4-8: Zusammenfügen von Sequenzen unter Anwendung der Konsequenzregel

4.4.2.4 **If-Regel** (Alternative)

Die If-Regel liefert die Bedingungen, wann zwei Anweisungen oder Anweisungssequenzen S_1, S_2 zu einer einfachen Bedingungsanweisung mit einem Ja- und einem Nein-Zweig zusammengefügt werden können. Im Ja-Zweig muss die Vorbedingung Q und die Verzweigungsbedingung B die Bedingung für S_1 bilden. Im Nein-Zweig darf B dagegen nicht erfüllt sein, d. h. hier darf als Vorbedingung für S_2 nur Q gelten. Für diesen Sachverhalt kann man schreiben:

$$\frac{\{Q \textbf{ and } B\}\ S_1\ \{R\},\ \{Q \textbf{ and not } B\}\ S_2\ \{R\}}{\{Q\}\ \mathit{if}\ B\ \mathit{then}\ S_1\ \mathit{else}\ S_2\ \{R\}}$$ **If-Regel**

D. h., die Programmstücke S_1 und S_2 lassen sich zu einer If-Anweisung *{Q} if B then* S_1 *else* S_2 *{R}* zusammensetzen wenn die Bedingungen $\{Q$ **and** $B\}$ S_1 $\{R\}$ und $\{Q$ **and not** $B\}$ S_2 $\{R\}$ gelten.

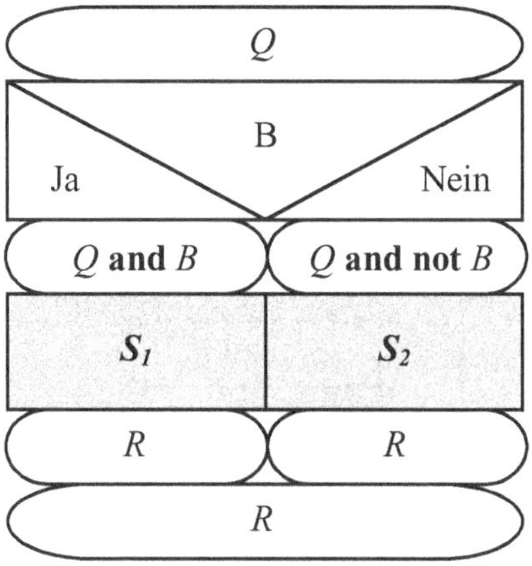

Abb. 4.6-9: Zusammenfügen von zwei Sequenzen zu einer If-Anweisung

4.4.2.5 **While-Regel** (Iteration)

Durch die Verifikation soll gezeigt werden, dass sich für jeden Pfad des Programms die Nachbedingungen aus den Anfangsbedingungen ableiten lassen. Probleme bereiten dabei die Schleifen, da die Zusicherungen zunächst nichts darüber aussagen, ob eine Schleife überhaupt terminiert (z. B. kann es unendlich viele Pfade geben). Man muss folglich für jede Schleife Zustände finden, die vor und nach jeder Iteration „wahr" sind, d.h es müssen **invariante Zusicherungen** gefunden werden (vgl. [FLO67]).

Allgemein versteht man unter einer *Invariante* eine mathematische Größe, die gegenüber Transformationen unveränderlich ist. So sind Zahlen invariant gegenüber der Addition mit Null oder der Multiplikation mit Eins. Der Abstand zweier Punkte in einem Koordinatensystem ist invariant gegenüber Drehungen oder Verschiebungen des Koordinatensystem. Durch das Konzept der invarianten Zusicherungen kann eine Schleife trotz ihres dynamischen Charakters statisch betrachtet werden, was wiederum eine geschlossene Beschreibung ihrer Funktionalität einschließlich ihrer Randbedingungen erlaubt. Invariante Zusicherungen in Form von Kommentaren im Quellprogramm sind darüber hinaus eine wertvolle Hilfe für die Dokumentation und Wartbarkeit von Software.

Bei einer While-Schleife wird der Schleifenkörper solange durchlaufen, bis die Schleifenbedingung B nicht mehr erfüllt ist (while B do S). Da die While-Schleife eine *abweisende* Schleife ist, wird die Prüfung der Schleifenbedingung vor Eintritt in die Schleife durchgeführt. Beim Prüfen der Schleifenbedingung muss die Invariante P folglich erfüllt sein, d. h. sie muss sowohl vor als auch nach dem Schleifendurchlauf „wahr" sein. Dafür kann man schreiben

$$\frac{\{P \textbf{ and } B\}\ S\ \{P\}}{\{P\}\ while\ B\ do\ S\ \{P \textbf{ and not } B\}}$$

While-Regel

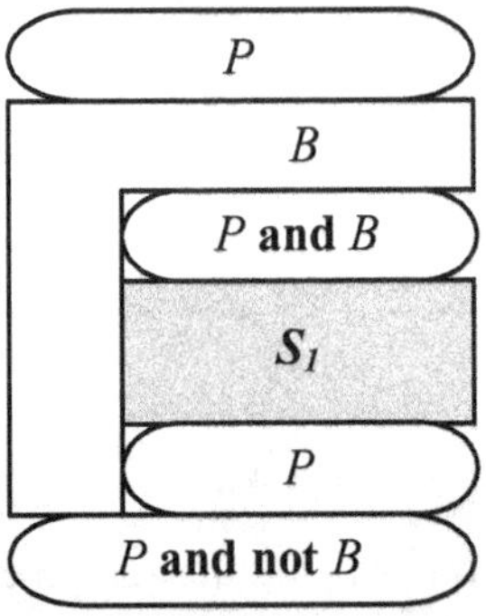

Abb. 4.4-10: While-Schleife mit Invariante *P*

Vor der Schleife gilt die Invariante *P*, die initialisiert werden muss: $\{Q\}$ *initialisiere P* $\{P: =A\}$. Im Schleifenkörper bleibt *P* invariant, so dass man schreiben kann $\{P$ **and** $B\}$ S $\{P\}$. Nach Ausführung der Schleife gilt die Nachbedingung *R*, die von *P* **and not** *B* impliziert wird, also *P* **and not** $B \Rightarrow R$.

Damit die Invariante *P* vor, bei allen Zwischenschritten und nach der Schleife gültig ist, muss sie eine Abschwächung (Verallgemeinerung) der Nachbedingung *R* sein. Folgende Möglichkeiten kommen für eine Abschwächung einer Nachbedingung in Betracht [FUT89]:

1. **Weglassen eines logischen Teilbedingung**
   Besteht die Spezifikation $\{Q\}$ S $\{R: = A$ **and** $B\}$, dann kann eine der mit **and** verknüpften Teilbedingungen von *R* weggelassen werden. Wird *B* weggelassen, wird *A* zu Invariante und *B* zur Abbruchbedingung. Diese Methode kann immer dann angewendet werden, wenn keine zusätzliche neue Variable in der Schleife verwendet werden muss.

   Beispiel:
   Anfangsbedingung ***Q***: $x \geq Y$.
   Nachbedingung ***R***: $w \geq 0$ **and** $x^2 > Y > (a - b)$.
   Die Nachbedingung *R* besteht aus drei logisch verknüpften Bedingungen: $w \geq 0$ **and** $x^2 > Y$ **and** $Y > (a - b)$. Wird zum Beispiel die erste Bedingung weggelassen, dann erhält man als Invariante *P*: $x^2 > Y$ **and** $Y > (a - b)$. Die weggelassene Bedingung $w \geq 0$ kann als Abbruchbedingung verwendet werden. D. h., es gilt die Beziehung *P* **and** $B \Rightarrow R$.

2. **Ersetzen einer Konstante durch eine Variable**
   Enthält die Nachbedingung R eine Konstante, kann die Konstante durch eine Variable mit einem bestimmten Wertebereich ersetzt werden.

   Beispiel:
   Anfangsbedingung ***Q***: $x \geq Y$.
   Nachbedingung ***R***: $w \geq 0$ **and** $x^2 > Y > (a - b)$.
   In der Nachbedingung R sind als Konstante 0 und Y enthalten (per Definition werden Konstanten durch Großbuchstaben dargestellt). Die Konstante Y kann nun durch eine Variable y mit einem bestimmten Wertebereich ersetzt werden, z. B. $3 \leq y \leq Y$. Als Invariante P erhält man dann $x^2 > y$ **and** $y > (a - b)$ **and** $3 \leq y \leq Y$. Da für $y = Y$ die Nachbedingung R erfüllt ist, wird $y = Y$ zur Abbruchbedingung. Damit gilt wieder die Beziehung P **and** $B \Rightarrow R$.

3. **Kombination von Anfangs- und Nachbedingung**
   Es gibt Spezifikationen, bei denen sowohl die Anfangsbedingung Q als auch die Nachbedingung R zu einer Invariante P verallgemeinert werden müssen. Das ist zum Beispiel dann der Fall, wenn ein Anfangszustand schrittweise in einen Endzustand überführt werden soll, wobei immer weniger Eigenschaften des Anfangszustandes und immer mehr Eigenschaften des Endzustandes übernommen werden. Q und R werden damit zu Spezialfällen von P. Futschek gibt dafür folgendes Beispiel an ([FUT89], S. 89, 167):

   Beispiel:
   Eine nicht negative Dezimalzahl d soll in die entsprechende Binärzahl umgewandelt werden.
   Anfangsbedingung ***Q***: $D = d$ **and** $d \geq 0$.
   Nachbedingung ***R***: $D = (\Sigma k: \ 0 \leq k < N: \ b_k * 2^k)$.
   Durch Kombinieren von Anfangs- und Nachbedingung erhält man die Invariante P mit $D = d * 2^i + (\Sigma k: \ 0 \leq k < N: \ b_k * 2^k)$. Für $i = 0$ ist die Invariante P mit der Anfangsbedingung Q und für $d = 0$ mit der Nachbedingung R identisch. Bevor i mit $i := i + 1$ erhöht wird, muss d mit $d :=$ div 2 halbiert und b_i den Wert d mod 2 erhalten, um die Invarianz von P zu garantieren.

4.4.2.6 **Until-Regel** (Iteration)

Eine While-Schleife prüft die Abbruchbedingung vor dem ersten Schleifendurchlauf. Ist die Bedingung jedoch bereits beim Eintritt in die Schleife erfüllt, wird der Schleifenkörper kein einziges Mal durchlaufen. Demgegenüber wird bei einer Until-Schleife die Bedingungsprüfung jeweils am Ende eines Schleifendurchlaufs, also innerhalb der Schleife geprüft. Im Gegensatz zur While-Schleife wird bei der Until-Schleife der Schleifenkörper mindestens einmal durchlaufen, bevor die Abbruchbedingung **not** *B* wirksam werden kann, also auch dann, wenn die Abbruchbedingung bereits vor der Durchführung erfüllt ist. Die Regel für die partielle Korrektheit einer Until-Schleife lautet:

$$\frac{\{P\ \mathbf{and}\ B\}\ S\ \{P\}}{\{P\ \mathbf{and}\ B\}\ do\ S\ until\ B\ \{P\ \mathbf{and\,not}\ B\}}$$

Until-Regel

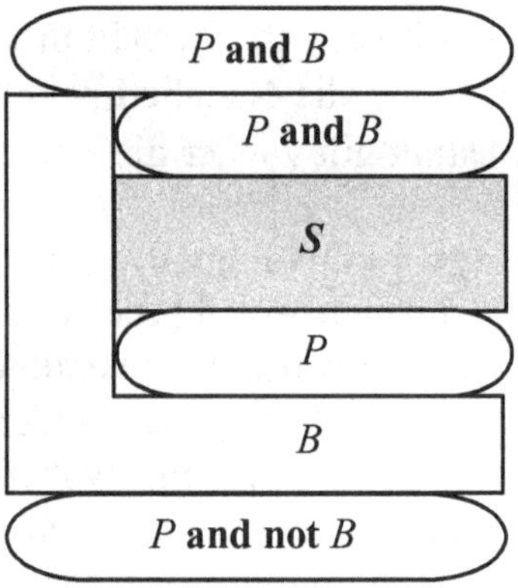

Abb. 4.4-11: Until-Schleife mit Invariante *P* [FUT89]

Die Abbildung zeigt, dass die Schleifenbedingung *B* am Ende des Schleife steht. Die Invariante P muss vor dem Prüfen von *B* erfüllt sein. Ist die Schleifenbedingung *B* nicht erfüllt, dann gilt nach der Schleife die Zusicherung *P* **and not** *B*. Die Zusicherung *P* **and** *B* vor der Schleife stellt sicher, dass diese Bedingung auch beim ersten Ansteuern der Schleife erfüllt ist.

4.4.2.7 Die schwächste Anfangsbedingung

Es wird ein Programm *S* betrachtet, zu dem nur eine Nachbedingung *R* existiert. Die Aufgabe besteht darin, eine Anfangsbedingung *Q* für *S* zu ermitteln, so dass aus einem Anfangszustand *Q* das Programm *S* in einem Nachzustand *R* terminiert, d. h. {·} *S* {*R*}.

Es ist leicht einsehbar, dass durch eine Abschwächung der Anfangsbedingung es eine ganze Reihe von Anfangszuständen *Q* bezüglich *R* geben muss, denn existiert bereits eine Anfangsbedingung, dann ist bei Anwendung der Konsequenz-Regel jede schärfere Bedingung ebenfalls eine gültige Vorbedingung. Die schärfte Anfangsbedingung ist der Wahrheitswert ***false***, der jeden beliebigen Anfangszustand als nicht gültig interpretiert. ***false*** besitzt deshalb in der Praxis kein Bedeutung.

Je schwächer eine Anfangsbedingung ist, desto größer ist ihre Verallgemeinerung und desto größer ist die Menge an gültigen Anfangszuständen, die eine Termination von *S* bezüglich *R* sicherstellt. Die schwächste Anfangsbedingung (weakest precondition) eines Programms *S* bezüglich einer Nachbedingung *R* wird mit ***wp(S, R)*** bezeichnet und kann folgendermaßen definiert werden:

Die **schwächste Anfangsbedingung *wp(S, R)*** beschreibt die Menge aller Anfangszustände des Programms *S* bezüglich *R*, so dass die Ausführung von S mit einem dieser Zustände auf *R* abgebildet wird und *S* terminiert.

Ein Anfangszustand aus der Menge *wp*(*S*, *R*) garantiert nach Ausführung des Programms *S* nicht nur den Endzustand *R*, sondern auch die Termination. Die schwächste Anfangsbedingung von *S* bezüglich *R* ist damit die **Minimalanforderung**, die gelten muss, damit nach Durchführung von *S* die Nachbedingung *R* wahr wird. Dieser Sachverhalt kann folgendermaßen dargestellt werden:

$$\{wp(S, R)\}\ S\ \{R\}.$$

Bezeichnet man einen Anfangszustand, der außerhalb der Menge *wp*(*S*, *R*) liegt mit *s*, dann gilt die Beziehung

$$s \not\in wp(S, R) \Rightarrow \textbf{not}\ (\{s\}\ S\ \{R\}).$$

D. h., wird eine Anfangsbedingung verwendet, die einem Anfangszustand *s* entspricht, dann wird *s* nicht auf *R* abgebildet. Alle Zustände aus *wp*(*S*, *R*) repräsentieren einen Zustandsraum. Jeder Zustand aus diesem Raum führt bei deterministischen Programmen zu genau einer Abbildung auf dem Endzustand *R*. Zustände, die außerhalb des Zustandsraums liegen, werden weder auf *R* abgebildet noch terminieren sie.

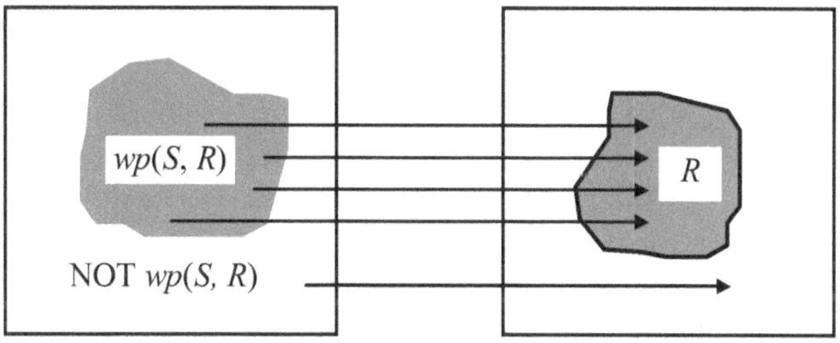

Abb. 4.4-12: Abbildung der Zustände aus wp(S, R) auf den Endzustand R

Mit dieser Kenntnis kann folgende Regel definiert werden:

> Ist Q eine beliebige Anfangsbedingung von Programm S bezüglich R, dann muss Q eine Teilmenge von $wp(S, R)$ sein, weil kein Anfangszustand außerhalb von $wp(S, R)$ auf R terminiert. Alle Anfangsbedingungen von S bezüglich R sind deshalb schärfer als $wp(S, R)$.

$$\frac{\{Q\}\, S\, \{R\}}{Q \Rightarrow wp(S, R)}$$

Invertiert man diese Regel, lässt sich folgendes formulieren:

> Jede Anfangsbedingung Q, die schärfer als $wp(S, R)$ ist ($Q \Rightarrow wp(S, R)$), muss durch Anwendung der Konsequenz-Regel ebenfalls eine Anfangsbedingung sein.

$$\frac{Q \Rightarrow wp(S, R)}{\{Q\}\, S\, \{R\}}$$

Durch beide Regeln lässt sich nun der Zusammenhang zwischen der Hoare-Logik und der schwächsten Anfangsbedingung herstellten. Das Theorem lautet

$\{Q\}\ S\ \{R\}$ ist logisch äquivalent zu $Q \Rightarrow wp(S, R)$ bzw.

$$\{Q\}\ S\ \{R\} \quad \Leftrightarrow \quad Q \Rightarrow wp(S, R)$$

Diese Aussage bedeutet, dass die Gültigkeit von $\{Q\}\ S\ \{R\}$ durch die Gültigkeit von $Q \Rightarrow wp(S, R)$ bewiesen werden kann. Umgekehrt lässt sich beweisen, dass aus $Q \Rightarrow wp(S, R)$ die Gültigkeit von $\{Q\}\ S\ \{R\}$ bewiesen werden kann.

4.4.2.8 Termination von Schleifen

Mit der While- bzw. Until-Regel lässt sich die partielle Korrektheit von Schleifen beweisen. Für die vollständige Korrektheit ist zusätzlich der Terminationsbeweis erforderlich, d. h. die Schleife muss nach einer endlichen Anzahl von Durchläufen nach Auftreten der Abbruchbedingung **not** B korrekt terminieren. Die Invariante P garantiert nicht die Termination.

Um die Termination zu garantieren wird eine Terminationsfunktion *t* benötigt, welche die Anzahl an Durchläufen als Variable enthält, die nach jedem Durchlauf um 1 vermindert wird, bis der Wert Null erreicht ist. *t* muss dabei in jedem Fall positiv bleiben. In der Hoare-Logik lassen sich diese beiden Bedingungen wie folgt definieren:

{*P* **and** *B* **and** $t = T$} *S* {$t < T$},
P **and** $B \Rightarrow t \geq 0$.

In der ersten Bedingung wird die externe Variable *T* verwendet, um zu zeigen, dass *t* im Schleifenkörper *S* kleiner wird. Die zweite Bedingung fordert, dass *t* vor jedem Durchlaufen des Schleifenkörpers positiv ist und dass die Invariante *P* bzw. die Schleifenbedingung *B* derart gewählt werden muss, dass aus *P* **and** *B* die Bedingung $t \geq 0$ folgt. Ist die Invariante *P* und die Terminationsfunktion *t* gegeben, muss eine While-Schleife die folgenden Bedingungen erfüllen:

- die Invariante *P* muss vor und nach der Schleife gültig sein
- die Invariante *P* bleibt im Schleifenkörper *S* invariant {*P* **and** *B*} *S* {*P*}
- nach der Schleife gilt die Nachbedingung *R* (*P* **and not** $B \Rightarrow R$)
- *t* wird bei jedem Durchlauf verringert {*P* **and** *B* **and** $t = T$} *S* {$t < T$}
- *t* ist immer postitiv (*P* **and** $B \Rightarrow t \geq 0$).

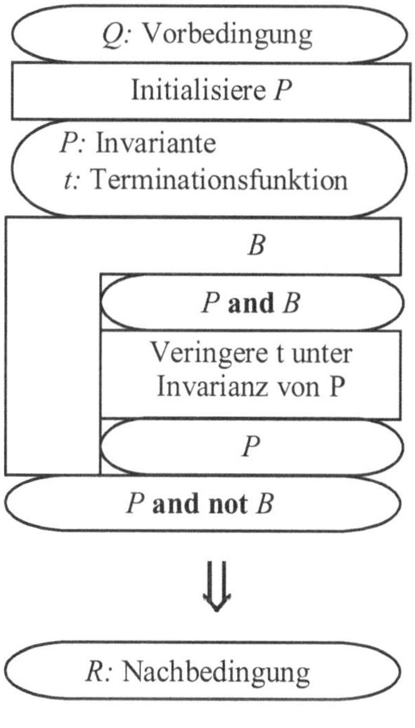

Abb. 4.4-13: Bedingungen für die While Schleife und ihr Zusammenwirken

4.4.3 Durchführung der Verifikation

Um die Korrektheit eines Programms oder einer Programmkomponente zu beweisen, formuliert man die Beweisaufgabe in der Form des Tripels $\{Q\}\ S\ \{P\}$, wobei Q die Anfangsbedingung, S das spezifizierte Programm und P die Nachbedingung ist. Aus zwei Komponenten des Tripels $\{Q\}\ S\ \{R\}$ lässt sich die jeweils dritte Komponente ermitteln. Auf diese Weise kann der Korrektheitsbeweis einer gegebenen Programmkomponente in zwei Richtungen geführt werden:

1. Es werden die Anfangsbedingungen Q vorgegeben, unter denen das Programm korrekt arbeiten soll. Anschließend leitet man daraus die Nachbedingungen R ab und vergleicht, ob sie eine hinreichende Voraussetzung für die Korrektheit der Ergebnisse sind (**Vorwärtsverifikation**).

2. Es werden auf der Grundlage der Aufgabenstellung die Nachbedingungen R vorgegeben. Anschließend leitet man daraus die Anfangsbedingungen Q ab, unter welchen die Nachbedingungen erreicht werden sollen und überprüft, ob sie die tatsächlich gegebenen Voraussetzungen für die Eingangswerte implizieren (**Rückwärtsverifikation**) [DIJ73].

Die Verifikation kann in drei Schritten durchgeführt werden (vgl. [HAU87]):

1. Auf der Basis der Verifikationsregeln zerlegt man das spezifizierte Programm S in eine Reihe untergeordneter Beweisaufgaben, bis letztendlich nur noch Aussagen über Zusicherungen übriggeblieben sind, die mit Hilfe der Zuweisungsregel verifiziert werden können. Auf diese Weise erhält man für einen vollständigen Pfad eine Menge von abgeleiteten Bedingungen, die Verifikationsbedingungen (verification conditions) bzw. Theoreme. Diese Theoreme sind arithmetische Ausdrücke, die oft in der Prädikatenlogik erster Stufe formuliert werden.

2. In einem weiteren Schritt müssen die Theoreme bewiesen werden, was mit einem Werkzeug, dem *Theorem-Beweiser* durchgeführt wird. Wird ein Theorem bewiesen, dann kann man folgern, dass der betreffenden Pfad korrekt implementiert wurde bzw. dass er mit seiner Spezifikation konsistent ist. Kann der Beweis für ein Theorem nicht erbracht werden, muss das nicht unbedingt an einer fehlerhaften Implementierung liegen, sondern es war für den Theorem-Beweiser unter Umständen nicht möglich, den Beweis für das Theorem zu erbringen.

3. Wurden alle Theoreme bewiesen, kann man folgern, dass das Programm seinen Endzustand richtig vom Anfangszustand ableitet, was zu beweisen

war. Man bezeichnet diesen Beweis als *partielle Korrektheit*, weil noch keine Aussage darüber getroffen wurde, ob das Programm überhaupt terminiert. Zum Nachweis der *vollständigen Korrektheit* muss die Termination des Programms gezeigt werden, d. h., ob das Programm ordnungsgemäß endet. Dazu muss sichergestellt sein, dass alle Schleifen nur endlich viele Male ausgeführt werden.

Die Verifikation ist nur durch Werkzeugunterstützung sinnvoll durchführbar. Ein Werkzeug wird jedoch nie in der Lage sein, den Verifizierungsprozess vollständig automatisch durchzuführen. In einem ersten Schritt untersucht ein *Parser* ähnlich einem Compiler Spezifikation und Programm auf formale Fehler. Danach werden die vom Benutzer berichtigten Ausgaben einem *Verification-condition-Generator* zugeführt, der die Theoreme (Verifikationsbedingungen) in Form logischer Ausdrücke erzeugt. In einem weiteren Schritt müssen schließlich die Theoreme durch einen *Theorem-Beweiser* bewiesen werden. Die meisten Werkzeuge zur Verifikationsunterstützung sind an Universitäten und anderen Forschungseinrichtungen entwickelt worden, was das große Interesse an diesem Beweisverfahren zeigt. Eine Diskussion über Werkzeuge findet man bei Darlington [DAR83].

Beispiel:
Es soll die ganzzahlige Näherung der Quadratwurzel aus einer positiven ganzen Zahl A in der Form $x = \sqrt{A}$ berechnet werden. Die Spezifikation für dieses Programm lautet:

Anfangsbedingungung *Q*: $A \geq 0$,
Nachbedingung *R*: $x \geq 0$ **and** $x^2 \leq A < (x + 1)^2$

Die Nachbedingung R lässt sich derart Umformen, dass drei Teilbedingungen entstehen $x \geq 0$ **and** $x^2 \leq A$ **and** $A < (x + 1)^2$. Die Invariante P muss eine Verallgemeinerung (Abschwächung) der Nachbedingung R sein. Auf diese Weise gilt sie nicht nur am Schleifenanfang, sondern auch bei allen Zwischenschritten und am Schleifenende. Hier soll die Teilbedingung $A < (x + 1)^2$ weggelassen werden. Das ergibt

Invariante P: $x \geq 0$ **and** $x^2 \leq A$.

Die weggelassene Bedingung eignet sich als Abbruchbedingung für die Schleife. **Abbruchbedingung B:** $A < (x + 1)^2$. Gleichzeitig gilt die Bedingung P **and** $B \Rightarrow R$. Initialisiert man mit $x := 0$, dann gilt P auch vor der Schleife.

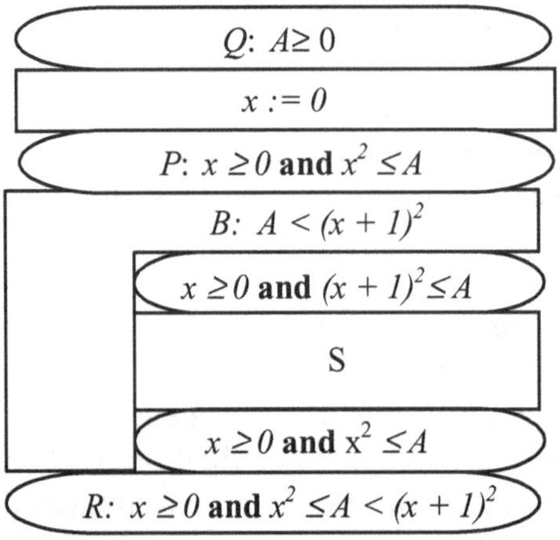

Abb. 4.4-14: Beispiel für die formale Programmverifikation

Zur Entwicklung des Schleifenrumpfes *S* wird eine Terminationsfunktion *t* benötigt. Man erhält diese Funktion am einfachsten aus dem Vergleich zwischen der Initialisierung $x := 0$ und der Abbruchbedingung $A < (x + 1)^2$. Man erkennt, dass für $A \geq 0$ die Variable *x* größer werden muss. Für die streng monoton fallende und unten beschränkte Terminationsfunktion kann man wählen $t : A - x$, da *t* bei wachsendem *x* fallend ist und bei Invarianz von *P* nicht negativ wird. Der Schleifenkörper *S* muss *x* vergrößern. Dazu kann die Anweisung $S\colon x := x + 1$ verwendet werden. Durch das Zuweisungsaxiom erhält man die Gültigkeit von

$$\{x \geq 0 \textbf{ and } (x + 1)^2 \leq A\}\ x := x + 1\ \{P\colon x \geq 0 \textbf{ and } x^2 \leq A\},$$

was zu beweisen war.

4.5 Symbolische Ausführung

Die symbolische Ausführung ist kein dynamisches Testverfahren, bei dem das Programm übersetzt und in einer realen Umgebung ausgeführt wird, sondern eine analytische strukturorientierte Methode, die zwischen dynamischen Test und Verifikation einzuordnen ist. Durch sie kann besonders für Moduln, die komplexe mathematische Algorithmen implementieren, ein Korrektheitsbeweis hergestellt werden. Die symbolische Ausführung von Programmen ist sehr aufwändig und ohne Werkzeugunterstützung schwierig durchführbar. Sie bietet jedoch sehr gute analytische Möglichkeiten der Fehlerfindung.

4.5.1 Das Prinzip der symbolischen Ausführung

Das Programm wird bei der symbolischen Ausführung nicht mit speziellen Testeingabedaten ausgeführt, sondern mit symbolischen und aktuellen Werten interpretiert. Auf diese Weise entstehen Prädikatensysteme für Eingabedaten und symbolische Ausdrücke für die zu berechnenden Funktionsergebnisse entsprechend der Dateneingabebereiche, die mit den vorgegebenen Soll-Ergebnissen auf Übereinstimmung geprüft werden [HOW76], [HOW81a]. Ein Quellprogramm kann als korrekt angesehen werden, wenn die symbolischen Prädikatterme (Pfadprädikate) den gesamten Eingabedatenbereich überdecken und die berechneten Funktionen hinsichtlich der Spezifikation korrekt sind.

Beispiel 1:
Das Prinzip der symbolischen Ausführung soll an einem einfachen Beispiel verdeutlicht werden, das auf Fairley zurückgeht (vgl. [FAI85], S. 279 f.).

Quellprogramm	Symbolische Ausführung
Read (B, C)	B ← b C ← c
A := B + C	
X := X * C	B ← b C ← c
If (A ≤ X) then	A ← b + c
.............(**PC 1**)	X ← (b + c) * c
Else	(b + c) ≤ (b + c) * c
If (B ≥ 1) or (B ≤ -1) then	
.............(**PC 2**)	(b ≥ 1) or (b ≤ -1)
Else	
.............(**PC 3**)	

Abb. 4.5-1: Programmsegment mit symbolischer Ausführung [FAI85]

Die symbolischen Prädikate der If-Anweisungen lassen sich verbinden und ergeben damit Pfadbedingungen (path conditions), welche die Beschränkungen beschreiben, unter denen die verschiedenen Codesegmente ausgeführt werden können. Man erhält für dieses Beispiel folgende symbolische Pfadbedingungen:

PC 1: [(b + c) ≤ (b + c) * c]
PC 2: [(b + c) > (b + c) * c] **and** [(b ≥ 1) **or** (b ≤ -1)]
PC 3: [(b + c) > (b + c) * c] **and** [(-1 < b < +1)]

Die ermittelten symbolischen Pfadbedingungen lassen sich auch für die automatische oder manuelle Ableitung von Eingabedaten verwenden. Es ist hier lediglich erforderlich, dass für a, b und c nummerische Werte eingesetzt werden, die den betreffenden Pfad zur dynamischen Ausführung bringen.

Beispiel 2:
Dieses Beispiel wurde der Arbeit von Coward entnommen [COW91]. Es zeigt ein einfaches Segment eines COBOL-Programms zur Berechnung von Gebühren. Eingaben sind die Variablen:

- **freq** (Häufigkeit) mit den Werten "*m*" (monatlich) und "*w*" (wöchentlich)
- **tax-code** (Gebührencode)
- **gross** (Bruttosumme)

Berechnet werden die Variablen **tax-free** (gebührenfreier Anteil) und **taxable** (gebührenpflichtiger Anteil).

Nr.	Code	symbolische Variable				
		freq	**tax-code**	**gross**	**tax-free**	**taxable**
1	accept freq	*f*				
2	accept tax-code	*f*	*tc*			
3	accept gross	*f*	*tc*	*g*		
4	if freq = "m"	*f*	*tc*	*g*		
5	then	*f*	*tc*	*g*		
6	compute tax-free = tax-code / 12	*f*	*tc*	*g*	*tc/12*	
7	end-if	*f*	*tc*	*g*	*tc/12*	
8	if freq = "w"	*f*	*tc*	*g*	*tc/12*	
9	then					
10	compute tax-free = tax-code / 52					
11	end-if	*f*	*tc*	*g*	*tc/12*	
12	if freq not = "m" and freq not = "w"	*f*	*tc*	*g*	*tc/12*	
13	then					
14	display "Error"					
15	else	*f*	*tc*	*g*	*tc/12*	
16	compute taxable = gross – tax-free	*f*	*tc*	*g*	*tc/12*	*g-tc/12*
17	display taxable	*f*	*tc*	*g*	*tc/12*	*g-tc/12*
18	end-if	*f*	*tc*	*g*	*tc/12*	*g-tc/12*

Abb. 4.5-2: Programmsegment mit symbolischen Werten der Variablen [COW91]

Die Tabelle zeigt neben dem Quellencode die symbolischen Werte der Variablen bei jeder Anweisung für den Pfad 1, 2, 3, 4, 5, 6, 7, 8, 11, 12, 15, 16, 17, 18. In den Zeilen 1 bis 3 werden die symbolischen Werte für die drei Eingabevariablen zugeordnet *f* für freq, *tc* für tax-code und *g* für gross. In Zeile 6 gibt die symbolische Ausführung den Wert von tax-free in Ausdrücken der symbolischen Eingaben und Konstanten *tc/12* wieder. In Zeile 16 werden die symbolischen Werte von gross und tax-free in den Ausdruck substituiert, der berechnet wird, und der den symbolischen Wert für "taxable" *g-tc/12* ergibt. Die symbolischen Werte in Zeile 18 sind die endgültigen Ausdrücke für jede Variable nach der symbolischen Ausführung des Pfades. Die Entwicklung der Pfadbedingungen (PC) für diesen Pfad sind folgender Tabelle zu entnehmen.

Nr.	Code	Pfadbedingungen (PC)
1	accept freq	
2	accept tax-code	
3	accept gross	
4	if freq = "m"	
5	then	f = "m"
6	compute tax-free = tax-code / 12	f = "m"
7	end-if	f = "m"
8	if freq = "w"	f = "m"
9	then	
10	compute tax-free = tax-code / 52	
11	end-if	f = "m"
12	if freq not = "m" and freq not = "w"	f = "m"
13	then	
14	display "Error"	
15	else	f = "m", not (f not = "m" and not f = "w")
16	compute taxable = gross – tax-free	f = "m", not (f not = "m" and not f = "w")
17	display taxable	f = "m", not (f not = "m" and not f = "w")
18	end-if	f = "m", not (f not = "m" and not f = "w")

Abb. 4.5-3: Programmsegment mit Entwicklung der Pfadbedingungen [COW91]

In den Zeilen 1 bis 3 gibt es keine Verzweigungen, so dass die Beziehungen zwischen den Variablen die Ausführung des Pfades auf dieser Stufe nicht beeinflussen. In Zeile 4 befindet sich eine If-Anweisung. Soll der Ja-Zweig (then) ausgeführt werden , dann muss das Prädikat f = "m" wahr sein. Die Variable freq in diesen Prädikat wird dabei durch ihren laufenden symbolischen Wert substituiert, der durch f = "m" gegeben ist. Auf Zeile 12 befindet sich eine weitere If-Anweisung, bei welcher der Nein-Zweig (else) ausgewählt wird. Das Prädikat not (f not = "m" and f not = "w") muss also "wahr" sein, um diesen Zweig auszuführen. Die letzte Pfadbedingung enthält die Prädikate f = "m", not (f not = "m" and f not = "w"), was vereinfacht werden kann zu f = "m", f = "m" or f = "w".

4.5.2 Der symbolische Ausführungsbaum

Ein Programm, welches mit realen Daten ausgeführt wird, kann den Wert von Bedingungen in der Form ***true*** oder ***false*** feststellen und entsprechend verzweigen. Bei der symbolischen Ausführung sind in den Bedingungen jedoch symbolische und aktuelle Werte enthalten, deshalb kann oft nicht entschieden werden, ob in den Ja- oder Nein-Zweig verzweigt werden soll. Die symbolischen Bedingungen müssen deshalb als Prädikat formuliert werden, wobei gegebenenfalls sowohl in den Ja- als auch in den Nein-Zweig verzweigt werden kann. Auf diese Weise entsteht ein symbolischer Ausführungsbaum, der Knoten und Kanten enthält. Die Knoten repräsentieren einzelne Anweisungen und die Kanten Verbindungen zwischen diesen Anweisungen. Bei einer Bedingungsanweisung führen mindestens zwei Kanten vom Knoten weg, die einen Ja-Zweig und einen oder mehrere Nein-Zweige repräsentieren.

Bei der symbolischen Ausführung werden gezielt vollständige Pfade ausgewählt und die Pfadbedingung (path condition) bei Verzweigungen ermittelt. Diese Pfadbedingungen können in geeigneter Form mit den symbolischen Werten nach jeder Verzweigung ausgegeben und direkt mit den spezifizierten Bedingungen verglichen werden. Durch Pfade, die Schleifen zur Ausführung bringen, entsteht in der Regel ein unendlicher Ausführungsbaum. Die Anzahl der Schleifendurchläufe wird deshalb willkürlich auf einige wenige Durchläufe begrenzt oder es erfolgt analog zur Programmverifikation eine induktive Zusicherung als Invariante. Bei längeren Pfaden können die Pfadbedingungen sehr umfangreich und damit unübersichtlich werden. Es ist deshalb sinnvoll, Werkzeuge einzusetzen, welche die Pfadbedingungen vereinfachen.

Beispiel 3:
Dieses Beispiel zeigt in Anlehnung an [DEM78], [RAM76], [WEY80] das hier modifizierte Dreieck-Klassifikationsprogramm. Gültige Eingaben sind die Seitenlängen des Dreiecks A, B und C mit den Bedingungen $A \geq B \geq C$.

Spezifikation:

gleichseitiges Dreieck:	$A = B = C$
gleichschenkliges Dreieck:	$A = B > C$
rechtwinkl.-gleichschenkl. Dreieck:	$(A > B = C)$ and $(A < B + C)$
rechtwinkliges Dreieck:	$(A > B > C)$ and $(A^2 = B^2 + C^2)$
spitzwinkliges Dreieck:	$(A > B > C)$ and $(A^2 < B^2 + C^2)$
stumpfwinkliges Dreieck:	$(A > B > C)$ and $(A^2 > B^2 + C^2)$ and $(A < B + C)$

Symbolische Eingabewerte: Seitenlängen a, b, c

Symbolische Ausgabewerte:
„ungültige Eingaben“
„kein Dreieck“
„gleichseitiges Dreieck“
„gleichschenkliges Dreieck“
„rechtwinkliges Dreieck“
„spitzwinkliges Dreieck“
„stumpfwinkliges Dreieck“

Die symbolischen Ausgabewerte sind hier gleichzeitig aktuelle Werte, die als Display-Hinweise ausgegeben werden können. Der symbolische Ausführungsbaum mit den Pfadbedingungen (PC) kann wie folgt angegeben werden:

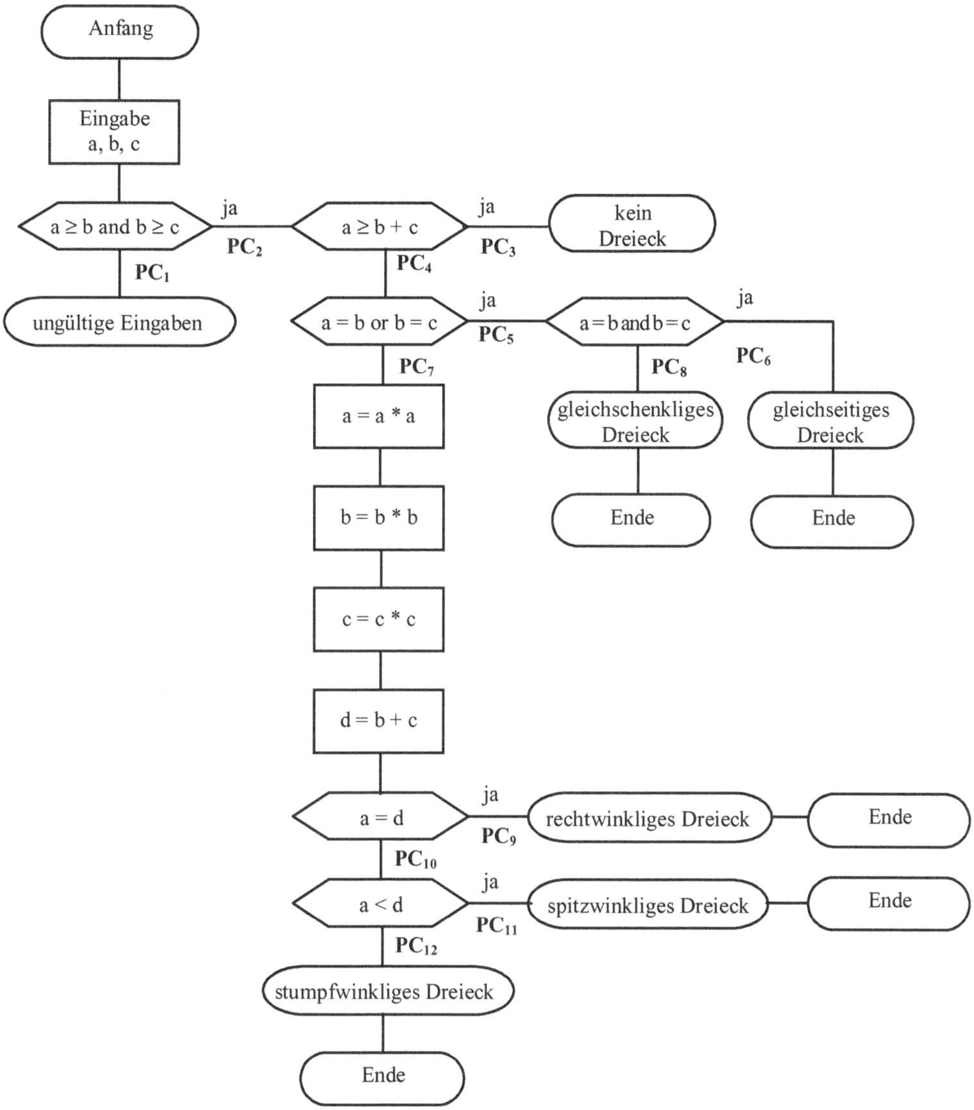

Abb. 4.5-4: Ausführungsbaum des Dreieck-Klassifikationsprogramms

An jedem Verzweigungspunkt ergeben sich Pfadbedingungen, die Grundlage des symbolisches Prädikatensystems sind. Werden die Pfadbedingungen als Nachbedingungen interpretiert, die vom spezifizierten Programm abgeleitet wurden, dann kann unter Anwendung der Konsequenzregel die Nachbedingung durch eine „*schwächere*" Nachbedingung ersetzt werden, was durch das Weglassen von **and**-Ausdrücken möglich ist (siehe „Programmverifikation"). Auf diese Weise erhält man für jede Ausgabe einen algebraischen Ausdruck, der direkt mit der Spezifikation verglichen werden kann. Im aktuellen Beispiel stimmen Nachbedingungen und Spezifikation überein, womit bewiesen ist, dass das Programm korrekt ist.

PC	symbolisches Prädikatensystem	Ausgabe
PC_1	**not** $(a \geq b \geq c) = (a < b)$ **or** $(b < c)$	„ungültige Eingaben“
PC_2	$(a \geq b \geq c) = (a \geq b)$ **and** $(b \geq c)$	-
PC_3	$(a \geq b \geq c)$ **and** $(a \geq b + c)$	„kein Dreieck“
PC_4	$(a \geq b \geq c)$ **and not** $(a \geq b + c)$	-
PC_5	$(a \geq b \geq c)$ **and not** $(a \geq b + c)$ **and** $(a = b$ **or** $b = c)$	-
PC_6	$(a \geq b \geq c)$ **and not** $(a \geq b + c)$ **and** $(a = b$ **or** $b = c)$ **and** $(a = b = c)$ $\Rightarrow (a = b = c)$	„gleichseitiges Dreieck“
PC_7	$(a \geq b \geq c)$ **and not** $(a \geq b + c)$ **and not** $(a = b$ **or** $b = c)$	-
PC_8	$(a \geq b \geq c)$ **and not** $(a \geq b + c)$ **and** $(a = b$ **or** $b = c)$ **and not** $(a = b = c)$ $\Rightarrow (a = b > c)$ **or** $((a > b = c)$ **and** $(a < b + c))$	„gleichschenkliges Dreieck“
PC_9	$(a \geq b \geq c)$ **and not** $(a \geq b + c)$ **and not** $(a = b$ **or** $b = c)$ **and** $(a^2 = b^2 + c^2)$ $\Rightarrow (a > b > c)$ **and** $(a^2 = b^2 + c^2)$	„rechtwinkliges Dreieck“
PC_{10}	$(a \geq b \geq c)$ **and not** $(a \geq b + c)$ **and not** $(a = b$ **or** $b = c)$ **and not** $(A^2 = B^2 + C^2)$	-
PC_{11}	$(a \geq b \geq c)$ **and not** $(a \geq b + c)$ **and not** $(a = b$ **or** $b = c)$ **and not** $(A^2 = B^2 + C^2)$ **and** $(A^2 < B^2 + C^2)$ $\Rightarrow (a > b > c)$ **and** $(a^2 < b^2 + c^2)$	„spitzwinkliges Dreieck“
PC_{12}	$(a \geq b \geq c)$ **and not** $(a \geq b + c)$ **and not** $(a = b$ **or** $b = c)$ **and not** $(a^2 = b^2 + c^2)$ **and not** $(a^2 < b^2 + c^2)$ $\Rightarrow (a > b > c)$ **and** $(a^2 > b^2 + c^2)$ **and** $(a < b + c)$	„stumpfwinkliges Dreieck“

Abb. 4.5-5: Symbolisches Prädikatensystem des Dreieck-Klassifikationsprogramms

Beispiel 4:
Das folgende Beispiel einer symbolischen Programmausführung geht auf Fairley zurück (vgl. [FAI85], S. 281 f.). Es zeigt das ADA-Programm SUM zur Berechnung von *N* Elementen eines Integer-Feldes *A(I)*.

```
function SUM(A: INTARRAY  N: NATURAL) return INTEGER is
    S: INTEGER := 0
    I: NATURAL := 1
begin
    while I <= N loop
        S := S + A(I)
        I := I + 1
    end loop
    return (S)
end SUM
```

Die einzelnen Werte des Feldes *A(I)* werden durch die symbolischen Werte a_1, a_2, ..., a_n ersetzt. Die symbolische Ausführung resultiert in folgenden Ausführungsbaum:

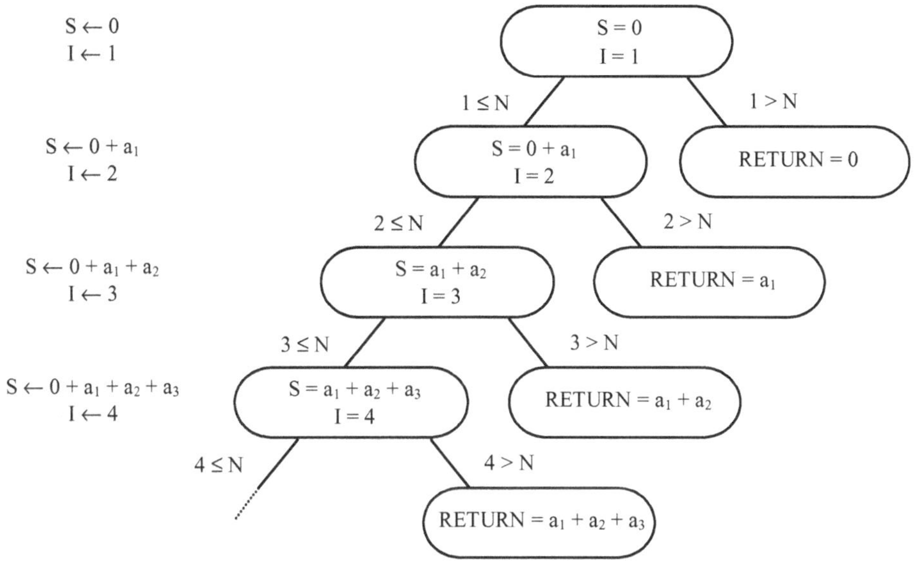

Abb. 4.5-6: Ausführungsbaum des Summierungsprogramms SUM [FAI85]

Die Berechnung, die durch den symbolischen Ausführungsbaum beschrieben wird, kann durch folgende Beziehung wiedergegeben werden, die der Schleifeninvariante entspricht:

$$S = \sum_{j=1}^{I-1} A_j$$

Da *I* am Schleifenausgang den Wert *N + 1* besitzt, kann *I* durch *N + 1* ersetzt werden. Man erhält die folgende Beziehung, die dem gewünschten Ergebnis entspricht.

$$S = \sum_{j=1}^{(N+1)-1} A_j = \sum_{j=1}^{N} A_j$$

Der symbolische Ausführungsbaum kann bei gemischter Anwendung von symbolischer Ausführung und dynamischen Testverfahren zur Erzeugung von Testdaten genutzt werden, so dass jeder Pfad im Programm ausgeführt wird. Da die Prädikate aller Verzweigungspunkte des Ausführungsbaums für jeden Pfad durch logische Operatoren verknüpft werden, muss man nur noch jene Daten finden, die den Pfadausdruck bei dessen Auswertung auf den Wahrheitswert „true“ setzen (vgl. [WAL90] S. 166).

4.5.3 Probleme bei nicht algebraischen Programmen

Die symbolische Ausführung algebraischer Programme bereitet wenig Probleme. Enthält ein Programm nur arithmetische Operationen, ist es relativ einfach eindeutig interpretierbare Ausgaben zu erzeugen, die algebraische Ausdrücke benutzen. Anders sieht es dagegen bei Programmen aus, die Tabellen enthalten, Datensätze verarbeiten, “Modulaufrufe” durchführen oder Iterationen besitzen.

Tabellen
Das Problem bei Tabellen ist die Indizierung der einzelnen Tabellenelemente. Wird einem Indiz ein symbolischer Wert zugeordnet, dann kann oft nicht unterschieden werden, welches Tabellenelement referenziert wird. Bei einer Normalindizierung ist das kein Problem. Betrachtet man zum Beispiel die COBOL-Anweisung *move x to y (3)*, dann ist der Index *(3)* genauso eindeutig wie die Variable *x*. Ist dagegen der Index direkt oder indirekt von einer Eingabevariablen abhängig, dann kann die symbolische Ausführung nicht in der üblichen Weise durchgeführt werden, weil das Tabellenellement dann nicht mehr eindeutig definiert ist. Zur Lösung des Problems wurden verschiedene Vorschläge ausgearbeitet [BOY75], [CLA76], [KIN76]. Einer davon ist, die Ausführung sowohl mit symbolischen als auch aktuellen Daten durchzuführen. D. h., Variable, die Indizes benutzen, sind mit aktuellen Daten auszuführen.

Datensätze
Bei Datensätzen (records) besteht das Problem darin, dass der Datensatz gewöhnlich aus userbezogenen Satzelementen aufgebaut ist, die unterschiedliche Bedeutung haben. Der Satz kann also als Ganzes aufgerufen werden, wobei jedoch nur ein oder mehrere Satzelement davon referenziert werden. Ein symbolischer Wert ist jedoch ein unteilbares Objekt, welcher symbolisch für den gesamten Satz steht. Gelöst werden kann dieses Problem für COBOL- und PL/I-Datenstrukturen durch die Benutzung von *expliziten* und *impliziten* symbolischen Werten (vgl. [HOW87] S. 114 ff.), wodurch auch sich überlappende Strukturen (Renames- oder Redefines-Klauseln) abgedeckt werden.

Modulaufrufe
Ein weiteres Problem sind die sogenannten “*Modulaufrufe*”. Man versteht darunter beliebige Out-of-line-Codesegmente, wie sie in COBOL durch das Out-of-line-Perform oder durch Call-Aufrufe separat übersetzter Moduln realisiert

werden können. Das Problem ist, ob man bei jedem Aufruf einer Prozedur oder eines Moduls diese Komponente auch jedesmal symbolisch ausführt (*macro-expansion approach* [BOY75]) oder nur ein einziges Mal, indem man die Resultate bei jedem Aufruf wiederverwendet (*lemma approach* [HAN76], [CHE79]). Eine vernüftige Lösung wäre, die *Makro-Expansions-Annäherung* immer dann einzusetzen, wenn globale Variablen verwendet werden. Das ist in COBOL der Fall, wenn man Paragraphen aufruft. Demgegenüber könnte man die *Lemma-Annäherung* immer dann einsetzen, wenn Parameter an die auszuführende Komponente übergeben werden (vgl. [COW91], S. 60). In diesem Fall lässt sich die Übergabe der Parameter an die aufgerufene Komponente als Ausgaben ansehen, während die zurückgegebenen Werte als Eingaben zu betrachten sind, denen neue symbolische Werte zuzuordnen sind. Auf diese Weise kann jede separat übersetzte Programmeinheit unabhängig geprüft werden.

Iterationen
Ein weiteres Problem, das bereits angesprochen wurde, ist die Handhabung von Schleifen (Iterationen). Durch Pfade, die Schleifen zur Ausführung bringen, entsteht in der Regel ein unendlicher Ausführungsbaum. Sollte eine Schleife deshalb einmal, zweimal, viele Male oder überhaupt nicht ausgeführt werden? Ein pragmatischer Ansatz, der in der Praxis der symbolischen Ausführung oft gewählt wird, ist die Konstruktion von drei Pfaden, wobei jeder Pfad eine der folgenden Möglichkeiten beinhaltet [COW88]:

- keine Ausführung der Schleife
- eine einzige Ausführung der Schleife
- zwei Ausführungen der Schleife

4.5.4 Zuverlässigkeit der symbolischen Ausführung

Die symbolische Ausführung besitzt eine deutlich höhere Fehlerentdeckungsrate als der dynamische Test, was von empirischen Studien bestätigt wird. Howden gibt in seinem Erfahrungsbericht über das symbolische Prüfsystem DISSECT an, dass von 12 Programmen, die insgesamt 22 Fehler enthielten, 13 durch die symbolische Analyse gefunden wurden [HOW77]. Diese 13 Fehler klassifizierten sich in 9 Pfadfunktionsfehler, 3 Initialisierungsfehler von Variablen und einen Pfadbereichsfehler (domain error). Die nicht durch die symbolische Ausführung gefundenen 9 Fehler unterteilten sich in 3 Pfadfunktionsfehler (zwei davon mit fehlenden Klammern und einer mit einem falschen Anweisungsformat), 4 Pfadbereichsfehler und 2 mit fehlenden Pfaden.

Die symbolische Ausführung erwies sich bei Berechnungsfehlern in arithmetischen Operationen als sehr zuverlässig. Sie ist offenbar weniger zuverlässig bei bestimmten Pfadbereichsfehlern bzw. für bestimmte Datenflussanomalien, denn jeder dieser Fehler setzt sich gewöhnlich aus einem richtigen und einem falschen Pfadanteil zusammen. Die korrekte Identifizierung eines falschen Pfadanteils ist allein jedoch mit Hilfe des Prädikatensystems nur schwer möglich. Aber auch dynamische Testverfahren sind nach Ansicht von Liggesmeyer nicht hinreichend fehlersensitiv, da nicht anzunehmen ist, dass die Testfälle stets diese fehlerhaften Pfadteilbereiche abdecken (vgl. [LIG90] S. 264 f.).

Die symbolische Ausführung ist ein sehr leistungsfähiges analytisches Testverfahren, das besonders beim Test berechnungsintensiver Programme eingesetzt werden kann. Der Vorteil dieses Verfahrens ist neben seiner Leistungsfähigkeit, dass der stichprobenartige Charakter der dynamischen Testverfahren überwunden wird. Da die symbolische Ausführung sowohl mit symbolischen als auch aktuellen Werten durchgeführt werden kann, stellt sie eine Brücke zu den dynamischen Testverfahren her: Sind alle Eingabewerte symbolisch, dann wird das Programm durch symbolische Ausführung analysiert, sind alle Eingabewerte aktuell, dann entspricht das einem Test. Auf diese Weise kann der Grad der symbolischen Ausführung auf einfache Weise variiert werden, was für bestimmte Programmtypen nützlich sein kann (vgl. [FAI85], S. 283).

Sehr gute Testergebnisse lassen sich auch durch Kombination der symbolischen Ausführung mit geeigneten dynamischen Testverfahren erzielen [HOW77]. Nachteile der symbolischen Ausführung sind die unter Umständen großen und damit unhandlichen Prädikatensysteme bei komplexen Programmen und ihr damit verbundener hoher Berechnungsaufwand sowie die relativ geringe Fehlersensitivität bei bestimmten Pfadbereichsfehlern bzw. Datenflussanomalien. Nach Fairley kann die symbolische Ausführung darüber hinaus verwendet werden um

- Zwischen- und Endergebnisse als Funktionen der Eingabevariablen zu generieren
- Schleifeninvarianten abzuleiten
- nicht ausführbare Pfade zu finden
- semantische Fehler in bestimmten Codeteilen zu finden, zum Beispiel Division durch Null, Tabellenindizes außerhalb der spezifizierten Grenzen usw.
- Testdaten zu generieren (vgl. [FAI85], S. 282]).

5 Dynamisches Testen

Es gibt zwei grundlegende Möglichkeiten ein Programm auszutesten. Erstens durch eine systematische gezielte Fehlersuche als debugging-orientiertes Testen. Zweitens durch vertrauensbildendes nutzerorientiertes Testen. Steht die systematische gezielte Fehlersuche im Vordergrund, dann werden durch geschickte Auswahl der Testdaten diejenigen Bereiche des Eingabedatenbereichs angesprochen, die besonders fehlerträchtig sind. Hier ist das Know-how und die Intuition des Testers gefragt, diese Bereiche anhand der Anforderungen und der Schnittstellenspezifikation herauszufinden. Durch die gezielte Fehlersuche wird zwar die Fehlerdichte des Programms auf effiziente Art gesenkt, allerdings entspricht die gefundene Fehlerverteilung und damit auch die Zuverlässigkeit nicht der tatsächlichen Fehlerverteilung bzw. Zuverlässigkeit im späteren Betrieb. Die systematische gezielte Fehlersuche wird bevorzugt im Funktionstest praktiziert.

Steht das vertrauensbildende Testen im Vordergrund, indem eine hohe nutzerorientierte Zuverlässigkeit als Auslieferungskriterium der Software dient, dann müssen zuerst diejenigen Fehler gefunden werden, die mit hoher Wahrscheinlichkeit im Betriebseinsatz aufkommen. Das kann jedoch nicht allein durch eine gezielte Fehlersuche erreicht werden, weil der Anteil an Fehlern, der im späteren Betriebseinsatz sehr selten oder nie auftritt, auch die Zuverlässigkeit nur sehr unwesentlich beeinflusst. Auf diese Weise kann eine Zuverlässigkeit vorgetäuscht werden, die bei der späteren Nutzung der Software durch den Anwender nicht vorhanden ist. Das vertrauensbildende nutzerorientierte Testen kann nur auf der Grundlage eines Nutzungsprofils (operational profile) verwirklicht werden, das einer repräsentativen späteren Benutzung entspricht. Dieses nutzerorientierte Testen wird bevorzugt im Zuverlässigkeitstest in der Systemtestphase realisiert.

5.1 Grundlagen des Testens

Ein Programm lässt sich als eine Menge von Programmfunktionen auffassen, wobei jede Funktion wiederum mit anderen Funktionen in Wechselwirkung stehen kann. Das gesamte Programm verhält sich bei dieser funktionalen Sicht wie ein Netzwerk aus miteinander kommunizierender Funktionen, die je nach der Zielsetzung des Testens ein höheres oder niedrigeres Abstraktionsniveau besitzen können. Eine erste Theorie des Testens erarbeiteten Goodenough und Gerhart [GOO75], die durch Weyuker und Ostrand weiterentwickelt wurde [WEY80], [WEY81]. Die hier gemachten Ausführungen bezüglich des Ein- und Ausgabedatenbereichs basieren im wesentlichen auf dieser Theorie.

5.1.1 Probabilistischer Test auf Zuverlässigkeit

Durch einen probabilistischen Test lassen sich Zuverlässigkeitsaussagen über kontinuierlich arbeitende Programme und auf Anforderungen arbeitende Programme herleiten. Hier sollen nur kontinuierlich arbeitende Programme betrachtet werden. Kontinuierlich arbeitende Programme sind zum Beispiel Telekommunikationsprogramme in Vermittlungsstellen oder Flugraumüberwachungsprogramme in der Flugsicherung. Die hier gemachten Aussagen lassen sich allerdings auch auf Programme anwenden, die auf Anforderungen arbeiten, wenn man die zeitlichen Abstände zwischen zwei Anforderungen als sehr klein annimmt [EHR02].

Die Wahrscheinlichkeit, dass ein Programm in einem Zeitraum zwischen 0 und t versagt, gehorcht bei kontinuierlich arbeitenden Programmen einer Exponentialfunktion:

$$F(t) = 1 - e^{-\lambda(t)}.$$

In dieser Beziehung bedeutet λ die als konstant angenommene Fehler- bzw. Ausfallrate, die zum Beispiel als Anzahl Fehler pro CPU-Stunde spezifiziert werden kann. Daraus ergibt sich die Wahrscheinlichkeit, dass ein Programm bei gleich bleibender Systemumgebung und unverändertem Nutzungsprofil ohne Ausfälle zwischen 0 und t arbeitet aus der Beziehung

$$R(t) = e^{-\lambda(t)}.$$

Die Zuverlässigkeitsfunktion R(t), die auch als Überlebenswahrscheinlichkeit bezeichnet wird, ist im *Reliability-Software Engineering* eine wichtige Kenngröße zur Spezifizierung des Qualitätsmerkmals *Zuverlässigkeit*, was bereits im Kapitel über den “Test der Zuverlässigkeit” dargelegt wurde. Der Erwartungswert der Zeit zwischen zwei Ausfällen MTBF (*Mean Time Between Failure*) oder bis zu einem Ausfall MTTF (*Mean Time To Failure*) ergibt sich aus dem reziproken Wert der Ausfallrate λ:

$$MTBF = \int_0^t R(t)\,dt = \frac{1}{\lambda}.$$

Bezogen auf die Ausfallrate λ oder die Überlebenswahrscheinlichkeit R(t) kann nun ein oberer Grenzwert gesucht werden, der mit einer bestimmten Aussagesicherheit β wahr ist. So könnte in einer Systemanforderung angegeben sein, dass die Ausfallrate λ im Zuverlässigkeitstest den Wert von $\lambda = 0{,}001$ Fehler/CPU-Stunde bei einem Signifikanzniveau von $\alpha = 0{,}01$ nicht überschreiten darf. Bleibt der tatsächlich gemessene Wert dann unter dem spezifizierten Wert, dann ist mit einer Sicherheit von $\beta = 0{,}99$ (99 %) die angenommene Hypothese wahr bzw. mit $\alpha = 1 - \beta = 0{,}01$ nicht wahr. D. h., die Abnahme des Produkts aufgrund der im Test ermittelten Ausfallrate könnte mit einer Wahrscheinlichkeit von 0,01 bzw. 1 % eine Fehlentscheidung sein, deshalb bezeichnet man diese Wahrscheinlichkeit auch als Abnahmerisiko.

5.1.2 Bestimmung des Signifikanzniveaus

Da die Zeiten bis zu einem Programmausfall als exponentiell verteilt angenommen werden, ist die Wahrscheinlichkeit für x Ausfälle *poisson*-verteilt, d. h. das Signifikanzniveau kann über die Poisson-Verteilung ermittelt werden. Bezeichnen wir also die Anzahl der Ausfälle mit x und den Erwartungswert der Ausfälle mit μ, dann ist die Wahrscheinlichkeit bis zu *n* Fehler zu erhalten gleich

$$P = \sum_{x=0}^{n} \frac{\mu^x}{x!} \cdot e^{-\mu} .$$

Wird mit keinem Ausfall gerechnet (x = 0), dann kann man in Anlehnung an Ehrenberger schreiben (vgl. [EHR02], S. 313 f.):

$$\sum_{x=0}^{0} \frac{\mu^x}{x!} \cdot e^{-\mu} = \mathbf{e^{-\mu}} = 1 - \sum_{x=1}^{\infty} \frac{\mu^x}{x!} \cdot e^{-\mu}$$

bzw.

$$e^{-\mu} = 1 - \beta = \alpha$$

D. h., mit der Wahrscheinlichkeit von $\alpha = 1 - \beta$ kann ein Ausfall auftreten. Im folgenden Beispiel wird die letzte Gleichung benutzt, um für eine spezifizierte Oberschranke der Ausfallrate λ und ein zugehöriges Signifikanzniveau α die erforderliche fehlerfreie Laufzeit eines Programms zu bestimmen, damit diese Aussagesicherheit erreicht wird. Der Erwartungswert μ kann mit Hilfe einer Poisson-Tabelle ermittelt werden.

Beispiel:

In den Systemanforderungen eines Programms wird vorgegeben, dass die Ausfallrate λ eines Programms den Wert von 0,001 Fehler pro CPU-Stunde nicht überschreiten darf. Die Aussagesicherheit soll β = 99 % betragen. Wie viel CPU-Stunden muss das Programm fehlerfrei arbeiten, um diese Aussagesicherheit zu erhalten?.

Die mittlere Zeit bis zu einem Ausfall (MTBF) beträgt für den angenommenen Grenzwert $\lambda = 0{,}001$ Fehler pro CPU-Stunde

$$\text{MTBF} = \frac{1}{\lambda} = \frac{1}{0{,}001} = 1000\,\text{CPU} - \text{Stunden}\,.$$

D. h., in 1000 CPU-Stunden darf höchstens ein Fehler auftreten. Das Signifikanzniveau, also die Aussageunsicherheit beträgt $\alpha = 1 - \beta = 0{,}01$. Der Wert von $\alpha = 0{,}01$ liegt in der Poisson-Verteilung für x = 0 zwischen 0,0183 (bei μ = 4) und 0,0067 (bei μ = 5). Durch Interpolation der Werte erhält man den Erwartungswert $\mu = 4{,}6$.

x\μ	1,0	2,0	3,0	4,0	5,0	6,0	7,0	8,0
0	0,3679	0,1353	0,0498	0,0183	0,0067	0,0025	0,0009	0,0003
1	0,3679	0,2707	0,1494	0,0733	0,0337	0,0149	0,0064	0,0027
2	0,1839	0,2707	0,2240	0,1465	0,0842	0,0446	0,0223	0,0107
3	0,0613	0,1804	0,2240	0,1954	0,1404	0,0892	0,0521	0,0286

Abb. 5.1-1: Auszug aus einer Poisson-Tabelle

Um die spezifizierte Aussagesicherheit von β = 99 % zu garantieren, muss das Programm mindestens $4{,}6 \cdot 1000 = 4600$ CPU-Stunden ohne Ausfälle arbeiten. Bei einer Aussagesicherheit von β = 95 % wären es 3000 CPU-Stunden und bei β = 90 % nur 2300 CPU-Stunden.

Im Allgemeinen wird ein Signifikanzniveau von weniger als 5 % als hinreichend betrachtet, um eine Hypothese zu widerlegen. Welches Signifikanzniveau im speziellen Fall angemessen ist, hängt von der Risikoeinstufung der Software ab, also von der in den Anforderungen eingestuften Kritikalität. Eine hohe Kritikalität wird auch eine hohe Aussagesicherheit bzw. ein sehr niedriges Signifikanzniveau erfordern. Ist die Kritikalität dagegen weniger hoch, kann man die Aussagesicherheit entsprechend reduzieren bzw. das Signifikanzniveau erhöhen.

5.1.3 Der Eingabedatenbereich

Ein Programm kann nur dann als *vollständig* ausgetestet bezeichnet werden, wenn der gesamte Eingabedatenbereich durch Testdaten überdeckt wird. Eine derartige Zielsetzung ist jedoch von vornherein zum Scheitern verurteilt, weil die Kombinationsmöglichkeiten der Eingabedaten bei steigender Variablenanzahl explosionsartig zunehmen. Es erhebt sich damit die Frage: Gibt es eine praktisch zu realisierende Annäherung an den *vollständigen Test* und wie gut ist diese Annäherung? Um diese Frage zu beantworten muss der Eingabedatenbereich etwas näher untersucht werden.

Der Eingabedatenbereich einer Programmfunktion bzw. einer Spezifikation beschreibt die Menge der möglichen Daten der definierten *Eingabevariablen* und damit auch die Menge der möglichen Belegungen *der Zustandsvariablen* vor der Programmausführung. **Eingabevariablen** beschreiben definierte Eingabedatenfelder, die vor der Funktionsausführung durch extern oder intern zugeführte Datenwerte belegt werden müssen. Je nach funktionaler Betrachtungsweise können das zum Beispiel Variablen aus einem anwenderorientierten Maskenfeld sein, aus einer Batch-Datei, aus Übergabeparametern bei einem Unterprogrammaufruf oder durch interne Initialisierungen.

Zustandsvariablen beschreiben dagegen die Funktionsumgebung vor und nach der Funktionsausführung. Sie werden deshalb auch Systemparameter genannt. Je nach funktionaler Sicht sind darunter Systemzustände des Betriebssystems oder globale Variable bzw. Rückgabeparameter zu verstehen. Für das weitere Vorgehen unterscheiden wir zwei Definitionsbereiche (vgl. [KRÜ90], S. 121):

- Definitionsbereich der als korrekt angenommenen Spezifikation $\mathbf{D}_f$
- Definitionsbereich der realisierten Programmfunktion $\mathbf{D}_{pf}$

Beide Definitionsbereiche sind Teilbereiche des vollständigen Eingabedatenbereichs Ω. Der Definitionsbereich der Spezifikation D_f ist eine Teilmenge des Eingabedatenbereichs, für welchen die Belegung der Ausgabevariablen festgelegt ist. Daraus kann man folgende Definitionen ableiten:

- ein Element aus D_f nennt man **Normalwert**, falls es nicht auf der Grenze von D_f zu $\Omega - D_f$ liegt

- ein Element aus D_f nennt man **Grenzwert**, falls es auf der Grenze von D_f zu $\Omega - D_f$ liegt

Dagegen ist der Definitionsbereich der realisierten Programmfunktion D_{pf} derjenige Bereich, der tatsächlich verarbeitet wird, also unter Umständen fehlerbehaftet ist. Das Entwicklungsziel läuft folglich auf die einfache Beziehung hinaus, die lautet: $\boldsymbol{f = p_f}$. Im Idealfall heißt das, die realisierte Programmfunktion p_f entspricht in vollem Umfang der Spezifikation f.

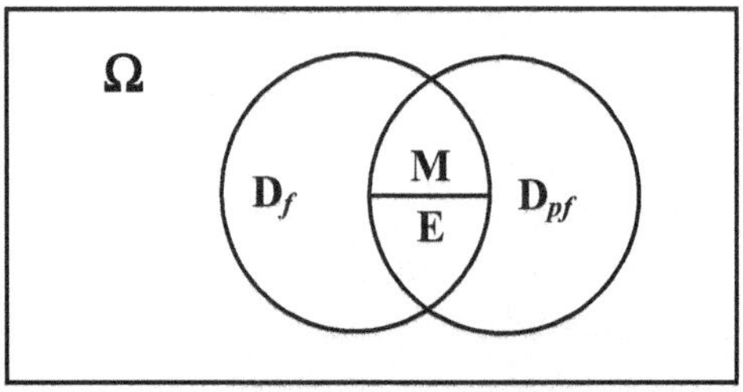

Ω = Eingabedatenbereich
D_f = Definitionsbereich der Spezifikation
D_{pf} = Definitionsbereich der Programmfunktion
E = Eingabedaten, die zu spezifizierten Ausgabedaten führen
M = Eingabedaten, die nicht zu spezifizierten Ausgabedaten führen

Abb. 5.1-2: Eingabedatenbereich und Definitionsbereiche [KRÜ90]

Der gesamte Eingabedatenbereich Ω einer Programmfunktion kann nach Krüger in folgende Teilbereiche unterteilt werden:

Teil-bereich	Bedeutung der Teilbereiche
D_f	Definitionsbereich der als korrekt angenommen Entwurfsspezifikation.
D_{pf}	Definitionbereich der realisierten Programmfunktion.
D_f - D_{pf}	Menge an Eingabedaten mit funktionalen Eigenschaften, die zwar in der Spezifikation enthalten sind, aber nicht realisiert wurden.
$D_f \cap D_{pf}$	Menge an Eingabedaten der sich überschneidenden Definitionsbereiche D_f und D_{pf}, die sich in zwei disjunkte Mengen E und M aufspaltet. Die Menge E entspricht Eingabedaten, die zu spezifizierten Ausgabedaten führen. Die Menge M dagegen entspricht Eingabedaten, die zu keinen spezifizierten Ausgabedaten führen.
Ω - D_f	Menge an Eingabedaten, die nicht in der Spezifikation definiert wurden und die vom Programm unter Beibehaltung der Systemzustände abzuweisen sind. Diese Forderung bedeutet, dass jede unvollständige Spezifikation zu einer vollständigen Spezifikation erweitert wird und der Wertebereich der Ausgabevariablen um die Werte der Abweisungen ergänzt werden.
D_{pf} - D_f	Menge an Eingabedaten für Funktionen, die zwar implementiert aber nicht spezifiziert wurden. Sie werden dem nicht spezifizierten Eingabedatenbereich Ω - D_f zugerechnet. Funktionen, die zwar implementiert aber nicht spezifiziert wurden, können nicht auf Korrektheit überprüft werden.

Abb. 5.1-3: Teilbereiche des Eingabedatenbereichs und ihre Bedeutung [KRÜ90]

5.1.3.1 Eingabebereiche für den Funktionstest

Der Funktionstest ist ein Blackboxtest, der auf der alleinigen Grundlage der Spezifikation durchgeführt wird. Wir bezeichnen die korrekte Spezifikation mit f und die auf Ω fortgesetzte Spezifikation mit f_F. Ist nun p_f die zu f gehörende Programmfunktion, dann lässt sich den Begriff Funktionstest folgendermaßen definieren:

- Unter einem **Funktionstest** versteht man die Überprüfung, ob die Beziehung $p_f\left(\bar{x}f\right) = f_F\left(\bar{x}\right)$ für *ausgewählte* $\bar{x} \varepsilon \Omega$ gilt.

- Unter einem **vollständigen Funktionstest** versteht man die Überprüfung, ob die Beziehung $p_f\left(\bar{x}f\right) = f_F\left(\bar{x}\right)$ für *alle* $\bar{x} \varepsilon \Omega$ gilt.

Da ein vollständiger Funktionstest wegen der Mächtigkeit des Eingabedatenbereichs Ω nicht möglich ist, wird man bei der Testfallermittlung die folgenden Teileingabebereiche berücksichtigen (vgl. Abb. 5.1-2):

D_f
Damit sollen Eingaben gefunden werden, die nicht den Anforderungen entsprechen.

Ω - D_f
Diese Eingaben wurden nicht in den Anforderungen definiert und sollten deshalb vom Programm unter Beibehaltung der Systemzustände abgewiesen werden.

D_f - D_{pf}
Durch diese Eingaben sollen funktionale Eigenschaften gefunden werden, die zwar in den Anforderungen enthalten sind, jedoch nicht realisiert wurden.

$D_f \cap D_{pf}$
Bei diesen Eingaben ist zu prüfen, ob für jede Belegung der Eingabevariablen mit einem Wert aus dieser Menge die Ausgabevariablen korrekt entsprechend den Anforderungen belegt sind.

Das Prüfen dieser Bereiche entspricht folgenden Fragestellungen:
- Erfüllt das Programm die spezifizierten Anforderungen?
- Gibt es ein Verhalten, das nicht gefordert war?
- Werden nicht spezifizierte Eingaben abgewiesen?
- Werden kritische Werte korrekt behandelt?

Eine Spezifikation f kann als *vollständig* angesehen werden, wenn die Beziehung $D_f = \Omega$ gilt., d. h. wenn der Definitionsbereich der als korrekt angenommenen Entwurfsspezifikation D_f den gesamten Eingabedatenbereich Ω überdeckt. Wegen der Mächtigkeit des Eingaberaumes wird jedoch in den meisten Fällen eine *unvollständige* Spezifikation vorliegen, die jedoch zu einer vollständigen Spezifikation fortgesetzt werden kann, indem man alle nicht spezifizierten Eingabewerte aus $\Omega - D_f$ unter Beibehaltung der Systemzustände abweist.

5.1.3.2 Aufteilung des Eingabedatenbereichs in Äquivalenzklassen

Durch die Mächtigkeit des Eingabedatenbereichs Ω ist es nicht möglich, eine vollständige Testüberdeckung zu realisieren. Deshalb müssen Teilmengen von Ω gefunden werden, die einer Klassenaufteilung des Eingabedatenbereichs entsprechen. Jede Klasse soll dabei annäherend gleich fehlersensitiv sein. D. h., wird ein Repräsentant einer Klasse ausgewählt, dann führt eine Ausführung der Funktion zu einem Ergebnis, das äquivalent ist zu einer Ausführung mit einem beliebigen anderen Wert dieser Klasse. Deshalb bezeichnet man diese Klassen als **funktionale Äquivalenzklassen**. Die Äquivalenzklassenaufteilung von Ω entspricht einem Mengensystem mit folgenden Eigenschaften:

$\mathbf{\Omega_i \cap \Omega_j = 0}$

Die beiden Teilmengen Ω_i und Ω_j besitzen keine gemeinsamen Datenelemente (ihr Durchschnitt $\cap$ ist leer). D. h., jede Klasse wird als annähernd gleich fehlersensitiv angenommen bzw. führt mit annähernd gleicher Wahrscheinlichkeit zum gleichen funktionalen Ergebnis (Wirkung).

$\mathbf{\Omega = \cup\, \Omega_i}$

Die Vereinigungsmengen Ω_i ergeben den gesamten Eingabedatenbereich Ω. D. h., wird eine vollständige Aufteilung in Äquivalenzklassen vorgenommen, dann entspricht das einer vollständigen Testüberdeckung des gesamten Eingabedatenbereichs Ω.

Wird weiterhin angenommen, dass

- T_1 eine Klasseneinteilung von $\Omega - D_f$ ist und
- T_2 eine Klasseneinteilung von D_f,

dann bezeichnet man die Menge $K = T_1 \cup T_2$ als Klasseneinteilung des Eingaberaums Ω. Die Klassen T_1 sind **ungültige Äquivalenzklassen,** die zur programmierten Abweisung führen, und die Klassen T_2 **gültige Äquivalenzklassen**, die zur Verarbeitung führen.

5.1.3.3 Fehleroffenbarende Unterbereiche

Das Arbeiten mit fehleroffenbarenden Unterbereichen (revealing subdomains) ist ein Äquivalenzklassenverfahren, das für den strukturorientierten Test geeignet ist. Es arbeitet mit einem Testselektionskriterium C auf der Basis struktureller und funktionaler Äquivalenzklassen.

Auf der Grundlage der funktionalen Sichtweise kann der Nachweis der Korrektheit einer Programmfunktion p_f nur dann erbracht werden, wenn in einem vollständigen Funktionstest der gesamte Eingabedatenbereich für alle x ε Ω (sprich: *x ist ein Element von* Ω) durch Testfälle abgedeckt wird und der Ausgabedatenbereich R für alle y ε R erzeugt wird. Wegen der Mächtigkeit des Eingaberaums ist das jedoch nicht möglich, so dass man sich in der Praxis auf Teilmengen von Ω beschränken muss. Diese Beschränkung darf aber zu keiner Reduzierung der Testqualität führen, sondern die Testfallermittlung wird anhand geeigneter Methoden durchgeführt, so dass zum Beispiel ein Testfall eine ganze Klasse von Fehlern abdecken kann. Es müssen folglich durch ein *Testselektionskriterium* C Bedingungen spezifiziert werden, die durch einen Test erfüllt sein müssen, um diesen Anforderungen zu genügen. Goodenough und Gerhart definierten zwei Bedingungen, die ein erfolgreiches Testselektionskriterium C erfüllen muss [GOO75]:

- Ein Testselektionskriterium C ist *zuverlässig*, wenn jeder Test, der durch C ausgewählt wurde, entweder erfolgreich oder nicht erfolgreich ist.

- Ein Testselektionskriterium C ist *gültig*, wenn C für das fehlerbehaftete Programm mindestens einen Testsatz auswählt, der nicht erfolgreich ist.

Daraus kann man definieren: Ein Testselektionskriterium C ist ein ideales Kriterium, wenn es *zuverlässig* und *gültig* ist. Diese Aussage gilt jedoch nur dann, wenn das Testselektionskriterium C den gesamten Eingabedatenbereich Ω überdeckt, was in der Praxis wegen der Mächtigkeit des Dateneingabebereichs nicht möglich ist. Der Eingabedatenbereich muss deshalb in *fehleroffenbarende Unterbereiche* aufgeteilt werden, mit deren Hilfe man unter verschiedenen potentiellen Fehlern unterscheiden kann.

Weyuker und Ostrand modifizierten die Bedingungen für ein erfolgreiches Testselektionskriterium C, indem sie postulierten: Ein Testselektionskriterium C ist offenbarend für einen *Unterbereich* S des Dateneingabebereichs Ω, wenn immer S Eingaben enthält, die nicht erfolgreich verarbeitet werden, dann ist jeder Testfall, der durch C ausgewählt wird, ebenfalls nicht erfolgreich. Eine äquivalente Aussage erhält man, wenn man formuliert: Wenn ein beliebiger Testfall, der durch C selektiert wurde, erfolgreich ausgeführt wird, dann wird auch jede Eingabe aus S eine korrekte Ausgabe erzeugen [WEY80]. Diese Aussage bedeutet, dass alle selektierten Elemente eines Unterbereichs S in der gleichen Weise vom Programm behandelt werden und demzufolge die gleichen spezifizierten Wirkungen erzeugen. Um den Ansatz *fehleroffenbarender Unterbereiche* zu verwirklichen, muss der Eingabedatenbereich einer spezifizierten Funktion in zwei Domänen aufgeteilt werden, in

- *Pfadbereiche* und
- *Problembereiche*

Ein *Pfadbereich* besteht aus einem Satz von Eingaben, die alle den gleichen Pfad durch den Kontrollflussgrafen des Programms folgen. D. h., dieser Satz von Eingaben wird vom Programm gleich behandelt und erzeugt damit die gleichen Wirkungen. Die Pfadbereiche entsprechen *strukturellen Äquivalenzklassen*. Demgegenüber wird der *Problembereich* auf der Basis gemeinsamer funktionaler Eigenschaften errichtet, die in der Spezifikation, in Algorithmen und Datenstrukturen festgelegt sind. Die Problembereiche entsprechen *funktionalen Äquivalenzklassen*. Diese zwei Partitionen werden nun zum Schnitt gebracht um Klassen zu erzeugen, die die Basis für die Testauswahl bilden. Beschreiben lassen sich diese Klasse durch die Konjunktion der Bedingungen, welche die Klassen der Pfadbereiche und Problembereiche beschreiben.

Weyuker und Ostrand geben dafür ein einfaches Beispiel an: Ein Programm besitzt als Eingaben eine einzige Ganzzahl. Gemäß der Spezifikation kann diese Ganzzahl gerade oder ungerade sein. Es wird weiter angenommen, dass alle positiven Eingaben einen Pfad und alle negativen Eingaben einen anderen Pfad folgen. Die Verarbeitung von Null (Zero) wird als Spezialfall angenommen. Das Überschneiden der Problem-Partition mit der Pfadbereichs-Partition ergibt einen Satz von insgesamt fünf Klassen: *ungerade positive* Ganzzahlen, *ungerade negative* Ganzzahlen, *gerade positive* Ganzzahlen, *gerade negative* Ganzzahlen und *Null* [WEY80]. Diese Klassen sind nun fehleroffenbarend für eine ganze Reihe unterschiedlicher Fehler. Die Ableitung fehleroffenbarender Unterbereiche und ein praktisches Beispiel ist im Kapitel 5.4.2 *Test fehleroffenbarender Unterbereiche* zu finden.

5.1.4 Der Ausgabedatenbereich

Jede Programmfunktion besitzt einen *Eingabedatenbereich* Ω, der durch eine funktionale Transformation in einen *Ausgabedatenbereich* R überführt wird. Im Funktionstest testet man den Teilbereich $D_f \cap D_{pf}$, d. h. die Menge der sich überschneidenden Definitionsbereiche D_f und D_{pf}, die sich in die disjunkten Mengen E und M untergliedert (vgl. Abb. 5.1-2). Für jede Belegung der Eingabevariablen aus der Menge E müssen die Ausgabevariablen der Spezifikation entsprechend korrekt belegt sein. Werden dagegen die Eingabevariablen aus der Menge M belegt, dann müssen sie zu Abweisungen führen.

Da auch der Ausgabedatenbereich eines Programms sehr groß sein kann, wird im Funktionstest nicht nur der *Eingabedatenbereich* Ω in Äquivalenzklassen aufgeteilt, sondern auch der *Ausgabedatenbereich* R. Damit will man erreichen, dass die Ausgaben nicht nur mit repräsentativen *Normalwerten*, sondern auch mit *Grenzwerten* und *besonderen* Werten überdeckt werden. Denn die Verarbeitungsroutinen sind ganz besonders bei Grenzwerten und besonderen Werten fehleranfällig. Diese Vorgehensweise ist auch aus einer anderen Sicht von Wichtigkeit, wenn nämlich der Ausgabedatenbereich gleichzeitig der Eingabedatenbereich eines anderes Programms ist.

Jede Ausgabeäquivalenzklasse wird folglich in eine Eingabeäquivalenzklasse transformiert, um analog zum Eingabedatenbereich Ω eine Testüberdeckung des Ausgabedatenbereichs R zu gewährleisten. Bei der Auswahl der Testfälle im funktionsorientierten Test ergeben sich auf dieser Grundlage folgende Schwerpunkte:

- Aufteilung des Eingabedatenbereichs Ω in Eingabeäquivalenzklassen und Testen eines oder mehrerer Repräsentaten dieser Klassen.

- Aufteilen des Ausgabedatenbereichs R in Ausgabeäquivalenzklassen und Testen eines oder mehrerer Repräsentanten dieser Klassen.

- Berücksichtigung von Grenzwerten der Eingabe- und Ausgabeäquivalenzklassen.

- Berücksichtigung von besonderen Werten der Eingabe- und Ausgabeäquivalenzklassen.

- Testen von gültigen und ungültigen Äquivalenzklassen.

- Testen von Situationen, in denen Eingabeparameter und Systemparameter in einem starken Zusammenhang stehen.
- Testen von nicht spezifizierten Eingaben bzw. Situationen (Ω - D_f).

Folgende Abbildung zeigt den schematischen Zusammenhang zwischen Eingabedatenbereich und Ausgabedatenbereich, der durch eine funktionale Transformation hergestellt wird. Transformiert werden die Eingabevariablen $x_1, x_2, x_3, \ldots x_n$ und Systemzustände $z_1, z_2, z_3, \ldots z_n$ des Eingabedatenbereichs Ω in den Ausgabedatenbereich R.

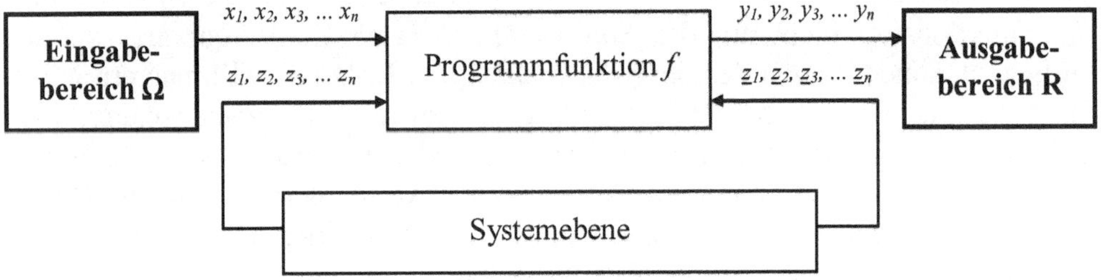

Abb. 5.1-4: Zusammenhang zwischen Ein- und Ausgabedatenbereich

5.1.5 Die dynamischen Testverfahren

Insgesamt wurden bis heute mehr als 50 unterschiedliche dynamische Testverfahren vorgeschlagen, wobei die meisten davon auf das strukturorientierte Testen entfallen (Whiteboxtests). Dem funktionsorientierten Testen wurde erst relativ spät durch die Arbeiten von Howden größere Beachtung geschenkt [HOW80a], [HOW81]. Einige der Verfahren haben in der Praxis nicht die Bedeutung erlangt, die man sich ursprünglich von ihnen versprach wie das Partitionentesten oder das Mutationentesten. Darüber hinaus gibt es viele Testverfahren, die als höherwertige Varianten der einfachen Testverfahren eingesetzt werden.

Welche Testverfahren im speziellen Fall zum Einsatz kommen, ist sowohl von der *Teststufe* und der *Sichtweise* aber auch von der *Komplexität* und der *Risikoeinstufung* des Testobjekts abhängig. Sehr effektive Teststrategien lassen sich entwickeln, indem unterschiedliche Testverfahren in Kombination mit statischen Prüfverfahren sinnvoll kombiniert werden. Nachfolgende Zusammenstellung enthält die wichtigsten der heute bekannten einfachen dynamischen Testverfahren.

Testverfahren	Art und Anwendungsbereich
Anweisungsüberdeckungstest	Kontrollflussorientierte Überdeckungsverfahren (Modul- und Integrationstest)
Blocküberdeckungstest	
Zweigüberdeckungstest	
Bedingungsüberdeckungstest	
Mehrfachbedingungs-Überdeckungstest	
Entscheidungs-/Bedingungsüberdeckungstest	
Pfadüberdeckungstest	
LCSAJ-Überdeckungstest	
Boundary interior Pfadtest	
Strukturierter Pfadtest	
all defs-Test	Datenflussorientierte Überdeckungsverfahren (Modul- und Integrationstest)
all p-uses-Test	
all c-uses-Test	
all p-uses/some c-uses-Test	
all c-uses/some p-uses-Test	
all uses-Test	
all du-path-Test	
Required k-Tupels-Test	
Datenkontext-Überdeckungstest	
Äquivalenzklassentest	Werteorientierte Testverfahren (Anwendung in allen Teststufen)
Grenzwerttest	
Test spezieller Werte	
Datenkombinationstest	
Funktionsüberdeckungstest	Funktionsorientierte Testverfahren (Systemtest und Abnahmetest)
Anwendungsfallüberdeckungstest	
Ursache-Wirkungs-Analyse	
Intuitiver Test (*funktionsbezogen*)	
Systematischer intuitiver Test (*funktionsbez.*)	
Statistischer Test (*auf Nutzungsprofil basierend*)	
Zustandstest	Funktionstest
Back-to-Back-Testen	Diversivizierende Testverfahren (Entwicklertest)
Mutationentest (starker, schwacher, fester)	
Pfadbereichstest	Bereichstestverfahren (Entwicklertest)
Test fehleroffenbarender Unterbereiche	
Partitionentest	

Abb. 5.1-5: Die bekanntesten dynamischen Testverfahren

Folgende Abbildung zeigt den prinzipiellen Ablauf beim funktions- und strukturorientierten Testen.

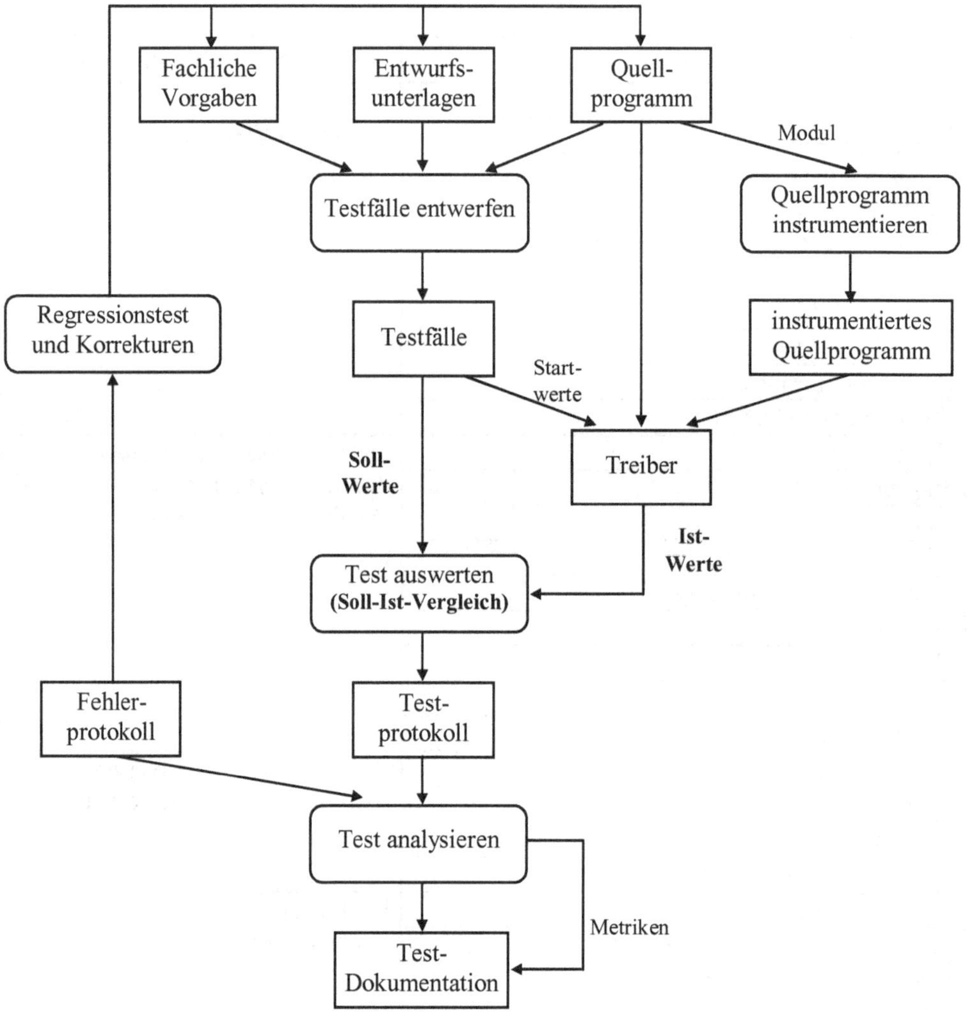

Abb. 5.1-6: Ablauf beim funktions- und strukturorientierten Testen [WIE90]

Für den **funktionsorientierten Test** werden folgende Dokumente benötigt:

- fachliche Anforderungen bzw. Spezifikation
- Funktionsmodell
- logisches und physisches Datenmodell
- funktionale Schnittstellenspezifikation
- Liste der Übergabeparameter
- Benutzerdokumentation

Für den **strukturorientierten Test** werden zusätzlich benötigt:

- Programmentwurf
- Programmdokumentation (einschließlich Quelltext und Programmliste)

5.2 Funktionsorientiertes Testen (Blackboxtesten)

Durch den funktionsorientierten Test soll der Nachweis erbracht werden, dass die in den Anforderungen spezifizierten Funktionen korrekt implementiert wurden. Getestet wird deshalb auf der Anwenderebene das Eingabe-/Ausgabeverhalten der fachlichen Funktionen bzw. Funktionsverkettungen als Blackbox gegen die fachlichen Anforderungen (High-Level-Tests). Ziel eines funktionsorientierten Tests ist eine größtmögliche Überdeckung aller Funktionen und Funktionsverkettungen mit ihren Zuständen und Zustandsübergängen zu erreichen und die Anzahl der zu entdeckenden Fehler mit einer endlichen Anzahl Testfällen zu maximieren. Eine derartige Teststrategie erfordert eine vollständige und umfassende Vorgabendefinition, woraus sich die Testfälle nach bestimmten Methoden ableiten lassen.

Der funktionsorientierte Test ist grundsätzlich in allen Teststufen selektiv praktizierbar. Im Modultest zum Beispiel, wenn ein Modul eine komplette Anwenderfunktion realisiert. Er wird jedoch extensiv im Systemtest und Abnahmetest eingesetzt, weil in diesen Teststufen anwenderbasierte Prüfungen durchgeführt werden, die auf einzelne fachliche Funktionen bzw. fachliche Aufgaben ausgerichtet sind.

Die erweiterte funktionale Sicht des Blackboxtestens

Howden hat die funktionsorientierte anwenderbezogene Sicht des Blackboxtestens um den Test von *Subfunktionen*, *Funktionsaufrufsequnzen* und *Schnittstellenfunktionalitäten* erweitert [HOW80a], [HOW86], [HOW87]. Er betrachtet ein Programm als eine Sammlung von elementaren Funktionen, die durch ihr syntaktisches und semantisches Zusammenwirken die in den Anforderungen spezifizierten Funktionen ergeben. Je nach Abstraktionsgrad und Sichtweise variiert die Komplexität dieser Funktionen von elementaren Anweisungen auf der (konkreten) Systemebene bis zu aggregierten Teilfunktionen und Funktionen auf der (abstrakten) Anwenderebene.

Howden bezeichnet diese erweiterte Sicht des Blackboxtestens, in der auch die Design-Funktionen des Programms in das Testgeschehen einbezogen werden, als *funktionales Testen*. Er fordert, dass die Selektion der Testdaten auf der Grundlage des Eingabe-/Ausgabeverhaltens dieser Subfunktionen und Funktionen abgeleitet werden, wobei alle möglichen Werte der Eingabevariablen zu berücksichtigen sind. Da eine derartige Überdeckung der Domänen aller Eingabevariablen in der Praxis nicht möglich ist, müssen Methoden gefunden werden, die eine Annäherung an diese Forderung ermöglichen, was zum Beispiel durch die *funktionale Äquivalenzklassenbildung* möglich ist.

Bei dieser verfeinerten funktionalen Sicht Howdens sind allerdings Kenntnisse über den strukturellen Aufbau des Programms erforderlich, die sowohl für die funktionale Analyse als auch für die Bestimmung des Eingabe-/Ausgabe-Verhaltens der Subfunktionen benötigt werden. Diese Sicht wird bevorzugt beim Test von Operationen herangezogen. Die Prüfungen von *anwenderbasierten Funktionsaufrufsequenzen* und *Schnittstellen zum Anwender* besitzen dagegen auch im *Systemtest und Abnahmetest* große Bedeutung. Man erkennt an diesen Zusammenhängen, dass zwischen Blackbox- und Whiteboxtests keine strenge Grenzlinie gezogen werden kann, sondern dass die Abgrenzungen fließend verlaufen.

Das zusätzliche Testen des Eingabe-/Ausgabeverhaltens von Design-Funktionen ermöglicht eine Fehlererkennung, die durch das originäre anwenderorientierte Blackboxtesten allein kaum möglich ist. So kann ein Programm korrekt arbeitende Anwenderfunktionen besitzen, ungeachtet dessen arbeitet es aufgrund mangelhafter Kontrollfunktionen ineffizient. Es besteht ebenfalls die Möglichkeit, dass Berechnungen in untergeordneten Funktionen falsche Ergebnisse liefern, die wiederum durch andere Funktionen maskiert werden und demzufolge beim Test der Anwenderfunktionen nicht oder nur sehr schwer zu finden sind. Folgende Testverfahren können beim funktionsorientierten Test angewendet werden, die in diesem Buch bevorzugt auf den Test der Funktionen und Funktionsverkettungen auf der Anwenderebene ausgerichtet sind:

- Funktionsüberdeckung
- Anwendungsfallüberdeckung
- Äquivalenzklassenanalyse
- Grenzwertanalyse
- Test besonderer Werte
- Ursache-Wirkungs-Analyse
- Zustandstesten (*Überdeckung von Zuständen und Zustandsübergängen*)
- intuitives Testen (*Error Guessing*) und systematisches intuitives Testen
- statistisches Testen

Die *Grenzwertanalyse* und der *Test besonderer Werte* sind keine eigenständigen Testverfahren, sondern Erweiterungen der Äquivalenzklassenanalyse, indem besonders die Ränder (Grenzwerte) der Äquivalenzklassen und spezielle fehlerträchtige Werte in die Prüfungen einbezogen werden.

Liggesmeyer zeigt in seinen Untersuchungen (vgl. [LIG89] S. 394), dass funktionsorientierte Tests oft nur zu einer Zweigüberdeckungsrate von ca. 70 % führen. Dieses Ergebnis resultiert daraus, dass nur jene Pfade getestet werden, die einer spezifizierten Funktion entsprechen. Nicht spezifizierte Zweige oder

Pfade bleiben unberücksichtigt. Trotz dieser geringen Zweigüberdeckungsrate ist das Funktionstesten ein anspruchsvolleres Testverfahren als alle übrigen strukturorientierten Überdeckungsverfahren (wie der Zweigtest oder die unterschiedlichen Verfahren des Pfadtests), weil es zum Beispiel im Modultest verlangt, dass alle Kombinationen von Anweisungen zu testen sind, die einer spezifizierten Funktion entsprechen [HOW86].

Die Beurteilung der funktionalen Vollständigkeit bei der Ermittlung von Testfällen auf der Anwenderebene ist nur auf der Basis vollständiger und korrekter fachlicher Anforderungen möglich. Der Erstellung der Anforderungen im Vorfeld der Programmentwicklung ist deshalb größte Bedeutung beizumessen, wobei der Formalisierungsgrad eine wichtige Rolle spielt. Informale fachliche Anforderungen zeigen aufgrund ihrer verbalen Funktionsbeschreibungen nicht nur Redundanzen, sondern auch ein gewisses Maß an fachlichen Unschärfen, die durch den Interpretationscharakter dieser verbalen Aussagen entstehen. Die fachliche Anforderungen sollten deshalb besonders bei größeren Projekten einen hohen Formalisierungsgrad besitzen. Bei vollständig formalisierten Spezifikationen wird nicht nur eine 100 %ige Funktionsüberdeckung gewährleistet, sondern die Testdaten lassen sich auch direkt aus der Spezifikation ableiten, was den Testablauf automatisierbar macht. Grundvoraussetzung ist allerdings, dass die Spezifikation qualitätsgesichert vorliegt. In der Praxis kommen meist halbformale Spezifikationen zum Einsatz, die oft aus einem Gemisch von verbalen Aussagen, Entscheidungstabellen, Diagrammen der strukturierten Analyse (SA), der strukturierten Analyse und Design-Technik (SADT), ER-Diagrammen usw. bestehen.

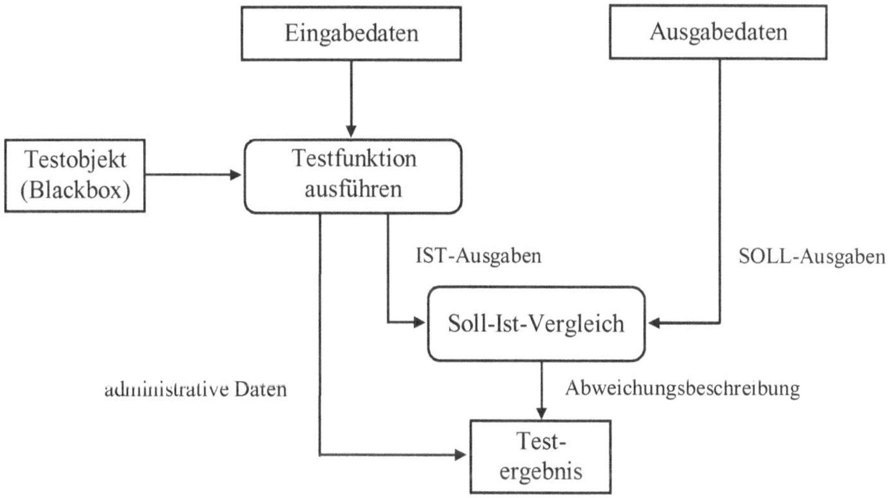

Abb. 5.2-1: Prinzip des Blackboxtests [WIE90]

5.2.1 Funktionsüberdeckung

Die Funktionsüberdeckung ist ein Überdeckungsverfahren, in dem die spezifizierten fachlichen Funktionen der zu testenden Anwendung mit sämtlichen relevanten Testsituationen mindestens einmals ausgeführt werden. In ihren komplexen Zusammenwirken ergeben diese Funktionen fachliche Szenarios und daraus wiederum konkrete Anwendungsfälle, die im anschließenden Abnahmetest getestet werden. Es wird eine Testüberdeckung aller Funktionen angestrebt, die zeigen soll, dass die in den Anforderungsdokumenten beschriebenen Funktionen bei der Entwicklung berücksichtigt wurden und funktionsfähig sind. Die methodische Vorgehensweise bei der Testfallermittlung auf der Anwenderebene basiert im wesentlichen auf folgenden Schritten:

- Identifikation der Funktionen und Subfunktionen anhand der fachlichen Anforderungsdokumente. Jede Funktion muss ein genau definiertes Eingabe-/Ausgabeverhalten zeigen.
- Festlegen des relevanten Eingabedatenbereichs für diese Funktionen (*Eingabevariablen, Systemzustände*).
- Festlegen des relevanten Ausgabedatenbereichs für diese Funktionen (*Ausgabevariablen, Systemzustände*).
- Aufteilen des Eingabedatenbereichs in Äquivalenzklassen und Berücksichtigung je eines Repräsentanten dieser Klassen.
- Einteilen des Ausgabedatenbereichs in Äquivalenzklassen.
- Berücksichtigung von Grenzwerten je Eingabe- und Ausgabevariable (*Grenzwertanalyse*). Die Grenzwerte der Ausgabevariablen müssen dabei in entsprechende Eingabewerte über den bestehenden Algorithmus rücktransformiert werden.
- Berücksichtigung verschiedener Datenkombinationen bei Eingabevariablen, wobei auch falsche Kombinationen zu berücksichtigen sind.
- Berücksichtigung einzelner problematischer Werte je Eingabe- und Ausgabevariable, die besonders fehlersensitiv sind (*Test besonderer Werte*).
- Berücksichtigung von „Normalwerten“ und „Falschwerten“, d. h. Werten, die sich nicht aus der Spezifikation ableiten lassen. Falschwerte müssen unter Angabe einer Fehlermeldung abgewiesen werden.

- Berücksichtigung von Situationen, in denen Eingabeparameter und Systemparameter in einem starken Zusammenhang stehen.

Als Testziel kann eine festgelegte Funktionsüberdeckung gefordert werden, die aus dem Quotienten der ausgeführten Funktionen zu allen spezifizierten Funktionen besteht. Da sich jedoch aus einer Funktion unter Umständen viele Testsituationen ableiten lassen, muss auch für eine entsprechende Testüberdeckung der Funktionen selbst gesorgt werden. Testsituationen ergeben sich zum Beispiel, wenn eine implementierte Funktion durch eine Fallentscheidung gesteuert wird oder durch den Test von Datenkombinationen, aber auch durch Anwendung der Grenzwertanalyse und dem Test besonderer Werte.

Wichtig beim Test von Funktionen ist, dass die möglichen *Zustände* und *Zustandsübergänge* jeder Funktion überdeckt werden, was jedoch in der Praxis wegen des oft sehr großen Dateneingaberaums der Funktionen auf Schwierigkeiten stößt (siehe Kapitel *"Testen von Zustandsautomaten"*). Deshalb muss die Relevanz der möglichen Zustände überprüft werden. Nicht wirklich relevante Zustände bleiben unbeachtet. Darüber hinaus sollten die Funktionen auf der Grundlage eines Nutzungsprofils getestet werden, indem sowohl die Ausführungswahrscheinlichkeiten der Funktionen als auch die Wahrscheinlichkeiten der Zustände und Zustandsübergänge hinreichend ermittelt werden. Dabei sind auch Risikoeinstufungen der Funktionen zu berücksichtigen, die in den Anforderungsdokumenten festgelegt sind. Funktionen mit hohem Risiko sind besonders intensiv zu testen.

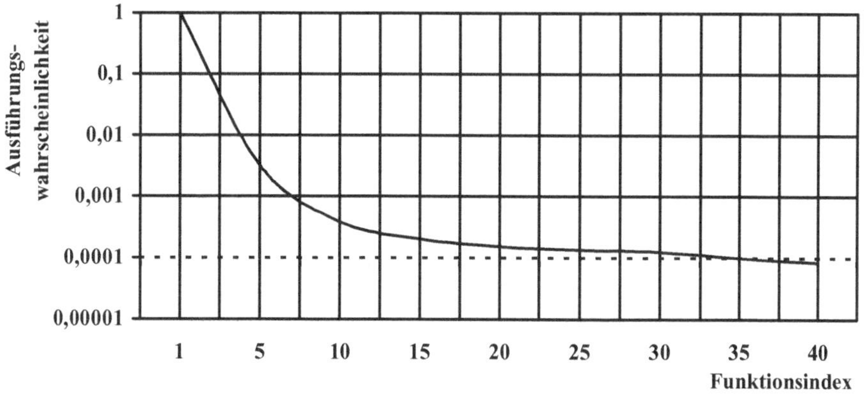

Abb. 5.2-3: Nutzerorientierte Ausführungswahrscheinlichkeiten von Funktionen

Das letzte Diagramm zeigt eine beispielhafte nutzungsorientierte Wahrscheinlichkeitsverteilung der im künftigen Betriebseinsatz auszuführenden Funktionen. Angenommen es sollen alle Funktionen mit einer Ausführungswahrscheinlichkeit von größer als 0,0001 getestet werden, dann entspricht das einer Funktionsüberdeckung von 0,875 (35/40) bzw. 87,5 %. Befinden sich allerdings in den nicht zu testenden fünf Funktionen (Funktionsindex 35 bis 40) solche, die als risikoreich einzustufen sind, dann müssen diese Funktionen den Risikostufen entsprechend ebenfalls getestet werden.

Der Vorteil des nutzerorientierten Funktionstests besteht in der Auswahl derjenigen Funktionen, die am häufigsten beim künftigen Nutzer ausgeführt werden. Diese Funktionen sind sehr gründlich zu testen, weil die in ihnen enthaltenen Fehler stärker die *Zuverlässigkeit* der Software beeinflussen als Fehler in anderen Funktionen, die eher selten ausgeführt werden.

Für den erweiterten funktionalen Test auf den systemnahen Ebenen kann eine Messung der Funktionsüberdeckung durch Instrumentierung des Quell- oder Objektcodes realisiert werden. Allerdings ist der Begriff der Funktion hier weitgehend von der Abstraktionsebene und der Sicht des Implementierers abhängig, deshalb wird oft kein geeignetes Werkzeug zur Verfügung stehen. Relativ einfach gestaltet sich eine quellcodebasierte manuelle Instrumentierung wenn eine aus Low-Level-Funktionen zusammengesetzte Funktion einem Paragrafen, einer Sektion oder einem kompletten Modul entspricht. Folgende Abbildung zeigt die Zuordnung von Testfällen zu einzelnen Batch-Funktionen (Laden von Daten in eine Datenbank) mittels einer Testfallmatrix. Durch ein derartiges Hilfsmittel können auch redundante Testfälle erkannt und gelöscht werden.

	Testfall							
Funktion	**T1**	**T2**	**T3**	**T4**	**T5**	**T6**	**T7**	**T8**
Datenbank initialisieren	x							
Stammdaten in DB laden		x	x					
Bankleitzahlentabelle in DB laden				x	x			
Hilfsdateien in DB laden						x		
Artikelnummerntabelle in DB laden							x	
Kundennummern prüfen								x

Abb. 5.2-2: Zuordnung von Testfällen zu Funktionen in einer Testfallmatrix

Dieser konventionelle Ansatz des funktionsorientierten Tests stößt jedoch beim objektorientierten Testen allerdings auf Schwierigkeiten, weil eine Funktion sich aus einer langen Ketten von Operationsaufrufen zusammensetzen kann. Bei tief gestaffelten Vererbungshierarchien ist es deshalb sehr schwierig Funktionen zu isolieren und ihr Eingabe-/Ausgabeverhalten separat zu testen [SNE02]. Eine Variante des konventionellen funktionsorientierten Tests ist der *transaktionsorientierte Test*.

Der transaktionsorientierte Test ist besonders als funktionaler *nutzungsbasierter Test* gegen die Spezifikation bzw. die fachlichen Vorgaben geeignet. Er ist weniger formal zu handhaben als der zustandsorientierte Test auf der Basis von Zustandsautomaten. Werden zum Beispiel Anwendungsfälle getestet, dann kommt es auf den korrekten Funktionsfluss der beteiligten Funktionen an (Funktionsflusstest). Für jedes Szenario und jede Anwendungsfallvariante werden die Vor- und Nachbedingungen der Funktionen geprüft, die diesen Funktionsfluss bewirken. Der Funktionsfluss entspricht dabei einer Sequenz von fachlichen Wirkungen an den Transaktionsausgängen, die wiederum in ihrer geordneten Gesamtheit den Anwendungsfall ergeben. Beim Test werden nicht nur gültige, sondern auch ungültige Transaktionssequenzen geprüft, die vom System unter Angabe von Fehlermeldungen abzuweisen sind.

5.2.2 Anwendungsfallüberdeckung

Während im Funktionstest auf den anwendernahen Ebenen einzelne Funktionen mit ihren Zuständen und Zustandsübergängen zu testen sind, werden im Abnahmetest komplette fachliche Anwendungfälle und Geschäftsprozesse getestet. Als Anwendungsfall wird dabei eine eindeutige Sequenz von Interaktionen zwischen dem Anwender und dem System verstanden, nach deren Abschluss dem Anwender ein spezieller Dienst zur Verfügung gestellt wird. Dieser Dienst ist als Ergebnis des komplexen Zusammenwirkens spezifizierter Funktionen aufzufassen, die auf Anwenderebene als Szenarios beschrieben werden können.

Analog zur Funktionsüberdeckung lässt sich eine Anwendungsfallüberdeckung als Testziel spezifizieren, indem man den Quotienten aus den ausgeführten Anwendungsfällen zur Gesamtzahl der Fälle bildet. Eine derartige Maßzahl allein würde jedoch wenig Aussagekraft haben. Ein Projekt wird je nach Größe vielleicht zwischen 10 und 100 Anwendungsfällen besitzen. Diese Anwendungsfälle lassen sich oft in eine ganze Reihe Anwendungsfallvarianten aufspalten, aus denen sich wiederum viele Testsituationen ableiten lassen. Die bereits beschriebene Problematik bei der Funktionsüberdeckung kommt hier also in noch stärkerem Maß zum Tragen. Es kommt weniger darauf an, einen Anwendungsfall vielleicht einmal mit bestimmten Daten auszuführen, als die vielen Testsituationen angemessen zu berücksichtigen, die den Anwendungsfall überdecken. Darüber hinaus muss die fachliche Korrektheit und Konsistenz zu anderen Anwendungsfällen sichergestellt werden.

Eine Überdeckung der Anwendungsfälle muss natürlich in jedem Fall vorgenommen werden. Man muss jedoch genau spezifizieren, wie die Anwendungsfälle selbst zu überdecken sind. Der Testaufwand richtet sich dabei nach den zugeordneten Risikoeinstufungen. Sinnvolle Testziele pro Anwendungsfall ergeben zum Beispiel sich aus der Überdeckung der Szenarios (Szenario-Überdeckung) sowie der Zustände und Transitionssequenzen, wobei die Überdeckung aller zulässigen und einiger nicht zulässiger Sequenzen spezifiziert werden kann. Darüber hinaus müssen alle spezifizierten Endzustände mindestens einmal erreicht werden. Ein Beispiel für den Test von Funktionsaufruffolgen ist im Kapitel *Testen von Zustandsautomaten* (Laden einer Datenbank) angegeben.

Die Ausführung der anwendungsfallbezogenen Testfälle wird anhand eines Testscripts vorgenommen, das die tatsächliche Ausführungsreihenfolge der Testfälle enthält. Das Testscript enthält aber auch die Vor- und Nebenbedingungen für jeden spezifierten Testfall sowie Hinweise über eventuell anfallende Zwischenprüfungen mit den dazu geforderten Variablenwerten.

5.2.3 Funktionale Äquivalenzklassenanalyse

Die Äquivalenzklassenanalyse ist eine werteorientierte Methode der Testfallbestimmung, die sowohl beim strukturorientierten als auch funktionsorientierten Test eingesetzt werden kann. Ein guter Testfall muss in der Lage sein, eine gewisse Menge ähnlicher Testfälle abzudecken. Der Eingangsbereich eines Programms kann deshalb in eine endliche Menge von Klassen eingeteilt werden, von denen man annehmen kann, dass ein Testfall mit einem repräsentativen Wert dieser Klasse zu jedem anderen Wert dieser Klasse äquivalent ist.

5.2.3.1 Anforderungen und Ableitung von Testfällen

Findet man mit einem repräsentativen Wert einer Äquivalenzklasse einen Fehler, dann wird man mit einem anderen Wert dieser Klasse mit großer Wahrscheinlichkeit ebenfalls einen Fehler finden. Eine Äquivalenzklasse sollte folgende Anforderungen erfüllen:

- Jeder Wert einer Klasse ist annähernd gleich fehlersensitiv oder führt mit annähernd gleicher Wahrscheinlichkeit zu einer korrekten Funktionsausführung entsprechend der Vorgabendefinition.
- Alle Werte einer Klasse sollten vom Programm in gleicher Weise funktionell behandelt werden (Durchlaufen von bestimmten Pfaden, Moduln, Werteteilbereich einer Variablen usw.).
- Zwei Äquivalenzklassen dürfen keine identischen Wirkungen besitzen, ansonsten sind sie zu einer Klasse zusammenzufassen.

Aus diesen Forderungen lässt sich folgendes Vorgehen bei der Äquivalenzklassenbildung ableiten:

- Aufteilen des Eingabebereichs einer Variablen auf der Grundlage der spezifizierten Wirkungen. Können einem Bereich mehrere eindeutige Wirkungen zugeordnet werden, dann ist der Bereich in mehrere Äquivalenzklassen aufzuteilen. Das ist zum Beispiel der Fall, wenn durch Abfragen der Teilbereiche unterschiedliche Verarbeitungsroutinen angesteuert werden. Diese Teilbereiche ergeben *gültige Äquivalenzklassen* mit einer Verarbeitung der Daten.
- Ist eine weitere Zerlegung der einzelnen Parameterbereiche nicht möglich, dann werden die Bereiche der Variablen betrachtet, die außerhalb der Vorgabendefinition liegen. Sie ergeben *ungültige Äquivalenzklassen*, die eine Abweisung der Daten durch die Fehlerbehandlung bewirken.
- Eine Äquivalenzklasse kann aus der Sicht eines einzelnen Eingabewertes eine eindeutige oder nicht eindeutige Wirkung besitzen. Besitzt sie keine eindeutige Wirkung, dann bestehen Abhängigkeiten zwischen verschiedenen Variablen, die eine Kombination der Äquivalenzklassen erfordern.

Der Begriff der *Wirkung* entspricht in den wenigsten Fällen einem konkreten Zahlenwert des Ausgabedatenbereichs eines Programms, sondern er ist eine gedankliche Konstruktion, die von der Sichtweise des Testers und der Abstraktionsebene abhängt. Eine Wirkung kann deshalb auch eine logische Zusammenfassung von konkreten Zahlenwerten sein, die in ihrer Gesamtheit einer Funktion entsprechen. Die Wertebereiche zweier Äquivalenzklassen sollten sich nicht überschneiden, was sich jedoch nicht immer realisieren lässt. Nachfolgendes Beispiel zeigt eine einfache Äquivalenzklassenbildung für eine Variable, die einen Wertebereich von 000.000,01 bis 999.999,99 annehmen kann.

Daten-element	Äquivalenzklasse	
	gültig	ungültig
Umsatz	000.000,01 ≤ Umsatz ≤ 999.999,99	Umsatz < 000.000,01
		Umsatz > 999.999,99

Abb. 5.2-4: Gültige und ungültige Äquivalenzklassen

Der gesamte Wertebereich dieses Beispiels 000.000,01 ≤ Umsatz ≤ 999.999,99 kann unter Umständen nicht als einzige Äquivalenzklasse angesehen werden, wenn innerhalb dieses Bereiches gesonderte Bedingungen gelten. So kann bei einer Abfrage nach dem Wert < 10.0000,00 eine andere Routine angesteuert werden. Der gesamte Wertebereich ist deshalb in zwei Äquivalenzklassen aufzuteilen, wobei zum Beispiel Klasse 1 den Bereich von 000.000,01 bis 9.999,99 und Klasse 2 den Bereich von 10.000,00 bis 999.999,99 abdeckt. Darüber hinaus müssen auch die Ausnahmen berücksichtigt werden.

Testfall-Nummer	Wertebereich Datenelement Umsatz	Fachliche Wirkung
T01	000.000,01 bis 9.999,99	Verarbeitung
T02	10.000,00 bis 999.999,99	Verarbeitung
T03F	< 000.000,01	Fehlerhinweis
T04F	> 999.999,99	Fehlerhinweis

Abb. 5.2-5: Ableitung von Testfällen aus Äquivalenzklassen

Fehlerhafte Eingabedaten müssen immer durch Hinweismeldungen oder kontrollierte Abbrüche vom Programm behandelt werden. Sie sind durch separate Testfälle zu spezifizieren, die jedoch mehrere ungültige Äquivalenzklassen anderer Eingabevariablen enthalten können.

5.2.3.2 Äquivalenzklassenkombinationen

Bestehen Abhängigkeiten zwischen Datenelementen, dann ergibt der Wert oder Wertebereich einer einzelnen Äquivalenzklasse keine eindeutige Wirkung. Deshalb ist anhand der *fachlichen Anforderungen*, der *Schnittstellenspezifikation* und des *Datenmodells* zu prüfen, bei welchen Datenelementen Abhängigkeiten bestehen und wie daraus gültige Kombinationen von Äquivalenzklassen gebildet werden können. Jede dieser Kombinationen muss eine eindeutige funktionelle Wirkung besitzen, die entweder eine Verarbeitung oder eine Fehlermeldung zur Folge hat. Nachfolgend wird die fachliche Wirkung „Rabattgewährung“ in Abhängigkeit der Datenelemente *Kundenkennzeichen* und *Umsatz* betrachtet und die Kombinationsmöglichkeiten der sich daraus ergebenden Äquivalenzklassen analysiert.

Kundenkennzeichen:	A = Rabattgewährung Space = keine Rabattgewährung	
Umsatz:	Die Rabattgewährung (Kundenkennzeichen A) ist dem Umsatz entsprechend gestaffelt:	
	< 10.000,00 DM:	1,5 % Rabatt,
	10.000,00 bis 49.999,99 DM:	3,0 % Rabatt,
	50.000,00 bis 99.999,99 DM:	5,0 % Rabatt,
	≥ 100.000,00 DM:	7,5 % Rabatt.

Abb. 5.2-6: Abhängigkeiten bei der Bestimmung des Rabatts

Daten-element	**Äquivalenzklasse**		**Komb. 01**	**Komb. 02**	**Komb. 03**	**Komb. 04**	**Komb. 05**
	gültig	**ungültig**					
Kunden-Kz.	A			X	X	X	X
	Space		X				
		≠ (A oder Space)					
Umsatz	< 10.000,00		X	X			
	10.000,00 bis 49.999,99		X		X		
	50.000,00 bis 99.999,99		X			X	
	≥ 100.000,00		X				X
		Zero					
Wirkung		Fehlerhinweis	0,0 % Rabatt	1,5 % Rabatt	3,0 % Rabatt	5,0 % Rabatt	7,5 % Rabatt

Abb. 5.2-7: Kombinationstabelle zur Bestimmung des Rabatts

Aus der Kombinationstabelle geht hervor, dass es fünf verschiedene Kombinationen gibt, die jeweils eine eindeutige Wirkung besitzen. Bei Kombination 01 (keine Rabattgewährung wegen Kundenkennzeichen = Space) ist die Staffelung des Umsatzes unerheblich, d. h. der Umsatz kann < 10.000,00 oder 10.000,00 bis 49.999,99 oder 50.000,00 bis 99.999,99 oder ≥ 100.000,00 sein. Aus der Kombinationstabelle lassen sich nun neun Testfälle ableiten, die sich aus acht Positivfällen und einem Negativfall (Ausnahmefall) zusammensetzen.

Testfall-Nummer	Wertebereich Datenelemente		Fachliche Wirkung
	Kunden-Kennzeichen	Umsatz	
T01	Space	< 10.000,00	0,0 % Rabatt
T02	Space	10.000,00 - 49.999,99	0,0 % Rabatt
T03	Space	50.000,00 - 99.999,99	0,0 % Rabatt
T04	Space	≥ 100.000,00	0,0 % Rabatt
T05	A	< 10.000,00	1,5 % Rabatt
T06	A	10.000,00 - 49.999,99	3,0 % Rabatt
T07	A	50.000,00 - 99.999,99	5,0 % Rabatt
T08	A	≥100.000,00	7,5 % Rabatt
T09F	≠ (A oder Space)	beliebig	Fehlerhinweis

Abb. 5.2-8: Testfallableitung aus der Kombinationstabelle

Durch die Ableitung von Äquivalenzklassen lassen sich nicht unbedingt bessere Testergebnisse bzw. niedrigere Restfehlerzahlen erzielen, sondern die Anzahl der möglichen Testfälle wird durch die Beseitigung von Redundanzen minimiert ohne dabei die Fehlersensitivität des Testverfahrens zu verschlechtern. Voraussetzung ist allerdings, dass die Äquivalenzklassen sehr sorgfälig abgeleiten werden. Der Begriff der funktionalen Äquivalenzklasse lässt sich jedoch nicht im Sinne strenger mathematischer Eindeutigkeit definieren, weil er von der Sichtweise und dem jeweiligen Abstraktionsniveau der Vorgabendefinition abhängig ist. Aus diesem Grund sind Überschneidungen der Klassen in der Praxis durchaus möglich.

Da die Grenzbereiche von Äquivalenzklassen erfahrungsgemäß besonders fehlerträchtig sind, ergeben sich sehr fehlersensitive Testfälle, wenn die Äquivalenzklassenmethode durch datentypbezogene Grenzwertbetrachtungen ergänzt wird. Dieser wichtige Ansatz führt zur Grenzwertanalyse bzw. zum Grenzwerttesten, der durch den Test von besonderen Werten erweitert wird.

5.2.4 Grenzwertanalyse

Das Testen mit Äquivalenzklassen lässt sich weiter verfeinern, indem kein beliebiger Wert der Klasse als Ein- oder Ausgabewert spezifiziert wird, sondern die Grenzwerte bzw. die Grenzbedingungen für Tests herangezogen werden. Diese Teststrategie resultiert aus der praktischen Erkenntnis, dass besonders bei der Programmierung von Randbedingungen einer Variablen oder eines Algorithmus die meisten Fehler auftreten. Myers empfiehlt außerdem Werte in den Testfällen zu berücksichtigen, die direkt oberhalb oder unterhalb eines Grenzwertes liegen [MYE91], woraus sich *gültige* und *ungültige* Testfälle ergeben. Die Wahrscheinlichkeit, Fehler im Testobjekt zu finden, lässt sich dadurch beträchlich erhöhen. Falls zusätzliche Kapazitäten für die Testfallbestimmung vorhanden sind, sollte darüber hinaus für jede Äquivalenzklasse ein mittlerer Wert berücksichtigt werden. Mittlere Werte sind besonders bei der Kombination von Eingabevariablen nützlich, um die kombinatorische Vielfalt der Grenzwerte in Testfällen zu umgehen und damit die Anzahl der Testfälle zu minimieren.

5.2.4.1 Bestimmung der Grenzwerte

Angenommen eine Eingabevariable x besitzt den *kontinuierlichen Wertebereich* $10 \leq x \leq 20$, der eine Äquivalenzklasse repräsentiert, dann können durch die Grenzwertanalyse zusätzliche Testfälle mit den Werten 9, 10, 11 und 19, 20, 21 spezifiziert werden. Die Testfälle mit den Werten 9 und 21 sind Negativfälle, weil sie außerhalb des gültigen Wertebereichs von x liegen. Diese Eingaben sind vom Programm durch eine entsprechende Fehlerbehandlung abzuweisen. Die Testfälle mit den Werten 10, 11, 19 und 20 sind dagegen Postivfälle, die eine Verarbeitung der Werte bewirken. Folgende Abbildung soll diesen Sachverhalt verdeutlichen.

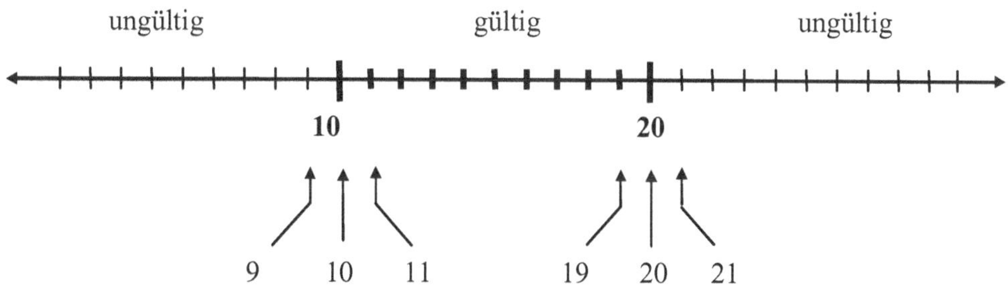

Abb. 5.2-9: Spezifizierung zusätzlicher Testfälle durch die Grenzwertanalyse

Für Eingabevariable, denen ein *diskreter Wertebereiche* zugeordnet werden kann, sind Testfälle zu spezifizieren, die je einen dieser diskreten Werte enthalten. Besteht zum Beispiel ein gültiger Wertebereich aus den Zeichen “A”, “B” und “C”, dann sind auch drei Testfälle mit diesen Werten zu erstellen. Für das angegebene Beispiel im letzten Abschnitt lassen sich durch die Grenzwertanalyse ohne Beachtung der mittleren Werte folgende Testfälle spezifizieren:

Testfall-Nummer	Wertebereich Datenelemente		Fachliche Wirkung
	Kunden-Kennzeichen	Umsatz	
T01	Space	0,01	0,0 % Rabatt
T02	A	0,01	1,5 % Rabatt
T03	Space	9.999,99	0,0 % Rabatt
T04	A	9.999,99	1,5 % Rabatt
T05	Space	10.000,00	0,0 % Rabatt
T06	A	10.000,00	3,0 % Rabatt
T07	Space	49.999,99	0,0 % Rabatt
T08	A	49.999,99	3,0 % Rabatt
T09	Space	50.000,00	0,0 % Rabatt
T10	A	50.000,00	5,0 % Rabatt
T11	Space	99.999,99	0,0 % Rabatt
T12	A	99.999,99	5,0 % Rabatt
T13	Space	100.000,00	0,0 % Rabatt
T14	A	100.000,00	7,5 % Rabatt
T15	Space	100.000,01	0,0 % Rabatt
T16	A	100.000,01	7,5 % Rabatt
T17	Space	999.999,99	0,0 % Rabatt
T18	A	999.999,99	7,5 % Rabatt

Abb. 5.2-10: Testfallableitung unter Berücksichtigung von Grenzwerten

Die Grenzwertanalyse mag auf dem ersten Blick trivial erscheinen, wenn man die Verarbeitung einfacher Eingabeparameter betrachtet. Sie erfordert jedoch je nach Komplexität des zu untersuchenden Problems ein hohes Maß an Kreativität und Aufwand. So sollten bei bestimmten Berechnungen auch die eventuell anfallenden Zwischenergebnisse definierte Grenzwerte aufweisen. Das ist besonders dann wichtig, wenn diese Zwischenergebnisse als Eingabeparameter anderern Moduln im gleichen System oder benachbarten Systemen übergeben werden. Es sind also nicht nur *Eingabegrenzwerte* zu bilden, sondern auch *Ausgabegrenzwerte* zu erzeugen, die als Transformationsergebnis bestimmter Eingabewerte aufzufassen sind.

5.2.4.2 Grenzwerte bei der Kombination von Äquivalenzklassen

Sind Wirkungen nur durch die Kombination von Variablen zu erreichen, dann wird es wegen der kombinatorischen Vielfalt nicht immer möglich sein, alle Grenzwerte in Testfällen zu berücksichtigen. In diesen Fällen sollten nur die Grenzwerte *einer* Variablen gebildet werden, die mit Werten aus den Wertebereichsmitten der anderen Variablen zu kombinieren sind. Auf diese Weise reduziert sich die kombinatorische Vielfalt, ohne die Fehlersensitivität wesentlich zu verringern. Es bleiben nämlich nur Fehler oder Ausfälle unentdeckt, die durch das Zusammenwirken mehrerer Grenzwerte entstehen.

Folgendes Beispiel zeigt zwei voneinander abhängige Variable, wobei von Variable 1 vier Grenzwerte und der mittlere Wert und von Variable 2 nur der mittlere Wert berücksichtigt werden. Daraus ergeben sich insgesamt fünf positiveTestfälle.

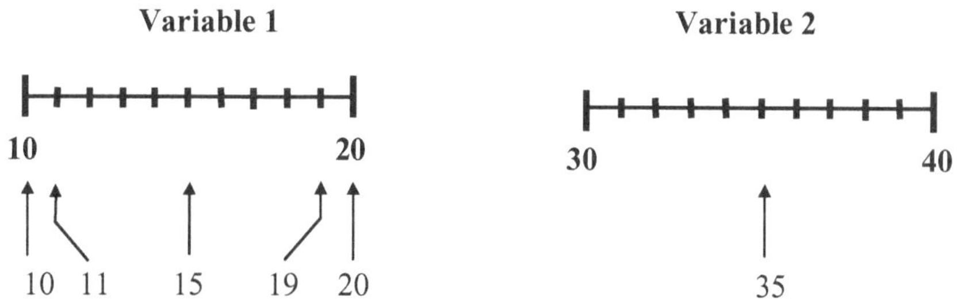

Abb. 5.2-11: Grenzwerte bei der Kombination von Variablen

Testfall-Nummer	Wertebereich		Fachliche Wirkung
	Variable 1	Variable 2	
T01	10	35	
T02	11	35	
T03	15	35	
T04	19	35	
T05	20	35	

Abb. 5.2-12: Grenzwerte und Testfälle bei der Kombination von Variablen

5.2.5 Test besonderer Werte

Das Testen besonderer Werte kann als eine Erweiterung des Grenzwerttestens angesehen werden. Unter diesem Oberbegriff werden eine ganze Reihe von Testverfahren zusammengefasst, die für Eingabedaten, Zwischenergebnisse und Ausgabedaten besondere Werte fordern, die aufgrund praktischer Erfahrungen fehlerträchtig sind [HOW78a]. Soll zum Beispiel eine Eingabevariable geprüft werden, dann können je nach Datentyp diese Werte Space, Zero, Maximal- und Minimalwerte, positive und negative Werte, High- und Low-Values sein. Außerdem werden Werte in den Test einbezogen, die sehr nahe an diesen besonderen Werten liegen, zum Beispiel sehr nahe an Zero. Der Teststufe entsprechend lassen sich folgende weitere Werte berücksichtigen:

- Für Listen und Protokolle sind Testfälle mit Leerlisten und Leerprotokollen zu entwerfen. Dabei ist darauf zu achten, dass die Liste oder das Protokoll nicht einfach unterdrückt wird, sondern dass neben dem vollständigen Listen- bzw. Protokollrumpf der Zusatz „*Leerliste*“ angedruckt wird.

- Bei Berechnungen sollten Zwischen- und Endergebnisse mit einem Minimalwert, einen Maximalwert und ggf. Zero erzeugt werden. Sind Vorzeichen zugelassen, sind Testfälle mit je einem Positiv- und einem Negativwert zu spezifizieren.

- Bei Schleifen sollte die Schleifenbedingung einmal erfüllt und einmal nicht erfüllt sein. Des Weiteren ist die Anzahl der Schleifendurchläufe auf ein Minimum und auf einen höheren Wert zu setzen.

- Bei der Tabellenverarbeitung sind die Indizes auf den minimalen, maximalen und einen mittleren Wert (Anzahl Tabellenelemente) zu setzen.

- Bei Datumsangaben ist der erste und letzte Tag im Monat, der erste und letzte Monat im Jahr oder der 29. Februar (Schaltjahr) zu berücksichtigen.

- Bei interaktiven Systemen sind unerwartete Eingaben zu spezifizieren, die zum Beispiel durch falsche Tastenbetätigungen entstehen.

Beim Test mit besonderen Werten muss man beachten, dass analog zu Ausgabeäquivalenzklassen und Ausgabegrenzwerten nicht nur Eingabevariablen diese Werte zugeordnet werden, sondern auch den Ausgabevariablen. D. h., es müssen Eingabewerte gefunden werden, die durch den zugrunde liegenden Algorithmus als *besondere Ausgabewerte* in den Ausgabedatenraum transformiert werden. Des Weiteren sind auch Zwischenergebnisse von Berechnungen mit einigen besonderen Werten zu testen, was besonders beim funktionalen Test der systemnahen Funktionen sehr nützlich sein kann. Das gilt sowohl für interne Übergabeparametern an andere Module als auch externe Parametern, zum Beispiel durch User-Parameter in der JCL der IBM/MVS-Umgebung. Folgende Tabelle zeigt eine Zusammenstellung besonderer Werte, die in Abhängigkeit der Eingabebedingungen für den Test herangezogen werden können.

Eingabebedingung	Besondere Werte
nummerische Eingabevariable	**Nicht negative Ganzzahl** • Zero (Null), 1 (Eins) • größtmöglicher Wert • mit und ohne führende Nullen (Online) **Ganzzahl** • kleinstmöglicher negativer Wert • größtmöglicher positiver Wert • -1, +1, Zero • mit und ohne führende Nullen (Online) **Festkommazahl** (fixed point) • kleinstmöglicher negativer Wert (z. B. –9999,9999) • negativer Wert nahe Null (z. B. –0,00001) • Zero • kleinstmöglicher positiver Wert (z. B. 0,00001) • größtmöglicher Wert • mit und ohne führende Nullen (Online) **Gleitkommazahl** (floating point) • größtmögliche Zahl (z. B. 7.2E75) • kleinstmögliche Zahl (z. B. –7.2E75) • positive und negative Zahlen nahe Null • Zero **Datumsangaben** • der erste und die letzten beiden Tage im Monat (TTMMJJ) • der erste und letzte Monat im Jahr • der erste und der letzte Tag im Jahr (TTTJJJJ) • der 29. Februar (Schaltjahr)
alphanummerische Eingabevariable	• Low Values und High Values • Spaces (Leerzeichen) und Werte mit führenden Spaces • Sonderzeichen und nicht druckbare Zeichen
Datensätze	**variable Satzlänge/feste Satzlänge** • größte Satzlänge und kleinste Satzlänge • Eingabesätze nach Schlüssel sortiert, einmal nicht sortiert
Dateien	• Leerdatei (nur Header vorhanden) • Leerdatei (Anfangs- und Endesätze vorhanden) • mehr und weniger als das erlaubte Datenvolumen
Parameter (Abruf über JCL)	• vorgeschriebener Parameter fehlt oder falsch • zu wenig oder zu viel Parameter/Subparameter

Abb. 5.2-13: Test besonderer Werte (vgl. [RED83])

Besondere Aufmerksamkeit gebührt *Singularitäten*. So darf bei einer Division der Divisor niemals Null werden. Problematisch sind Situationen, bei denen der Divisor durch einen separaten Berechnungsvorgang zur Verfügung gestellt wird. Singularitäten entstehen auch bei einigen trigonometrischen Funktionen. Interessant sind nun Testwerte, die sehr nahe an den Singularitäten liegen.

Der werteorientierte funktionale Test ist allerdings bei objektorientierten verteilten Systemen nicht einfach zu realisieren, weil die verteilten Programmkomponenten in Form von Klassenhierarchien stärker miteinander verknüpft sind als die Moduln prozeduraler Programme. Der Austausch der Daten erfolgt eventuell über eine ganze Kette von Komponenten mit unterschiedlichen Schnittstellen, deshalb ist es sehr schwierig Ausgabeäquivalenzklassen mit Grenzwerten oder besonderen Werten zu bilden. Denn diese vorgesehenen speziellen Ausgabewerte müssen durch eine Art Rücktransformation in geeignete Eingabewerte transformiert werden, um sie überhaupt erzeugen zu können. Dazu kommen unter Umständen noch tiefe Vererbungshierarchien mit langen Operationsaufrufketten, die eine Rückverfolgung von Daten fast unmöglich machen.

5.2.6 Ursache-Wirkungs-Analyse

Mit der Äquivalenzklassen- und Grenzwertanalyse lassen sich sehr effektive Testfälle ableiten, die besonders in der Lage sind kritische Fehler im Funktionstest aufzuzeigen. Beide Methoden sind jedoch kaum geignet, Kombinationen von Eingabebedingungen zu untersuchen. Die Ursache-Wirkungs-Analyse überwindet diese Schwäche. Durch sie kann aus den Eingangsbedingungen mit ihren Kombinationen und den Ausgangsbedingungen eine Menge logischer Grafen abgeleitet werden, aus denen sich Testfälle spezifizieren lassen. Dabei lässt sich die Anzahl der möglichen Eingabekombinationen sinnvoll begrenzen, was den Testaufwand reduziert.

Eine fachliche Funktion kann danach durch zwei Prädikate definiert werden: Die *Ursache* als eine Beschreibung der zugelassenen Eingabewerte mit deren Beschränkungen, die zugelassenen Defaultzustände (Ursachen, Vorbedingungen, Vorbelegungen) und die *Wirkung* als Beschreibung der Ausgabewerte und der Nachbedingungen. Diese Sichtweise entspricht dem Ansatz der Programmverifikation über Anfangs- und Nachbedingungen mit dem Unterschied, dass die Korrektheit einer Funktion nicht durch formale Beweistechniken, sondern durch dynamische Tests nachgewiesen wird.

Der Ein- und Ausgaberaum für ein Testobjekt kann danach wie folgt dargestellt werden:

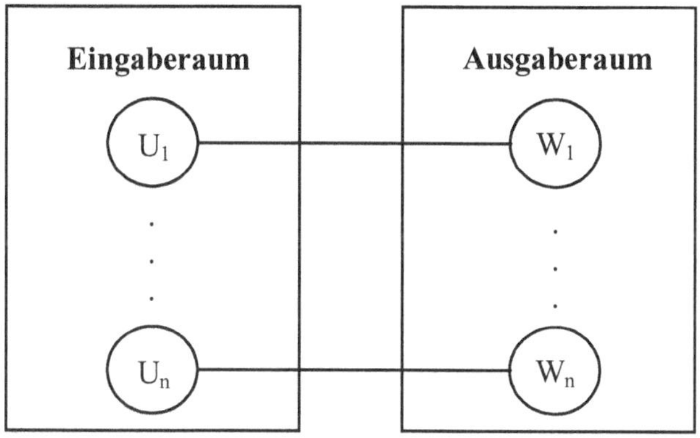

Abb. 5.2-14: Ein- und Ausgaberaum für ein Testobjekt

Der Graf, der von links (Ursache) nach rechts (Wirkung) gelesen wird, besteht aus einer logischen Verknüpfung der Ursache-Wirkungs-Knoten, mit den booleschen Werten:

0 = logisch „falsch", nicht erfüllt, nicht vorhanden,
1 = logisch „wahr", erfüllt, vorhanden.

Folgende Verknüpfungsformen lassen sich im Grafen spezififzieren:

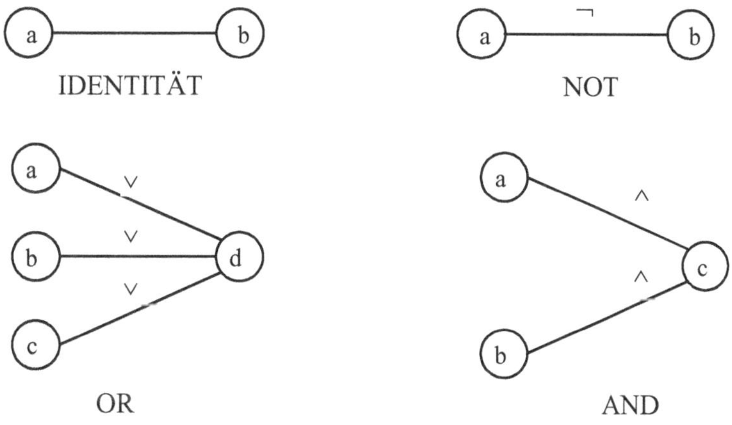

Abb. 5.2-15: Formale Symbole des Ursache-Wirkungs-Grafen (UWG)

Die logischen Operatoren haben folgende Bedeutung:

AND (∧)	Die Wirkung ist vorhanden, wenn alle der durch AND verknüpften Ursachen vorhanden sind.
OR (v)	Die Wirkung ist vorhanden, wenn eine der durch OR verknüpften Ursachen vorhanden ist.
NOT (¬)	Die Wirkung ist vorhanden, wenn die Ursache nicht vorhanden ist.
IDENT	Identität: Die Wirkung ist mit der Ursache identisch.

Abb. 5.2-16: Logische Operatoren und ihre Bedeutung

Je nach der Sichtweise in den Teststufen ist es notwendig, die Ursachen U_1 ... U_n zunehmend zu konkretisieren, indem weitere Zwischenknoten eingefügt werden, die durch boolesche Operatoren miteinander verknüpft sind. Diese Konkretisierung kann bis auf die Ebene einzelner Eingabevariablen fortgesetzt werden, so dass schließlich die einer Ursache oder Ursachenkombination zugeschriebene Wirkung durch eine logische Verknüpfung von Prädikaten (Zwischenknoten) eindeutig beschrieben ist. Der Knotentyp wird durch die ihm zugeordnete boolesche Operation mit den Operatoren AND, OR, NOT, IDENT bestimmt. Die Ursachen, Zwischenknoten und Wirkungen werden auf diese Art der Semantik des Testobjekts entsprechend durch Linien verbunden. Folgende Abbildung zeigt einen Grafen mit drei Ursachen und zwei Wirkungen.

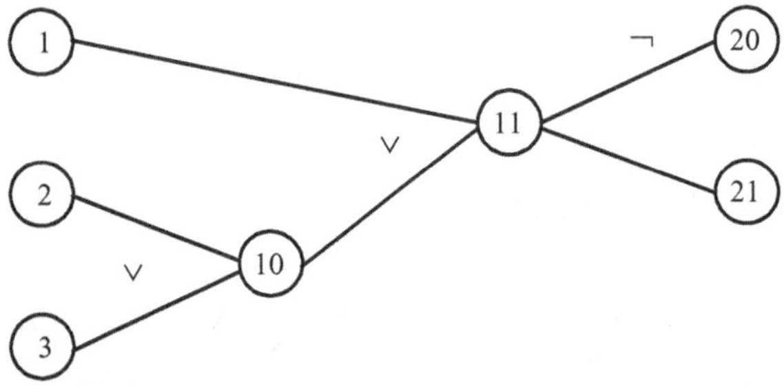

Abb. 5.2-17: Beispiel für einen Ursache-Wirkungs-Grafen

5.2.6.1 Semantische Einschränkungen

Betrachtet man den oben angegebenen Grafen, dann erkennt man, dass die Ursachen 2 und 3 über den Knoten 10 ODER-verknüpft sind. Wird in diesem Beispiel angenommen, dass die zwei Ursachen eine einzige Eingabevariable betreffen, zum Beispiel kann der Feldinhalt dieser Variablen A oder B sein, dann enthält der Graf eine unmögliche Ursachen-Kombination. Es ist in diesem Fall nämlich unmöglich, beide Knoten auf 1 zu setzen, weil die Variable nicht gleichzeitig die Werte A und B annehmen kann. Es ist deshalb notwendig, den

Grafen durch eine *Einschränkung* zu spezifizieren, die in diesem Beispiel deutlich macht, dass nur Ursache 2 oder 3 den Wert 1 annehmen kann, nicht jedoch beide gleichzeitig.

Durch *Einschränkungen* werden semantisch nicht realisierbare Situationen im Grafen kenntlich gemacht, die nicht als Testfälle spezifiziert werden können. Demgegenüber lassen sich syntaktische Einschränkungen, wie Falscheingaben in einem Menü, durch eine entsprechende Fehlerbehandlung abfangen und durch Testfälle testen. Semantische Einschränkungen, die sich meistens auf Ursachen beziehen, lassen sich durch folgende Symbole verdeutlichen:

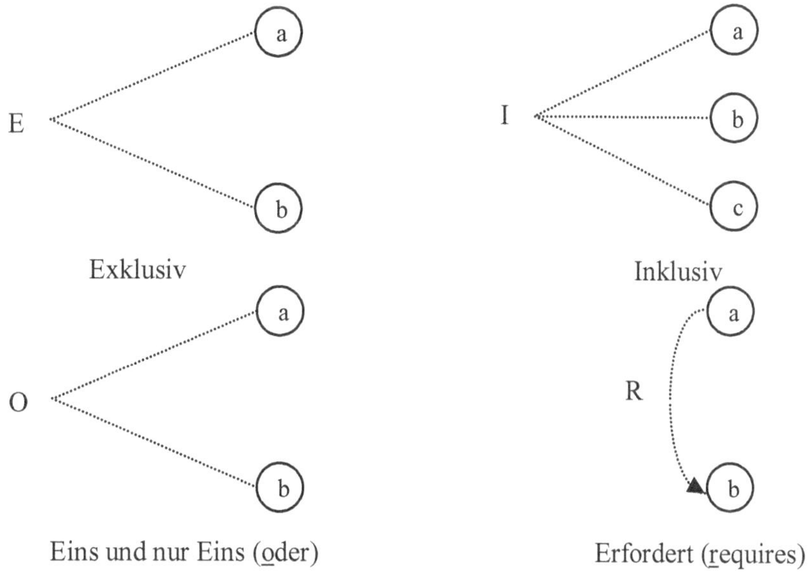

Abb. 5.2-18: Einschränkungen für Ursachen

Die Einschränkungen haben folgende Bedeutung:

Exklusiv:	Es kann höchsten eine Ursache den Zustand 1 annehmen.
Inklusiv:	Es muss mindestens eine Ursache den Zustand 1 annehmen.
Eins und nur Eins:	Genau eine Ursache muss den Zustand 1 annehmen.
Erfordert:	Wenn eine Ursache 1 ist, dann ist die andere Ursache auch 1.

In der Praxis kommt es häufig vor, dass sich Wirkungen überdecken (maskieren), in diesem speziellen Fall kann sich eine Einschränkung auch auf Wirkungen mit folgendem Symbol beziehen:

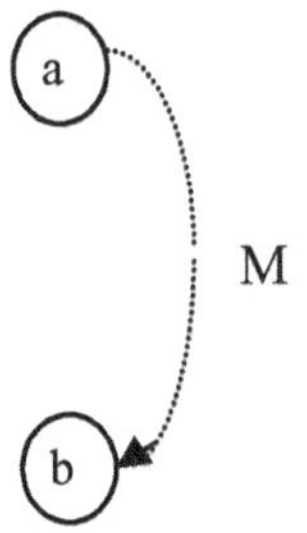

Abb. 5.2-19: Einschränkung für maskierte Wirkungen

5.2.6.2 Erstellung eines Ursache-Wirkungs-Grafen

Der Ursache-Wirkungs-Graf kann für den funktionsorientierten Test nach folgender Vorgehensweise erstellt werden (vgl. dazu [MYE79], [MYE91], [KRÜ90]):

1. Aufteilung der fachlichen Vorgaben in kleinere handhabbare, identifizierbare Abschnitte.
2. Jeder Abschnitt wird nach Ursachen und Wirkungen untersucht. Die Ursachen sind die Eingangsinformationen des zu prüfenden Objekts, die Wirkungen sind die Ausgangsinformationen oder Systemtransformationen. Jede Ursache und jede Wirkung wird durch eine Ordinalzahl eindeutig gekennzeichnet.
3. Analyse des semantischen Inhalts der Vorgabenabschnitte und deren Transformation in einen Grafen, der Ursachen und Wirkungen entsprechend der Vorgabendefinition miteinander verbindet. Jedem Ursache-Knoten ist der boolesche Zustandswert 0 oder 1 zuzuordnen. Danach werden die Zustandswerte der Wirkungsknoten bestimmt.
4. Ergänzen des Grafen durch erklärende Kommentare, die einschränkende oder verbotene Ursachen- und/oder Wirkungskombinationen enthalten.
5. Verfeinern des Grafen je nach Sichtweise. Die Verfeinerung kann bis auf die Ebene einzelner Variablen unter Berücksichtigung von Äquivalenzklassen und Grenzwerten durchgeführt werden.
6. Umsetzung des Grafen in eine Entscheidungstabelle. Für jede Wirkung werden Ursachen und Ursachenkombinationen in eine Tabellenspalte eingetragen. Dadurch lassen sich weitere Einschränkungen der Kombinationen von Ursachen und Wirkungen vornehmen.
7. Umsetzung der Tabellenspalten in Testfälle.

Folgende Abbildung zeigt einen Grafen mit einer Exklusiv-Einschränkung auf die Ursachen 2 und 3.

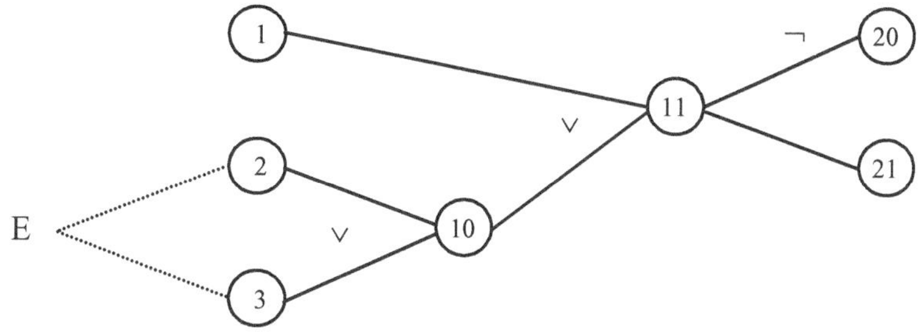

Abb. 5.2-20: Ursache-Wirkungs-Graf mit einer Einschränkung

5.2.6.3 Ableitung von Testfällen aus einem UWG

Sollen aus einem gegebenen Ursache-Wirkungs-Grafen Testfälle abgeleitet werden, ist der Graf von rechts (Wirkung) nach links (Ursache) auszuwerten. Jede zur einer bestimmten Wirkung gehörende Ursachenkombination entspricht einem Testfall, der eine Teilmenge des Eingabedatenbereichs repräsentiert. Die Auswertung des Grafen kann in folgenden Schritten durchgeführt werden:

1. Es wird eine Wirkung ausgewählt, die den Zustand „1" (vorhanden) besitzt.

2. Zurückverfolgen des Grafen und Bestimmung aller Ursachenkombinationen, die für die betrachtete Wirkung mit dem Zustand „1" verantwortlich sind. Um nichtsensitive Testsituationen zu eliminieren, empfiehlt sich folgende Vorgehensweise:

   - Trifft man beim Zurückverfolgen auf einen ODER-Knoten, dessen Ausgang „1" sein soll, dann wird nur einer seiner Eingänge mit „1" berücksichtigt (Pfadsensitivierung). Welche Zustände die anderen Eingänge besitzen ist in diesem Fall unerheblich, weil nur ein einziger Eingang mit dem Zustand „1" bereits den ODER-Ausgang auf „1" setzt.

   - Trifft man beim Zurückverfolgung auf einen UND-Knoten, dessen Ausgang „0" sein soll, dann wird nur einer seiner Eingänge mit „0" berücksichtigt. Welche Zustände die anderen Eingänge besitzen ist auch hier unerheblich, weil nur ein einziger Eingang mit dem Zustand „0" bereits den UND-Ausgang auf „0" setzt.

3. Jede Ursachenkombination erhält eine Spalte in der Entscheidungstabelle.

4. Für jede Ursachenkombination werden die Zustände aller anderen Wirkungen ermittelt und in die entsprechende Tabellenspalte eingetragen.

Folgendes Beispiel zeigt noch einmal den eingangs dargestellten Ursache-Wirkungs-Grafen mit drei Ursachen und zwei Wirkungen, die über einen ODER- und einen UND-Knoten miteinander verbunden sind.

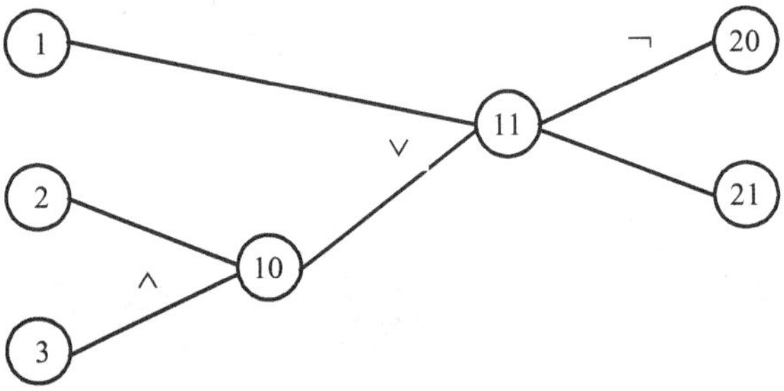

Abb. 5.2-21: Ableitung von Testfällen aus einem UWG [KRÜ90]

Unter Beachtung der möglichen Belegungszustände in Abhängigkeit der Knotenarten ergeben sich insgesamt acht Testsituationen. Unter dem Begriff *Testsituation* soll hier eine mögliche Ursachenkombination verstanden werden, die zu einer Wirkung führt. Die Testsituationen werden erst nach einer systematischen Reduzierung der kombinatorischen Vielfalt in Testfälle überführt.

Knoten-Nummer	**Testsituationen**							
	1	**2**	**3**	**4**	**5**	**6**	**7**	**8**
1	0	1	0	0	1	1	0	1
2	0	0	1	0	1	0	1	1
3	0	0	0	1	0	1	1	1
10	0	0	0	0	0	0	1	1
11	0	1	0	0	1	1	1	1
21	0	1	0	0	1	1	1	1
20	1	0	1	1	0	0	0	0

Abb. 5.2-22: Entscheidungstabelle mit möglichen Testsituationen

Nach der Ermittlung der Testsituationen sind die nicht sensitiven Ursachenkombinationen, die eine Fehlermaskierung bewirken können, zu entfernen.

Testfallermittlung für Wirkung 20:
Ein Testfall muss immer eine bestimmte Wirkung hervorrufen, deshalb wird Knoten 20 auf „1" gesetzt. Der ODER-Knoten 11 muss demzufolge wegen der Negation den Zustand „0" einnehmen. Man betrachtet nun alle Testsituationen in der Entscheidungstabelle, bei denen der Knoten 11 den Zustand „0" besitzt. Das sind die Situationen 1, 3 und 4. Wenn der ODER-Knoten 11 auf „0" gesetzt

ist, muss folglich auch der UND-Knoten 10 den Zustand „0“ einnehmen. Ein UND-Knoten wird jedoch immer nur mit einer Null-Ursache getestet, deshalb kann Testsituation 1 gestrichen werden. Die *Testsituationen 3 und 4* erfüllen diese Anforderung.

Testfallermittlung für Wirkung 21:
Knoten 21 wird auf „1“ gesetzt. Da zwischen Knoten 11 und 21 eine Identitätsbeziehung besteht, muss Knoten 11 ebenfalls den Zustand „1“ besitzen. Es werden nun alle Testsituationen in der Entscheidungstabelle betrachtet, bei den Knoten 11 den Zustand „1“ annimmt. Das sind die Situationen 2, 5, 6, 7 und 8. Zwei Fälle garantieren, dass Knoten 11 den Zustand „1“ einnimmt:

Fall 1: Der UND-Knoten 10 = „1“ mit der Ursache 1 = „0“.
Um zu garantieren, dass 10 = „1“ ist, müssen die Ursachen 2 und 3 auf „1“ gesetzt werden. Das entspricht *Testsituation 7.*

Fall 2: Der UND-Knoten 10 = „0“ mit Ursache 1 = „1“.
Um zu garantieren, dass 10 = „0“ ist, müssen die Ursachen 2 und 3 auf „0“ gesetzt werden. Das entspricht *Testsituation 2.*

Aus dieser Betrachtung ergeben sich vier Testfälle für die Wirkungen 20 und 21 mit folgenden Knotenbelegungen:

Testfall-Nummer	Ursache			Wirkung
	1	2	3	
1	1	0	1	20
2	0	0	1	20
3	1	0	0	21
4	0	1	1	21

Abb. 5.2-23: Entscheidungstabelle mit möglichen Testsituationen

Als weiteres Beispiel sei folgender Einstieg in ein interaktiv arbeitendes System gegeben: Die Eingabe von User-ID (Knoten 1) und Passwort (Knoten 2) sind Voraussetzung für das Öffnen des Systems. Ist das User-ID nicht korrekt, wird die Fehlermeldung E01 ausgegeben, ist das Passwort nicht korrekt, die Fehlermeldung E02. Stimmen User-ID und Passwort mit den im System gespeicherten Werten überein, wird das Haupt-Menü geöffnet (Knoten 4) mit den Auswahlmöglichkeiten für die Unter-Menüs 1, 2 und 3 (Knoten 7 bis 9). Je nach eingegebenen Auswahlkennzeichen („1“, „2“ oder „3“), wird das Menü 1 (Knoten 13), Menü 2 (Knoten 14) oder Menü 3 (Knoten 15) geöffnet. Ist das Auswahlkennzeichen ungleich „1“, „2“ oder „3“ wird, die Fehlermeldung E03 ausgegeben. Der zugehörige Graf als Spezifikation hat folgendes Aussehen:

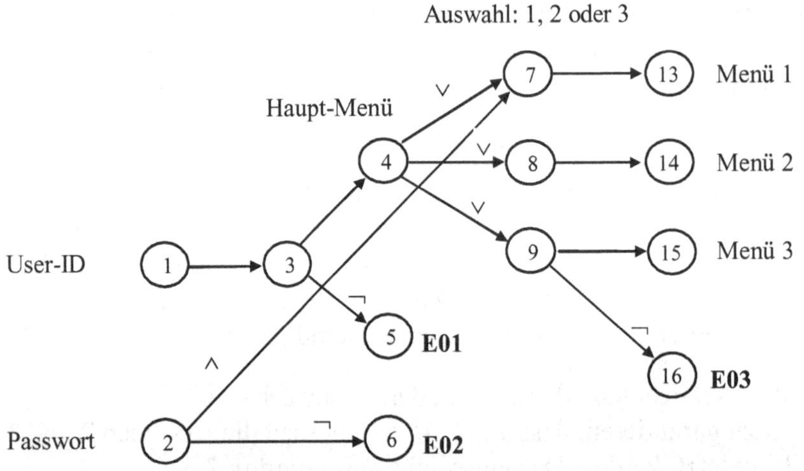

Abb. 5.2-24: Spezifikation als Ursache-Wirkungs-Graf

Aus dem Grafen kann folgende Entscheidungstabelle als Testspezifikation abgeleitet werden.

		T1	T2	T3	T4	T5	T6	T7
Ursachen	User-ID = korrekt	0	1	0	1	1	1	1
	Passwort = korrekt	1	0	0	1	1	1	1
	Auswahl „1“	-	-	-	1	-	-	-
	Auswahl „2“	-	-	-	-	1	-	-
	Auswahl „3“	-	-	-	-	-	1	-
	Auswahl ≠ 1,2,3	-	-	-	-	-	-	1
Wirkungen	Haupt-Menü öffnen	-	-	-	X	X	X	X
	Menü-1 öffnen	-	-	-	X	-	-	-
	Menü-2 öffnen	-	-	-	-	X	-	-
	Menü-3 öffnen	-	-	-	-	-	X	-
	Error 01	X	-	X	-	-	-	-
	Error 02	-	X	X	-	-	-	-
	Error 03	-	-	-	-	-	-	X

Abb. 5.2-25: Testspezifikation als Entscheidungstabelle

Die Methode des Ursache-Wirkungs-Grafen kann besonders beim funktionalen Test von Moduln mit komplexer Logik eingesetzt werden. Da die Vorgaben sehr genau auf Ursachen und Wirkungen hin untersucht werden müssen, lassen sich dadurch auch Fehler und Mängel in den Vorgaben finden. Für die Untersuchung von Grenzwertbedingungen ist diese Methode weniger geeignet.

5.2.7 Testen von Zustandsautomaten

Der Test von Zustandsautomaten ist ein dynamisches funktionsorientiertes Testverfahren, dass sowohl auf Anwenderebene als auch auf Systemebene eingesetzt werden kann. Ein *Automat* repräsentiert ein mathematisches Modell eines Systems mit diskreten Ein- und Ausgaben. Bestehen die Ein- und Ausgaben aus endlich vielen Werten, dann bezeichnet man den Automaten als *endlichen Automaten*. Formal kann ein endlicher Automat folgendermaßen definiert werden:

> Ein **endlicher Automat** ist ein Sechstupel $(Q, \Sigma, \Delta, \delta, q_0, F)$, wobei Q eine endliche Menge von *Zuständen*, Σ ein endliches *Eingabealphabet*, Δ ein *Ausgabealphabet*, q_0 aus Q der *Anfangszustand*, $F \subseteq Q$ eine Menge von *Endzuständen* und δ die *Übergangsfunktion* ist, die $Q \times \Sigma$ auf Q abbildet.

Der endliche Automat besteht nach dieser Definition aus einer endlichen Menge von internen *Zuständen* und einer Menge von *Transitionen* (Zustandsübergängen). Sind die Anfangs- und Endzustände eines Programms bekannt, dann kann das Verhalten des Programms durch diese Zustände und Transitionen beschrieben werden. Der aktuelle Zustand eines Programms umfasst alle Informationen, die sich aus den bisherigen Eingaben ergeben haben und die benötigt werden, um die Reaktion des Programms auf noch folgende Eingaben zu bestimmen. Beim Testen werden dann „Wege“ durch den Zustandsautomaten ausgeführt, d. h. definierte Folgen von zulässigen und unzulässigen Transitionen. Darstellen lässt sich ein Zustandsautomat als *Transitionsdiagramm*.

5.2.7.1 Das Transitionsdiagramm

Ein *Transitionsdiagramm* ist ein Graf, dessen Knoten *Zustände* und dessen gerichtete Kanten *Zustandsübergänge* repräsentieren, die zwischen den Zuständen durch *Ereignisse* verursacht werden. In UML-Notation [JAC99] wird ein *Zustand* durch ein abgerundetes Rechteck dargestellt, das einen Namen und eine *Aktivität* enhalten kann. Die Aktivität wird durch den Zustand ausgelöst, d. h. sie beginnt mit dem Eintritt in den Zustand und endet durch die Übernahme eines neuen Zustands. Eine Aktivität kann ein einfacher Display-Hinweis sein, der den neuen Zustand zum Inhalt hat. Angegeben wird eine Aktivität in der Zustandsbox durch das UML-Schlüsselwort “do”.

Eine *Transition* wird durch einen Pfeil dargestellt. Der Pfeil ist optional mit dem Namen bzw. Symbol des *Ereignisses* zu beschriften, das die Transition verursacht. Bei prozeduralen Programmen kann ein Ereignis ein Modulaufruf sein, bei objektorientierten Programmen eine Botschaft eines Objekts an ein anderes Objekt mit zu übergebenden Parametern. Zur näheren Spezifizierung der Transition kann eine *Aktion* angegeben werden, die von dem Ereignis (gegebenenfalls unter einer bestimmten *Bedingung*) ausgelöst wird. Eine *Aktion* ist eine Operation, die einen neuen Zustand herbeiführt.

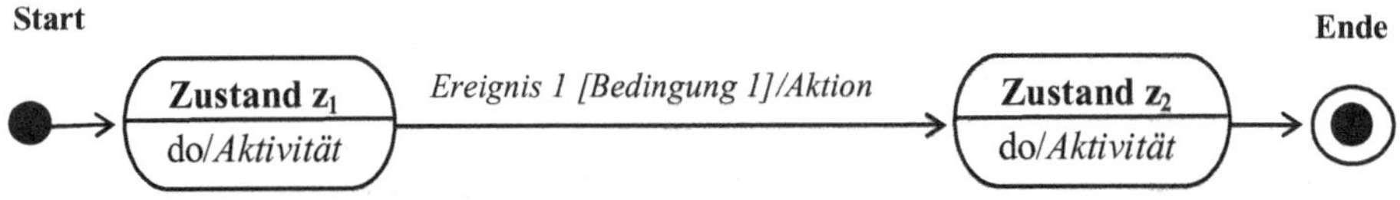

Abb. 5.2-26: Vereinfachte Notation eines Transitionsdiagramms

Bei Programmsystemen sind die *Lebenszyklen* mit definierten Anfangs- und Endzuständen von besonderem Interesse. In der Objektorientierung besitzen Objekte derartige Lebenszyklen. Objekte werden durch Klassenmethoden erzeugt, verrichten bestimmte Dienste und werden zerstört, d. h. sie besitzen Anfangs- und Endzustände, die in einem Transitionsdiagramm einzutragen sind. Führt eine Sequenz Zustandsveränderungen zum Anfangszustand zurück, spricht man von einem *zyklischen Automaten*.

5.2.7.2 Anwendung des Transitionsdiagramms

Zur Vertiefung der bisherigen Darlegungen sollen funktionale Zusammenhänge als **Reihenfolgeprüfungen** an einem Zustandsautomaten betrachtet werden. Die Symbolfolgen des Eingabealphabets Ω entsprechen in diesem Fall der Reihenfolge der Funktionsaufrufe. Bei der Betrachtung von Funktionsaufruffolgen wird dabei weniger die Funktionalität der Funktionen betrachtet, sondern ihr korrektes Zusammenspiel auf einer bestimmten Abstraktionsebene.

Folgende Abbildung zeigt eine Spezifikation als Automat mit 5 Zuständen (z_1 bis z_5), die durch Funktionen bzw. Operationen in der spezifizierten Reihenfolge ausgeführt werden müssen, um einen definierten Endzustand zu erreichen. Die Funktionen sollen Ladeprozeduren sein, die Dateien in den zulässigen Sequenzen erstmals in eine Datenbank laden, um den Endzustand der Daten schrittweise aufzubauen. Nach dem Laden der Datei 5 ist der Endzustand erreicht und die Datenbank geladen. Die Symbole *a* bis *f* stehen für Funktionen bzw. Operationen, welche die einzelnen Dateien in der spezifizierten Reihenfolge in die Datenbank laden und die Transitionen verursachen.

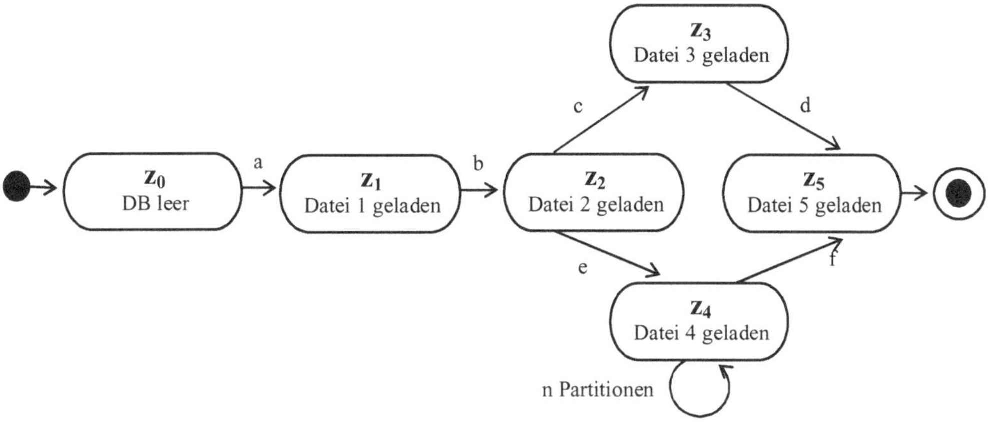

Abb. 5.2-27: Transitionsdiagramm einer Reihenfolgeprüfung

Das Transitionsdiagramm zeigt, dass die angenommene Gesamtfunktion (Laden der Datenbank) mit Ausführung der Funktion *a* beginnt und damit den Zustand z_1 hervorruft. Danach folgt die Ausführung der Funktion *b* mit dem Zustand z_2. Für die Reihenfolge der Ausführungen gibt es nun eine Alternative, entweder wird nach Funktion *b* die Funktion *c* ausgeführt oder die Funktion *e*. Wird Funktion *c* ausgeführt, dann folgt Funktion *d*. Wird dagegen alternativ Funktion *e* ausgeführt, dann ist entweder eine wiederholte Anwendung von Funktion *e* möglich oder es wird sofort Funktion *f* ausgeführt, die den Zustand z_5 und damit den sich anschließenden Endzustand hervorruft. Eine wiederholte Ausführung von Funktion *e* könnte zum Beispiel erforderlich sein, wenn die zu ladende Datenmenge sehr groß ist und demzufolge in physische Partitionen aufgeteilt werden muss. In erster Annährung lassen sich drei zulässige Transitionssequenzen angeben, die zu testen sind:

$$T_1 = (a, b, c, d), \qquad T_2 = (a, b, e, f), \qquad T_3 = (a, b\ e, e, f).$$

Um auch die *unzulässigen Transitionssequenzen* auf einfache Art festzustellen, kann der Automat um einen *Fehlerzustand E* erweitert werden. Bezeichnet *z* den aktuellen Gesamtzustand, der durch ein Ereignis *e* in einen neuen Gesamtzustand *z'* überführt wird, und *f* ein Funktionssymbol, dann muss der Fehlerzustand *E* folgende Eigenschaften besitzen ([RIE97], S. 117):

1. Für jeden Zustand *z* und jedes Funktionssymbol *f*, für das es noch keinen Übergang von *z* zu einem anderen Zustand gibt, wird ein Übergang von *z* mit *f* zum Fehlerzustand *E* definiert.

2. Für jede Transition gibt es einen Übergang von *E* nach *E*.

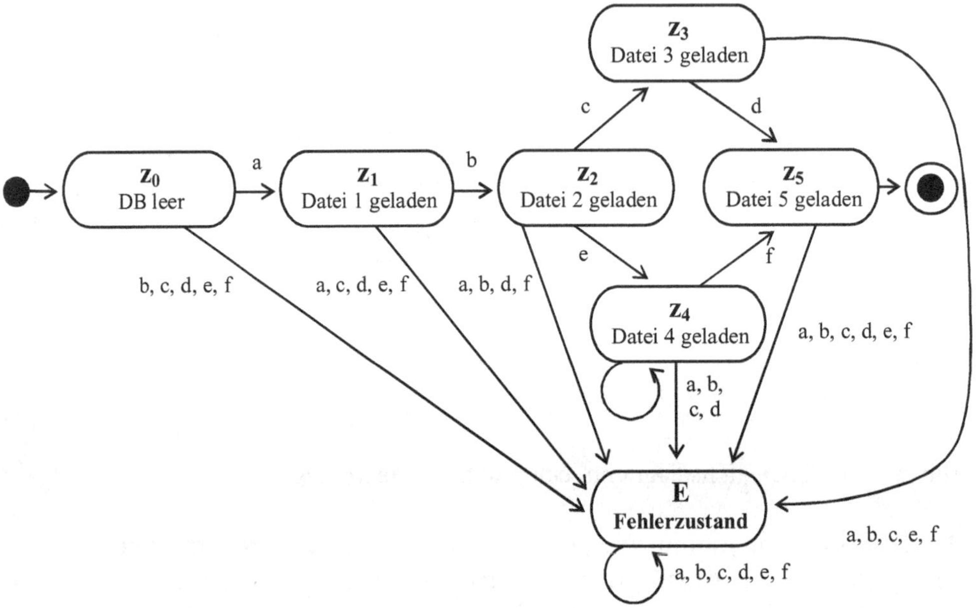

Abb. 5.2-28: Vollständiger Automat mit Fehlerzustand

Beachtet werden muss bei dieser Darstellung, dass die Transitionen, die von den einzelnen Zuständen zum *Fehlerzustand E* führen, zum Zwecke der Vereinfachung auf jeweils einer Kante zusammengefasst sind. Ansonsten müssten zum Beispiel die Transitionen von Zustand z_0 nach *E* (b, c, d, e, f) durch vier Kanten bezeichnet werden, was das Diagramm unübersichtlich macht.

Aus dem *vollständigen Zustandsdiagramm* lassen sich nun auch die unzulässigen Transitionssequenzen für den Test ablesen. Aufgrund der kombinatorischen Vielfalt können jedoch nicht alle möglichen Sequenzen getestet werden. Das wird deutlich, wenn man bedenkt, dass bei *n* Zustandsübergängen die Anzahl der möglichen Permutationen gleich *n*! (*n* Fakultät) ist. Die unzulässigen Sequenzen können deshalb in Fehlerklassen aufgeteilt werden, wobei es ausreichend ist, von jeder Klasse nur eine Sequenz zu testen. Diese Vorgehensweise entspricht der Äquivalenzklassenbildung. Jede der Sequenzen muss vom System mit einem entsprechenden Fehlerhinweis abgewiesen werden. Die Klasseneinteilung könnte für das vorliegende Beispiel folgendermaßen vorgenommen werden (vgl. [RIE97], S 119 f.):

- Sequenz mit unzulässigem Anfang
  Die Sequenz beginnt mit einem falschen oder fehlenden Anfang.

- Die Sequenz ist zu lang
  Eine Sequenz wird über den Endzustand hinaus fortgesetzt.

- Eine Teilsequenz wird fehlerhaft fortgesetzt
  Eine Teilsequenz ist falsch oder fehlt.

- Eine Teilsequenz ist doppelt oder mehrfach vorhanden
  Die Sequenz enthält eine mehrfache Funktionsausführung. Es ist jedoch nur eine einzige oder eine genau festgelegte Anzahl Funktionsausführungen erlaubt.

Aus dieser Fehlerklassifizierung ergeben sich u.a. folgende *unzulässige* Sequenzen, von denen mindestens eine je Klasse getestet werden muss:

unzulässige Transitionssequenzen			
E-Klasse 1	T_4 = (b, c, d),	T_5 = (b, e, f),	T_6 = (b, a, c, d), ...
E-Klasse 2	T_7 = (a, b, c, d, c),	T_8 = (a, b, e, f, e),	T_9 = (a, b, e, f, b), ...
E-Klasse 3	T_{10} = (a, b, c, f),	T_{11} = (a, c, d),	T_{12} = (a, e, f), ...
E-Klasse 4	T_{13} = (a, a, b, c, d),	T_{14} = (a, b, b, c, d),	T_{15} = (a, b, e, f ,f), ...

Abb. 5.2-29: Fehlerklasseneinteilung von unzulässigen Transitionssequenzen

Eine ungültige Sequenz muss sofort abgewiesen werden, wenn der Fehler vom System entdeckt wurde. D. h., bei unzulässigem Anfang oder unzulässiger Fortsetzung einer Teilsequenz muss vor Erreichen des (fehlerhaften) Endzustandes sofort in den Fehlerzustand verzweigt werden. Sobald der Endzustand erreicht ist, liegt demzufolge eine zulässige Sequenz vor, deshalb kann die Gesamtfunktion (hier Laden der Datenbank) beendet werden, was auch das Anfügen weiterer Teilsequenzen (Fehlerklasse: *zu lange Sequenzen*) verhindert. Das kann man zum Beispiel erreichen, indem die zulässigen Sequenzen durch zu definierende *Prädikate* $f_n(P)$ geprüft werden. Der Ausdruck $f_n(P)$ bedeutet, dass vor Ausführung der Funktion f_n das Prädikat P erfüllt sein muss, welches die zulässigen Sequenzen durch einen Algorithmus (Reihenfolge-Orakel) beschreibt. Ist P erfüllt, dann kann mit der Verarbeitung der Sequenz fortgefahren werden, ist P nicht erfüllt, wird sofort in den Fehlerzustand verzweigt und die Aktion abgebrochen. Dabei muss darauf geachtet werden, dass die zuletzt hergestellten *zulässigen* Zustände nicht von den *unzulässigen* Zuständen überschrieben werden, was einen Aufsetzpunkt für das Anfügen der restlichen zulässigen Teilsequenzen schafft, wenn der Fehlerzustand beseitigt wurde.

Im vorliegenden Beispiel sollte bei den *zulässigen* Sequenzen die Wiederholung von Funktion e entsprechend der in der Spezifikation vorgegebenen maximalen Anzahl Partitionen mit einer minimalen und einer maximalen Anzahl von Wiederholungen getestet werden, was dem *Grenzwerttesten* entspricht. Außerdem muss aus der Spezifikation hervorgehen, ob auch Leer-Partitionen akzeptiert werden. Das kann dann der Fall sein, wenn durch Funktion e Änderungsdaten von Kunden eingelesen werden, die nicht in jedem Fall vorliegen müssen. Das System könnte in derartigen Fällen eine physische Partition verlangen (Diskette, Kassette usw.), die keine Datensätze enthält, sondern nur aus vorgeschriebenen Anfangs- und Endesätzen besteht, aus denen sich Zwischen- oder Prüfsummen berechnen lassen. Unter Berücksichtigung von Grenzwerten und Leerpartitionen ergeben sich damit mindestens vier gültige Testsequenzen:

$$T_1 = (a, b, c, d), \quad T_2 = (a, b, e_{n=min}, f),$$
$$T_3 = (a, b, e_{n=max}, f), \quad T_{3-1} = (a, b, e_{leer}, f).$$

Im Hinblick auf eine maximal vorgeschriebene Anzahl an Partitionen sollte den *unzulässigen* Sequenzen eine weitere Sequenz als Testfall hinzugefügt werden, bei dem die maximale Anzahl an Partitionen überschritten wird, zum Beispiel $T_{16} = (a, b, e_{n=max+1}, f)$. Wird eine derartige Partition vom System akzeptiert, dann muss das nicht zwangsläufig zu einer fehlerhaften Weiterverarbeitung von Daten führen, sondern es können zum Beispiel Ressourcen-Probleme bzw. Effizienzprobleme auftreten. Deshalb ist ein derartiger Fall mit den Entwicklern abzuklären, um diese Probleme zu vermeiden. Ein Transitionsdiagramm kann in folgenden Schritten erstellt werden:

1. Auflistung aller Zustände, die für die Testfallermittlung eines Testobjekts von Bedeutung sind (einschließlich des Anfangszustands und der Endzustände). Bei funktionaler Betrachtung lassen sich zum Beispiel Szenarios als Grundlage verwenden.

2. Überprüfung der Relevanz der Zustände. Nicht wirklich relevante Zustände werden gestrichen.

3. Auflistung der zu den Zuständen gehörenden Transitionen und Bezeichnung der Transitionen durch Transitionssymbole. Eine Transition kann auch optional durch *Ereignisse* und *Bedingungen/Aktionen*, die die Transition verursachen, ergänzt werden. Alle von einem Zustand ausgehenden Transitionen müssen unterschiedlichen Ereignissen entsprechen.

4. Erstellen des Transitionsdiagramms als Graf und Beschriftung der Knoten (Zustände) und Kanten (Transitionen).

5. Ergänzung des Transitionsdiagramms durch Fehlerzustände, die aus unzulässigen Transitionssequenzen resultieren.

6. Prüfen, ob eine größere Detailliertheit des Diagramms erforderlich ist. Wenn ja, dann können sowohl *Zustände* als auch *Ereignisse* in verschachtelte Transitionsdiagramme aufgegliedert werden. Verschachtelte Zustände lassen sich immer dann erstellen, wenn die gleiche Transition für mehrere Zustände gilt.

7. Abschließende Prüfung des Transitionsdiagramms auf Korrektheit.

5.2.7.3 Testziele

Beim Test von Zustandsautomaten lassen sich folgende Überdeckungen als Testziele formulieren:

- Alle Transitionen müssen mindestens einmal durchlaufen werden.
- Alle Zustände müssen mindestens einmal überdeckt werden.
- Alle Endzustände müssen mindestens einmal erreicht werden.

Da eine Überdeckung aller Transitionssequenzen aufgrund der hohen Anzahl an Permutationen nicht möglich ist, sollten *alle zulässigen* Sequenzen und *einige nicht zulässige* Sequenzen getestet werden. Die nicht zulässigen Sequenzen lassen sich in Fehlerklassen aufteilen, wobei pro Klasse ein Testfall ausgewählt werden kann.

5.2.7.4 Statistisches Zustandstesten

Die im Betriebseinsatz aufkommenden Fehler sind wahrscheinlichkeitsverteilt. Sie resultieren aus den am häufigsten aktivierten Zuständen des Systems. Es ist deshalb naheliegend, die Testdaten für das Zustandstesten auf der Basis eines *nutzungsorientierten Zustandsprofils* zu erzeugen. Ein nutzungsorientiertes Zustandsprofil besteht analog zum herkömmlichen *Nutzungsprofil* (*operational profile*) aus einer Auflistung der Systemzustände und deren Auftretenswahrscheinlichkeiten im Betriebseinsatz. Ein derartiges Profil kann bei einem bereits bestehenden System durch eine Analyse der Originalbetriebsdaten einschließlich der Szenarios und Sonderfälle über einen definierten Zeitraum gewonnen werden. Bei einem neuen System ist es schätzbar bzw. aus einem für den Zuverlässigkeitstest (Systemtest) ermittelten *Nutzungsprofil* ableitbar.

Durch ein *nutzungsorientiertes Zustandsprofil* werden die einzelnen Systemzustände als *Markov-Ketten* mit der Wahrscheinlichkeit beim Test erzeugt, mit der sie auch im späteren Betriebseinsatz vom Benutzer durch die Betriebsdaten erzeugt werden. Auf diese Weise wird ein nutzungsgerechtes Testmodell geschaffen, was zwei Vorteile hat:

1. Diejenigen Fehler, die im Betriebseinsatz die Zuverlässigkeit stark beeinflussen, indem sie mit höherer Wahrscheinlichkeit auftreten, werden beim Testen auch tendenziell früher gefunden als solche, die mit geringerer Wahrscheinlichkeit auftreten. D. h., durch das nutzungsorientierte Zustandstesten kann die Zuverlässigkeit der Software über ein geeignetes Zuverlässigkeitswachstumsmodell abgeschätzt werden.

2. Es lassen sich Test-Überdeckungsziele auf der Basis der ermittelten Wahrscheinlichkeitsverteilung der Zustände formulieren. Auf diese Weise wird der riesige *Zustandsraum* eines Systems in einen *begrenzten Zustandsraum* überführt, der zu 100 % überdeckt werden kann.

Avritzer, Ros und Weyuker haben mit dieser Methode regelbasierende Systeme mit Erfolg getestet [AVR95]. In einer weiteren Arbeit testeten sie ein industrielles Netzwerk-Überwachungssystem [AVR96]. Dabei identifizierten sie zuerst die wichtigsten *k* Operationen des Systems auf der Grundlage eines umfassenden repräsentativen *Nutzungsprofils*, dann modellierten sie das System auf der Basis von *Markov-Ketten*. Durch die Anwendung eines Nutzungsprofils wurden nur Testdaten für diejenigen Systemzustände generiert, die im Betriebseinsatz mit größerer Wahrscheinlichkeit auftraten. Auf diese Weise reduzierten sie den riesigen nicht überdeckbaren *Zustandsraum* des Systems auf einen *begrenzten Zustandsraum* (*limited state space*), der zu 0,999 durch Testfälle überdeckt werden konnte.

Der Testüberdeckungsgrad eines *begrenzten Zustandsraums* kann der geforderten Zuverlässigkeit entsprechend, die in den Anforderungen spezifiziert ist, gewählt werden. Bei einer hohen Zuverlässigkeit müssen 100 % des begrenzten Zustandsraums überdeckt werden. Folgendes Diagramm zeigt in Anlehnung an Avritzer, Ros und Weyuker [AVR96] ein nutzungsorientiertes Zustandsprofil mit den Auftretenswahrscheinlichkeiten von 1000 indizierten Systemzuständen. Die maximale Wahrscheinlichkeit eines Zustandes beträgt 0,01, die minimale 0,00075.

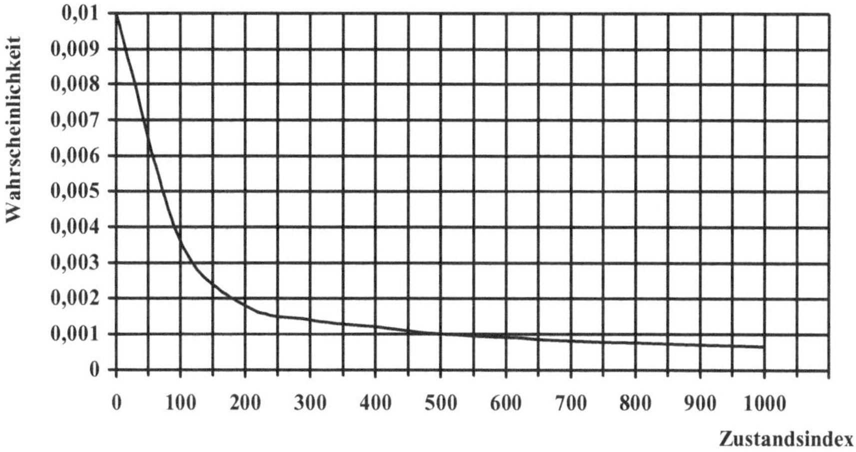

Abb. 5.2-30: Beispielhafte Wahrscheinlichkeitsverteilung von Systemzuständen

Mit Hilfe eines derartigen Diagramms kann auch der Testüberdeckungsgrad als Testziel bestimmt werden. Angenommen es sollen nur Zustände getestet werden, deren Auftretenswahrscheinlichkeiten über 0,0008 liegen, dann entspricht das 700 zu testenden Zuständen in diesem Beispiel, was einer Reduzierung des *begrenzten Zustandsraums* um 30 % entspricht.

Die Autoren entwickelten einen Algorithmus, der auf der Basis einer nutzungsbasierten Wahrscheinlichkeitsverteilung Testdaten für ein regelbasierendes Softwaresystem generiert. Der Algorithmus hängt in hohem Maße von den Zuverlässigkeitsanforderungen des Projekts, der Größe des begrenzten Zustandsraums und dem Umfang der individuellen Testfälle ab. Durch die Testdatenerzeugung mit dem Algorithmus konnten die Autoren viele kritische Fehler entdecken, die in früheren Testphasen mit anderen Testmethoden nicht gefunden werden konnten.

5.2.8 Intuitives Testen (Error Guessing)

Das intuitive Testen ist keine wissenschaftlich fundierte Testmethode, sondern Ausdruck der intuitiven Begabung und Erfahrung des Testers, bestimmte Fehlerarten in einem Programm zu vermuten und entsprechende Testfälle zum Auffinden dieser Fehler zu spezifizieren [MEY91]. Eine Strategie für das Testen anzugeben ist schwierig. Die folgenden Prüfpunkte können für das Praktizieren des konventionellen intuitiven Testens jedoch nützliche Anhaltspunkte sein:

- Ein-/Ausgabedaten mit den Werten 0 (*Null*) oder Space
- Eingabedaten mit führenden Nullen
- Leerlisten und Leerprotokolle
- Überflüssige oder fehlende Seitenvorschübe in Listen und Protokollen
- Parameter, deren Werte außerhalb der Spezifikation liegen
- Parameter mit positivem und negativem Vorzeichen
- erstmalige Verwendung von Variablen (*Initialisierungsfehler*)
- Formeln, bei deren Berechnung es zu einem Überlauf kommt
- falsche, ungültige oder doppelte Satzarten (*wenn nur eine SA erlaubt*)
- leere Eingabedateien oder -dateien, die nur Vor- und Endesätze enthalten
- doppelte Ordnungsbegriffe (*als Primär- und Sekundärschlüssel*)
- eine Sortierdatei ist leer oder enthält nur ein Element
- Vertauschung der Reihenfolge von Eingaben
- Nichtberücksichtigung von Wartezeiten für verwendete Geräte
- Probleme in der Datumsarithmetik (*Jahreswechsel, Schaltjahre, Zeitzonen*)
- Verwendung komplizierter Funktionen bzw. Abläufe usw.

Ein erfahrener Tester kann zum Beispiel versuchen, die Überlegungen des Entwicklers nachzuvollziehen, wenn er glaubt, dass die Anforderungen für bestimmt Funktionen unzureichend oder zweideutig formuliert wurden. Wie könnte der Entwickler diesen vermeindlichen Mangel oder diese Zweideutigkeit interpretiert haben und welche Rückschlüsse lassen sich daraus für das Testen ziehen?

Vor- und Nachteile des intuitiven Testens

Die Vorteile des konventionellen intuitiven Testens als Testmethode sind einmal die geringen Vorbereitungskosten (z. B. für die Erstellung der Testspezifikation) und die große Flexibilität, indem die Erfahrungen des Testers unmittelbar genutzt werden. Die Nachteile überwiegen allerdings die Vorteile. Sie lassen sich unter folgenden Punkten zusammenfassen:

- Die Testergebnisse sind graduell von der Erfahrung und Intuition der Tester abhängig.

- Die Tests sind schwer reproduzierbar, was jedoch für ihre Wiederverwendung in Regressionstests und Folgeversionen von großer Bedeutung ist.

- Es ist schwierig eine vorgegebene Testüberdeckung zu erreichen, weil die Eingaben und damit auch die Ausgaben nicht systematisch erzeugt werden.

- Wegen der unsystematischen Vorgehensweise ist es schwierig die Testergebnisse zu quantifizieren.

Das intuitive Testen als alleinige Testmethode einzusetzen ist nicht sinnvoll, weil der Erfolg zu stark von der Erfahrung und Intuition des Testers abhängt. Die testobjektbezogenen Testfälle müssen auf der Grundlage eines Testziels, eines geeigneten Testmodells und eines oder mehrerer Testverfahren systematisch abgeleitet werden. Hier kann allerdings das intuitive Testen eine wertvolle Anwendung finden, indem die nach bestimmten Kriterien abgeleiteten Testfälle durch intuitiv abgeleitete Testfälle ergänzt werden. Eine weitere Möglichkeit besteht darin, das intuitive Testen zu modifizieren und systematisch anzuwenden, wie es im folgenden Kapitel beschrieben wird.

5.2.9 Systematisches intuitives Testen

Die *Philips Industrial Electronics* wendet das intuitive Testen als Testmethode nach Angaben von Cornelissen *et al.* mit Erfolg an, indem sie in wichtigen Punkten ergänzt bzw. modifiziert wurde [COR95]. Die Vorgehensweise, die die Autoren als *systematisches intuitives Testen* bezeichnen, lässt sich unter folgenden Punkten zusammenfassen:

1. Zusammenstellung einer Testgruppe, die sich aus kompetenten erfahrenen Mitarbeitern relevanter Abteilungen zusammensetzt, zum Beispiel aus der Entwicklung, der Wartung, dem Verkauf, der Schulung usw.
2. Unterweisung der Gruppe durch Entwicklungsingenieure über alle Funktionen der Software und ihre praktische Demonstration.
3. Erstellung eines "Nutzungsprofils" durch Befragen der Gruppenmitglieder, wie sie das System täglich benutzen würden. Damit sollen alle *Systemfunktionen* überdeckt werden.
4. Zusammenstellung fehleranfälliger Funktionen, die besonders gründlich getestet werden.
5. Erstellung globaler Testspezifikationen für die relevanten Funktionen.
6. Ausführung/Auswertung der Tests. Gegebenenfalls Korrekturmaßnahmen.
7. Statistische Bestimmung des Testabbruchs durch ein *Software Reliability Model* (Goel-Okumoto) und durch eine vorgegebene prozentuale Testabdeckung der Systemfunktionen.

Nach Cornelissen *et al.* hat das *systematische intuitive Testen* bei der Philips Industrial Electronics zu einem hoch effizienten und effektiven Testprozess mit guter Testüberdeckung und Minimierung der Testkosten geführt.

5.2.10 Statistisches Testen

Das statistische Testen erfolgt auf der Basis von Wahrscheinlichkeitsverteilungen über die Nutzung von Moduln, Funktionen, Operationen oder anderen Programmkomponenten durch den aktuellen oder künftigen Benutzer der Software. Werden Testdaten mit derartigen Wahrscheinlichkeitsverteilungen generiert, dann wird die künftige Nutzung der Software durch ein statistisches Modell nachgebildet, wodurch recht zuverlässige Aussagen über die *Zuverlässigkeit*, *Gesamt- und Restfehlerzahlen*, *Risiko*, *Kosten* usw. gemacht werden können. Angewandt wird das statistische Testen bevorzugt im Systemtest bei der Ermittlung des Qualitätsmerkmals *Zuverlässigkeit.*

Das statistische Testen wurde durch das *Reliability-Software Engineering*, das Ende der achtziger Jahre entwickelt wurde, auf eine neue Stufe gehoben. Eines der tragenden Konzepte dieses Modells zur Sicherung der Zuverlässigkeit von Software besteht aus der Ermittlung des *Nutzungsprofils* für das künftige System (vgl. [MUS93]). Das Nutzungsprofil besteht aus einem hierarchisch gegliederten Satz von Systemmodi, Funktionen und Operationen der zu testenden Software, denen eine reale nutzungsbezogene Wahrscheinlichkeitsverteilung zugeordnet wird. Ergänzt wird das Nutzungsprofil durch wahrscheinlichkeitsverteilte Szenarios sowie relevante Sonder- und Ausnahmefälle. Die ermittelte Wahrscheinlichkeitsverteilung dient als Leitfaden für die Testdatengenerierung, d. h. die generierten Testdaten führen die Funktionen bzw. Operationen mit der gleichen Wahrscheinlichkeit aus wie im künftigen Betriebseinsatz. Gleichzeitig kann das Generierungswerkzeug durch eine realisierte *Eingabeverteilung* die Grenzen definierter Datenbereiche mit einer höheren Wahrscheinlichkeit abdecken, was einem zusätzlichen Grenzwerttesten entspricht [DAH90], [GUT91].

Durch die nutzerbezogene Wahrscheinlichkeitsverteilung der Ausführung von Funktionen bzw. Operationen werden beim Test diejenigen Fehler, die im Betriebseinsatz mit höherer Wahrscheinlichkeit auftreten, tendenziell auch früher gefunden. Damit lässt sich die Zuverlässigkeit der Software nicht nur effizient erhöhen, sondern auch nutzungsorientiert auf der Grundlage eines geeigneten *Zuverlässigkeitswachstumsmodells* abschätzen. Man bezeichnet diese Art des statistischen Testens deshalb auch als *Zuverlässigkeits-* oder *Stabilitätstesten.*

Statistische Tests auf der Basis eines Nutzungsprofils können in Kombination mit anderen Testmethoden äußerst effektive Teststrategien bilden, die besonders für das extensive Testen hervorragend geeignet sind. Ihr Vorteil liegt darin, dass auf relativ einfache Weise große Datenmengen erzeugt werden können, die einerseits die fachlichen Abhängigkeiten berücksichtigen, andererseits durch die Wahl geeigneter Wahrscheinlichkeitsverteilungen gezielt Testschwerpunkte setzen. Die Testschwerpunkte orientieren sich jedoch nicht ausschließlich am Nutzungsprofil, sondern auch an den Risikoklassen (Kritikalität), die den funktionalen Komponenten der Software in den Anforderungen, im QM-Plan oder in einem Sicherheitsplan zugeordnet wurden.

Die statistische Testdatengenerierung ist für funktionsorientierte und strukturorientierte Tests geeignet. Beim funktionsorientierten Test wird der gültige Definitionsbereich in sich gegenseitig ausschließende Subbereiche aufgeteilt, denen je eine nutzungsbezogene Wahrscheinlichkeitsverteilung der Eingabedaten zugeordnet wird. Beim strukturorientierten Test lassen sich zum Beispiel statistisch die Pfade bzw. die Eingabewerte für einen bestimmten Pfad bestimmen. Hinweise auf das statistische Testen findet sich in [MYE91], [BIS87], [DUR84], [EHR85], [HAL85], [SAG88], [LIG90] und [HOH98a].

Das statistische nutzungsorientierte Testen wurde bereits in vielen Projekten erfolgreich eingesetzt. IBM wendet diese Testmethode seit langem mit anderen qualitätsverbesserten Techniken im *Cleanroom Software Engineering* an, das als eine moderne Annäherung an die Softwareentwicklung zu verstehen ist [MIL87], [SEL87], [LIN94]. In den AT&T Bell Laboratories und bei Hewlett-Packard wird das statistische Testen auf der Basis von Nutzungsprofilen als Bestandteil des *Software-Reliability Engineering* eingesetzt. Die Unternehmen berichten über Kosteneinsparungen bis zu 50 % und Qualitätsverbesserungen bis zum Faktor 10 [DRA87], [MUS93].

5.2.10.1 Zuverlässigkeit und Anzahl der Testfälle

Eine Annäherung an die Zuverlässigkeit sollte immer über ein Nutzungsprofil stattfinden, weil die einzelnen Funktionen bzw. Operationen (oder Zustände) der Software im Test mit der gleichen Wahrscheinlichkeit ausgeführt werden müssen, wie im späteren Betriebseinsatz. Das Nutzungsprofil ist eine Wahrscheinlichkeitsverteilung Q über den gesamten Eingabedatenbereich D eines Programms. Die einzelnen Punkte t von D werden auf der Grundlage dieser Wahrscheinlichkeitsverteilung ausgeführt, wobei sich die gesamten kumulierten Wahrscheinlichkeiten zu 1 addieren.

$$\sum_{t \in D} Q(t) = 1$$

Den einzelnen Punkten *t* des Eingabedatenbereichs *D* können nun die Labels ϕ oder σ zugeordnet werden, je nachdem ob die Ausführung zu einem Fehler oder zur korrekten Verarbeitung führt:

$$\delta(t) = \begin{cases} 1 & \text{für } t = \phi \text{ (Fehlerfall)} \\ 0 & \text{für } t = \sigma \text{ (korrekte Verarbeitung)} \end{cases}$$

Damit ergibt sich die *Fehlerwahrscheinlichkeit* für einen Testpunkt *t*, der mit der entsprechenden Wahrscheinlichkeit der Nutzungsverteilung *Q*(*t*) in einem Lauf ausgeführt wird, aus

$$\Theta(t) = \sum_{t \in D} Q(t)\,\delta(t)\,,$$

bzw. die Wahrscheinlichkeit, dass ein Lauf des Programms mit der Eingabe *t* korrekt endet aus

$$R(t) = 1 - \sum_{t \in D} Q(t)\,\delta(t)\,.$$

$\delta(t)$ steht dabei für den Indikator, der anzeigt, ob die Ausgabe bezüglich des Testpunktes *t* des Eingabedatenbereichs korrekt oder fehlerhaft im Sinne der Spezifikation ist. Die Zuverlässigkeit *R* eines Programms ist bei dieser Annäherung die Wahrscheinlichkeit, dass *N* Ausführungen mit den ausgewählten Eingaben auf der Basis des Nutzungsprofils fehlerfrei verlaufen:

$$R(N) = (1 - \Theta)^N\,.$$

Im Allgemeinen ist natürlich eine *Punkt-für-Punkt*-Auswahl aus dem Eingabedatenbereich nicht durchführbar. Außerdem kennt man im Eingabedatenbereich nicht die Fehlerpunkte, die zu einem Ausfall führen, deshalb besitzt Θ lediglich eine statistische Bedeutung hinsichtlich der Testfallauswahl auf der Grundlage des Nutzungsprofils. Da allerdings *eine* Ausführung immer mit einem einzigen Testfall verknüpft ist, kann man unter der Annahme, dass ein Satz von $N = n$ Testfällen eine bestimmte Fehlermenge offen legt, die einem nichthomogenen Poissonprozess gehorcht, die Zuverlässigkeit *R* als Funktion von *n* durch ein geeignetes Modell abschätzen. Formt man dazu zum Beispiel das Ausführungszeitmodell von Musa für die Funktion $\mu(t)$ um, indem man statt des Parameters β_0 (geschätzte Gesamtzahl an Fehlern) die kumulierte Wahrscheinlichkeit 1 setzt, dann erhält man die geschätzte Zuverlässigkeit für einen Satz aus *n* Testfällen durch die Beziehung

$$R(n) = 1 - e^{-\beta_1 n} .$$

Der Parameter β_1 steht dabei wieder für die Fehlerentdeckungsrate bezüglich *eines* erkannten und beseitigten Fehlers (siehe Testendekriterien). Folgendes Diagramm soll in Anlehnung an Avritzer und Weyuker beispielhaft den Zusammenhang zwischen der Zuverlässigkeit und der Anzahl ausgeführter Testfälle als Summenhäufigkeitsverteilung zeigen [ARV95].

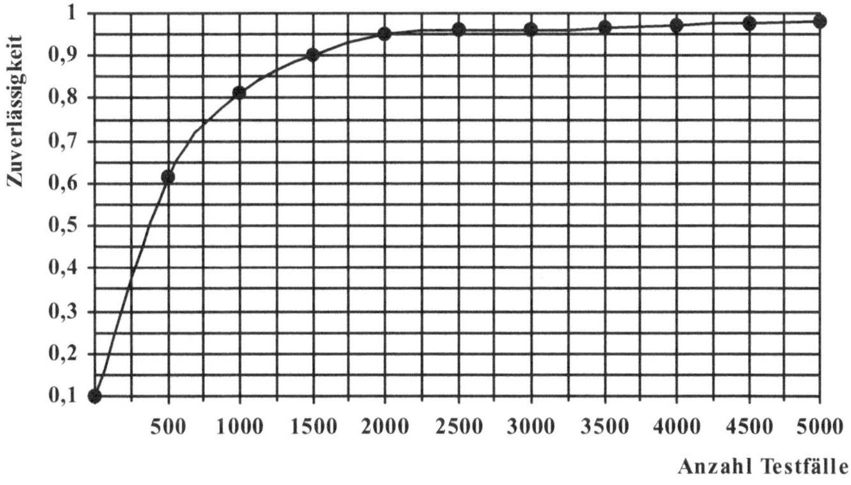

Abb. 5.2-31: Zuverlässigkeit als Funktion der Anzahl Testfälle

Man erkennt, dass die Zuverlässigkeit nicht linear mit der Anzahl Testfälle ansteigt, sondern dass wegen der abnehmenden Fehlerdichte im Programm auch der Grenznutzen für jeden zusätzlich erstellten Testfall abnimmt [GUT93]. D. h., ein Zuverlässigkeitszuwachs, der mit einer bestimmten Anzahl an Testfällen erzielt werden kann, wird nach dem Niveau 0,9 nur noch mit einer sehr großen Anzahl an Testfällen erreicht. Hat man in diesem Beispiel durch 2000 Testfälle noch eine Zuverlässigkeit von 0,95 erreicht und möchte diese Zuverlässigkeit auf 0,98 erhöhen, dann werden für diesen geringen Zuwachs zusätzliche 3000 Testfälle benötigt.

Der Zusammenhang zwischen Zuverlässigkeit und abnehmender Wirksamkeit der Testfälle bei steigender Anzahl kann für Kosten-Nutzen-Analysen herangezogen werden, indem z.B bei knappen Ressourcen eine Teststrategie entwickelt wird, die dieser Tatsache Rechnung trägt. Er zeigt auch dem Qualitätsmanagement das erreichte aktuelle Qualitätsniveau und ist somit ein Indikator über zusätzlich zu erbringende Testanstrengungen, um ein vorgegebenes Qualitätsziel zu erreichen.

5.2.10.2 **Zufallstesten** (Gleichverteilung)

Das Zufallstesten mit einer Gleichverteilung der generierten Variablen und Variablenwerten ist ein Grenzfall des statistischen Testens, indem auf der Grundlage der Schnittstellenspezifikation jeder Punkt des Eingabedatenbereichs mit der gleichen Wahrscheinlichkeit beim Test berücksichtigt wird. Eine vorgegebene Wahrscheinlichkeitsverteilung für das Selektieren dieser Punkte bzw. für die Ausführung der Operationen im Sinne eines Nutzungsprofils wird nicht gefordert. Der Nutzen des Zufallstests mit Gleichverteilung ist äußerst umstritten, weil der Aufwand bei der Anwendung auf vollständige singuläre Programme in keinem Verhältnis zum Nutzen steht [TRA93]. Myers hielt den Test mit Zufallszahlen für die *"wahrscheinlich schwächste Methode"* überhaupt [MYE91], während Bishop [BIS87] und Saglietti *et al.* [SAG88] über hervorragende Ergebnisse bei sicherheitsorientierter diversitärer Software berichteten.

Gutjahr sieht die Ursachen dieser Meinungsverschiedenheiten in unterschiedlichen Interpretationen des Begriffs *"Zufallstesten"* [GUT93]. Werden die Testdaten durch eine *Gleichverteilung* ihrer Werte generiert, dann müssen in der Regel sehr große Datenmengen eingesetzt werden, um bei einem Testobjekt eine definierte Wirkung hervorzurufen, d. h. die Wirkung tritt rein zufällig auf. Die Effizienz der Testausführungen ist folglich äußerst gering. Ist jedoch das Generierungstool in der Lage, Testdaten auf der Basis einer kontrollierten, nutzungsorientierten Wahrscheinlichkeit zu erzeugen, dann werden die Operationen mit ihren Wirkungen entsprechend der vorgegebenen Wahrscheinlichkeitsverteilung ausgeführt.

Das *Zufallstesten* kann trotz seiner Nachteile bei bestimmten Massentests in der Systemtestphase eingesetzt werden, wie beim Performancetest, Volumentest oder Stresstest. Beim Stresstest allerdings nur dann, wenn durch die Gleichverteilung auch reale Stresssituationen entstehen. Oft werden dafür jedoch bestimmte Variable bzw. Variablenwerte benötigt, die wiederum bestimmte Operationen ausführen und damit Stresssituationen auslösen. Für die Ermittlung der *Zuverlässigkeit* ist das Zufallstesten mit Gleichverteilung allerdings nicht geeignet, weil die Ausführungswahrscheinlichkeiten der Operationen mit ihren Variablen nicht der späteren Nutzung entsprechen und damit auch die ermittelte Zuverlässigkeit keine reale betriebsorientierte Grundlage besitzt. Die gemessene Testzuverlässigkeit kann deshalb stark von der späteren Betriebszuverlässigkeit abweichen.

Wird das Zufallstesten bei Massentests eingesetzt, dann sollte das Programm instrumentiert werden, um die Überdeckung von Moduln, Operationen, Zuständen usw. zu protokollieren bzw. statistisch auszuwerten. Der Tester erhält auf diese Weise Informationen, welche Komponenten oder Zustände unzureichend überdeckt wurden und welche Testanstrengungen noch zu unternehmen sind, um die gestellten Überdeckungsziele zu erreichen.

5.2.10.3 Debugging-orientiertes Testen versus statistisches Testen

Beim debugging-orientierten Test ist ganz besonders das Know-how und die Intuition des Testers von Bedeutung, um aus dem Eingabedatenbereich der Testobjekte diejenigen Punkte herauszufinden, die besonders fehlerträchtig sind. Die Wahrscheinlichkeit beim Testen Fehler zu entdecken ist dementsprechend groß. Allerdings ist das debugging-orientierte Testen kaum dazu geeignet sich der *Zuverlässigkeit* der Software anzunähern und sie sicher abzuschätzen, denn die gefundenen Fehler können im späteren Betriebseinsatz sehr selten oder sogar nie auftreten, so dass letztendlich die *Zuverlässigkeit* davon wenig berührt wird.

Eine effiziente Verbesserung und relativ sichere Abschätzung der *Zuverlässigkeit* ist nur durch das *statistische Testen* auf der Basis eines Nutzungsprofils zu erreichen, weil die Fehler, die im Betriebseinsatz mit größerer Wahrscheinlichkeit auftreten, beim statistischen Testen auch tendenziell früher gefunden werden. Ist allerdings in späteren Testphasen bereits eine Zuverlässigkeit von zum Beispiel 0,9 erreicht und soll diese Zuverlässigkeit um weitere 0,05 auf 0,95 erhöht werden, dann werden beim statistischen Testen viel mehr Testfälle benötigt als bei der gezielten Fehlersuche (abnehmender Grenznutzen für jeden weiteren Testfall). Deshalb ist es sinnvoll, diese “letzten” Erhöhungen der Zuverlässigkeit durch ein gezieltes debugging-orientiertes Testen zu erreichen.

Als einfache Grundregel kann man folgende Aussage formulieren: Besitzt der Tester ein fundiertes Wissen über den Dateneingabebereich bzw. spezielle Subbereiche, in denen sich mit hoher Wahrscheinlichkeit Fehler bzw. Fehlergruppierungen befinden, und eine gute Intuition, besonders fehlerträchtige Situationen zu erkennen, dann kann das debugging-orientierte Testen dem statistischen Testen vorgezogen werden. Allerdings lassen sich dann kaum geeignete

Aussagen über die *Zuverlässigkeit* der Software machen. Besitzt der Tester wenig Erfahrungen und Intuition, dann ist das statistische Testen auf der Basis eines Nutzungsprofils in jedem Fall die bessere Methode, wobei allerdings eine viel größere Anzahl Testfälle insgesamt benötigt werden, um die geforderte *Zuverlässigkeit* zu erreichen.

Frankl, Hamlet, Littlewood und Strigini haben in ihrer Arbeit die theoretischen Bedingungen ermittelt, unter denen eines der beiden Verfahren dem jeweils anderen vorzuziehen ist (vgl. [FRA98]). In verallgemeinerter Form kann man darüber folgende Aussagen machen:

1. Das debugging-orientierte Testen ist dem nutzerorientierten statistischen Testen auf der Grundlage eines Nutzungsprofils vorzuziehen, wenn die Fehlerentdeckungsraten in vielen Subdomänen größer sind als die Fehlerwahrscheinlichkeit.

2. Das nutzerorientierte Testen ist dem debugging-orientierte Testen vorzuziehen, wenn die Fehlerentdeckungsraten in vielen Subdomänen des Eingabedatenbereichs kleiner sind als die Fehlerwahrscheinlichkeit.

3. Sind die Ressourcen eng begrenzt, dann ist das debugging-orientierte Testen dem nutzungsorientierten Testen vorzuziehen, indem sich der Tester auf die wichtigsten Fehlerregionen des Eingabedatenbereichs konzentriert.

Eine Tatsache muss man jedoch immer wieder unterstreichen: Auch wenn das debugging-orientierte Testen durch das Entdecken vieler Fehler sehr gute Ergebnisse erzielt, kann keine brauchbare Aussage über die Zuverlässigkeit getroffen werden. Die Auswirkungen eines ausschließlich debugging-orientierten Testens können deshalb besonders bei sicherheitskritischer Software dramatisch sein, wenn sich die Tester bzw. die Testorganisation in der trügerischen Sicherheit wiegen, das Programm gründlich ausgetestet zu haben und als Folge schwerwiegende Fehler im Betriebseinsatz auftreten.

Relativ sichere Aussagen über die Zuverlässigkeit sind nur durch das nutzungsorientierte statistische Testen auf der Grundlage eines umfassenden Nutzungsprofils möglich. Diese Aussage gilt auch dann, wenn durch den Nutzungstest weniger Fehler gefunden werden und mehr Testzeit benötigt wird als durch das debugging-orientierte Testen. Die Schwierigkeit des nutzungsorientierten Testens besteht allerdings in der Ermittlung eines umfassenden detaillierten Nutzungsprofils. Je genauer das Nutzungsprofil die Wahrscheinlichkeitsverteilung der im Betriebseinsatz ausgeführten Funktionen bzw. Operationen mit den speziellen Szenarios und Geschäftsvorfällen wiedergibt, desto sicherer können Aussagen über die Zuverlässigkeit getroffen werden.

5.3 Diversifizierendes Testen

Die konventionellen dynamischen Testmethoden basieren auf einer heuristischen Testfallermittlung, die gewisse Unschärfen impliziert und damit auch erhöhte Restfehlerzahlen im Produkt zur Folge hat. Bei Software mit hohen Sicherheitsanforderungen können diese Fehler nicht toleriert werden, deshalb muss man auf andere Entwicklungs- und Testmethoden zurückgreifen. Zu den diversitären Testmethoden zählen:

- der **Back-to-Back-Test**
  Zwei oder mehr unterschiedliche Versionen auf der Grundlage der gleichen semantischen Ebene werden gegeneinander getestet.

- der **Mutationentest**
  Vom Originalprogramm werden eine Reihe Mutanten abgeleitet, die mit klassifizierten Fehlern dotiert gegen das Originalprogramm zu testen sind.

Das Konzept der diversifizierenden Softwareentwicklung wurde Anfang der 70er Jahre eingeführt, um die Zuverlässigkeit und Sicherheit von Software zu verbessern. Im englisch sprechenden Sprachraum wurde es unter verschiedenen Bezeichnungen vorgestellt: *fault-tolerant programming* [ELM72], *parallel programming* [GIL74], *distinct software* [FIS75], *redundant programming* [AVI75] usw. Experimentell erforscht wurde die Idee von namhaften Forschungseinrichtungen und Instituten. Eine Schlussfolgerung aus den resultierenden Projekten ist, dass die Entwicklung und das Testen diversitärer Software einen wesentlichen Qualitätssprung bedeutet, der allerdings auch die Entwicklungs- und Testkosten erhöht.

Mitte der 70er Jahre entwickelte das Kernforschungszentrum Karlsruhe eine Pilot-Implementierung von Teilen eines Reaktorsicherheitssystems. Dieses System besaß drei verschiedene Kanäle und drei verschiedene Programme, die in drei verschiedenen Sprachen geschrieben wurden. Es wurde auf der Basis einer gemeinsamen Spezifikation entwickelt und auf unabhängigen Rechnern in den drei Kanälen implementiert (vgl. [VOG87]). Ein gemeinsames Projekt zwischen dem OECD *Halden Reactor Project* in Norwegen und dem *Technical Research Center* in Finland wurde 1977 unternommen. Dabei wurden zwei Programme auf der Basis einer gemeinsamen Spezifikation in Pascal und Fortran unabhängig voneinander entwickelt und implementiert. Diese Programme wurden gegeneinander mit einer großen Anzahl von Testfällen getestet [DAH79]. Dieses Projekt bildete die Basis für die späteren Projekte PODS (*Project On Diverse Software*) und STEM (*Software Testing and Evaluation Methods*) [DAH90].

5.3.1 Back-to-Back-Testen

Das Back-to-Back-Testen ist eine diversitäre Testmethode, bei der nicht gegen die Anforderungen bzw. Spezifikation getestet wird, sondern gegen eine zweite oder mehrere Versionen funktionell equivalenter Programme auf der gleichen semantischen Ebene. Die Versionen werden von unterschiedlichen unabhängigen Entwicklergruppen auf der Basis der gleichen fachlichen Anforderungsdefinition entwickelt. Beim Testen werden die Versionen ausgeführt und die Ergebnisse paarweise miteinander verglichen. Als Ergebnis der Vergleiche erhält man alle Fehler, die nicht in allen Versionen enthalten sind. Nicht entdeckt werden diejenigen Fehler, die sich in allen Versionen gleichermaßen befinden. Die gefundenen Fehler werden gewöhnlich allen Entwicklergruppen zugeleitet, die zuerst die Programme auf Übereinstimmung mit den Anforderungen überprüfen und anschließend die Fehler in den Versionen korrigieren. Danach werden die Tests wiederholt und die Ergebnisse erneut verglichen. Dieser Vorgang wird solange wiederholt, bis die paarweisen Ergebnisvergleiche keine Abweichungen mehr zeigen, d. h. die Versionsergebnisse identisch sind.

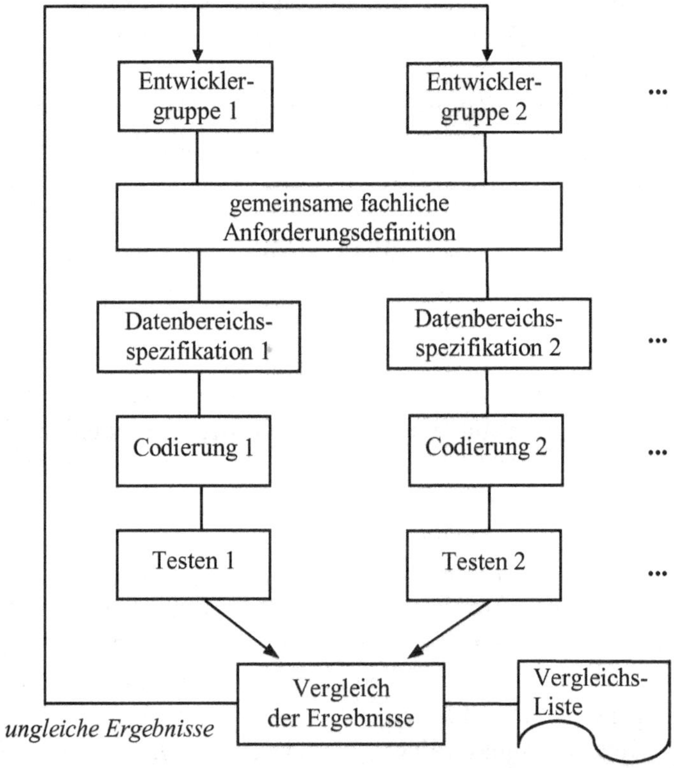

Abb. 5.3-1: Prinzip der diversitären Entwicklungs- und Testmethode

5.3.1.1 Unabhängige Fehler

Werden die Versionen unter ähnlichen Bedingungen entwickelt und getestet und wird das gleiche Zuverlässigkeitswachstumsmodell verwendet, dann besitzen die Versionen annähernd die gleiche Fehlerwahrscheinlichkeit p. Für die folgenden Betrachtungen sollen deshalb folgende Bedingungen angenommen werden [VOU90]:

- Alle Versionen besitzen die gleiche Fehlerwahrscheinlichkeit p.
- Die Fehler in den Versionen sind statistisch voneinander unabhängig.
- Für jede Eingabe gibt es nur eine korrekte Ausgabe, jedoch eine unendliche Menge möglicher nicht korrekter Ausgaben.
- Die Wahrscheinlichkeit von identischen falschen Ausgaben von zwei oder mehr Versionen ist vernachlässigbar.

Unter Zugrundelegung dieser Annahmen ist nach Vouk [VOU88], [VOU90] die Wahrscheinlichkeit einen Fehler zu entdecken, wenn N funktional equivalente Versionen mit T repräsentativen Testfällen getestet werden, gleich:

$$\mathrm{P}\,(\mathrm{T}) = 1 - (1 - p)^{NT}$$

In folgender Abbildung wird die Funktion P (T) für N = 3 Versionen angegeben. Die Fehlerwahrscheinlichkeit wird mit p = 0,005 angenommen.

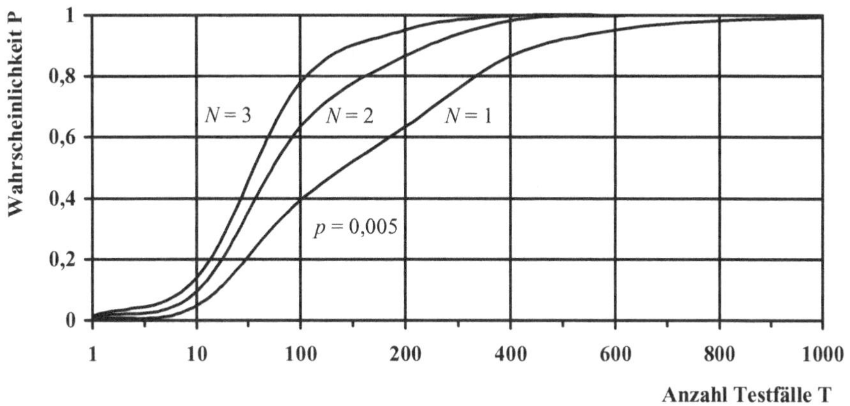

Abb. 5.3-2: Wahrscheinlichkeit einen Fehler beim Back-to-Back-Testen unter der Annahme der Fehlerunabhängigkeit zu entdecken

Nach der angegebenen Beziehung erhöht sich die Wahrscheinlichkeit P einen Fehler zu entdecken, wenn die Anzahl der Versionen bei gleichbleibend angenommener Anzahl Testfälle erhöht wird. Werden Fehler gefunden und erfolgreich beseitigt, dann verringert sich gleichzeitig die Fehlerwahrscheinlichkeit p der Versionen. D. h., es müssen zunehmend mehr Testfälle ausgeführt werden, um mit der gleichen Wahrscheinlichkeit P einen Fehler zu finden. Für das angegebene Beispiel mit der Fehlerwahrscheinlichkeit $p = 0{,}005$ ist die Wahrscheinlichkeit mit $T = 200$ Testfällen einen Fehler zu entdecken für $N = 1$: 0,633, für $N = 2$: 0,865 und für $N = 3$: 0,951. Aus diesem Ergebnis geht hervor, dass unter der Annahme der Fehlerunabhängigkeit die Zuwachsraten der Wahrscheinlichkeit, einen Fehler zu entdecken, mit zunehmender Anzahl Versionen immer geringer wird. Vouk gibt in seinen Arbeiten dafür folgende Beziehung an, die aus dem Verhältnis der Wahrscheinlichkeiten P eines N-Tupel zu einem (N-1)-Tupel besteht [VOU90]:

$$G(N) = \frac{1 - (1 - p)^N}{1 - (1 - p)^{N-1}}.$$

Für das oben angegebene Beispiel beträgt der Zuwachs bei Verwendung einer zweiten Version 1,995. Wird eine dritte Version hinzugefügt, dann beträgt er nur noch 1,496. Mit zunehmender Anzahl Versionen nähert sich dieses Verhältnis dem Wert 1 an, d. h. es ist kein Zuwachs an Wahrscheinlichkeit mehr möglich, einen Fehler bei gegebener Fehlerwahrscheinlichkeit p zu entdecken.

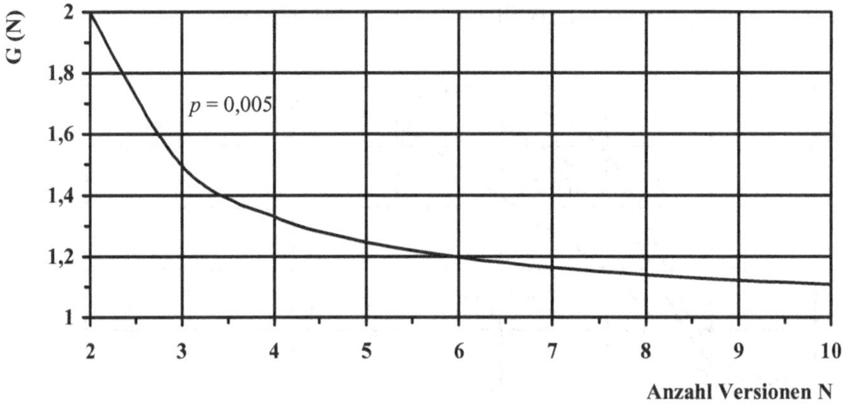

Abb. 5.3-3: Abnahme des Wahrscheinlichkeitszuwachses einen Fehler zu entdecken bei zunehmender Anzahl Versionen

In einem Experiment von Kelly *et al.* [KEL88] wurden 12 funktional äquivalente Versionen mit einem Testrahmen und Zufallstestdaten gegeneinander getestet. Für die durchschnittliche Fehlerwahrscheinlichkeit in allen Versionen wurde $p = 0{,}125$ ermittelt. Dabei wurden in maximal 5 Versionen identische Fehler festgestellt, während die meisten identischen Fehler sich über 2 Versionen erstreckten. Andere Autoren berichten über andere Reichweiten identischer Fehler: In 0 von 3 entwickelten Versionen [VOG87], in 2 von 6 Versionen [AVI88], in 3 von 3 Versionen [BIS86], [BIS88] und in 13 von 20 Versionen [KEL88]. Vouk schlägt deshalb für das praktische Back-to-Back-Testen neuer Software mindestens drei Versionen vor, obwohl bereits mit zwei Versionen die meisten der nicht ähnlichen Fehler effizient gefunden werden können [VOU90].

5.3.1.2 Abhängige Fehler

Einer der Hauptkritikpunkte des Back-to-Back-Tests ist die Annahme der Unabhängigkeit zwischen den Fehlern, die sich in der Praxis nicht vollständig verwirklichen lässt. Dieser Mangel macht das Back-to-Back-Testen während der Entwicklung neuer Software ineffizient und teuer, weil Fehler, die in allen Versionen gleichermaßen vorkommen, durch diese Testmethode nicht gefunden werden können.

Die abhängigen Fehler sind Fehler, die einen hohen Korrelationskoeffizienten besitzen. Je höher der Korrelationskoeffizient, desto schwieriger ist die Fehlerfindung beim Back-to-Back-Testen. Ist im Extremfall die Korrelation 100 %, und sind die Fehler in allen Versionen gleichermaßen enthalten, dann können sie durch das Back-to-Back-Testen nicht gefunden werden. Das Ergebnis einer Studie von Kelly *et al.* besagt, dass abhängig von der Entwicklung und den Testkriterien zwischen 5 und 15 Prozent der Fehler Korrelationen aufweisen [KEL88]. D. h., über 80 Prozent der Fehler können durch das Back-to-Back-Testen effizient gefunden werden. Experimente haben allerdings gezeigt, dass der Anteil abhängiger Fehler durchaus gegen Null tendieren kann, wenn während der Entwicklung geeignete konstruktive Maßnahmen ergriffen werden, um die Diversität zu erhalten [VOG87].

Die Wahrscheinlichkeit, dass im Back-to-Back-Test durch ein gegebenes N-Tupel ein abhängiger Fehler gefunden wird, ist nach Vouk in erster Annäherung durch folgende Beziehung gegeben [VOU88]:

$$\mathrm{P} = 1 - [\gamma_N(N)\, p + (1 - p)]^T.$$

$\gamma_N(N)$ bezeichnet die bedingte Wahrscheinlichkeit, dass die Ausgaben für einen Fehler von allen N Versionen als identisch angenommen werden und deshalb beim Vergleich unentdeckt bleiben. p ist wieder die Fehlerwahrscheinlichkeit, die in allen Versionen als gleich angenommen wird und T die Anzahl repräsentativer statistisch ausgewählter Testfälle. Gilt $\gamma_N(N) = 1$, dann kann der

Fehler durch das Back-to-Back-Testen auch bei einer sehr großen Anzahl Testfälle nicht gefunden werden. In diesem Fall ist die Effizienz der Fehlerentdeckung zu verbessern, indem $\gamma_N(N)$ vermindert wird, was durch Hinzufügen einer weiteren Version erreicht werden kann. Folgendes Diagramm verdeutlicht diesen Sachverhalt. Es zeigt die Wahrscheinlichkeit P einen Fehler zu entdecken als Funktion der Anzahl Testfälle T für $\gamma = 0$; 0,9; 0,99 und 0,999 nach Vouk [VOU90].

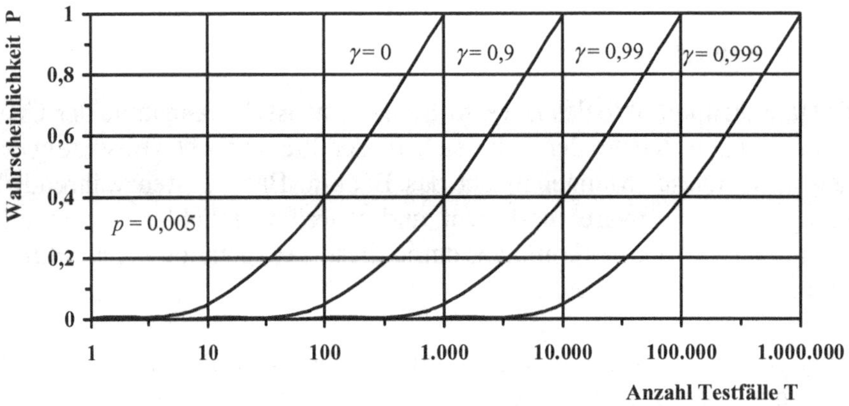

Abb. 5.3-4: Einfluss der Fehlerabhängigkeit auf die Wahrscheinlichkeit, einen Fehler zu entdecken

Die Effizienz der Fehlerentdeckung hängt beim Back-to-Back-Testen auch von der Anzahl der Ausgabevariablen oder Systemstati ab, die überwacht werden. Kelly *et al.* fand bei Experimenten mit insgesamt 12 Versionen und 500 Zufallstestfällen heraus, dass bei nur 3 überwachten Ausgabevariablen insgesamt 9 Versionen benötigt wurden, um alle Fehler mit den 500 Testfällen zu entdecken. Bei 63 überwachten Ausgabevariablen wurden dagegen nur 6 Versionen benötigt, um alle Fehler zu finden. Je mehr Ausgabevariable und Zwischenergebnisse überwacht werden, desto größer ist folglich auch die Wahrscheinlichkeit einen Fehler zu entdecken [KEL88], (vgl. [VOU90]).

Um die Kosten für eine diversitäre Programmentwicklung in Grenzen zu halten, kann diese Methode auf besonders kritische Moduln beschränkt werden. Da die generierten Zufallstestfälle mit statistischer Gleichverteilung der generierten Variablen und Variablenwerte nur zufällig funktionale Wirkungen hervorrufen, sollte dieses Testverfahren durch sorgfältig ausgewählte funktionsorientierte Testfälle ergänzt werden. Soll der Zuwachs an *Zuverlässigkeit* des zu entwickelnden Systems beobachtet werden, dann muss die Ableitung der Testdaten beim statistischen Testen auf der Basis eines Nutzungsprofils geschehen.

5.3.1.3 Zufällige Diversität

Der Nutzen der diversitären Programmentwicklung hängt wesentlich davon ab, inwieweit der Ergebnisvergleich beim Back-to-Back-Test Fehler aufdeckt. Bei allen Versionen gleichermaßen auftretende Fehler sind in jedem Fall mit kleinerer Wahrscheinlichkeit anzusetzen als deren Auftreten in nur einer Version. Zu gemeinsamen Fehlern kommt es immer dann, wenn in den Versionen der gleiche Programmfehler enthalten ist und von den Versionen der gleiche Eingabedatensatz verarbeitet wird.

Die Gefahr des gleichen Programmfehlers ist nach Grams bei den *neigungsbedingten Fehlern* besonders groß (vgl. [GRA90], S. 122). Neigungsbedingte Fehler können entstehen, wenn verschiedene Entwickler mit annähernd gleichen Erfahrungsschatz und gleichen Methoden arbeiten. Sie neigen dann quasi zu den gleichen Fehlern bzw. Fehlertypen. Man bezeichnet diese Diversität als *zufällig*, weil die Programmversionen unter ähnlichen Bedingungen entstehen und die Abweichungen in den Versionen eher zufällig auftreten.

5.3.1.4 Fehlerreduzierung durch erzwungene Diversität

Die neigungsbedingten Fehler sind bei der diversitären Entwicklungs- und Testmethode schwer zu finden, weil sie in beiden Versionen gleichermaßen vorhanden sind und der Ergebnisvergleich somit unwirksam bleibt. Ein möglicher Ausweg wäre, eine der beiden Versionen gegen eine weitere Version zu testen, um die gemeinsame Fehlermenge zu reduzieren. Eine andere Möglichkeit besteht darin, die neigungsbedingten Fehler von vornherein zu vermeiden bzw. zu reduzieren, was durch eine *erzwungene* Diversität möglich sein sollte.

Bei einer erzwungenen Diversität werden den Entwicklergruppen unterschiedliche Entwicklungsmethoden vorgegeben, damit unter verschiedenen Bedingungen auch ein unterschiedliches Hintergrundwissens aktiviert wird (vgl. [GRA90], S. 123). Werden darüber hinaus in beiden Entwicklergruppen gemischte Persönlichkeits- und Erfahrungsprofile untergebracht, dann sollten sich die neigungsbedingten Fehler und damit auch die gemeinsamen Fehler in den Versionen stark reduzieren lassen.

5.3.1.5 Strategie für das Back-to-Back-Testen

Das Back-to-Back-Testen kann eine sehr effektive Testmethode sein, die auch das *extensive Testen* mit minimaler personeller Unterstützung und angemessenen Kosten erlaubt [GIL77], [RAM81], [EHR85], [SAG86], [AMM88],

[VOU88], [VOU90]. Wie einige Forscher bewiesen haben, lassen sich mit dieser Testmethode auch Fehler entdecken, die durch andere Testmethoden nicht bzw. nur schwer gefunden werden [PAN81], [BIS86], [SHI88]. Probleme bereiten allerdings die voneinander *abhängigen Fehler* wie die erwähnten *neigungsbedingten Fehler*.

Um *abhängige Fehler* zu vermindern, sollte das Back-to-Back-Testen immer in Kombination mit anderen statischen und dynamischen Testmethoden eingesetzt werden. Viele Multiversionsexperimente auf der Grundlage des Back-to-Back-Testens verwendeten eine Teststrategie, bei der alle Programme zuerst individuell und im Anschluss back-to-back gestestet wurden. In Anlehnung an Vouk könnte bei sicherheitskritischer Software die in folgender Abbildung angegebene Teststrategie angewandt werden (vgl. [VOU90], S. 36).

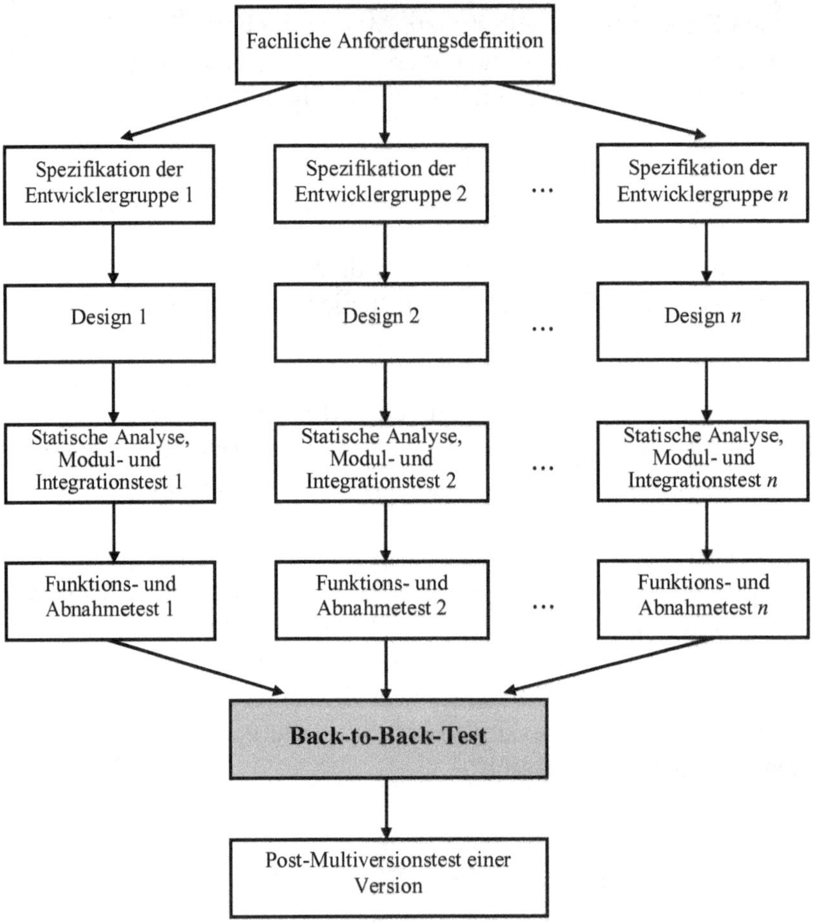

Abb. 5.3-5: Multiversions-Entwicklungsstrategie mit kombinierten Testmethoden in Anlehnung an Vouk [VOU90]

Bei der hier gezeigten Multiversions-Entwicklungs- und Teststrategie wird jede Version dem konventionellen Modultest, Integrationstest, Funktionstest und einer abgeschwächten Form des Abnahmetests unterzogen bevor mit dem eigentlichen Back-to-Back-Test begonnen wird. Der gesamte Test endet mit einem Post-Multiversionstest einer Version, um restliche Fehler zu finden. Sowohl bei einem Zweiversionstest als auch bei einem Multiversionstest sollte die zunehmende *Zuverlässigkeit* durch ein geeignetes Tool auf der Basis eines Zuverlässigkeitswachstumsmodells ständig ermittelt werden, woraus sich aus den geschätzten Restfehlerzahlen auch Testendekriterien ableiten lassen (vgl. z.B. [MUS87], [TAU96]).

5.3.1.6 Effizienz des Back-to-Back-Testens

Um die Effektivität der diversitären Entwicklungs- und Testmethode zu bestimmen, wurden in einer Studie von Panzl drei verschiedene Testmethoden in Experimenten miteinander verglichen. Danach erhöhten sich bei einer diversitären Entwicklung die Erstentwicklungskosten einschließlich der Back-to-Back-Testkosten um 77 % mit einer Verringerung der Restfehlerzahl von 69 auf 2, was einer Fehlerreduzierung von 97 % entspricht [PAN81]. Nach Studien von Bishop *et al.* wurde im Rahmen des PODS-Projektes festgestellt, dass die Kosten einer Ein-Versions-Entwicklung verglichen mit einer dreifachen Diversität ohne Back-to-Back-Testkosten sich von 997 Personenstunden gegen 2258 Personenstunden bewegten [BIS86], [BIS88].

Die Entwicklungskosten erhöhen sich bei einer N-Versions-Entwicklung nicht um den Faktor N, sondern sie liegen deutlich darunter, weil die Anforderungsdefinition, der Testrahmen und die Generierung der Testdaten für alle Versionen gleich ist. Allerdings ist die Entwicklung eines dualen Testtreibers, der aus der Spezifikation des Eingabedatenbereichs Zufallstestfälle ableitet und diese den Versionen zuführt, recht kostenaufwändig. Ehrenberger berichtet, dass diese Entwicklung annähernd die gleichen Kosten verursacht, wie die Entwicklung einer Einzelversion [EHR85]. Demgegenüber gibt Bishop *et al.* die Entwicklungskosten eines Testtreibers im PODS-Projekt mit 38 % der Kosten einer Einzelversion an [BIS86]. Da die Fehlerbeseitigungskosten sicherheitskritischer Software im späteren Betriebseinsatz jedoch wesentlich teurer sein können, ergibt die diversitäre Entwicklungs- und Testmethode bezogen auf den gesamten Lebenszyklus der Software einen respektablen Nutzen.

5.3.2 Mutationentesten

Das Mutationentesten gehört wie das Back-to-Back-Testen zu den diversitären Testmethoden, das im wesentlichen auf DeMillo, Lipton, Sayward und Budde zurückgeht [DEM78a], [DEM78b], [DEM81], [DEM87], [BUD78]. Es basiert auf der Annahme, dass ein erfahrener Programmierer nahezu korrekte Programme erstellt (*competent programmer assumption*), die sich nur durch bestimmte Fehlertypen von der Spezifikation unterscheiden. Diese Fehlertypen werden zur Spezifizierung von Testfällen benutzt.

Beim Mutationentesten werden vom Originalprogramm eine Reihe sogenannter *Mutanten* abgeleitet, die sich nur durch Fehler dieser Fehlertypen von diesem unterscheiden. Das Originalprogramm und alle Mutanten werden mit den gleichen Testfällen getestet. Der Test sollen beweisen, dass nur die geänderten Funktionen in den Mutanten auch veränderte Ergebnisse erzeugen. Die Güte der Testfälle kann daran gemessen werden, inwieweit sie in der Lage sind, das Originalprogramm von seinen Mutanten zu unterscheiden. Sind die Testergebnisse eines oder mehrerer Mutanten mit dem Originalprogramm identisch, dann ist das ein Hinweis, dass die Tests nicht effizient genug waren und durch neue Testfälle ergänzt werden müssen.

Die Fehler, welche in die Mutanten eingesetzt werden, sind einfache, häufig auftretende Programmierfehler [ACR79], die sich in Kategorien einteilen lassen. Folgende Fehlerkategorien kommen für das Mutationentesten in Betracht:

- Vertauschung arithmetischer Vergleichsoperatoren ($<, >, \geq, \leq, =, \neq$)
- Vertauschung boolescher Ausdrücke
- Vertauschung von Variablen
- Definition einer anderen Variablen
- Vertauschung von Vorzeichen in arithmetischen Ausdrücken
- falsches Setzen von Klammern in arithmetischen Ausdrücken
- fehlerhaftes Setzen logischer Verbindungswörter (AND, OR, NOT) usw.

Man geht davon aus, dass komplexe Fehler sich aus diesen einfachen Fehlern zusammensetzen bzw. an diese gekoppelt sind [DEM78a]. Testfälle, die einfache Fehler aufdecken werden deshalb mit hoher Warscheinlichkeit auch komplexe Fehler aufdecken. Die Testfälle orientieren sich also weder an strukturellen Überdeckungskriterien noch an fachlichen Funktionen, sondern an Fehlertypen, d. h. das Testverfahren ist *fehlerorientiert*, was im englischen Sprachraum auch durch den Begriff *Fault-Based Testing* zum Ausdruck gebracht wird. Das Prinzip des Mutationentests geht aus folgender Abbildung hervor.

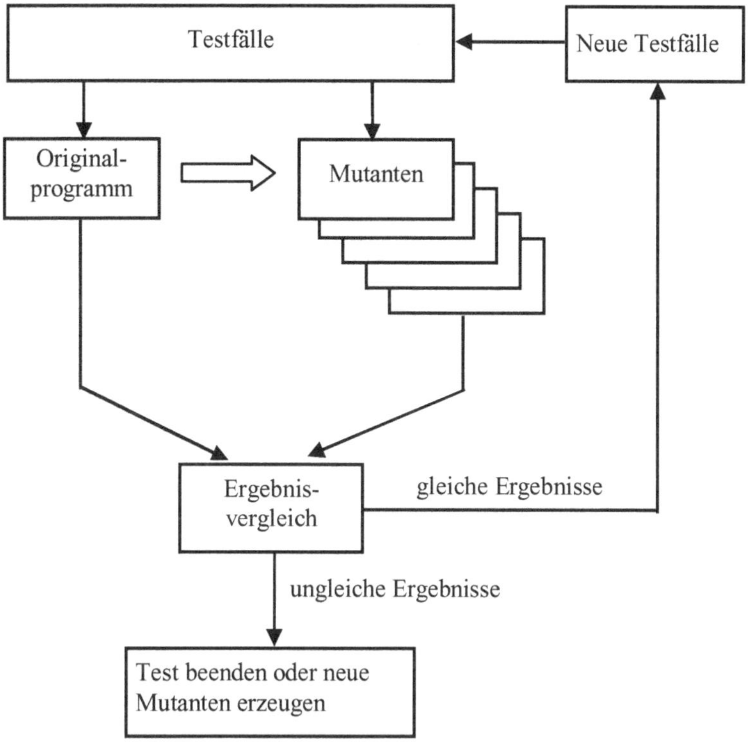

Abb. 5.3-6: Prinzip des Mutationentests

Ein wesentlicher Nachteil der ursprünglichen Form des Mutationentestens war die große Anzahl abzuleitender Mutanten und der damit verbundene hohe maschinelle Berechnungsaufwand. Deshalb wurde eine weniger aufwändige Form des Tests entwickelt, den man als **schwachen Mutationentest** (*weak mutation*) [HOW82] bezeichnete, nachdem man die ursprüngliche Form in **starken Mutationentest** (*strong mutation*) [DEM78a], [BUD79] umbenannt hatte. Da jedoch starker und schwacher Mutationentest zwei Extreme in einem Spektrum von Möglichkeiten verkörpern, wurde auch eine dritte Variante entwickelt, die man als **festen Mutationentest** (*firm mutation*) [WOO88] bezeichnete.

Abb. 5.3-7: Spektrum des Mutationentests [WOO93]

5.3.2.1 Starker Mutationentest

Beim starken Mutationentest werden die Mutanten jeweils durch eine einzelne Mutationstransformation aus dem Originalprogramm abgeleitet. Ein Satz vollständiger Testfälle bezieht sich beim starken Mutationentest immer auf die *gesamte* Programmfunktion, d. h. auf das gesamte Original- und Mutationsprogramm. Sollen zum Beispiel Mutanten auf der Grundlage der Fehlerkategorie „*Vertauschung von Vergleichsoperatoren*“ abgeleitet werden, und befinden sich im gesamten Originalprogramm 5 elementare Komponenten mit dem Relationszeichen „=“, dann lassen sich daraus folgende Mutanten ableiten:

5 Mutanten mit der Ersetzung „=“ durch „>“
5 Mutanten mit der Ersetzung „=“durch „<“
5 Mutanten mit der Ersetzung „=“durch „≥“
5 Mutanten mit der Ersetzung „=“durch „≤“

Erzeugt ein Mutant ein anderes Ergebnis als das Originalprogramm, dann bezeichnet man ihn als *“tot”* (dead). Er hat sich also vom Originalprogramm unterschieden und ist deshalb nicht weiter von Interesse für den weiteren Test. Erzeugt ein Mutant die gleiche Ausgabe wie das Originalprogramm, dann bezeichnet man ihn als *“lebendig”* (live). In diesem Fall sind die Testfälle *nicht adäquat*. Sie müssen ergänzt oder fehlersensibler gemacht werden, um beim nächsten Testlauf den Mutanten zu *“töten”*. Die Güte der Testdaten kann durch folgende Kenngröße bestimmt werden, die laufend überwacht werden kann:

$$\text{Gütegrad der Testdaten} = \frac{\text{Anzahl der toten Mutanten}}{\text{Gesamtzahl der Mutanten}}$$

Aufgrund des beschriebenen Kopplungseffektes zwischen einfachen und komplexen Fehlern geht man davon aus, dass ein Testfall, der einen Mutanten entdeckt, welcher aus einer einzelnen Transformation hervorgegangen ist, auch Mutanten findet, die durch wiederholte Anwendung dieser Transformation im Sinne komplexer Fehler hervorgegangen sind.

5.3.2.2 Schwacher Mutationentest

Das schwache Mutationentesten geht auf Howden zurück [HOW82], der seine frühere Arbeit über das algebraische Testen [HOW78d] und die Arbeit von Foster über die Analyse fehlersensitiver Testfälle [FOS80] verfeinerte und erweiterte.

Bezieht sich ein vollständiger Satz von Testfällen beim starken Mutationentest immer auf die gesamte Programmfunktion, so decken beim schwachen Mutationentest die Testfälle nur bestimmte Komponentenfunktionen ab. Howden definiert in seiner Schrift nicht präzise, was er unter Komponenten versteht. Er beschreibt *Komponente* als *„normally corresponding to elementary computational structures in a program“* (vgl. [OFF94]). Howden gibt fünf Typen von elementaren Komponenten an:

- Referenz einer Variablen (*variable reference*)
- Zuweisung von Variablen (*variable assignement*)
- arithmetische Ausdrücke (*arithmetic expression*)
- Vergleichsausdrücke (*relational expression*)
- boolesche Ausdrücke (*Boolean expression*)

Zum besseren Verständnis sei hier Howdens Definition des schwachen Mutationentests angegeben. Danach ist

- *P* ein Programm
- *C* eine einfache Komponente von *P*
- *C′* ist eine mutierte Komponente von *C*
- *P′* ist eine mutierte Programmversion von *P*, die *C′* enthält

Der schwache Mutationentest fordert, dass ein Testfall *t* die mutierte Komponente *C′* veranlaßt, ein von *C* unterschiedliches (falsches) Ergebnis zu erzeugen. Im Gegensatz zum starken Mutationentest, der ein unterschiedliches Ergebnis (output) zwischen *P* und *P′* fordert, kann der schwache Mutationentest trotz seiner mutierten Komponente *C′* ein gleiches Ergebnis wie *P* erzeugen. Durch diese Aussage wird der Ausdruck *„schwacher“* Mutationentest deutlich, nämlich i.S. einer abgeschwächten Version des starken Mutationentests.

Während der starke Mutationen Test auf dem Vergleich der endgültigen Programmausgabedaten beruht, vergleicht der schwache Mutationentest die Zwischenergebnisse nach Ausführung der Komponenten C bzw. C′. Darin muss man auch den Vorteil des schwachen Mutationentests sehen, nämlich in den signifikant niedrigeren Programmausführungszeiten gegenüber dem starken Mutationentest. Der Nachteil dieser Testart liegt in der geringeren Effiziens seiner Testfälle. Betrachten wir folgendes Beispiel in einem arithmetischen Ausdruck:

Komponente 1: **Variable-1 ≥ X**
Komponente 2: **Variable-2 ≤ Y**

Für die gegebenen Komponenten lassen sich mindestens acht Mutanten ableiten, die durch geeignete Testfälle als solche erkannt werden müssen.

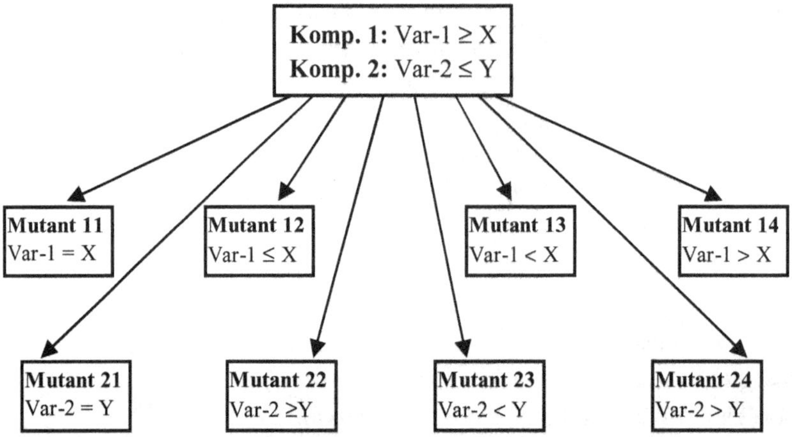

Abb. 5.3-8: Beispielhafte Ableitung von Mutanten beim schwachen Mutationentest

5.3.2.3 Fester Mutationentest

Der feste Mutationentest (*firm mutation*) wurde von Woodward und Halewood als Alternative zum starken und schwachen Mutationentest entwickelt, die im Spektrum der Mutationsmöglichkeiten zwei extreme Positionen einnehmen [WOO88]. Er ist als partielles Ausführen von Programmfragmenten in einer hoch interaktiven Entwicklungsumgebung zu verstehen (vgl. [WOO93], S. 167).

Zu Betrachten sind in einem Programm Anweisungen, die zum Beispiel innerhalb von Schleifen liegen, die mehr als einmal in einem Testlauf ausgeführt werden. Ist eine Änderung in einer solchen Anweisung syntaktisch erlaubt, um mit mindestens einer Ausführung (aber möglicherweise nicht jeder Ausführung) darauf zu arbeiten, dann können folgende Parameter geändert werden, um unterschiedliche Mutationentest-Ergebnisse hervorzurufen:

$t_{\text{ändern}}$
: Das Stadium in der Programmausführung, in welchem die Änderung erfolgt.

$t_{\text{rückgängig}}$
: Das Stadium in der Programmausführung, in welchem die Änderung rückgängig gemacht wird und die Ausgaben verglichen werden.

Folgende Abbildung soll diesen Sachverhalt verdeutlichen:

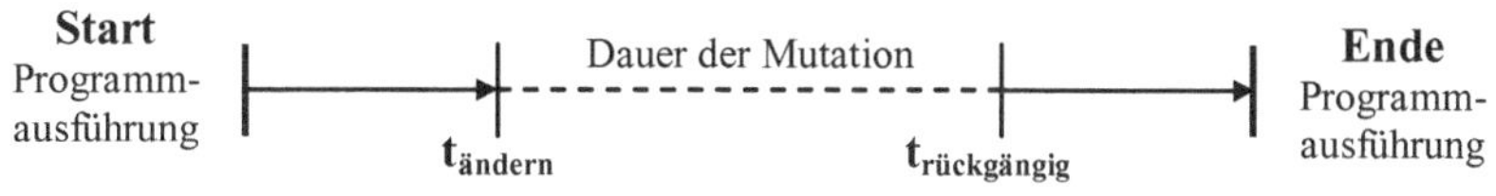

Abb. 5.3-9: Prinzip der festen Mutation [WOO93]

Der *schwache Mutationentest* entspricht bei dieser Betrachtung der Situation, wo $t_{\text{ändern}}$ und $t_{\text{rückgängig}}$ sich unmittelbar vor und nach jeder einzelnen Ausführung einer *Komponente* befinden. Der *starke Mutationentest* entspricht dagegen der Situation, wo $t_{\text{ändern}}$ und $t_{\text{rückgängig}}$ sich vor und nach Ausführung des *gesamten* Programms befinden. Es gibt also zwischen $t_{\text{ändern}}$ und $t_{\text{rückgängig}}$ einen Bereich möglicher Alternativen, in dem die Dauer einer Änderung aus Teilen der Programmausführung besteht. Diese Ausführungsdauer ist jedoch mindestens so lang, wie die Ausführung einer einzelnen Anweisung.

Der *feste Mutationentest* verkörpert also eine Situation, bei der im Stadium $t_{\text{ändern}}$ einfache Fehler in das Programm eingefügt werden, die im Stadium $t_{\text{rückgängig}}$ wieder zu entfernen sind. D. h., die Änderungen in den Anweisungen können zwar ein oder mehrmals ausgeführt werden, zum Beispiel innerhalb von Schleifen, sie bestehen aber nicht während der gesamten Programmausführung, sondern nur im Bereich zwischen $t_{\text{ändern}}$ und $t_{\text{rückgängig}}$.

Woodward weist auf einen anderen Aspekt des Mutationentestens hin, um den Anwender eine größere Kontrolle über die Entscheidung zu geben, was als Ausgabe für den Vergleich zwischen Original- und Mutanten-Ausführung verwendet werden sollte. Hier wurden u.a. folgende Vorschläge unterbreitet [WOO88], (vgl. [WOO93], S. 167):

- die tatsächlichen physischen Ausgaben
- definierte Endwerte von Datenobjekten
- vollständiger Trace von Datendefinitionen
- vollständiger Trace von Datenreferenzen und Datendefinitionen
- vollständiger Trace des Kontrollflusses usw.

Jede dieser Kategorien kann auch in Kombination mit einer oder mehreren anderen Kategorien verwendet werden, was die Aussagefähigkeit der Vergleiche erhöhen kann.

5.3.2.4 Schlussfolgerungen

Die Stärke des Mutationentests liegt darin, dass mit größer werdender Mutantenzahl die Testfälle immer vollständiger bzw. in ihrer Gesamtheit fehlersensitiver werden und damit die Restfehlerzahl auf ein Minimum abgesenkt werden kann. Ein weiterer Vorteil ist, dass sich das Programm auf bestimmte Fehlerklassen hin testen lässt. D. h., die Wahrscheinlichkeit bestimmte Fehlerarten zu finden, wird durch das Mutationentesten wesentlich erhöht.

Das Mutationentesten lässt sich allerdings nur dann sinnvoll einsetzen, wenn die Mutanten durch ein Werkzeug generiert und die Testfälle automatisch abgeleitet werden. DeMillo und Offutt haben sich in einer neueren Arbeit mit diesem Problem beschäftigt [DeM91]. Nach ihrem Erfahrungsbericht wurde ein kleines 30-zeiliges Programm erstellt, das Dreiecks-Klassifikationen vornimmt. Dabei erzeugte das System MOTHRA insgesamt 970 Mutanten. Das Generierungstool GODZILLA benötigte etwa 30 Minuten Laufzeit auf einer DEC Micro Vax II zur Erzeugung der Testfälle. Als Ergebnis wurden allerdings 99 % der Mutanten erkannt.

Aus dem Versuch von DeMillo und Offutt wird noch einmal der Nachteil des Mutationentestens deutlich, nämlich die große Anzahl von Mutanten P', die von einem Programm P generiert werden können. Es wird geschätzt, dass beim *starken Mutationentesten* von einem n-zeiligen Programm etwa n^2 Mutanten abgeleitet werden müssen [HOW81b]. Beinhaltet ein vorgesehener Satz von Testfällen t Elemente, dann sind demzufolge $n^2\ t$ Programmausführungen nötig, um die Vollständigkeit des Tests weitgehend sicherzustellen.

Die Vorteile des Mutationentests wurden bisher nur in relativ kleinen Experimenten nachgewiesen [GIR86], [BUD80]. Realistische Experimente in großen Industrieprojekten sind bisher nicht bekannt geworden. Wahrscheinlich ist es bei derartigen Projekten sinnvoll, das Mutationentesten partiell einzusetzen, also bei besonders kritischen Programmkomponenten. Auf diese Weise wird auch die Anzahl der Mutanten begrenzt, was letztendlich eine Kostenreduzierung bedeutet. Um den hohen Aufwand beim starken Mutationentesten zu überwinden, wurden in der Vergangenheit zahlreiche interessante Vorschläge gemacht (vgl. [WOO93], S. 164 f.):

- Die mutierenden Operatoren werden in eine bestimmte Ordnung gebracht, um die "Tötungsrate" der Mutanten zu maximieren. Duncan und Robson nannten diese Art des Testens "*ordered mutation testing*" [DUN90].

- Die mutierenden Operatoren werden auf einen Satz beschränkt, der nur sehr allgemeine Fehler beinhaltet, zum Beispiel die Ersetzung von Vergleichsoperatoren oder die Ersetzung bzw. Entfernung von unären Operatoren.

- Wu, Hennell, Hedley und Riddell formalisierten diese Ideen und kombinierten sie in eine allgemeine Strategie, die sie "*Syntax Directed and Semantics Aided Mutation*" (SDSAM) nannten (vgl. [WU88]). Mit dieser Strategie wird die Reichweite und die Natur der gewünschten Mutationen definiert, indem eine Mutationsgrammatik (*mutation grammar*) verwendet wird.

- Duncan und Robson parametrisierten das Mutationentesten [DUN92]. Auf diese Weise kann es maßgeschneidert auch auf große Softwareprojekte angewandt werden. Ihre Maßnahmen beinhalten unter anderem:

  - die Beschränkung der Testdaten auf derartige Fälle, welche die Ausführung von mutierten Code erzwingen

  - die Reduzierung der Anzahl von generierten Mutanten durch die Einbeziehung einer Reihe von beeinflussenden Faktoren, zum Beispiel *allgemeine Fehler der gegebenen Umgebung*, *Typ der Software*, *Fähigkeit des Programmierers* usw.

  - die Anwendung der mutierenden Operatoren auf die kritischsten Regionen des Programms

- Verwendung eines Compilers, der sowohl Objektcode für das Originalprogramm als auch für eine Reihe von Mutanten erzeugt (*compiler-integrated muation testing*) [DEM90]. Bei dieser Variante wird für den gesamten Testprozess nur eine einzige Umwandlungsoperation benötigt.

Eine interessante Entwicklung verspricht auch die Einbeziehung von Vector-Maschinen und anderen neuen Computer-Architekturen in das Testgeschehen (vgl. [WOO93], S. 165). Mathur und Krauser schlugen zum Beispiel einen Algorithmus für die simultane Ausführung eines Programms mit Mehrfachdatensätzen auf Vektormaschinen vor, wie die Cyber 205 and die Cray X/MP [MAT88]. Die Architektur eines parallel arbeitenden Mutationstestwerkzeugs wurde von Choi, Mathur und Pattison beschrieben [CHO89].

5.4 **Bereichstest** (Domain-Testing)

Die Bereichstestverfahren sind Äquivalenzklassenverfahren, die neben den *funktionalen Äquivalenzklassen*, die aus der Spezifikation abgeleitet werden, auch die *strukturellen Äquivalenzklassen* des konkret implementierten Eingabebereichs für die Spezifizierung von Testfällen heranziehen. Sie umfassen eine ganze Familie höherer Testverfahren, die sich aus einfachen Testverfahren durch Kombination zusammensetzen. Ziel des Einsatzes von Bereichstestverfahren ist, eine Effektivitätssteigerung beim Programmtesten zu erreichen. Die Bereichstestverfahren lassen sich in folgende Testverfahren untergliedern:

- Pfadbereichstest
- Test fehleroffenbarender Unterbereiche
- Partitionentest

5.4.1 Pfadbereichstest

Der gesamte Bereich eines Eingabedatenraums kann definiert werden als ein Satz von Eingabedatenpunkten, die bestimmten *Pfadbedingungen* genügen. Die Pfadbedingungen ergeben sich aus der Konjunktion der Prädikat-Interpretationen, die entlang des betreffenden Pfades bestehen. Alle Eingabedatenpunkte, die einen bestimmten Pfad zur Ausführung bringen, bezeichnet man als *Pfadbereich*. Ein derartiger Bereich eines Eingabedatenraums lässt sich aber auch als Spezifikation eines Satzes von Zuweisungsanweisungen betrachten, durch welche Pfadberechnungen vorgenommen werden [WHI80]. Auf der Basis dieser Betrachtungsweise definierte Howden zwei Typen von Programmfehlern [HOW76]:

- Bereichsfehler (*domain errors*)
- Berechnungsfehler (*computation errors*)

Jeder Pfadbereich entspricht einer **strukturellen Äquivalenzklasse**, deren Werte genau einen Pfad zur Ausführung bringen. Die Erfahrung zeigt nun, dass besonders an den Rändern der Äquivalenzklassen *Bereichsfehler* auftreten, die beim Testen durch Anwendung der **fehlerorientierten Grenzwertanalyse** entdeckt werden können.

Ein *Bereichsfehler* tritt auf, wenn ein spezifischer Eingabewert einen falschen Pfad im Kontrollfluss des Programms ausführt. Während ein *Berechnungsfehler* zwar den richtigen Pfad aktiviert, jedoch durch eine fehlerhafte Variablenzuweisung die betreffende Funktion für eine oder mehrere Ausgabevariable fehlerhaft ausführt. Der Eingabedatenraum eines Programms kann durch diese Betrachtungsweise als ein Satz von Paaren dargestellt werden, die aus dem jeweiligen Bereich D_i und der zugehörenden berechnenden Funktion f_i bestehen:

$$\{(D_1\ f_1), (D_2\ f_2), \ldots, (D_i\ f_i)\}$$

In Anlehnung an White und Cohen können auf dieser Grundlage folgende Definitionen vorgenommen werden (vgl. [WHI80]):

1. Ein **Bereichsfehler** liegt vor, wenn dieser Umstand aus der D_i-Komponente von einem oder mehreren $(D_i\ f_i)$-Paaren resultiert.

2. Ein **Berechnungsfehler** liegt vor, wenn dieser Umstand aus der f_i-Komponente von einem oder mehreren $(D_i\ f_i)$-Paaren resultiert.

3. Ein **fehlender Pfad** liegt vor, wenn dieser Umstand aus dem Fehlen eines $(D_i\ f_i)$-Paares resultiert.

Aus diesen Definitionen kann geschlossen werden, dass ein Programmfehler immer dann vorliegt, wenn ein *Bereichsfehler*, ein *Berechnungsfehler* oder ein *fehlender Pfad* vorhanden ist. Ein Programmfehler kann sich jedoch auch aus mehr als einem der beschriebenen Fehler zusammensetzen, so dass nicht in jedem Fall eine eindeutige Fehlerzuordnung möglich ist.

Der Bereichstest wurde unter folgenden Annahmen entwickelt [WHI80]:

- Eine zufällige Korrektheit der Ausgaben wird für jeden Testfall ausgeschlossen.

- Ein fehlender Pfad wird nicht im Zusammenhang mit dem zu testenden Pfad angenommen.

- Jede Bereichsgrenze wird durch eine einfaches Prädikat (*Vergleichsoperator*) erzeugt.

- Der Pfad des angrenzenden Bereichs berechnet eine andere Funktion als der Pfad, der getestet wird.

- Die zu testende Bereichsgrenze ist eine lineare Funktion der Eingabevariablen, unabhängig davon, ob sie korrekt oder unkorrekt ist.

- Der Dateneingaberaum ist eher kontinuierlich als diskret.

Die Testpunkte, die für den betrachteten Eingabedatenraum ausgewählt werden, unterscheiden sich primär durch ihre Position bezüglich der gegebenen Bereichsgrenze. White und Cohen definierten deshalb zwei Typen von Testpunkten:

- **ON-Testpunkte,**
  die genau auf der gegebenen Bereichsgrenze liegen

- **OFF-Testpunkte,**
  die eine kleine Differenz ε von der Bereichsgrenze entfernt liegen und zwar auf deren offenen Seite im Nachbarbereich.

Ist der betrachtete Eingabebereich zweidimensional, dann werden auf der gegebenen Bereichsgrenze, nahe an deren beiden Enden, zwei ON-Testpunkte plaziert. Ein OFF-Testpunkt wird in der Entfernung ε von der Bereichsgrenz entfernt im Nachbarbereich plaziert. Clarke, Hassel und Richardson nennen diese Vorgehensweise **2 x 1-Strategie** [CLA82].

Mit Hilfe der 2 x 1-Strategie lassen sich alle Grenzverschiebungen (Bereichsfehler) feststellen, wenn die gegebene fehlerhafte Bereichsgrenze innerhalb oder teilweise innerhalb des zu testenden Bereichs liegt. Diese Strategie ist jedoch nicht geeignet Grenzverschiebungen festzustellen, wenn die gegebene Bereichsgrenze außerhalb des zu testenden Bereichs, also im Nachbarbereich liegt.

Die 2 x 1-Stategie wurden von White und Cohen zur **N x 1-Strategie** für den n-dimensionalen Raum erweitert. Clarke, Hassel und Richardson erweiterten die 2 x 1- bzw. N x 1-Strategie zur **N x N-Strategie**, wobei N die Dimension des Bereichs ist, und zur **V x V-Strategie** mit V als die Anzahl der Scheitelpunkte der gegebenen Bereichsgrenze [CLA82].

Folgende Abbildung zeigt einen zweidimensionalen zu testenden Bereich D_1 mit der *gegebenen* und der *korrekten* Bereichsgrenze. Die ON-Testpunkte befinden sich nahe den Bereichsenden auf der *gegebenen Grenze*. Die OFF-Testpunkte liegen nahe an den Enden einer Linie, die ε von der gegebenen Grenze entfernt im Nachbarbereich D_2 liegt. Die *korrekt* angenommene Grenze liegt vollständig im zu testenden Bereich. Die angewendete Strategie ist eine 2 x 2-Strategie.

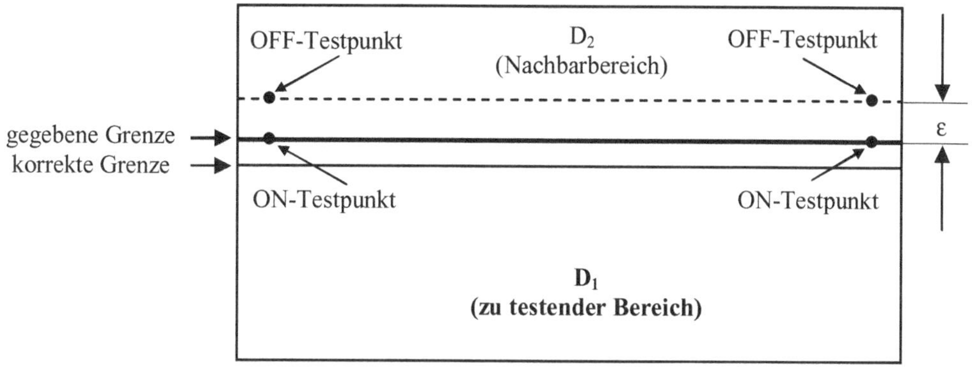

Abb. 5.4-1: Zweidimensionaler Bereich mit einer einer 2 x 2-Teststrategie

Der Vorteil des Pfadbereichstests sind darin zu sehen, dass unter Anwendung der strukturellen Äquivalenzklassenbildung und der Grenzwertanalyse sich die Anzahl der Testfälle auf ein wirtschaftlich vertretbares Minimum reduzieren lässt. Wird die Differenz ε hinreichend klein gewählt und werden die ON- bzw. OFF-Testpunkte optimal auf der betrachteten Bereichsgrenze positioniert, dann kann die Richtigkeit der Bereichsgrenze bis auf mimimale Abweichungen sichergestellt werden.

Die Nachteile des Pfadbereichstests sind im Zusammenhang mit der Pfadtestüberdeckung zu sehen, denn ein vollständiger Bereichstest ist aufgrund der in der Praxis vorkommenden hohen Anzahl von Programmpfaden nicht möglich. Andere Schwierigkeiten ergeben sich bei komplexen Strukturen des Eingabedatenraums und bei nicht linearen Bereichsräumen.

5.4.2 Test fehleroffenbarender Unterbereiche

Der Test fehleroffenbarender Unterbereiche geht auf Goodenough und Gerhart [GOO77] sowie auf Gourlay zurück [GOU83]. Modifiziert und weiterentwickelt wurde das Verfahren von Weyuker und Ostrand [WEY80]. Grundlage des Verfahrens ist die Aufteilung des Eingabedatenbereichs eines Programms in eine Reihe von Teilbereichen auf der Grundlage der Programmstruktur und der Spezifikation bzw. der fachlichen Vorgaben. Das Verfahren vereinigt also *strukturorientierte* und *funktionsorientierte* Testkriterien im Sinne von *Greybox-Tests*.

Nach Goodenough und Gerhart ist ein Testkriterium *C zuverlässig*, wenn jeder Test, der von *C* selektiert wird, entweder erfolgreich oder nicht erfolgreich ist. Ein Testkriterium *C* ist *gültig*, wenn ein Programm *F* inkorrekt ist und *C* mindestens einen Satz Testfälle *T* selektiert, der für das Programm *F* nicht erfolgreich ist. Aus diesen Definitionen folgt das Grundtheorem von Goodenough und Gerhart: *Ist C ein zuverlässiges und gültiges Testkriterium, dann ist irgendein Test, der von C selektiert wurde, ein idealer Test* (vgl. [WEY80] S. 236). Aus diesem Theorem lässt sich folgern, dass ein Testkriterium *C* nur dann die Merkmale *Zuverlässigkeit* und *Gültigkeit* besitzen kann, wenn der gesamte Eingabedatenbereich eines Programms *erschöpfend* getestet wird. Diese Vorgehensweise besitzt jedoch grundlegende Schwächen [WEY80]:

- Aufgrund der Mächtigkeit des Eingabedatenbereichs ist ein erschöpfender Test in der Praxis nicht durchführbar.

- Ein Testkriterium *C* kann für Programm *F* *zuverlässig* und *gültig* sein, für ein anderes leicht geändertes Programm *F′* jedoch nicht. Die Merkmale *Zuverlässigkeit* und *Gültigkeit* sind also relativ.

- Die Merkmale *Zuverlässigkeit* und *Gültigkeit* müssen während eines Debugging-Prozesses nicht unbedingt ihren Wahrheitsgehalt behalten. Das heißt, ein Testkriterium, das zu Beginn eines Debugging-Prozesses *gültig* ist, kann im Verlauf dieses Prozesses durch die Eingriffe in die Programmstruktur ungültig werden. Andererseits kann ein ungültiges Kriterium während des Debugging-Prozesses *Gültigkeit* erlangen.

- Die Merkmale *Zuverlässigkeit* und *Gültigkeit* besitzen keine voneinander unabhängigen Eigenschaften, weil sie von der Natur der im Programm befindlichen Fehler abhängen.

Um diese Schwierigkeiten zu umgehen revidierten Weyuker und Ostrand das Grundtheorem von Goodenough und Gerhart, indem sie den Begriff der *offenbarenden Testselektionskriterien* einführten.

5.4.2.1 Fehleroffenbarende Testselektionskriterien

Da der *ideale Test* von Goodenough und Gerhart nicht möglich ist, definierten Weyuker und Ostrand das *offenbarende* (revealing) *Testselektionskriterium* [WEY80]:

Ein Testkriterium C für den Unterbereich S eines Eingabedatenbereichs ist fehleroffenbarend, wenn folgende Aussage gilt: Enthält S eine Eingabe, die vom Programm nicht erfolgreich verarbeitet wird, dann ist auch jeder Satz von Testfällen, der C genügt, nicht erfolgreich.

Läuft ein Test mit dem Testkriterium *C* erfolgreich mit den Eingaben von *S*, dann kann nicht garantiert werden, dass dieser Unterbereich *S offenbarend* ist. Es kann aber garantiert werden, dass *S* für gewisse spezifizierte Fehler *offenbarend* ist. Deshalb wird in der oben angegebenen Definition auch der Begriff *fehleroffenbarend* verwendet. Um eine derart strenge Eigenschaft eines Testkriteriums nutzen zu können, muss der problembezogene Eingabedatenbereich in einen *programmabhängigen* und einen *programmunabhängigen* Bereich partitioniert werden. Weyuker und Ostrand kombinierten deshalb beim Test fehleroffenbarender Unterbereiche die folgende Testverfahren:

- Pfadbereichstest
- funktionsorientierter Test
- Test besonderer Werte

Ein Testverfahren allein auf der Basis der Programmstruktur oder der fachlichen Spezifikation ist nach Ansicht der Autoren nicht ausreichend, um ein Programm umfassend zu testen.

5.4.2.2 Die Ableitung fehleroffenbarender Unterbereiche

Die Testdaten müssen sowohl von programmabhängigen als auch von programmunabhängigen Quellen hergeleitet werden, was durch die folgenden zwei Schritte geschehen kann [WEY80]:

1. **Ableitung einer Pfadbereichspartition aus dem Eingabedatenbereich**
   Ein Pfadbereich besteht aus einem Satz von Eingaben, die alle den gleichen Pfad im Kontrollflussgrafen des Programms folgen.

2. **Ableitung einer Problempartition aus dem Eingabedatenbereich**
   Die *Problempartition* wird auf der Basis von allgemeinen Eigenschaften errichtet, welche die fachlichen Vorgaben bzw. die Spezifikation, die zugrundeliegenden Algorithmen und die Schnittstellenspezifikation beinhalten.

Die Partition mit den Pfadbereichen wird anschließend in **strukturelle Äquivalenzklassen** und die Problempartition in **funktionale Äquivalenzklassen** aufgeteilt. Es muss sichergestellt sein, dass alle Eingabewerte, die zu einer Äquivalenzklasse gehören, den gleichen Pfad im Kontrollflussgrafen durchlaufen bzw. vom Programm in der gleichen funktionellen Weise behandelt werden. Diese zwei Unterbereichsmengen des Eingabedatenbereichs werden nun derart zum Schnitt gebracht, dass jeder entstehende Bereich ausschließlich Eingabewerte enthält, die sowohl von der Programmstruktur als auch von der

Spezifikation her in der gleichen Weise verarbeitet werden [WEY80]. Unterbereiche, die auf diese Art gebildet werden, sind *fehleroffenbarend* für eine ganze Reihe von Fehlern. Liggesmeyer weist ergänzend darauf hin, dass sich die *strukturellen* kaum von den *funktionalen Äquivalenzklassen* unterscheiden, weil die Implementation und die Spezifikation lediglich zwei Sichtweisen des gleichen Problems darstellen, die vom Programm auch in der gleichen Weise behandelt werden. Gibt es Abweichungen zwischen strukturellen und funktionalen Äquivalenzklassen, dann lassen sich dort Fehler vermuten, die durch verstärktes Testen gefunden werden müssen (vgl. [LIG90], S. 187).

5.4.2.3 Beispiel für den Test fehleroffenbarender Unterbereiche

Folgendes Beispiel beschreibt ein Dreieck-Klassifikationsprogramm, das in ähnlicher Form bereits von einigen Autoren benutzt wurde [DEM78a], [RAM76], [WEY80]. Die folgende Version wurde mit geringfügigen Änderungen von [WEY80] übernommen. Die Abbildung zeigt den Quelltext in COBOL und den zugehörigen Kontrollflussgrafen des Programms. Es wird unterstellt, dass die *Problemspezifikation* (fachliche Vorgaben) für die Ein- und Ausgaben des Programms folgende Angaben enthält:

Eingaben:
Die Seiten des Dreiecks als positive Ganzzahlen A, B und C mit den Relationen $A \geq B \geq C$.

Ausgaben:
Das Programm gibt als Display-Ausgaben an, welche der folgenden Angaben entsprechend den Eingaben richtig sind:

- die Eingaben sind falsch
- die Eingaben entsprechen nicht den Seiten eines gültigen Dreiecks
- die Eingaben entsprechen einem gleichseitigem Dreieck
- die Eingaben entsprechen einem gleichschenkligen, aber keinem rechtwinkligen Dreieck
- die Eingaben entsprechen einem rechtwinkligen ungleichseitigen Dreieck
- die Eingaben entsprechen einem stumpfwinkligen ungleichseitigen Dreieck
- die Eingaben entsprechen einem spitzwinkligen ungleichseitigen Dreieck

Kn.	Quelltext
(1)	if NOT (A >= B AND B >=C)
(15)	display „ungültige Eingabe“
	else
(2)	if A = B OR B = C
(3)	if A = B AND B = C
(14)	display „gleichseitiges Dreieck“
	else
(13)	display „gleichschenkliges Dreieck“
	end-if
	else
(4)	compute A = A * A
(5)	compute B = B * B
(6)	compute C = C * C
(7)	compute D = B + C
(8)	if A = D
(10)	display „rechtwinkliges Dreieck“
	else
(9)	if A < D
(12)	display „spitzwinkliges Dreieck“
	else
(11)	display „stumpfwinkliges Dreieck“
	end-if
	end-if
	end-if
	end-if.

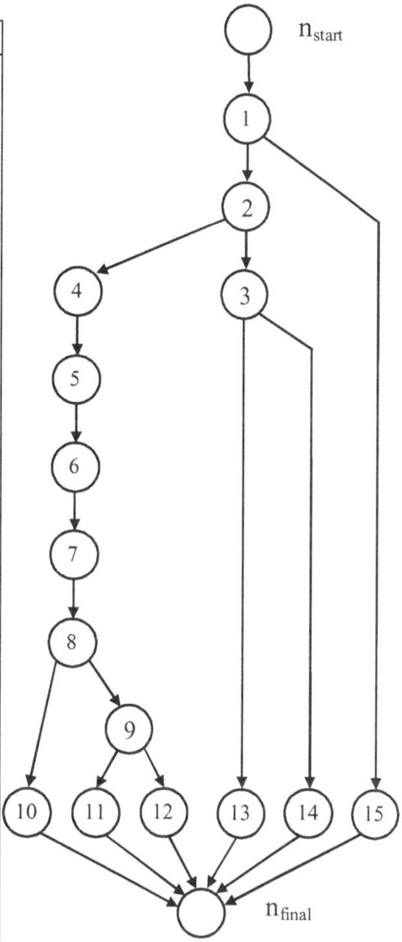

Abb. 5.4-2: Code und Kontrollflussgraf des Dreieck-Klassifikationsprogramms

Zur Ableitung der **Pfadbereichspartition** wird jeder Pfadbereich für das Programm durch die Konjunktion seiner prädikativen Verzweigungen beschrieben. Die Bedingungen, welche die sechs Pfadbereiche beschreiben, ergeben sich aus folgende Beziehungen:

P_1 = NOT [(A ≥ B) AND (B ≥ C)]
P_2 = (A > B > C) AND ($A^2 = B^2 + C^2$)
P_3 = (A > B > C) AND ($A^2 > B^2 + C^2$)
P_4 = (A > B > C) AND ($A^2 < B^2 + C^2$)
P_5 = (A ≤ B ≤ C) AND [(A = B) OR (B = C)] AND NOT [(A = B) AND (B = C)]
P_6 = (A = B = C)

Um die **Problempartition** (spezifikationsbasierte Partition) zu bilden, wird zuerst die Einheit der positiven Ganzzahlen in zulässige und unzulässige Ausgaben geteilt. Die *unzulässigen Ganzzahlen* des Unterbereichs S_1 gehorchen den Relationen NOT $(A \geq B \geq C)$ bzw $(A < B)$ OR $(B < C)$. Bei den *zulässigen Ganzzahlen* müssen zwei Bedingungen unterschieden werden:

1. Der Unterbereich S_2 enthält alle Triple mit den Relationen $A \geq B \geq C$ und $A \geq B + C$. In diesem Fall sind die Dreiecksbedingungen nicht erfüllt bzw. die Triple aus den Ganzzahlen A, B, C entsprechen nicht den Seiten eines Dreiecks.

2. Eingaben mit den Relationen $(A \geq B \geq C)$ und $A < B + C$ erfüllen die Dreiecksbedingungen. Diese *gültigen Triple* lassen sich in sechs Unterklassen aufteilen:

$S_3 = A = B = C$	gleichseitiges Dreieck
$S_4 = A = B > C$	gleichschenkliges Dreieck
$S_5 = (A > B = C)$ AND $(A < B + C)$	gleichschenkliges Dreieck
$S_6 = (A > B > C)$ AND $(A^2 = B^2 + C^2)$	rechtw. ungleichseitiges D.
$S_7 = (A > B > C)$ AND $(A^2 < B^2 + C^2)$	spitzw. ungleichseitiges D.
$S_8 = (A > B > C)$ AND $(A^2 > B^2 + C^2)$ AND $(A < B + C)$	stumpfw. ungleichs. D.

Werden die sechs *Pfadbereiche* mit den acht *Problembereichen* geschnitten, erhält man neun nicht leere Unterbereiche $D_1 - D_9$:

$D_1 = S_1 \cap P_1$: $(A < B)$ OR $(B < C)$
$D_2 = S_2 \cap P_3$: $(A \geq B + C)$ AND $(A > B > C)$
$D_3 = S_2 \cap P_5$: $(A \geq B + C)$ AND $(B = C)$
$D_4 = S_3 \cap P_6$: $(A = B = C)$
$D_5 = S_4 \cap P_5$: $(A = B > C)$
$D_6 = S_5 \cap P_5$: $(A > B = C)$ AND $(A < B + C)$
$D_7 = S_6 \cap P_2$: $(A > B > C)$ AND $(A^2 = B^2 + C^2)$
$D_8 = S_7 \cap P_4$: $(A > B > C)$ AND $(A^2 < B^2 + C^2)$
$D_9 = S_8 \cap P_3$: $(A > B > C)$ AND $(A^2 > B^2 + C^2)$ AND $(A < B + C)$

Die Testdaten können nun durch die willkürliche Auswahl eines Elements von jedem Unterbereich festgelegt werden. Folgende Zusammenstellung zeigt die Testdaten mit den korrekten und den tatsächlichen (fehlerhaften) Programmausgaben.

Unter-bereiche	Testdaten	erwartete Ausgabe	tatsächliche Ausgabe
D_1	(1, 2, 3)	ungültige Eingabe	ungültige Eingabe
D_2	(14, 6, 4)	kein Dreieck	*stumpfwinkliges Dreieck* (!)
D_3	(2, 1, 1)	kein Dreieck	*gleichschenkliges Dreieck* (!)
D_4	(1, 1, 1)	gleichseitiges Dreieck	gleichseitiges Dreieck
D_5	(2, 2, 1)	gleichschenkliges Dreieck	gleichschenkliges Dreieck
D_6	(3, 2, 2)	gleichschenkliges Dreieck	gleichschenkliges Dreieck
D_7	(5, 4, 3)	rechtwinkliges Dreieck	rechtwinkliges Dreieck
D_8	(6, 5, 4)	spitzwinkliges Dreieck	spitzwinkliges Dreieck
D_9	(4, 3, 2)	stumpfwinkliges Dreieck	stumpfwinkliges Dreieck

Abb. 5.4-3: Testdaten mit den erwarteten und tatsächlichen Programmausgaben

Wie aus der Tabelle hervorgeht, gibt das Programm für die Unterbereiche D_2 und D_3 falsche Meldungen aus. Obwohl die angegebenen Triple nicht den Seiten eines Dreiecks entsprechen, werden diese Eingaben fälschlicherweise Dreiecken zugeordnet. Die Unterbereiche D_2 und D_3 sind somit *offenbarend* für diese Fehler, d. h. alle Elemente dieser Unterbereiche werden vom Programm in der gleichen Weise fehlerhaft verarbeitet.

Das Ergebnis dieses Beispiels zeigt, dass es sehr sinnvoll sein kann, strukturorientierte und funktionsorientierte Teststrategien zu kombinieren, um auf diese Weise einen umfassenden Test mit einer Minimierung der Restfehlerzahl durchzuführen. Hätte dieser Test nur auf strukturorientierter Basis stattgefunden, dann wären diese Fehler mit Sicherheit unendeckt geblieben. Das korrekte Programm ist zur Kontrolle nachfolgendem Listing zu entnehmen. Die eingefügten Codezeilen wurden mit einen Pfeil gekennzeichnet.

```
if NOT (A >= B AND B >=C)
   display "ungültige Eingabe"
else
   if NOT (A >= B AND B >=C AND A < B + C)          ←
      display "kein Dreieck"                         ←
   else                                              ←
   if A = B OR B = C
      if A = B AND B = C
         display "gleichseitiges Dreieck"
      else
         display "gleichschenkliges Dreieck"
      end-if
   else
      compute A = A * A
```

```
        compute B = B * B
        compute C = C * C
        compute D = B + C
        if A = D
            display "rechtwinkliges Dreieck"
        else
            if A < D
                display "spitzwinkliges Dreieck"
            else
                display "stumpfwinkliges Dreieck"
            end-if
        end-if
    end-if
end-if                                              ←
end-if.
```

Abb. 5.4-4: Korrigiertes Dreieck-Klassifikationsprogramm

5.4.3 Partitionentest

Der Partitionentest fällt wie der Test fehleroffenbarender Unterbereiche in die Gruppe der Bereichstestverfahren. In der Fachliteratur gibt es zwei unterschiedliche Ausprägungen des Partitionentests.

1. Richardson und Clarke haben ein Verfahren vorgeschlagen, dass im Ansatz mit dem Test fehleroffenbarender Unterbereiche identisch ist, jedoch zusätzlich eine Kombination von Programmverifikation und dynamischen Test anwendet [RIC81a], [RIC81c], [RIC85], [DEM87] (vgl. [LIG90] S. 188 ff.).

2. Weyuker und Jeng beziehen den Begriff des Partitionentest auf eine ganze Familie von *strukturorientierten und funktionsorientierten* Testverfahren [JEN89], [WEY91], (vgl. [GOO77], [HAM88], [RIC81b] und [WEY81]).

Das Partitionentesten wird hier im Sinne von Weyuker und Jeng verwendet. Der Begriff der Partition soll dabei nicht im mathematischen Sinn von sich nicht überschneidbaren unzusammenhängenden Teilbereichen verstanden werden, sondern als eine Teilung des Eingabedatenbereichs in sich möglicherweise überlappende Teilbereiche. Ziel der Partitionierung ist die Teilung des Eingabedatenbereichs derart in Partitionen vorzunehmen, dass ein vollständiger Satz von partitionenbezogenen Testfällen eine gute Repräsentation des gesamten Eingabedatenbereichs ist.

Im Idealfall kann der Eingabedatenbereich in einer Weise in Partitionen aufgeteilt werden, dass innerhalb jeder Partition das Programm für jedes Datenelement entweder korrekte oder falsche Antworten liefert. Weyuker und Ostrand nennen eine derartige Partition *offenbarend* (revealing) [WEY80], Hamlet und Taylor dagegen *homogen* [HAM88], [HAM90]. Sind die Partitionen des Eingabedatenbereichs *offenbarend*, dann braucht nur für jede Partition ein Datenelement ausgewählt und mit dem entsprechenden Testfall das Programm ausgeführt werden, um Programmfehler zu finden. In der Praxis sind *offenbarende* Partitionen jedoch nicht üblich.

Nach Ansicht von Weyuker und Jeng lassen sich sowohl die meisten Code-Überdeckungsstrategien als auch die funktionale Äquivalenzklassenbildung, als Partitionenteststrategien auffassen. So fordert die Anweisungsüberdeckung, dass Testdaten so ausgewählt werden, dass jede Anweisung im Programm mindestens einmal ausgeführt wird. Diese Strategie teilt den Eingabedatenbereich in eine Reihe nicht zusammenhängender Teilbereiche auf, wobei jeder Teilbereich aus allen Testfällen besteht, die eine bestimmte Anweisung ausführen. Da ein gegebener Testfall im Allgemeinen mehrere Anweisungen aktiviert, ist er ein Mitglied des Teilbereichs für jede dieser Anweisungen. Zum weiteren Verständnis des Partitionentests sollen hier einige Definitionen angegeben werden, die der Arbeit von Weyuker und Jeng entnommen wurden [WEY91]:

1. Das Programm P enthält den Eingabedatenbereich D mit der Größe d. Der Eingabedatenbereich enthält m Punkte, die fehlerhafte Ausgaben bewirken. Diese Eingaben bezeichnet man als **fehlerverursachende Eingaben**. Alle anderen Eingaben sind **korrekte Eingaben**, die auch korrekte Ausgaben erzeugen. Es wird angenommen, dass $d >> m$ ist, d. h. die meisten Eingaben sind korrekte Eingaben.

2. Der Parameter n bezeichnet die Anzahl der selektierbaren Testfälle und θ die Fehlerrate, d. h. die Wahrscheinlichkeit, dass eine fehlerverursachende Eingabe beim Partitionentest als Testfall selektiert wird. Für die Fehlerrate θ gilt die Beziehung
$$\theta = \frac{m}{d}.$$

3. Die Wahrscheinlichkeit, dass mindestens ein Fehler durch eine fehlerverursachende Eingabe beim Partitionentesten gefunden wird, beträgt
$$P_r = 1 - (1 - \theta)^n = 1 - \left(\frac{m}{d}\right)^2 .$$

4. Wird das Partitionentesten durchgeführt, dann ist der Eingabedatenbereich D in k Partitionen D_1, D_2, ..., D_k mit der Größe d_1, d_2, ..., d_k und den Fehlerraten θ_1, θ_2, ..., θ_k aufzuteilen. Die Anzahl der fehlerverursachenden Eingaben m_i bezieht sich auf die Partition i.

5.4.3.1 Die Partitionierung des Eingabedatenbereichs

Soll der Partitionentest effektiv durchgeführt werden, dann sind die Eingaben derart zu Partitionen zu gruppieren, dass sie unter den gleichen Umständen Fehler verursachen. D. h., die Eingaben sind zueinander äquivalent bzw. sie entsprechen Äquivalenzklassen. Diese Aussage führt zu folgender Definition:

> *Bezeichnet man mit P_p, die Wahrscheinlichkeit, mindestens eine fehlerverursachende Eingabe in n zufällig ausgewählten Tests zu finden, dann kann P_p maximiert werden, indem eine Partition nur Eingaben enthält, die fehlerhafte Ausgaben erzeugen* [WEY91].

Diese Forderung hat allerdings nur eine theoretische Bedeutung, denn wenn der Tester weiß, wo sich im Eingabedatenbereich die Fehler befinden, kann er auf das Testen verzichten. Die Aussage hat dennoch ein wichtige Bedeutung, denn sie zeigt die prinzipielle Wirkungsweise des Partitionentestens. Enthält nach dieser Definition ein Programm Fehler, die nur von einigen wenigen Elementen einer Partition hervorgerufen werden, dann ist die Fehlerdichte in dieser Partition relativ klein und demzufolge auch die Wahrscheinlichkeit P_p, einen Fehler zu finden. Diese Aussage gilt für alle Strategien des Partitionentests.

In der Praxis werden die Partitionen oft direkt vom Kontrollfluss oder Datenfluss abgeleitet, obwohl alle Strategien des Partitionentests fehlerbasiert arbeiten. Deshalb sind die Eingaben einer Partition in den meisten Fällen nicht fehlerbasierend und deshalb ist auch die Wahrscheinlichkeit einen Fehler zu finden relativ gering.

Duran und Ntafos sowie Hamlet und Taylor fanden durch Experimente heraus, dass das Partitionentesten im Allgemeinen nur in Randgebieten besser ist als das Zufallstesten. Das Partitionentesten kann auch bei bestimmten Bedingungen schlechter als das Zufallstesten sein, wenn die Partitionen schwach ausgelegt sind. Weyuker und Jeng [WEY91] geben einige Beispiele an, die diese These unterstützen.

Jedes der folgenden Beispiele zeigt die mögliche Beziehung zwischen dem *Partitionentesten* und dem *Zufallstesten*. In jedem der Beispiele wird die Größe des Eingabedatenbereichs mit 100 angenommen, davon sind 8 fehlerverursachende Eingaben vorhanden. Insgesamt werden zwei Testfälle selektiert. Für diese Grunddaten beträgt die Wahrscheinlichkeit P_r, um mit diesen Testfällen beim *Zufallstesten* einen Fehler zu finden:

$$P_r = 1 - \left(1 - \frac{m}{d}\right)^n = 1 - \left(1 - \frac{8}{100}\right)^2 = 0{,}15.$$

Beispiel 1:
Die Anzahl der Partitionen beträgt $k = 2$ und ihre Größe wird mit $d_1 = d_2 = 50$ angegeben. Die Anzahl der Testfälle ist für jede Partition $n_1 = n_2 = 1$. Weiter wird angenommen, dass jede der zwei Partitionen 4 fehlerverursachende und 46 korrekte Eingaben enthält.

$$P_p = 1 - \left(\frac{46}{50}\right)^2 = 0{,}15 = P_r$$

Dieses Beispiel demonstriert den Fall, wenn die Grenzen von Partitionen willkürlich errichtet werden. Jede der zwei Partitionen besitzt hier exakt die gleiche Fehlerrate wie der gesamte Eingabedatenbereich, deshalb ist die Wahrscheinlichkeit P_p, einen Fehler im *Partitionentest* zu finden, gleich der Wahrscheinlichkeit P_r, einen Fehler beim *Zufallstesten* zu finden.

Beispiel 2:
Die Anzahl der Partitionen ist $k = 2$ mit einer Größe von $d_1 = 92$ *und* $d_2 = 8$. Alle fehlerverursachenden acht Eingaben befinden sich in D_2. Die Anzahl der Testfälle beläuft sich wie im Beispiel 1 auf $n_1 = n_2 = 1$. Die Wahrscheinlichkeiten, mit den n Testfällen mindestens einen Fehler zu finden beträgt

$$P_p = 1 > 0{,}15 = P_r.$$

In diesem Beispiel ist das Partitionentesten eine perfekte Strategie, was durch $P_p = 1$ bestätigt wird. Obwohl die gleiche Situation wie in Beispiel 1 vorherrscht, enthält D_2 nur fehlerverursachende Eingaben, so dass beim Test garantiert ein Fehler gefunden wird. Dieses Beispiel zeigt in einfacher Weise, dass die Wahrscheinlichkeit, einen Fehler in einer Partition zu finden, maximiert werden kann, wenn möglichst viele Fehler in dieser Partition gruppiert werden.

Beispiel 3:
Die Anzahl der Partitionen ist $k = 2$ mit einer Größe von $d_1 = 1$ *und* $d_2 = 99$. Alle fehlerverursachenden acht Eingaben befinden sich in D_2. Die Anzahl der Testfälle beläuft sich wie in den anderen Beispielen auf $n_1 = n_2 = 1$. Die Wahrscheinlichkeit mit den n Testfällen mindestens einen Fehler zu finden beträgt

$$P_p = \left(\frac{8}{99}\right) = 0{,}08 < 0{,}15 = P_r .$$

Dieses Beispiel zeigt, dass das *Partitionentesten* schlechter als das *Zufallstesten* sein kann, wenn die Gruppierung der fehlerverursachenden Eingaben in ungenügendem Maße vorgenommen wurde.

Das Gruppieren der fehlerverursachenden Eingaben in einer oder mehreren Partitionen ist keine leichte Aufgabe. Um einen Partitionentest wirklich effektiv durchzuführen, müssen die Partitionen relativ klein sein und nur fehlerverursachende Eingaben enthalten (Homogenität). Der Tester wird deshalb den Eingabedatenbereich sowohl anhand der Programmstruktur als auch der fachlichen Spezifikation analysieren und durch eine geschickte *strukturelle* und *funktionale Äquivalenzklassenbildung* im Zusammenhang mit der *Grenzwertanalyse* versuchen, die fehlerverursachenden Eingaben in einer Partition zu gruppieren. Wird ein Testfall auf diese Weise selektiert, dann ist die Wahrscheinlichkeit groß, einen Fehler mit diesen Testdaten zu finden.

In der Praxis wird von den Testern häufig kein reines Partitionentesten durchgeführt, was besonders für den Anfang des Tests gilt. Der Tester wählt in diesem Falle von jeder Partition willkürlich einige Punkte aus und startet den Test mit den selektierten Testfällen. Aus dem Ergebnis geht dann hervor, welche Partitionen vom Test unberührt geblieben sind bzw. ungenügend getestet wurden. Diese Partitionen werden anschließend verstärkt getestet.

5.4.3.2 **Verbessertes Partitionentesten** (Suspicion Testing)

Die Schwierigkeiten des Partitionentestens liegen in der fehlerbasierten Partitionierung des Eingabedatenbereichs bzw. in der Homogenität der Partitionen im Sinne von Äquivalenzklassen. Soll das Partitionentesten besser als das Zufallstesten (mit Gleichverteilung) sein, dann müssen sich in den Partitionen mit hoher Wahrscheinlichkeit Fehler befinden. Diese Fehlergruppierungen sind jedoch nicht bekannt bzw. werden erst nach dem Testen offenbar.

Hamlet und Taylor schlagen aus diesen Gründen eine Methode vor, die Partitionen mit einem relativ hohen Fehleranteil bereitstellt. Die beiden Forscher nennen diese Methode in ihrer Arbeit *„suspicion testing"* (Misstrauenstesten) [HAM90].

Die Partitionen, die sich bei dieser Methode überlappen dürfen, werden durch ihre Eingaben definiert, welche die Software mit hoher Wahrscheinlichkeit zu Fehlern veranlassen. Dazu werden diejenigen „Routinen" zu Partitionen gruppiert, die als besonders fehlerträchtig angesehen werden können. Das können zum Beispiel sein:

- Routinen, die von einem weniger erfahrenen Programmierern geschrieben wurden
- Routinen mit einer Fehlervergangenheit (entweder in der Entwicklung oder im Betrieb)
- Routinen, die nicht inspiziert wurden, obwohl sie in der späten Design-Phase zu ändern waren
- Routinen, die mehrmaligen fachlichen Änderungen unterlagen und noch nicht in ihren Wechselwirkungen mit anderen Routinen getestet werden konnten
- Routinen, die in den Anforderungen unklar oder widersprüchlich beschrieben waren usw.

Die Aufzählung derartiger Routinen bzw. Funktionen oder Operationen lässt sich fortsetzen. Durch das *Suspicion Testing* wird eine Art grob orientierte „Überdeckung der Routinen" definiert, die mit den besonders fehlerträchtigen Routinen zu wichten ist. D. h., diese Routinen werden besonders intensiv getestet. Auf diese Weise gewinnt das Partitionentesten gegenüber dem *Zufallstesten mit Gleichverteilung* einen erheblichen Vorteil, indem durch das systematische Testen erheblich weniger Testfälle benötigt werden, um die Fehlerdichte der Software signifikant zu senken.

Weder das konventionelle noch das verbesserte Partitionentesten (*Suspicion Testing*) sind dazu geeignet, Vertrauen in die Software zu schaffen, weil sie nicht nutzerorientiert ausgerichtet sind. Das ist nur durch eine Annäherung an die Zuverlässigkeit der Software möglich, die durch nutzerorientiertes Testen auf der Basis eines Nutzungsprofils erreicht werden kann.

5.5 Strukturorientiertes Testen (Whiteboxtesten)

Die Methoden für das strukturorientierte Testen (Low-Level-Tests) basieren entweder auf der Überdeckung des Kontrollflusses oder Datenflusses. Während die kontrollflussorientierten Tests die Erfüllung einfacher Code-Überdeckungskriterien zum Ziel haben, werden bei den datenflussorientierten Tests Zugriffe auf Variable getestet. Diese Zugriffe liegen in Form von *Definition-Use*-Paaren vor, wobei jede interne oder externe Wertzuweisung und jede zugehörige Benutzung einer Variablen zu testen ist. Durch die Überdeckungsverfahren lassen sich *ablauforientierte Tests* durchführen, die aufgrund ihrer formalen Natur weitgehend automatisiert werden können. Darin liegt auch die Stärke dieser Verfahren. Allerdings zeigen sich bei einigen Verfahren Probleme bei der praktischen Realisierung, wie beim Pfadüberdeckungstest. Des Weiteren ist durch das überdeckungsorientierte Testen kaum eine Annäherung an die Zuverlässigkeit möglich, die nur durch ein Nutzungstesten auf der Basis von anwenderbezogenen Nutzungswahrscheinlichkeiten (*operational profils*) möglich ist.

5.5.1 Kontrollflussorientierte Testverfahren

Alle kontrollflussorientierten Testverfahren orientieren sich an der Erfüllung einfacher Code-Überdeckungskriterien, wie die Überdeckung von Anweisungen, Zweigen, Bedingungen oder Pfaden. Diese Verfahren verlangen die mindestens einmalige Ausführung der betrachteten Objekte. Folgende Übersicht zeigt die am häufigsten verwendeten kontrollflussorientierten Testverfahren.

Kontrollflussorientierter Test	•Anweisungsüberdeckungstest
	•Blocküberdeckungstest
	•Zweigüberdeckungstest
	•Bedingungsüberdeckungstest
	•Mehrfach-Bedingungsüberdeckungstest
	•Entscheidungs-/Bedingungsüberdeckungstest
	•LCSAJ-basierter Test
	•Boundary-interior Pfadtest
	•Strukturierter Pfadtest
	•Pfadüberdeckungstest
	•Pfad-Präfix-Test

Abb. 5.5-1: Kontrollflussorientierte Testverfahren

Der Pfadüberdeckungstest ist das umfassendste und zugleich effizienteste kontrollflussorientierte Testverfahren. Es subsumiert alle kontrollflussorientierten Verfahren außer dem Bedingungsüberdeckungstest. In der Praxis ist der Pfad überdeckungstest jedoch wegen der extrem hohen Anzahl an Pfaden, die durch Kombination der Verzweigungen und der Schleifen hervorgerufen werden, nicht realisierbar. Deshalb wurden eine Reihe Verfahren entwickelt, die sich dem Pfadüberdeckungstest annähern. Diese Verfahren sind der LCSAJ-basierende Test, der Boundary-interior Pfadtest und der strukturierte Pfadtest. Das Pfad-Präfix-Verfahren ist dagegen als Strategie zu bewerten, bei der die Pfadauswahl optimiert wird.

5.5.1.1 Kenngrößen für den Testdeckungsgrad

Ziel der kontrollflussorientierten Testverfahren ist, eine möglichst hohe Überdeckung der Struktur der Testobjekte sicherzustellen. Um diese Überdeckung messen zu können werden Kenngrößen benötigt, die die jeweilige aktuelle Höhe der Überdeckung während der Tests angeben. Auf diese Weise wird die Güte der Testdaten und damit auch der Testfortschritt dokumentiert. Ist die gemessene Testüberdeckung gemäß den spezifizierten Testzielen unzureichend, dann müssen neue Testdaten generiert und das Testobjekt damit ausgeführt werden. Dieser Vorgang wird solange wiederholt, bis das Testziel erreicht ist. Miller hat insgesamt 10 Testdeckungsgrade vorgeschlagen, von denen sich in der Praxis jedoch nicht alle durchgesetzt haben (vgl. [INF79a], S. 74 und [MIL80]). Mögliche Testdeckungsgrade für das kontrollflussorientierte Testen sind:

- Anweisungsüberdeckungsgrad
- Blocküberdeckungsgrad
- Zweigüberdeckungsgrad
- Bedingungsüberdeckungsgrad
- Mehrfach-Bedingungsüberdeckungsgrad
- Entscheidungs-/Bedingungsüberdeckungsgrad
- Pfadüberdeckungsgrad
- LCSAJ-Überdeckungsgrad

Aber selbst wenn alle Anweisungen, Blöcke, Zweige, Bedingungen, Mehrfachbedingungen, Pfade oder LCSAJ überdeckt werden, muss ein Programm nicht notwendigerweise fehlerfrei sein, was folgende Gründe haben kann:

- die Logik des Programms entspricht nicht den Anforderungen
- Pfade fehlen (*z. B. als fehlender Zweig in einer Fallunterscheidung*)
- es sind zusätzliche Pfade vorhanden
- es sind nicht ausführbare Pfade vorhanden (*Designfehler*)
- das Programm enthält datensensible Fehler

Darüber hinaus können beim Anwender Fehler auftreten, die durch nicht getestete fachliche Szenarios oder Geschäftsvorfälle entstehen. Diese Fehler lassen sich nur durch ein konsequentes anwenderbezogenes Nutzungstesten auf der Basis eines Nutzungsprofils vermeiden, was jedoch mit einfachen Überdeckungszielen nicht realisierbar ist. Clarke darauf hin, dass bei einem Strukturtest nicht nur eine gute Überdeckung der Programmkonstrukte das Ziel sein sollte, sondern dass auch Grenzwertbedingungen der internen Datenrepräsentation und der Schleifen ihre Berücksichtigung finden müssen [CLA79]. Daraus lassen sich folgende Erkenntnisse für das Testen ableiten:

- Ein Strukturtest, der ausschließlich auf kontrollflussorientierten Testverfahren basiert, wird kaum zufriedenstellende Testergebnisse bringen.
- Ein Strukturtest sollte nie unter Vernachlässigung des Datenflusses erfolgen
- Ein Strukturtest sollte die Grenzwertanalyse und den Test besonderer Werte einschließen.
- Ein Strukturtest sollte neben den Systemunterlagen auch die fachlichen Anforderungen und die Designvorgaben berücksichtigen.
- Ein Strukturtest sollte immer durch einen angemessenen funktionalen Test ergänzt werden, der nutzerorientiert ausgerichtet ist.

Ob es sinnvoll ist, die angegebenen Testdeckungsgrade zu spezifizieren, wird in den folgenden Kapiteln behandelt.

5.5.1.2 Die Leistungsfähigkeit kontrollflussorientierter Verfahren

Untersuchungen von Howden [HOW76] zeigen, dass die Fehlersensitivität der kontrollflussorientierten Überdeckungsverfahren gering ist und damit kaum mehr als 50 % der Fehler gefunden werden können. Erklären lässt sich dieses Ergebnis durch die beschränkte Sichtweise der Tests allein auf die Kontrollstruktur unter völliger Vernachlässigung der Daten und Funktionen. In der Praxis können mit diesen ablauforientierten Tests in der Regel nur Strukturfehler bzw. grobe Logikfehler gefunden werden. Die meisten Logik-, Spezifikations-, Wertebereichs- und datenorientierten Fehler bleiben unentdeckt.

Cobb und Mills [COB90] zeigten anhand von Fehlerdaten, die von neun IBM-Produkten durch Adams veröffentlicht wurden [ADA84], dass das nutzerorientierte Testen auf der Basis eines Nutzungsprofils 21-mal effektiver sein kann die MTTF (*mean time to failure*) zu erhöhen als das kontrollflussorientierte Überdeckungstesten. Nach dieser Studie wurden 61,6 % der Fehler beim Überdeckungstesten entdeckt und beseitigt, wovon allerdings nur 2,9 % typische Nutzungsfehler waren. D. h., 58,7 % der gefundenen Fehler trug wenig zur Erhöhung der Zuverlässigkeit (MTTF) bei.

5.5.1.3 Anweisungsüberdeckung

Durch die Anweisungsüberdeckung soll jede Anweisung ohne explizite Berücksichtigung der Pfade und Zweige mindestens einmal ausgeführt werden. Man könnte bei oberflächlicher Betrachtungsweise annehmen, dass eine vollständige Anweisungsüberdeckung eine effiziente Teststrategie ist, die eine gute Fehleridentifizierung ermöglicht, was jedoch nicht der Fall ist. Der Anweisungsüberdeckungstest ist im Gegenteil ein sehr schwaches Testkriterium, denn selbst wenn alle Anweisungen einmal ausgeführt werden, ist damit nicht sichergestellt, dass auch alle Entscheidungen in Bedingungsanweisungen abgedeckt sind oder dass die Reihenfolge der Abarbeitung von Anweisungen oder Anweisungssequenzen korrekt ist. Folgendes COBOL-Beispiel soll diesen Mangel verdeutlichen.

korrektes Code-Stück	**fehlerhaftes Code-Stück**
if a = b	if a = b
perform Proc-1	perform Proc-1
end-if	move a to c ←**Fehler**
move a to c	end-if

Der Strukturfehler in diesem Beispiel wird durch die Anweisungsüberdeckung auch dann nicht gefunden, wenn alle Anweisungen mindestens einmals ausgeführt wurden, weil die Anweisungen nicht in ihrem strukturellen Kontext, sondern isoliert betrachtet werden.

Die Ausführung aller Anweisungen ist zwar ein notwendiges, aber bei weitem kein hinreichendes Kriterium, um eine gute Fehleridentifizierung zu erzielen, deshalb wird diese Methode im Allgemeinen als zu schwach empfunden. Girgis und Woodward haben bei ihren Untersuchungen lediglich eine Fehleridentifizierungsquote von 18 % festgestellt [GIR86]. Ein Maß für die Anweisungsüberdeckung ist der Anweisungsüberdeckungsgrad C_0, der sich aus dem Verhältnis der tatsächlich aktivierten Anweisungen zu allen vorhandenen Anweisungen ergibt.

$$C_0 = \frac{\text{Anzahl der ausgeführten Anweisungen}}{\text{Anzahl der Anweisungen}}$$

5.5.1.4 Blocküberdeckung

Die Blocküberdeckung ist ein kontrollflussorientiertes Testverfahren, welches die mindestens einmalige Ausführung der Basisblöcke eines Programms fordert. Nach Rapps und Weyuker besteht ein Block aus einem Satz aufeinanderfolgender Anweisungen, die keine Verzweigungen enthalten [RAP85]. D. h., in einem Basisblock gibt es keine Änderungen des Kontrollflusses. Die erste Anweisung eines Blockes ist somit die einzige, die einen ausführbaren Vorgänger außerhalb dieses Blockes besitzt und die letzte Anweisung ist die einzige, die einen ausführbaren Nachfolger außerhalb dieses Blockes besitzt. Die Blocküberdeckung ist zwischen Anweisungsüberdeckung und Zweigüberdeckung (Entscheidungsüberdeckung) einzuordnen. Als Maß der Blocküberdeckung wird das Verhältnis der tatsächlich durchlaufenen Basisblöcke zu allen vorhandenen Basisblöcken im Programm verwendet.

$$C_{\text{Block}} = \frac{\text{Anzahl der ausgeführten Basisblöcke}}{\text{Anzahl der Basisblöcke}}$$

Horgan empfiehlt nicht nur ein einziges Überdeckungsverfahren zur Kontrolle des Testprozesses einzusetzen, sondern mehrere [HOR94]. Begonnen werden kann der Test mit einer Blocküberdeckung, dem eine Zweigüberdeckung folgt. Den Abschluss können datenflussorientierte Testverfahren bilden wie die *all-defs-*, *c-use-*, *p-use-* oder *all-uses-*Überdeckung. Auf diese Weise lassen sich die Vorteile der unterschiedlichen Überdeckungsverfahren in einer gemeinsamen Strategie optimal nutzen, denn jeder *Basisblock*, *Zweig*, *Definition* oder *Pfad* ist ein Attribut des Programms, das Fehler enthalten kann. Deshalb sollten so viel Attribute wie nur möglich getestet werden, um die Wahrscheinlichkeit zu verbessern, verbleibende Fehler zu entdecken. Horgan und London entwickelten das Tool ATAC (*Automatic Test Analysis for C*) zur Bestimmung des Überdeckungsgrades datenflussorientierter Testverfahren in C-Programmen, mit dem auch die Blocküberdeckung gemessen werden kann [HOR92] (vgl. auch [HOR94]). Folgendes Codefragment in COBOL zeigt einen Basisblock innerhalb einer If-Anweisung. Die If-Anweisung selbst gehört zum Vorgängerblock, die Move-Anweisung zum Nachfolgerblock.

```
...
If Kennung = „A“
    add 1 to Z              ]
    compute B = Z * C       ]Basisblock
    display B, Z            ]
End-If
move zero to Z
...
```

5.5.1.5 **Zweigüberdeckung** (Entscheidungsüberdeckung)

Testfälle, die das Durchlaufen aller Zweige veranlassen, sind mit Sicherheit ein stärkeres Testkriterium, als die Ausführung aller Anweisungen, weil damit alle Entscheidungen im Programm sowohl mit dem Wahrscheiheitswert *"wahr"* als auch mit dem Wahrheitswert *"falsch"* überdeckt werden. Unter einem Zweig versteht man dabei die gerichtete Kante in einem Kontrollflussgrafen.

Es ist nicht schwer nachzuweisen, dass bei gut strukturierten Moduln, die nur einen Eingang und einen Ausgabe besitzen, die Zweigüberdeckung implizit die Anweisungsüberdeckung einschließt (vgl. z. B. [WEI85]), denn jede Anweisung liegt auf einem Zweig, der durch Testfälle durchlaufen wird. Zusätzlich wird der Kontrolltransfer zwischen Anweisungen mindestens einmal ausgeführt, d. h., bei Zugrundelegung eines Kontrollflussgrafen der mindestens einmalige Durchlauf durch alle Kanten (siehe „Ursache-Wirkungs-Analyse").

Ein Maß für die Zweigüberdeckung ist der Zweigüberdeckungsgrad C_1, der sich aus dem Verhältnis der tatsächlich durchlaufenen Zweige zu allen vorhandenen Zweigen ergibt.

$$C_1 = \frac{\text{Anzahl der ausgeführten Zweige}}{\text{Anzahl der Zweige}}$$

Eine 100 %ige Zweigüberdeckung bedeutet, dass Testfälle entworfen werden müssen, die jeden Zweig einer Entscheidung mindestens einmal aktivieren. Dabei ist bei Entscheidungsanweisungen sowohl der Ja- als auch der Nein-Zweig zu berücksichtigen. Bei Case-Steuerungen muss jede einzelne Fallentscheidung durch Testfälle abgedeckt sein (z. B. die WHEN-Zweige bei der EVALUATE-Anweisung in COBOL).

Bei der Zweigüberdeckung gibt es eine Variante, welche die Leerzweige unberücksichtigt lässt. Ein Maß für diese Zweigüberdeckung ist der Überdeckungsgrad C_1-Minus, der sich aus dem Verhältnis der tatsächlich durchlaufenen Ja-Zweige zu allen vorhandenen Ja-Zweigen ergibt.

$$C_{1\text{-Minus}} = \frac{\text{Anzahl der ausgeführten Ja-Zweige}}{\text{Anzahl der Ja-Zweige}}$$

C_1-Minus wird nach Trauboth in der Praxis häufig angewandt, weil mit ihm schneller höhere Werte der Testabdeckung erreicht werden, ohne auf wesentliche Testqualität verzichten zu müssen [TRA93]. Die C_1-Minus-Überdeckung ist jedoch nur dann anwendbar, wenn Nein-Zweige tatsächlich Leerzweige sind, die keine Anweisungen enthalten. In der Praxis werden jedoch auch in den Nein-Zweigen häufig Anweisungen untergebracht bzw. Prozeduren angesteuert, so dass eine C_1-Minus-Überdeckung nur mit entsprechender Sorgfalt eingesetzt werden sollte.

Was die Fehlerentdeckungsmöglichkeiten der Zweigüberdeckung anbelangt, kommt man in der Literatur zu weitgehend gleichen Ergebnissen. Howden hat durch eine Zweigüberdeckung bei 6 Programmen 6 Fehler von insgesamt 28 Fehlern gefunden, was einer Fehlerentdeckungsquote von 21 % entspricht [HOW78a], (vgl. [INF79b], S. 134 f.) Gannon berichtet in [GAN79] von einer Fehlerentdeckungsquote von 25 %. In einer Arbeit von Girgis und Woodward wurde bei einer Zweigüberdeckung eine Fehlerentdeckungsquote von 34 % erreicht. Davon entfielen 79 % der entdeckten Fehler auf Kontrollflussfehler und 20 % auf Berechnungsfehler [GIR86] (vgl. auch [BAL90], [BAL98], S. 403). Miller ist allerdings der Meinung, dass mit dem Zweigtesten 50 %, wenn nicht sogar bis 75 % aller Fehler gefunden werden können (vgl. [INF78b], [INF79a], S. 73).

Die Zweigüberdeckung ist immer noch ein relativ schwaches Testkriterium. Denn selbst wenn alle Zweige der Entscheidungen mindestens einmal durchlaufen werden, finden die Bedingungen für den Durchlauf nur unzureichende Berücksichtigung. Betrachten wir die Entscheidungssteuerung

If (A and B) then C End-If.

Die Zweigüberdeckung fordert lediglich die mindestens einmalige Ausführung der Entscheidung (A and B) sowohl mit dem Wahrscheitwert *"wahr"* als auch mit dem Wahrheitswert *"falsch"*, sodass mit folgenden Testfällen die Anweisung adäquat gestestet werden kann:

1. Testfall: A = *"wahr"* und B = *"wahr"*,
2. Testfall: A = *"falsch"* und B = *"wahr"*.

Die einzelnen Bedingungen der Entscheidung werden dabei nicht berücksichtigt, denn die Anweisung wird ebenfalls adäquat im Sinne der Zweigüberdeckung getestet, wenn zum Beispiel B niemals *"wahr"* wird. Ähnliches gilt für Entscheidungen, die nicht zu Auswahlkonstrukten, sondern zu Schleifen gehören. Die Zweigüberdeckung fordert zwar eine Anzahl von Testfällen, die allerdings die Schleifeneigenschaften nicht prüfen. Myers erkannte das als Schwäche der Zweigüberdeckung und schlug zu deren Überwindung drei weitere Testkriterien vor [MYE79], (vgl. auch [MEY91]):

- Bedingungsüberdeckung (condition coverage)
- Mehrfach-Bedingungsüberdeckung (multiple condition coverage)
- Entscheidungs-/Bedingungsüberdeckung (decision-condition coverage)

Der Zweigüberdeckungstest gilt trotz seiner Schwächen als *Minimalanforderung für den strukturorientierten Test* (vgl. z. B. [PRA87]). Miller schlägt eine hundertprozentige Zweigüberdeckung als *Minimalstandard* für jede kommerzielle Software vor, weil der tatsächliche Testaufwand vielfach unter diesem Niveau liegt [MIL01]. Seiner Meinung nach sollte dieser Standard durch Gesetze und Verordnungen festgeschrieben werden und Vertragsbestandteil zwischen Auftraggeber und Auftragnehmer von kommerzieller Software sein.

Zur Optimierung der Zweigüberdeckung hinsichtlich nicht ausführbarer Pfade und der Reduzierung des Rechenaufwandes bei der Auswertung der Entscheidungsknoten für die Testdatengenerierung wurde die *Pfad-Präfix-Strategie* von Prather und Myers jr. entwickelt [PRA87].

5.5.1.6 Bedingungsüberdeckung

Bei der Bedingungsüberdeckung ist nach Myers jede elementare Bedingung mindestens einmal mit dem Wahrheitswert *"wahr"* und einmal mit *"falsch"* zu berücksichtigen [MYE79]. Damit soll der Mangel der einfachen Entscheidungsüberdeckung, welche die einzelnen Bedingungen nicht hinreichend berücksichtigt, überwunden werden. Allerdings werden bei diesem Verfahren die komplexen Bedingungen und die damit verbundenen Bedingungskombinationen, die zum Beispiel aus Schachtelungen hervorgehen, nicht beachtet. Darin liegt auch die Schwäche dieses Kriteriums, was durch folgende Bedingungsabfrage verdeutlicht werden soll:

```
If Variable-1 = ′A′ OR ′B′ OR ′C′ OR ′D′
  Then ...
  Else ...
End-If
```

Da jede elementare Bedingung der Forderung entsprechend einmal den Wahrheitswert *„wahr"* und einmal den Wahrheitswert *„falsch"* annehmen muss, ergibt das wegen den ODER-Verknüpfungen je Bedingung einmal *„wahr"* und dreimal *„falsch"*.

Testfälle	**1**	**2**	**3**	**4**
Variable-1	„A“	„B“	„C“	„D“
Variable-1 = „A“	**w**	f	f	f
Variable-1 = „B“	f	**w**	f	f
Variable-1 = „C“	f	f	**w**	f
Variable-1 = „D“	f	f	f	**w**

w = wahr
f = falsch

Abb. 5.5-2: Beispiel zur Bedingungsüberdeckung

Man erkennt, dass die Gesamtbedingung grundsätzlich immer *„wahr“* ist und demzufolge der Else-Zweig nie durchlaufen wird. Durch diese Konstellation wird deutlich, dass diese elementare *Bedingungsüberdeckung* weder die *Anweisungsüberdeckung* noch die *Zweigüberdeckung* enthält und demzufolge kaum als effiziente Testmethode bezeichnet werden kann. Ein Maß für die Bedingungsüberdeckung anzugeben ist deshalb nicht sinnvoll.

5.5.1.7 Mehrfach-Bedingungsüberdeckung

Die Mehrfach-Bedingungsüberdeckung, die von Myers zur Überwindung der Schwächen der Entscheidungsüberdeckung eingeführt wurde, fordert die Bildung aller möglichen Kombinationen der elementaren Bedingungen [MYE79]. Diese Zielsetzung soll sicherstellen, dass die Komplexität der Bedingungen angemessen berücksichtigt wird. Zur Verdeutlichung dieses Sachverhalts soll wieder das letzte Beispiel betrachtet werden: Ohne Kombination der elementaren Bedingungen kann die *Variable-1* fünf Wertzustände annehmen, von denen vier den Wahrheitswert *“wahr“* besitzen und einer *“falsch“*. Betrachtet man die Kombinationsmöglichkeiten, so erhält man insgesamt $2^n = 16$ Kombinationen, wobei *n* für die Anzahl der elementaren Bedingungen steht. Die Kombinationsmöglichkeiten 6 bis 16 sind zwar möglich, aber nicht realisierbar, weil aufgrund der ODER-Verknüpfung nicht mehrere elementare Bedingungen gleichzeitig *“wahr“* sein können.

Kombinationen	**1**	**2**	**3**	**4**	**5**	**6-16**
Variable-1	„A“	„B“	„C“	„D“	≠ „A“, „B“, „C“ oder „D“	Nicht realisierbar
Variable-1 = „A“	**w**	f	f	f	f	...
Variable-1 = „B“	f	**w**	f	f	f	...
Variable-1 = „C“	f	f	**w**	f	f	...
Variable-1 = „D“	f	f	f	**w**	f	...
Gesamtbedingung	J	J	J	**w**	f	...

w = wahr
f = falsch

Abb. 5.5-3: Beispiel zur Mehrfach-Bedingungsüberdeckung

Die Mehrfach-Bedingungsüberdeckung enthält die Zweigüberdeckung. Aber auch sie ist für sich allein kein zufriedenstellendes Testkriterium, weil datensensible Fehler bzw. Fehler, die auf fehlerhaften Algorithmen beruhen, damit nicht gefunden werden können.

Bei der Realisierung der Mehrfach-Bedingungsüberdeckung müssen die nicht testbaren Kombinationen beachtet werden. Problematisch erweist sich in diesem Zusammenhang auch die Formulierung eines Testziels auf der Basis einer Metrik. Bei der üblichen Quotientenbildung müsste als Nenner die *Anzahl der möglichen Kombinationen* stehen, wobei jedoch aufgrund der nicht testbaren Kombinationen nie eine 100 %ige Testüberdeckung erreicht werden kann (vgl. [LIG90], S. 87).

5.5.1.8 Entscheidungs-/Bedingungsüberdeckung

Die Mehrfach-Bedingungsüberdeckung erweist sich wegen der nicht immer erreichbaren Kombinationen von Bedingungen als problematisch, was aus dem letzten Beispiel deutlich wurde. Die Entscheidungs-/Bedingungsüberdeckung vermeidet dieses Problem indem gefordert wird, dass sowohl die elementaren als auch die nicht elementaren Bedingungen einschließlich der gesamten Entscheidung einer Verzweigungsanweisung mindestens einmal mit dem Wahrheitswert *"wahr"* und einmal mit *"falsch"* durch Testfälle berücksichtigt werden [MEY79], (vgl. auch [BAL85b]). Die Kombination der elementaren Bedingungen, die bei der Mehrfach-Bedingungsüberdeckung im Vordergrund steht, findet hier keine Beachtung. Durch die Einbeziehung der nicht elementaren Bedingungen wird die Struktur der Bedingungen besser in das Testgeschehen einbezogen, was zur Aufdeckung von *invarianten Bedingungen* führen kann. Folgende Tabelle zeigt die Testfälle und Wahrheitswerte des letzten Beispiels bei vollständiger Evaluation der Teilbedingungen.

Testfälle	**1**	**2**	**3**	**4**	**5**
Variable-1	„A“	„B“	„C“	„D“	≠ „A“, „B“, „C“ oder „D“
Variable-1 = „A“	**w**	f	f	f	f
Variable-1 = „B“	f	**w**	f	f	f
Variable-1 = „C“	f	f	**w**	f	f
Variable-1 = „D“	f	f	f	**w**	f
Gesamtbedingung	**w**	**w**	**w**	**w**	f

w = wahr
f = falsch

Abb. 5.5-4: Beispiel zur Entscheidungs-/Bedingungsüberdeckung

Die Entscheidungs-/Bedingungsüberdeckung kann beim Aufdecken von *invarianten Bedingungen* hilfreich ist. Das sind Bedingungen, die nicht ausführbaren Zweigen entsprechen. Dazu soll folgendes Beispiel betrachtet werden:

```
If Variable-2 < 10
    If Variable-2 = 10          <-------   invariante Bedingung
    Then ...
    Else ...
    End-If
Then ...
Else ...
End-If
```

Die innere Bedingung *If Variable-2 = 10* ist invariant. Sie kann aufgrund der äußeren Bedingung nie ausgeführt werden. In derartigen Fällen ist zu prüfen, ob die invariante Bedingung vollständig entfallen kann. Wenn nicht, muss die gesamte Bedingung anders formuliert werden.

Da bei der Entscheidungs-/Bedingungsüberdeckung auch die nicht elementaren Bedingungen betrachtet werden, enthält dieses Testverfahren die Zweigüberdeckung. Liggesmeyer weist darauf hin, dass diese Form der Überdeckung (minimale Mehrfach-Bedingungsüberdeckung genannt) recht schwierig durch ein Werkzeug zu realisieren ist, weil die Mikroprozessoren komplexe Bedingungen nicht als Ganzes evaluieren können. Lösungsvorschläge für dieses Problem können zum Beispiel [LIG90], S. 93 f. entnommen werden.

5.5.1.9 LCSAJ-Überdeckung

LCSAJ ist die Abkürzung von ***L**inear **C**ode **S**equence **A**nd **J**ump*, was übersetzt *lineare Code-Sequence mit Sprung* bedeutet. Das LCSAJ-Verfahren ist für den Test von Programmen gedacht, die in nicht linearen Sprachen geschrieben wurden bzw. zahlreiche Sprungbefehle enthalten [HEN76], [WOO80], [NTA81], [TAI80] wie Fortran oder Basic. Es sind jedoch auch Werkzeuge bekannt, die COBOL unterstützen (TESTBED). Durch eine Erweiterung des Sprungbegriffs lässt sich der LCSAJ-Test auch auf Sprachen anwenden, die einen weitgehend linearen Ablaufcharakter besitzen wie Pascal oder Modula-2. Als *Sprung* wird durch diese Erweiterung jeder Kontrolltransfer verstanden, der von einer Programmzeile *n* zu einer Zeile *m* stattfindet, wobei zwischen beiden Zeilen ausführbarer Code vorhanden sein muss. Bei dieser Interpretation des Sprungbefehls können zum Beispiel Bedingungsanweisungen, wie die IF- oder EVALUATE-Anweisung in COBOL als Transferanweisung mit Sprung angesehen werden.

Woodward, Hedley und Hennell [WOO80] definierten auf der Basis der LCSAJ eine Klasse von Überdeckungsmetriken TER_n (*Test Effectiveness Ratio*), wobei jede Metrik einer hierarchisch eingebundenen Teststrategie entspricht. Wird die vollständige Anweisungsüberdeckung mit $TER_1 = 1$ und die vollständige Zweigüberdeckung mit $TER_2 = 1$ angegeben, dann gibt es ein übergeordnetes Testverfahren mit $TER_{n+2} = 1$, welches alle Subpfade, die aus *n* LCSAJ bestehen, testet.

$$\mathbf{TER_{n+2} = 1 \Rightarrow TER_2 = 1 \Rightarrow TER_1 = 1}$$

Diese Aussage bedeutet: Werden in einem Programm alle LCSAJ getestet, dann impliziert das auch, dass alle Anweisungen und Zweige ausgeführt werden. Der LCSAJ-Überdeckungstest ist also ein stärkeres Kriterium als der Anweisungs- oder Zweigüberdeckungstest. Der LCSAJ-Überdeckungsgrad kann angegeben werden als

$$\boxed{TER_3 = \frac{\text{Anzahl der ausgeführten LCSAJ}}{\text{Anzahl der LCSAJ}}}$$

Programme, die viele Sprungbefehle enthalten, besitzen erfahrungsgemäß auch eine nicht unerhebliche Anzahl *nicht ausführbarer Pfade.* Das sind Pfade, die durch konfliktträchtige Prädikate entlang dieser Pfade durch keine Testdaten erreichbar sind. Die Autoren zeigten, dass die Wahrscheinlichkeit, einen nicht ausführbaren Pfad zu erhalten, mit der Anzahl der LCSAJ in diesem Pfad wächst [WOO80]. In einer ergänzenden Studie von Hedley und Hennell wurde diese Aussage noch einmal bekräftigt. Die Autoren prüften 88 Fortran-Routinen, wobei 619 von 4790 LCSAJs nicht ausführbar waren, das sind 12,5 % der geprüften LCSAJ [HED85]. Im wesentlichen wurde diese Erkenntnis auch von Yates und Malevris gestützt [YAT89]: *Eine große Anzahl von Prädikaten in einem Pfad erhöht die Wahrscheinlichkeit, das dieser Pfad nicht ausführbar ist* (vgl. [MAL95], S. 436).

Girgis und Woodward haben den LCSAJ-Test ebenfalls auf Fortran-Programme angewandt, wobei insgesamt 85 % der Fehler gefunden wurden. Die Kontrollflussfehler wurden dabei vollständig und die Berechnungsfehler zu 85 % entdeckt [GIR86]. Diese Tests beweisen, dass der LCSAJ-Test ein sehr leistungsstarkes Testverfahren sein kann, wenn geeignete Werkzeuge zur Testunterstützung vorhanden sind.

5.5.1.10 Pfadüberdeckung

Unter einem Pfad wird im Allgemeinen ein linear unabhängiger Hauptweg durch das Programm verstanden. In einem gerichteten Grafen sind die Hauptwege identisch mit der Anzahl der Kantenzüge, die ohne Überschneidung minimal notwendig sind, um alle Kantenzüge durch Kombinationen bilden zu können [McC76]. Da die Pfadüberdeckung alle Überdeckungsarten außer der Bedingungsüberdeckung in sich einschließt, könnte man annehmen, dass ein Programm völlig ausgetestet ist, wenn alle Pfade über Testfälle ausgeführt werden. Diese Aussage enthält jedoch zwei fundamentale Schwachstellen:

1. Die Anzahl der möglichen Pfade kann selbst bei relativ kleinen Programmen durch die kombinatorische Vielfalt der Bedingungen und der Schleifendurchläufe sehr hoch sein.
2. Auch wenn theoretisch alle Pfade mindestens einmal durchlaufen werden, können Fehler im Programm enthalten sein, wenn
   - das Programm nicht mit der Anforderungen übereinstimmt
   - Pfade fehlen
   - datensensible Fehler im Programm enthalten sind

Gute Fehlerentdeckungsmöglichkeiten durch das Pfadtesten gibt es nach Miller immer dann, wenn irgendein Programmfehler den Eingabedatenraum des Programms verändert, so dass sich dieser nicht mit dem des fehlerfreien Programms deckt (vgl. [INF79a], S. 71). Ein Maß für die Pfadüberdeckung ist der Pfadüberdeckungsgrad C_{Pfad}, der sich aus dem Verhältnis der tatsächlich durchlaufenen Pfade zu allen vorhandenen Pfaden ergibt.

$$C_{Pfad} = \frac{\text{Anzahl der durchlaufenen Pfade}}{\text{Anzahl der Pfade}}$$

Mit der Messung der Pfadüberdeckung gibt es allerdings ein weiteres Problem, denn eine Pfadüberdeckung von 100 % kann nicht nur wegen der hohen Anzahl an Pfaden kaum erreicht werden, sondern auch wegen der *nicht ausführbaren Pfade* (*infeasible paths*). Ein *nicht ausführbarer Pfad* ist ein Pfad, der aufgrund einiger widersprüchlicher Prädikate in Bedingungsanweisungen nicht aktiviert werden kann.

Die Anzahl der nicht ausführbaren Pfade kann unter Umständen sehr hoch sein. Hedley und Hennell zeigen in einer Studie an Beispielprogrammen, dass von 1000 kürzesten Pfaden, die geprüft wurden, nur 18 tatsächlich ausführbar waren [HED85]. Zur Verdeutlichung dieses Sachverhalts sei ein einfaches COBOL-

Programmsegment mit folgenden Bedingungsabfragen gegeben (vgl. [COW88], S. 191):

```
00001    Read (datensatz mit Variable a)
00002    if a < 15
00003        add 1 to b
00004    else
00005        add 1 to c
00006    end-if
00007    if a < 10
00008        add 1 to d
00009    else
000010       continue
000011   end-if
```

Das Programmsegment besitzt insgesamt 4 Pfade:

Pfad 1:	1, 2, 3, 6, 7, 9, 10, 11	(kann ausgeführt werden, solange $a > 15$ ist)
Pfad 2:	1, 2, 4, 5, 6, 7, 8, 11	(kann ausgeführt werden, solange $a < 10$ ist)
Pfad 3:	1, 2, 4, 5, 6, 7, 9, 10, 11	(kann ausgeführt werden solange $10 \leq a \leq 10$ gilt)
Pfad 4:	1, 2, 3, 6, 7, 8, 11	(**nicht ausführbar!**)

Pfad 4 ist *nicht ausführbar*, weil Variable *a* nicht gleichzeitig größer als 15 und kleiner als 10 sein kann.

Ein weiteres Problem bei der Erreichung einer messbaren Pfadüberdeckung von 100 % ist nicht erreichbarer Code (*island code*). Damit bezeichnet man Programmsegmente wie Prodzeduren, die von keiner Stelle des Programms aus angesteuert werden. Das Problem ist entweder ein fehlender Aufruf dieser Programmsegmente oder redundanter Code, der durch Kopiervorgänge beim Programmieren vergessen wurde zu löschen. Oft sind das zum Beispiel Fehlerroutinen mit fast identischem Aufbau. Howden hat in einer Vergleichsstudie die Effektivität des Pfadtestens mit dem Zweigtesten und dem funktionalen Testen verglichen. Dabei wurden 6 Programme getestet, die insgesamt 28 Fehler enthielten. Der Forscher kommt zu folgendem Ergebnis [HOW78a], (vgl. [INF79b], S. 134 f.):

Testmethode	entdeckte Fehler
Pfadtesten	12
Zweigtesten	6
funktionales Testen	17

Abb. 5.5-5: Effektivität unterschiedlicher Testmethoden [HOW78a]

Obwohl die Pfadüberdeckung das effizienteste kontrollflussorientierte Testverfahren ist ([LIG90], S. 106), besitzt es in der Praxis nur eine untergeordnete Bedeutung. In Kombination mit anderen Test- und Prüfverfahren kann der Pfadüberdeckungstest jedoch zu sehr guten Testergebnisse führen. In der genannten Studie von Howden wird zum Beispiel das Pfadtesten in Kombination mit statischen Prüfungen (symbolisches Ausführen, Anforderungs- und Designanalyse) eingesetzt, was zu Entdeckung von 26 Fehlern der insgesamt 28 Fehler führte (vgl. [INF79b], S. 139). Das entspricht einer Fehlerentdeckungsquote von ungefähr 93 %.

Folgende Abbildung zeigt den Steuerfluss eines Programmsegments mit nur 3 Pfaden innerhalb der Schleife. Unter der Annahme, dass alle Entscheidungen im Programm voneinander unabhängig sind und die Schleife zehnmal durchlaufen wird, ergibt das 88572 Möglichkeiten ($3^{10} + 3^9 + \ldots + 3^1$), was beweisen soll, dass ein erschöpfendes Pfadtesten in der Praxis nicht durchführbar ist.

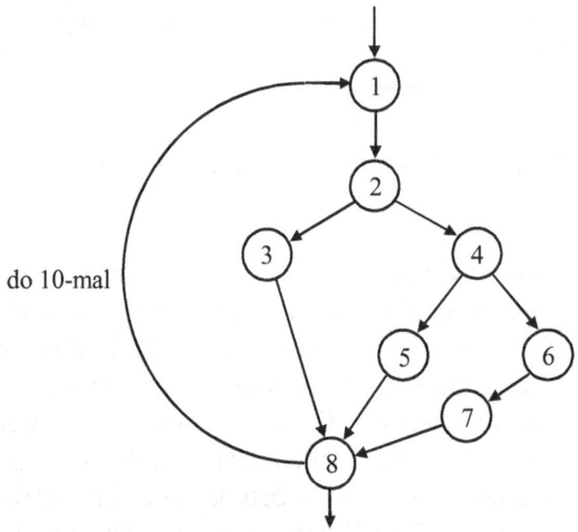

Abb. 5.5-6: Mögliche Pfade in einem Programm

Da eine vollständige Pfadüberdeckung sich in der Praxis nicht realisieren lässt, werden zwei abgeschwächte Versionen der Pfadüberdeckung angewandt: Der *Boundary interior-Pfadtest* und der *strukturierte Pfadtest*. Beide Testarten beschränken sich beim Durchlauf der Schleifen.

5.5.1.11 Boundary interior-Pfadtest

Der vollständige Pfadtest ist in der Praxis kaum durchführbar, weil durch die kombinatorische Vielfalt der Bedingungen und die Schleifendurchläufe die Anzahl der Pfade extrem hohe Werte annehmen kann. Da jeder Schleifendurchlauf einen zusätzlichen Pfad bedeutet, nimmt die Anzahl der Pfade vor allem bei geschachtelten Schleifen explosionsartig zu. Der Boundary interior-Pfadtest ist eine abgeschwächte Version des Pfadtests, die auf die Überprüfung von Pfaden verzichtet, die aus mehr als einer Schleifenwiderholung entstehen. Für schleifenfreie Programme entspricht dieses modifizierte Testverfahren dem Pfadtest.

Mit r(*n*) wird eine Menge von Pfaden eines Strukturgrafen vom Anfangsknoten zu einem Endknoten betrachtet, mit der Eigenschaft, dass kein Pfad einen Knoten mehr als *n*-mal traversiert. Für die Reduzierung der Schleifendurchläufe sind die Pfade r(2) und r(3) von Interesse, wobei folgende Aussage gilt ([HOW87], vgl. [KES92]): *„Für jeden Knoten oder jede Kante eines Strukturgrafen existiert mindestens ein Pfad aus r(2), der den Knoten oder die Kante enthält. Für jedes Paar von Knoten* n_1*,* n_2*, für welche ein Pfad von* n_1 *zu* n_2 *existiert, existiert auch ein Pfad p aus r(3), so dass* n_1 *und* n_2 *im Pfad p enthalten sind"*.

Der Boundary interior-Pfadtest beschränkt sich auf Schleifendurchläufe mit den Pfadklassen r(2) und r(3):

r(2) **sind Pfade, die aus einem einmaligen Durchlauf einer Schleife entstehen.**
Einen Test auf diese Pfade bezeichnet man als *Boundary-Test* bzw. *Grenztest*. Dieser Test stellt sicher, dass jeder Zweig mindestens einmal durchlaufen wird.

r(3) **sind Pfade, die aus einer Widerholung eines Schleifendurchlaufs entstehen.**
Tests auf diese Pfade dienen der Überprüfung des Schleifeninnern, sie werden als *Interior-Tests* bezeichnet.

Mittels dieser Unterscheidung kann eine Schleife im Allgemeinen durch folgende Testfälle überprüft werden:

- **Testfälle für den Pfad zur Schleife**
  Damit kann geprüft werden, ob die Bedingungen für das Betreten der Schleife erfüllt sind. Die Bedingungen können vor oder nach dem Durchlauf geprüft werden, was in COBOL durch die Sprachzusätze *„With test before"* bzw. *„With test after"* vorgegeben werden kann. Werden die

Schleifenbedingungen *vor* dem Schleifendurchlauf geprüft, und sind diese Bedingungen von vornherein erfüllt, wird die Schleife nicht betreten. Werden die Schleifenbedingungen *nach* dem ersten Durchlauf geprüft, und sind sie bereits erfüllt, erfolgt nach diesem einmaligen Durchlauf der Ausstieg aus der Schleife.

- **Testfälle für den ersten Schleifendurchlauf** (Boundary-Test)
  Sie bewirken das Betreten der Schleife und die Ausführung eines einzigen Durchlaufs, wobei die verschiedenen Pfade innerhalb der Schleife aktiviert werden. Nach dem ersten Durchlauf erfolgt definitionsgemäß der Abbruch und die Verzweigung zum Endeknoten bzw. zu den auf die Schleife folgenden Knoten.

- **Testfälle für die Schleifenwiederholung** (Interior-Test)
  Sie bewirken das Betreten der Schleife und die Ausführung einer Schleifenwiederholung, wobei die unterschiedlichen Pfade zum Test des Schleifeninnern durchlaufen werden.

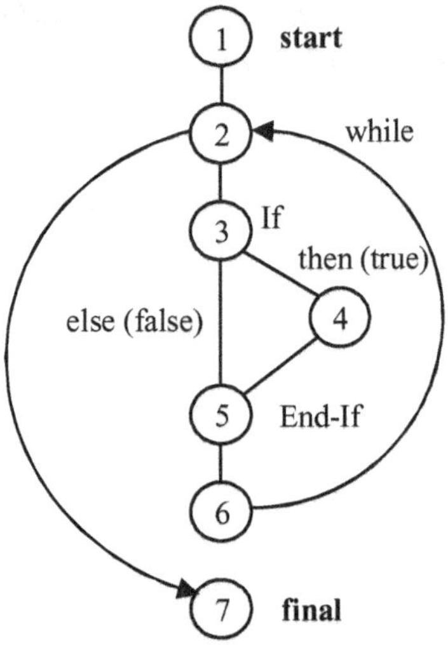

Abb. 5.5-7: Graf mit DoWhile-Schleife

Der vorstehende Graf besteht aus einer DoWhile-Schleife, die im Inneren eine if-then-else-Verzweigung besitzt. Um die Schleifenbedingung und das Innere der Schleife nach dem *Boundary interior*-Testverfahren abzuprüfen, werden sieben Testfälle benötigt: Einen Testfall für das Prüfen der Schleifenbedingung (*false*), zwei Testfälle für den Grenztest und vier Testfälle für den Interior-Test. Bei den Grenztests wird der *then*- und *else*-Zweig je einmal durchlaufen. Die vier Interior-Testfälle ergeben sich aus den möglichen *true/false*-Kombinationen der zwei Schleifendurchläufe. Folgende Pfade werden durch die Testfälle durchlaufen:

Testfall für das Prüfen der Schleifenbedingung:

TF1: 1-2-7 (Schleifenbedingung nicht erfüllt)

Testfälle für den Grenztest:

TF2: 1-2-3-5-6-2-7 (Durchlauf durch *else*-Zweig)
TF3: 1-2-3-4-5-6-2-7 (Durchlauf durch *then*-Zweig)

Testfälle für den Interior-Test:

TF4: 1-2-3-5-6-2-3-5-6-2-7 (*false/false*)
TF5: 1-2-3-5-6-2-3-4-5-6-2-7 (*false/true*)
TF6: 1-2-3-4-5-6-2-3-5-6-2-7 (*true/false*)
TF7: 1-2-3-4-5-6-2-3-4-5-6-2-7 (*true/true*)

Der *Boundary interior-Pfadtest* ist zwischen Zweigüberdeckung und Pfadüberdeckung einzuordnen. Er stellt einen Kompromiss dar, der eine um den Faktor zwei höhere Erfolgsquote besitzt als der Zweigüberdeckungstest [HOW78a].

5.5.1.12 Strukturierter Pfadtest

Der strukturierte Pfadtest ist wie der *Boundary interior*-Pfadtest eine Annäherung an den vollständigen Pfadtest. Beim vollständigen Pfadtest wird durch jede Schleifenwiderholung eine neuer Pfad erzeugt, der dem vorhandenen Subpfad hinzugefügt wird. Der strukturierte Pfadtest verlangt die Ausführung aller Pfade mit der Einschränkung, dass Schleifen, die keine inneren Schleifen enthalten, nicht mehr als *k*-mal ausgeführt werden. Bei geschachtelten Schleifen bringt die Anwendung des strukturierten Pfadtests allerdings Probleme, weil durch die Restriktion der Schleifenwiderholungen ggf. innere Schleifen überhaupt nicht zur Ausführung gelangen. Der strukturierte Pfadtest ist deshalb nur bei gut strukturierten und modularisierten Programmen anwendbar, deren Moduln keine geschachtelten Schleifen enthalten.

Der vorzugebende Parameter *k* ist eine Ganzzahl, die in der Regel klein ist. Enthält das Programm keine Schleifen, entspricht der strukturierte Pfadtest, wie auch der Boundary interior-Pfadtest, dem (vollständigen) Pfadtest. Für $k = 1$ entspricht er dem Boundary-interior-Pfadtest.

Der strukturierte Pfadtest, der ebenfalls zwischen Zweig- und Pfadüberdeckungstest einzuordnen ist, besitzt gegenüber dem Zweigüberdeckungstest Vorteile, weil Zweigkombinationen in das Testgeschehen einbezogen werden. Howden gibt in seinen Arbeiten für den strukturierten Pfadtest eine Fehlerentdeckungsquote von 43 % an, während unter gleichen Bedingungen beim Zweigtest nur 21 % erreicht wurden [HOW78a], [HOW78b], [HOW78c].

5.5.1.13 Pfad-Präfix-Strategie

Die Methode des Pfadtestens kann im wesentlichen in drei verschiedene Phasen unterteilt werden, die sich automatisieren lassen (vgl. z. B. [PRA87]):
1. Ableitung des Programmgrafen aus dem Kontrollfluss
2. Selektion der Pfade
3. Generierung der Testeingaben

Phase 1, die Ableitung des Programmgrafen aus dem Kontrollfluss des Programms, ist trivial und bereitet technisch keine Probleme. *Phase 2* wurde bisher durch mehrere Vorgehensweisen geprägt: a) *Manuelle dynamische Pfadselektion*, b) *Manuelle statische Pfadselektion*, c) *Automatische statische Pfadselektion* und d) *Vollständig automatische Pfadselektion* [CLA79].

Probleme bereiten dabei die nicht ausführbaren Pfade, deren Anteil am Gesamtprogramm erheblich sein kann (Hedley und Hennell zeigten an Beispielprogrammen, dass von 1000 kürzesten Pfad nur 18 ausführbar waren [HED85]). Ist ein Pfad aufgrund von Designfehlern nicht ausführbar, dann werden auch untergeordnete Zweige dieses Pfades, die mit dem nicht ausführbaren Teil einen neuen Pfad bilden, nicht ausführbar sein. Die Pfadselektierung und die Generierung der Eingaben erfolgen also bei einer konventionellen Überdeckungsmethode ohne Hinweis auf die Ausführbarkeit des vorherigen Pfads.

Das größte Problem beim konventionellen automatisierten Pfadtesten liegt jedoch in der *Phase 3*, der Generierung der Testeingaben. Wird ein Pfad p ausgewählt, dann ist eine Testeingabe x erforderlich, die diesen Pfad zur Ausführung bringt. Man spricht in diesem Zusammenhang auch von einem inversen Problem „*Umkehrproblem*“: gegeben ist ein Pfad p, gesucht wird dazu eine Eingabe x. Dieses Problem ist “hochgradig nichttrivial“ [GUT93] und in einigen Fällen sogar unlösbar. Obwohl jeder vollständige Pfad P_i vom Anfang bis zum Ende des Programms aus konjunktiven Prädikaten (Entscheidungspunkten C_j) besteht,

$$P_i = C_1 \wedge C_2 \cdots \wedge C_n$$

lassen sich diese Prädikate C_j nicht auf triviale Art in Bedingungen umsetzen, die für die Generierung der Eingabevariablen benötigt werden.

Prather und Myers jr. haben sich dieser Problematik angenommen und eine neue Teststrategie entwickelt, die der adaptiven Strategie von Kundu [KUN79] ähnlich ist. Die Autoren, die mit dieser Strategie die Zweigüberdeckung optimieren möchten, nennen sie *Pfad-Präfix-Strategie* [PRA87]. Grundidee dieser Strategie ist, dass nach der Ausführung eines Pfades die Auswahl eines neuen

Pfades bzw. die Generierung der neuen Eingabe nicht ad hoc geschieht, sondern es werden dazu die Bedingungen in den Entscheidungsknoten der vergangenen Pfaddurchläufe herangezogen. D. h., wurde ein Pfad *p* durchlaufen, dann werden in weiteren Schritten die unmittelbar untergeordneten Zweige dieses Pfades, die mit dem bereits durchlaufenen Teilpfad neue vollständige Pfade bilden, zuerst ausgeführt. Da für die Ausführung eines neuen Pfades die Testeingabe *x* des bereits durchlaufenen Teilpfades vorliegt, muss nur noch die Bedingung aus dem letzten durchlaufenen Entscheidungsknoten „*umgekehrt*" werden, damit in den neuen untergeordneten Teilpfad verzweigt werden kann.

Für jeden vorhandenen Pfad *p* wird folglich sein reversibles Präfix *q* als kürzester vorausgehender Teil von *p* zu einem Entscheidungsknoten bestimmt, dessen Zweige bis jetzt noch nicht voll überdeckt sind [PRA87]. Die Präfixe sind dabei nichts anderes als Teilpfade, die bereits durch vorherige Pfaddurchläufe überdeckt wurden und nun als Richtlinie für die Selektion neuer untergeordneter Pfade dienen. Auf diese Weise müssen bei der Selektion der Pfade weniger Entscheidungsknoten zur Interpretation der Pfadbedingungen berücksichtigt werden, als bei einer konventionellen Strategie. Des Weiteren besteht eine größere Chance, dass der aktuelle Pfad auch tatsächlich ausführbar ist, weil bereits ein Teil dieses Pfades bei der Ausführung frühere Pfade durchlaufen wurde. Das folgende Beispiel soll diesen Sachverhalt verdeutlichen.

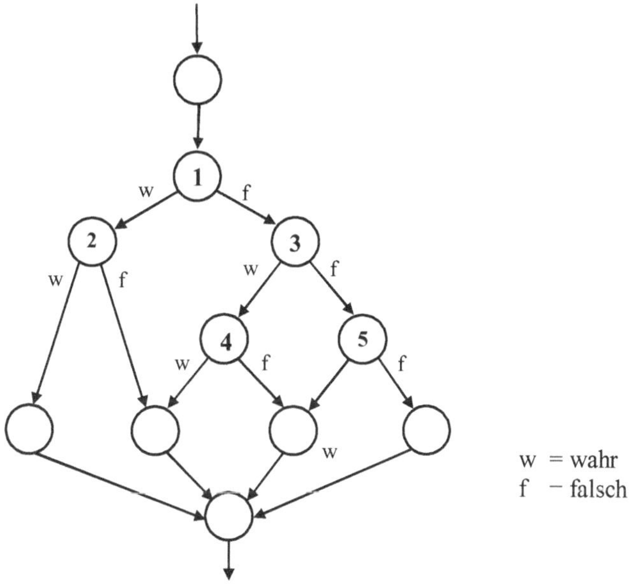

Abb. 5.5-8: Kontrollflussgraf mit Entscheidungsknoten

Der vorliegende Graf enthält 5 Entscheidungsknoten. Eine vollständige Zweigüberdeckung (Überdeckung der kumulierten Zweigtabelle) wird in 5 + 1 = 6 Schritten erreicht.

Angenommen es wurde in einem ersten Schritt der Pfad {1w, 2w} durch eine Eingabe x vom Anfang bis zum Ende durchlaufen, dann erfolgt ein entsprechender Eintrag in die Zweigtabelle (Tabelle 1). Der reversible Präfix **1w** kann nun verwendet werden, um den Pfad {1w, 2f} zu durchlaufen (Tabelle 2). Damit sind die zwei Pfade, die durch den Entscheidungsknoten 2 gehen, bis zum Ausgang abgedeckt. Als weiterer Schritt muss eine Eingabe gefunden werden, die eine Umkehr zu 1f bewirkt und damit den Alternativzweig des Entscheidungsknotens 1 abdeckt, zum Beispiel den Pfad {1f, 3f, 5f} (Tabelle 3). Dadurch entstehen die zwei reversiblen Präfixe **1f** für den Durchlauf des Pfades {1f, 3w, 4w} (Tabelle 4) und **1f, 3f** für den Durchlauf des Pfades {1f, 3f, 5w} (Tabelle 5). Letztendlich wird der reversible Präfix **1f, 3w** dazu verwendet den Pfad {1f, 3w, 4f} zu durchlaufen (Tabelle 6). Damit sind alle Zweige der kumulierten Zweigtabelle überdeckt und der Test kann abgebrochen werden.

	w	f
1	X	
2	X	
3		
4		
5		

Tab. 1

	w	f
1	X	
2	X	X
3		
4		
5		

Tab. 2

	w	f
1	X	X
2	X	X
3		X
4		
5		X

Tab. 3

	w	f
1	X	X
2	X	X
3	X	X
4	X	
5		X

Tab. 4

	w	f
1	X	X
2	X	X
3	X	X
4	X	
5	X	X

Tab. 5

	w	f
1	X	X
2	X	X
3	X	X
4	X	X
5	X	X

Tab. 6

Abb. 5.5-9: Kumulierte Zweigüberdeckungstabelle

Die Pfad-Präfix-Strategie subsumiert die Anweisungsüberdeckung, die Zweigüberdeckung und die Mehrfach-Bedingungsüberdeckung. Die Anzahl der Ausführungen, die erforderlich ist, um die Zweigüberdeckung zu gewährleisten, wird durch n + 1 (zyklomatisches Maß von McCabe) begrenzt [McC76]. Bei der Zweigüberdeckung mit nicht binären Knoten (Case-Anweisungen) und der Mehrfach-Bedingungsüberdeckung ist die maximale Anzahl der Pfad-Präfix-Tests begrenzt durch die Beziehung

$$\left[\sum_{i=1}^{n}\left(d_i - 1\right)\right] + 1 .$$

Dabei steht d_i für die Anzahl der Entscheidungsausgänge aus dem *i*-ten Knoten. Die maximale Anzahl an Pfad-Präfix-Tests für eine vollständige Überdeckung bewegt sich also in beiden Fällen in der Größenordnung n.

Prather und Myers jr. haben für die Pfad-Präfix-Strategie einen Algorithmus spezifiziert, der jedoch sehr allgemein gehalten ist. Wie die „Umkehrung" der letzten Pfadbedingung realisiert werden kann, wird nicht angegeben. Gutjahr sieht hier eine Möglichkeit, das *Funktionsminimierungsverfahren* von Korel zu verwenden ([KOR90], vgl. [GUT93]).

5.5.1.14 Komplexitätskenngrößen nach McCabe

Man kann davon ausgehen, dass der Schwierigkeitsgrad, ein Programm zu testen, mit der strukturellen Komplexität dieses Programms ansteigt. D. h., je größer die Anzahl der Pfade ist, desto höher ist auch die Fehlerwahrscheinlichkeit. Auf der Basis dieser Annahme leitete McCabe seine grafentheoretischen Komplexitätskennzahlen ab [McC76].

Zyklomatische Zahl

Grundlage seiner Überlegungen ist die Definition der **zyklomatischen Zahl** V(G) eines Grafen G mit der Anzahl Knoten im Grafen (n), der Anzahl Kanten (e) und der Anzahl unabhängiger Teilgrafen (p):

$$\boxed{V(G) = e - n + p}$$

Daraus lässt sich das Theorem ableiten, dass in einem streng zusammenhängenden Grafen (je zwei beliebige Knoten lassen sich durch einen Pfad verbinden) die zyklomatische Zahl gleich der Anzahl der linear unabhängigen Kreise ist. Bei strukturierten Programmen P, bei denen also $p = 1$ ist, gilt folgende Beziehung

V(P) = Anzahl der binären Verzweigungen + 1

Wird jede Bedingung einer Entscheidungsanweisung als separater Knoten modelliert, dann gilt die Beziehung

V(P) =Anzahl der Bedingungen + 1

McCabe unterscheidet zwischen der *zyklomatischen Komplexität*, der *essentiellen Komplexität* und der *aktuellen Komplexität*. Durch Komplexitätskenngrößen kann die Anzahl der linear unabhängigen Hauptpfade ermittelt werden, aus deren Kombination alle möglichen Testpfade ableitbar sind.

Zyklomatische Komplexität

McCabe versteht unter Hauptpfade die Anzahl der Kanten V eines gerichteten Grafen, die ohne Überschneidung minimal notwendig sind, um alle Kantenzüge durch Kombination bilden zu können. V(g) entspricht damit einer minimalen Anzahl von Testfällen, die abgeleitet werden müssen, um diese unabhängigen Pfade zu durchlaufen. Die zyklomatische Komplexität ergibt sich aus

$$\boxed{V(g) = e - n + 2p}$$

e = Anzahl der Kanten im Grafen
n = Anzahl der Knoten im Grafen
p = Anzahl der unabhängigen Teilgrafen

McCabe unterstellt, dass ein Programm oder Modul umso einfacher getestet oder gewartet werden kann, je kleiner V(g) ist. Er schlägt deshalb vor, die Komplexität der Ablaufstrukturen derart zu begrenzen, dass V(g) ≤ 10 nicht überschritten wird. Diese Vorgehensweise ist jedoch mit einer gewissen Problematik behaftet. Wird nämlich eine derartige Vorgabe im QM-Plan des Projekts bzw. den zugehörigen Verfahrensanweisungen festgeschrieben, dann kann das besonders bei Moduln mit umfangreichen Fallunterscheidungen zu einer künstlichen Zerstücklungen der Programmstruktur führen, worunter wiederum die Lesbarkeit und Verständlichkeit des Codes leidet. Ein Modul mit V(g) > 10 kann vollständig testbar sein, wenn die ihm zugrunde liegende Funktion zum Beispiel aus einer einzigen Selektion mit über 10 Alternativen besteht. Das folgende Beispiel zeigt einen einfachen Ablaufgrafen mit einer Schleife.

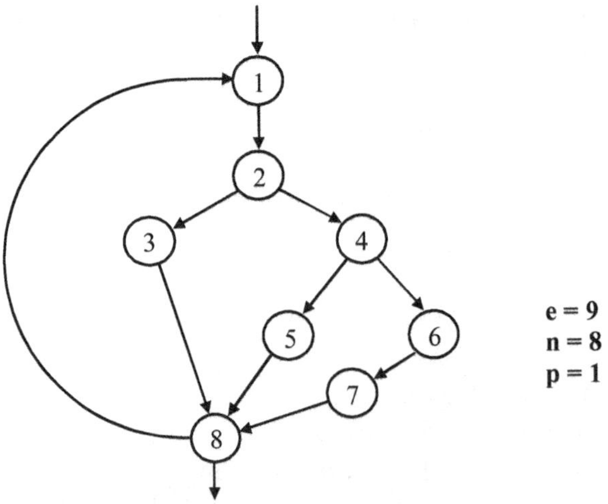

Abb. 5.5-10: Bestimmung der minimalen Anzahl von Testfällen nach McCabe

Der Schleifenkörper enthält zwei Bedingungsanweisungen. Die zyklomatische Komplexität ergibt sich aus

$$V(g) = e - n + 2p = 9 - 8 + 2 * (1) = 3.$$

Das bedeutet, es müssen mindestens $n = 3$ Testfälle abgeleitet werden, um alle unabhängigen Hauptpfade zu durchlaufen. Die Ableitung von Testfällen auf der Basis der zyklomatischen Komplexität kann in folgenden Teilschritten vorgenommen werden (vgl. auch [WAL90], S. 181):

1. Ermittlung des Ablaufgrafen für das Testobjekt.
2. Berechnung der zyklomatischen Komplexität (*entspricht der Anzahl n unabhängiger Pfade im Testobjekt*)
3. Es werden *n* unabhängige Pfade im Testobjekt gesucht.
4. Für jeden der *n* Pfade wird ein Testfall spezifiziert.

Hauptkritikpunkt am Maß von McCabe ist, dass bei der Bestimmung der Komplexität nur der Ablaufgraf berücksichtigt wird, also die Programmstruktur. Die Komplexität einzelner Anweisungen wird dagegen nicht beachtet. Das IBM-Labor LaGaude in Frankreich hat eingehende Tests mit dem Maß von McCabe durchgeführt und für die Praxis folgende Regeln aufgestellt:

- ein Modul sollte so entworfen werden, dass $V(g) \leq 15$ gilt
- Module mit $V(g) \leq 9$ können bei Inspektionen vernachlässigt werden

Essentielle Komplexität

Bei der essentiellen Komplexität werden alle Teilgrafen im Grafen ermittelt, die einen Eingangsknoten und einen Ausgangsknoten besitzen bzw. sich darauf reduzieren lassen. Da in einem *strukturierten Modul* die physische Position des Codes immer der Ausführungssequenz entspricht, besitzt er nur einen Eingang und einen Ausgang. Die essentielle Komplexität ist demzufolge immer $EV(g) = 1$ und deshalb ein guter Indikator für die Strukturiertheit eines Moduls. Nach McCabe sollten Code-Änderungen an einem Programm oder Modul nur dann durchgeführt werden, wenn sich dadurch die essentielle Komplexität nicht erhöht. Die essentielle Komplexität berechnet sich aus der Beziehung

$$\mathbf{EV(g) = V(g) - m}$$

V(g)	=	Maßzahl für die zyklomatische Komplexität
m	=	Anzahl der strukturierten Teilgrafen von G

Im folgenden Beispiel wird eine unstrukturierte Komponente in eine strukturierte überführt, wobei sich die Anzahl der Knoten auf Null reduziert [IBM89]:

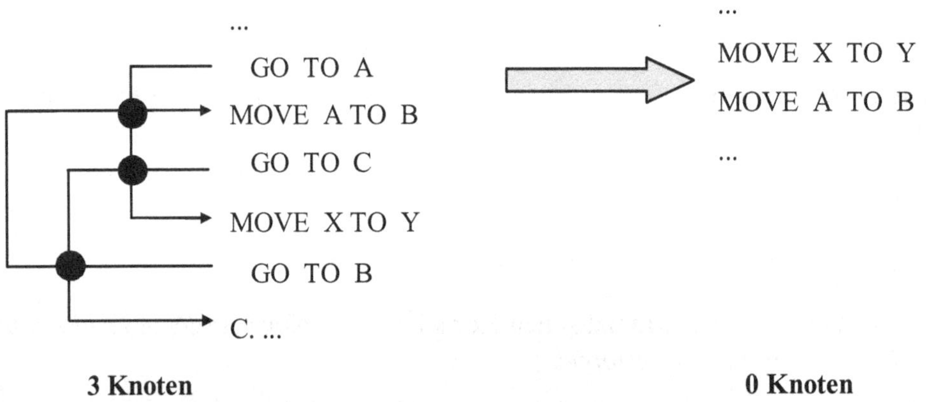

Abb. 5.5-11: Korrelation zwischen Knoten und Lesbarkeit

Aktuelle Komplexität

Als aktuelle Komplexität *ac* bezeichnet McCabe die Anzahl der tatsächlich getesteten Pfade in einem Programm. Ist die aktuelle Komplexität kleiner als die zyklomatische Komplexität (ac < v), dann ist mindestens eine der folgenden Aussagen zutreffend:

1. Es müssen mehr Pfade getestet werden.
2. Der Kontrollflussgraf kann in seiner Komplexität reduziert werden durch die Beziehung v - ac (d. h. v – ac Entscheidungen können entfernt werden).
3. Teile des Programms lassen sich auf Inline-Code reduzieren.

Bis zu diesem Zeitpunkt wurde die Komplexität aus der Sicht des Kontrollflusses betrachtet. Das Testergebnis ist jedoch eng mit dem Datenfluss verknüpft, weil das Verhalten der Daten die Ausführung eines bestimmten Kontrollpfades veranlassen. Folgendes Beispiel, das [McC76] entnommen wurde, zeigt die Reduzierung eines Grafen auf seine tatsächlich ausführbaren Pfade.

Gegeben sei der Kontrollflussgraf G. Nehmen wir an, dass ac = 2 ist und die zwei getesteten Pfade sind $\{E, a_1, b, c_2, x\}$ und $\{E, a_2, b, c_1, x\}$. Die beiden anderen Pfade $\{E, a_1, b, c_1, x\}$ und $\{E, a_2, b, c_2, x\}$ werden als nicht ausführbar im Sinne der Anforderungen betrachtet. Der Graf G kann deshalb wegen der zutreffenden Bedingung 2 reduziert werden, indem Knoten b entfernt wird, was den Grafen G1 ergibt. Der Graf G1 ist nun weniger komplex als G und es gilt die Beziehung v = ac.

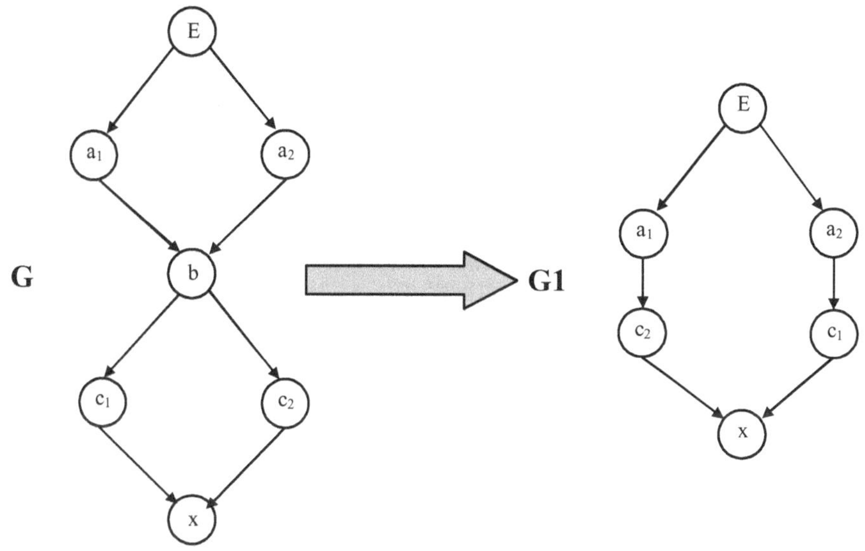

Abb. 5.5-12: Reduzierung der Komplexität durch die Entfernungvon v – ac Entscheidungen

5.5.2 Datenflussorientierte Testverfahren

Die kontrollflussorientierten Testverfahren besitzen einen Nachteil, sie betonen die Kontrollstruktur unter Vernachlässigung des Datenflusses. Eine sinnvolle Ergänzung zu den kontrollflussorientierten Verfahren sind deshalb datenflussorientierte Verfahren, d. h., es werden Testfälle auf der Basis einer Datenflussanalyse ermittelt. Folgende Zusammenstellung zeigt die heute bekannten datenflussorientierten Testverfahren.

Datenflussorientierter Test	• all defs-Kriterium	
	• all p-uses-Kriterium	
	• all c-uses-Kriterium	
	• all p-uses/some c-uses-Kriterium	
	• all c-uses/some p-uses-Kriterium	
	• all uses-Kriterium	
	• all du-path-Kriterium	
	• Required k-Tupels-Test • Required k-Tupels-plus-Test	
	• Datenkontext-Überdeckung • Datenkontext-plus-Überdeckung	⇒ einfache D. ⇒ geordnete D.

Abb. 5.5-13: Datenflussorientierte Testverfahren

Durch die Datenflussanalyse soll festgestellt werden, wie die Variablen an Werte gebunden sind und wie diese Variablen benutzt werden [RAP82], [RAP85], [NTA84a], [NTA84b], [LAS83], [CLA89], [HER76], [HAR89b], [POD89], [RIC89] u.a. Der rationale Aspekt dieser Betrachtungsweise liegt in der Herleitung adäquater Testkriterien, die zwar stärker als die kontrollfluss-orientierten Testkriterien sind, jedoch nicht die unpragmatische Überdeckung aller Pfade fordern.

Die Datenflussanalyse setzt eine erweiterte Sichtweise des Programms voraus, die sowohl die kontrollfluss- als auch datenflussorientierten Aspekte berücksichtigen muss. Der dazu erforderliche Datenflussgraf kann in zwei Formen angegeben werden (vgl. INF79a], S. 42). Die erste Form modelliert die Abhängigkeit zwischen den Variablen im Programm. Jeder Knoten im Grafen entspricht deshalb einer Variablen und die Kanten zwischen zwei Knoten geben die Abhängigkeiten zwischen den Variablen an. Die zweite Form wird durch das Zustandsübergangsdiagramm (Transitionsdiagramm) realisiert. Im Zustandsübergangsdiagramm repräsentieren die Knoten Variablenzustände und die gerichteten Kanten zwischen zwei Zuständen die Zustandsübergänge, die durch Ereignisse hervorgerufen werden (vgl. *"Testen von Zustandsautomaten"*. Für die nachfolgenden Betrachtungen wird auf die erste Form des Grafen zurückgegriffen, indem der Kontrollflussgraf durch einen *Datenimportknoten* n_{in} am Eingang und einen *Datenexportknoten* n_{out} am Ausgang ergänzt wird (vgl. z. B. [CLA89], S. 1321, [LIG90], S. 109, [BAL98], S. 421).

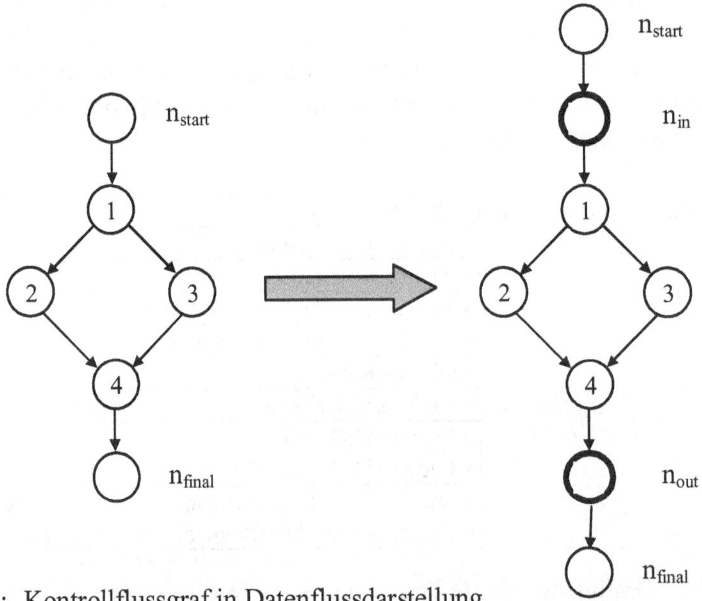

Abb. 5.5-14: Kontrollflussgraf in Datenflussdarstellung

5.5.2.1 Grundlagen der *Definition/Use*-Kriterien

Beim *datenflussorientierten Test* werden bestimmte Kriterien für den Zugriff auf Variable benutzt, um daraus Testfälle ableiten zu können. Rapps und Weyuker definierten diese Kriterien, indem sie den Variablenzugriff in einen *definierenden Zugriff (def)* und einen *benutzenden Zugriff (use)* aufteilten [RAP82], [RAP85]. Der benutzende Zugriff wurde wiederum in einen *berechnenden Zugriff (c-use)* und einen *prädikativen Zugriff (p-use)* untergliedert. Diese Aufteilung ergibt insgesamt drei Zugriffsklassen:

- die Definition als Wertzuweisung (*definition, def*)
- die Berechnung von Werten (*computational-use, c-use*)
- die prädikative Verwendung von Werten (*predicative-use, p-use*)

Die klassischen *Definition/Use*-Kriterien (kurz *Defs/Uses*-Kriterien genannt) fordern die Überdeckung aller Pfade, auf denen sich *Definition/Use*-Assoziationen befinden. D. h., für jede Variable muss jede Wertzuweisung und jede Benutzung dieses Wertes getestet werden. Sind in einem Programm jedoch nicht alle Pfade ausführbar, wird das gewählte *all*-Kriterium nicht erreicht. Das bedeutet streng genommen, dass die Anwendungseigenschaft dieser klassisch definierten Kriterien nicht gegeben ist [PAR93a]. Die klassischen *Defs/Uses*-Kriterien (DF-Kriterien) besitzen deshalb kaum praktische Bedeutung.

Um die Anwendungseigenschaft der *Defs/Uses*-Kriterien zu garantieren, wurden sie von Frankl und Weyuker modifiziert, indem sie nicht ausführbare Pfade von der Betrachtung ausschlossen [FRA88]. Bei der Testfallbestimmung werden also nur die ausführbaren (feasible) Datenflusspfade (FDF) betrachtet. Durch diese Maßnahme ergaben sich auch neue Subsumptionsrelationen. Die *Defs/Uses*-Kriterien sind in einer Weise nutzbar, dass kritische Verbindungen zwischen der Definition einer Variablen und deren Benutzung geprüft werden kann. Zum besseren Verständnis dieser Verfahren werden in Anlehnung an Rapps und Weyuker folgende Definitionen vorangestellt (vgl. [RAP85]):

1. Eine **Zuweisungsanweisung** $y := f(x_1, ..., x_n)$ mit den Variablen $y, x_1, ..., x_n$ enthält berechnende Zugriffe *(c-uses)* auf $x_1, ..., x_n$, gefolgt von einer Definition *(def)* der Variablen y.

2. Eine **Eingabeanweisung** wie READ der Variablen $x_1, ..., x_n$, enthält Definitionen *(defs)* von $x_1, ..., x_n$. Definitionen werden Knoten zugeordnet.

3. Eine **Ausgabeanweisung** wie PRINT der Variablen $x_1, ..., x_n$, enthält berechnende Zugriffe *(c-uses)* auf $x_1, ..., x_n$. Berechnende Zugriffe werden Knoten zugeordnet.

4. Eine **Bedingungsanweisung** wie IF $p(x_1, ..., x_n)$ then ... else ... End-If enthält prädikative Zugriffe *(p-uses)* auf $x_1, ..., x_n$. Prädikative Zugriffe werden nur Kanten zugeordnet.

5. Eine **Definition/Use-Assoziation** ist die Zuordnung einer Variablendefinition zu ihrer Benutzung, wobei diese Zuordnung als Tripel (d, u, x) zu verstehen ist: d steht für einen Knoten in einem gerichteten Grafen, in welchem die Variable x definiert ist, u steht für einen Knoten oder eine Kante des Grafen, in welchem x benutzt wird. Zwischen der Definition d und der Benutzung u muss ein definitionsfreier Pfad existieren.

6. Ein *c-use* einer Variablen x ist ein ***global c-use***, falls keine Definition *(def)* von x im gleichen Block vorausgeht, in der sich die Definition befindet. Die Wertzuweisung an x befindet sich also in einem anderen Block als deren Benutzung.

7. Ein *c-use* einer Variablen x ist ein ***local c-use***, falls die Definition *(def)* von x im gleichen Block vorgenommen wird wie deren Benutzung.

8. Ist x eine Variable und $p = (i, n_1, ..., n_m, j)$ ein Pfad, der keine Definitionen *(defs)* von x in den Knoten $n_1 ... n_m$ besitzt, dann bezeichnet man p als **definitionsfreien Pfad** bezüglich x von Knoten i zum Knoten j.

9. Ein *def* einer Variablen x ist ein ***global def*** im Knoten i, falls es die letzte Definition von x in diesem Knoten ist, und wenn es einen definitionsfreien Pfad bezüglich x von Knoten i zu Knoten j gibt, der entweder ein *global c-use* auf x enthält oder eine Kante existiert, die ein *p-use* auf x enthält. Ein *global def* definiert also eine Variable, die außerhalb des Knotens benutzt werden kann, in welchem die Definition erfolgte.

10. Ein *def* einer Variablen x ist ein ***local def*** im Knoten i, falls es einen *local c-use* auf x gibt, der dieser Definition folgt und zwischen der Definition und dem Zugriff auf x ein definitionsfreier Pfad bezüglich x existiert.

11. Ist i ein beliebiger Knoten und x eine beliebige Variable mit $x \in def(i)$, dann bezeichnet ***dcu(x, i)*** die Menge aller Knoten j, für die $x \in c\text{-}use(j)$ ist und für die ein definitionsfreier Pfad bezüglich x von Knoten i nach Knoten j existiert.

12. Ist i ein beliebiger Knoten und x eine beliebige Variable mit $x \in def(i)$, dann bezeichnet ***dpu(x, i)*** die Menge aller Kanten (j, k) für die $x \in p\text{-}use(j, k)$ ist und für die ein definitionsfreier Pfad bezüglich x von Knoten i nach Knoten j existiert.

Jedem Knoten *i* eines Kontrollflussgrafen muss die Menge der globalen Definitionen *def(i)* und globalen berechnenden Zugriffe *c-use(i)* zugeordnet werden. Die prädikativen Zugriffe *p-use(i, j)* sind den entsprechenden Kanten *(i, j)* zuzuordnen. Auf der Basis dieser Kriterien lassen sich eine Reihe von Testverfahren definieren, wobei das später betrachtete *all-uses*-Verfahren eine zentrale Rolle einnimmt [NTA88]. Für jede Variable kann gefordert werden, dass *alle* oder *einige* definitionsfreie Pfade von dem Knoten, der diese Definition enthält, zu ihrer Referenzierung in die Betrachtung einbezogen werden. Das ergibt folgende Kombinationen von Datenflusstestkriterien [FRA88]:

$$\begin{bmatrix} all \\ some \end{bmatrix} \begin{bmatrix} uses \\ c-uses \\ p-uses \end{bmatrix}$$

Folgendes Beispiel zeigt den Kontrollflussgrafen einer geschachtelten Entscheidungssteuerung mit allen Zugriffen auf die Variablen A, B, C, D, x und y.

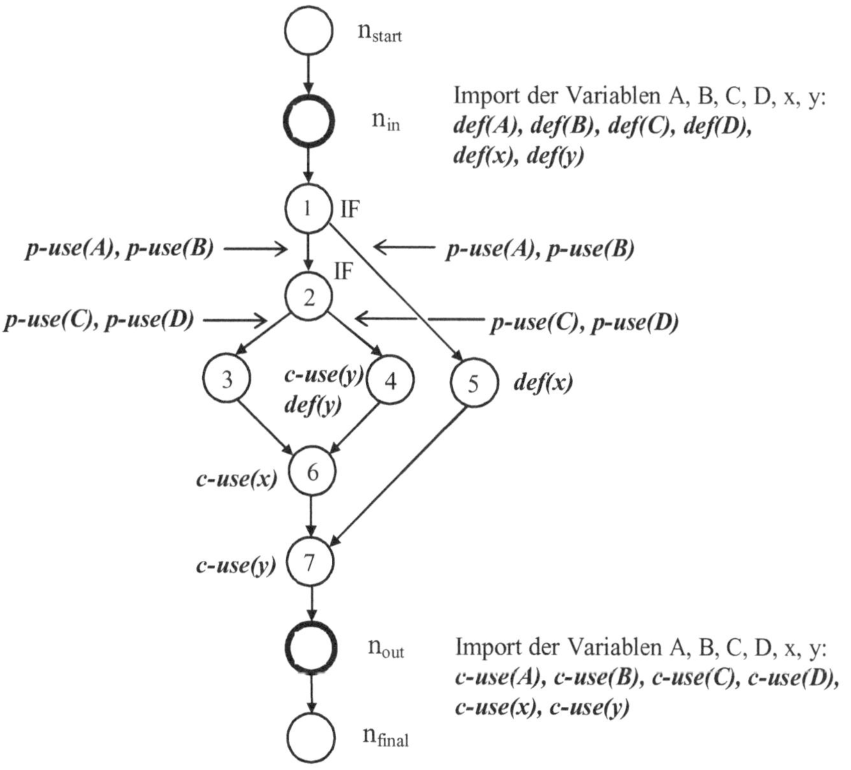

Abb. 5.5-15 Kontrollflussgraf mit Defs/Uses-Kriterien

Die Zusammenstellung der Zugriffe auf die Variablen ist folgender Tabelle zu entnehmen.

Quelltext	**Knoten**	***c-use***	***Defs***
Read *datensatz*	in		{A, B, C, D, x, y}
if A = B then	(1)	{-}	{-}
move 0 to x	(5)	{-}	{x}
else			
IF C > D then	(2)	{-}	{-}
add 1 to y	(4)	{y}	{y}
else			
display 'hello'	(3)	{-}	{-}
end-if			
end-if			
display x	(6)	{x}	{-}
display y	(7)	{y}	{-}
	out	{A, B, C, D, x, y}	{-}

Kante	***p-use***
(1, 2)	{A, B}
(1, 5)	{A, B}
(2, 3)	{C, D}
(2, 4)	{C, D}

Abb. 5.5-16: Bestimmung der Zugriffe auf Variable im Kontrollflussgrafen

Die Testdatengenerierung aus dem Datenfluss für den objektorientierten Intra-Klassentest ist allerdings nicht einfach zu realisieren, weil die Selektion auf Datenflusskriterien basiert, die sich über ausführbare Methodensequenzen hinweg erstrecken. Das Problem ist, dass zwar innerhalb einer Methode eine Anomalie vorliegen kann, indem zum Beispiel eine Variable nur definiert wird. Der Zugriff auf diese Variable kann jedoch über ganze Methodensequenzen hinweg erst in einer anderen Methode stattfinden, so dass dann keine Anomalie vorliegt. Tsai, Stobart und Parrington schagen deshalb vor, die Klassentestfälle auf der Basis der Nachrichtensequenzen zu generieren [TSA01]. Die Nachrichtensequenzen lassen sich wiederum aus den ausführbaren Transitionspfaden des Zustandsdiagramms der Klasse transformieren. Allerdings können diese Testfälle unvollständig sein, wenn Datenanomalien existieren. Durch Datenanomalien entstehen nicht korrekte du-Paare, die dann wiederum für die Testfallgenerierung herangezogen werden. Um den Klassentestaufwand zu reduzieren und sicherzustellen, dass nur ausführbare Testfälle erzeugt werden, schlagen die Autoren folgende Vorgehensweise vor:

1. Auffinden und Beseitigen von Datenflussanomalien innerhalb der Nachrichtensequenzen.

2. Generieren der Testfälle aus den anomaliefreien Nachrichtensequenzen.

Da im Klassentest Nachrichtensequenzen die Basis für die Testdatengenerierung sind, lässt sich eine *statische* Datenflussanomalieanalyse nicht innerhalb dieser Sequenzen durchführen. Der Grund liegt in der dynamischen Bindung, wodurch die Sequenzen erst zu Laufzeit festgelegt werden. Eine unabhängige Analyse der Methoden ist deshalb nicht sinnvoll. Durch eine dynamische Analyse werden dagegen die Transitionspfade während der Ausführung geprüft, so dass Datenflussanomalie auf diesen Pfaden gefunden werden können.

5.5.2.2 Das *all defs*-Kriterium

Ein *all defs*-Test fordert das Durchlaufen aller *ausführbaren* Pfade eines Kontrollflussgrafen, bei denen für jeden Knoten *i* und jede Variable $x \in def(i)$ ein definitionsfreier Pfad bezüglich *x* von Knoten *i* zu einem Element von *dcu(x, i)* oder *dpu(x, i)* enthalten ist. Es müssen also Testfälle erstellt werden, die alle Definitionen (*all defs*) einer Variablen im Sinne einer Wertzuweisung in einem ausführbaren Knoten berücksichtigen. Eine Definition *(def)* findet zum Beispiel in folgenden Fällen statt:

- Durch eine Zuweisungsanweisung in einem berechnenden Ausdruck *(c-use)*. Eine derartige Zuweisung ist z. B. der arithmetische Ausdruck „COMPUTE $y = a + b$“. Die Anweisung enthält berechnende Zugriffe *(c-use)* auf die Variablen *a* und *b* und eine Definition *(def)* der Variablen *y*.

- Durch eine Eingabeanweisung wie READ oder MOVE. Die Anweisung „MOVE *zero* to *y*“ enthält eine Definiton der Variablen y.

- Bei einem Aufruf einer internen Prozedur mit PERFORM oder eines externen Unterprogramms mit CALL werden alle Ausgabevariablen der Prozedur oder des Unterprogramms so behandelt, als ob sie *definiert* worden wären (vgl. [LAS83], S. 349).

Da bei den datenflussorientierten Testverfahren das Verfolgen des Datenstroms zwischen den Knoten geprüft wird, ist eine Definition *und* Benutzung im gleichen Knoten *(local defs)* von geringem Interesse. Von Bedeutung sind nur die globalen Definitionen *(global defs)*, also Definitionen, die außerhalb des definierenden Knotens benutzt werden. Das angegebene Beispiel enthält Definitionen der Variablen in den Knoten n_{in}, n_4, n_5, n_6, n_7. Für den *all defs*-Test werden folglich zwei Testfälle mit den folgenden Pfaden benötigt:

$p_1 = (n_{start}, n_{in}, n_1, n_5, n_7, n_{out}, n_{final})$
$p_2 = (n_{start}, n_{in}, n_1, n_2, n_4, n_6, n_7, n_{out}, n_{final})$

Das *all defs*-Kriterium steht bei den Subsumptionsrelationen der datenflussorientierten Testverfahren (DF und FDF) auf der untersten Hierarchieebene. Es subsumiert weder ein anderes datenflussorientertes Testverfahren noch enthält es die Zweigüberdeckung und die Anweisungsüberdeckung).

5.5.2.3 Das *all p-uses*-Kriterium

All p-uses ist eine restriktive Version des *all uses*-Kriteriums. *All p-uses* verlangt, dass Testfälle jede ausführbare *Definition/Use-Assoziation (d, u, x)* überdecken, in welchem *u* eine Kante mit einem prädikativen Zugriff *(p-use)* der Variablen *x* ist. Dazu ist es notwendig, dass für einen Knoten *i* die zugehörenden verzweigenden Kanten des Grafen für eine Variable *x* betrachtet werden, für die ein definitionsfreier Pfad von n_i nach n_j, existiert.

Das *all p-uses*-Kriterium ist erfüllt, wenn jede Kombination einer Variablendefinition mit jeder zugehörenden prädikativen Benutzung durch Testfälle getestet wird. Eine prädikativer Zugriff findet in Bedingungsanweisungen statt wie zum Beispiel auf die Variablen $x_1, \ldots, x_n$ in IF $p(x_1, \ldots, x_n)$ then ... else ... End-If oder in einer Schleifensteuerung als Perform with test before until ... End-Perform. Für das angegebene Beispiel sind prädikative Zugriffe auf die Variablen in den Kanten (n_1-n_5), (n_1-n_2), (n_2-n_3) und (n_2-n_4) enthalten. Für den *all p-uses*-Test werden drei Testfälle für folgende Pfade benötigt:

$p_1 = (n_{start}, n_{in}, n_1, n_5, n_7, n_{out}, n_{final})$
$p_2 = (n_{start}, n_{in}, n_1, n_2, n_4, n_6, n_7, n_{out}, n_{final})$
$p_3 = (n_{start}, n_{in}, n_1, n_2, n_3, n_6, n_7, n_{out}, n_{final})$

Das *all p-uses*-Kriterium subsumiert kein anderes datenflussorientiertes Testverfahren. Es enthält jedoch als DF-Testkriterium die Zweigüberdeckung und die Anweisungsüberdeckung. Als FDF-Testkriterium enthält es weder die Zweig- noch die Anweisungsüberdeckung.

5.5.2.4 Das *all c-uses*-Kriterium

All c-uses ist eine restriktive Version des *all uses*-Kriteriums. *All c-uses* verlangt, dass Testfälle jede ausführbare *Definition/Use-Assoziation (d, u, x)* überdecken, in welchem *u* ein Knoten mit einem berechnenden Zugriff *(c-use)* der Variablen *x* ist. Das *all c-uses*-Kriterium ist erfüllt, wenn für jeden Knoten n_i die zugehörenden Variablen betrachtet werden, für die ein definitionsfreier Pfad von n_i nach n_j existiert. Ein *c-use* findet in folgenden Fällen statt:

- in einer **Zuweisungsanweisung** $y := f(x_1, ..., x_n)$ mit den Variablen $y, x_1, ..., x_n$. Berechnende Zugriffe erfolgen auf die Variablen $x_1, ..., x_n$, gefolgt von einer Definition *(def)* der Variablen *y*
- in einer **Ausgabeanweisung** wie WRITE oder DISPLAY mit den Variablen $x_1, ..., x_n$
- bei einem **Aufruf einer Prozedur** mit PERFORM oder eines separat übersetzten **Unterprogramms** mit CALL werden alle Eingabevariablen der Prozedur oder des Unterprogramms so behandelt, als ob sie *benutzt* würden (vgl. [LAS83], S. 349).

Für das angegebene Beispiel wird für den *all c-uses*-Test ein Testfall benötigt, welcher folgenden Pfad durchläuft:

$$p = (n_{start}, n_{in}, n_1, n_2, n_4, n_6, n_7, n_{out}, n_{final})$$

Das *all c-uses*-Kriterium steht wie das *all defs*- und das *all p-uses*- Kriterium bei den Subsumptionsrelationen der datenflussorientierten Testverfahren auf der untersten Hierarchieebene. Es subsumiert sowohl als DF-als auch als FDF-Testkriterium weder ein anderes datenflussorientertes Testverfahren noch enthält es die Zweigüberdeckung und die Anweisungsüberdeckung.

5.5.2.5 Das *all c-uses/some p-uses*-Kriterium

Das *all c-uses/some p-uses*-Kriterium verlangt, dass alle berechnenden Zugriffe der Knoten *i* für eine Variable *x (all c-uses)* mit allen zugehörenden Definitionen getestet werden. Besitzt eine Definition keinen berechnenden Zugriff, dann wird sie mit mindestens einem zugehörenden prädikativen Zugriff *(some p-uses)* in den Test einbezogen.

Das *all c-uses/some p-uses*-Verfahren betont also den Test der berechnenden Zugriffe, indem jeder *ausführbare* Knoten *i* für eine Variable *x* beim Test durchlaufen werden muss, der ein *c-use* besitzt. Ist kein *c-use* für eine Definition vorhanden, muss mindestens ein *ausführbarer* Pfad mit einem prädikativen Zugriff auf diese Variable in den Test einbezogen werden. Für das angegebene Beispiel werden für den *all c-uses/some p-uses*-Test drei Testfälle benötigt, welche die folgende Pfade aktivieren:

$p_1 = (n_{start}, n_{in}, n_1, n_2, n_4, n_{out}, n_{final})$
$p_2 = (n_{start}, n_{in}, n_1, n_2, n_3, n_6, n_7, n_{out}, n_{final})$
$p_2 = (n_{start}, n_{in}, n_1, n_5, n_7, n_{out}, n_{final})$

All c-uses/some p-uses subsumiert sowohl als DF- als auch FDF-Testkriterium die datenflussorientierten Testverfahren *all c-uses* und *all-defs*. Es enthält jedoch nicht die Zweigüberdeckung und die Anweisungsüberdeckung.

5.5.2.6 Das *all p-uses/some c-uses*-Kriterium

Das *all p-uses/some c-uses*-Kriterium verlangt, dass alle prädikativen Zugriffe für sämtliche Variablen *(all p-uses)* mit allen zugehörenden Definitionen getestet werden. Besitzt eine Definition keinen prädikativen Zugriff, dann werden die zugehörenden berechnenden Zugriffe in den Test einbezogen *(some c-uses)*.

All p-uses/some c-uses ist ein inverses Verfahren zu *all c-uses/some p-uses*. Es betont den Test der prädikativen Zugriffe, indem jede *ausführbare* Kante *(i, j)* für eine Variable *x* beim Test durchlaufen werden muss, die ein *p-use* besitzt. Ist kein *p-use* für eine Definition vorhanden, muss mindestens ein *ausführbarer* Knoten mit einem berechnenden Zugriff auf diese Variable in den Test einbezogen werden. Für das angegebene Beispiel werden für den *all p-uses/some c-uses*-Test drei Testfälle benötigt, welche die folgende Pfade durchlaufen:

$p_1 = (n_{start}, n_{in}, n_1, n_5, n_7, n_{out}, n_{final})$
$p_2 = (n_{start}, n_{in}, n_1, n_2, n_4, n_6, n_7, n_{out}, n_{final})$
$p_2 = (n_{start}, n_{in}, n_1, n_2, n_3, n_6, n_7, n_{out}, n_{final})$

All p-uses/some c-uses subsumiert als DF-Testkriterium *all p-uses* und es enthält darüber hinaus die Zweigüberdeckung und die Anweisungsüberdeckung. Als FDF-Testkriterium subsumiert es ausschließlich *all p-uses*.

5.5.2.7 Das *all uses*-Kriterium

Das *all uses*-Kriterium nimmt in den datenflussorientierten Testverfahren eine zentrale Stellung ein. Es vereinigt die Verfahren *all c-uses/some p-uses* und *all p-uses/some c-uses*. Das *all uses*-Kriterium verlangt, dass Testfälle alle ausführbaren *Definition/Use-Assoziationen* in einem Programm oder Modul überdecken müssen.

Eine *Definition/Use-Assoziation* ist dabei wieder als Tripel *(d, u, x)* zu verstehen, wobei *d* für einen Knoten in einem gerichteten Grafen steht, in welchem die Variable *x* definiert ist. *u* steht für einen Knoten oder eine Kante des Grafen, in welchem *x* benutzt wird. Formal definiert bedeutet diese Aussage, dass ein definitionsfreier Pfad bezüglich *x* von Knoten *i* zu allen Elementen von *dcu(x, i)* und *dpu(x, i)* für jeden Knoten *i* und jede Variable $x \in def(i)$ vorhanden sein muss [RAP85].

Für das angegebene Beispiel werden für den *all uses*-Test drei Testfälle benötigt, welche die folgende Pfade durchlaufen:

$$p_1 = (n_{start}, n_{in}, n_1, n_5, n_7, n_{out}, n_{final})$$
$$p_2 = (n_{start}, n_{in}, n_1, n_2, n_4, n_6, n_7, n_{out}, n_{final})$$
$$p_2 = (n_{start}, n_{in}, n_1, n_2, n_3, n_6, n_7, n_{out}, n_{final})$$

Das *all uses*-Testverfahren subsumiert als DF- und als FDF-Testkriterium die Verfahren *all c-uses/some p-uses, all p-uses/some c-uses, all c-uses, all p-uses* und *all defs*. Als DF-Testkriterium enthält es darüber hinaus die Zweigüberdeckung und die Anweisungsüberdeckung.

5.5.2.8 Das *all du-paths*-Kriterium

Die Abkürzung *du* geht aus der englischen Wortschöpfung ***d**efinition-**u**se association* hervor, was bedeutet, dass ein Pfad alle *Definitionen-Use*-Verbindungen enhält, die auf *einfachen definitionsfreien* Pfaden zu berechnenden Zugriffen *(c-use)* oder prädikativen Zugriffen *(p-use)* führen. Formal kann ein *du*-Pfad folgendermaßen definiert werden [FRA88]: Ein Pfad $(n_1,..., n_j, n_k)$ ist ein ***du*-Pfad** bezüglich der Variablen *x*, wenn Knoten n_1 eine globale Definition von *x* enthält und entweder

- n_k beinhaltet ein globales *c-use* auf *x* und $(n_1,..., n_j, n_k)$ ist ein definitionsfreier *einfacher Pfad* bezüglich *x* oder

- (n_l, n_k) beinhaltet ein *p-use* auf *x* und $(n_1,..., n_j)$ ist ein definitionsfreier, *schleifenfreier Pfad* bezüglich *x*.

Ein **einfacher Pfad** ist ein Pfad, in welchem alle Knoten, außer möglicherweise dem ersten und letzten, sich unterscheiden. Ein **schleifenfreier Pfad** ist ein Pfad, in welchem alle enthaltenen Knoten sich unterscheiden [FRA88]. Das *all du-paths*-Kriterium fordert, dass alle ausführbaren *du*-Pfade bezüglich der Variablen *x* bei Testfällen berücksichtigt werden müssen.

Das *all du-paths*-Verfahren geht direkt aus dem Pfadüberdeckungstest *(all paths)* hervor ohne jedoch andere datenflussorientierte Testverfahren (FDF) zu subsumieren. Das folgende Beispiel zeigt in Anlehnung an Frankl und Weyuker einen Grafen mit nicht ausführbaren (*infeasible*) *du*-Pfaden, die bei der Erstellung der Testfälle zu eliminieren sind.

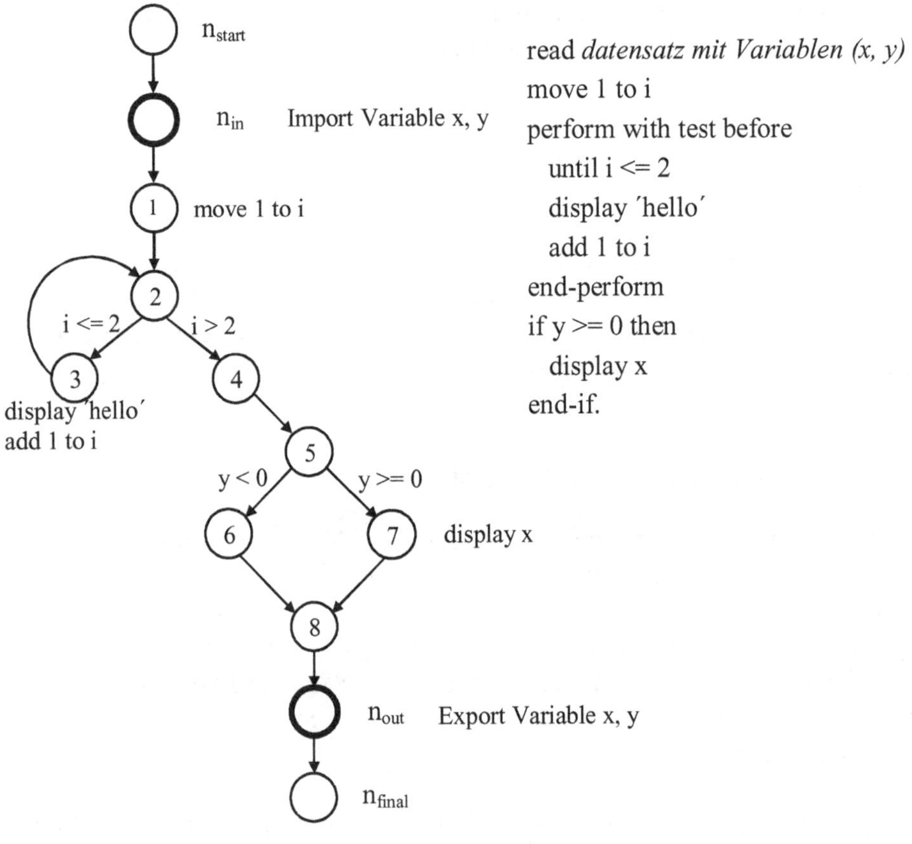

Abb. 5.5-17: Graf mit nicht ausführbaren *du*-Pfaden (vgl. [FRA88], S. 1489)

Die ausführbaren und nicht ausführbaren *du*-Pfade für diesen Grafen sind der folgenden Tabelle zu entnehmen.

***du*-Pfad**	**Variable**	**Pfad ausführbar**
(n_{start}, n_{in}, n_1)	(x, y)	ja
(n_1, n_2, n_3)	i	ja
(n_1, n_2, n_4)	i	**nein**
(n_3, n_2, n_3)	i	ja
(n_3, n_2, n_4)	i	ja
$(n_1, n_2, n_4, n_5, n_6, n_8, n_{out}, n_{final})$	(x, y)	**nein**
$(n_1, n_2, n_4, n_5, n_7, n_8, n_{out}, n_{final})$	(x, y)	**nein**

Abb. 5.5-18: Ausführbare und nicht ausführbare *du*-Pfade (vgl. [FRA88])

Die Pfade (n_1, n_2, n_4), $(n_1, n_2, n_4, n_5, n_6, n_8, n_{out}, n_{final})$ und $(n_1, n_2, n_4, n_5, n_7, n_8, n_{out}, n_{final})$ sind nicht ausführbar, weil die Bedingung $i > 2$ nie erfüllt ist.

5.5.2.9 Das *revised-all-du-paths*-Kriterium

In Anlehnung an [FRA88] wird für das letzte Beispiel folgender Testfall T betrachtet, der die Variablen x und y enthält. x sei angenommen als beliebige Ganzzahl und $y < 0$. Dieser Testfall überdeckt den Pfad $(n_{start}, n_{in}, n_1, n_2, n_3, n_2, n_3, n_2, n_4, n_5, n_6, n_8, n_{out}, n_{final})$ und erfüllt damit das *all-du-paths*-Kriterium. Testfall T überdeckt jedoch nicht die Assoziationen $(n_{in}, (n_5, n_7), y)$ (n_{in}, n_7, x) oder Knoten 7. Diese Assoziationen werden jedoch durch den ausführbaren Pfad $(n_{start}, n_{in}, n_1, n_2, n_3, n_2, n_3, n_2, n_4, n_5, n_7, n_8, n_{out}, n_{final})$ überdeckt. Das bedeutet, dass Testfall T die Kriterien *all-p-uses*, *all-c-uses*, *all-defs* oder *all-nodes* (alle Knoten) nicht abdeckt. Der Grund für dieses Verhalten ist darin zu suchen, dass es gewisse *Definition/Use-Assoziationen* gibt, die nur durch Pfade ausgeführt werden können, die eine oder mehrere Schleifen ein- oder mehrmals traversieren [FRA88].

Frankl und Weyuker zeigten in ihren Arbeiten [FRA88] und [FRA93a], dass aus dem oben genannten Grund das *all-du-paths*-Kriterium nicht in jedem Fall das *all-uses*-Kriterium subsumiert, obwohl *all-du-paths* für größere Anforderungen geschaffen wurde, als es das *all-uses* leistet. Horgan und London [HOR91] schlagen deshalb vor, nicht einfache Pfade so zu zählen als würden sie die entsprechenden einfachen Subpfade überdecken.

Parrish und Zweben erweiterten das *all-du-paths*-Kriterium bezüglich der Schleifen, indem sie den Begriff der *inhärenten zyklischen Überdeckung* einführten (inherently cyclic cover) [PAR95]. Danach besitzt eine *Definition/Use-Assoziation du* eine *inhärente zyklische Überdeckung*, wenn alle möglichen *du*-Pfade Schleifen enthalten, also nicht einfache Pfade besitzen. Wenn eine mögliche *Definition/Use-Assoziation* also keinen möglichen einfachen Pfad besitzt, der diese Assoziation überdeckt, dann sollten die erforderlichen Testfälle für den *all-du-paths*-Test mindestens einen der möglichen nicht einfachen Pfade abdecken. Dieses sogenannte *revised-all-du-paths*-Kriterium wird folgendermaßen definiert: Ein Satz von Testfällen *T* genügt dem Kriterium *revised-all-du-paths* für ein Programm *p*, wenn

1. *T* genügt *all-du-paths* für *p* und

2. für jede *Definition/Use-Assoziation* in *p*, die eine *inhärente zyklische Überdeckung* besitzt, werden einige nicht einfache Pfade, die diese *Assoziation* überdecken, durch Testfälle traversiert.

Das *revised-all-du-paths*-Kriterium sichert die Überdeckung aller möglichen Pfade einer *Definition/Use-Assoziation*, die inhärente Schleifen besitzen. Es subsumiert auf diese Weise auch das *all-uses*-Kriterium, was vom klassischen *all-du-paths* nicht sichergestellt werden konnte. Der ausführbare Pfad des letzten Beispiels (n_{start}, n_{in}, n_1, n_2, n_3, n_2, n_3, n_2, n_4, n_5, n_7, n_8, n_{out}, n_{final}) wird durch diese Betrachtung ein *du*-Pfad.

5.5.2.10 Subsumptionsrelationen der DF- und FDF-Testkriterien

Alle datenflussorientierte Testverfahren besitzten aufgrund ihrer unterschiedlichen Zielsetzungen Stärken und Schwächen, die beim Einsatz gegeneinander abzuwägen sind. Um die verbleibende Restfehlerzahl bei den Tests in den Teststufen zu minimieren müssen Regeln gefunden werden, die eine Aussage gestatten, ob ein Programm oder System adäquat getestet wurde. Dem Auftraggeber werden deshalb besonders zwei grundlegende Fragen interessieren, welche sich auf die inhärenten Eigenschaften der Testverfahren beziehen:

- Wie sind die verschiedenen adäquaten Testverfahren bei einem Subsumierungsvergleich hierarchisch einzuordnen?

- In welchen Relationen stehen die fehlerentdeckenden Eigenschaften der Testverfahren zueinander?

Die bekannten Arbeiten über einen Vergleich von adäquaten Testverfahren beinhalten *statische* und *empirische* Experimente [BAS87], [FRA93b], *Simulationen* [DUR84] und *formale Analysen* [FRA93a], [FRA93c], [GOU83]. Die

Subsumptionsrelationen gehören mit zu den am besten erforschten und bekanntesten Eigenschaften der adäquaten datenflussorientierten Testverfahren. Sie gestatten dem Anwender die Testverfahren miteinander zu vergleichen und die Anwendung der Kriterien im Sinne einer Überdeckungsbeziehung gegeneinander abzuwägen. Die Subsumptionsrelation zwischen zwei adäquaten Testkriterien wird folgendermaßen definiert:

Das Testkriterium C_1 subsumiert das Testkriterium C_2 im Sinne der Beziehung $C_1 \geq C_2$ oder $C_2 \leq C_1$, wenn alle Testfälle t, die C_1 genügen gleichzeitig auch C_2 genügen.

Da die Testverfahren auf der Datenflussanalyse beruhen, besitzen sie eine gemeinsame, vergleichbare Basis und lassen sich demzufolge in einer einfachen Relationshierarchie darstellen. Die folgenden Subsumptionsrelationen basieren auf der klassischen Version der datenflussorienterten Testkriterien (DF), die auch *nicht ausführbare* Programmelemente beinhalten können.

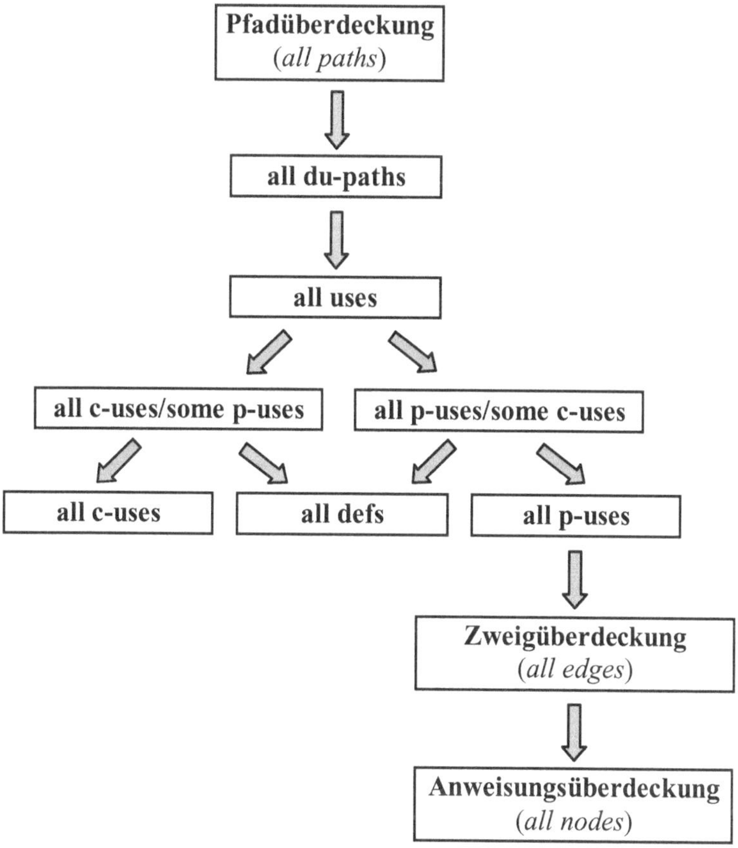

Abb. 5.5-19: Subsumptionsrelationen der DF-Testkriterien [FRA88]

Besitzen die zu testenden Programme bzw. Module nicht ausführbare Programmelemente, dann ist es nicht in jedem Fall möglich, durch einen gegebenen Satz von Testfällen das betrachtete datenflussorientierte Testkriterium zu erfüllen. Ein derartiges Programm kann nicht adäquat getestet werden, wenn es die Pfadtest-Kriterien verwendet, auch dann nicht, wenn es extensiv getestet wird. Um diese unerwünschte Situation zu umgehen, modifizierten Frankl und Weyuker die datenflussorientierten Testkriterien (DF-Testkriterien), indem sie nicht ausführbare Assoziationen (z. B. Pfade, Kanten, Knoten) bei ihren Betrachtungen ausschlossen [FRA88]. Auf diese Weise wurden die konventionellen DF-Testkriterien in ausführbare (feasible) datenflussorientierte Testkriterien (FDF-Testkriterien) überführt, wobei sich signifikante Unterschiede bei den Subsumptionsrelationen ergaben. Die geänderten Subsumptionsrelationen für die FDF-Testkriterien sind nachfolgender Abbildung zu entnehmen.

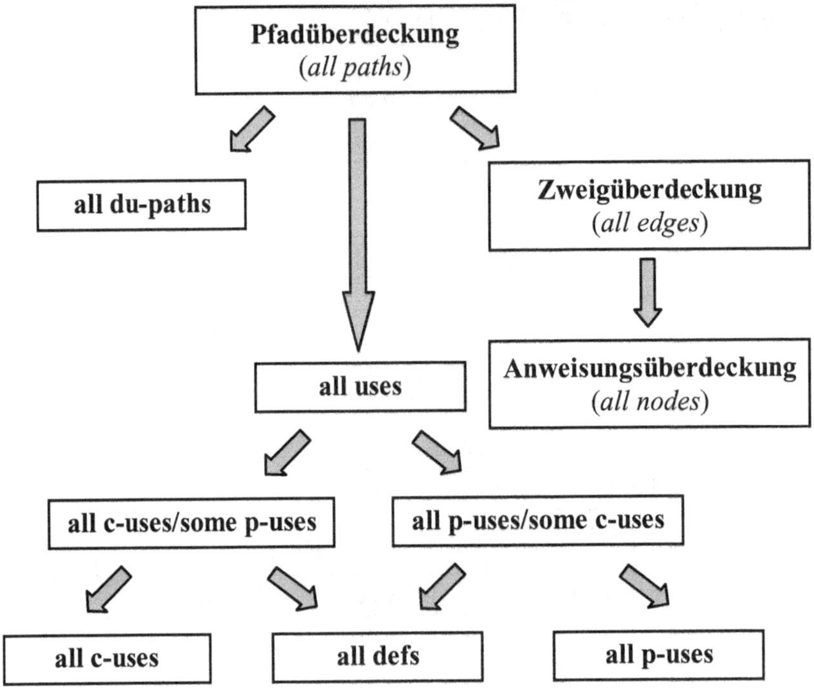

Abb. 5.5-20: Subsumptionsrelationen der FDF-Testkriterien [FRA88]

5.5.2.11 Fehlerentdeckende Eigenschaften

Die Subsumptionsrelationen gestatten zwar einen unmittelbaren Vergleich über die Überdeckungseigenschaften der datenflussorientierten adäquaten Testverfahren, sie vermitteln jedoch nicht in jedem Fall eine Aussage darüber, ob ein

Verfahren bezüglich seiner *fehlerentdeckenden Eigenschaften* qualitativ besser oder schlechter ist als ein anderes. Mit anderen Worten, die Aussage „Kriterium C_1 subsumiert Kriterium C_2“ sagt nichts darüber aus, ob C_1 auch bessere fehlerentdeckende Eigenschaften als C_2 besitzt.

Frankl und Weyuker nahmen sich dieser Problematik erneut an [FRA93c]. Sie gingen der Frage nach, wie die Subsumptionsrelation verstärkt werden kann, um zusätzliche Ausagen über fehlerentdeckende Eigenschaften zu erhalten. Die Autoren legten ihren Betrachtungen zwei einfache Testszenarien zugrunde:

1. Das erste Szenarium fordert die unabhängige, statistische Selektion der Testfälle aus dem Eingabedatenbereich des Programms, bis das relevante Testkriterium erfüllt ist. Da das Testkriterium erst nach der Testfallselektion zu Kontrollzwecken herangezogen wird, nennen die Autoren dieses Szenarium *posterior testing scenario.*

2. Das zweite Szenarium fordert dagegen die Aufteilung des Eingabedatenbereichs in Teilbereiche (Subdomänen) entsprechend dem gewählten Testkriterium und anschließend die unabhängige, statistische Selektion einer vorherbestimmten Anzahl von *n* Testfällen von jeder Subdomäne. Da die Testfallselektion auf der Basis eines vorherbestimmten Testkriteriums erfolgt, wird dieses Szenarium *prior testing scenario* genannt.

Im *posterior testing scenario* werden demzufolge so lange Testdaten unabhängig vom Testkriterium C generiert und als Testfälle ausgeführt, bis das festgesetzte Testziel erreicht ist und damit der Test abgebrochen werden kann. Für die eigentliche Generierung der Testdaten wird das Testkriterium C nicht herangezogen. Im *prior testing scenario* wird dagegen das Testkriterium C für die Testdatengenerierung und damit für die Ableitung der Testfälle genutzt.

Die Autoren bewiesen in ihrer Arbeit, dass bei Anwendung des zweiten Testszenariums (*prior testing scenario*) keine Aussage über die fehlerentdeckenden Eigenschaften einer Subsumptionsrelation zwischen zwei Testkriterien gemacht werden kann. Sie definierten deshalb fünf Relationen für den qualitativen Vergleich von Testkriterien, die stärker als die Subsumptionsrelationen sind: *narrows, covers, partitions, properly covers und properly partitions.* Jede dieser Relationen kann im Zusammenhang mit drei Wahrscheinlichkeitsmaßen Aussagen darüber treffen, ob ein Testkriterium C_1 qualitativ besser ist Fehler zu entdecken als ein Testkriterium C_2. Einzelheiten über die Analyse fehlerentdeckender Eigenschaften von Testkriterien sind [FRA93c] zu entnehmen (vgl. auch [FRA93a]).

Zhu untersuchte dagegen das *posterior testing scenario* und bewies, dass auf der Basis dieses Testszenariums die Subsumptionsrelation eine Aussage über die fehlerentdeckenden Eigenschaften der Testkriterien zulässt [ZHU96]. Dazu verwendete der Autor zwei statistische Maße: Die *Wahrscheinlichkeit, mindestens einen Fehler zu entdecken* und die *erwartete Anzahl der entdeckten Fehler*. Angenommen C_1 und C_2 sind adäquate Testkriterien im Sinne C_1 subsumiert C_2. Auf der Grundlage des *posterior testing scenario* gelten dann folgende Aussagen:

1. Die Wahrscheinlichkeit, einen Fehler durch Anwendung von C_1 zu finden, ist gleich oder größer als die Wahrscheinlichkeit, einen Fehler durch Anwendung von C_2 zu finden.

2. Die erwartete Anzahl der entdeckten Fehler durch Anwendung von C_1 ist gleich oder größer als die erwartete Anzahl der entdeckten Fehler durch Anwendung von C_2.

Angenommen, dass Testkriterium C_2 die Entdeckung eines Fehlers garantiert (falls vorhanden), dann garantiert das Testkriterium C_1, welches C_2 subsumiert, die Entdeckung mindestens eines Fehlers im betrachteten Quelltext.

5.5.2.12 Der *required k-Tupels*-Test

Ähnlich wie bei den *Defs/Uses*-Tests werden beim *Required k-Tupels-Test* Definition/Use-Assoziationen betrachtet, die hier als *Definition/Referenz-Interaktionen* (kurz: ***dr-Interaktionen***) bezeichnet werden sollen. Eine *dr-Interaktion* ist dabei als Tupel *(d, u, x)* aufzufassen, wobei *d* für die Definition der Variablen *x* im Knoten *d* steht und *u* für die Referenzierung der Variablen *x* im Knoten *u*. Bei der Referenzierung wird zwischen einem berechnenden und einem prädikativen Zugriff unterschieden. Da der Parameter *k* einer *dr-Interaktion* im Bereich $k \geq 2$ variiert werden kann, beschreibt das *Required k-Tupels*-Kriterium eine ganze Klasse von datenflussorientierten Testverfahren, die sich nur durch den Wert von *k* unterscheiden.

Eine ***k-dr-Interaktion*** beschreibt in der Originaldefinition nach Ntafos [NTA84a] mit $k \geq 2$ eine alternierende Sequenz mit *k-1* Variablendefinitionen und *k-1* Variablenreferenzen in genau *k* unterschiedlichen Knoten $\{[d_1(x_1), u_2(x_1)],\ldots,[d_{k-1}(x_{k-1}), u_k(x_{k-1})]\}$. Zwischen einer Definition *d* im Knoten u_1 und einer Referenzierung *r* im folgenden Knoten u_2 liegt eine lineare Sequenz von Anweisungen $s_1,\ldots,s_k$.

Bei einer ***2-dr-Interaktion*** wird die Definition d_1 der Variablen x im Knoten u_1 vorgenommen, der eine lineare Sequenz von Anweisungen im gleichen Knoten folgt. Die Referenzierung der Variablen x erfolgt im darauf folgenden Knoten u_2, wobei zwischen Definition und Referenzierung ein definitionsfreier Pfad bezüglich x liegt. Wird eine ***3-dr-Interaktion*** betrachtet, dann wird im Knoten u_2 eine weitere Definition d_2 von x_1 vorgenommen, der wieder eine Sequenz von Anweisungen in diesem Knoten folgt. Die Referenzierung dieser zweiten Definition erfolgt im darauf folgenden Knoten u_3, wobei zwischen d_2 und der Referenzierung wieder ein definitionsfreier Pfad bezüglich x liegen muss.

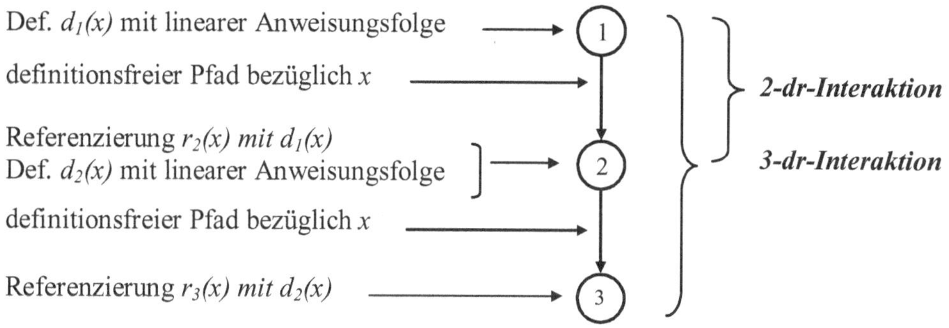

Abb. 5.5-21: *2- und 3-dr-Interaktionen*

Die alternierende Sequenz aus der Variablendefinition und der Referenzierung, bezeichnet man als **Interaktionen-Subpfad** bezüglich der entsprechenden *k-dr-Interaktion*. Der *required k-Tupels*-Test verlangt Testfälle, die jede der *k-dr-Interaktionen* überdecken, d. h. jeder Pfad $p = (s_1p_1, ..., s_{k-1}p_{k-1}s_k)$ muss ausgeführt werden.

5.5.2.13 Der *required-k-Tupels-plus*-Test

Clark *et al.* wiesen in ihrer Arbeit [CLA89] nach, dass das *k-Tupels*-Kriterium in der Originalfassung nach Ntafos nicht notwendigerweise das *(k-1)-Tupels*-Kriterium für $k > 2$ subsumiert. Der Grund liegt darin, dass für einen beliebigen Modul eine Konstante n existiert, für die es keine *k-dr*-Interaktionen für $k > n$ geben kann. Die Autoren modifizierten deshalb dieses Verfahren, indem sie folgende Forderungen aufstellten:

- Dem Kontrollflussgrafen wird immer ein Eingangsknoten n_{in} und ein Ausgangsknoten n_{out} zugeordnet.
- Im Eingangsknoten n_{in} wird immer eine Definition aller Variablen vorgenommen.

- Im Ausgangsknoten n_{out} wird immer eine Referenzierung (Benutzung) aller Variablen vorgenommen.

Das Verfahren wurde damit in zwei entscheidenten Punkten geändert:

1. Alle *l-dr*-Interaktionen müssen für $2 \leq l \leq k$ ausgeführt werden.
2. Verzicht auf die Forderung, dass alle *k* Knoten der *k-dr-Interaktionen* unterschiedlich sein sollen.

Das ***Required-k-Tupels-plus***-Kriterium erfüllt nun die folgenden Bedingungen:

- Ist in einem Knoten n_i die letzte Referenz der *l-dr-Interaktion* enthalten, dann bilden die unmittelbar nachfolgenden Knoten *m* einen Interaktionen-Subpfad $p'(m)$.
- Ist in einem Knoten n_i die erste Definition oder die letzte Referenz der *l-dr-Interaktion* enthalten, die in einer innersten Schleife liegt, dann entstehen Interaktionen-Subpfade mit einer minimalen Anzahl und einer größeren Anzahl Schleifendurchläufe.

```
(n1)  accept S from Systemeingabeeinheit
      perform with test after
(n5)          until C = „ENDE“
(n2)      read Eingabe (mit Variable C)
(n3)      if C = „SA01“ or „SA02“
(n4)          perform Proc-Verarb
          end-if
      end-perform
(n6)  display A
```

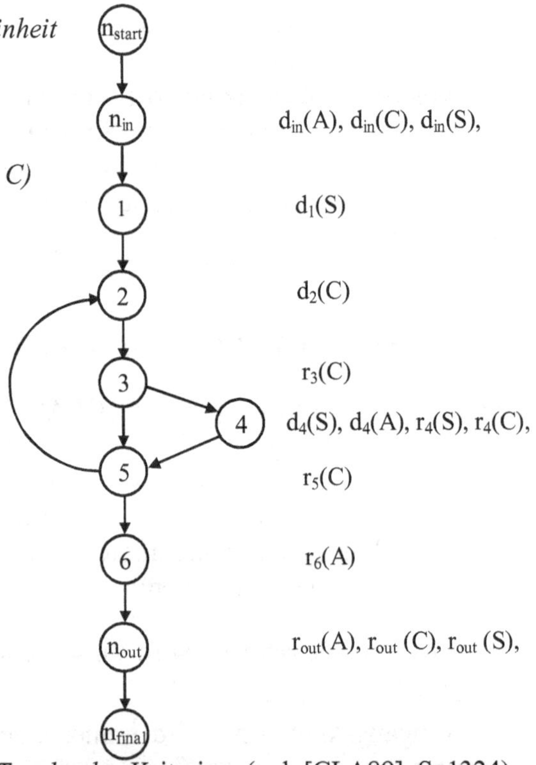

Abb. 5.5-22: Beispiel mit *required k-Tupels-plus*-Kriterium (vgl. [CLA89], S. 1324)

Die Variable *S* wird über eine Systemeingabeeinheit durch die ACCEPT-Anweisung online eingelesen. In der DoUntil-Schleife befindet sich eine Read-Anweisung zum Lesen der Datei *Eingabe* mit der Variablen *C*. Besitzt *C* den Wert „SA01“ oder „SA02“, wird die Prozedur *Proc-Verarb* angesteuert. Diese Prozedur benötigt als Eingabeparameter *C* und *S* und stellt als Ausgabeparameter *S* und *A* zur Verfügung. Die Schleife wird beendet, wenn *C* den Wert „ENDE“ enthält. Die Variable *A* wird nach Beenden der Schleife durch eine DISPLAY-Anweisung ausgegeben. Die 2-dr- und 3-dr-Interaktionen sind folgender Tabelle zu entnehmen:

Lfd. Nr.	**2-dr-Interaktionen**	**Lfd. Nr.**	**Subpfade für 2-dr-Interaktionen**
1	$[d_{in}(A), r_6(A)]$	1	$(\mathbf{n_{in}}, n_1, n_2, n_3, n_5, \mathbf{n_6}, n_{out})$
2	$[d_{in}(A), r_{out}(A)]$	2	$(\mathbf{n_{in}}, n_1, n_2, n_3, n_5, n_6, \mathbf{n_{out}}, n_{final})$
3	$[d_1(S), r_4(S)]$	3	$(\mathbf{n_1}, n_2, n_3, \mathbf{n_4}, n_5)$
4	$[d_1(S), r_{out}(S)]$	4	$(\mathbf{n_1}, n_2, n_3, n_5, n_6, \mathbf{n_{out}}, n_{final})$
5	$[d_2(C), r_3(C)]$	5a	$(\mathbf{n_2}, \mathbf{n_3}, n_4)$
		5b	$(\mathbf{n_2}, \mathbf{n_3}, n_5)$
6	$[d_2(C), r_4(C)]$	6	$(\mathbf{n_2}, n_3, \mathbf{n_4}, n_5)$
7	$[d_2(C), r_5(C)]$	7a	$(\mathbf{n_2}, n_3, \mathbf{n_5}, n_6)$
		7b	$(\mathbf{n_2}, n_3, \mathbf{n_5}, n_2)$
8	$[d_2(C), r_{out}(C)]$	8	$(\mathbf{n_2}, n_3, n_5, n_6, \mathbf{n_{out}}, n_{final})$
9	$[d_4(S), r_{out}(S)]$	9	$(\mathbf{n_4}, n_5, n_6, \mathbf{n_{out}}, n_{final})$
10	$[d_4(A), r_6(A)]$	10	$(\mathbf{n_4}, n_5, \mathbf{n_6}, n_{out})$
11	$[d_4(A), r_{out}(A)]$	11	$(\mathbf{n_4}, n_5, n_6, \mathbf{n_{out}}, n_{final})$
	3-dr-Interaktionen		
1	$[d_1(S), r_4(S), d_4(S), r_{out}(S)]$		
2	$[d_1(S), r_4(S), d_4(A), r_6(A)]$		
3	$[d_1(S), r_4(S), d_4(A), r_{out}(A)]$		
4	$[d_2(C), r_4(C), d_4(S), r_{out}(S)]$		
5	$[d_2(C), r_4(C), d_4(A), r_6(A)]$		
6	$[d_2(C), r_4(C), d_4(A), r_{out}(A)]$		

Abb. 5.5-23: Bestimmung der Interaktionspfade im *required k-Tupels-plus*-Test

Da sich in diesem Beispiel *erste* Definitionen und *letzte* Referenzen innerhalb der Schleife befinden, sind Subpfade für eine minimale und eine größere Anzahl Schleifendurchläufe zu bestimmen, zum Beispiel

$p_{(1)} = n_1, n_2, n_3, n_4, n_5, n_2, n_3, n_5, n_6$ (minimale Anzahl)

$p_{(2)} = n_1, n_2, n_3, n_4, n_5, n_2, n_3, n_4, n_5, n_2, n_3, n_4, n_5, n_6$ (größere Anzahl)

Folgende Testpfade sichern jedes *required k-Tupels-Kriterium* dieses Beispiels:

$p_1 = n_{start}, n_{in}, n_1, n_2, n_3, n_4, n_5, n_2, n_3, n_5, n_6, n_{out}, n_{final}$
$p_2 = n_{start}, n_{in}, n_1, n_2, n_3, n_4, n_5, n_6, n_{out}, n_{final}$
$p_3 = n_{start}, n_{in}, n_1, n_2, n_3, n_5, n_6, n_{out}, n_{final}$

Clarke *et al.* zeigten in ihrer Arbeit [CLA89], dass durch die beschriebenen zwei Modifikationen sich Subsumptionsrelationen ändern:

1. *required-k-Tupels-plus* subsumiert *required-(k-1)-Tupels-plus*
2. *required-2-Tupels-plus* subsumiert *all uses*

Ohne die erste Modifikation (alle *l-dr-Interaktionen* müssen für $2 \leq l \leq k$ ausgeführt werden) würde *required k-Tupels* nicht *required-(k-1)-Tupels* subsumieren und ohne die zweite Modifikation (Verzicht der Forderung, dass alle *k* Knoten der *k-dr-Interaktion* unterschiedlich sein sollen) würde *required 2-Tupels* nicht *all uses* subsumieren (vgl. [FRA93a]).

Hinweis:
Der Aufruf einer internen Prozedur mit der Anweisung PERFORM oder der eines separat übersetzten Unterprogramms mit CALL wird als Blackbox behandelt mit einem Satz von Eingabevariablen und einem Satz von Ausgabevariablen. Es wird weiterhin unterstellt, dass während jeder Ausführung der Prozedur oder des Unterprogramms alle Eingabevariablen benutzt und alle Ausgabevariablen definiert werden [LAS83].

5.5.2.14 Datenkontext-Überdeckungstest

Die Datenkontext-Überdeckung ist ein dynamisches, datenflussorientiertes Testverfahren, welches auf Laski und Korel zurückzuführen ist [LAS83] und von Clarke *et al.* modifiziert wurde [CLA89]. Laski und Korel unterscheiden drei Pfadauswahl-Kriterien auf der Basis des Datenflusses: Die elementare Datenkontext-Überdeckung (*elementary context-coverage*), die Datenkontext-Überdeckung (*context-coverage*) und die geordnete Datenkontext-Überdeckung (*ordered context-coverage*).

Die **elementare Datenkontext-Überdeckung** fordert die Überdeckung aller Variablendefinitionen und Variablenbenutzungen einer Instruktion. Die **Datenkontext-Überdeckung** bezeichnet den gesamten Satz dieser elementaren Datenkontext-Überdeckungen. Die Reihenfolge der Variablendefinitionen spielt dabei keine Rolle. Demgegenüber fordert die **geordnete Datenkontext-Überdeckung** zusätzlich die Beachtung der Definitionsreihenfolge der Variablen.

Formal ausgedrückt fordert die Datenkontext-Überdeckung den Test sämtlicher Programmpfade *P*, deren Subpfade p_i alle Definitionen $d_1,...,d_k$ der Variablen $x_1,...,x_k$ im Knoten n_i und den Knoten *n* enthalten, in dem die Variablen referenziert werden. Zwischen den Definitionen d_i im Knoten n_i und den Zugriffen im Knoten *n* existiert für jede Variable x_i ein definitionsfreier Pfad. Die Subpfade p_i bezeichnet man als **Kontext-Subpfade**. Die Anweisungen s_i, in dem die Definitionen d_i vorzunehmen sind, können im Kontrollflussgrafen üblicherweise auf zwei unterschiedliche Arten dargestellt werden:

- Jedem Knoten wird eine einzelne Anweisung zugeordnet.
- Jedem Knoten wird eine lineare Sequenz von Anweisungen zugeordnet.

Eine lineare Sequenz von Anweisungen $s_1,...,s_k$ bezeichnet man als *Segment* oder *Block*. Eine Variable, die in einem Block *i* nur referenziert wird, ist eine **Eingabevariable des Blocks *i*.** Eine Variable, die im Block *i* definiert und in einem anderen Block referenziert wird, ist eine **Ausgabevariable des Blocks *i*.** Ein- und Ausgabevariable sind analoge Festlegungen zur Referenzierung und Definition von Variablen auf der Anweisungsebene eines gegebenen Kontrollflussgrafen.

Ein **elementarer Datenkontext** *ec(n)* für den Knoten *n* ist ein Satz von Variablendefinitionen $d_1,...,d_k$, wobei d_i eine Definition von x_i ist und es einen Kontext-Subpfad p_i vom definierenden Knoten n_i zum benutzenden Knoten *n* gibt:

$$ec(n) = \{d_1(x_1),\ d_2(x_2),...,\ d_k(x_k)\}$$

Zwischen der Definition d_i und dem benutzenden Knoten *n* liegt ein definitionsfreier Pfad bezüglich der Variablen x_i. Die Menge aller *elementaren Datenkontexte* eines Knotens *n* bildet den **Datenkontext *DC(n)*** dieses Knotens:

$$DC(n) = \{ec_1(n),\ ec_2(n),...,\ ec_k(n)\}$$

Ein **geordneter elementarer Datenkontext** *oec(n)* für den Knoten *n* ist ein Satz von Variablendefinitionen $d_1,...,d_k$, wobei d_i eine Definition von x_i ist und es einen Kontext-Subpfad p_i vom definierenden Knoten n_i zum benutzenden Knoten *n* gibt:

$$oec(n) = \{d_1(x_1),\ d_2(x_2),...,\ d_k(x_k)\}$$

Zwischen der Definition d_i und dem benutzenden Knoten *n* liegt ein definitionsfreier Pfad bezüglich der Variablen x_i. Sortierfolge für *oec(n)* ist die aufsteigende Sequenz der Variablenzuweisungen (Definitionen) im Kontrollflussgrafen. Es ist natürlich auch jede andere willkürlich gewählte Sortierfolge denkbar. Die Menge aller *geordneten elementaren Datenkontexte* eines Knotens *n* bildet den **geordneten Datenkontext *ODC(n)*** dieses Knotens:

$$ODC(n) = \{oec_1(n), oec_2(n), \ldots, oec_k(n)\}$$

5.5.2.15 Datenkontext-plus-Überdeckungstest

Die ursprüngliche Version der Datenkontext-Überdeckung nach Laski und Korel [LAS83] subsumiert zwar das *all defs*-Kriterium, jedoch weder die Anweisungsüberdeckung noch die Zweigüberdeckung, was als Mangel empfunden werden muss. Der Grund dieses Mangels ist darin zu sehen, dass es Anweisungen und Zweige gibt, in denen keine Variablendefinition oder Referenzierung vorgenommen wird. Betrachten wir folgendes einfache Beispiel:

```
(n1)   accept (x)
(n2)   if x = 1
(n3)       display x
       else
(n4)       display zero
       end-if
```

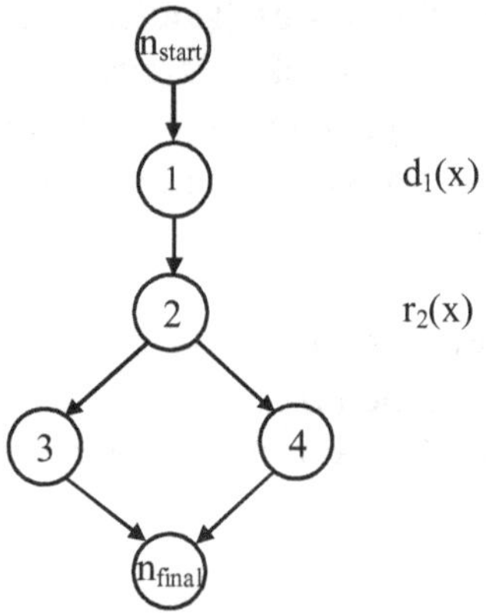

Abb. 5.5-24: Die geordnete Datenkontext-Überdeckung subsumiert nicht die Zweigüberdeckung (vgl. [CLA89])

Es findet im Knoten 1 eine Definition und im Knoten 3 eine Referenzierung statt. Der einzige geordnete Datenkontext dieses Beispiels ist ODC (n_2) = $[d_1(x)]$. Damit ist die Überdeckung der geordneten Datenkontexte mit P = $[n_{start}, n_1, n_2, n_3, n_{final}]$ erfüllt. Nicht erfüllt ist jedoch die Anweisungsüberdeckung (*all knotes*), weil Knoten n_4 durch den Pfad P nicht traversiert wird. Clarke *et al.* änderden deshalb die Datenkontext-Überdeckung durch zwei Modifikationen, was zur **Datenkontext-plus-Überdeckung** führte [CLA89]:

- Jede Teilmenge des Satzes an Variablen, die im Knoten *n* referenziert werden, bildet einen Kontext.
- Die Ausführung der Pfade zum Nachfolger von Knoten *n* wird gefordert.

Die Datenkontext-plus-Überdeckung subsumiert das *all uses*-Kriterium. Modifikation (1) wurde in die Definition eingebracht, weil es einen definitionsfreien Pfad bezüglich x_i geben kann, der vom Startknoten zu einer Referenzierung von x_i im Knoten n reicht. Wird die Eigenschaft *„ohne Datenflussanomalien“* angenommen, dann kann ein derartiger Pfad nicht ausgeführt werden, weil kein Datenkontext vorhanden ist, der einen entsprechenden Subpfad erzeugt.

Durch Modifikation (2) wird die Zweigüberdeckung (und damit auch die Anweisungsüberdeckung) sichergestellt, weil durch die geforderte Ausführung der Pfade bis zu den Nachfolgeknoten von n auch prädikative Benutzungen der Variablen einbezogen werden. Es ist also sinnvoll, die Referenzen im Knoten n in prädikative Zugriffe *(p-use)* und berechnende Zugriffe *(c-use)* einzuteilen und die *p-uses* den Kanten des Grafen zuzuordnen.

Folgendes Beispiel, dass der Arbeit der Autoren Clarke *et al.* [CLA89] entlehnt wurde, zeigt eine Prozedur und einen Grafen zur Bestimmung der Datenkontext-Überdeckung. Daraus lassen sich die elementaren Datenkontexte ***ec(n_i)*** für die Knoten n_i ableiten. Die Menge der elementaren Datenkontexte bezüglich n_i ergibt den Datenkontext ***DC(n_i)***:

```
(n1)   accept (x, y, z)
(n2)   perform with test before
                 until z < 100
(n3)       add x, y to z end-add
(n4)       if z < 50
(n5)           move z to x
           else
(n6)           move z to y
           end-if
(n7)   end-perform
(n8)   display (x, y)
```

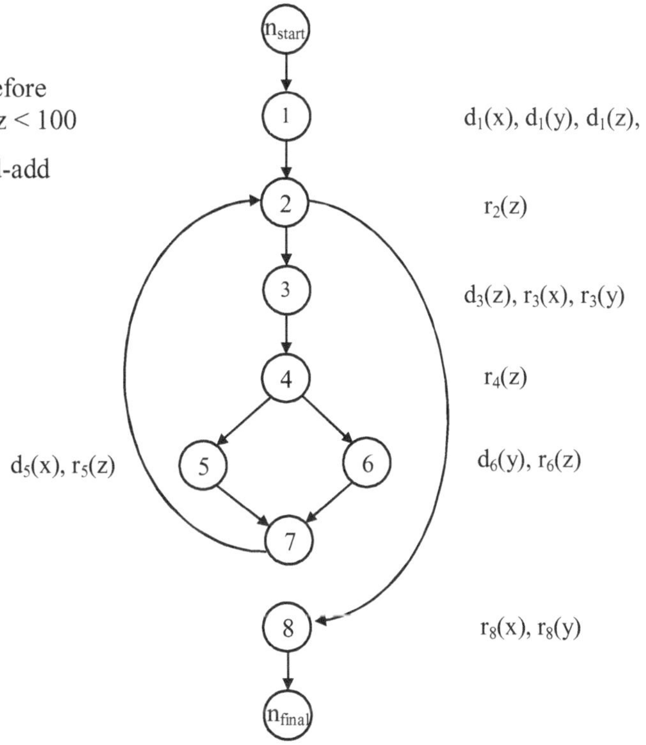

Abb. 5.5-25: Quelltext und Graf zur Datenkontext-Überdeckung (vgl. [CLA89])

Nr.	Elementarer Datenkontext ec(n)	Datenkontext DC(n)
1	$ec_1(n_2) = \{d_1(z)\}$	$DC(n_2) = \{ec_1(n_2), ec_2(n_2)\}$
2	$ec_2(n_2) = \{d_3(z)\}$	$DC(n_3) = \{ec_1(n_3), ec_2(n_3), ec_3(n_3), ec_4(n_3)\}$
3	$ec_1(n_3) = \{d_1(x), d_1(y)\}$	$DC(n_4) = \{ec_1(n_4)\}$
4	$ec_2(n_3) = \{d_1(x), d_6(y)\}$	$DC(n_5) = \{ec_1(n_5)\}$
5	$ec_3(n_3) = \{d_5(x), d_1(y)\}$	$DC(n_6) = \{ec_1(n_6)\}$
6	$ec_4(n_3) = \{d_5(x), d_6(y)\}$	$DC(n_8) = \{ec_1(n_8), ec_2(n_8), ec_3(n_8), ec_4(n_8)\}$
7	$ec_1(n_4) = \{d_3(z)\}$	
8	$ec_1(n_5) = \{d_3(z)\}$	
9	$ec_1(n_6) = \{d_3(z)\}$	
10	$ec_1(n_8) = \{d_1(x), d_1(y)\}$	
11	$ec_2(n_8) = \{d_1(x), d_6(y)\}$	
12	$ec_3(n_8) = \{d_5(x), d_1(y)\}$	
13	$ec_4(n_8) = \{d_5(x), d_6(y)\}$	

Abb. 5.5-26: Elementare Datenkontexte ec(n) und Datenkontexte DC(n)

Der einfache Datenkontext-Überdeckungstest verlangt für dieses Beispiel die Ausführung des Satzes $P = \{p_1, p_2, p_3, p_4\}$ an Testpfaden mit

$p_1 = [n_{start}, n_1, n_2, n_3, n_4, n_5, n_7, n_2, n_3, n_4, n_5, n_7, n_2, n_8, n_{final}]$

$p_2 = [n_{start}, n_1, n_2, n_3, n_4, n_5, n_7, n_2, n_3, n_4, n_6, n_7, n_2, n_3, n_4, n_6, n_7, n_2, n_8, n_{final}]$

$p_3 = [n_{start}, n_{in}, n_1, n_2, n_{out}, n_{final}]$

$p_4 = [n_{start}, n_1, n_2, n_8, n_{final}]$

Für das Beispiel werden nun die *geordneten Datenkontexte* ***ODC(n$_i$)*** für die Knoten n_i abgeleitet, die sich aus den *geordneten elementaren Datenkontexten* zusammensetzen ***oec(n$_i$)***. D. h., die Reihenfolge der Definitionen (Wertzuweisungen) muss für die Variablenbenutzung in jedem Knoten beachtet werden.

Nr.	Geordneter Datenkontext ODC(n)
1	$ODC(n_2) = \{d_1(z), d_3(z)\}$
2	$ODC(n_3) = \{[d_1(x), d_1(y)], [d_1(x), d_6(y)], [d_1(y), d_5(x)], [d_5(x), d_6(y)]\}$
3	$ODC(n_4) = \{d_3(z)\}$
4	$ODC(n_5) = \{d_3(z)\}$
5	$ODC(n_6) = \{d_3(z)\}$
6	$ODC(n_8) = \{[d_1(x), d_1(y)], [d_1(x), d_6(y)], [d_1(y), d_5(x)], [d_5(x), d_6(y)], [d_6(y), d_5(x)]\}$

Abb. 5.5-27: Geordnete Datenkontexte ODC(n)

Die Überdeckung der geordneten Datenkontexte verlangt die Ausführung eines weiteren Pfades p_5, weil der angegebene Satz P von Pfaden nicht einen geordneten Kontextsubpfad für die Definition $ODC(n_8) = \{d_6(y), d_5(x)\}$ enthält:

$$p_5 = [n_{start}, n_1, n_2, n_3, n_4, n_5, n_7, n_2, n_8, n_{final}].$$

5.5.2.16 Änderung der Subsumptionsrelationen

Durch die eingebrachten Änderungen der *Required k-Tupels-Überdeckung* und der *Datenkontext-Überdeckung* ändern sich auch die Subsumptionsrelationen der kontroll- und datenflussorientierten Testverfahren, wie sie ursprünglich von Rapps und Weyuker aufgestellt wurden [RAP85]. Die Autoren Clarke *et al.* haben deshalb in ihrer Arbeit die Subsumptionsrelationen erneut aufgegriffen und sie entsprechend den eingebrachten Änderungen modifiziert [CLA89].

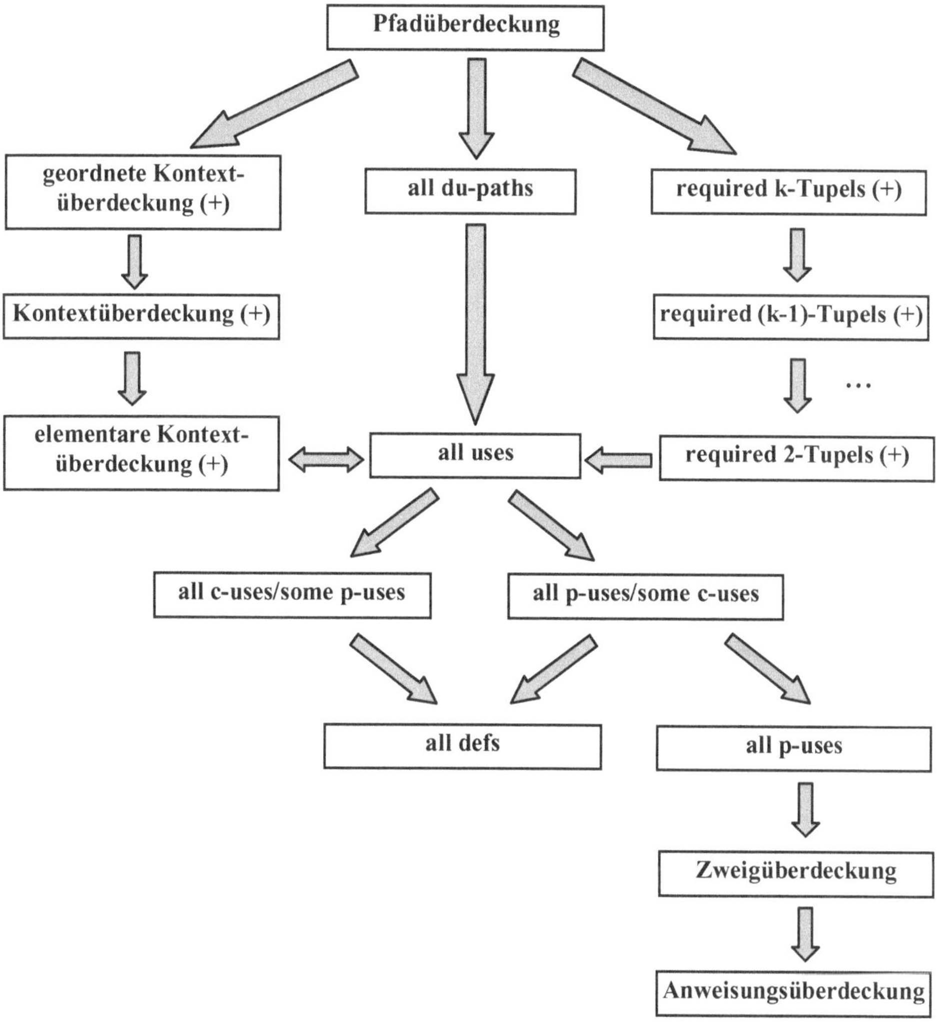

Abb. 5.5-28: Modifizierte Subsumptionsrelationen nach Clarke *et al.* [CLA89]

Ausblick

Die Güte des Entwicklungs- und Testprozesses wird bei älteren phasenbasierenden Entwicklungsmodellen weitgehend von der Vollständigkeit, Korrektheit und der Darstellungsform der Anforderungen bestimmt. Es wird in diesen Modellen angestrebt, die Anforderungen bereits in einer Vorphase des Projekts umfassend, vollständig und widerspruchsfrei zu erfassen, um die Stabilität des Entwicklungsprozesses sicherzustellen. Die Praxis der Softwareentwicklung hat jedoch gezeigt, dass der Entwicklungs- und Testprozess in den seltesten Fällen linear verläuft, sondern eher iterativ im Sinne ständiger inkrementeller Anpassungen an die Welt des Anwenders. Die Vorstellung, dass bereits in einer Vorphase des Projekts die Anforderungen vollständig und umfassend spezifiziert werden können, hat sich nicht erfüllt. Es gibt immer eine Reihe nicht vorhersehbarer Rückkopplungen zwischen den Phasen, die besonders durch die sich ändernden Anforderungen bedingt sind. Diese Rückkopplungen sind kostenintensiv, zeitaufwändig und verzögern letztendlich die Auslieferung des Produkts.

Die Hauptkritikpunkte der linearen phasenbasierenden Vorgehensweisen lassen sich in Anlehnung an Hesse unter folgenden Punkten zusammenfassen (vgl. [HES97]):

- Sie sind zu grob, unrealistisch und wenig flexibel, um instabilen sich oft änderenden Anforderungen gerecht zu werden.
- Moderne Erkenntnisse der Softwareentwicklung wie objektorientierte Entwurfsmethodiken, Wiederverwendung von Software und projeküberggreifender Wissenstransfer bleiben unberücksichtigt.
- Der Zwang, zu festgelegten Zeitpunkten immer neue phasenbasierente Dokumente zu erzeugen, führt zu Redundanzen und damit Ineffizienzen.
- Die Phasen bedingen sowohl methodologische als auch terminologische Brüche, die sich nachteilig auf einen kontinuierlichen Entwicklungsprozess und auf die Benutzer-/Anwender-Kooperation auswirken.
- Die Testaktivitäten beginnen immer erst nach der Programmierung, was der Forderung nach einem entwicklungsbegleitenden parallelen Testen entgegensteht.
- Der Kunde nimmt eher eine Nebenrolle im Entwicklungs- und Testprozess ein als im Mittelpunkt des Geschehens zu rücken.

Besonders durch die Einführung neuer Technologien wie den E-Commerce und den M-Commerce ändern sich die Anforderungen in einem immer schnelleren Zyklus. Bei größeren Projekten besteht deshalb das Riksiko, dass noch innerhalb des Entwicklungsprozesses die Software bereits veraltet ist. Diese kurzen Release-Zyklen verlangen einen anderen hoch effizienten Entwicklungsprozess, der sich durch Pragmatismus, inkrementelles Vorgehen und eine strikte Kundenorientierung auszeichnet. Die schweren phasenbasierenden Prozesse, die eine Unmenge Ballast in Form von Dokumenten mit sich führen, sind dazu nicht in der Lage.

An dieser Stelle setzen die agilen Prozesse an, das sind leichte Prozesse wie Crystal Clear oder eXtrem Programming. Diese agilen Prozesse haben allesamt eine sehr pragmatische Sicht, indem sie alles über Bord werfen, was dem Projekt keinen wirklichen Nutzen bringt. Zudem sind diese Prozesse sehr kundenorientiert ausgerichtet, d. h., es wird nicht am Kunden vorbeiproduziert. Analyse, Design, Implementierung und Test werden bei leichten Prozessen nicht mehr als voneinander abgegrenzte Phasen betrachtet, sondern als parallel ablaufende Tätigkeiten verstanden, die als iterative Prozesse zu begreifen sind. So wird zum Beispiel des Design ständig verfeinert, indem es inkrementelle Veränderungen erfährt. Die Test- und Debug-Strategien sind bei diesen Prozessen untrennbar mit der Entwicklung des Systems verbunden, indem sie parallel dazu ablaufen. Die Testaktivitäten beginnen deshalb auch nicht mehr nach der Implementierung, sondern bereits mit der Erhebung der Anforderungen, indem über Anwendungsfälle die ersten Testfälle erstellt werden. Die Testfälle werden iterativ mit dem Fortschreiten der Entwicklung ergänzt bzw. verfeinert. Diese agile Softwareentwicklung basiert nicht mehr auf einer einmaligen „Freigabe“ der fachlichen Anforderungen und damit auf einem starren definitiven Festlegen der Projektbedingungen, sondern auf einem evolutionären iterativen Kommunikations- und Verbesserungsprozess, der auch eine kontinuierliche Angleichung der Planung an die veränderten Anforderungs- und Rahmenbedingungen erlaubt.

Einer der bekanntesten leichten Prozesse ist das eXtrem Programming (XP), das auf 12 einfachen Prinzipien basiert. Der Kunde ist in XP fest in den Entwicklungs- und Testprozess eingebunden, indem er fachliche Unklarheiten vor Ort beseitigt und funktionale Testfälle konzipiert. Dadurch erhält das Produkt eine Funktionalität und ein Design, das der Kunde auch tatsächlich wünscht. Nach Kent Beck, einer der Schöpfer von XP, müssen diese Prinzipien auch exakt eingehalten werden, ansonsten ist es kein XP [BEC00]. Man sollte jedoch einen dynamischen Prozess auch sehr dynamisch anwenden und ihn je nach Unternehmensorganisation, Anforderungen, Komplexität und Kritikalität einem *Tailoring* unterziehen, wobei auch die Unternehmenskultur und die Technologie angemessen berücksichtigt werden müssen. Dadurch wird der Prozess an die bestehenden Gegebenheiten optimal angepasst und ist auf diese Weise auch imstande tatsächlich optimale Ergebnisse zu liefern. So müssen bei der Entwicklung sicherheitskritischer Software zusätzliche Anforderungen erfüllt sein, die als gesetzliche Anforderungen oder als Normen vorliegen können. Dass kann wiederum bedingen, dass für ganz besonders kritische Softwarekomponenten formale Spezifikationen benötigt werden, die formale Verifikationen zulassen. Ausschlaggebend ist jedoch immer eine strikte Kundenorientierung, ein hoher Pragmatismus und ein inkrementelles Vorgehen. Dadurch lassen sich bei fasst allen Projekten die Kosten senken, die Produktivität erhöhen und die Projektrisiken minimieren.

Ein beachtenswertes Modell, das das Testen als parallelen Prozess zur Softwareentwicklung begreift, ist das W-Modell, welches eine Weiterentwicklung des allgemeinen V-Modells darstellt [SPI00]. Im V-Modell sind die einzelnen Teststufen fest an die jeweiligen Anforderungsdokumente angekoppelt. Die Testaktivitäten beginnen deshalb erst nach Fertigstellung der Dokumente und der Programmierung mit all den bereits beschriebenen Nachteilen. Dagegen beginnen im W-Modell die Testaktivitäten parallel mit der Ermittlung der Anforderungen. So lassen sich zu Beginn der Anforderungsphase bereits die ersten Benutzerfälle niederschreiben, die im späteren Abnahmetest ausgeführt werden. Hervorgehoben wird im W-Modell besonders der Zyklus *Testen, Debuggen, Ändern, Testen* in den einzelnen Teststufen. D. h., der Zyklus beginnt mit Testen und endet mit einem Regressionstest zur Verifizierung der eingebrachten Änderungen. Das Testen als paralleler Prozess zur Softwareentwicklung geht aus dem allgemeinen V-Modell nicht explizit hervor, deshalb wurde in der Vergangenheit auch dem entwicklungsbegleitenden Testen wenig Aufmerksamkeit geschenkt. Man kann nur hoffen, dass hier ein schnelles Umdenken erfolgt und dass die Anregungen aus den agilen Prozessen und dem W-Modell auch konsequent in der Praxis umgesetzt werden.

Glossar

Abnahmetest

Teststufe, in der komplette fachliche → *Anwendungsfälle* gegen das → *Fachkonzept* getestet werden. Die Anwendungsfälle ergeben sich aus dem komplexen Zusammenwirken einzelner fachlicher Funktionen (Funktionskettentest). Mit dem Abnahmetest will der Auftraggeber feststellen, ob das entwickelte Produkt den fachlichen Anforderungen innerhalb der vorgegebenen Randbedingungen und Toleranzen entspricht. Nach erfolgreichem Abnahmetest geht die Software rechtlich in den Besitz des Auftraggebers über.

Abstrakte Klasse

[OO] Klasse, die selbst keine Objekte erzeugen kann. Durch eine abstrakte Klasse werden Gemeinsamkeiten einer Gruppe von Unterklassen definiert, deshalb spielt sie in Vererbungsstrukturen eine wichtige Rolle.

Analytische Qualitätsmanagementmaßnahmen

Geplante diagnostische Maßnahmen des Qualitätsmanagements, um die Kontrolle des Entwicklungsprozesses, die Kontrolle des Produkts und seiner Komponenten und die Analyse fehlerhafter Einheiten durch Messen, Prüfen und Beweisen sicherzustellen (vgl. → *konstruktive Qualitätsmanagementmaßnahmen*).

Anfangsbedingungen

[OO] Sie definieren die Einschränkungen bezüglich der zugelassenen Eingabewerte einer spezifizierten Operation und legen damit die zulässigen Werte (Zustände) der Variablen vor Ablauf der Operation fest (vgl. → *Nachbedingungen*).

Anweisungsüberdeckungstest

Kontrollflussorientiertes, dynamisches Testverfahren, welches die mindestens einmalige Ausführung aller Anweisungen im Programm verlangt. Als Maß für die Anweisungsüberdeckung wird der Anweisungsüberdeckungsgrad C_0 verwendet, der sich aus dem Verhältnis der tatsächlich aktivierten Anweisungen zu allen vorhandenen Anweisungen ergibt.

Anwendungsfall

(engl. *use case*) Sie werden parallel zur Ermittlung der Anforderungen in Zusammenarbeit mit dem Anwender erstellt. Ein Anwendungsfall charakterisiert eine typische Benutzerfunktion, die das System dem Anwender zur Verfügung stellt. Im Laufe der Entwicklung werden sie iterativ verfeinert bzw. ergänzt. Aus einem Basisanwendungsfall lassen sich Anwendungsfallvarianten ableiten und daraus wieder eine Reihe konkreter Testsituationen, die in Testfälle überführt werden. Man unterscheidet zwischen System- und Geschäftsanwendungsfällen. Anwendungsfälle sind ein wichtiges Element für die Planung und Überwachung des Entwicklungs- und Testprozesses. Sie werden in der Sprache des Anwenders formuliert und dienen als Kommunikationsgrundlage zwischen Anwender, Entwickler und Tester.

Äquivalenzklassenanalyse
Methode für die Testfallbestimmung, die sowohl im strukturorientierten als auch im funktionsorientierten Test eingesetzt werden kann. Der Dateneingabebereich eines Programms wird in eine endliche Menge von Klassen eingeteilt werden, von denen man annehmen kann, dass ein Testfall mit einem repräsentativen Wert dieser Klasse zu jedem anderen Wert dieser Klasse äquivalent ist. D. h., findet man mit einem Wert einer Klasse einen Fehler, dann wird man mit einem anderen Wert dieser Klasse mit großer Wahrscheinlichkeit ebenfalls einen Fehler finden (vgl. → *funktionale Äquivalenzklassen*, → *strukturelle Äquivalenzklassen*).

Assoziationen
[OO] Sie beschreiben die gemeinsame Semantik und Struktur einer Menge von Objektbeziehungen zwischen Klassen. Man unterscheidet zwischen gerichteten und bidirektionalen Assoziationen. Den beiden Enden einer A. werden *Rollen* zugeordnet. Darüber hinaus erhält jedes Assoziationsende eine *Multiplizitätsangabe*, d. h. mit wie viel Objekten der gegenüberliegenden Seite ein Objekt verbunden sein kann.

Attribut
[OO] Datenwert, der die Objekte einer Klasse identifiziert. Jedes Attribut muss innerhalb einer Klasse eindeutig sein. Da ein Attribut ein reiner Datenwert ist, wird es auch als → *Datenobjekt* bezeichnet (vgl. → *Klassenattribut*).

Ausfall
[Fehlfunktion, Versagen, *engl.* failure] Ein Ereignis (oder eine Bedingung), das zur Abweichung oder Funktionsunfähigkeit zwischen spezifiziertem und beobachtetem Verhalten einer Software-Einheit führt. DIN V 19251 : 1995-02 beschreibt einen Ausfall als *"bleibende Abweichung von der festgelegten Eigenschaft"*. Was als Ausfall gezählt wird, muss durch eine Fehlerklassifizierung festgelegt werden.

Ausfallrate
[*engl.* failure rate] Anzahl Fehler pro CPU-Stunde, die zu einem → *Ausfall* beim Anwender der Software führen. Statt Ausfallrate kann auch der Begriff *Fehlerrate* verwendet werden. Wichtig ist, dass zwischen Hersteller und Auftraggeber genau definiert wird, was ein Ausfall bzw. Fehler ist bzw. wie Fehler hinsichtlich ihrer Schwere zu klassifizieren sind.

Back-to-Back-Test
Diversivizierendes Testverfahren, bei dem zwei oder mehrere Programmversionen von unabhängigen Entwicklergruppen auf der Grundlage der gleichen Vorgabendefinition entwickelt und gegeneinander getestet werden. Beim Testen werden die Versionen ausgeführt und die Ergebnisse paarweise miteinander verglichen. Eine abgewandelte Variante des Back-to-Back-Tests ist im → *Funktionstest* der werkzeuggestützte Vergleich der Ausgaben zweier Programmversionen auf der gleichen oder annähernd gleichen semantischen Ebene (z. B. nach Fehlerbeseitigungs- oder Wartungsmaßnahmen). Diejenige Version, gegen die der Vergleich geführt wird, muss in qualitätsgesicherter Form vorliegen.

Basisklassen

[OO] Oberklassen, die die allgemeinen implementierten → *Operationen* (Methoden) zur Verfügung stellen, die von allen nachfolgenden untergeordneten Klassen benutzt werden können.

Bedingungsüberdeckungstest

Kontrollflussorientiertes, dynamisches Testverfahren, welches die mindestens einmalige Ausführung aller elementaren Bedingungen mit dem Wahrheitswert „*wahr*“ und „*falsch*“ verlangt. Komplexe Bedingungen und die daraus hervorgehenden Bedingungskombinationen werden nicht beachtet. Vgl. → *Mehrfach-Bedingungsüberdeckungstest,* → *Entscheidungs-/Bedingungsüberdeckungstest.*

Blackboxtest

Sammelbegriff für funktionsorientierte Testverfahren, bei denen das Testobjekt als Funktionseinheit mit einem spezifizierten Eingabe-/Ausgabeverhalten betrachtet wird. Die innere Struktur des Testobjekts spielt dabei keine Rolle (vgl. → *Whiteboxtest*). Die Tests werden gegen die fachlichen Anforderungen bzw. die Spezifikation geführt. Zu den Blackboxtestmethoden zählen z. B. die funktionale → *Äquivalenzklassenanalyse*, die → *Grenzwertanalyse*, der → *Test besonderer Werte* usw.

Blocküberdeckungstest

Kontrollflussorientiertes, dynamisches Testverfahren, welches die mindestens einmalige Ausführung aller Basisblöcke im Programm verlangt. Ein Basisblock besteht aus einem Satz aufeinanderfolgender Anweisungen, die keine Verzweigungen enthalten. Die Blocküberdeckung ist ein schwächeres Testkriterium als die Zweigüberdeckung (→ *Zweigüberdeckungstest*).

Bootstrap

Europäische Assessment-Methode, die zwischen 1989 und 1993 unter deutscher Beteiligung entwickelt wurde. Sie integriert alle gängigen Standards wie ISO 9001, 12207, ISO 15504 und unterstützt die Ergebnisse der amerikanischen Methode CMM. Bootstrap umfasst 29 verschiedenen Prozesse und berücksichtigt sowohl interne als auch Kunden- und Lieferantenbeziehungen. Darüber hinaus untersucht Bootstrap die technologische Innovation der Unternehmen und die Werkzeugunterstützung von Entwicklungs- und benachbarten Prozesses.

Bottom-up-Test

Testverfahren für die Integration von Moduln im → *Integrationstest.* Im Gegensatz zum → *Top-down-Test* wird beim Bottom-up-Test mit der am tiefsten liegenden Modulschicht begonnen und stufenweise die höheren Modulschichten integriert. Für die unmittelbar über dem zu testenden Modul liegende Modulschicht müssen Treiber bereitgestellt werden. Der Bottum-up-Test kann die Moduln in der Modulhierarchie schichtweise oder zweigweise integrieren. Beim OO-Test werden zuerst die Klassen getestet, deren Methoden keine Methoden anderer Klassen aufrufen. Diese Klassen befinden sich in der untersten Ebene der Aufrufhierarchie. Dann erfolgt die inkrementelle Integration der Klassen auf der nächsthöheren Ebene usw.

Boundary interior Pfadtest
Kontrollflussorientiertes, dynamisches Testverfahren, welches eine abgeschwächte Form des → *Pfadüberdeckungstests* ist. Der Boundary interior-Pfadtest setzt sich aus dem Boundary-Test (Grenztest) und dem Interior-Test zusammen. Der Boundary-Test verlangt ein einmaliges Betreten einer Schleife, während der Interior-Test eine Schleifenwiederholung fordert.

c-use
[Abk. für *computational use*] Kriterium für das Definieren von Testfällen auf der Basis einer Wertabfrage von Variablen bei Berechnungen (→ *Defs/Uses-Kriterien*).

C_0-Test
Kurzform für → *Anweisungsüberdeckungstest.*

C_1-Test
Kurzform für → *Zweigüberdeckungstest.*

Cleanroom-Softwareentwicklung (Cleanroom Engineering)
Ansatz einer Softwareentwicklung, die von der IBM Federal Systems Division, Bethesda (Maryland) entwickelt wurde. Der Cleanroom-Ansatz soll sowohl eine Verbesserung des Entwicklungsprozesses als auch eine Erhöhung der Produktqualität erbringen. Er setzt sich aus einem Bündel von technischen und organisatorischen Maßnahmen zusammen. Grundlegende Idee ist der Ausschluss von Fehlerquellen während der Programmentwicklung ("Cleanroom"). Im Vordergrund steht dabei die Integration von formalen Spezifikations- und Entwurfsmethoden, eine Entwicklung ohne Programmausführung (d. h. vor dem Integrationstest werden nur statische Prüfmethoden eingesetzt) und ein statistisches Testen auf der Basis von → *Nutzungsprofilen.* Die Stärke des Cleanroom-Ansatzes liegt im synergetischen Effekt der Kombination von formaler Programmverifikation und funktionsorientierten Testen durch ein unabhängiges Qualitätsmanagement (vgl. [WOR88]).

Client
[OO, *dt.* Dienstnehmer]. Man bezeichnet damit eine Systemkomponente, welche die Dienste anderer Komponenten aufruft. Diese dienstgebenden Komponenten nennt man Server. In der OOP wird das rufende Objekt als → *Client-Objekt* und das gerufene, dienstanbietende Objekt als Server-Objekt bezeichnet.

Client-Objekt
[OO] Operative Programmeinheit, die eine bestimmte Dienstleistung benötigt, die von einem Server-Objekt bereitgestellt wird. Zwischen einem Client-Objekt und einem Server-Objekt besteht eine Nutzungsbeziehung, die man als Client-/Server-Beziehung bezeichnet. Man unterscheidet im Prinzip folgende Formen der Client-/Server-Beziehung: Nutzung von unabhängigen Server-Objekten Nutzung von Server-Objekten, die als → *Komponentenobjekte* in einer Klasse vereinbart sind und Nutzung von Serverobjekten als Vermittlerobjekt.

CPU-Zeit
Effektiv verbrauchte Zeit des Prozessors zur Programmausführung. Die CPU-Zeit ist nicht mit der *Laufzeit* zu verwechseln, die zur Ausführung eines Programms benötigt wird (einschließlich Wartezeiten und CPU-Zeit für andere Programme).

CR
[Abk. für *Change Request*] CR sind fachliche oder DV-technische Änderungswünsche an vorhandenen oder geplanten Projekten (vgl. → *DCR*).

DCR
[Abk. für *Design Change Request*] DCR sind fachliche oder DV-technische Änderungswünsche an vorhandenen oder geplanten Projekten, die sich auf das Design der Anwendung beziehen (vgl. → *CR*).

Datenflussanomalie-Analyse
Durch die Datenfluss-Anomalieanalyse wird geprüft, ob die Sequenz der Definitionen (**d**), Referenzierungen (**r**) und der Zerstörung (**u**) einer Variablen entlang eines Pfades in einem → *Datenflussgrafen* logische Folgen sind. Ergibt die Sequenz der Aktionen keine logische Folge, dann beinhaltet sie eine oder mehrere der folgenden Anomalietypen: 1. Die Variable wird ohne Referenzierung zwei- oder mehrmals definiert (**dd-Anomalie**). 2. Die Variable wird nach ihrer Definition nicht referenziert, sondern zerstört (**du-Anomalie**). 3. Die Variable wird nach ihrer Zerstörung noch einmal referenziert (**ur-Anomalie**).

Datenflussgraf
Modifizierter → *Kontrollflussgraf*, der den Datenfluss eines Programms repräsentiert. Ein Kontrollflussgraf wird zu einem Datenflussgrafen umgewandelt, indem in den Kontrollflussgrafen ein Importknoten und ein Exportknoten eingefügt wird. Durch den Importknoten werden Variable importiert, durch den Exportknoten exportiert. Datenflussgrafen eignen sich z. B. für die Bestimmung der → *Defs/Uses-Kriterien.*

Datenflusstest
Dynamische Testverfahren, welche die Testfälle aus dem Datenfluss ableiteten. Im strukturorientierten Test sind die → *Defs/Uses-Kriterien*, der → *required k-Tupels-Test* und die → *Datenkontext-Überdeckung* Datenflusstests, für deren Anwendung Kenntnisse der internen Struktur der → *Testobjekte* erforderlich sind. Im → *Funktionstest* wird dagegen der Datenfluss unter Anwendung der → *Äquivalenzklassenanalyse*, dem Grenzwerttest (→ *Grenzwertanalyse*) und dem *Test besonderer Werte* vom Eingang zum Ausgang der Funktionen als Blackbox getestet.

Datenkapsel → *Kapselung*

Datenkontext-Überdeckung

Dynamisches, datenflussorientiertes Testverfahren, welches fordert, dass alle existierenden Möglichkeiten, den Programmvariablen Werte zuzuweisen, mindestens einmal durch Testfälle geprüft werden. Bei der Wertzuweisung ist ggf. die Zuweisungsreihenfolge zu beachten.

Datenobjekt

[OO] Die passiven Komponenten eines Objekts, → *Attribute* und → *Zustandsgrößen*, bezeichnet man als Datenobjekte. Während Attribute feste Kennzeichen bzw. Eigenschaften eines Objekts charakterisieren, bezeichnen Zustandsgrößen änderbare, variable Kennzeichen bzw. Eigenschaften. Eine klare Trennung zwischen Attributen und Zustandsgrößen ist oft nicht möglich. Beide Merkmale werden deshalb oft unter dem Begriff Attribute zusammengefasst. Man unterscheidet zwischen unabhängigen und abgeleiteten Datenobjekten. Ein Datenobjekt gilt als *unabhängig*, wenn sein Wert nach der Schaffung eines Objekts erstmals initialisiert bzw. beim Ablauf einer Operation aktualisiert wird. Ein Datenobjekt gilt als *abgeleitet*, wenn es durch eine spezielle Funktion aus unabhängigen Datenobjekten berechnet wurde.

Debugging-orientiertes Testen

Testvorgehensweise, bei denen die systematische Fehlersuche im Vordergrund steht. Dabei ist ganz besonders das Know-how und die Intuition der Tester gefragt, um aus dem Eingabedatenbereich der Testobjekte diejenigen Punkte herauszufinden, die besonders fehlerträchtig sind. Für die Abschätzung der anwenderbezogenen→ *Zuverlässigkeit* ist dieses Vorgehen kaum geeignet, weil die Tests nicht auf der Grundlage eines → *Nutzungsprofils* durchgeführt werden (vgl. → *statistisches Testen*).

Definierender Zugriff

[Abk. *Def*, *def*] Kriterium für den Zugriff auf eine Variable im Sinne einer Wertzuweisung. Eine Definition *(def)* in einem Knoten *i* bezüglich einer Variablen *x* ist auf einen definitionsfreien Pfad mit einem berechnenden Zugriff *(c-use)* oder einem prädikativen Zugriff *(p-use)* verbunden. Folgt auf eine Definition keine Referenzierung, liegt eine Datenflussanomalie vor (vgl. → *Datenfluss-Anomalieanalyse*).

Definition/Use-Assoziation

Eine *Definition/Use-Assoziation* ist ein Tripel *(d, u, v)*, wobei *d* für einen Knoten in einem gerichteten Grafen steht, in welchem die Variable *v* definiert ist. *u* steht für einen Knoten oder eine Kante des Grafen, in welchem *v* benutzt wird. Zwischen der Definition der Variablen *v* und deren berechnenden oder prädikativen Benutzung existiert ein definitionsfreier Pfad bezüglich *v*.

Definitionsbereich

Teilmenge des → *Eingabedatenbereichs*, für welchen die Belegung der Ausgabevariablen festgelegt ist. Der D. für eine Programmfunktion ist diejenige Teilmenge des Eingabedatenbereichs, die vom Programm tatsächlich verarbeitet wird.

Defs/Uses-Kriterien

Kriterien für die Wertzuweisung (*defs*), Wertabfrage bei Berechnungen (*c-use*) und Wertabfrage bei Entscheidungen (*p-use*) bei Variablen. Die *Defs/Uses*-Kriterien bilden dynamische, datenflussorientierte Testverfahren, die im Modultest oder Klassentest eingesetzt werden können.

DF-Testkriterien

Datenflussorientierte Testkriterien, die in ihrer klassischen Form, wie sie von Rapps und Weyuker vorgeschlagen wurden, auch nicht ausführbare Pfade beinhalten. Die vollständige Erfüllung dieser Kriterien ist aus diesem Grunde bei Tests nicht möglich (vgl. → *FDF-Testkriterien*).

Dispatching

[OO] Prozess der schnellen Selektierung der in einer Botschaft (→ *Nachricht*) adressierten Komponente bzw. → *Operation*.

Diversifizierende Testverfahren

Dynamische Testverfahren, bei denen zwei oder mehrere Programmversionen auf der Grundlage der gleichen Anforderungsdefinition bzw. Spezifikation gegeneinander getestet werden. Diversifizierende Testverfahren sind z. B. der → *Back-to-Back-Test* und der → *Mutationentest*.

Dokument

Jedes als dauerhaft angelegtes schriftliche Produkt, das als Ergebnis einer Aktivität in den Phasen eines Softwareprojekts entstanden ist. Strukturell gleichartige Dokumente bezeichnet man als → *Dokumenttyp*.

Dokumenttyp

Schablone für ein Dokument, welches eine vergleichbare Erstellung gleichartiger Beschreibungen in einem Projekt garantiert und eine automatisierte Auswertung unterstützt.

Dynamischer Test

Gruppe von Testverfahren, bei denen das → *Testobjekt* (Programm, Modul, Modulkombination, Pfad usw.) für die Tests ausgeführt wird, um anhand geeigneter Testfälle zu beweisen, dass es → *Fehler* enthält (→ vgl. *statische Analyse*). Die dynamischen Tests basieren auf Stichprobenverfahren, weil wegen der großen Dateneingabebereiche der Programme ein vollständiger Test nicht möglich ist.

Dynamisches Modell

[OO] Beschreibt die Aspekte eines objektorientiertes Systems, die sich im Laufe der Zeit verändern. Das Modell wird zur Spezifizierung und Implementierung der Steuerungsmodalitäten eines Systems herangezogen. Es enthält Zustandsdiagramme als Grafen, deren Knoten Zustände und deren Kanten Zustandsübergänge (Transitionen) sind, die durch Ereignisse ausgelöst werden.

Effizienz

Bezieht sich auf Merkmale von Software, die 1. das *Zeitverhalten* und 2. das *Verbrauchsverhalten* charakterisieren. Das Zeitverhalten kann z. B. durch die Antwortzeiten oder Verarbeitungszeiten bestimmt werden, während das Verbrauchsverhalten durch Umfang und Dauer der eingesetzen Betriebsmittel bestimmt wird (vgl. DIN 66272 : 1994-10 Anhang A).

Eingabedatenbereich

Der Eingabedatenbereich einer Programmfunktion bzw. einer → *Spezifikation* beschreibt die mögliche Menge der Eingabevariablen sowie die Menge der möglichen Belegungen der Zustandsvariablen vor der Funktionsausführung. Der Eingabedatenbereich kann auch bei kleineren Programmen sehr groß sein, so dass er nicht vollständig durch Tests überdeckt werden kann.

Einfachvererbung

[OO] Die Vererbung von Merkmalen an eine Unterklasse, die nur eine einzige direkte Oberklasse besitzt. (→ *Vererbung*).

Einschränkung

[OO] (von Merkmalen einer Klasse → *Erweiterung*).

Endebedingung → *Nachbedingung*

Entscheidungs-/Bedingungsüberdeckungstest

Dynamisches, kontrollflussorientiertes Testverfahren, das sowohl die Überdeckung der elementaren als auch nicht elementaren Bedingungen und der gesamten Entscheidung fordert. Die Kombinationen der elementaren Bedingungen, die bei der Mehrfach-Bedingungsüberdeckung im Vordergrund stehen, finden dagegen keine Beachtung. Vgl. → *Bedingungsüberdeckungstest*, → *Mehrfach-Bedingungsüberdeckungstest.*

Erschöpfender Test

Dynamischer Test, der alle möglichen Eingaben des → *Eingabedatenbereichs* verwendet. Aufgrund der großen Anzahl an Kombinationsmöglichkeiten und der Iterationen ist der erschöpfende Test in der Praxis nur bei sehr kleinen Programmen durchführbar.

Erweiterung

[OO] Durch den Vererbungsmechanismus werden Daten und Verhalten einer übergeordneten → *Klasse* an alle in der Klassenhierarchie untergeordneten Klassen vererbt. Eine untergeordnete Klasse kann ein Attribut einer Vorfahrenklasse weder weglassen noch unterdrücken, weil es sich sonst um keine echte Vorfahreninstanz handeln würde. Das gleiche gilt für Operationen einer Vorfahrenklasse, die für alle Nachkommenklassen gelten müssen. Die Nachkommenklasse kann allerdings den ererbten Merkmalen neue Merkmale hinzufügen (Erweiterung) oder sie einschränken (→ *Begrenzung*).

eXtrem Programming

[Abk. XP] Softwareentwicklungsprozess, bei dem eine Reihe herkömmlicher Prinzipien und Verfahren in „extremer“ Weise einsetzt werden, um die Projektrisiken zu reduzieren, besser auf Veränderungen der fachlichen Anforderungen reagieren zu können, die Entwicklungskosten zu senken und die Produktivität zu erhöhen. Die Testfälle werden vor der eigentlichen Programmierung festgelegt und ersetzen die → *Spezifikation*. Das → *Testen* wird grundsätzlich automatisiert und parallel zur Programmierung durchgeführt. Für den „Komponententest“ werden die Testfälle von den Programmierern und für den → *Funktionstest* von einem Anwender bzw. Kunden geschrieben. Vorteil dieses agilen Prozesses ist, dass schnell auf fachliche Änderungen reagiert werden kann und der Kunde fest in den Entwicklungsprozess eingebunden ist. Problematisch ist der Einsatz von XP bei komplexen, sicherheitskritschen Systemen, weil diese in der Regel eine ausführliche Spezifikation erfordern und schrittweise dokumentiert werden müssen. Es dürfte auch Probleme geben, wenn der Hersteller nach ISO 9001 zertifiziert ist, denn diese Norm verlangt für die Planung und Produktrealisierung das Erstellen von Dokumenten.

Fachkonzept

Das Fachkonzept enthält als Basisdokument der Softwareentwicklung die fachlichen anwenderbezogenen Anforderungen an das zu entwickelnde System. Es wird gewöhnlich in das *fachliche Grobkonzept* und *fachliche Feinkonzept* untergliedert. Beide Dokumente werden in der Regel informal oder halbformal abgefasst sind. Bei sicherheitsrelevanter Software wird das Fachkonzept in eine *formale* → *Spezifikation* übersetzt, aus der direkt ein Programm (z. B. als Prototyp) und Testfälle abgeleitet werden können. Das Fachkonzept sollte nicht nur die funktionale Beschreibung des zu entwickelnden Systems enthalten, sondern auch die konkreten quantitativen Qualitätsanforderungen an das Produkt. Das Fachkonzept wird ergänzt durch ein *Datenmodell*, ein *Funktionsmodell* und eine formale (fachliche) *Schnittstellenspezifikation*. Im Fachkonzept sollte keine Entscheidung über die systemtechnische Realisierung vorweggenommen werden.

FDF-Testkriterien

Datenflussorientierte Testkriterien (feasible DF-testing criteria), die im Gegensatz zu den → *DF-Testkriterien* nicht ausführbare Pfade bei den Tests eliminieren.

Fehler

Jegliche Abweichung in Inhalt, Aufbau und Verhalten eines Testobjekts zwischen ermittelten, beobachteten, gemessenen Daten einerseits und entsprechenden in den Zielvorgaben spezifizierten oder theoretisch gültigen Daten andererseits [SCH83]. Ein Fehler ist nicht nur eine Abweichung vom geforderten funktionalen Umfang, sondern auch von den vorgegebenen Qualitätsanforderungen (Qualitätsmerkmalen). DIN EN ISO 9000 : 2000 unterscheidet zwischen *Fehler* und → *Mangel*, was hinsichtlich der Produkthaftung rechtliche Bedeutung hat.

Der IEEE Std 610.12-1990 Standard Glossary of Software Engineering Terminology (ANSI) unterscheidet unter 1. *Mistake*: Menschliche Fehlhandlung, die zu einem Fehler (fault) führt. 2. *Fault*: Fehler im Quelltext der Software (Codierungsfehler). 3. *Failure*: Versagen eines Systems aufgrund eines oder mehrerer Faults. 4. *Error*: Die Realisierung entspricht nicht der Forderung.

Wichtig ist die Unterscheidung zwischen *Fault* und *Failure*. Im strukturorientierten Test werden hauptsächlich *Faults* beseitigt, im funktionsorientierten Test dagegen *Failures*. Die Verwendung des *Fault*-Begriffs ist jedoch nicht ohne Problematik, weil eine Zuordnung *Fault* ⇔ *Failure* (Ausfall) nicht im Verhältnis 1 : 1 möglich ist. Besonders problematisch sind die Fälle, wenn vom Anwender erwartete jedoch nicht spezifizierte Funktionen Ausfälle hervorrufen.

Fehlerdichte

Anzahl Fehler pro 1000 Zeilen Programmtext [Fehler/kLOC] ohne Kommentarzeilen. Auch in gründlich ausgetesteten Programmen sind Fehlerdichten von etwa 1 bis 3 Fehler/kLOC zu erwarten [WAL90], [JON91]. Wird die Fehlerdichte auf der Basis eines Nutzungstests (→ *Nutzungsprofil*) ermittelt, indem die gewonnenen Fehlerzeitpunkte mit Hilfe eines Zuverlässigkeitswachstumsmodells und eines Schätzverfahrens auf beliebige Ausführungszeiten projiziert werden, dann kann diese Maßzahl als Testendekriterium verwendet werden.

Fehlerentdeckungsrate

Die Fehlerentdeckungsrate β_1 ist definiert als der Wert, um den die Fehlerrate $\lambda(t)$ (→ *Ausfallrate*) durch die Beseitigung eines einzigen Fehlers jeweils vermindert wird.

Fehlerkategorie

Durch die Fehlerkategorisierung werden den Fehlern Klassen bzw. Typen zugeordnet, die für die Fehlerbehandlung von großer Bedeutung sind. Man unterscheidet z. B. unter Anforderungsfehlern, Entwurfsfehlern, Programmfehlern, Schnittstellenfehlern usw. Darüber hinaus lassen sich die Fehler nach ihrer Dringlichkeit und Schwere beurteilen, was z. B. für die Fehlerbeseitigung und die Auslieferung des Programms von entscheidenter Bedeutung ist.

Fehlermaskierung

→ *Testsituationen*, in denen sich → *Fehler* aufgrund gegenseitiger Beeinflussung überdecken oder kompensieren und demzufolge nach außen nicht oder unvollständig in Erscheinung treten. Derartige Testsituationen müssen in Testfällen vermieden werden. Fehlermaskierungen können auch bei *zufälliger Korrektheit* auftreten, wenn z. B. in COBOL eine Zahl x quadriert werden soll und statt x ** 2 fehlerhaft x * 2 programmiert wurde. Wird ein Testfall mit x = 2 erstellt, dann ist das Ergebnis trotz des Fehlers korrekt.

Fehlerorientierter Test

Dynamische Testverfahren, die auf einer definierten Fehlererwartung basieren, z. B. das Grenzwerttesten (vgl. → *Grenzwertanalyse*) und die Mutationentestverfahren (vgl. → *Mutationentest*).

Fehlerrate (→ *Ausfallrate*)

Funktionale Äquivalenzklasse

Menge von Eingabewerten, die alle zur gleichen funktionalen Wirkung führen. Im funktionsorientierten Test sind sowohl Eingabe- als auch Ausgabeäquivalenzklassen zu bilden. Man unterscheidet zwischen gültigen und ungültigen Äquivalenzklassen (vgl. → *Äquivalenzklassenanalyse,* → *strukturelle Äquivalenzklasse*).

Funktionales Modell

[OO] Beschreibt die Datenwert-Transformationen innerhalb eines objektorientierten Systems. Das Modell enthält Datenflussdiagramme als Grafen, deren Knoten Prozesse und deren Kanten Datenflüsse sind.

Funktionseinheit

Abstrakt beschriebener Wirkzusammenhang zwischen Eingangs-, Ausgangs- und Zustandsgrößen eines Systems zum Erfüllen seiner Aufgabe.

Funktionsorientierter Test

Sammelbegriff für dynamische Testverfahren, die die Testfälle ausschließlich aus den spezifizierten Anforderungen für die → *Testobjekte* ableiten. Das funktionsorientierte Testen orientiert sich in den Teststufen *Systemtest und Abnahmetest* nur an anwenderbezogenen Funktionen bzw. verketteten Funktionen, die einer Blackboxsicht unterliegen. Untersucht werden die Datenflüsse, also das Eingabe-/Ausgabe-Verhalten der Funktionen und Funktionsflüsse (*Funktionskettentest*).

Funktionstest

1. Dem Systemtest untergeordneter Test, in dem komplette fachliche Funktionen in einer Blackboxsicht gegen das Fachkonzept getestet werden. Die Funktionen ergeben in ihren komplexen Zusammenwirken fachliche Aufgaben (→ *Abnahmetest*).
2. Bezeichnung für das funktionale Testen auf auf allen Abstraktionsebenen des Software-Entwurfs. Dabei werden Funktionen auf den anwendernahen abstrakten Ebenen zunehmend auf Subfunktionen heruntergebrochen, bis diese Subfunktionen auf den systemnahen Ebenen konkrete Anweisungssequenzen und schließlich Anweisungen entsprechen. Betrachtet wird beim funktionalen Test das Eingabe-/Ausgabeverhalten dieser Komponenten, wozu im Gegensatz zur Teststufe *Funktionstest* auf den systemnahen Ebenen strukturelle Kenntnisse der Funktionen erforderlich sind. D. h., diesen Funktionen und Subfunktionen werden Code-Sequenzen zugeordnet, deren Eingabe-/Ausgabeverhalten zu testen ist.

Gebrauchstauglichkeit

Qualitätsmerkmal, das die Eigenschaften der Benutzbarkeit eines Systems oder einer Anwendung durch den künftigen Benutzer beschreibt. DIN EN ISO 9241-11 : 1998 definiert Gebrauchstauglichkeit als *„Das Ausmaß, in dem ein Produkt durch bestimmte Benutzer in einem bestimmten Nutzungskontext genutzt werden kann, um bestimmte Ziele effektiv, effizient und zufriedenstellend zu erreichen".* (vgl. → *Gebrauchstauglichkeitstest*). Kernaussage ist, dass das Produkt durch reale Benutzersituationen getestet werden muss, um sichere Aussagen über die Gebrauchstauglichkeit zu machen.

Gebrauchstauglichkeitstest

Test des Qualitätsmerkmals *Gebrauchstauglichkeit* (engl. *usability*) mit realen Anwendern des Systems in einem Testlabor auf der Grundlage eines Benutzerprofils und definierten Benutzerfällen. Der Test wird gewöhnlich iterativ, beginnend an einem Prototypen, durchgeführt. In der Systemtestphase wird das gesamte System auf Gebrauchstauglichkeit getestet. Der Gebrauchstauglichkeitstest soll den Nachweis erbringen, dass die Funktionalität des Systems aus der Sicht des Anwenders schnell zu erlernen und effizient und sicher damit zu arbeiten ist. Eine hohe Güte der Gebrauchstauglichkeit hat ganz besonders bei Websites auf dem E-Commerce- und E-Business-Sektor eine enorme marktwirtschaftliche Bedeutung erlangt.

Geheimnisprinzip

Durch die Kapselung von Daten und Funktionalität bleibt die innere Struktur eines separat übersetzten Moduls oder eines Objekts in der OO der Außenwelt gegenüber verborgen (→ *Kapselung*). Die Kapselung allein garantiert jedoch noch nicht das „*Verbergen*" der Datenstruktur vor äußeren Zugriffen. Wird z. B. eine Kapsel auf der Grundlage eines *abstrakten Datentypen* realisiert, werden die Namen der Datentypen außerhalb der Kapsel für die Vereinbarung der Attribute benötigt, auf welche die Operationen der Kapsel angewendet werden. Das heißt, die Namen der Datentypen müssen in der öffentlichen Schnittstelle untergebracht werden. Damit ist ein direkter äußerer Zugriff auf die Daten der Kapsel möglich und somit die Schnittstelle manipulierbar. Durch das ergänzende Geheimnisprinzip (information hiding) bleiben die Daten der Kapsel dem Anwender verborgen. Das ereicht man, indem die Spezifizierung der Daten in eine *private* Schnittstelle übernommen wird. Das bedingt allerdings, dass nur logisch zusammengehörende Daten und Operationen zu einer Kapsel zusammengefasst werden dürfen.

Geschäftsprozess

Ein Geschäftsprozess setzt sich aus fachlich zusammenhängenden Aktivitäten zusammen, die benötigt werden um einen → *Geschäftsvorfall* zu bearbeiten. Im Gegensatz zu einem → *Anwendungsfall* können die Aktivitäten in einem Geschäftsprozess zeitlich unterbrochen sein, z. B. durch manuelle Tätigkeiten. Ein Geschäftsprozess besteht aus einer oder mehreren Sequenzen von Anwendungsfällen. Darstellen lässt sich ein Geschäftsprozess z. B. durch ein Aktivitätsdiagramm in UML-Notation.

Geschäftsvorfall

Externer manueller oder maschineller Anstoß eines Geschäftsprozesses, z. B. durch eine Kundenbeschwerde, eine Materialbestellung eine Anfrage usw.

Greyboxtest

Sammelbegriff für Testmethoden, bei der Elemente des Strukturtests (Whiteboxtest) mit Elementen des Funktionstests (Blackboxtest) in sinnvoller Weise kombiniert werden. Der Begriff bezieht sich allerdings auch auf Testmethoden, die nicht eindeutig dem Blackboxtest oder dem Whiteboxtest zugeordnet werden können, weil sie Elemente beider Methoden besitzen (z. B. die → *Grenzwertanalyse*, der → *Back-to-Back-Test* oder der → *Test besonderer Werte*).

Grenzwertanalyse

Dynamisches, fehlerorientiertes und funktionsorientiertes Testverfahren, das auf einer konkreten Fehlererwartung basiert. Es werden bei diesem Verfahren keine beliebigen Werte einer Äquivalenzklasse in Testfällen verwendet, sondern bevorzugt deren Randbereiche (Grenzwerte) berücksichtigt. Es ist sinnvoll, Grenzwerte nicht nur für den Eingabedatenbereich festzulegen, sondern auch für Zwischenergebnisse und den Ausgabedatenbereich. Als eine Erweiterung der Grenzwertanalyse kann der → *Test besonderer Werte* angesehen werden.

Handle

[OO] Ein Handle bezeichnet eine Objektreferenz, die sowohl auf ein Objekt als auch eine Klasse angewendet werden kann. Ein Handle kann mit einem Pointer verglichen werden, der allerdings nicht auf die Objektdaten zeigt, sondern auf das Objekt selbst. In OO-COBOL von Micro Focus wird ein Handle durch ein Objektreferenzfeld verwirklicht, welches mit USAGE IS OBJECT definiert werden muss.

High-Level-Test

Test auf den anwendernahen Ebenen der Software (Blackboxtest). Zu den High-Level-Tests zählen z. B. der Systemtest sowie der Abnahmetest (vgl. → *Low-Level-Test*)

Inkrementelles Testen

Vorgehensweise beim → *Integrationstest*, wobei die Moduln oder Klassen nicht getrennt voneinander getestet werden, sondern schrittweise *top-down* oder *bottom-up* zu kombinieren sind. Durch diese Teststrategie werden weniger Treiber oder Platzhalter als beim nicht inkrementellen Testen benötigt. Des Weiteren werden fehlerhafte Schnittstellen zwischen den Moduln oder Klassen durch die Kombinationen frühzeitig erkannt. Ein wesentlicher Vorteil ist die einfachere Fehlerlokalisierung als beim nicht inkrementellen Testen.

Input-Output-Orakel

Ein Orakel ist ein Mittel, um den Erfolg oder Misserfolg eines Tests zu prüfen. Beim Testen wird eine implementierte Funktion f mit einer definierten Eingabe als Testobjekt ausgeführt und die tatsächliche Ausgabe mit der erwarteten Ausgabe f^* verglichen. Nach Howden verlangt diese Annahme ein Input-Output-Orakel, welches für jeden Input x für f und Output $y = f(x)$ bestimmen kann, ob $y = f^*(x)$ ist. Das Input-Output-Orakel ist demnach eine Quelle von Informationen über eine fehlerfreie Funktion, die aus spezifizierten fachlichen Anforderungen, manuellen Berechnungen, oder anderen Programmen entnommen werden kann (vgl. [HOW87]). Das konzeptionell einfachste Orakel ist ein Vergleich der tatsächlichen Ausgaben (Soll-Ausgaben) gegen vorberechnete erwartete Ausgaben (Ist-Ausgaben).

Installationskontrolltest

Komponente des → *Systemtests*, in dem der Nachweis geführt werden soll, dass die Installationsprozeduren Fehler enthalten. Weil der Installationskontrolltest nicht in der Testumgebung, sondern in der Betriebsumgebung mit einem sich oft anschließenden Probe- oder Parallelbetrieb stattfindet, wird er gewöhnlich als separate Teststufe angesehen, die nach dem Abnahmetest einzuordnen ist.

Instanz

[OO] Abgeleitetes → *Objekt* einer → *Klasse*. Synonym kann dafür auch der Begriff *Exemplar* verwendet werden.

Instrumentierung

Einfügen von Prüfpunkten (Sonden) in den Quellcode oder Objektcode des zu prüfenden Programms. In der Regel bestehen diese Sonden aus Durchlaufzählern, die mittels eines Preprozessors eingesetzt werden, während ein Postprozessor die gemessenen Informationen verarbeitet und als Testbericht bzw. als Tabelle der durchlaufenen Zweige (*branch-traversal table*) ausgibt. Oft enthalten die Analysatoren zusätzliche Aufzeichnungshilfen wie die minimale und maximale Anzahl von Schleifendurchläufen, den minimalen und maximalen Wert aller Variablen, denen Werte zugewiesen werden, oder die Auflistungen von Übergabeparametern an Programmkomponenten.

Integrationstest

Teststufe, in der ausgetestete Moduln inkrementell zum Gesamtsystem zusammengesetzt werden. Getestet werden bevorzugt die Schnittstellen der Moduln sowohl untereinander als auch zum Anwender. Beim objektorientierten Integrationstest werden *Objektklassen*, → *Komponenten* oder ganze *Architekturschichten* inkrementell integriert. Der Test von Schnittstellen zu angrenzenden Systemen wird gewöhnlich in einer gesonderten Teststufe, dem→ *Verbundtest* durchgeführt.

Invariante

Invarianten sind → *Zusicherungen*, die eine wichtige Rolle bei der Unterklassenbildung in der OO und bei der → *Verifikation* von Programmschleifen spielen. In der OO ist eine Invariante eine Zusicherung bezüglich einer Klasse. Sie ist für alle Instanzen der Klasse gültig, d. h. zu jedem Zeitpunkt, an dem das Objekt für die Ausführung einer Operation verfügbar ist. In der Verifikation beschreiben sie im dynamischen Prozess einer Schleife das gleichbleibende statische Element dieses

Prozesses. Eine invariante Zusicherung muss vor, in und nach der Schleife gültig sein.

Kapselung

[OO] Das Konzept der Kapselung umfasst das Abstraktionsprinzip und das → *Geheimnisprinzip*. Durch die Abstraktion wird die Modellierung des äußeren Erscheinungsbildes der Objekte betont, indem Daten und Operationen (→ *Operation*) zu Einheiten in Form von Basismoduln zusammengefügt werden, die als Modelle von Objekten eines realen Anwendungsbereichs geeignet sind. Durch das Geheimnisprinzip erhält jedes → *Objekt* seine eigenen Daten und Operationen, die nur über eine private Schnittstelle von außen zu kontrollieren sind. Durch die Kapselung entstehen Softwarebausteine (Klassen, Metaklassen), die im hohen Grade *anpassbare*, *erweiterbare* und *wiederverwendbare* Bausteine und entsprechende Strukturen von Bausteinen ergeben.

Kaizen

(*jap.* Kai = Verbesserung, Zen = gut, zum Besseren). Japanische Variante des → *Total Quality Management*, die eine kontinuierliche Verbesserung des Unternehmens bzw. der Organisation in kleinen Schritten zum Ziele hat. Prinzipien des Kaizen sind: *Null-Fehler-Philosophie, Kundenorientierung, Wertschöpfung, Mitarbeiter stehen im Mittelpunkt, Veränderungsbereitschaft.*

Kante, gerichtete

Grundelement eines → *Kontrollflussgrafen*. Eine gerichtete Kante ist ein → *Zweig* eines Programms in einem Kontrollflussgrafen. Sie verbindet immer zwei → *Knoten* im Grafen.

Klasse

[OO] Zusammenfassung von Objekten mit gleichen Datenobjekten (Attributen) und gleichem Verhalten. Bei den meisten objektorientierten Programmiersprachen wird die Klasse eines Objekts während der Laufzeit des Programms festgestellt. Die Klasse wird damit zu einer impliziten Eigenschaft eines Objekts. Der Vorteil der Klassenbildung besteht darin, dass die Operationen für die ganze Klasse gelten und damit eine Quelltext-Wiederverwendung für alle Objekte der Klasse möglich ist. In der OOP ist eine Klasse ein Programm, durch welches die Objektstruktur festgelegt wird und das neue Objekte mit dieser Struktur erzeugen kann. Alle Objekte der Klasse besitzen demzufolge gleiche Schnittstellen, gleiche Datenstrukturen und das gleiche Verhalten der Methoden.

Klassenattribut

Beschreibt die Eigenschaften einer ganzen Klasse. D. h., der Attributwert existiert für alle Objekte der Klasse.

Klassenbibliothek

[OO] Kollektion von Metaklassen, Klassen, Klassenstrukturen und Assemblies, die hierarchisch angeordnet werden. Die niederste Ebene enthält anwendungsunabhängige Klassen, die allgemeine Dienste anbieten. Die höheren Ebenen enthalten Klassen, die auf eine bestimmte Anwendungsdomäne ausgerichtet sind.

Klassenhierarchie

[OO] Klassendiagramm, welches die Überdeckungs- und Nutzungsbeziehungen zwischen den Klassen zeigt. Die Klassenhierarchie ist identisch mit der Vererbungshierarchie (→ *Vererbung*).

Klassenmerkmale

[OO] Merkmale einer Klasse, die selbst Instanz einer höheren Klasse (→ *Metaklasse*) ist. Klassenmerkmale sind Klassendatenobjekte (Attribute) und → *Klassenoperationen*.

Klassenoperation

[OO] Eine Operation, die der Klasse zugeordnet ist, nicht einem einzelnen Objekt. Eine Klassenoperation wirkt auf mehrere oder alle Attribute bzw. manipuliert → *Klassenattribute* der eigenen Klasse. Die häufigste Art von Klassenoperationen sind Operationen, die neue Klasseninstanzen erzeugen.

Klassentest

[OO] Weitgehend isolierter Test einer Klasse über den Aufruf ihrer Methoden. Die Umgebung der Klasse wird gewöhnlich durch Testtreiber und Stubs nachgebildet. Eine andere Annäherung ist der hierarchisch-inkrementelle Ansatz, in dem die *Klasse unter Test* ihre tatsächlichen Vererbungsbeziehungen zur Basisklasse nutzt.

Knoten

Grundelement eines → *Kontrollflussgrafen*. Knoten verkörpern Anweisungen oder Anweisungsblöcke des Programms.

Komponente

[OO] Zusammenfassung von Klassen als eigenständige, ausführbare Softwareeinheit mit definierten Schnittstellen und eigenem Verantwortungsbereich z. B. in Form von Szenarios oder kompletten Anwendungsfällen. Damit werden die Komponenten austauschbar, ohne dass die Implementierung geändert wird.

Komponentendiagramm

[OO] UML-Diagramm, das die Organisation und Abhängigkeiten von → *Komponenten* zeigt.

Komponentenintegration

[OO] Integration von → *Komponenten* im Integrationstest mit anderen Komponenten. Ziel des Tests ist die Sicherstellung der Kompatibilität der Komponenten untereinander. D. h., die von einer Client-Komponente angeforderten Dienste müssen von der Server-Komponente korrekt im Sinne der Spezifikation sein.

Konfigurationsmanagement

Software-Konfigurationsmanagement: Gesamtheit von Methoden, Werkzeugen und Hilfsmitteln, die die Entwicklung und Pflege eines Softwareprodukts als eine Folge von kontrollierten Änderungen (Revisionen) und Ergänzungen (Varianten) an gesicherten Prozessergebnissen unterstützt. [WAL90].

Konstruktive Qualitätsmanagementmaßnahmen
Maßnahmen in Form von Methoden, Sprachen, Werkzeugen, Richtlinien, Standards usw., die durch ihre gezielte Anwendung dafür Sorge tragen sollen, dass sowohl der Softwareentwicklungsprozess als auch das Software-Produkt bestimmte Eigenschaften besitzten. Durch konstruktive Qualitätsmanagementmaßnahmen sollen → *Fehler* im Software-Produkt von vornherein vermieden werden (vgl. → *Analytische Qualitätsmanagementmaßnahmen*).

Kontrollflussgraf
Gerichteter Graf zur Darstellung des Kontrollflusses (Steuerfluss) eines Programms oder Moduls. Der gerichtete Graf besteht aus einer endlichen Menge von → *Knoten*, die durch gerichtete → *Kanten* (→ *Zweige*) miteinander verbunden sind. Die Knoten stehen für Anweisungen oder Anweisungsblöcke, die gerichteten Kanten für einen möglichen Kontrollfluss. Eine alternierende Sequenz aus Knoten und Kanten nennt man → *Pfad*. Ein vollständiger Pfad beginnt mit dem Startknoten und endet mit dem Endeknoten (vgl. → *Datenflussgraf*).

Kontrollflussorientierter Test
Sammelbegriff für dynamische Testverfahren auf der Basis der Kontrollflusses. Zu den kontrollflussorientierten Testverfahren gehören der → *Anweisungsüberdeckungstest*, → *Zweigüberdeckungstest*, → *Bedingungsüberdeckungstest*, → *Mehrfach-Bedingungsüberdeckungstest*, → *Entscheidungs-/Bedingungsüberdeckungstest*, → *Pfadüberdeckungstest*, → *LCSAJ-Überdeckungstest*, → *Boundary interior Pfadtest*, → *strukturierter Pfadtest*.

Korrektheit
Qualitätsmerkmal, welches angibt, inwieweit ein Softwaresystem frei von Fehlern ist. Ein → *Fehler* liegt immer dann vor, wenn das System Abweichungen von den spezifizierten → *Anforderungen* enthält (funktionale Anforderungen und Qualitätsanforderungen). Nach dem heutigen Erkenntnisstand kann eine 100 %ige Korrektheit nur durch formale Verifikationsmaßnahmen (→ *Verifikation*) erreicht werden. *Zufällige Korrektheit* (einer Ausgabe): → *Fehlermaskierung.*

Korrektheitsbeweis (→ *Verifikation*)

Kostenmodell
Hier ökonomisches Modell zur Berücksichtigung verschiedener Kostenkomponenten des Test- und Fehlerbeseitigungsprozesses, wobei z. B. auch Kosten des Anwenders für Ausfälle im Betriebseinsatz oder einer verzögerten Markteinführung des Produkts herangezogen werden können. Verwendet werden können die ermittelten

Kosten neben zuverlässigkeitsorientierten Kriterien für die Bestimmung des Testendezeitpunktes.

Kritikalität

Bedeutung, die dem Fehlverhalten eines Programms oder seiner Komponenten beim Anwender beigemessen wird. Durch das Festlegen der Kritikalität (Risikoeinstufung) lassen sich jedem → *Testobjekt* gezielt abgestufte konstruktive und analytische → *Qualitätsmanagementmaßnahmen* zuordnen.

Kumulierte Anzahl Fehler

Während des Testprozesses im Zeitverlauf (Kalenderzeit oder Ausführungszeit) aufaddierte → *Fehler*. Gehorcht das Fehlerverhalten einem Poisson-Prozess, dann kann durch ein geeignetes Zuverlässigkeitswachstumsmodell und eines Schätzverfahren die *Gesamtfehlerzahl* und die *Fehlerentdeckungsrate* geschätzt werden. Aus diesen Parametern und den Fehlerdaten lassen sich für beliebige in die Zukunft projizierte Zeitpunkte die *kumulierte Anzahl Fehler*, die → *Fehlerrate*, die *Anzahl Restfehler* und die → *Fehlerdichte* ermitteln. Findet der Test zuverlässigkeitsorientiert auf der Basis eines Nutzungsprofils statt, dann können diese Parameter als → *Testendekriterien* im Abnahmetest verwendet werden.

LCSAJ-Überdeckungstest [LCSAJ Abk. für *Linear Code Sequence and Jump*]. Dynamisches Testverfahren, welches für Sprachen mit zahlreichen Sprungbefehlen entwickelt wurde. Durch eine Verallgemeinerung des Begriffs „Sprung" ist der LCSAJ-Test auch auf andere Sprachen anwendbar. Der LCSAJ-Test ist zwischen dem → *Zweigüberdeckungstest* und dem → *Pfadüberdeckungstest* einzuordnen. Eine lineare Codesequenz verkörpert eine Folge von Anweisungen, die mit einem Sprung auf einer anderen Anweisung oder dem Ausgang endet.

Low-Level-Test

Test auf den systemnahen Ebenen der Software (Whiteboxtest). Zu den Low-Level-Tests zählen z. B. der Modultest und der Integrationstest. Diese Tests werden in der Regel von den Entwicklern durchgeführt (vgl. → *High-Level-Test*).

Mangel

DIN EN ISO 9000 : 2000-12 definiert Mangel als *"Nichterfüllung einer Anforderung in Bezug auf einen beabsichtigten oder festgelegten Gebrauch"*. Der Kunde kann z. B. folgende Sachlagen als Mangel empfinden: Abweichung des Produkts vom Stand der Technik, unzureichende Dokumentation, wenig hilfreiche oder missverständliche Fehler- oder Informationsmeldungen usw. Wichtig ist, dass die Nichterfüllung einer Erwartung angemessen sein muss (vgl. → *Fehler*).

Markov-Ketten

Markov-Ketten verwenden die Eigenschaften einer speziellen Klasse von stochastischen Prozessen, die von A. A. Markov (1856-1922) untersucht wurden. Als Markov-Kette wird ein stochastischer Prozess bezeichnet, der folgende Eigenschaften besitzt: 1. Eine Zufallsvariale $X(t)$ kann nur diskrete Werte (Zustände) annehmen. Damit lässt sich das Systemverhalten als eine Kette von Zuständen beschreiben. 2. Die Wahrscheinlichkeit, dass das System von einem Zustand *i* in einen anderen Zustand *j* übergeht, hängt ausschließlich von Zustand *i* ab. Die Übergangswahrscheinlichkeiten von einem Zustand in einen anderen gehorchen deshalb Exponentialfunktionen. Angewandt werden Markov-Ketten beim zustandsorientierten Test (vgl. → *zustandsorientiertes Testen*).

Mehrfach-Bedingungsüberdeckungstest

Der *Mehrfach-Bedingungsüberdeckungstest* fordert die Überdeckung aller möglichen Kombinationen der elementaren Bedingungen. Damit wird die Bedingungskomplexität angemessen berücksichtigt. Probleme bereiten die nicht erreichbaren Kombinationen, weil z. B. bei ODER-Verknüpfungen nicht mehrere elementare Bedingungen gleichzeitig *„wahr“* sein können. Vgl. → *Bedingungsüberdeckungstest*, → *Entscheidungs-/Bedingungsüberdeckungstest.*

Mehrfachvererbung

[OO, *engl.* multiple inheritance]. Durch die Mehrfachvererbung können Klassen die Merkmale von mehreren Oberklassen übernehmen. Der Vorteil der Mehrfachvererbung liegt in der gemeinsamen Nutzung von Informationen und damit in einer größeren Flexibilität bei der Spezifikation von Klassen und ihrer Wiederverwendung. Auf Mehrfachvererbung sollte man jedoch weitgehend verzichten, weil dadurch die Übersichtlichkeit von Entwurf und Quelltext leidet.

Merkmal

[OO] Man bezeichnet damit eine strukturelle Komponente einer Klasse, also ein → *Datenobjekt* (Attribut), ein Komponentenobjekt oder eine → *Operation.*

Message (→ *Nachricht*)

Message Passing

[OO, *dt.* Anstoß durch Nachrichten] Da die Methoden einer Klasse ihre Daten und dazugehörigen Prüf- und Verarbeitungsregeln kennen, benötigen sie nur einen „Anstoß“, um automatisch abzulaufen. Dieser Anstoß erfolgt durch eine → *Nachricht*, die nur noch die notwendigen Daten zur Ausführung übergeben muss. In der OOP besteht eine Nachricht gewöhnlich dem Namen des gerufenen Objekts, dem Operationsnamen und einer Liste von Argumentwerten bzw. Datenobjekten.

Methode

[OO] Eine Methode bezeichnet eine Operation, die innerhalb einer Klasse spezifiziert ist. Oft versteht man darunter einschränkend die spezifische Implementierung einer → *Operation*, die von einem → *Objekt* aufgrund einer → *Nachricht* ausgeführt wird. Eine Methode hängt ausschließlich von der → *Klasse* des Zielobjektes ab. Sie enthält die Beschreibung der Regeln, die bei einer bestimmten Operation gegen eine Klasse (Klassenmethode) oder ein Objekt (Objektmethode) ablaufen.

Metriken → *Qualitätsmaße*

Migrationstest

Komponente des → *Systemtests*, in dem geprüft wird, ob die Daten des abgelösten Programms oder Systems vom neuen Programm oder System gemäß den Anforderungen korrekt übernommen werden. Derartige Prüfungen müssen immer dann vorgenommen werden, wenn sich durch Programmänderungen bzw. Wartungsarbeiten die Benutzerschnittstellen bei Online- und Batch-Verarbeitungen oder die Schnittstellen zu benachbarten Systemen ändern. Werden neue Datenelemente in die Schnittstelle übernommen, die zur Zeit noch nicht mit Daten belegt sind, dann ist auf die korrekte Initialisierung (Defaultwerte) zu achten.

Modul

Gekapselte Menge von Algorithmen und Datenstrukturen zur Bearbeitung einer in sich geschlossenen fachlichen oder systemtechnischen Aufgabe. Durch die Kapselung hat die Umwelt keinerlei Kenntnis über den inneren Aufbau bzw. die konkrete Realisierung der zugrundeliegenden Algorithmen eines Moduls. Der Zugriff auf die innere Struktur erfolgt nur über eine genau definierte schmale Modulschnittstelle (Import-/Exportschnittstelle) mit einer speziellen Zugriffsfunktion. Der Nachweis der Korrektheit eines Moduls kann deshalb ohne Kenntnis der Einbettung in ein bestimmtes Programmsystem geführt werden. Ein Modul zeichnet sich durch eine große *innere Festigkeit* seiner Struktur und eine *geringe Bindung* zu anderen Moduln aus [COM74], [MYE75]. Die innere Festigkeit erreicht man u.a. durch die schmale Modulschnittstelle, die geringe Bindung zu anderen Moduln durch eine getrennte Übersetzung.

Modultest

Teststufe im Entwicklertest. Getestet werden einzelne Moduln sowohl durch strukturorientierte und funktionsorientierte dynamische Testverfahren als auch durch statische Prüfmethoden, z. B. *Anomalienanalyse*, formale → *Verifikation* und → *symbolische Ausführung*. Die Ergebnisse aus dem Modultest müssen in aufbereiteter Form dem Integrationstest zur Verfügung gestellt werden, das gilt besonders für die Testdaten.

Monotone Redefinition

[OO] Die Vor- und Nachbedingungen aller Operationen einer Oberklasse gelten auch in allen redefinierten Operationen der entsprechenden Unterklassen. D. h., die Vor- und Nachbedingungen der Unterklasse folgen logisch denen der Oberklasse.

Mutationentest

Dynamisches, diversifizierendes Testverfahren, bei dem von einem Originalprogramm Mutanten abgeleitet werden, die sich von diesem nur durch gezielt hinzugefügte Fehler unterscheiden. Der Test soll beweisen, dass die Mutanten als solche erkannt werden. Sind die Ergebnisse des Originalprogramms und eines oder mehrere Mutanten identisch, müssen die Testfälle ergänzt werden. Man unterscheidet zwischen *starkem*, *schwachem* und *festem* Mutationentest.

Nachbedingungen

[OO] Sie definieren die Werte der Variablen und ihre Beziehungen zwischen den Variablen bezüglich der zugelassenen Ausgabewerte einer Operation und legen damit die zulässigen Werte (Zustände) der Variablen nach Ablauf der Operation fest (vgl. → *Anfangsbedingungen*).

Nachkommenklasse

[OO] Eine Klasse, die direkt oder indirekt einer anderen Klasse (→ *Vorfahrenklasse*) untergeordnet ist. Andere Bezeichnungen dafür sind Kindklasse, → *Unterklasse* usw.

Nachricht

[OO, *engl.* message]. Aufruf einer Operation auf einem Objekt. Voraussetzung für die Kommunikation sind öffentliche Operationen, die einem Objekt über eine Klasse zugeordnet sind. Die Nachricht wird als spezielle Anweisung formuliert, die im Allgemeinen aus dem Namen des adressierten Objekts, dem Namen der Operation und einer Liste von Argumentwerten bzw. Datenobjekten besteht. Die Interaktionen zwischen Objekten, die durch Nachrichten ausgelöst werden (→ *Message Passing*)., sind mit einer klaren Trennung der Zuständigkeiten verbunden. Der Absender der Nachricht entscheidet, welchen Dienst er benötigt bzw. welches aktuelle Objekt manipuliert werden soll. Demgegenüber ist für die Selektion der auszuführenden Operation und ihre Ausführung der Empfänger der Botschaft verantwortlich. Er referenziert seine Datenstruktur und den Ausführungsteil seiner Klasse über den zugeordneten Dispatching-Mechanismus.

Nutzungsorientierter Test

Statistischer Test auf der Basis eines → *Nutzungsprofils* (operational profile). Durch den nutzungsorientierten Test ist eine Annäherung an die → *Zuverlässigkeit* der Software möglich, wie sie im späteren Betriebseinsatz zu erwarten ist. Vgl. → *debugging-orientierter Test*). Die nutzungsorientierte Ausrichtung eines Tests ist jedoch auch im Performancetest notwendig, um die Leistungsfähigkeit des Systems auf der Grundlage der späteren Nutzung zu ermitteln.

Nutzungsprofil

[*engl.* operational profile] Beschreibung des Nutzerverhaltens einer Anwendung oder eines Systems durch Wahrscheinlichkeitsaussagen über die spätere Nutzung der Software im Betriebseinsatz. Ein komplettes Nutzungsprofil wird stufenweise über das *Kundenprofil*, *User-Profil*, *Systemmodusprofil*, *Funktionsprofil* und *Operationsprofil* abgeleitet. Es enthält für einen Kunden oder eine Kundengruppe die Nutzungswahrscheinlichkeiten von *Systemmodi*, *Funktionen* und *Operationen* mit den zugehörigen Variablen und Variablenwerten sowie Szenarios mit Sonder- und Ausnahmefällen. Das Nutzungsprofil dient der Ermittlung von Testfällen und Testdaten, indem die Funktionen mit den höheren Ausführungswahrscheinlichkeiten entsprechend intensiver oder mit höherer Wahrscheinlichkeit getestet werden als jene mit geringeren Ausführungswahrscheinlichkeiten. Eingesetzt wird das Nutzungsprofil bei der Ermittlung des Qualitätsmerkmals → *Zuverlässigkeit* durch → *statistisches Testen* aber auch im Performancetest zur Messung der Leistungsfähigkeit des Systems.

Oberklasse
[OO] Klasse innerhalb einer → *Klassenhierarchie*, aus der mindestens eine → *Unterklasse* durch eine *Überdeckungsbeziehung* abgeleitet werden kann.

Object Wrapping
[OO, *dt.* Kapseln, "Einwickeln" eines Objekts] → *Kapselung*. Kapselung von Software-Komponenten unter Anwendung des Geheimnisprinzips (information hiding). Der Zugriff auf die Kapsel erfolgt über eine definierte Programmierschnittstelle (*engl.* Application Programming Interface, *Abk.* API). Durch Object Wrapping wird nicht nur die Wiederverwendung von Software-Komponenten ermöglicht, sondern es dient auch zur dynamischen Verbindung konventioneller und objektorientierter Komponenten i.S. einer Client-/Server-Beziehung. Die Altsoftware-Komponente verkörpert hierbei das Server-Objekt, welches vom Client-Objekt über die API-Schnittstelle aufgerufen wird.

Objekt
[OO] Ein Konzept, eine Abstraktion oder ein Gegenstand mit klar definierten Abgrenzungen und einer einer klar definierten Bedeutung für das zu lösende Problem in der Anwendungswelt. Gleichartige Objekte, die dasselbe Verhalten zeigen, werden zu einer → *Klasse* von Objekten zusammengefasst. Charakterisiert wird ein Objekt durch Attribute, die innerhalb einer Klasse eindeutig sein müssen. Objekte, vereinen in sich Daten und Verhalten. Sie reagieren auf Ereignisse in Form von → *Botschaften* und führen → *Methoden* aus, die auf den Attributen arbeiten und damit Zustandsveränderungen der Objekte hervorrufen. Damit ein Objekt eindeutig identifiziert werden kann, erhält es bei seiner Erzeugung einen → *Objektbezeichner* (Objekt-ID), welcher über die gesamte Lebenszeit des Objekts erhalten bleibt. Objekte sind dynamische Einheiten, die erst während des Programmlaufs von ihrer Klasse erzeugt werden, wenn man sie benötigt (Vgl. → *Persistente Objekte*).

Objektbezeichner
[OO] Kennzeichen eines Objekts, welches es eindeutig identifiziert. Die meisten objektorientierten Sprachen generieren automatisch implizite Objektbezeichner, durch die auf Objekte verwiesen wird. Objektbezeichner kann man deshalb als Hilfskonstrukte des Rechners bezeichnen, die in der realen Welt keine Bedeutung haben. In Object-COBOL von Micro Focus nennt man einen derartigen Objektbezeichner → *Handel* auf ein Objekt.

Objektklasse (→ *Klasse*)

Objektmodell
[OO] Beschreibt die statische Struktur der Objekte in einem System und ihre Beziehungen zueinander. Das Objektmodell besteht aus Objektdiagrammen (Grafen),

deren Knoten Objektklassen (vgl. → *Klasse*) und deren Kanten Relationen zwischen den Klassen darstellen.

OO [Abk. für *Objektorientierung*]

Objektorientierte Programmierung (OOP)
Satz von Techniken zum Erzeugen von Objekten und ihr Zusammenwirken in einem System, das eine gewünschte Funktionalität bereitstellt. Ein → *Objekt* ist ein Software-Modell, das sich aus Daten und Operationen zusammensetzt. Die Operationen werden zur Manipulation der Daten verwendet. Ein wesentliches Ziel der OOP ist die Reduzierung der Entwicklungskosten von Software durch das Erzeugen von wiederverwendbaren, leicht wartbaren Quelltext. Dieses Ziel wird durch drei Eigenschaften der OOP erreicht: → *Kapselung*, → *Polymorphismus* und → *Vererbung*.

Operation
[OO] Dienstleistung, die von einem → *Objekt* einer → *Klasse* mit einer definierten → Nachricht angefordert werden kann. Die Nachricht wählt automatisch die korrekte implementierte → *Methode* der Operation auf der Grundlage des Namens der Operation und der Klasse des Objekts, auf welchem die Operation ausgeführt wird.

Operational Profile (→ *Nutzungsprofil*)

Operationalisieren
Das Präzisieren von schwer wahrnehmbaren Phänomenen, um diese einer Messung zugänglich zu machen.

Orakel → *Input-Output-Orakel*

p-use
[Abk. für *predicate use*] Ableitung von Testfällen auf der Grundlage prädikativer Benutzung von Variablen (vgl. → *Defs/Uses*-Kriterien). Als *p-use* bezeichnet man die Benutzung einer Variablen, die in einem booleschen Ausdruck steht und eine Bedingungsanweisung oder bedingte Schleife kontrolliert. Ein *p-use* wird immer einer Kante eines gerichteten Grafen zugeordnet, die einen Knoten aufgrund einer Verzweigung des Datenflusses verlässt.

Paradigma
Geltende methodologische Prinzipien und konstituierende Bestandteile sowie die gemeinschaftsstiftende Theorie eines bestimmten Gegenstandsgebiets. Hinsichtlich der Entwurfsmethodik von Software können das *Strukturierte Paradigma* und das *Objektorientierte Paradigma* unterschieden werden.

Partielle Korrektheit
In der formalen → *Verifikation* ist ein Programm partiell korrekt, wenn alle Theoreme bewiesen sind bzw. das Programm seinen Endzustand richtig vom Anfangszustand ableitet. Damit wird jedoch noch keine Aussage darüber getroffen, ob

das Programm überhaupt terminiert. Terminiert das Programm ordnungsgemäß, dann liegt eine → *vollständige Korrektheit* vor.

Partitionentest

Struktur- und funktionsorientiertes, bereichsorientiertes Testverfahren, welches den gesamten Eingabebereich eines Programms in Partitionen zerlegt. Ziel der Partitionierung ist, die Teilung des Eingabedatenbereichs derart vorzunehmen, dass ein vollständiger Satz von partitionenbezogenen Testfällen eine gute Repräsentation des gesamten Eingabedatenbereichs ist. Im Idealfall kann der Eingabedatenbereich derart aufgeteilt werden, dass innerhalb jeder Partition das Programm für jedes Datenelement entweder korrekte oder falsche Antworten liefert. Die → *Äquivalenzklassenanalyse* kann als eine Partitionenteststrategie aufgefasst werden.

Performancetest

Der Performancetest, der dem → *Systemtest* untergeordnet wird, bezieht sich auf Prüfungen, welche die Leistungsfähigkeit des Systems zur Grundlage haben. Definiert ist die Messung der Leistungsfähigkeit in DIN 66273, Teil 1 „*Messung und Bewertung der Leistung von DV-Systemen*". Die Leistung des Systems, die auf der Grundlage der *Laufzeit*, dem *Antwortzeitverhalten*, dem *Durchsatz* und dem *Ressourcenverhalten* hergeleitet werden kann, muss den Vorgaben in der Leistungsbeschreibung entsprechen.

Persistente Daten

[persistent: *dt.* dauerhaft]. Daten, die über die Ausführung eines Programms hinaus im Speicher erhalten bleiben (persistente Datenspeicher). Durch persistente Daten kann z. B. die Verarbeitung eines Programms zu einem späteren Zeitpunkt wieder aufgenommen werden. Es besteht aber auch die Möglichkeit, Daten über einen persistenten Speicher an andere Programme zu übergeben. Einige objektorientierte Datenbanken unterstützen die persistente Datenhaltung, indem sie die Persistenz von Datenstrukturen als orthogonale Eigenschaft spezifizieren.

Persistente Objekte

[OO], [persistent: *dt.* dauerhaft]. Objekte, die dauerhaft vorhanden sind (vgl. → *persistente Daten*).

Perturpationen-Test

Variante des → *Mutationentests*, bei welchem Anweisungen durch bestimmte Fehlerklassen modifiziert werden.

Pfad

Alternierende Sequenz von → *Knoten* und gerichteten → *Kanten* eines Kontrollflussgrafen. Ein *vollständiger* Pfad beginnt mit dem Startknoten und endet mit dem Endeknoten. Fairley unterscheidet zwischen syntaktischen und semantischen Pfaden (vgl. [INF79a], S. 38 f.). Danach umfassen syntaktische Pfade alle *möglichen* Kontrollflusspfade durch den Flussgrafen. Die semantischen Pfade sind dagegen diejenigen syntaktischen Pfade, die auch tatsächlich ausführbar sind.

Pfad-Präfix-Strategie

Eine von Prather und Myers jr. [PRA87] entwickelte Strategie, die auf eine Optimierung des → *Zweigüberdeckungstests* abzielt. Danach werden die Pfade nicht ad hoc ausgewählt, sondern es werden dazu die bereits durchlaufenen Entscheidungsknoten herangezogen. Da für die Ausführung eines neuen Pfades die Testeingabe des bereits durchlaufenen Teilpfades vorliegt, muss nur noch die Bedingung aus dem letzten durchlaufenen Entscheidungsknoten „*umgekehrt*“ werden, damit in den neuen untergeordneten Teilpfad verzweigt werden kann. Vorteil dieser Strategie ist, dass weniger Entscheidungsknoten zur Interpretation der Pfadbedingungen berücksichtigt werden, als bei einer konventionellen Strategie. Des Weiteren besteht eine größere Chance, dass der aktuelle → *Pfad* auch tatsächlich ausführbar ist, weil bereits ein Teil dieses Pfades bei der Ausführung frühere Pfade durchlaufen wurde.

Pfadüberdeckungstest

Dynamisches, kontrollflussorientiertes Testverfahren, welches die Überdeckung aller Pfade des → *Kontrollflussgrafen* eines → *Testobjekts* fordert. Es ist das umfassendste kontrollflussorientierte Testverfahren, das alle Überdeckungsverfahren außer dem Bedingungsüberdeckungstest subsumiert. Aufgrund der kombinatorischen Vielfalt der Verzweigungen und der Iterationen (Schleifen) ist ein vollständiger Pfadtest in der Praxis nicht realisierbar. Es werden deshalb eine Reihe Testverfahren angewendet, die sich dem vollständigen Pfadüberdeckungstest annähern (vgl. → *boundary interior-Pfadtest*, → *strukturierter Pfadtest*).

Polymorphe Operation

[OO] Eine → *Operation* bezeichnet man als polymorph, wenn sie für mehrere unterschiedliche Klassen gilt. D. h., eine polymorphe Operation nimmt in unterschiedlichen Klassen unterschiedliche Formen an.

Polymorphismus Polymorphie

[OO, *dt.* Vielgestaltigkeit, Verschiedengestaltigkeit]. Vorkommen in verschiedenartiger Form, aber mit gleichen Eigenschaften. Polymorphie bedeutet in der Objektorientierung, dass das Senden der gleichen → *Botschaft* an Objekte unterschiedlicher Klassen zu verschiedenen Ergebnissen führen kann. D. h., die Objekte unterschiedlicher Klassen interpretieren die gleiche Botschaft jeweils anders und führen ggf. unterschiedliche Operationen aus. So kann z. B. die Botschaft “Drucken” bei einem Objekt den Druck einer Grafik, bei einem anderen Objekt den Druck von Text veranlassen. Realisiert werden kann die Polymorphie über die → *späte Bindung.*

Prädikat

Begriff aus der Prädikatenlogik, wonach logische Sätze aus Prädikaten gebildet werden, die durch logische Operatoren miteinander verknüpt sind. Prädikate sind boolesche Ausdrücke, die auch Quantoren enthalten können und in denen freie Variablen vorkommen dürfen. Prädikate können aus mehreren untergeordneten Prädikaten bestehen. Kann ein Prädikat nicht weiter unterteilt werden, bezeichnet man es als atomares Prädikat oder als atomare Bedingung. Das Beispiel *IF Zeichen-1 = „A" AND Zeichen-2 = „B" Then...* enthält zwei atomare Prädikate.

Produktivitätsmaß

Quellcodezeilen (LOC) pro Mitarbeitermonate (LOC/MM) oder LOC pro Aufwand Mitarbeitermonat (LOC/Aufwand MM) (vgl. [MAX96]). Die Maßzahl ist allerdings von der verwendeten Programmiersprache abhängig (Assembler benötigt z. B. mehr LOC für eine bestimmte Funktionalität als COBOL).

Protokoll

[OO] Als Protokoll bezeichnet man eine Menge → *Signaturen*. Eine Signatur setzt sich aus dem Namen der → *Operation*, einer Parameterliste und ggf. einem Rückgabetyp zusammen.

Qualität

Messbarer *Grad, in dem ein Satz inhärenter Merkmale Anforderungen erfüllt* (DIN EN ISO 9000 : 2000-12). Qualität ist ein relativer Begriff, der von der Sichtweise und dem Anwendungszweck des Produkts abhängig ist. Im Software-Qualitätsmanagement versteht man darunter nicht nur die korrekte Funktionserfüllung als *Produktqualität*, sondern auch die *Prozessqualität* sowie die Leistung, Benutzerakzeptanz und Wiederverwendbarkeit der Software bzw. ihrer Komponenten.

Qualitätsanforderungen

Anforderungen an die quantitativen Ausprägungen von Qualitätsmerkmalen. Die Qualitätsanforderungen sind bereits im → *Fachkonzept* zu spezifizieren und im QM-Plan bzw. seinen Verfahrensanweisungen festzuschreiben.

Qualitätsmaße

Funktionen einer oder mehrerer messbarer Größen, deren Werte Rückschlüsse auf den Erfüllungsgrad bestimmter Qualitätsmerkmale erlauben [ROM93]. Qualitätsmaße basieren auf Metriken, die bestimmte Gütekriterien zu erfüllen haben: *Objektivität, Zuverlässigkeit, Validität, Normierung, Vergleichbarkeit, Wirtschaftlichkeit,* und *Nützlichkeit.*

Qualitätsmanagement (QM)

Umfasst nach DIN EN ISO 9000 : 2000-12 "*aufeinander abgestimmte Tätigkeiten zum Leiten und Lenken einer Organisation bezüglich Qualität"*. Das *Qualitätsmanagement* hat das Ziel, die *Qualitätspolitik, Qualitätsziele, Qualitätsplanung, Qualitätslenkung,* → *Qualitätssicherung* und *Qualitätsverbesserung* mit geeigneten Maßnahmen und Hilfsmitteln durchzusetzen. Die Beherrschung der Qualität wird damit in allen Bereichen und allen Hierarchiestufen einer Organisation zur Führungsaufgabe (vgl. → *Total Quality Management*).

Qualitätsmanagementplan (QM-Plan)

Dokument, in dem die spezifischen qualitätsbezogenen Arbeitsweisen und Hilfsmittel sowie der Ablauf der Tätigkeiten im Hinblick auf ein einzelnes Produkt, ein einzelnes Projekt oder einen einzelnen Vertrag dargelegt sind. Ein QM-Plan stellt die Mittel für die Anpassung eines QM-Systems an ein spezifisches Projekt, Produkt oder einen Vertrag bereit. Zu einem QM-Plan gehören oft detaillierte Verfahrens- und Arbeitsanweisungen, die dem Enwicklungsfortschritt entsprechend ständig aktualisiert werden können. Ein QM-Plan kann z. B. Pläne für Modul-, Integrations-, System-, und Abnahmetests enthalten oder auf sie verweisen.

Qualitätsmanagementsystem (QM-System)

Umfasst nach DIN EN ISO 9000 : 2000-12 ein *"Managementsystem zum Leiten und Lenken einer Organisation bezüglich Qualität"*. Das QM-System stellt das organisatorische und technische Umfeld dar, in dem das → *Qualitätsmanagement* wirkt.

Qualitätsmerkmale

Teilaspekte der Qualität, die für eine letztendliche Qualitätsbeurteilung von Programmen oder Programmkomponenten in hierarchischer Verfeinerung zerlegt werden. Auf der elementaren Ebene erhält man messbare quantitative Eigenschaften des Produkts. Qualitätsmerkmale werden in → *Qualitätsmodellen* verwendet. Die Norm DIN 66272 1994-10 definiert sechs allgemeine Qualitätsmerkmale, die auf jeden Softwaretyp angewendet werden können: *Funktionalität, Zuverlässigkeit, Benutzbarkeit, Effizienz, Änderbarkeit, Übertragbarkeit.* Der Normenausschuss Informationsverarbeitungssysteme (NI) im DIN Deutsches Institut für Normung e.V. arbeitet derzeit an der Festlegung von Qualitätsteilmerkmalen, die diesen sechs Merkmalen untergeordnet sind.

Qualitätsmodelle

Durch Qualitätsmodelle werden allgemeine → *Qualitätsmerkmale* hierarchisch strukturiert und damit operationalisiert, wobei die sich ergebenden Unterbegriffe als Prozess- oder Produktkenngrößen messbar und bewertbar gemacht werden. Diese Kenngrößen werden *Qualitätskenngrößen* (engl. *metrics*) genannt.

Qualitätssicherung

DIN EN ISO 9000 : 2000-12 definiert Qualitätssicherung als *"Teil des Qualitätsmanagements, der auf das Erzeugen von Vertrauen darauf gerichtet ist, dass Qualitätsanforderungen erfüllt werden"*. Die Softwarequalitätssicherung beinhaltet die Darlegung der konkreten *planerisch-administrativen*, *konstruktiven*, *analytischen* und *psychologisch-orientierten* Maßnahmen des → *Qualitätsmanagements* zur Verbesserung des Entwicklungsprozesses und der Software-Qualität.

Redefinition

[OO] Eine → *Unterklasse* redefiniert eine → *Operation* einer → *Oberklasse*, wenn sie eine Operation mit gleichem Namen enthält. D. h., die Unterklasse "überschreibt" die Operation der Oberklasse. Die Schnittstelle der redefinierten Operation muss mit jener der Oberklasse kompatibel sein.

Reengineering

Anwendung neuer Technologien und Werkzeuge bei der Software-Wartung und der Übernahme von Altsoftware (*legacy systems*) in neue Systeme. Reengineering umfasst die Teilgebiete *Restrukturierung*, *Reverse Ingineering* und *Migration* (vgl. [HOH98a]).

Regressionstest

Wiederholung eines vorausgegangenen Tests, in dem Fehler oder Mängel gefunden wurden. Sie dienen der Verifikation von Programmen oder Programmkomponenten mit dem Prüfziel, ob die beanstandeten Fehler oder Mängel behoben, keine neuen Fehler verursacht wurden und die Änderungen die korrekten Wirkungen zeigen. Um die Kosten des Regressionstests zu reduzieren, werden oft selektive Regressionstesttechniken angewandt.

Required k-Tupels-Test

Dynamisches, datenflussorientiertes Testverfahren mit der Forderung nach Überdeckung von alternierenden Sequenzen aus Variablendefinitionen und Variablenbenutzungen. Das *required k-Tupels*-Kriterium beschreibt eine ganze Klasse von datenflussorientierten Testverfahren, die durch Variation von k (mit k $\geq$ 2) entstehen.

Rückwärtsverifikation

Vorgehensweise bei der formalen Programmverifikation (→ *Verifikation*). Es werden auf der Grundlage der Aufgabenstellung → *Nachbedingungen R* vorgegeben. Anschließend leitet man daraus die → *Anfangsbedingungen Q* ab, unter welchen die Nachbedingungen erreicht werden sollen und überprüft, ob sie die tatsächlich gegebenen Voraussetzungen für die Eingangswerte implizieren (vgl. → *Vorwärtsverifikation*).

Schnittstelle

Formaler Bestandteil einer Programmeinheit P_s, der es einer anderen Programmeinheit P ermöglicht, P_s gezielt zu nutzen. Der Inhalt von P_s ist in der Regel durch → *Kapselung* gegen direkte Zugriffe geschützt. Die Schnittstelle definiert die syntaktische Spezifikation einer Operation.

Seiteneffekte

(Fehlerentdeckung durch Seiteneffekte). → *Fehler*, die nicht durch die spezifizierten Sollergebnisse der Testfälle einer → *Testsuite* gefunden werden, sondern zufällig bei der Testauswertung oder durch andere Tests im gleichen Testzyklus.

Semantische Fehler

→ *Fehler* in der Bedeutung des Programms, die z. B. durch mangelhafte fachliche Anforderungen entstehen können. Diese Fehler sind sehr schwer zu finden (vgl. → *syntaktische Fehler*).

Signatur

[OO] Struktur der → *Nachricht*, die eine → *Methode* zur Ausführung bringt. Die Signatur setzt sich programmiersprachenabhängig aus dem Namen der Methode, der Parameterliste und ggf. dem Rückgabetyp der Daten zusammen.

Software-Maße

Software-Maße basieren auf Metriken (→ *Qualitätsmaße*), die bestimmte Gütekriterien erfüllen müssen. Metriken definieren, wie Kenngrößen eines Softwareprodukts gemessen werden.

Software Performance Engineering

(Abk. SPE). Methodensammlungen zur Unterstütung einer Performance-orientierten Systementwicklung von Anwendungssystemen während des gesamten Softwareentwicklungsprozesses (vgl. [RAU99]). Die SPE-Konzepte unterstützen im Gegensatz zu konventionellen Tuning-Maßnahmen eine frühzeitige performance-orientierte Konzeption des Anwendungssystems. Auf diese Weise lassen sich umfangreiche und kostenträchtige Nachbesserungen am System von vornherein vermeiden (vgl. → *Performance*).

Software Reliability Engineering (SRE)

Disziplin des Software Engineering, die sich mit der Frage beschäftigt, wie Software durch geeignete konstruktive und analytische Maßnahmen entwickelt werden kann, um aus der Sicht des Anwenders zuverlässige Software zu erhalten (vgl. → *Zuverlässigkeit*). Das → *nutzungsorientierte Testen* auf der Basis eines → *Nutzungsprofils* ist eine wichtige analytische Maßnahme, um dieses Ziel zu erreichen. Ein anderer wichtiger Aspekt des SRE ist das Modellieren der Zuverlässigkeit mittels *Zuverlässigkeitswachstumsmodellen*. Grundgedanke dieser Annäherung an die Zuverlässigkeit ist, aus zurückliegenden Fehleraufzeichnungen (z. B. beim Abnahmetest) auf das zukünftige Fehlerverhalten der Software schließen zu können.

Software Usability Engineering (SUE)

Disziplin des Software Engineering, die sich mit dem → *Qualitätsmerkmal* Gebrauchstauglichkeit von Software aus der Sicht des Anwenders auseinandersetzt. Das SUE beschäftigt sich mit der Frage, wie Software entwickelt werden muss, um ihre Funktionalität schnell zu erlernen, effizient und sicher damit zu arbeiten und den nötigen Support dafür bereitzustellen. Das SUE ist besonders für Web-Anwendungen (Websites, E-Commerce, E-Bussiness) von ausschlaggebender Bedeutung für die Akzeptanz dieser Anwendungen durch den Anwender.

Software-Qualitätsmangement (→ *Qualitätsmanagement*)

Softwarequalitätssicherung (→ *Qualitätssicherung*)

Spätes Binden (→ *Methodenresolution*)

Spezialisierung

[OO] Das Erzeugen von Unterklassen aus einer Oberklasse durch Verfeinerung der Oberklasse. Entspricht dem Prinzip der *schrittweisen Verfeinerung* in der strukturierten Programmierung. In der OOP wird jedoch die schrittweise Verfeinerung als Spezialisierung durch den Mechanismus der → *Vererbung* ergänzt bzw. erweitert.

Spezifikation

Formale, halbformale oder informale funktionale Beschreibung von Software. Aus einer formalen Spezifikation lässt sich direkt ein Programm und die dazugehörenden Testdaten ableiten. Voraussetzung ist allerdings, dass die Spezifikation vollständig und korrekt im Sinne der Fachvorgaben ist. Mit einer formalen Spezifikation lassen sich durch Verifikationsverfahren (→ *Verifikation*) Korrektheitsbeweise für einen Modul oder ein Programm erbringen.

Statische Analyse

Überprüfung von Quelltext oder Dokumenten durch Reviews, Code-Inspektionen, formale Verifikationen usw. auf vorhandene Fehler. Die statische Analyse besitzt besonders in den frühen Entwicklungsphasen eines Projekts große Bedeutung, weil die Fehlerbeseitigungskosten bis zum Einsatz des Produkts im Betrieb nicht linear sondern exponentiell ansteigen. Die Moduln oder Programme werden bei der statischen Analyse im Gegensatz zum dynamischen Testen nicht ausgeführt.

Statistisches Testen

Testen von Funktionen und Operationen auf der Basis von nutzungsbedingten Wahrscheinlichkeitsverteilungen. Festgelegt sind diese statistischen Vorkommenshäufigkeiten in → *Nutzungsprofilen* (operational profiles). Angewendet wird das statistische Testen z. B. bei der Schätzung der Zuverlässigkeit von Software im Systemtest (Zuverlässigkeitstest) mittels Zuverlässigkeitswachstumsmodellen (vgl. → *Debugging-orientiertes Testen*).

Status-Meetings

Turnusmäßige Zusammenkünfte des Projektmanagements, des Qualitätsmanagements und des Anwendungsmanagements, in denen der aktuelle Status des Projekts dargelegt, globale Probleme erörtert und Entscheidungen über die Annahme, Ablehnung oder Modifikation der Produkte oder Teilprodukte getroffen werden. Die Moderation des Meetings übernimmt in der Regel der Projektleiter, der einen Protokollführer bestimmt.

Stresstest

Komponente des → *Systemtests*, bei dem geprüft werden soll, ob das System bei einer schweren Verarbeitungsgslast über einen längeren Zeitraum hinweg die geforderten Leistungsmerkmale erbringt. Zu diesem Zweck wird die Verarbeitung großer Datenmengen simuliert, die von zahlreichen Benutzer- und Systemmeldungen in relativ kurzen Zeitabständen zu begleiten sind.

Strukturelle Äquivalenzklasse

Der gesamte Eingabedatenbereich eines Programms kann als ein Satz von Eingabedatenpunkten definiert werden, die bestimmten *Pfadbedingungen* genügen. Die Pfadbedingungen ergeben sich aus der Konjunktion der Prädikat-Interpretationen, die entlang des betreffenden Pfades bestehen. Alle Eingabedatenpunkte, die einen bestimmten Pfad zur Ausführung bringen (Wirkung), bezeichnet man als *Pfadbereich*, der einer *strukturellen Äquivalenzklass*e entspricht (vgl. → *Äquivalenzklassenanalyse*, → *funktionale Äquivalenzklasse*).

Strukturierter Pfadtest

Dynamisches, kontrollflussorientiertes Testverfahren, das eine abgeschwächte Version des Pfadtests verkörpert. Der strukturierte Pfadtest fordert, dass alle Pfade, die nicht mehr als k Schleifen-Wiederholungen enthalten, auszuführen sind.

Strukturorientierter Test

Beim strukturorientierten Test werden die Testfälle auf der Grundlage der Programmstruktur abgeleitet. Dazu gehören sowohl die *kontrollflussbezogene* als auch *datenflussbezogene* Sicht auf die Testobjekte. Während beim kontrollflussorientierten Test die Überdeckung einfacher Codestrukturen gefordert wird (Anweisungen, Zweige, Bedingungen usw.), wird beim datenflussorientierten Test nach der Wertzuweisung (*definition*) und der zugehörenden Benutzung von Variablenwerten (*reference*) gefragt. Ergeben Wertzuweisungen und Benutzungen keine sinnvollen Sequenzen (*dr*-Ketten), spricht man von Datenflussanomalien (vgl. → *Datenfluss-Anomalieanalyse,* → *Funktionsorientierter Test*).

Subsumptionsrelationen

Sie dienen dem Vergleich unterschiedlicher Testkriterien. *Kriterium C_1 subsumiert Kriterium C_2,, wenn für jedes Programm jeder Satz Testfälle, der C_1 genügt, auch C_2 genügt.* Damit ist allerdings noch keine Aussage darüber getroffen, ob C_1 auch bessere fehlerentdeckende Eigenschaften besitzt als C_2. Relationen, die die fehlerentdeckenden Eigenschaften der Testkritererien berücksichtigen, wurden von Frankl und Weyuker auf der Basis von Wahrscheinlichkeitsmaßen entwickelt: *narrows, covers, partitions, properly covers und properly partitions* [FRA93c], (vgl. auch [FRA93a]).

Symbolische Ausführung

Ausführung eines Quellprogramms mit symbolischen Eingabewerten durch einen Interpreter. Bei dieser Interpretation des Quellprogramms entstehen sog. Prädikatensysteme für Eingabedaten und symbolische Ausdrücke für die durch das Programm berechneten Funktionen der → *Eingabedatenbereiche*. Überdecken die symbolischen Prädikatterme den gesamten Eingabedatenbereich und sind die berechneten Funktionen bezüglich der → *Spezifikation* des Programms korrekt, dann ist für das Quellprogramm die partielle Korrektheit bewiesen.

Syntaktische Fehler

→ *Fehler* im Satzbau oder in der Rechtschreibung der Programmiersprache. Die syntaktischen Fehler werden bei der Übersetzung des Programms durch den Compiler offengelegt. Vgl. → *semantische Fehler.*

Systemtest

Im Systemtest wird überprüft, ob sich das System als Ganzes so verhält, wie es in den fachlichen Anforderungen und in der DV-technischen Spezifikation dokumentiert ist. Der Systemtest wird in der Regel von der Entwicklerseite als → *Blackboxtest* durchgeführt. Er setzt sich aus einer ganzen Reihe von Einzeltests zusammen, die unter realistischen Betriebsbedingungen durchzuführen sind.

Szenarios

Ein Szenario gibt eine mögliche Interaktionsfolge zwischen einem Benutzer und dem System wieder. Es es ein Analysemuster der fachlichen Anforderungen, weil es einen definierten Teil des Problembereichs modelliert. Ein Szenario kann einem → *Anwendungsfall* entsprechen. Oft benötigt man jedoch für einen Anwendungsfall eine ganze Reihe von Szenarios.

Test besonderer Werte

Erweiterung der → *Grenzwertanalyse.* Es werden für Eingabedaten, Zwischenergebnisse und Ausgabedaten Werte gefordert, die aufgrund praktischer Erfahrungen fehlerträchtig sind (z. B. der erste und letzte Tag im Monat und im Jahr, der 29. Februar in Schaltjahren usw.). Dazu gehören auch unerwartete Eingabedaten, wie sie z. B. bei manuellen Eingaben über den Bildschirm vorkommen können.

Test fehleroffenbarender Unterbereiche

Strukturorientiertes und funktionsorientiertes höheres Testverfahren aus der Klasse des Bereichstests. Der Test fehleroffenbarender Unterbereiche basiert auf dem Äquivalenzklassenverfahren, indem der Eingabedatenbereich anhand der Programmstruktur und der Spezifikation aufgeteilt wird. Auf diese Weise sollen sowohl die Vorteile des strukturorientierten als auch funktionsorientierten Tests optimal genutzt werden.

Testaufgabe

Klar abgrenzbare sich an die Teststufen anlehnende Prüfaufgaben beim Testen, die in ihrer Gesamtheit den Testprozess ergeben. Der Testprozess kann damit als eine hierarchische Struktur von Testaufgaben verstanden werden, die von den Teststufen ausgehend immer weiter verfeinert wird. Durch die Aufteilung des produktbezogenen Testprozesses lassen sich die Testaufgaben kategorisieren, z. B. → *Testfallermittlung*, → *Testdatendefinition*, *Testprozedurerstellung* usw.

Testauftrag

Basisdokument für das Testmanagement. Es wird für jedes → *Testobjekt* erstellt und enthält einen Zeitrahmen mit konkreten Aufgaben zur → *Teststufe*, → *Testaufgabe* und den Bearbeitern.

Testdatendefinition

Definition der konkreten Testdaten für jeden Testfall. Voraussetzung für die Testdatendefinition ist, dass die → *Testfallermittlung* vollständig abgeschlossen ist. Testfallermittlung und Testdatendefinition werden in getrennten Arbeitsschritten durchgeführt. Es gibt Werkzeuge, durch welche die Testdaten automatisch aus formalisierten Testfällen abgeleitet werden können.

Testdatum

Alle Eingabe- und Ausgabewerte, mit denen ein spezieller Testfall zur Ausführung kommt. Ein Testdatum untergliedert sich demzufolge in ein *Eingabedatum* und ein *Ausgabedatum*. Das Ausgabedatum kann wiederum in ein *Solldatum* (erwartete Ausgabewerte) und ein *Istdatum* (tatsächliche Ausgabewerte) aufgeteilt werden. Beträgt z. B. der gültige Eingabedatenbereich eines Programms mit einer einzigen Variablen $10 \leq x \geq 100$, dann ist jeder Wert aus diesem Bereich ein *gültiges Eingabedatum*, jeder Wert außerhalb dieses Bereichs ein *ungültiges Eingabedatum*. Ein → *Testfall* beschreibt ein Testdatum mit seinen relevanten Eigenschaften.

Testen

Parallel ablaufende Maßnahmen im Softwareentwicklungsprozess zur Qualitätssicherung mit der Aufgabe, die Funktionsfähigkeit des Systems und die Qualitätsmerkmale unter den vorgegebenen fachlichen und DV-technischen Bedingungen zu prüfen und das Vorhandensein von Fehlern nachzuweisen. Der Begriff des Testens bezieht sich oft nur auf die dynamischen Testverfahren, bei denen das Programm ausgeführt wird.

Testendekriterien

Messbare Kriterien, bei deren Erreichen der Test beendet werden kann. Für den Modul- und Integrationstest werden gewöhnlich überdeckungsorientierte Testendekriterien verwendet. Für den System- und Abnahmetest lassen sich zuverlässigkeitsorientierte Kriterien verwenden, die durch geeignete kostenorientierte Kriterien ergänzt werden können. Beim Test von Objektklassen in der OO werden bevorzugt zustandsorientierte Testendekriterien herangezogen.

Testfall

Die Menge an Testeingabedaten, die bei einem → *Testobjekt* die gleiche Art von → *Wirkung* hervorruft. Ein Testfall setzt sich aus der Testfallbeschreibung, den speziellen Eingabedaten und den erwarteten Ausgabedaten zusammen. Die → *Testfallermittlung* und die → *Testdatendefinition* wird gewöhnlich in getrennten Schritten vorgenommen. Da sich ein Testfall an einer Wirkung orientiert, kann er aus mehreren unterschiedlichen Testdatenkombinationen bestehen, die sich zwar gegenseitig ausschließen, jedoch alle die gleiche Wirkung hervorrufen. Diese Testdatenkombinationen sind mehreren Testläufen (Ausführungen) zuzuordnen. Beim Test objektorientierter Systeme sind Testfälle als Nachrichtensequenzen an Objekte der gleichen Klasse (Klassentest) oder unterschiedlicher Klassen (Integrationstest) zu verstehen.

Testfallermittlung

Spezifizierung der Anforderungen an Testdaten für jedes → *Testobjekt.* Im Rahmen der Testfallermittlung werden charakteristische Eingabesituationen mit den zugehörigen Ausgaben für den späteren Test definiert. Die Testfallermittlung beginnt bereits mit der Erstellung des → *Fachkonzepts* und wird iterativ mit Fortschreiten der Entwicklung vervollständigt und verfeinert. Die nachfolgende → *Testdatendefinition* wird in einem getrennten Schritt durchgeführt.

Testfallwirksamkeit

Maß für die Effizienz von Testfällen einer → *Testsuite.* Es wird gebildet durch den Quotienten aus der Anzahl Fehler, die durch die spezifizierten Sollergebnisse der Testfälle gefunden werden, zur Gesamtzahl aller gefundenen Fehler. Dazu gehören Fehler, die durch → *Seiteneffekte* gefunden werden und Fehler im Betriebseinsatz.

Test(daten)kompression

Reduzierung der Testdaten durch Beseitigung von Redundanzen. Anwenden lässt sich die Testkompression z. B. bei der Ermittlung der → *Zuverlässigkeit* auf der Basis eines → *Nutzungsprofils* beim → *statistischen Teste*n. Die Güte der Testfälle bleibt dabei unverändert. Ein Testkompressionsfaktor von 2 ist ein durchaus realistisches Ziel, was eine erhebliche Reduzierung der CPU-Zeit und damit der Testressourcen bedeutet.

Testmodell

Abstraktes Modell derjenigen Komponente, die getestet werden soll. Das Testmodell ist ein operationales Modell zur Beschreibung der Testaktivitäten an einem → *Testobjekt.* Bestandteile von Testmodellen sind die zu testenden Testobjekte, die dazugehörigen → *Testsuites* und → *Testscripte* sowie die technischen Komponenten (Module, Klassen, Architekturschichten usw.). Die unterschiedlichen Testmodelle lassen sich aus den Anforderungs- und Designdokumenten ableiten. Aus den fachlichen Anforderungen kann z. B. ein *Anwendungsfalltestmodell*, aus dem spezifizierten Kontrollfluss ein *Kontrollflusstestmodell*, aus dem Datenfluss ein *Datenflusstestmodell* und aus den Ausnahmen eine *Ausnahmetestmodell* abgeleitet werden. Ein Testmodell wird mit Fortschreiten der Entwicklung ständig verfeinert bzw. ergänzt, so dass es immer die aktuellen Anforderungen bzw. das aktuelle Design reflektiert.

Testobjekt

Vom Abstraktionsniveau, der Sichtweise und der Teststufe abhängige logische oder physische Programmeinheiten, die getestet werden sollen. Im Entwicklertest sind die Testobjekte z. B. Pfade, Module, Modulgruppen oder das gesamte Programm im → *Funktionstest* fachliche Funktionen im → *Abnahmetest* logische Kombinationen von Funktionen, die komplette fachliche Anwendungsfälle ergeben.

Testscript

Spezifizierte Ausführungsreihenfolge der Testfälle eines → *Testobjekts* mit den dazugehörigen Vor- und Nachbedingungen, den → *Invarianten* und allen auftretenden fachlichen → *Wirkungen* als Endzustände. Das Testen eines Softwareprodukts wird anhand der Testscripts vorgenommen.

Testsituation

Jede mögliche Ursache oder Ursachenkombination, die zu einer fachlichen oder systemtechnischen → *Wirkung* führt. Die Testsituationen werden nach einer Eliminierung der nichtsensitiven Testsituationen und einer systematischen Reduzierung der kombinatorischen Vielfalt in Testfälle überführt.

Teststufe

Sachlich und zeitlich in sich abgeschlossener Abschnitt des Testprozesses, der sich am Implementierungsfortschritt der Software orientiert. Man unterscheidet in der Regel bei prozeduraler Software zwischen Modultest, Integrationstest, Systemtest, Funktionstest und Abnahmetest. In der OO tritt an Stelle des Modultests der Klassentest.

Testsuite

Spezifizierter Satz von Testfällen für das Testen eines → *Testobjekts* in einer → *Teststufe*.

Testtreiber

Testtreiber simulieren Funktionsaufrufe von übergeordneten Moduln, die zum Zeitpunkt des Tests noch nicht realisiert wurden. Eingesetzt werden Testtreiber bevorzugt im Integrationstest. In der OO werden beim unabhängigen Test von Klassen Testtreiber benötigt. Ein Testtreiber simuliert die vererbenden Eigenschaften der Basisklassen, versorgt die zu testende Klasse mit Vorzuständen, stößt die Methoden in dieser Klasse an und protokolliert die Nachzustände.

Top-down-Test

Testrichtung im Integrationstest, indem die Module in der Modulhierarchie von oben nach unten fortschreitend integriert werden. Im objektorientierten Test werden die Basisklassen zuerst getestet, dann folgt die darunter liegende Ebene in der Generalisierungshierarchie. Der Test wird solange fortgesetzt, bis die unterste Klassenebene erreicht ist. Bei einem konsequent eingehaltenen Top-down-Test entfallen die → *Testtreiber*, dafür müssen die Operationsaufrufe in den Basisklassen durch künstliche Ereignisse angestoßen werden.

Total Quality Management (TQM)

Ganzheitliches allgemeines Konzept, dass zum Ziele hat, die Prinzipien *Primat der Qualität*, *Zuständigkeit aller Mitarbeiter*, *ständige Verbesserung*, *Kundenorientierung*, *internes Kunden-Lieferanten-Verhältnis* und *Prozessorientierung* in dic Praxis umzusetzen (vgl. [MEL95]). Beim TQM wird der Schwerpunkt auf die Einstellung und Motivation aller im Unternehmen beteiligten Personen gelegt. Dazu gehört auch die kontinuierliche Aus- und Weiterbildung, mitarbeiterbezogene Organisation der Arbeit, Teamarbeit, Entwicklung sozialer Fähigkeiten und kooperativer Führungsstil des Managements (vgl. [HOH98a]). Wichtigste Maßnahmen zur Realisierung des TQM-Konzeptes sind: 1. klar formulierte Qualitätspolitik 2. genaue Festlegung und Bekanntgabe der Kompetenzen, Befugnisse und Verantwortlichkeiten zur Durchführung der Qualitätspolitik 3. Einführung eines → *Qualitätsmanagementsystems*.

Transaktion

Folge von Anweisungen, die einen bestimmten Bearbeitungsvorgang innerhalb einer Anwendung definieren. Ableiten lassen sich Transaktionen aus dem funktionalen Modell der Anwendung oder aus den Anwendungsfällen der fachlichen Vorgaben.

Transaktionsfluss

Kontrollflussgraf, der eine → *Transaktion* zum Inhalt hat.

Transaktionsfluss-Testmodell

[OO] Funktionales Testmodell auf der Basis von Transaktionen, welches auf eine Objektklasse angewandt werden kann. Es zeigt Prozesse, Entscheidungen und Verbindungen einer Klasse im Lebenzyklus eines Objekts. Eine individuelle → *Transaktion* ist als → *Testobjekt* ein Transaktionsflussgraf vom Anfang (Erzeugung des Objekts) bis zum Ende (Zerstörung des Objekts).

Transition

[*dt.* Übergang]. Bezeichnet den Zustandsübergang zwischen zwei definierten Datenzuständen. In der OO wird ein Zustandsübergang zwischen zwei Objektzuständen durch eine Nachricht verursacht, die eine Methode aktiviert und damit die Attribute des Objekts in einen neuen Zustand versetzt. Vgl. → *Zustandsautomat*.

Typ

[OO] Eigenschaft eines Objekts, die bestimmt, ob dieses → *Objekt* mit anderen Objekten bezüglich seiner → *Schnittstelle* kompatibel ist. Der Typ eines Objekts ist "unbestimmt", wenn es ohne Typ vereinbart wurde und die Typbindung erst zur Laufzeit erfolgt. Ein Objekt besitzt einen "statischen Typ", wenn dieser bereits bei der Vereinbarung festgelegt wurde.

Überdeckungsgrad

Maß für die Überdeckung eines Testobjekts nach bestimmten Kritierien. Die Anweisungsüberdeckung ist z. B. der Quotient aus der Anzahl der ausgeführten Anweisungen zu allen vorhandenen Anweisungen. Der Überdeckungsgrad kann auch als Maß für die Testüberdeckung von Moduln, fachlichen Funktionen, Szenarios oder Anwendungsfällen gebildet werden.

Überladen

[OO] Binden des gleichen Namens an verschiedene Operationen, deren Signaturen sich jedoch in der Anzahl der Argumente oder der Argumenttypen unterscheiden (→ *Polymorphismus*).

Unterklasse

[OO] Klasse, die innerhalb einer → *Klassenhierarchie* aus mindestens einer → *Oberklasse* durch eine Überdeckungsbeziehung abgeleitet wurde. Eine Unterklasse wird aus einer bestehenden → *Oberklasse* gebildet, indem nur die Unterschiede zu dieser spezifiziert und implementiert werden. Auf diese Weise wird die Redundanz in der Spezififkation und von implementierten Code vermieden.

Ursache-Wirkungs-Analyse

Dynamisches, funktionsorientiertes Testverfahren auf der Basis eines Ursache-Wirkungs-Grafen. Durch die Ursache-Wirkungs-Analyse werden aus den Eingangsbedingungen mit ihren Kombinationen und Ausgangsbedingungen eine Menge logischer Grafen abgeleitet, die in eine Entscheidungstabelle transformiert werden. Die Entscheidungstabelle dient als Grundlage für die Ableitung der Testfälle.

Ursache-Wirkungs-Graf

Grafische Darstellung von Ursachen und Wirkungen auf der Grundlage der fachlichen Vorgabendefinition. Eine Ursache ist eine bestimmte Eingangsbedingung oder Äquivalenzklasse von Eingangsbedingungen. Eine Wirkung ist eine Ausgangsbedingung oder Systemtransformation. Ursachen und Wirkungen werden in der → *Ursache-Wirkungs-Analyse* analysiert und in einen booleschen Grafen, den Ursache-Wirkungs-Grafen, transformiert.

Validation

(*dt.* Gültigkeitsprüfung, Gültigkeitserklärung). Nach DIN EN ISO 9000 : 2000-12 ist Validation (Validierung) definiert als *"Bestätigung einer Bereitstellung eines objektiven Nachweises, dass die Anforderungen für einen spezifischen beabsichtigten Gebrauch oder eine spezifische beabsichtigte Anwendung erfüllt worden sind."*. Man bezeichnet damit also den Nachweis, dass ein Programm als Ganzes den spezifizierten Anforderungen voll entspricht und dass es in der vorgesehenen System- und Anwendungsumgebung lauffähig ist (vgl. → *Verifikation*).

Verbundtest

Oft separate Teststufe, in der Schnittstellen zu einem oder mehreren benachbarten Systemen getestet werden. Gleichzeitig sind die Wirkungen der Testdaten, die beim benachbarten System hervorgerufen werden, auf ihre Korrektheit hin zu überprüfen. Durchgeführt wird der Verbundtest als Blackboxtest.

Vererbung

[OO] Gemeinsame Verwendung von Attributen und Operationen durch verschiedene Klassen auf der Basis einer hierarchischen Relation. Eine → *Klasse* wird durch die schrittweise Verfeinerung allgemein definiert und hierarchisch in immer feinere Unterklassen aufgeteilt. Jede Unterklasse erbt alle Eigenschaften ihrer hierarchisch übergeordneten Klasse und fügt ihre eigenen, individuellen Eigenschaften hinzu. Die Vererbung gehört zu den Hauptvorteilen der OOP, weil durch die Schaffung einer optimalen Vererbungsstruktur (Klassenhierarchie) Wiederholungen in Entwürfen und Programmen erheblich verringert werden.

Verifikation

1. Zyklisches Prüfen und Bewerten von Software. Durch die Verifikation wird die Übereinstimmung von Zwischen- und Endergebnissen einer Phase im Softwareentwicklungsprozess mit den Ergebnissen der vorangegangenen Phase nachgewiesen. Nach DIN EN ISO 9000 : 2000-12 ist Verifikation (Verifizierung) definiert als *"Bestätigung durch Bereitstellung eines objektiven Nachweises, dass festgelegte Anforderungen erfüllt worden sind"* (vgl. → *Validation*).
2. *Formale Verifikation.* Mit mathematischen Mitteln gewonnener Beweis, dass ein Programm oder Komponenten davon mit ihrer → *Spezifikation* konsistent sind. Durch die formale Verifikation soll gezeigt werden, dass sich für jeden Pfad die → *Nachbedingungen* aus den → *Anfangsbedingungen* (→ *Vorwärtsverifikation*) oder die Anfangsbedingungen aus den Nachbedingungen (→ *Rückwärtsverifikation*) ableiten lassen.

Verifikationsregeln

Sie beschreiben die Auswirkungen einzelner Programmkonstrukte, wie Zuweisung, Sequenz, Auswahl und Iteration auf Zusicherungen. Gleichzeitig geben sie an, unter welchen Bedingungen diese Konstrukte kombiniert werden können (vgl. formale → *Verifikation.*

Version

Die Version kennzeichnet den Fachstand (Releasenummer) und den aktuellen Änderungsstand (Levelnummer) eines Moduls, Programms oder einer Datei. Seit einigen Jahren wird auch der Produktname mit einem Zusatz als Versionsangabe verwendet (z. B. Windows XP, Office 2002). Man unterscheidet zwischen interner und externer Versionskennung. Verantwortlich für die Versionskennzeichnung und die Versionsverwaltung ist das → *Konfigurationsmanagement.*

Vollständige Korrektheit

Bei Anwendung der formalen → *Verifikation* ist ein Programm dann vollständig korrekt, wenn alle Theoreme bewiesen wurden bzw. das Programm seinen Endzustand richtig vom Anfangszustand ableitet (→ *partielle Korrektheit*) und wenn das Programm ordnungsgemäß terminiert.

Vollständigkeitstest

Prüfung im → *Systemtest*, ob alle Programmkomponenten, die zur Erfüllung der Anwendung notwendig sind, implementiert wurden. Die Prüfungen beziehen sich nicht auf die korrekte Funktions- oder Aufgabenerfüllung, sondern darauf, ob die geforderten Funktionen tatsächlich realisiert sind. Der Vollständigkeitstest beinhaltet deshalb den Vergleich der Leistungsbeschreibung mit den realisierten Programmkomponenten und der Benutzerdokumentation.

Vorwärtsverifikation

Vorgehensweise bei der formalen Programmverifikation (→ *Verifikation*). Es werden → *Anfangsbedingungen Q* vorgegeben, unter denen das Programm korrekt arbeiten soll. Anschließend leitet man daraus die → *Nachbedingungen R* ab und vergleicht, ob sie eine hinreichende Voraussetzung für die Korrektheit der Ergebnisse sind (vgl. → *Rückwärtsverifikation*).

Wartbarkeitstest

Komponente des → *Systemtests*, in dem die Anforderungen, die an eine problemlose Wartung bzw. an die Servicefreundlichkeit eines Systems gestellt werden, zu prüfen sind. Dazu gehört auch das Vorhandensein von Diagnostikprogrammen, Speicherabzugsmöglichkeiten und Debugger. Es muss geprüft werden, ob diese Systemkomponenten vorhanden sind bzw. wie deren Logik dokumentiert ist.

Werkzeug

(engl. *tool*) Hilfsmittel zur automatisierten, insbesonders rechnerbasierten Unterstützung von Prozessen im Softwareentwicklungs- und Testprozess.

Whiteboxtest

Sammelbegriff für dynamische Testmethoden, bei der die Struktur des Testobjekts in Form von Anweisungen, Schleifen, Verzweigungen, Pfaden usw. Berücksichtigung finden. Der Whiteboxtest wird besonders im Modultest als *ablauforientierter Test* praktiziert (vgl. → *Strukturorientierter Test, Funktionsorientierter Test, Blackboxtest*).

Wirkung

Durch einen Testfall und die ihm zugeordneten Testeingabedaten wird bei einem Testobjekt eine genau definierte fachliche oder systemtechnische Wirkung hervorgerufen bzw. der gleiche Programmpfad durchlaufen. Ermitteln lassen sich Wirkungen z. B. durch die → *Ursache-Wirkungs-Analyse*. Beim datenorientierten Testen wird eine Wirkung in den seltesten Fällen ein einzelner Ausgabedatenwerte sein, sondern je nach Sichtweise und Abstraktionsniveau eine Kombination von Werten und Zuständen, die der Ausführung einer fachlichen oder systemtechnischen Funktion oder Aufgabe entsprechen.

Wrapper

[OO, *dt.* Hülle, Kapsel]. Als Wrapper bezeichnet man ein Objekt, welches Daten und Funktionalität kapselt. Angewendet werden Wrapper z. B. bei der Migration von Altsoftware, indem ein ganzes Programm, einzelne Moduln oder Prozeduren mit einer Objektdefinition umgeben werden, wobei die Funktionen dieser Komponenten als jeweils eine Methode zu definieren sind (vgl. → *Kapselung, Object Wrapping*).

Zufallstest

Sonderfall des → *statistischen Tests*, bei dem die Testdaten auf der Basis der Schnittstellenspezifikation durch eine *Gleichverteilung* generiert werden. Die Wirkungen bei den Testobjekten werden deshalb *zufällig* erzeugt. Die Effizienz von Zufallstests ist gegenüber nutzerorientierten statistischen Tests sehr gering.

Zusicherungen

[OO, *engl.* assertions] Zusicherungen garantieren an bestimmten Stellen im Programm bestimmte Eigenschaften bzw. Variablenzustände. Der *Entwurf durch Verträge* (*design by contract*) in der Sprache Eiffel kennt drei Zusicherungen: *Vorbedingungen* (→ *Anfangsbedingungen*), *Nachbedingungen* und *Invarianten.* Zusicherungen spielen bei der Unterklassenbildung in der OO und bei der formalen Programmverifikation eine wichtige Rolle. Sie werden oft in Form boolescher Ausdrücke angegeben.

Zustandsautomat

Der Test von Zustandsautomaten ist ein dynamisches funktionales Testverfahren, bei dem Testfälle aus einer Spezifikation abgeleitet werden können, die in Form eines Zustandsautomaten vorliegt. Als Testziel wird eine Überdeckung aller Zustandsübergänge gefordert, was jedoch ähnlich dem Zweigtest keinen vollständigen Test garantiert. Die Vorgehensweise beim Test von Zustandsautomaten kann nach Balzert in zwei Schritten geschehen: 1. *Definieren von Eingabesequenzen, die zum Startzustand zurückführen, wenn sie dort gestartet sind (bei zyklischen Automaten).* 2. *Für jeden Schritt in jeder Eingabesequenz den nächsten erwarteten Zustand, den erwarteten Zustandsübergang und die erwartete Ausgabe festlegen* [vgl. BAL98], S. 434). Dieses Testverfahren ist besonders für Klassen in der Objektorientierung geeignet, wenn ein Überlebenszyklus des Objekts vorhanden ist.

Zustandsgröße

[OO] Ein Objekt unterscheidet sich von anderen Objekten durch spezifische → *Attribute*, Zustandsgrößen und → *Operationen.* Attribute und Zustandsgrößen sind die Datenobjekte eines → *Objekts.* Während Attribute sich meist nur sporadisch ändern, beschreiben Zustandsgrößen den Zustand des Objekts, in dem es sich in einer bestimmten Zeit befindet. Z. B. repräsentiert das Attribut "*Anschrift*" einer Person einen Datenwert, der sich gewöhnlich sehr selten ändert, während die Zustandsgröße "Gewicht" gewissen Schwankungen in der Zeit unterliegt. Die Unterscheidung von Attributen und Zustandsgrößen wird häufig willkürlich vorgenommen. Oft werden alle Datenobjekte als Attribute bezeichnet.

Zustandsorientiertes Testen

Dynamisches funktionales Testverfahren, das besonders in der Objektorientierung beim Test von Klassen eingesetzt werden kann. Dabei wird eine → *Klasse* als endlicher Automat betrachtet, wobei die Zustände des Automaten implizit durch die → *Attribute* und → *Zustandsgrößen* definiert sind. Durch einen Methodenaufruf werden die Attribute und Zustandsgrößen verändert und folglich ein Zustandsübergang vollzogen. Beim Testen müssen nun viele dieser möglichen Zustandsübergänge durch Methodenaufrufe an Objekte ausgeführt und ihre korrekte Wirkung auf die Attribute und Zustandsgrößen geprüft werden (vgl. → *Zustandsautomat*).

Zuverlässigkeit

Nach DIN EN ISO 9000 : 2000-12 ist Zuverlässigkeit ein *"Zusammenfassender Ausdruck zur Beschreibung der Verfügbarkeit und ihrer Einflussfaktoren: Funktionsfähigkeit, Instandhaltbarkeit und Instandhaltungsbereitschaft"*. Kenngrößen der Zuverlässigkeit für Software sind z. B. die *Ausfallrate* (ROCOF): Anzahl der zu erwarteten Ausfälle pro Zeiteinheit (rate of occurence of failures) oder der *mittlerer Ausfallabstand* (MTBF): Mittelwert der Zeitspanne zwischen zwei Ausfällen (mean time between failures). Zuverlässigkeit ist eine stochastische Eigenschaft von Software. Sie wird immer durch die zeitliche Verteilung von Fehlerwirkungen bestimmt. Daraus resultiert, dass sich das Merkmal *Zuverlässigkeit* nicht allein über die vorhandene Restfehlerzahl bzw. die Fehlerdichte (Fehler/kLOC) ausdrücken lässt, sondern entscheident ist die Wahrscheinlichkeit, dass ein Fehlverhalten beim Nutzer der Software zum Tragen kommt. Ermittelt wird die *Zuverlässigkeit* durch statistisches Testen auf der Grundlage eines → *Nutzungsprofils*.

Zuverlässigkeitstest

Komponente des → *Systemtests*, in dem die → *Zuverlässigkeit* des Systems, die in den Leistungsanforderungen spezifiziert ist, nutzerorientiert getestet wird. Dieser Test umfasst darüberhinaus Aspekte der Sicherheit von Daten und Programmen nach unberechtigten Zugriffen oder Systemabstürzen und Aspekte der Robustheit der Anwendung. Die Prüfungen zur Robustheit beziehen sich im Allgemeinen auf die *Anwendung*, die *Basissoftware* und die *Hardware*. Der Test zur Ermittlung der Zuverlässigkeit muss auf der Basis eines → *Nutzungsprofils* durchgeführt werden, ansonsten stimmt die Testzuverlässigkeit nicht mit der späteren Betriebszuverlässigkeit überein, was den Test weitgehend wertlos macht.

Zuverlässigkeitswachstumsmodelle

(*engl.* reliability growth models) Grundgedanke ist, aus zurückliegenden Fehleraufzeichnungen auf das zukünftige Verhalten der Software schließen zu können. Zwei wichtige Annahmen dabei sind, dass der Test auf einem → *Nutzungsprofil* basiert und durch die laufende Beseitigung der → *Fehler* keine neuen Fehler entstehen. Dadurch nimmt die Zeit zwischen den Fehlern zu bzw. die → *Zuverlässsigkeit* wächst im Zeitverlauf. Fällt die Fehlerrate (→ *Ausfallrate*) exponentiell mit dem zeitlichen Auftreten der Fehler, dann gehorcht das Fehleraufkommen einem Poisson-Prozess, weshalb man Modelle zur Modellierung eines derartigen Prozesses auch Poisson-Modelle nennt. Mit Hilfe eines derartigen Modells und eines Schätzverfahrens lassen sich die *Gesamtfehlerzahl* und die → *Fehlerentdeckungsrate* und daraus die *kumulierte Anzahl Fehler*, die *Fehlerrate*, die *Restfehlerzahl* und die → *Zuverlässigkeit* für beliebige in die Zukunft gehende Testzeiten abschätzen.

Zweig

Gerichtete → *Kante* eines → *Kontrollflussgrafen*, der zwei → *Knoten* miteinander verbindet. Ein Zweig steht für einen möglichen Kontrollfluss zwischen zwei Anweisungen oder zwei Anweisungsblöcken.

Zweigüberdeckungstest

Dynamisches, kontrollflussorientiertes Testverfahren, welches die Überdeckung aller Zweige des → *Kontrollflussgrafen* eines → *Testobjekts* fordert. Der Zweigüberdeckungstest, der als minimales Testkriterium gilt, wird auch als *Entscheidungsüberdeckungstest* bezeichnet, weil jede Entscheidung mindestens einmal mit dem Wahrheitswert *„wahr"* und einmal mit *„falsch"* überdeckt wird. Um die Mängel des Zweigüberdeckungstests zu beseitigen, wurden von Myers der → *Bedingungsüberdeckungstest*, der → *Mehrfach-Bedingungsüberdeckungstest* und der → *Entscheidungs-/Bedingungsüberdeckungstest* eingeführt [MYE79].

Zyklomatische Zahl

Komplexitätskenngröße von McCabe, durch welche die minimale Anzahl von Testfällen aus einem Grafen abgeleitet werden kann. Die zyklomatische Zahl entspricht der Anzahl unabhängiger → *Pfade* eines → *Kontrollflussgrafen.*

Literaturverzeichnis

[AAG92] Aagaard, M., Leeser, M.: Verifying a logic synthesis tool in Nuprl: A case study in software verification. Proceedings of the 4th Workshop on Computer Aided Verification, 1992

[ACR79] Acree, A. T., Budd, R. A., DeMillo, R. J., Sayword, F. G.: Mutation Analysis, Tech. Rep. GIT-ICS-79/08, School of Inform. and Comp. Sci., Georgia Inst. of Technol., Atlanta GA, Sept. 1979

[ADA84] Adams, E. N.: Optimizing Preventive Service of Software Products, in: IBM J. Research and Development, Vol. 28, No. 1, 1984, pp. 2-14

[AGR93] Agrawal, H., Horgan, J., Krauser, E., London, S.: Incremental Regression Testing, Proc. Conf. Software Maintenace, 1993, pp. 348-357

[ALB85] Alberts, IEEE Software, Januar 1985, S. 83

[ALE01] Alexander, R. T.: Improving the Quality of Object-Oriented Programms, IEEE Software, Sept/Oct. 2001, pp. 90-91

[ALL76] Allen, F. E., Cocke, J.: A program data flow analysis procedure, in: Commun. Ass. Comput. Mach., Vol. 19, Mar. 1976

[AMM88] Amman, P. E., Brilliant, S. S., Knight, J. C.: Using multiple versions for verifications, in: Proc. NSIA Annual National Joint Conf. Software Quality and Reliability(March 1988), pp. 220-223

[ASA86] Asam, R., Drenkard, N., Maier, H.-H.: Qualitätsprüfung von Softwareprodukten, Siemens AG, 1986

[AVI75] Avizienis, A.: Fault-tolerance and fault-intolerance: complementary approaches to reliable computing, in: Proc. Int. Conf. Reliable Software, Los Angeles, CA, USA, April 1975

[AVI88] Avizienis, A., Lyu, M. R., Schulz, W.: In search of effective diversity: a six-language study of fault-tolerant flight control software, in: Proc. FTCS 18 (June 1988), pp. 15-22

[AVR95] Avritzer, A., Weyuker, E.: The Automatic Generation of Load Test Suites and the Assessment of the Resulting Software, in: IEEE Transaction on Software Engineering, Vol. 21, No. 9, Sept. 1995, pp. 705-715

[AVR96] Avritzer, A., Ros, J. P, Weyuker, E.: Reliability Testing of Rule-Based Systems, in: IEEE Software, Sept. 1996, pp. 76-82

[AZU85] Azuma, M., Sunazuka, T., Yamagishi, N.: Software Quality Assessment Technology, Proc. of 8th Int. Conf. on Software Engineering, London 1985, pp. 142-148

[BAL85b] Balzert, H.: Allgemeine Prinzipien des Software Engineering, Angewandte Informatik 1/85, Seiten 1-8

[BAL88] Balzert, H., Wix, B.: Softwarewartung, Angewandte Informatik Band 2, Wissenschaftsverlag, Mannheim/Wien/Zürich, 1988

[BAL90] Balzert, H.: Case, Systeme und Werkzeuge, Angewandte Informatik Band 7, 2. Auflage, Wissenschaftsverlag, 1990

[BAL98] Balzert, H.: Lehrbuch der Software-Technik, *Software-Management, Software-Qualitätssicherung, Unternehmensmodellierung.* Spektrum Akademischer Verlag, Heidelberg/Berlin, 1998

[BAR94] Barnard, J., Price, A.: Managing Code Inspection Information, in: IEEE Software (1994), Band 11, Nr. 2, pp. 59-69

[BAS84] Basili, V. R., Perricone, B. T.: Software Errors and Complexity: An Empirical Investigation, Comm. ACM, Jan. 1984, pp. 42-52

[BAS87] Basili, V. R., Selby, R. W.: Comparing the Effectiveness of Software Testing Strategies. IEEE Trans. Software Eng. SE-13 (1987), pp. 1278-1296

[BAS96] Basili, V. R., Green, S., Laitenberger, O., Lanubile, F., Shull, F., Soerumgaard, S., Zelkowitz, M.: The Empirical Investigation of Perspective-Based Reading. Empirical Software Engineering: An International Journal, 1(2), 133-164, 1996

[BAT93] Bates, S., Horwitz, S.: Incremental Program Testing Using Program Dependence Graphs. Proc. 20th ACM Symp. Principles of Programming Languages, Jan. 1993, pp. 384-396

[BAZ82] Bazzichi, E., Spadafora, I.: An automatic generator for compiler testing. IEEE Trans. Software Eng. SE-13 (1982), pp. 343-353

[BEC00] Beck, K.: eXtrem Programming – Das Manifest, Addison-Wesley Verlag, München, 2000

[BEC01] Becker, S. A., Mottay, F. E.: A Global Perspective on Web Site Usability, in: IEEE Software, Jan./Feb. 2001, pp. 54-61

[BEI88] Beierle, Ch., Olthoff, W., Voss, A.: Qualitätssicherung durch Programmverifikation und algebraische Methoden in der Softwareentwicklung, in: Informatik-Spektrum (1988) 11, pp. 292-302

[BEI94] Beizer, B.: Testing Technology – The growing Gap, in: American Programmer, Vol. 7, No. 4, April 1994, p. 9

[BEN88] Benedusi, P., Cimitile, A., Carlini, U., De: Post-Maintenace Testing Based on Path Change Analysis. Proc. Conf. Software Maintenance, 1988, pp. 352-361

[BER93] Berard, E.: Essays on Object-Oriented Software Engineering, Prentice Hall, 1993

[BEV89] Bevier, W. R., Hunt, Jr., W. A., Moore, J. S., Young, W. D.: An approach to systems verification. J. Autom. Reasoning 5 (4), pp. 411-418, 1989

[BIA94] Bias, R. G., Mayhew, D. J. eds.: Cost Justifying Usability, Harcourt Brace & Co., Boston, 1994

[BIF01] Biffl, S.: Lesetechniken für die Inspektion von Software-Anforderungs-dokumenten. Ein kontrolliertes Experiment zur Untersuchung der Effektivität und Verwendung von Zeit bei der Anwendung verschiedener Lesetechniken. In: Informatik Forsch. Entw. (2001) 16: pp. 145-158

[BIN94b] Binder, R.: Design for Testability in Object-Oriented Systems, in: Communications of the ACM, Sept. 1994

[BIN94c] Binder, R.: Object-Oriented Software-Testing - Introduction, in: Communications of the ACM, Sept. 1994

[BIN95] Binklely, D.: Reducing the Cost of Regression Testing by Semantics Guided Test Case Selection. Proc. Conf. Software Maintenance, Oct. 1995, pp. 251-260

[BIS86] Bishop, P. G., Esp, D. G., Barnes, M., Humphreys, P., Dahl, G., Lahti, J.: PODS – A project on diverse software, in: IEEE Trans. on Soft. Eng., Vol. 12 No. 9 (1986), pp. 929-940

[BIS87] Bishop, P. et al: STEM - A Project on Software Test and Evaluation Methods, Proc. of Achieving Safety and Reliability with Computer Systems, Ed. B.K. Daniels, Elsevier Applied Science, 1987, pp. 100-117

[BIS88] Bishop, P., Pullen, F. D.: PODS revisited – a study of software failure behaviour, in: Proc. FTCS 18 (June 1988), pp. 2-8

[BLA91] Blakely, F.W., Boles, M.E.: A Case Study of Code Inspections, in: Hewlett-Packard Journal, Oct. 1991, pp. 58-63

[BOE76] Boehm, B, Brown, J. R., Lipow, M.: Quantitative Evaluation of Software Quality Proc. of 2nd Int. Conf. on Software Engineering, 1976, pp. 592-605

[BOE81] Boehm, B.: Software Engineering Economics Prentice-Hall, 1981

[BOY75] Boyer, R. S., Elspas, B., Levitt, K. N.: SELECT – A formal system for testing and debugging programs by symbolic executation. Proceedings, 1975 International Conference on Realiable Software, IEEE, Long Beach, 1975, pp. 234 - 245

[BUC81] Buck, F. O.: Indicators of quality inspections. Kingston, 1981, IBM Technical Report No. 21.802

[BUD78] Budd, T. A., DeMillo, R. A., Lipton, R. J., Sayward, F. G.: Desing of a prototype muatation system for program testing. AFIPS Proc. 47, pp. 623-627 (1978)

[BUD79] Budd, T. A., DeMillo, R. A., Lipton, R. J., Sayward, F. G.: Mutation analysis. Technical Report No. 155 Department of Computer Science, Yale University (April 1979)

[BUD80] Budd, T. A., DeMillo, R. A., Lipton, R. J., Sayward, F. G.: Theoretical and empirical studies on using program mutation to test the functional correctness of programs, 7th ACM Symp. on Principles of Programming Languages, Las Vegas, January 1980, pp. 220-233

[BUS00] Buschmann, F.: Musterbasierte Softwareentwicklung: Komponentenintegration, ObjectSpectrum, Nov./Dez. 2000, S. 77-81

[CAM90] Camuffo, M., Maiocchi, M., Morselli, M.: Automatic software test generation. Inf. Software Technol. 32 (1990), pp. 337-347

[CAR90] Cardell-Oliver, R.: Formal verification of real time protocols using higher order logic. Technischer Bericht 206, Computer Labratory, Universität Cambridge 1990

[CHE79] Cheatham, T. E., Holloway, G. H., Townley, J. A.: Symbolic execution and the analysis of programs, in: IEEE Transactions on Software Engineering, Vol. 5, No. 4, April 1979, pp. 402-417

[CHE01] Chernak, Y.: Validating and Improving Test-Case Effectiveness, in: IEEE Software, January/February 2001, pp. 81-86

[CHO89] Choi, B. J., Mathur, A. P., Pattison, B.: pMothra: scheduling mutants for execution on a hypercube. Proc. ACM SIGSOFT ′89 3rd Symp. Soft. Testing, Analysis and Verification (TAV3), Key West, Florida, ACM Software Engineering Notes, Vol. 14, No. 8, December 1989, pp. 58-65

[CHR87] Christenson, D. A., Huang, S. T.: Code Inspection Management Using Statistical Control Limits, in: Proceedings National Communication Forum, Chicago 1987, pp. 1095-1101

[CLA76] Clarke, L. A.: A system to generate test data and symbolically execute programms, in: IEEE Transactions on Software Engineering, Vol. SE-2, 1976

[CLA79] Clarke, L. A.: Automatic Test Data Selection Techniques, in: Infotech State of the Art Report, Software Testing, Vol. 2: Invited Papers, 1979, pp. 43-63

[CLA82] Clarke, L. A., Hassel, J., Richardson, D. J.: A Close Look at Domain Testing, in: IEEE Transactions on Software Engineering, Vol. SE-8, No. 4, July. 1982, pp. 380-390

[CLA89] Clarke, L. A., Podgurski, A., Richardson, D. J., Zeil, S. J.: A Formal Evaluation of Data Flow Path Selection Criteria, in: IEEE Transactions on Software Engineering, Vol. 15, No. 11, Nov. 1989, pp. 1318-1332

[COB90] Cobb, R. H., Mills, H. D.: Engineering Software under Statistical Quality Control, in: IEEE Software, Nov. 1990, pp. 44-54

[CON74] Constantine, L. L., Myers, G. L., Stevens, W. P.: Structured Design, IBM Systems Journal, 13 (1974), Nr. 2, pp. 115-139

[COR95] Cornelissen, W., Klaassen, A., Matsinger, A., van Wee, G.: How to Make Intuitive Testing more Systematic, in: IEEE Software, Sept. 1995, pp. 87-89

[COW88] Coward, P. D.: A review of software testing, in: Information and Software Technology, Vol. 30, No. 3, April 1988, pp. 189-198

[COW91] Coward, P. D.: Symbolic execution and testing, in: Information and Software Technology, Vol. 33, No. 1, January/February 1991, pp. 53-64

[DAH79] Dahll, G., Lahti, J.: An investigation of methods for production and verification of highly reliable software, in: Proc. SAFECOMP ´79, Pergamon Press, 1979

[DAL88] Dalal, S.R., Mallows, C.L.: When Should One Stop Testing Software?, in: J. American Statistical Assoc., Vol. 83, No. 403, 1988, pp. 872-879

[DAR83] Darlington, J. L.: The Role of Verification and Testing in Software Development, in: Wilson, D. R., van Spronson, C. J. (eds.): Proc. EUROMICRO83. Amsterdam: North-Holland, 1983

[DAY85] Day, J. D., Gannon, J. D.: A test oracle bases on formal specifications. Softfair Conf. on Software development Tools, Techniques and alternatives ´85, San Francisco, pp. 126-130 (1985)

[DEM78a] DeMillo, R. A., Lipton, R. J., Sayward, F. G.: Hints on test data selection: Help for the practicing programmer, IEEE Comp., Vol. 11, No. 4, April 1978, pp. 34-41

[DEM78b] DeMillo, R. A., Lipton, R. J., Sayward, F. G.: Program Mutation: A new Approach to Program Testing, in: Software Testing, Infotech State of the Art Report, Vol. 2, Maidenhead 1979, pp. 107-128

[DEM81] DeMillo, R. A., Lipton, R. J., Sayward, F. G.: Hints on test data selection: Help for the practicing programmer, in: Tutorial: Software Testing and Validation Techniques, IEEE Computer Society Press, New York 1981, pp. 321-329

[DEM87] DeMillo, R. A., McCracken, W. M., Martin, R. J., Passafiume, J. F.: Software Testing and Evaluation, The Benjamin/Cummings Publishing Company, Menlo Park, 1987

[DEM90] DeMillo, R. A., Krauser, E. W., Mathur. A. P.: An approach to compiler-integrated software testing, in: Technical Report SERC-TR-71-P, Software Engineering Research Center, Purdue University and University of Florida, April 1990

[DEU82] Deutsch, M. S.: Software Verification and Validation. Prentice-Hall 1982

[DEU96a] Deutsche Telekom AG: Südwestpresse, 11. Januar 1996

[DEU96b] Deutsche Telekom AG: Leitfaden „Test von IV-Anwendungen“ (24AB72), Ausgabe 2, Bonn, 1996

[DEU96c] Deutsche Telekom AG: Vorgehensmodell der Deutschen Telekom zur Entwicklung und Instandhaltung von Informationssystemen (VM-Basis Version 1.02), Entwicklungszentrum Nord, 1996

[DGQ86] DGQ: Softwarequalitätssicherung, DGQ -NTG-Schrift Nr. 12-51, VDE Verlag, 1986

[DHA93] Dhanjal, S., Fink, R.: Safety Analysis of Clinical Laboratory Systems, in: Gorski, J.: SAFECOMP ´93, Springer-Verlag, London 1993

[DIJ73] Dijkstra, E. W.: A Simple Axiomatic Basis for Programming Language Constructs, in: EWD 372, Techn. Univ. Eindhoven, 1973

[DIJ75] Dijkstra, E. W.: Correctness and, among other things, why they are resented, in: SIGPLAN Notices, Vol. 10, No. 6, Proc. Int. Conf. on Reliable Software, Los Angeles, 21. bis 23. April 1975, pp. 546-550

[DOO94] Dong, R.-K., Frankl, P. G.: The ASTOOT Approach to Testing Object-Oriented Programs, in: ACM Transactions on Software Engineering and Methodology, 1994

[DOR93] Dormann, M.: Unit Testing of C++ Objects, in: EuroSTAR ´93 Software Testing, Analysis & Review, 1993

[DRA87] Drake, H. D., Wolting, D. E.: Reliability Theory Applied to Software Testing, Hewlett Packard J., April 1987, pp. 35-39

[DUN90] Duncan, I. M. M., Robson, D. J.: Ordered mutation testing. ACM SigSoft Software Engineering Notes, Vol. 15, No. 2, April 1989, pp. 29-30

[DUN92] Duncan, I. M. M., Robson, D. J.: Parametrized mutation testing. J. Soft. Testing, Verification and Reliability, Vol. 1, No. 4, January-March 1992, pp. 3-16

[DUR84] Duran, J. Ntafos, S.: An Evaluation of Random Testing, IEEE Trans. on Software Eng., Vol. SE-10, No. 4, July 1984, pp. 438-444

[EHR85] Ehrenberger, W.: Statistical Testing of Real-Time Software, in: Verification and Validation of Real-Time Software, Ed. W.I. Quirk, Springer, 1985 (book)

[EHR93] Ehrlich, W., Prasanna, B., Stampfel, J., Wu, J.: Determining the Cost of a Stop-Test Decision, in: IEEE Software, March 1993, pp. 33-42

[EHR02] Ehrenberger, W.: Software-Verifikation – Verfahren für den Zuverlässigkeitsnachweis von Software, Carl Hanser Verlag, München/Wien, 2002

[ELB02] Elbaum, S., Malishevsky, A.G., Rothermel, G.: Test Case Prioritization: A Family of Empirical Studies, IEEE Trans. on SE, Vol. 28. No. 2, Feb. 2002, pp. 159-182

[ELM72] Elemendorf, W. R.: Fault tolerant programming, in: Proc. 2nd Int. Sympos. Fault-Tolerant Computing (FTCS´2), June 1972

[END75] Endres, A. B.: An analysis of errors and their causes in systems programs, in: IEEE Transactions on Software Engineering, Vol. SE-1, No. 2, June 1975, pp. 140-149

[END84] End, W., Gotthardt, H., Winkelmann, R.: Softwareentwicklung Siemens AG 1984

[FAG86] Fagan, M.: Advances in Software Inspections IEEE Transactions on Software Engineering, SE-12, No. 7, 1986, pp. 744-751

[FAI85] Fairly, R.: Software Engineering Concepts. McGraw Hill, 1985

[FAR95] Farr, W.: Software Reliability Modeling Survey, in: Lyu, M. R. (Hrsg.): Handbook of Software Reliability Engineering. McGraw-Hill, New York, 1995, pp.71-117

[FER01] Ferre', X., Juristo, N., Windl, H., Constantine, L.: Usability Basics for Software Developers, in: IEEE Software, Jan./Feb. 2001, pp. 22-29

[FIS75] Fischler, M. A. *et. al.*: Distinct software: an approach to reliable computing, in: Proc. 2nd USA-Japan Computer Conf., 1975

[FIS77] Fischer, K. F.: A Test Case Selection Method for the Validation of Software Maintenance Modifications. Proc. COMPSAC '77, Nov. 1977, pp. 421-426

[FIS81] Fischer, K. F., Raji, F., Chruscicki, A.: A Methodology for Retesting Modified Software. Proc. Nat'l Telecommunications Conf. B-6-3, Nov. 1981, pp.1-6

[FLA01] Flagmeyer, U.: Testen und Monitoring von M-Commerce-Anwendungen Objektspektrum, Mai/Juni 2001, S. 18-22

[FLO67] Floyd, R.: Assigning Meanings to Programs Proc. Symp. Appl. Math. 19, Am. Math. Soc., 1967, pp. 19-32

[FOS76] Fosdick, L. D., Osterweil, L. J.: Data flow analysis in software reliability, in: ACM Comput. Surveys, Vol. 8, pp. 305-330

[FOS80] Foster, K.: Error sensitive test case analysis, IEEE Trans. Software Eng., Vol. 6, No. 3, May 1980, pp. 258-264

[FOW00] Fowler, F., Scott, K.: UML konzentriert. Eine strukturierte Einführung in die Standard-Objektmodellierungssprache, 2. Auflage, Addison-Wesley, 2000

[FRA88] Frankl, P. G., Weyuker, E, J.: An Applicable Family of Data Flow Testing Criteria, in: IEEE Transactions on Software Engineering, Vol. 14, No. 10, Oct. 1988, pp. 1483-1498

[FRA93a] Frankl, P. G., Weyuker, E, J.: Provable Improvements on Branch Testing, in: IEEE Transactions on Software Engineering, Vol. 19, No. 10, Oct. 1993, pp. 962-975

[FRA93b] Frankl, P. G., Weiss, S. N.: An Experimental Comparison of the Effectiveness of Branch Testing and Data Flow Testing, IEEE Transactions on Software Engineering, Vol. 19, No. 8, Aug. 1993, pp. 774-787

[FRA93c] Frankl, P. G., Weyuker, E, J.: A Formal Analysis of the Fault-Detecting Ability of Testing Methodes, in: IEEE Transactions on Software Engineering, Vol. 19, No. 3, Mar. 1993, pp. 202-213

[FRA98] Frankl, P. G., Hamlet, R. G., Littlewood, B., Strigini, L.: Evaluating Testing Methods by Delivered Reliability, in: IEEE Transactions on Software Engineering, Vol. 24, No. 8, August 1998, pp. 586-601

[GAN79] Gannon, C.: Error Detection Using Path Testing and Static Analysis, in: Computer, August 1979, pp. 26-31

[GAR84] Garvin, D. A.: What does Product Quality Really Mean? Sloan Management Review, Fall 1984, pp. 25-43

[GAR95] Garlan, D., Allen, R., Ockerbloom, J.: Why it´s hard to build systems out of existing parts, in: Proceeding of 17th International Conference on Software Engineering (IEEE), Computer Society Press, Los Alamitos, CA., 1995

[GEW82] Gewald, K., Haake, G., Pfadler, W.: Software Engineering, Grundlagen und Technik rationaler Programmentwicklung. Oldenbourg Verlag München/Wien, 1982, S. 169.

[GIL74] Gilb, T.: Parallel Programming, in: Datamation Vol. 20, No. 10, 1974

[GIL77] Gilb, T.: Software metrics. Winthrop, Cambridge, MA, USA (1977)

[GIL93] Gilb, T., Graham, D.: Software Inspection, Reading, MA: Addison-Wesley, 1993

[GIR86] Girgis, M. R., Woodward, M. R.: An Experimental Comparison of the Error Exposing Ability of Program Testing Criteria, in: Proc. Workshop on Software Testing, July 1986, pp. 64-73

[GLU98] Glunz, W., Zimmerer, P.: Testwerkzeuge für C++, in: Objektspektrum, Januar/Februar 1998, S. 26-32

[GOO75] Goodenough, J. B., Gerhart , S, L.: Toward a Theory of Test Data Selection, in: IEEE Transactions on Software Engineering, Vol. SE-1, No. 2, March 1975

[GOO77] Goodenough, J. B., Gerhart , S, L.: Toward a Theory of Testing: Data Selection Criteria, in: Current Trends in Programming Methodology, Vol. 2, R. T. Yeh, Ed. Englewood Cliffs, NJ, Prentice-Hall, 1977, pp. 44-79

[GOU83] Gourlay, J. A.: A Mathematical Framework for the Investigation of Testing, in: IEEE Trans. Software Engineering, Vol. 9, No. 6, Nov. 1983, pp. 686-709

[GRA90] Grams, T.: Denkfallen und Programmierfehler, Springer-Verlag, 1990

[GRA92] Grams, T.: Denkfallen beim objektorientierten Programmieren, in: Informationstechnik it, 34 (1992) 2, Oldenbourg Verlag, pp. 102-112

[GUP92] Gupta, M. J., Harrold, J., Soffa, M. L.: An Approach to Regression Testing Using Slicing. Proc. Conf. Software Maintenance, Nov. 1992, pp. 299-308

[GUT91] Gutjahr, W.: Software-Testen mit Zufallszahlen: Eine Effizienzbewertung. Z. Stat. Inf. 21 (1991), S. 57-70

[GUT93] Gutjahr, W.: Automatische Testdatengenerierung zur Unterstützung des Softwaretests, in: Informatik Forschung und Entwicklung (1993) 8, 128-136

[HAB93] Habermann, H.-J., Leymann, F.: Repository, Handbuch der Informatik Band 8.1, Oldenbourg Verlag, München/Wien 1993

[HAM88] Hamlet, R., Taylor, R.: Partition testing does not inspire confidence, in: Proc. 2nd Workshop on Software Testing, Varification, and Analysis, July 1988, pp. 206-215

[HAM90] Hamlet, R., Taylor, R.: Partition Testing Does Not Inspire Confidence, in: IEEE Transactions on Software Engineering, Vol. 16, No. 12, Dec. 1990, pp. 1402-1411

[HAN76] Hantler, S. I., King, J. C.: An indroduction to proving the correctness of programs, in: Comput. Surv., Vol. 18, No. 3, 1976, pp. 331-353

[HAR88] Harrold, M. J., Soffa, M. L.: An Incremental Approach to Unit Testing During Maintenance. Proc. Conf. Software Maintenance, Oct. 1988, pp. 362-367

[HAR89] Harrington, P.: Applying Customer-Oriented Quality Metrics, in: IEEE Software, Nov. 1989, pp. 71-74

[HAR89a] Harrold, M. J., Soffa, M. L.: An Incremental Data Flow Testing Tool. Proc. Sixth Int'l Conf. Testing Computer Software, May 1989

[HAR89b] Harrold, M. J., Soffa, M. L.: Interprocedural Data Flow Testing. Proc. Third testing, Analysis and Verification Symp., Dec. 1989, pp. 158-167

[HAR90a] Hartmann, J., Robson, D. J.: RETEST – Development of a Selective Revalidation Prototyp Environment for Use in Software Maintenance, Proc. 23rd Hawaii Int. Conf. System Sciences, Jan. 1990, pp.92-101

[HAR92] Harrold, M. J., McGregor, J. D., Fitzpatrick, K. J.: Incremental Testing of Object-Oriented Class Structures, in: Proc. of the 14th International Conference on Software Engineering, 1992

[HAR01] Harrold, M. J., Rosenblum, D., Rothermel, G., Weyuker, E.: Empirical Studies of a Prediction Modell for Regressions Test Selection, IEEE Trans. on SE, Vol. 27, No. 3, Mar. 2001, pp. 248-263

[HAU87] Hausen, H. L., Müllerburg, M., Schmidt, M.: Über das Prüfen, Messen und Bewerten von Software. Methoden und Techniken der analytischen Softwarequalitätssicherung, in: Informatik Spektrum 10/1987, S. 123-144

[HED85] Hedley, D., Hennell, M. A.: The causes and effects of infeasible paths in computer programs. Proc. 8th Int. Conf. on Soft. Eng., London 1985, 259-266

[HEI94] Heisel, M., Weber-Wulff, D.: Korrekte Software: Nur eine Illusion? In: Informatik Forsch. Entw. (1994) 9: pp. 192-200

[HEM77] Hemm, R.: Zur systematischen Entwicklung langlebiger Programme. Diss. Aachen, 1977

[HEN76] Hennell, M. A., Hedley, D., Woodward, M. R.: Experience with an Algol 68 numerical algorithms testbed, in: Proceedings of the Symposium on Computer Software Engineering, Polytechnic Press, New York, April 1976, pp. 457-463

[HER76] Herman, P. M.: A Data Flow Analysis Approach to Program Testing, in: The Australian Computer Journal, Vol. 3, No. 3, Nov. 1976, pp. 92-96

[HES97] Hesse, W.: Wie evolutionär sind die objektorientierten Analysemethoden? Ein kritischer Vergleich, in: Informatik Spektrum 20, 1997, pp. 21-28

[HOA69] Hoare, C.: An Axiomatic Baisis for Computer Programming Communications of the ACM, Vol. 12, No. 10, 1969, pp. 576-584

[HOB95] Hobley, K., Jesty, P.: Analysis and Assessment of Advanced Road Transport Telematic Systems, in: Rabe, G.: SAFECOMP ´95, Springer-Verlag, London 1995

[HOF95] Hoffmann, D., Strooper, P.: The Testgraph methodology: Automated testing collection classes, in: Journal of Object-Oriented Programming, Nov. 1995

[HOH98a] Hohler, B.: Qualitätsmanagement der Software, in: Masing, W. (Hrsg.) Handbuch des Qualitätsmanagement. 4. Auflage, Hanser Verlag, München/Wien, 1998

[HOH98b] Hohler, B., Villinger, U.: Normen und Richtlinien zur Prüfung und Qualitätssicherung von Steuerungssoftware, in: Informatik-Spektrum 21 (1998), S. 63-72

[HOR91] Horgan, J. R., London, S.: Data Flow Coverage and the C Language, in: Proc. Symp. Testing, Analysis, and Verification (TAV4), Vancouver/Canada, Oct. 1991, pp. 87-97

[HOR92] Horgan, J. R., London, S.: A Dataflow Coverage Testing Tool for C, Proc. Symb. on Assessment of Quality Software Development Tools, IEEE CS Press, Los Alamitos, Calif., Order No. 2620, 1992, pp. 2-10

[HOR94] Horgan, J. R., London, S., Lyu, M. R.: Achieving Software Quality with Testing Coverage Measures, in: Computer, Sept. 1994, pp.60-69

[HOW76] Howden, W. E.: Reliability of path analysis testing strategy, IEEE Transactions on Software Engineering, Vol. SE-2, 1976, pp. 208-215

[HOW77] Howden, W. E.: Symbolic Testing and the DISSECT Symbolic Evaluation System, IEEE Transactions on Software Engineering, Vol. SE-3, July 1977, pp. 266-278

[HOW78a] Howden, W. E.: An Evaluation of the Effectiveness of Symbolic Testing, in: Software – Practice and Experience, Vol. 8, 1978, pp. 381-397

[HOW78b] Howden, W. E.: Theoretical and Empirical Studies of Program Testing, in: IEEE Transactions on Software Engineering, Vol. SE-4, July 1978, pp. 293-298

[HOW78c] Howden, W. E.: Theoretical and Empirical Studies of Program Testing, in: Proceedings of the 3rd International Conference on Software Engineering, Atlanta, May 1978, pp. 235-243

[HOW78d] Howden, W. E.: Algebraic program testing, Acta Informatica, Vol. 10, No. 1, 1978, pp. 53-66

[HOW80a] Howden, W. E.: Functional Program Testing, in: IEEE Transactions on Software Engineering, Vol. SE-6, No. 2, March 1980, pp. 162-169

[HOW81] Howden, W. E.: A Survey of Dynamic Analysis Methodes, in: Software Testing and Validation Techniques, IEEE Computer Society Press, New York 1981, pp. 209-231

[HOW81a] Howden, W. E.: A Survey of Static Analysis Methodes, in: Tutorial: Software Testing and Validation Techniques, IEEE Computer Society Press, New York 1981, pp. 101-115

[HOW81b] Howden, W. E.: Completeness Criteria for Testing Elementary Program Functions, in: Proc. 5. International Conf. on Software Engineering, March 1981, pp. 235-243

[HOW82] Howden, W. E.: Weak Mutations Testing and Completeness of Test Sets, in: IEEE Transactions on Software Engineering, Vol. SE-8, No. 4, July 1982, pp. 371-379

[HOW86] Howden, W. E.: A Functional Approach to Program Testing and Analysis, in: IEEE Transactions on Software Engineering, Vol. SE-12, No. 10, Oct. 1986, pp. 997-1005

[HOW87] Howden, W. E.: Functional Program Testing and Analysis. New York, McGraw-Hill Book Company, 1987

[HUN95] Hunt, N.: Unit Testing, in: Journal of Object-Oriented Programming, Feb. 1995

[HUS87] Hussmann, H.: The Passau RAPsystem: Rapid prototyping for algebraic specifications, in: Brandenburg, F. J., Vidal-Naquet, G., Wirsing, M. (eds.) STACS87 (Lect. Notes Comput. Sci., vol. 247, pp. 475-476 Berlin, Heidelberg, New York, Springer Verlag, 1987

[IBM89] IBM COBOL Structural Facility, User´s Guide and Reference.
IBM-Form SC34-4080-03

[IBM01] IBM, „Cost Justifying Ease of Use“,
www-3.ibm.com/ibm/easy/eou_ext.nsf/Publish/23 (current 05.01.2001)

[INF78a] Proceedings Infotech State of the Art Conf. on *Program testing*, London (Sept. 1978)

[INF78b] Proceedings Infotech State of the Art Tutorial on *Advances in testing technology*, London (Sept. 1978)

[INF79a] Infotech State of the Art Report *Software Testing*, Volume 1: Analysis and Bibliography, 1979

[INF79b] Infotech State of the Art Report *Software Testing*, Volume 2: Invited Papers, 1979

[ITS97] Entwicklungsstandard für IT-Systeme des Bundes, Vorgehensmodell, Teil 3: Handbuchsammlung, Sicherheit und Kritikalität, Juni 1997

[JAC92] Jacobson, I., Christerson, M., Jonsson, P., Övergaard, G.: Object-Oriented Software Engineering: A Use Case Driven Approach. Addison-Wesley, 1992

[JAC95] Jacobson, I., Christerson, M., Jonsson, P., Övergaard, G.: ´The Use-Case Construct on Object-oriented Software Engineering, in Scenario-based Design, Ed. J. Caroll, JohnWiley & Sons, NY, 1995

[JAC99] Jacobson, I., Booch, G., Rumbaugh, J.: The Unified Software Development Process. Addison-Wesley, 1999

[JEN89] Jeng, B., Weyuker, E. J.: Some Observations on Partition Testing, in: Proceedings of the ACM SIGSOFT ´89 Third Symposium on Software Testing, Analysis, and Verification (TAV3), Key West, Dec. 1989, pp. 38-47

[JON91] Jones, C.: Applied Software Measurement – Assuring Productivity and Quality. McGraw-Hill 1991

[JÜT95] Jüttner, P., Zimmerer, P., Naumann, U., Kolb, S.: Integration Testing of Object-Oriented Software, in: Proc. 18th International Software Quality Week, Mai 1995

[KEL88] Kelly, J., Eckhardt, D., Caglayan, A., Knight, J., McAllister, D., Vouk, M.: A large scale second generation experiment in multi-version software: description and early results, in: Proc. FTCS 18 (June 1988), pp. 9-14

[KEN77] Kennedy, K. W., Zucconi, L.: Apllications of a graph grammar for program control flow analysis, in: Conf. Rec. Fourth ACM Symp. Principles of Programming Languages, Los Angeles, CA, Jan. 1977

[KES92] Kessaris, J.: Ein Modell zur white-box Analyse und zum strukturellen Testen imperativer Programme, in: Informatik Forsch. Entw. 7 (1987), pp. 191-202

[KIN76] King, J. C., Symbolic execution and program testing, in: CACM, Vol. 19, July 1976

[KIR94] Kirani, S., Tsai, W. T.: Specification and Verification of Object-Oriented Programs, Masters thesis, University of Minnesota, MN 55455, Dec. 1994

[KIS80] Kishida, K.: Techniques of C1-Coverage Analysis, in: Software Research Associates (Hrsg.): Testing Techniques Newsletter, Vol. 3, No. 3, 1980, pp. 4-5

[KOR90] Korel, B.: Automated software test data generation. IEEE Trans. Software Eng. SE-16 (1990), pp. 870-879

[KRÜ90] Krüger, M.: Testen von Software als analytische Maßnahme der Softwarequalitätssicherung. Dissertation zur Erlangung des Doktorgrades Dr. rer. nat. der Fakultät für Naturwissenschaft und Mathematik der Universität Ulm, 1990

[KUN79] Kundu, S.,: SETAR – A new Approach to Test Case Generation, in: Software Testing, Infotech Int. Ltd., State of the Art Rep., 1979, pp. 163-186

[LAI00] Laitenberger, O.: Cost-effective Detection of Software Defects through Perspective-based Inspections. PhD thesis, University of Kaiserslautern, Germany, www.iese.fhg.de, May 2000

[LAS83] Laski, J. W., Korel, B.: A Data Flow Oriented Program Testing Strategy, in: IEEE Transactions on Software Engineering, Vol. SE-9, No. 3, May 1983, pp. 347-354

[LAS92] Laski, J., Szermer, W.: Identification of Program Modifications and its Applications in Software Maintenance, Proc. Conf. Software Maintenance 1992, Nov. 1992, pp. 282-290

[LEE90] Lee, J. A. N., He, X.: A Methodology for Test Selection, The J. Systems and Software, Vol. 13, No. 1, Sept. 1990, pp. 177-185

[LEH92] Lehmann, M.: Produkt- und Produzentenhaftung bei integrierter Produktion, in: Information als Produktionsfaktor. GI-Jahrestagung, Karlsruhe, pp. 133-147, Springer 1992

[LEU90] Leung, H. K. N., White, L. J.: A Study of Integration Testing and Software Regression at the Integration Level. Proc. Conf. Software Maintenance, Nov. 1990, pp. 290-300

[LEU90a] Leung, H. K. N., White, L. J.: Insights into Testing and Regression Testing Global Variables, J. Software Maintenance, Vol. 2, Dec. 1990, pp. 209-222

[LEU91] Leung, H. K. N., White, L. J.: A Cost Modell to Compare Regression Test Strategie, Proc. Conf. Software Maintenance 1991, Oct. 1991, pp. 201-208

[LIG89] Liggesmeyer, P.: TensorC, TensorM, TensorP – Werkzeuge zur Testunterstützung, in: CASE – Systeme und Werkzeuge, Bibliographisches Institut Mannheim 1989, S. 381-396

[LIG90] Liggesmeyer, P.: Modultest und Modulverifikation, State of the Art. BI Wissenschaftsverlag, Mannheim/Wien/Zürich, 1990

[LIG94a] Liggesmeyer, P.: Eine Methode zur Konstruktion von Prüfstrategien für Software, in: Informatik Forschung und Entwicklung (1994) 9, S. 82-92, Springer-Verlag, 1994

[LIG94b] Liggesmeyer, P.: Software-Komplexitätsmetriken zur Testunterstützung, in Informatik Forsch. Entw. 9/1994, S. 153-166

[LIG96] Liggesmeyer, P., Rüppel, P.: Die Prüfung von objektorientierten Systemen, in: OBJECTspektrum November/Dezember 1996 Nr. 6, pp. 68-78

[LIN94] Linger, R. C.: Cleanroom Process Modell, in: IEEE Software, März 1994, pp. 50-58

[LOO88] Loo, P. S., Tsai, W. T.: Random testing revisited. Inf. Software Technol. 30 (1988), pp. 402-417

[MAC93] MacLeod, J. M.: Implementing and Sustaining a Software Inspection Program in an R&D Environment, in: Hewlett-Packard Journal 1993, No. 6, pp. 60-63

[MAL95] Malevris, N.: A path generation method for testing LCSAJs that restrains infeasible paths, in: Information and Software Technology, 1995, Vol. 37, No. 8, pp. 435-441

[MAT88] Mathur, A. P., Krauser, E. W.: Modeling mutation on a vector processor. Proc. 10th Int. Conf. Soft. Eng. Singapore, IEEE Computer Society, April 1988, pp. 154-161

[MAT94] Mattison, R.: The Object-oriented Enterprise, McGraw-Hill, New York, 1994, pp. 351-372

[MAX96] Maxwell, K. D., Wassenhove, L. V., Dutta, S.: Software Development Productivity of European Space, Military, and Industrial Applications, in: IEEE Transactions on Software Engineering, Oct. 1996, pp. 706-718

[MAY90] Mays, R.G., Jones, C.L., Holloway, G.J., Studinski, D.P.: Experiences with Defect Prevention, in: IBM Systems Journal, Vol. 29, No. 1, 1990, pp.4-32

[MAY94] Mayrhauser, A. von, Mraz, R. T., Walls, J.: Domain Based Regression Testing. Proc. Conf. Software Maintenance, Sept. 1994, pp. 26-35

[McC76] McCabe, T.: A Complexity Measure IEEE Transactions on Software Engineering, SE-2, No. 4, 1976, pp. 308-320

[McC77] McCall, J. A., Richards, P. K., Walters, G. F.: Factors in Software Quality, Vol. 1-III, Rome Air Development Center 1977

[McG94] McGregor, J., Korson, T. D.: Integrated Object-Oriented Testing and Development Process, in: Communications of the ACM, Sept. 1994

[MEG81b] van Megen, R., Bons, H.: Ermittlung und Verwendung von quantitativer Angaben zur Bewertung der Qualität von Softwareprodukten, in: Brauer, W. (Hrsg.): GI-11. Jahrestagung. Informatik-Fachberichte 50. München 1981, S. 144-159

[MER99] Merz, M., Tu, T., Lamersdorf, W.: Electronic Commerce - Technologische und organisatorische Grundlagen, Informatik-Spektrum, 22. Okt. 1999

[MEY89] Meyer, B.: From Structured Programming to Object-Oriented Design: The Road to Eiffel. Structured Programming (1989) 1, pp. 19-39

[MEY01] Meyerhoff, D. B.: Performance-Test für E-Business-Anwendungen, Softwaretechnik-Trends, Band 21 Heft 1, Februar 2001, S. 15-16

[MIL72] Mills, H.: On the statistical validation of computer programs IBM Report FSC72-6015, FSDI, 1972

[MIL80] Miller, E.: Software testing seminar. Software Research Associates, San Francisco, 1980

[MIL87] Mills, H. D., Dyer, M., Linger, R. C.: Cleanroom Software Engineering, in: IEEE Software, Sept. 1987

[MIL01] Miller, K.W.: A Modest Proposal for Software Testing IEEE Software, March/April 2001, pp. 98-100

[MIZ83] Mizumo, Y.: Software Quality Improvement IEEE Computer, March 1983, pp. 66-72

[MOR90] Morell, L. J.,: A theory of fault-based testing. IEEE Trans. Software Eng. SE-16 (1990), pp. 844-857

[MUR94] Murphy, G., Townsend, P., Wong, P.: Exponences with cluster and class testing, in: Comm. of ACM, Vol. 37, No. 9, Sept. 1994

[MUS71] Musa, J. D.: A Theory of Software Reliability and ist Application, in: IEEE Transactions on Software Engineering, Vol. SE-1, 1971, pp. 312-327

[MUS87] Musa, J. D., Iannino, A, Okumoto, K.: Software Reliability: Measurement, Prediction, Application. McGraw-Hill, New York, 1987

[MUS89] Musa, J. D., Ackermann, A. F.: Quantifying Software Validation: When to Stop testing? In: IEEE Software, May 1989, pp. 19-27

[MUS90] Musa, J. D., Everett, W. W.: Software-Reliability Engineering: Technology for the 1990s, in: IEEE Software, Nov. 1990, pp. 36-42

[MUS95] Musa, J. D., Fuoco, G., Irving, N., Kropfl, D., Juhlin, B.: The Operational Profile, in: Lyu, M. R. (Hrsg.): Handbook of Software Reliability Engineering. McGraw-Hill, New York, 1995, pp.167-216

[MYE75] Myers, G. J.: Reliable Software Through Composite Design. Petrocelli/Charter, New York, 1975

[MYE79] Myers, G. J.: The Art of Software Testing, John Wiley, New York, 1979

[MYE91] Myers, G.J.: Methodisches Testen von Programmen, 4. Auflage. Oldenbourg Verlag, München/Wien, 1991

[NEU95] Neumann, H. A.: Objektorientierte Entwicklung von Software-Systemen - Konzepte, Notationen, Einführung in die praktische Anwendung. Addison-Wesley Verlag, 1995

[NIE93] Nielsen, J.: Usability Engineering, AP Professional, Boston, Mass., 1993

[NIE99] Nielsen, J.: Web Research: Believe the Data, Alertbox, 11. Juli 1999 www.useit.com/alertbox/990711.html (current 3 Jan. 2001)

[NTA81] Ntafos, S. C.: On Testing with Required Elements, in: Proceedings of compsac 81, The IEEE Computer Society's 5th International Computer Software & Applications Conference, Chicago, November 1981, pp. 132-139

[NTA84a] Ntafos, S. C.: On Required Element Testing, in: IEEE Transactions on Software Engineering, Vol. SE-10, No. 6, Nov. 1984, pp. 795-803

[NTA84b] Ntafos, S. C.: An Evaluation of Required Element Testing Strategies, in: Proceedings of the 7th International Conference on Software Engineering, Orlando, March 1984, pp. 250-256

[NTA88] Ntafos, S. C.: A Comparison of Some Structural Testing Strategies, in IEEE Transactions on Software Engineering, Vol. SE-14, No. 6, June 1988, pp. 868-874

[ODO02] O'Donnel, B.: E-Business im Web: Informationsarchitektur als Schlüsselkonzept, ObjektSpektrum, 2/2002, pp. 60-63

[OFF94] Offutt, A. J., Lee, S. D.: An Empirical Evaluation of Weak Mutation, in: IEEE Transactions on Software Engineering, Vol. 20, No. 5, May 1994, pp. 337-344

[OST88] Ostrand, T. J., Weyuker, E. J.: Using Dataflow Analysis for Regression Testing, Conf. Sixth Ann. Pacific Northwest Software Quality Conf., Sept. 1988, pp. 233-247

[OVE96] Overbeck, J.: Objektorientiertes Testen und Wiederverwendbarkeit, in: Test, Analyse und Verifikation von Software. Aus der Arbeit der Fachgruppe 2.1.7 Test, Analyse und Verifikation von Software (TAV) der Gesellschaft für Informatik (GI), Oldenbourg Verlag, München/Wien, 1996.

[PAN81] Panzl, D. J.: A method for evaluation software development techniques, in: J. Syst. Soft., Vol. 2 (1981), pp. 133-137

[PAR93a] Parrish, A. S., Zweben, S. H.: Clarifying Some Fundamental Concepts in Software Testing, in: IEEE Trans. On Sofware Engineering, Vol. 19, No. 7, July 1993, pp. 742-746

[PAR93b] Parrish, A. S., Cordes, D., Borie, R.: Development Testing of Abstract Data Types, in: The 17th Annual International Computer Software & Applications (COMPSAC 93), 1993

[PEL96] Pelkmann, U.: Testen von OO-Programmen aus der Sicht der Praxis, in: Test, Analyse und Verifikation von Software. Aus der Arbeit der Fachgruppe 2.1.7 Test,

Analyse und Verifikation von Software (TAV) der Gesellschaft für Informatik (GI), Oldenbourg Verlag, München/Wien, 1996.

[PER90] Perry, E., Kaiser, G. E.: Adequate Testing and Object-Oriented Programming, in JOOP, Januar 1990

[PIZ84] Pizzarello, A.: Development and maintenance of large software systems. Belmont: Lifetime Learning Publications 1984

[POD89] Podgurski, A., Clarke, L. A.: The Implications of Program Dependences for Software Testing, Debugging, and Maintenance, in: Proceedings of the ACM SIGSOFT ´89 Third Symposium on Software Testing, Analysis, and Verification (TAV3), Key West, Dec. 1989, pp. 168-178

[POL00] Pol, M., Koomen, T., Spillner, A.: Management und Optimierung des Testprozesses, dpunkt Verlag, 2000

[POW00] Powell, T.A.: Web Design: The Complete Reference, Osborne/McGraw-Hill, Berkeley, Calif., 2000

[PRA87] Prather, R. E., Myers, J. P.: The path prefix software strategy. IEEE Transactions on Software Engineering, SE-13 (1987), pp 761-766

[PRE92] Pressman, R.S.: Software Engineering: A Practitioner´s Approach, McGraw Hill, New York, 1922

[RAM76] Ramamoorthy, C. V.,Ho, S. F., Chen, W. T.: On the automated generation of program test data, in: IEEE Trans. Software Eng., Vol. SE-2, Dec. 1976, pp. 293-300

[RAM81] Ramamoorthy, C. V., Mok, Y. K. R., Bastani, F. B., Chin, G. H., Suzuki, K.: Application of a methodology for the development and validation of reliable process control software, in: IEEE Trans. on Software Engineering, Vol. 7 No. 6 (1981) pp. 537-555

[RAP82] Rapps, S., Weyuker, E. J.: Data Flow Analysis Techniques for Test Data Selection, in: Proceedings of the 6th International Conference on Software Engineering, Tokyo, Sept. 1982, pp. 272-277

[RAP85] Rapps, S., Weyuker, E. J.: Selecting Software Test Data Using Data Flow Information, in: IEEE Trans. Software Eng., Vol. SE-11, No. 4, April 1985, pp. 367-375

[RAU99] Rautenbach, C., Scholz, A.: Vom Performance Tuning zum Software Performance Engineering am Beispiel datenbankbasierter Anwendungssysteme, in: Informatik-Spektrum, August 1999, pp. 261-275

[RED83] Redwine jr. , S. T.: An Engineering Approach to Software Test Data Design, in: IEEE Trans. on Software Eng., Vol. SE-9, No. 2, March 1983, pp. 191-22

[RIC81a] Richardson, D. J., Clarke, L. A.: A Partition Analysis Method to increase Program Reliability, in: Tutorial: Software Testing and Validation Techniques, IEEE Computer Society Press, New York 1981, pp. 271-280

[RIC81b] Richardson, D. J., Clarke, L. A.: A Partition Analysis Method to increase Program Reliability, in: Proceedings of the 5th International Conference on Software Engineering, San Diego, March 1981, pp. 244-253

[RIC81c] Richardson, D. J., Clarke, L. A.: Partition Analysis: A Method Combining Testing and Verification, in: IEEE Transactions on Software Engineering, Vol. SE-11, No. 2, Dec. 1985, pp. 1477-1490

[RIC89] Richardson, D. J., Aha, S. L., Osterweil, L. J.: Integrating Testing Techniques Through Process Programming, in: Proceedings of the ACM SIGSOFT `89 Third Symposium on Software Testing, Analysis, and Verification (TAV3), Key West, Dec. 1989, pp. 219-228

[RIE97] Riedemann, E. H.: Testmethoden für sequenzielle und nebenläufige Software-Systeme, Teubner-Verlag, Stuttgart, 1997

[ROM87] Rombach, H. D., Basili, V. R.: Quantitative Softwarequalitätssicherung, in: Informatik Spektrum, 10/1987, S. 145-158

[ROM93] Rombach, H. D.: Software-Qualität und -Qualitätssicherung, in: Informatik-Spektrum, 16/1993, S. 267-272

[ROS78] Rosen, B. K.: Monoids for rapid data flow analysis, in: Conf. Rec. Fifth Annual ACM Symp. Principles of Programming Languages, Jan. 1978

[ROS97] Rosenblum, D.S., Weyuker E.J.: Using Coverage Information to Predict the Cost-Effectiveness of Regression Testing Strategies, IEEE Trans. on SE, Vol. 23, No. 3, Mar. 1997, pp. 89-94

[ROS98] Rosenfeld, L., Morville, P.: Information Architecture for the World Wide Web, O`Reilly, 1998

[ROT96] Rothermel, G., Harrold, M. J.: Analyzing Regression Test Selection Techniques. IEEE Trans. On Software Eng., Vol. 22 No. 8, Aug. 1996, pp. 529-551

[ROT99] Rothermel, G., Untch, R.H., Chu, C., Harrold, M.J.: Test Case Prioritization: An Empirical Study, Proc. Int'l Conf. Software Maintenance, Aug. 1999, pp. 179-188

[ROT01] Rothermel, G., Untch, Harrold, M.J.: Prioritizing Test Case For Regression Testing, IEEE Trans. on SE, Vol. 27, No. 10, Oct. 2001, pp. 929-948

[RUM93] Rumbaugh, J., Blaha, M., Premerlani, W., Eddy, F., Lorensen, W.: Objektorientiertes Modellieren und Entwerfen. Hanser-Verlag, 1993

[SAG86] Saglietti, F., Ehrenberger, W.: Software diversity – some considerations about benefits and its limitations, in: Proc. IFAC SAFECOMP ´86 (1986), pp. 27-34

[SAG88] Saglietti, F. Ehrenberger, W.: Back-to-Back Teststrategien zur Validation fehlertolerierender Software-Systeme, Informatik-Fachberichte, Hrsg. R. Lauber, Fachtagung Prozeßrechnersysteme ´88, Springer Verlag, März 1988, S. 271-280

[SCH78] Schmitz, P., Bons, H., Linnartz, W., van Meggen, R.: Situation des Testens und der Aufwandsschätzung in der Praxis. Auswertung einer Fragebogenaktion. Köln 1978

[SCH79] Schneidewind, N. F., Hoffmann, H.-M.: An Experiment in Software Error Data Collection and Analysis, in: IEEE Transactions on Software Engineering, Vol. SE-5, No. 3, May 1979, pp. 276-286

[SCH83] Schmitz, P., Bons, H., van Megen, R.: Softwarequalitätssicherung - Testen im Software-Lebenszyklus, 2. Auflage, Vieweg Verlag, 1983

SCH88a] Schnurer, K. E.: Programminspektionen, Erfahrungen und Probleme, in Informatik Spektrum 11/1988, S. 312-322

[SEG93] Seghezzi, H. D., Hansen, J. R.: Qualitätsstrategien – Anforderungen an das Management der Zukunft, Carl Hanser Verlag München/Wien, 1993

[SEL87] Selby, R. W., Basili, V. R., Baker, F. T.:Cleanroom Software Development: An Empirical Evaluation, in: IEEE Transactions on Software Engineering, Vol. SE-13, No. 9, Sept. 1987, pp. 1027-1037

[SHE91] Sherer, S. A.: A Cost-Effective Approach to Testing. IEEE Software, 8 (2), 1991, pp. 34-40

[SHE91a] Sherlund, B., Korel, B.: Modification Oriented Software Testing, Conf. Proc.: Quality Week 1991, pp. 1-17

[SHE95] Sherlund, B., Korel, B.: Logical Modification Oriented Software Testing, Proc. 12th Int'l Conf. Testing Computer Software, June 1995

[SHI88] Shimeall, T. J., Leveson, N. G.: An empirical comparison of software fault-tolerance and fault elimination, in: Proc. 2nd Workshop on Software Testing, Verification and Analysis, IEEE Computer Society Press, Los Alamitos, CA, USA (July 1988), pp. 180-187

[SIE96] Siegel, S.: Object Oriented Software Testing: A Hierarchical Approach. John Wiley & Sons, Inc., New York 1996

[SNE88] Sneed, H. M.: Software-Testen: Stand der Technik. Informatik-Spektrum 11 (1988), S. 303-311

[SNE92] Sneed, H. M., Nyary, E.: Transforming procedural COBOL programs into an objectoriented Architecture, in: Proceedings of 3th CSM, Orlando, Florida, Oktober 1992

[SNE95] Sneed, H. M.: Objektorientiertes Testen, in: Informatik Spektrum Band 18, Heft 1, Januar 1995, S. 6-12

[SNE96a] Sneed, H. M.: Die Einbindung alter Host-Software in eine Client/Server-Architektur, in: Objektspektrum, Juli/August 1996, Nr. 4, S. 36-43

[SNE02] Sneed, H. M., Winter, M.: Testen objektorientierter Software. Das Praxishandbuch für den Test objektorientierter Client/Server-Systeme, Hanser Verlag, München, Wien, 2002

[SPI90] Spillner, A.: Dynamischer Integrationstest modularer Softwaresysteme. Vom Fachbereich Mathematik und Informatik an der Universität Bremen zur Verleihung des akademischen Grades *Doktor-Ingenieur* (Dr.-Ing.) genehmigte Dissertation, Bremen 1990

[SPI92a] Spillner, A.: Control Flow and Data Flow Oriented Integration Testing Methods, in: Software Testing, Verification and Reliability, Vol. 2 (1992), pp. 83-98

[SPI92b] Spillner, A.: Integrationstest, in: Das aktuelle Schlagwort, Informatik-Spektrum 15, 1992, pp. 293-294

[SPI94] Spillner, A.,Liggesmeyer, P.: Softwarequalitätssicherung in der Praxis. Ergebnisse einer Umfrage, in: Informatik Spektrum 17 (1994), S. 368-372

[SPI00] Spillner, A.: From V-Modell to W-Modell – Etablishing the Whole Test Process. Proc. Conquest 2000 – 4th Conference on Quality Engineering in Software Technology, Sept. 2000, pp. 13-15

[STA82] Stahlknecht, P.: Der Einzug der Mathematik in der Software-Entwicklung. Angewandte Informatik 2/82, Seiten 115-125

[STA90] Staknis, M. E.: Software quality assurance through prototyping and automated testing. Inf. Software Technol. 32 (1990), pp. 26-33

[SHU98] Shull, F.J.: Developing Techniques for Using Software Documents: A Series of Empirical Studies. PhD thesis, University of Maryland, College Park, www.cs.umd.edu/~fshull/pubs, 1998

[TAI80] Tai, K.: Program Testing Complexity and Test Criteria, in: IEEE Transactions on Software Engineering, Vol. SE-6, No. 6, November 1980, pp. 531-538

[TAU96] Tausworthe, R. C., Lyu, M. R.: A Generalized Technique for Simulation Software Reliability, in: IEEE Software, March 1996, pp. 77-88

[TAY80] Taylor, R. N., Osterweil, L. J.: Anomaly Detection in Concurrent Software by Static Data Flow Analysis, in: IEEE Transactions On Software Engineering, Vol. SE-6, No. 3, May 1980

[THA96] Thaler, M., Utesch, M.: Effektivität und Effizienz von Softwareinspektionen, in: „Test, Analyse und Verifikation von Software" aus der Arbeit der Fachgruppe 2.1.7 Test, Analyse und Verifikation von Software (TAV) der Gesellschaft für Informatik (GI), Oldenbourg Verlag, 1996, pp. 183-196

[THU93] Thuy, N.: Design for Quality in Lage Object-oriented Software, Proc. of 6th Int. Quality Week, Software Research, San Francisco, May 1993

[TIM95] Timischl, W.: Qualitätssicherung - Statistische Methoden, Carl Hanser Verlag München/Wien, 1995

[TRA93] Trauboth, H., Prof. Dr.: Softwarequalitätssicherung. Konstruktive und analytische Maßnahmen. Oldenbourg Verlag, München/Wien, 1993

[TRA99] Travassos, G., Shull, F., Fredericks, M., Basili, V.: Detecting defects in object-oriented designs: Using reading techniques to increase software quality. Proc. Of the Conf. on Object-oriented Programming Systems, Languages & Applications (OOPSLA), 1999

[TSA90] Tsai, W. T., Volovik, D., Keefe, Th. F.: Automatic test case generation for programs specified by relational algebra queries. IEEE Trans. Software Eng. SE-16 (1990), pp. 316-324

[TÜV99a] G. Gietl, T. Lehner: Einführung in das Qualitätsmanagement: 1.1-C Bedeutung und Historie des Qualitätsmanagement, TÜV-Akademie GmbH, Unternehmensgruppe TÜV Süddeutschland, 1999, S. 12 f.

[TÜV99b] G. Gietl, W. Lobinger: Total Quality Management: 12.1-A TQM – Eine Einführung, TÜV-Akademie GmbH, Unternehmensgruppe TÜV Süddeutschland, 1999, S. 9 ff.

[TÜV00] Gietl, G., Knon, D., Lobinger, W.: Total Quality Management – 12.1-B Kaizen, TÜV-Akademie GmbH, Unternehmensgruppe TÜV Süddeutschland, 2000, S. 14 f.

[VIL99] Villinger, U.: Sicherheitskritische Softwaresysteme (Software Safety), in: Sonderdruck aus: Masing, W. (Hrsg.) Handbuch des Qualitätsmanagement. 4. Auflage, Hanser Verlag, München/Wien, 1998

[VOG87] Voges, U.: Use of diversity in experimental reactor safety system, in: Voges, U. (ed), Software diversity in computerized control systems, Springer-Verlag, 1987

[VOU88] Vouk, M. A.: On back-to-back testing, in: Proc. COMPASS ´88 (June 1988), pp. 84-91

[VOU90] Vouk, M. A.: Back-to-Back testing, in: Information and Software technology, Vol. 32, No. 1, January/February 1990, pp. 34-45

[WAL87b] Wallmüller, E.: Aufbau einer Softwarequalitätssicherung in einer industriellen Umgebung Informationstechnik 2, 1987, pp. 103-107

[WAL90] Wallmüller, E.: Softwarequalitätssicherung in der Praxis. Hanser Verlag München/Wien, 1990

[WEI85] Weiser, M. d., Gannon, J. d., McMullin, P.R.: Comparison of Structural Test Coverage Metrics, in: IEEE Software, Vol. 2, No. 2, March 1985, pp. 80-85

[WEY80] Weyuker, E. J., Ostrand, T., J.: Theories of program testing and the application of revealing subdomains, in: IEEE Trans. Software Eng., SE-6 May 1980, pp. 236-245

[WEY81] Weyuker, E. J., Ostrand, T., J.: Theories of program testing and the application of revealing subdomains, in: Tutorial: Software Testing and Validation Techniques, IEEE Computer Society Press, New York 1981, pp. 56-66

[WEY90] Weyuker, E. J.: The Cost of Data Flow Testing: An Empirical Study. IEEE Trans. Software Eng. 16 (2) 1990, pp. 121-128

[WEY91] Weyuker, E. J., Jeng, B.: Analyzing Partition Testing Strategies. In IEEE Transactions on Software Engineering, Vol. 17, No. 7, July 1991, pp. 703-711

[WHI80] White, L. J., Cohen, E. I.: A Domain Strategy for Computer Program Testing, in: IEEE Transactions on Software Engineering, Vol. SE-6, No. 3, May 1980, pp. 247-257

[WIE90] Wieken, J.-H.: Softwareproduktion - Ziele Vorgehensweisen, Werkzeuge. McGraw-Hill Book Company GmbH, Hamburg, 1990

[WIK94] Wiklund, M. E.: Usability in Practice: How Companies Develop User Friendly Products, Academic Press, Boston, 1994

[WIL85] Willmer, H.: Systematische Softwarequalitätssicherung anhand von Qualitäts- und Produktmodellen, Springer 1985

[WIL88] Wildenauer, P.: Automatische Prognose der Software-Restfehlerzahl während des Testens, in: Informatik Forschung und Entwicklung, (1988) 3, pp. 1-5

[WIR92] Wirsing, M., Brix, H., Broy, M., Conrad, S., Gastinger, S., Gogolla, M., Hußmann, H., Jatzek, M., Krieg-Brückner, B., Liu, J., Pepper, P., Peterreins, H., Poigne, A., Reif, W., Reus, B., Schellhorn, G., Wolff, B., von Henke, F.: A framework for software development in KORSO. Technischer Bericht 9205, LMU München, 1992

[WON97] Wong, W.E., Horgan, J.R., Agrawal, H.: A Study of Effective Regression Testing in Practice, Proc. 8th Int'l Symp. Software Reliability Eng., Nov. 1997, pp. 230-238

[WOO80] Woodward, M. R., Hedley, D., Hennell, M. A.: Experience with Path Analysis and Testing of Programs, in: IEEE Transactions on Software Engineering, Vol. SE-6, No. 3, May 1980, pp. 278-286

[WOO88] Woodward, M. R., Halewood, K.: From weak to strong, dead or alive? An analysis of some mutation testing issues. Proc. 2nd Workshop Soft. Testing, Verification and Analysis, Banff, Canada, IEEE Computer Society (July 1988), pp. 152-158

[WOO93] Woodward, M. R.: Mutation testing – it's origin and evolution, in: Information and Software Technology, Vol. 35, No. 3, March 1993, pp. 163-169

[WOR88] Worst, R.: Das aktuelle Schlagwort, in: Informatik Spektrum (1988) 11, pp. 323-326

[WU88] Wu, D., Hennell, M. A., Hedley, D., Riddell, I. J.: A practical method for software quality control via program mutation. Proc. 2nd Workshop on Software Testing, Verification and Analysis, Banff, Canada, IEEE Computer Society, July 1988, pp. 159-170

[YAT89] Yates, D. F., Malevris, N.: Reducing the effects on infeasible paths in branch testing. Proc. ACM SIGSOFT '89 3rd Symposium on Software Testing, Analysis and Verification (TAV3) Key West, USA, 1989, pp. 48-54

[YAU87] Yau, S. S., Kishimoto, Z.: A Method for Revalidating Modified Programs in the Mantenance Phase, Proc. COMPSAC '87: 11th Ann. Int'l Computer Software and Applications Conf., Oct. 1987, pp. 272-277

[ZEN90] Zentralstelle für Sicherheit in der Informationstechnik. Kriterien für die Entwicklung, Realisierung und Zulassung von Werkzeugen zur formalen Spezifikation und Verifikation, 1990

[ZHU96] Zhu, Hong: A Formal Analysis of the Subsume Relation Between Software Test Adequacy Criteria, in: IEEE Transactions on Software Engineering, Vol. 22, No. 4, April 1996, pp. 248-254

[ZIM87] Zimmermann, P. A.: Testtechniken – Methodisches Testen von Systemen und Programmen, IWT-Verlag Vaterstetten b. München, 1987

[ZIN90] Zinnel, K.C.: Using Software-Reliability Growth Models to Guide Release Decisions, in: Proc. IEEE Subcommittee Software Reliability Eng., 1990

[ZOP88] Zopf, S.: Praktisches Vorgehen zur Sicherung von definierter Software-Qualitätsziele, Tagungsband zur 3. Softwaretest-Fachtagung 1988

Sachwortverzeichnis